中国年鉴资源全文数据库
CHINA YEARBOOK DATABASE
核心年鉴

中共绍兴市柯桥区委　柯桥区人民政府　主办

# 柯桥区年鉴

绍兴市柯桥区地方志编纂委员会　编

方志出版社

图书在版编目（CIP）数据

柯桥区年鉴. 2015 / 绍兴市柯桥区地方志编纂委员会编.--北京：方志出版社，2016.11
ISBN 978-7-5144-2270-2

Ⅰ.①柯… Ⅱ. ①绍…Ⅲ. ①区（城市）—绍兴—2015—年鉴Ⅳ.①Z525.53

中国版本图书馆CIP数据核字（2016）第299074号

**柯桥区年鉴（2015）**

编　　者：绍兴市柯桥区地方志编纂委员会
地址　浙江省绍兴市柯桥区华齐路1108号
邮编　312030
电话　（0575）85561339　85561398
网址　http://szb.kq.gov.cn/szb

责任编辑：王　俊

出 版 人：冀祥德

出 版 者：方志出版社
地址　北京市朝阳区潘家园东里9号（国家方志馆四层）
邮编　100021
网址　http://www.fzph.org

发　　行：方志出版社发行中心
（010）67110500

经　　销：各地新华书店

印　　刷：南京凯德印刷有限公司

开　　本：889×1194　1/16

印　　张：26

字　　数：713千字

版　　次：2016年11月第1版　2016年11月第1次印刷

印　　数：0001~1500册

ISBN 978-7-5144-2270-2　定价：280.00元

# 2015年
# 柯桥区快览

KEQIAOQUKUAILAN

**行政区划面积** 1066.02 平方千米

**户籍人口** 653631 人

**地区生产总值** 12008584 万元　**人均生产总值** 184263 元

**工业总产值** 39659817 万元

**财政总收入** 1605437 万元

**固定资产投资总额** 6631446 万元

**社会消费品零售总额** 2333740 万元

**进出口总额** 1123347 万美元　**其中出口** 1041621 万美元　**进口** 81727 万美元

**合同利用外资** 21579 万美元　**实际到位外资** 23133 万美元

**金融机构各项存款余额** 16249404 万元　**贷款余额** 12420552 万元

**城镇居民人均可支配收入** 50741 元

**农村居民人均可支配收入** 29177 元

# 绍兴市柯桥区地方志编纂委员会

顾　　问　徐国龙　吴　晓　孟柏千

主　　任　阮建尧

副 主 任　马芳妹　祝静芝

成　　员　刘　斌　李亚根　章金尧　孙尧富　吴国建　缪水祥

蒋建国　濮建明　高青泉　蒋国洪　倪仁龙　何其洪

王炳豪　沈关祥　陈　方　余建林　王秋珍　钱建明

张国生　李卫龙　缪智勇　邱松定　陈广见　方优美

吴坚祥　李　敏　张志华　金秀芳　寿志平　尹伟梁

黄锡云　何鸣雷

办公室主任　何鸣雷

# 《柯桥区年鉴》编辑部

主　　编　钱智芬

副 主 编　宋如玲

编　　辑　（以姓氏笔画为序）

王　翊　朱菊根　许可可　杨沫江　何鸣雷　宋如玲

陆　杨　陈飞燕　郑文燕　徐建良　徐炳荣　钱智芬

高祖钿　韩　英　韩兰芳　董思思

编　　务　鲁越明　冯仲利　曹明阳

2015年7月4日，国务委员、公安部部长郭声琨（前左二）调研柯桥区公安工作　　（谢敏敏　摄）

2015年11月17日，浙江省委副书记、省长李强（前排左四）到柯桥区调研雅德居节能环保门窗

（齐贤镇　供稿）

2015年6月3日，浙江省政协主席乔传秀（前排右二）到柯桥区调研浙江树人大学杨汛桥校区项目建设进展情况

（《柯桥日报》 供稿）

2015年6月10日，南京军区副政委王平（右三）到柯桥区视察精工科技股份有限公司

（区人武部　供稿）

2015年9月8日，国家民委副主任、党组成员罗黎明（前排左一）与穆斯林群众亲切交谈

（徐　敏　摄）

2015年10月28日，环保部副部长翟青（右四）到柯桥区调研三刷卡排污系统

（沈　力　摄）

2015年11月20日，全国工商联副主席李路（前排中）到柯桥区作"'十三五'与民营经济"企业家主题讲座，并考察中国轻纺城展示中心
（区委统战部　供稿）

2015年12月3日，公安部副部长刘跃进（右三）调研柯桥区公安工作
（谢敏敏　摄）

2015年12月8日，浙江省委副书记王辉忠（前排左一）走访中国轻纺城乐清商会
（区工商联　供稿）

2015年6月5日，全国基层党建现场会与会代表参观柯岩街道新未庄　　（区委组织部　供稿）

2015年12月12—13日，国际泳联花样游泳大赛在柯桥举行　　（叶瑞芳　摄）

2015年12月4日，更名改造后的杭金衢高速公路杨汛桥柯桥西出入口　　（陈立明　摄）

2015年，钱清镇西小江清水园河岸景观工程竣工　　（吴琰琰　摄）

2015年，漓渚镇棠棣村全貌
（区农办　供稿）

兜率天宫　　（杨凌科　摄）

# 2015 年度柯桥区经济社会荣誉榜

## 2015 年度柯桥区区长奖（个人按姓氏笔画排序）

柯桥区人民法院

柯桥区综合行政执法局

中信银行绍兴轻纺城支行

全省美丽乡村和农村精神文明建设现场会工作组

尼拉杰 · 帕瓦尼（中国轻纺城印度商人）

刘建明（漓渚镇棠棣村支部书记、村委主任）

李洪文（浙江凯利新材料股份有限公司技术总监）

钱木水（浙江华通医药股份有限公司董事长）

## 2015 年度柯桥区经济发展突出贡献奖

金良顺（精功集团有限公司）

虞阿五（浙江日月首饰集团有限公司）

庞宝根（宝业集团股份有限公司）

沈幼生（索密克汽车配件有限公司）

蒋张水（浙江天马实业股份有限公司）

徐茂根（浙江远东化纤集团有限公司）

吴培生（三力士股份有限公司）

万鸿烨（浙江永通染织集团有限公司）

陈尧根（浙江亚太药业股份有限公司）

孙永根（浙江天圣控股集团有限公司）

## 2015 年度柯桥区经济发展功臣

傅小森（浙江浙能绍兴滨海热电有限公司）

周永利（浙江永利实业集团有限公司）

陈林川（浙江新风热电有限公司）

钱雪林（浙江梅轮电梯股份有限公司）

濮黎明（浙江四海氨纶纤维有限公司）

郭从洪（浙江塔牌绍兴酒有限公司）

沈子平（绍兴百丽恒印染有限公司）

沈国光（浙江古纤道股份有限公司）

季永华（厦门金龙联合汽车工业有限公司绍兴分公司）

沈建祥（绍兴县金祥惠纺织印染有限公司）

吴永福（浙江德欧化工制造有限公司）

秋国良（浙江无名皮塑集团有限责任公司）

冯驹（浙江兴美达印染有限公司）

俞佰祥（绍兴县精细化工有限公司）

张勤良（浙江勤业建工集团有限公司）

张国荣（中厦建设集团有限公司）

陈晓寅（中设建工集团有限公司）

胡柏成（浙江天工建设集团有限公司）

包伟成（浙江九州建设工程有限公司）

余海军（绍兴之星汽车有限公司）

钱木水（浙江华通医药连锁有限公司）

沈汉江（浙江昌祥茶叶有限公司）

## 2015 年度柯桥区农业龙头企业十强

浙江中大饲料集团有限公司

浙江天天田园控股集团有限公司

浙江绿洲生态股份有限公司

浙江科盛饲料股份有限公司

浙江昌祥茶叶有限公司

绍兴华绿园林建设有限公司

浙江亚太粮食批发交易物流市场有限公司

绍兴县两溪茶厂

绍兴会稽山米业有限公司

浙江绍兴中国轻纺城果品蔬菜批发市场有限公司

## 2015 年度柯桥区建筑业领军企业

浙江宝业建设集团有限公司

中设建工集团有限公司

中厦建设集团有限公司

浙江勤业建工集团有限公司

浙江精工钢结构集团有限公司

## 2015 年度柯桥区建筑业企业十强

浙江天工建设集团有限公司

浙江林盛建设发展有限公司

浙江荣盛建设发展有限公司

浙江鸿正建设有限公司

浙江镜湖建设集团有限公司

鲁易建设集团有限公司

浙江鼎元建设有限公司

浙江裕众建设集团有限公司

## 2015 年度柯桥区自营出口企业优胜单位

浙江凡特思纺织品有限公司

绍兴县凯明纺织有限公司

浙江红绿蓝纺织印染有限公司

绍兴县布婷纺织品有限公司

绍兴县木林盛贸易有限公司

浙江和中非织造股份有限公司

绍兴县东帛进出口有限公司

绍兴市柯桥青禾针纺织有限公司

绍兴恩杰纺织品贸易有限公司

绍兴县金祥惠纺织印染有限公司

浙江绿萌健康科技有限公司

绍兴银纳纺织品有限公司

绍兴县宣德进出口有限公司

浙江蜜瓜网络科技有限公司

浙江凯利新材料股份有限公司

浙江昌祥茶叶有限公司

康迈尔机电（绍兴）有限公司

三力士股份有限公司

浙江万丰化工有限公司

绍兴远鼎实业投资有限公司

## 2015 年度柯桥区“五水共治”先进单位

区农林局

钱清镇

漓渚镇

## 2015 年度柯桥区政府质量奖

浙江鼎丰纺织器材有限公司

绍兴市力博电气有限公司

## 2015 年度美丽乡村建设先进镇（街道）

滨海工业区（马鞍镇）

柯岩街道

湖塘街道

漓渚镇

## 2015 年度科技强镇（街道、开发区）

柯桥开发委（齐贤镇）

华舍街道

滨海工业区（马鞍镇）

# 编辑说明

一、《柯桥区年鉴》由中共绍兴市柯桥区委员会和柯桥区人民政府（以下简称区委、区政府）主办，绍兴市柯桥区地方志编纂委员会主持，绍兴市柯桥区史志办公室组织实施，各有关部门参与，众人撰写，本年鉴编辑部编纂出版。

二、本年鉴具有区委、区政府年度公报的性质，是集地方性、时效性、综合性于一体的资料性工具书。

三、本年鉴从2001年起，一年编纂一册，全面地、系统地、客观地记述柯桥区上一年度经济、政治、文化和社会生活的基本面貌及发展状况，可为领导决策提供依据，为社会各界了解区情、建设家乡提供资料，为精神文明建设、开展乡土教育提供教材，为研究柯桥区和编修《柯桥区志》积累史料。

四、本年鉴以马克思列宁主义、毛泽东思想、邓小平理论、"三个代表"重要思想和科学发展观为指导，用辩证唯物主义和历史唯物主义的观点和方法，实事求是地记述一年中的人、事、物，力求思想性、科学性和信息性的统一。

五、本年鉴记述的区域范围为2015年的柯桥区境。记述时限为2015年1月1日至12月31日。一些跨年度公布的事物，则于本年鉴截稿时为止。记述内容包括建置、环境、政治、经济、文化、社会、人物等各个方面，重点记述年度内的大事、要事、特事，反映其内在的新变化、新经验、新问题。以记述正面为主，也不回避负面，务求本年鉴的真实性、实用性。

六、本年鉴按事物属性和主次，分总情、经济、政治、文卫、建制镇（街道）、国民经济统计资料选刊和索引7块，类目、分目、条目3个层次编辑；类目下一般设综述，分目下设概况，以便记述事物的变化和基本数据；条目为本年鉴的基本单位，一事一条，动态记述。

七、本年鉴除专文外，采用记述体。文风力求严谨、朴实、简洁、通畅。文字、称谓、数字、纪年、标点符号等，一般均按国家有关规定书写、应用，有些计量单位如亩等顺从习惯。作者名署在条目文尾，一个分目下连续多条条目均为同一作者，署名于最后条目文尾。

八、本年鉴所载文字内容及数据，均由区有关职能部门提供，并经各级领导和相关专业部门审核。其中有些数据，由于来源、统计口径等方面的原因，不同部门提供的同项目数字，不尽一致，故正式引用应以本书"2015年柯桥区国民经济统计资料选刊"为准。部分数据、表格，在文尾注明引述来源。

九、本年鉴所载相关单位、机构名称中涉及的符号、文字，尊重该单位、机构的原设计用法。

十、本年鉴目录中的类目标题用英文标出。本年鉴附正文索引、表索引和正文照片索引。索引采用主题分析索引法，按主题词首字汉语拼音字母顺序排列。

《柯桥区年鉴》编辑部

2016年6月

# 绍兴市柯桥区政区图

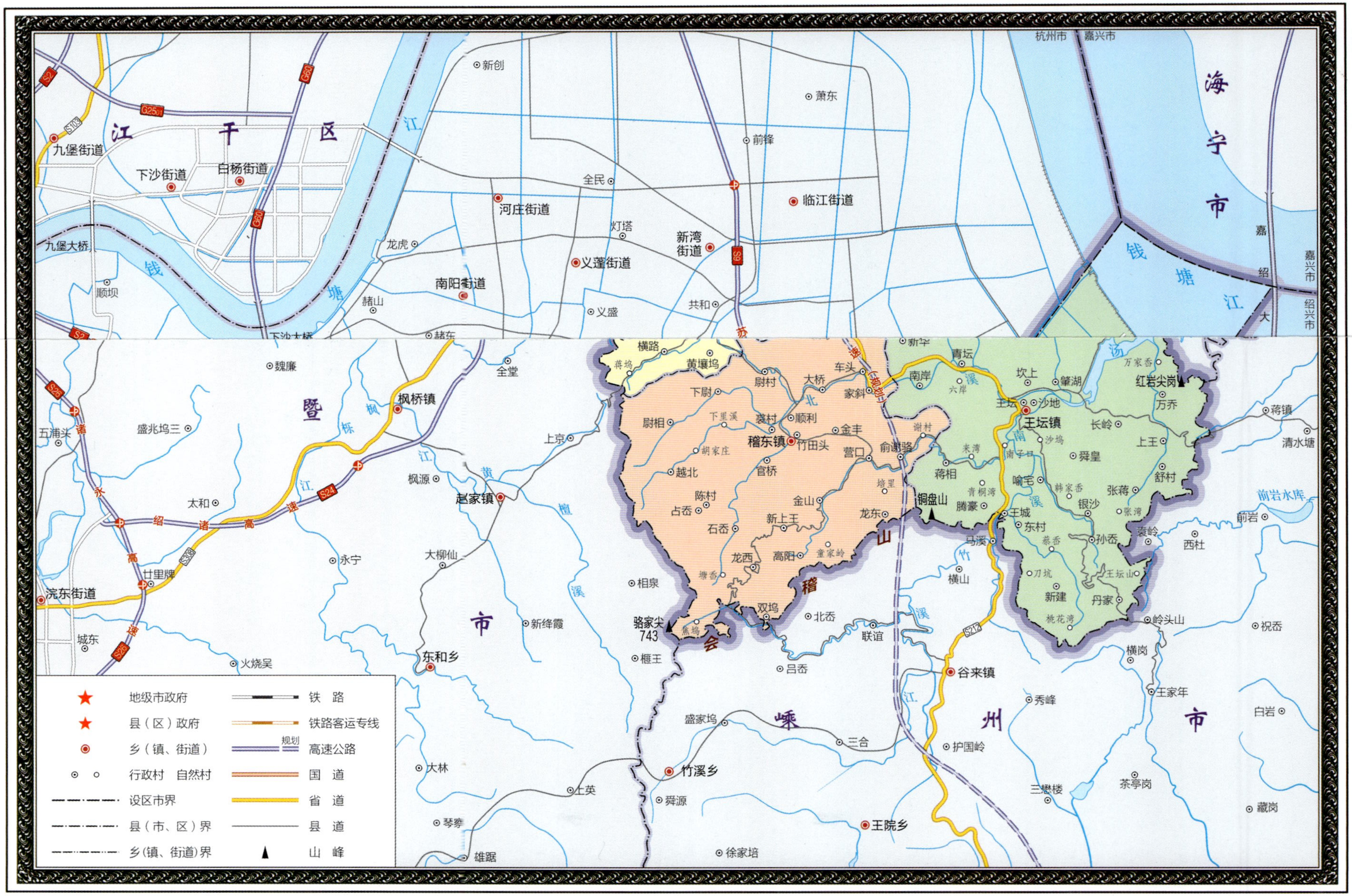

江干区
九堡街道
下沙街道
白杨街道
九堡大桥
顺坝
新创
萧东
前锋
全民
临江街道
河庄街道
灯塔
新湾街道
龙虎
义蓬街道
南阳街道
赭山
义盛
共和
赭东
海宁市
钱塘江
杭州市
嘉兴市
绍兴市
魏廉
全堂
暨阳市
枫桥镇
五浦头
盛兆坞三
上京
枫源
赵家镇
太和
永宁
大柳仙
廿里牌
浣东街道
城东
火烧吴
东和乡
新绛霞
相泉
骆家尖
743
榧王
横路
黄壤坞
尉村
大桥
车头
下尉
家斜
尉相
袁村
顺利
金丰
稽东镇
竹田头
营口
俞谢路
越北
官桥
陈村
占岙
金山
石岙
新上王
龙东
龙西
高阳
双坞
会稽山
北岙
联谊
吕岙
青坛
南岸
坎上
肇湖
红岩尖岗
王坛镇
沙地
长岭
万乔
蒋相
舜皇
上王
喻毛
舒村
铜盘山
腾豪
张蒋
银沙
王城
东村
马溪
孙岙
袁岭
横山
新建
丹家
岭头山
谷来镇
横岗
王家年
秀峰
嵊州市
三合
盛家坞
竹溪乡
护国岭
三懋楼
茶亭岗
上英
舜源
王院乡
大林
琴蓉
雄踞
徐家培
蒋镇
清水塘
前岩水库
前岩
西杜
祝岙
白岩
藏岗
地级市政府
县（区）政府
乡（镇、街道）
行政村 自然村
设区市界
县（市、区）界
乡(镇、街道)界
铁路
铁路客运专线
高速公路
规划
国道
省道
县道
山峰

# 绍兴市柯桥区城区图

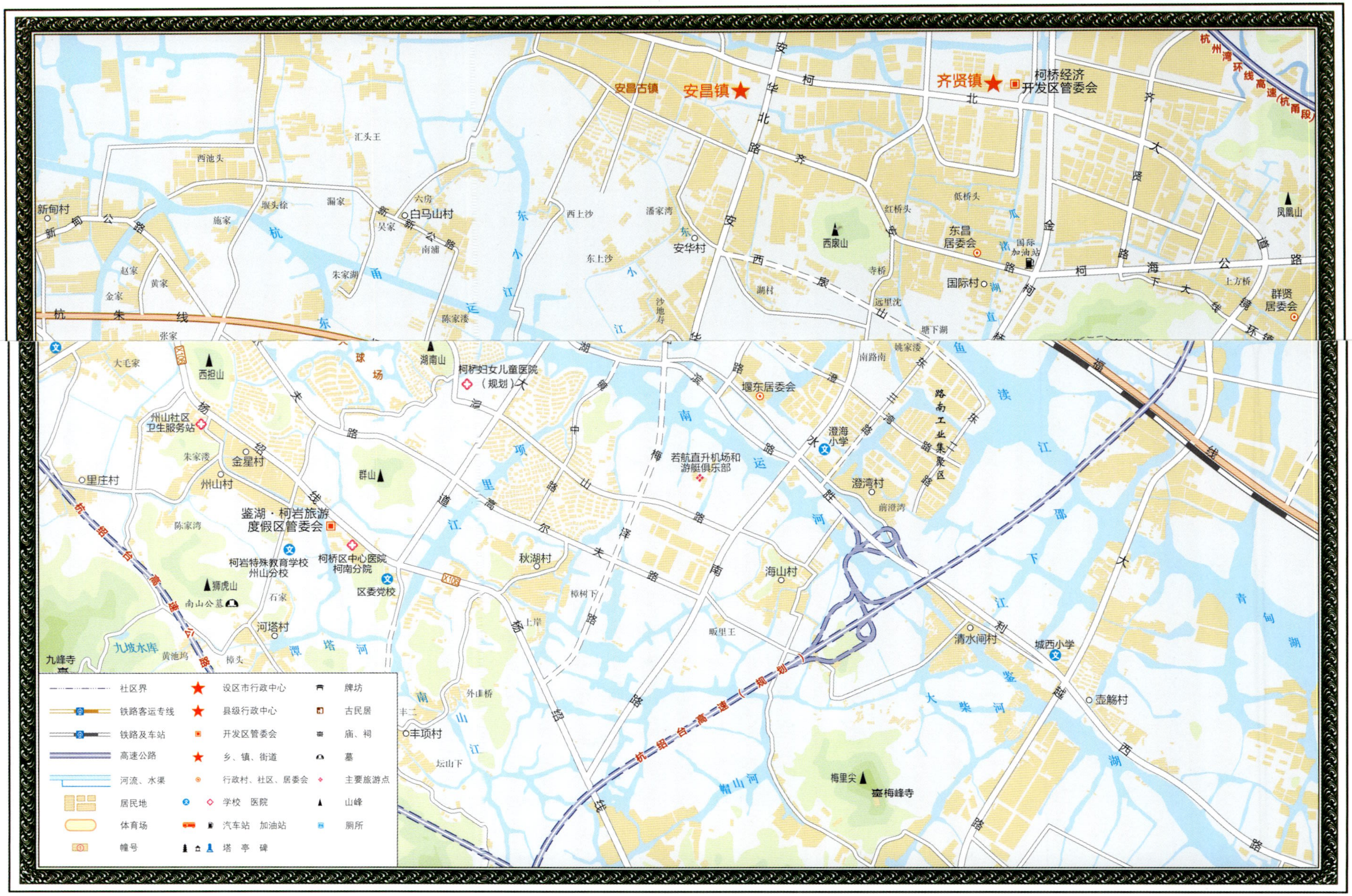

安昌古镇
安昌镇
齐贤镇
柯桥经济开发区管委会
杭州湾环线高速（杭甬段）
凤凰山
东昌居委会
国际加油站
国际村
群贤居委会
西泉山
安华村
白马山村
新甸村
杭朱线
湖南山
西担山
柯桥妇女儿童医院（规划）
堰东居委会
澄海小学
澄湾村
路南工业集聚区
若航直升机场和游艇俱乐部
州山社区卫生服务站
金星村
州山村
里庄村
群山
鉴湖·柯岩旅游度假区管委会
柯岩特殊教育学校州山分校
柯桥区中心医院柯南分院
区委党校
秋湖村
海山村
狮虎山
南山公墓
河塔村
九坡水库
九峰寺
清水闸村
城西小学
壶觞村
丰项村
梅里尖
梅峰寺
杭绍台高速（规划）
青甸湖
社区界
铁路客运专线
铁路及车站
高速公路
河流、水渠
居民地
体育场
幢号
设区市行政中心
县级行政中心
开发区管委会
乡、镇、街道
行政村、社区、居委会
学校 医院
汽车站 加油站
塔 亭 碑
牌坊
古民居
庙、祠
墓
主要旅游点
山峰
厕所

# 目　录

## 特　载



## 专　辑



## 2015年大事记

## 区情概貌

## 农业经济

## 工业经济



## 建筑业



## 房地产业

## 商 贸 业



## 商务服务

## 开放型经济



## 市　场



## 旅 游 业

## 金 融 业



## 国土资源管理

## 环境保护



## 水　利

## 经济管理

## 城镇建设与管理

## 交通运输

## 邮政·通信



## 机　构



## 中共绍兴市柯桥区委员会

## 绍兴市柯桥区人民代表大会常务委员会



## 绍兴市柯桥区人民政府

## 政协绍兴市柯桥区委员会



## 民主党派和工商联



## 人民团体

## 外事·侨务·涉台事务



## 法　治

## 武　装

## 社会事务

## 科学技术

## 教育·体育

## 文化·传媒

## 天南地北柯桥人



## 新柯桥人



## 外地媒体话柯桥



## 区人著述

## 鉴湖新风

## 人　物



## 经济开发区



## 建制镇与街道

## 2015年柯桥区
## 国民经济统计资料选刊

## 索　引

# Contents

# 特 载

## 聚神聚力 提标提速 致力打造“时尚柯桥印象柯桥幸福柯桥”

### ——中共绍兴市柯桥区委十三届七次全体（扩大）会议报告（摘要）

中共绍兴市委常委、柯桥区委书记 徐国龙

（2015年1月16日）

### 一、2014年工作回顾

2014年是柯桥撤县设区的开局之年。一年中，全区合心合力推进经济社会平稳健康发展，经济报表和平安报表交出预期答卷。全年实现财政总收入145亿元，其中公共财政预算收入82亿元，分别增长9.4%、8.2%。预计实现地区生产总值1100亿元，增长6%；固定资产投资575亿元，增长17%；社会消费品零售总额210亿元，增长15%；自营出口110亿美元，增长4.6%；城乡常住居民人均可支配收入分别达到4.8万元、2.6万元，分别增长9.0%、9.5%。第6次获中国全面小康十大示范县（市、区）称号。

**1.调结构、转方式，经济运行稳中向好。**积极应对经济下行压力，推动经济结构正向深度调整，实现规上工业产值3493.5亿元，增长0.1%，其中战略性新兴产业产值868.6亿元；旅游总收入141.5亿元，增长16.2%；预计实现服务业增加值460亿元，增长9%，占生产总值比重提高1.6个百分点；建筑业产值1866亿元，增长16.6%；农业“两区”建设提质推进。重抓有效投入，金沙·东方山水、大香林·

兜率天、青旅羊山生态城、新型建筑工业化等项目进展顺利，印染集聚工程累计13只项目投产；落实浙商回归项目49只、到位省外资金55.2亿元。重抓创新发展，成功创建省"两化"深度融合国家综合性示范区，完成"机器换人"项目677只，科技园、创意园基本建成，新产品产值率增加3.1个百分点，创意产业营业性收入增长16.4%；引进省级以上"千人计划"人才8人。重抓市场拓展，轻纺城市场群、"网上轻纺城"分别实现成交额1238.1亿元、112.7亿元，分别增长12%、89.8%，轻纺城西市场启动改造；新建电商产业园区2个、新增电商应用企业500余家。重抓企业帮扶，深入开展"三重三爱"主题活动，协调解决问题311个，摸排投资意向项目133只，发展信心有效提振；依法稳妥化解企业经营风险，组建金融审判庭，严厉打击恶意逃废债，支持银行处置不良贷款，区域经济金融秩序稳定。

**2.重建设、治环境，城乡面貌持续改善。**启动柯桥水城规划研究，编制完成城市排水（雨水）防涝、地下空间利用等系列规划。城际轨道交通项目获国家发改委批复同意，"十大百亿"交通工程、中纺CBD、坂湖公园等项目有序推进，轻纺城体育中心、城区活水二期建成投运，城市老小区提档改造全面完成；"智慧天网"启动建设，城区精细化管理扩大到建成区49平方公里。依法开展主要道路（河道）沿线拆违、宗教和民间信仰活动场所、违建坟墓等专项整治，启动"无违建区"创建，超额完成"三改一拆"任务。调整完善货币化拆迁安置政策，解决了一批拆迁遗留问题。钱清镇获省小城市培育试点考核优秀，环境整治、住房解困等美丽乡村建设工作成效明显。启动"五水共治"三年行动计划，首批65只项目完成投资108.7亿元，完成"三河"整治、畜禽养殖清养关停和32个村生活污水治理，158家印染企业完成整治提升，小微排污企业关停905家、提升1517家，拆除拦河坝113条，水环境质量持续改善。健全大气污染监测预警和应急响应机制，华舍热电实施关停，改造定型机"煤改气"699台、脱硫11台、脱硝8台，淘汰黄标车（老旧车）7007辆。加强污泥、渣土规范运输和处置，河道淤泥、建筑泥浆脱水固化处理项目建成投用。

**3.抓改革、强保障，发展动力不断增强。**企业投资项目高效审批改革全省推广，企业投资项目不再审批、农村"三地一制度"、民间融资管理创新等省级改革试点稳步实施。资源要素市场化配置综合配套改革启动实施。推行政府权力清单制度，市场监管、卫生计生等机构改革整合到位，调整完善城市、交通、旅游等开发建设体制机制。强化要素保障，盘活存量土地1420亩、低效利用建设用地1229亩；新增贷款32.1亿元，会稽山酒业成功上市，引进银行机构3家。

**4.惠民生、保平安，社会大局和谐稳定。**全年财政民生支出53.8亿元，增长7.4%。社会保障不断提升，新增城镇就业1.9万人，新参加"五大保险"7.2万人，各类社会救助再次提标，社会福利中心二期和社区居家养老中心加快建设，首个公租房项目建成投用。浙江树人大学杨汛桥校区引进落户，浙工大之江学院建设进展顺利，外来人口子女就学规范管理平稳实施。妇女儿童医院等"四院"建设有序推进，"基层首诊、分级诊疗、双向转诊"医疗改革启动实施。浙东古运河柯桥段和古纤道列入世遗，青少年宫基本建成，"幸福水乡才艺秀"活动、农村文化礼堂建设等扎实开展，成功协办省运会，落实"绍兴人免费游绍兴"政策。公交国有化完成改造。实现省"双拥"模范县（区）"八连冠"。加强人民调解和普法宣传，依法治区水准不断提高。信访、刑事发案、安全生产事故总量持续下降，实现省平安县（区）"九连冠"。

**5.转作风、树形象，党建水平得到提升。**高标准高质量完成党的群众路线教育实践活动，"四风"突出问题得到有效整治。加强和改进区委理论学习中心组学习，完善机关干部"周一夜学"等制度。实施区镇村三级干部工作实绩双向评价，完善领导干部从严管理、能上能下机制，加大"源头干部"培养力度，打造"三合适"村干部队伍。加强基层组织建设，完成村（社区）"三多"事项清理整改，做好"民情通"标准化建设、重点帮扶村整转、在职党员"两地报到、双岗服务"和不合格党员妥善处置等工作。认真落实党风廉政建设"两个责任"，扎实开展警示教育月活动和纪委议事协调机构清理，严肃查处违法违纪案件，营造了风清气正的良好环境。

2014年，区委常委会坚持总揽全局、协调各方，切实加强自身建设。一是着眼全局谋发展。认真贯彻中央和省市决策部署，准确把握柯桥区发展实际，谋划推进全面深化改革、“两美柯桥”建设、深化“三重三爱”主题活动、建设“信用柯桥”、发展现代服务业等重大战略课题。二是凝心聚力干事业。提出“聚神聚力、提标提速，勇争一流、走在前列”行动准则，着力提振干部精气神。坚持团结协作，严格执行民主集中制，推动政府职能转变，支持人大、政协“一线”作为，支持人武、群团、民族宗教、对台、老干部、残疾人等工作，形成强大发展合力。三是担责担当作表率。充分发挥示范带头作用，特别是身体力行参加教育实践活动并狠抓作风问题整改，对重大项目、重大工程、重点工作加强督查落实，领衔攻坚克难专项工作，研究和协调企业经营风险化解等难题，形成一级做给一级看、一级带着一级干的良好氛围。

**二、2015年工作的总体要求和目标任务**

2015年是决战“十二五”、谋划“十三五”的承上启下之年，也是柯桥区在新起点上实现新发展的谋篇开局之年。做好2015年工作，柯桥区必须深刻认识和准确把握面临的形势。要主动适应经济发展新常态。柯桥区已处于结构调整阵痛期、转型升级关键期和深化改革攻坚期，经济下行压力加大、传统纺织产业持续低迷、部分企业经营困难、要素制约加剧等经济新常态下的不少特征在柯桥区率先显现，有些更具代表性。要坚持以省委“八八战略”、市委“双重战略”为引领，不急不躁、保持定力，不等不靠、主动作为，推动经济发展进入“增长中高速、质量中高档”健康轨道。要主动适应社会治理新常态。全区社会总体保持平稳，但也存在不少问题：企业经营风险、外来人口复杂众多、征地拆迁拆违等可能引发不稳定因素；治水、治气、治泥、治脏、治堵等环境治理任务艰巨；教育、医疗、文化、交通、食品安全等公共服务水平与群众需求还有差距。要积极应对压力，处理好依法治理与社会自治的关系，特别是要加快从“人治”向“法治”转变，推进基层治理体系和治理能力现代化。要主动适应作风建设新常态。柯桥区的干部主流是好的，尤其是群众路线教育实践活动开展后，干部作风明显好转，但“四风”问题反弹压力不小，个别干部开拓精神和担当意识有所减弱，违法违纪案件有所发生。要按照“作风建设永远在路上”的要求，坚决抵制各类“为官不为”和“为官乱为”，常抓长抓作风建设。

**2015年工作的指导思想是：**全面贯彻落实中央和省市决策部署，适应新常态、抢抓新机遇，牢牢把握“聚神聚力、提标提速，勇争一流、走在前列”的行动准则，深入实施“服务业兴区”和“工业强区”两大战略，全面推进经济转型升级、城乡转型升级、社会转型升级，致力打造“时尚柯桥、印象柯桥、幸福柯桥”，全面完成“十二五”各项任务。

“时尚柯桥”就是致力经济结构调整，坚持以城市经济为核心，加快现代服务业、工业现代化与新型城市化融合发展，推动传统纺织产业智能化、时尚化，大力发展休闲旅游、创意设计、电子商务、文化体育、生命健康、时尚会展等产业，培育时尚品牌，扩大时尚消费，引领时尚潮流，积极构建以时尚为特色的竞争新优势，努力成为纺织研发创意高地、时尚发布中心、智慧纺织基地，实现纺织之都向时尚柯桥转变。“印象柯桥”就是致力生态环境改善，推动工业绿色发展，深化环境综合整治，充分挖掘自然生态资源和历史文化底蕴，加快“品质新城、魅力集镇、美丽乡村”建设，实现城乡一体发展，努力成为“空气清新、水体清澈、环境清洁”富有诗情画意的江南水乡典范，实现印染之乡向印象柯桥跨越。“幸福柯桥”就是致力人民福祉提升，坚持以人为本，更加注重人的全面发展，更加注重社会文明风尚培育，更加注重社会和谐稳定，最大限度地提高人民群众的安全感、幸福感和自豪感，努力成为全国幸福指数最高的地区之一，加快“两富两美”建设步伐，实现全面小康向幸福柯桥迈进。

**2015年全区经济社会发展的主要预期目标建议为：**地区生产总值增长7.5%左右；公共财政预算收入增长8%以上；研究与试验发展经费支出占生产总值比重达到2.15%;固定资产投资增长12%以上；社会消费品零售总额增长14%以上；自营出口增长7%左右；城乡常住居民人均可支配收入分别增长8.5%以上、9.5%以上；城镇登记失业率控制在3%以内；人口自然增长率控制在2.31‰以内；节能减排完成上级下达的目标任务。

2015年要重点抓好以下五个方面：

**1.着力发展城市经济。**准确把握撤县设区新变化，主动融入绍兴大城市发展格局，深入实施

"服务业兴区"和"工业强区"战略，加快从县域经济向城市经济转变。

*加快现代服务业发展。*现代服务业是城市经济的核心，也是柯桥区发展速度最快、发展潜力最大、转型升级推动力最强的产业。大力发展现代服务业，既符合经济发展规律趋势，又切合柯桥区实际和发展方向。要坚持服务业优先发展，确保服务业增加值占GDP比重提高1个百分点以上。一要大力实施轻纺城"三次创业"。始终把轻纺市场作为立业之本、立城之本、立区之本，大力推进市场与产业、城市更高层次的融合，全面提升轻纺城整体功能，全力打造国际时尚纺织之都。加强市场建设，完善规划布局，加快市场升级改造及配套建设。创新市场功能，大力发展现代商业模式，积极提升改造"网上轻纺城"。优化市场管理，强化资源整合和划行归市，谋划设立新型专业市场，抓好服务平台建设、环境秩序整治等工作。深化市场招商，整体策划品牌定位、形象设计、营销战略等，大力引进国内外高端客商以及纺织品检测、时尚发布等各类国字号乃至国际级的专业机构，进一步提升市场影响力。二要大力发展电子商务、创意、总部经济、物流、会展等生产性服务业。加快电子商务园区与服务平台建设，引进高端电商企业，支持企业转型发展电子商务，探索跨境电子商务。抓好F5创意园、轻纺城创意园建设运行，集聚专业人才和高端机构，积极举办纺织时尚创意赛事和活动，加强创意版权保护，做精做强纺织创意产业。加快中纺CBD建设与招商，加大存量商务楼宇招商力度，培育打造一批品质、特色、专业楼宇。加快现代物流"一城三园"基地建设，培育壮大轻纺城物流和现代工业供应链物流。进一步办好办精纺博会，引进、举办更多产业类展会和重要会议、赛事，提升会展业发展水平。三要大力发展旅游、商贸、生命健康、文化、体育等生活性服务业。加快重大旅游项目建设，启动国家级旅游度假区和国家5A级景区创建，推动景区景点串联成线，统筹南部山区休闲旅游业发展。积极引进重大商贸项目，支持中心镇商贸综合体建设。切实抓好重大生命健康产业项目建设。推动时尚创意、休闲娱乐、影视传媒、书画艺术等文化产业集聚化特色化发展。充分利用轻纺城体育中心等场馆设施，大力发展体育产业。

*加快工业转型升级。*工业是柯桥区发展的基础，是现代服务业的重要依托，必须坚持一手抓传统纺织产业提升发展、一手抓战略性新兴产业培育壮大，持之以恒做强工业。一要优化项目投资。坚定不移实施印染产业集聚，加快在建项目和水、电、气、热等配套工程建设，推动已签约企业落地建设，再推动一批意向企业签约集聚，力争到"十三五"末全区印染企业基本集聚到滨海工业区。积极实施"腾笼换鸟"，通过加快工业园区提档升级、淘汰落后产能，培育壮大汽车汽配、纺织机械装备等新兴产业。二要强化创新驱动。抓好科技园运营管理，引进专业化运营团队和标杆性项目，做大做优科技孵化平台。创新科技投入机制，设立科技金融基金，开展共性技术难题市场化攻坚，加快网上科技市场试点建设，鼓励建设企业研究院和企业技术中心，积极培育高新技术企业和科技型中小企业。深化"两化"融合，大力推进"机器换人"和"三名"工程。深入实施"鉴湖英才计划"，扎实开展"资智合作"。加快建筑业转型升级，推动新型建筑工业化发展，打响柯桥建筑品牌。三要深化企业帮扶。健全企业风险防范预警机制，引导企业重组重整。加强"信用柯桥"建设，严厉打击恶意逃废债和高利贷，维护良好金融生态环境。深化"三重三爱"主题活动，大力培育有社会责任感的企业和企业家，注重对新生代企业家的培养，引导企业做精做长实业，进一步营造创业创新氛围。继续做好"下升上"、"个转企"工作。

*加快现代农业提升发展。*深化粮食生产功能区建设，积极培育高产示范方，抓好粮食储备，确保粮食安全。加快现代农（林）业园区建设，建成（提升）一批休闲农（林）业观光带和观光点，打响香榧、红豆杉、日铸茶等农副产品品牌，促进农业规模化精品化发展。完善农业服务体系，培育壮大农业龙头企业、农民专业合作社、家庭农场等农业经营主体，强化农业科技支撑，促进农业增效、农民增收。

**2.着力推进新型城市化、城镇化。**坚持融入绍兴大城市与统筹城乡发展同步互动，加快建设"品质新城、魅力集镇、美丽乡村"。

*不断提升城市品质。*优化细化城市空间特别是闲置区块的开发利用，推进柯桥历史文化街区保护开发等功能性项目和市政路网建设。完善城市

精细化管理，全面启动背街小巷改造，切实抓好城市管理南拓工作，大力开展城市管理专项攻坚行动。加强社区管理，巩固老小区整治提升成果，完善物业管理体制。深化“智慧天网”建设，抓好轻纺市场、旅游景区周边的交通组织管理。继续加大对省市级小城市培育试点的扶持力度，进一步完善城镇功能、提升集镇品位。

深化美丽乡村建设。以争取承办全省美丽乡村建设现场会为契机，倒逼整体提升全区美丽乡村建设水平。加大美丽乡村系列创建力度，统筹推进鲜花进村入户、农村住房解困、村庄立面改造等工作，全力实现城乡环境高标准上的常态化管理。深入开展“无违建区”创建，继续抓好“三改一拆”、农村“一户多宅”整治以及征地拆迁工作。综合推进山区农民饮用水工程和小舜江饮用水工程。

加强基础设施建设。开展城际轨道交通沿线开发利用规划研究，编制城区低效空间利用等专项规划。加快104国道柯桥城区段高架、钱滨线、新客运中心等重大交通项目建设，做好城际轨道交通、杭绍台高速等项目前期工作，争取启动与绍兴中心城区对接的有关交通项目建设。

**3.着力深化生态建设。**按照“空气清新、水体清澈、环境清洁”的目标要求，继续大力提升区域生态环境质量。

深入开展“五水共治”。认真实施三年行动计划，切实抓好治水项目建设。加强以“五清十抓”为重点的治污工作，巩固“三河”整治成果，深化印染行业整治提升、小微排污企业及低小散企业整治、规模畜禽养殖场生态化治理，加快城乡生活污水收集系统建设，加强河道清理疏浚。深化“河长制”，建立健全断面水质监测、考核、督查、通报机制。

积极实施“五气共治”。完成印染行业定型机“煤改气”和热电企业脱硫脱硝改造。认真执行能源消费总量和用能强度“双控”制度，加快热电企业布局调整，做好新风热电等关停工作。抓好机动车尾气和建筑工地扬尘防治、禁止露天焚烧垃圾等工作。

加强环境综合整治。严格环保执法，强化科技监管，严厉打击环境违法行为。全面推行工业污泥和废油规范化运输处置。认真实施滨海工业园区国家级循环化改造示范试点。广泛开展集镇、村庄和主要道路、河道两侧环境综合整治。继续抓好平原绿化、“四边三化”，加快森林健身游步道建设，加强森林系列创建，实现森林城镇全覆盖。

**4.着力推进改革开放。**巩固改革开放的良好势头，再接再厉、乘势而上，不断增强发展的动力活力。

深化行政体制改革。改进领导区域发展的方式方法，扎实开展“十三五”规划编制。完成新一轮政府机构改革，落实“四张清单一张网”制度。深入开展企业投资项目高效审批改革和不再审批改革试点，促进行政审批再提速提质。完善国有企业绩效考核机制，加强和规范国有资产管理。

深化要素市场改革。坚持和深化“亩产论英雄”理念，全面实施资源要素市场化配置综合配套扩面改革，推动要素资源向优质企业、优质项目倾斜。加快土地“二次开发”，推动土地保障从依赖增量为主向依靠盘活存量为主转变。深化投融资体制改革，探索政府购买公共服务，推行政府与社会资本合作模式。深化民间融资管理创新省级试点，推动企业股改与上市，积极参与多层次资本市场建设。深化农村确权赋权改革，完成村股份合作制改革和农房确权登记工作。

深化开放发展。突出招商选资“一号工程”，推动浙商、越商、轻纺城布商回归，大力引进一批对区域经济有持续支撑力、拉动力的重大产业项目。研究落实“一带一路”和长江经济带等国家战略对接工作，优化外贸结构、稳定出口增长，鼓励企业进口先进技术和关键设备，进一步提高对外开放水平。继续抓好江山—柯桥山海协作产业园共建工作。

**5.着力保障改善民生。**认真解决人民群众最关心、最直接、最现实的民生问题，不断提高人民群众的安全感、幸福感和自豪感。

抓社会事业优化提质。务实推进教育内涵提升、优质发展，加快浙工大之江学院和浙江树人大学杨汛桥校区建设。做好市八运会承办和参赛工作，推动全民体育健身运动蓬勃开展。加快妇女儿童医院、中医院扩建等项目建设，抓好区镇村卫生一体化综合管理试点，积极引进社会资本举办优质特色民营医疗机构。深化文化惠民工程，提升发展越剧、莲花落等地方戏曲，做深做精“幸福水乡才艺秀”等群众文化，深化农村文化礼堂建设，启动王守仁墓保护利用工程。提高公共交通水平，优化硬件设施、运行线路和管理服务，努力打造全国县（区）级一流公交。

抓社会保障扩面提档。扎实做好就业保障工作。开展全民参保登记，调整完善城乡居民养老保险和大病医疗保险政策。加快公共租赁房、安置房建设。加快社会福利中心二期、居家养老服务机构等建设。积极构建新型社会救助体系，做好弱势群体、困难群众帮扶等工作，促进儿童、残疾人、老龄、慈善等事业健康发展。

抓社会治理创新提效。深化平安创建，力争省平安县（区）"十连冠"。坚持和发展"枫桥经验"，认真抓好完善人民调解组织网络、基层矛盾纠纷处置、社区矫正、志愿服务体系建设等工作。加强信访维稳，高度重视抓好初信初访和信访积案化解。深化流动人口积分制管理，推进流动人口属地化管理，努力优化流动人口结构。加强舆情管理，深化"网络民生直通车"机制，加快基层社会治理信息化建设，有效预防和处置群体性、突发性事件。加强反恐及特殊群体维稳工作，整治治安突出问题。加大安全生产排查整治和食品药品安全监管力度。提升村级治理水平，深化民主法治村（社区）等创建，加强村规民约等社会规范建设，推行法律顾问进村入企，确保村级社会安定有序。

**三、全面深化法治柯桥建设**

党的十八届四中全会作出全面推进依法治国的重大决定，省委、市委也分别就全面深化法治建设作出具体部署。柯桥区要实现新常态下新发展，全面深化法治柯桥建设的地位更突出、作用更重大、任务更艰巨。柯桥区要切实增强政治自觉、思想自觉、行动自觉，明确具体的路线图、任务书和责任状，一项一项抓好落实，不断开创法治柯桥建设新局面。

**1.致力提高依法执政能力。**积极遵守和维护宪法法律，以宪法为根本活动准则，认真贯彻落实宪法宣誓制度，开展国家宪法日活动。严格遵行党章，切实加强党内规范性文件制度建设。完善党的领导体制和执政方式，自觉以法治的理念、法治的体制、法治的程序开展工作。坚持党委总揽全局、协调各方的领导核心作用，坚持和完善人民代表大会制度，支持和保障人大及其常委会依法行使监督、决定、任免等职权；坚持和完善中国共产党领导的多党合作和政治协商制度，支持和推动协商民主广泛多层制度化发展；领导和支持工青妇等群团组织在法治建设中发挥积极作用。教育引导党员干部加强法治学习和法治实践，不断提升领导干部运用法治思维和法治方式解决问题的水平。

**2.致力建设法治政府。**加快政府职能转变，深化"四张清单一张网"建设，深化行政审批制度改革，推动公共资源市场化配置。坚持依法科学民主决策，严格执行公众参与、专家论证、风险评估、合法性审查、集体讨论决定等重大行政决策法定程序。完善行政执法体制机制，理顺城市管理执法监管体制，推动执法重心下移，加强重点领域综合行政执法。规范行政执法行为，依法惩处各类违法行为，进一步规范行政执法自由裁量权，全面落实行政执法责任制，加强行政执法监督，完善行政执法程序，切实提升执法标准化精细化水平。

**3.致力推进公正司法。**落实好上级深化司法体制改革的举措，确保司法机关依法独立行使职权。规范司法行为，完善司法办案的程序规则、质量标准，完善防错纠错"制度链"。推进阳光司法，完善司法公开的方式和途径，保障人民群众参与司法。加强政法队伍建设和律师队伍教育管理。

**4.致力建设法治社会。**促进全社会学法尊法守法用法，认真实施普法规划，健全完善"谁执法谁普法"的普法责任制，突出抓好国家工作人员、企业家、青少年和外来务工人员的法治教育，紧紧围绕中心工作拓展法治实践平台，着力推动形成办事依法、遇事找法、解决问题用法、化解矛盾靠法的法治环境。推进基层依法治理，充分发挥基层党组织的核心作用，加强基层法治机构和法治队伍建设，深入开展法治创建活动，把握好德治、法治、自治的关系。健全依法维权和化解纠纷机制，增强群众依法维护权益意识，引导和支持群众理性表达诉求，有效化解社会矛盾。加强法律服务，推动法律服务资源向基层倾斜。创新发展"枫桥经验"，提升平安建设法治化水平。健全权力运行制约和监督体系，不断加强党内监督、人大监督、民主监督、社会舆论监督等，促进权力规范透明运行。

**四、坚决落实从严治党要求**

牢固树立"抓党建就是抓发展、抓发展必须抓党建"的理念，增强管党治党意识、落实管党治党责任，为柯桥区实现新常态下新发展提供坚强保证。

**1.坚持抓人促事**。严格执行纪律，加强对政治纪律执行情况特别是区委区政府中心工作落实情况的监督检查，确保政令畅通。巩固拓展教育实践活动成果，不折不扣抓好整改落实、建章立制工作，切实防止“四风”反弹。坚持正确的用人和工作导向，加强领导干部日常履职管理，完善领导干部社会化评价，加大后备干部和民主党派、无党派干部培养力度，创造有利于青年干部脱颖而出的良好环境，引导干部践行“三严三实”。开展公务人员集中学法，推动公务人员增强法治意识、依法执行公务、大胆严格执法。加强“三合适”村干部队伍建设，树立“杭兰英”式村干部典型，加大对不称职村干部处置力度。全面落实党风廉政建设“两个责任”，强化制度约束、正风肃纪和廉政教育，健全完善“不能腐、不敢腐、不想腐”的长效机制。

**2.凝聚发展合力**。坚持区委理论学习中心组专题研讨战略课题，更好集思广益、形成共识推进区域又好又快发展。完善区委议事规则和决策机制，充分发挥班子整体合力。深化“一个党委、三个党组、几个口子”领导体制，更好支持人大、政协“一线”作为，支持政府职能转变、法院和检察院独立行使职权，支持工青妇等群团组织发挥作用，全面做好老干部、民族宗教、外事侨务等工作，形成齐心协力促发展的局面。加强打造“时尚柯桥、印象柯桥、幸福柯桥”的主题策划宣传，更好汇聚发展正能量。

**3.夯实基层基础**。加强村级组织规范化建设，健全农村集体“三资”管理等制度体系，建立村（社区）事务准入制，推进村级治理现代化。加强服务型党组织建设，深化“民情通”、“两地报到、双岗服务”等机制，增强干部服务基层、服务群众的意识和能力。推进基层党建创新，认真开展农民专业合作社、家庭农场、村转社区等农村基层党组织建设全国试点，创新村级集体经济发展路子，继续抓好重点帮扶村整转等工作，不断提升基层党组织的活力。

**4.促进干部转型**。经济发展新常态需要干部转型。面对新常态下的经济形势，有些干部观念“转不过弯”，对新形势“把不准脉”，找不准转型的方向、调整的路径，导致知行脱节；有的干部发出“为官不易”的感叹，思想上出现“不求有功，但求无过”的倾向，工作满足于表面过得去、形式上能应付；有的干部缺乏担当精神，工作迈不开步，对区委、区政府的部署简单机械地跟着走、看着走，不思进取，不主动谋划作为；对一些成因复杂、久拖不决的“老大难”问题，缺乏应有的责任担当。柯桥区正处于爬坡越坎、不进则退的关键时候，最需要弘扬“靠作风吃饭、凭实绩说话”优良传统，“时尚柯桥、印象柯桥、幸福柯桥”这“三个柯桥”不是说说的，靠真抓实干、脚踏实地，一步一个脚印去干出来的，全面提振干部精气神，加快干部转型。要转变思想观念、转变思维方式、转换时空方位，适应时代潮流、适应新的发展要求，把各级干部培养成“学习型、创新型、实干型、效能型、担当型”兼而有之的干部。要有干一番事业的抱负，多做打基础、利长远的事，多做必须得罪人、敢于得罪人的事，多做大多数老百姓盼望的、急需必需的事，珍惜难得的历史机遇和干事舞台，怀着“人生能有几回搏”的豪情，用心谋事、专心做事、尽心成事，创造出无愧于人民、无悔于人生的业绩。要支持想干事、真干事的干部，使混日子、搞花架子、只想保位子的干部没有市场，这样的干部，如果不转观念、不转作风，只能换位子，要有明晰的氛围和用人导向。要有“拼命三郎”的狠劲，有锐气、敢于涉险创新，有勇气、敢于担当担责，有底气、善于底线思维，以“舍我其谁、责无旁贷”的气概狠抓工作落实。要有勇当排头兵的自觉，拉高标杆、提升标准，跟快的赛、同强的争、向高的攀，工作争创一流，确保柯桥区继续走在前列。要强化干部监督管理，让敢担当、有作为的干部有舞台、有地位；对不作为、慢作为、乱作为的干部，严格落实问责机制，促进干部在岗在位在状态，让重实干、重实绩在干部队伍中蔚然成风。

名词解释

**农业“两区”**：粮食生产功能区、现代农（林）业园区。

**“两化”**：工业化和信息化。

**“机器换人”**：以现代化、自动化的装备来提高劳动生产率和提升传统产业，努力实现减员增效、减能增效、减耗增效、减污染排放增效和提高优质产品率、提高全员劳动生产率等目标。

**“三重三爱”**：重投入、重管理、重创新，爱主业、爱资源、爱家乡。

**“十大百亿”交通工程**：总投资超百亿元的十项与交通相关的工程，包括钱滨线，104国道柯桥城区段高架改造，104国道南复线改造，柯桥客运中心客运站场，平水和滨海公交枢纽工程，钱江三通道安置房项目，绍大线综合改造工程，杭金衢高速连接线综合改造工程，杭甬高速、绍诸高速公路等四条通道绿化工程，国际物流二期项目。

**“智慧天网”**：通过建设治安动态（社会化）视频监控网络、智能型交通管理体系和智能化业务系统，在全区范围内实现全覆盖、立体化、数字化、共享型的社会管理服务网。

**“三改一拆”**：拆除违法违章建筑，促进旧住宅区、旧厂区和城中村改造。

**“五水共治”**：治污水、防洪水、排涝水、保供水、抓节水。

**“三河”**：黑河、臭河、垃圾河。

**定型机“煤改气”**：将印染企业的燃煤锅炉实施天然气替代改造，不得再使用煤炭、重油等高污染燃料。

**农村“三地一制度”**：承包地、宅基地、农村集体建设用地和农村土地资产管理制度。

**“五大保险”**：基本养老保险、基本医疗保险、工伤保险、失业保险、生育保险。

**“四院”建设**：妇女儿童医院、中医院扩建（老年康复医院）、第三医院、口腔医院。

**“四风”问题**：形式主义、官僚主义、享乐主义和奢靡之风。

**“三合适”**：说合适的话、用合适的方式、做合适的事。

**“三多”**：机构牌子多、考核评比多、创建达标多。

**“两地报到、双岗服务”**：在职党员干部到居住地和出生地（成长地）报到并服务。

**“两个责任”**：党委主体责任和纪委监督责任。

**“双重战略”**：重构绍兴产业、重建绍兴水城。

**“两富两美”**：物质富裕、精神富有，美丽柯桥、美好生活。

**“一城三园”**：柯北现代物流城、中国轻纺城现代物流园、滨海现代物流园、钱清现代物流园。

**“三名”工程**：名企、名家、名品。

**“鉴湖英才计划”**：根据“人才强区”战略，围绕纺织产业转型升级、新兴产业培育壮大、社会事业提质进步，依托轻纺人才集聚工程、金种子人才引育工程、社会事业“六名工程”，引进集聚高层次人才创业创新的人才工作计划。

**“下升上”**：扶持小微企业发展成为主营业务收入达到2000万的规模以上工业企业。

**“个转企”**：支持个体工商户转型发展成为民营企业。

**“五清十抓”**：清污、清淤、清障、清养、清违，抓工业污水偷排漏排、抓生活污水纳管整治、抓建筑泥浆处置监管、抓河道连通疏浚、抓主要河道清淤、抓箔桩船屋沉船清理、抓畜禽养殖清养关停、抓水产养殖限养清迁、抓乱搭乱建乱堆清理、抓水域非法填占整治。

**“五气共治”**：控烟气、降废气、减尾气、消油气、除臭气。

**“四边三化”**：公路边、铁路边、河边、山边实施洁化、绿化、美化行动。

**“四张清单一张网”**：政府权力清单、企业投资项目负面清单、财政专项资金管理清单、责任清单及政务服务网。

**“一带一路”**：建设“新丝绸之路经济带”和“21世纪海上丝绸之路”国家战略构想。

**“三严三实”**：严以修身、严以用权、严以律己，谋事要实、创业要实、做人要实。

# 绍兴市柯桥区人民代表大会常务委员会工作报告（摘要）

## ——在绍兴市柯桥区第十四届人民代表大会第四次会议上

绍兴市柯桥区人民代表大会常务委员会主任 吴 晓

（2015年1月29日）

2014年以来，柯桥区人大常委会在区委的正确领导下，围绕全区经济社会发展大局，紧密团结和依靠广大代表和选民，认真履行法定职责，务实开展工作。一年来，听取和审议专项工作报告22个，作出决定、决议和审议意见13个，组织执法检查、视察活动9次，依法任免国家机关工作人员64人次，任命人民陪审员71名，圆满完成了区十四届人大三次会议确定的目标任务，为促进全区经济社会发展和民主法治建设，发挥了应有的作用。

### 一、围绕中心，服务大局，积极助推全区改革发展

常委会坚持在区委的领导下定位和谋划工作，认真贯彻区委十三届五次、六次全会精神，集中力量推动区委重大决策落实，全力服务改革发展大局。

**跟踪督查“五水共治”决策落实。**以贯彻落实区十四届人大三次会议《关于全面提升城镇水患防御能力议案的决议》为主线，年初，组织常委会组成人员、代表深入基层进行座谈调研、实地暗访，听取审议区政府关于执行议案决议的实施方案和关于开展以清水工程为主要内容的“五水共治”工作情况报告，进行专题询问，提出审议意见；年中，组织代表视察城区活水工程及防洪排涝河道整治一期工程建设情况，专题听取全区畜禽养殖污染防治工作情况报告，并对区政府执行落实常委会审议意见情况进行跟踪督查；年末，专题听取和审议区政府执行议案决议情况报告。通过多种形式的持续跟踪督查，有力推进区政府加大治水力度，为全区“五水共治”营造良好氛围，推动区委“五水共治”决策的有效实施。

**持续关注“工业强区”和“服务业兴区”战略实施。**围绕区委的两大战略，通过常委会会议、主任会议、代表视察等形式，对全区工业创新驱动、

文化产业发展、中国轻纺城“二次创业”、旅游业发展、政府重点工程建设等工作持续开展跟踪督查，督促政府进一步优化政策扶持，强化要素保障，形成工作合力，大力推进工业的转型和服务业的提升发展，致力打造经济发展的升级版。

**积极助推行政审批制度改革。**组织常委会组成人员、代表和部门负责人深入镇街特别是企业，专题进行调研和视察，征求意见建议，听取区政府相关工作情况报告。提出要坚持改革问计于民，着力攻坚克难开拓创新，进一步优化审批服务，加强区行政服务中心及分中心建设，扎实推进企业投资项目不再审批等省级试点和权力清单制度的实施，促进政府加快行政职能转变。

**强化计划预算执行监督。**专题听取和审议区政府国民经济和社会发展计划、财政预算执行以及审计工作报告，批准上年度财政决算报告，督促区政府进一步采取措施提振企业发展信心，坚持发展实体经济，量力而行保障重点投资，着力推行全口径预算，有效防范债务风险，保障全区经济社会健康平稳协调发展。

**二、加大力度，注重实效，坚持推进民主法治建设**

常委会坚持依法治区不动摇，把保证法律法规在全区的有效实施放在重要位置，加大监督力度，不断推进依法行政和公正司法，努力为全区经济社会发展营造良好法治环境。

**认真开展执法检查。**先后对大气污染防治法、安全生产法、职业教育法等法律法规执行情况和社区矫正工作进行监督检查，对存在的问题提出整改意见，督促政府进一步增强法制意识，严格认真执法。同时，还配合省人大常委会开展科技进步法、出入境管理法、浙江省饮用水水源保护条例等实施情况检查。

**加大司法监督力度。**专题听取和审议区法院、区检察院贯彻落实法官法、检察官法工作情况报告，督促“两院”加强队伍建设。同时，还就解决“两院”中存在的案多人少等突出问题，提出审议意见。在广泛调研的基础上，制定出台关于监督司法机关工作的办法，并根据该办法对“两院”新任命干部进行任前资格审查和工作考察，既监督支持司法机关依法行使职权，促进公正司法，又推动司法监督的制度化和规范化。

**清理不适应改革的法律法规。**根据省人大常委会的统一部署，在全区机关部门和人大代表中开展“查找不适应全面深化改革要求的法律法规条文”主题活动，为推动法律法规“立、改、废”积极建言献策，共收集各方意见建议67条，涉及26部法规，归纳形成建议意见，上报省人大常委会研究处理。

**切实做好人大信访工作。**坚持把人大信访工作作为了解社情的重要窗口和疏通民意的有效途径，全面落实领导干部下访接访制度，注重信访问题的分析研究。共接收群众来信来访210件（次），积极协调督促有关部门依法妥善处理，维护群众的合法诉求。

同时，常委会依法做好规范性文件备案审查工作，促进政府政策文件的依法规范。

**三、尊重民意，关注民生，切实维护群众根本利益**

常委会紧紧围绕事关民生改善的热点难点问题，认真履行职责，切实维护人民群众的根本利益，促进发展成果更好惠及人民，不断提升人民群众的幸福指数。

**关注农村住房解困工作。**针对人代会上代表的强烈反映，深入镇村、农户开展调查研究，专题听取工作情况报告，建议区政府进一步摸清困难户家底，针对群众的实际需求，不断完善解困政策，因地制宜创新解困模式，形成合力强化要素保障，加快推进全区农村住房解困工作深入实施。

**关注医疗机构基础建设。**组织代表专题视察区妇女儿童医院、中医院、第三医院、口腔医院建设工作，针对第三医院出入口安全、中医院扩建融资、妇女儿童医院和中医院编制问题等提出意见建议，有力助推了“四院”工程加快建设。

**关注农贸市场改造升级。**跟踪督查农贸市场三年改造提升计划落实情况，提出要继续攻坚克难加快推进，加大对改造难点问题的协调解决，建管并举落实长效管理机制，全力落实省政府提出的放心农贸市场创建工作，尤其是要高度重视市场食品安全监管，保障人民群众饮食安全，真正把这一民生工程办实办好。

**关注公共交通提升发展。**专题听取区政府相关工作报告，提出要始终确立“公交优先”战略，突出公交的公益属性，坚持政府主导，高起点规划建设，进一步完善公交扶持政策，改进管理经营方式，合理优化线网布局，及时更新车辆设备，加强公交队伍建设，真正实现公交为民，努力打造全国一流县域公交。

同时，常委会还就区十四届人大三次会议上区政府工作报告提出的十件实事工作开展督查，督促区政府抓质量、抓进度，全力保障和推进实事工作，认真履行好对代表的庄严承诺。

**四、搭建平台，优化服务，充分发挥代表主体作用**

常委会始终坚持代表主体地位，把代表工作作为基础工作来抓，不断优化服务保障，积极搭建履职平台，支持和保障代表依法履职，不断增强代表工作的活力和成效。

**全面推行代表联络站建设。**按照省、市统一部署，总结完善兰亭镇试点经验，在全区全面推行代表联络站建设。特别是指导各镇街结合实际，探索出多种富有成效和特色的联络站模式，得到省、市人大常委会的肯定和兄弟县（市、区）的学习借鉴。全区各镇街已全部建立代表联络站，为代表更好联系服务选民提供了有效的履职平台。

**指导开展届中评议镇级政府工作。**针对届中实际，组织代表在走访选民、调研视察的基础上，专题听取政府工作报告，开展小组和集中评议，提出评议意见400多条，督促政府及时整改落实。通过评议活动，促进了政府工作的改进，帮助解决了不少民生问题，增强了政府的工作责任，推动了基层民主的更好发展。

**认真督查代表建议办理。**区十四届人大三次会议上代表共提出议案建议243件。常委会督促区政府进一步规范完善建议办理程序，落实办理责任，坚持常委会领导分工督办重点建议制度，通过开展视察督办、现场督办、绩效评估和满意度测评等方式，督促政府及部门认真负责地执行好议案决议、办好代表建议，注重解决实际问题，不断提升办理成效。同时，指导代表在闭会期间继续履行职责，提出并督办代表“直通车”建议15件。

**加强镇街人大工作指导。**配合省人大常委会开展镇街人大工作调研，积极提出改进镇街人大工作的意见建议。指导各镇依法开展代表补选、召开人代会，全面推行镇政府实事工程代表票决制和街道财政预算监督管理，积极鼓励开展工作创新，丰富了基层人大工作实践，进一步增强了全区人大工作的合力。

**五、改进作风，加强自身，努力提升履职能力水平**

常委会适应新形势新任务的要求，始终坚持高标准严要求，通过转作风强素质，切实加强自身建设，不断提高履职能力和水平。

**深入开展党的群众路线教育实践活动。**常委会党组及机关根据上级统一部署，围绕密切联系代表和群众的自身特点，认真扎实开展好教育实践活动各环节工作。活动中提出的15项24条整改措施已基本落实到位，特别是常委会提出的《关于改进作风，密切联系服务代表和群众的意见》得到了代表和群众的广泛认可和肯定。

**狠抓干部学习培训。**组织人大干部赴全国人大培训基地进行培训，接受人大工作新理念，学习交流先进经验。坚持“人大讲坛”活动，开展“学习四中全会精神，增强人大制度自信”专题辅导，组织监督法、森林法、劳动合同法等法律法规和宗教、司法、宣传信息等业务讲座，进一步提升干部的政治、法律和业务水平。

**完善常委会机构和制度建设。**在区委的关心支持下，增设了区人大常委会研究室，既完善了常委会内部机构设置，又进一步加强和推动了新形势下人大制度的理论研究。制定出台常委会《关于加强决议、决定和审议意见监督落实的办法》《关于行使监督职权情况向社会公开的办法》等制度，促进常委会监督职能更加有效地发挥。

**加强人大制度和工作宣传。**以纪念人民代表大会制度建立60周年为契机，通过召开座谈会、举行人大知识竞赛、在《柯桥日报》上开展专版宣传等系列活动，在社会上营造坚持和完善人大制度的良好氛围。高度重视人大宣传信息工作，多篇工作经验介绍被《中国人大》《浙江人大》《浙江人大信息》等刊物录用，进一步增强柯桥区人大工作的影响力。

2014年人大常委会取得的工作成绩，是区委正确领导，“一府两院”大力支持，人大代表监督参与，部门、镇街密切配合，常委会全体组成人员共同努力的结果。

当然，也清醒地认识到，工作中还存在不少问题和不足，主要表现在：审议监督的质量有待进一步提高，对决议、决定和审议意见的监督落实有待进一步增强，代表主体作用的发挥有待进一步激发，常委会自身建设有待进一步加强等，都需要在此后的工作中认真研究、努力改进。

2015年区人大常委会工作的总体要求是：认真贯彻落实党的十八大和十八届三中、四中全会、区委十三届七次全会以及区委人大工作会议精神，进一步增强人大制度自信，坚持党的领导、人民当家作主和依法治国有机统一，全力推进依法治区，主动服务改革发展，充分行使宪法和法律赋予的各项职权，为致力打造“时尚柯桥、印象柯桥、幸福柯桥”作出新的贡献。

根据上述总体要求，重点做好以下五方面工作：

**一、坚持区委领导，在服务中心大局上彰显新作为。**始终把坚持党的领导作为人大工作的根本原则，始终把围绕中心服务大局贯穿于依法履职的全过程，充分发挥监督作用，推动区委重大决策部署的贯彻落实。视察鉴湖水域综合整治工程建设，促进鉴湖水域保护治理，继续推进“五水共治”；督促“三改一拆”工作，营造氛围加大攻坚力度，确保各项任务全面落实；关注现代服务业发展、电子商务培育、中纺CBD建设、高新技术产业发展，持续推进区委“服务业兴区”和“工业强区”战略的实施；聚焦美丽乡村，加快建设社会主义新农村；听取和审议国民经济和社会发展计划、财政预算执行及审计工作报告，特别是加强对全口径预算的审查监督，跟踪督查审计查出问题的整改落实情况，保障柯桥区经济持续平稳健康发展。

**二、坚持依法治区，在推进法治柯桥上发挥新作用。**始终把民主法治建设放在突出位置，强化法律监督，推动依法治国方略在柯桥区的贯彻落实。组织国家机关工作人员认真学习宪法，落实常委会任命干部向宪法宣誓制度，促进国家机关工作人员进一步依宪行政；督查“六五”普法工作，在全社会营造良好法治氛围；积极配合上级人大开展立法调研和执法检查，对统计法、非物质文化遗产法、科技进步法、浙江省流动人口居住登记条例等执行情况开展督查，确保法律法规在柯桥区有效贯彻实施；加强法院金融审判工作监督，维护市场经济主体合法权益；重视检察院监所检察工作，促进监管人员严格公正执法；加强规范性文件备案审查工作，确保政府法制统一；认真做好人大信访工作，畅通人民群众合法表达利益诉求的渠道。

**三、坚持履职为民，在改善民生福祉上作出新努力。**始终以人为本、关注民生，把实现好、维护好、发展好人民群众的根本利益，作为人大工作的出发点和落脚点。跟踪督查大气污染防治工作，开展专题询问，促进政府加大力度持续改善空气质量；关注分级诊疗和村级卫生室建设，加快实现优质医疗资源的共享，缓解老百姓看病难和看病贵问题；积极推动交通投资建设，为经济发展和百姓出行提供有力的交通保障；重视山区森林休闲旅游业发展，促进山区特色旅游，帮助农民增收致富；视察政府实事工作和重点工程，确保实事工作和重点工程优质快速推进，早日惠及人民群众。

**四、坚持服务代表，在促进代表履职上激发新动力。**始终把推进代表工作的常态化、长效化、制度化作为主方向，加强平台建设，创新载体形式，强化服务保障，促进代表主体作用充分发挥。坚持常委会组成人员联系代表制度，指导代表依法履职，帮助解决实际问题；丰富闭会期间代表活动，组织开展座谈、调研、视察、检查等，扩大代表有序参与民主政治；全面指导各镇街开展代表向选民述职活动，不断增强代表的履职意识，更好接受选民监督；巩固和扩大代表联络站（室）建设成果，继续探索建立代表联系选民有效机制，开展“代表走进选区”活动，帮助搜集反映或协调解决选区选民碰到的困难和问题；加强代表议案建议工作，完善代表议案处理规定和建议办理办法，坚持开展建议办理工作绩效评估活动，不断增强督办成效，继续通过闭会期间代表建议“直通车”反映解决民情民生问题；根据上级人大的指导性意见，进一步研究完善乡镇人大议事规则和人大街道工委暂行办法，推进镇街人大工作制度化、规范化建设。

**五、坚持加强自身，在提升履职水平上取得新成效。**始终把加强自身建设作为重要任务，狠抓常委会组成人员和干部的能力素质建设，不断提升人大工作水平。坚持执行好机关学习制度，充分发挥

"人大讲坛"学习主平台作用，加强党的理论、法律法规和业务知识学习，推动人大理论研究和实践创新，不断提升常委会整体履职水平；健全贯彻党的群众路线的长效机制，认真落实常委会《关于改进作风，密切联系和服务代表和群众的意见》，使常委会工作更好地植根于代表和群众；坚持实施人大工作公开，自觉接受社会的监督；加强人大宣传信息工作，不断提升柯桥区人大工作的影响力。

# 政府工作报告(摘要)

## ——在绍兴市柯桥区第十四届人民代表大会第四次会议上

绍兴市柯桥区人民政府代区长　阮建尧

(2015年1月28日)

### 一、2014年主要工作

2014年是柯桥撤县设区的开局之年。一年中,面对复杂严峻的宏观经济形势,区政府在上级党委、政府和区委的坚强领导下,认真执行区人大及其常委会的各项决议、决定,坚定信心,积极作为,攻坚克难,全力推进经济、城乡、社会转型升级,全区经济社会实现平稳较快发展。全年实现生产总值1137.6亿元,增长6.3%;财政总收入145.1亿元,增长9.4%,其中公共财政预算收入82.0亿元,增长8.2%;研究与试验发展经费支出占生产总值比重为2.1%;固定资产投资576.9亿元,增长17.4%;社会消费品零售总额210.3亿元,增长15.2%;自营出口110亿美元,增长4.6%;城镇常住居民人均可支配收入46809元、农村常住居民人均可支配收入26743元,分别增长9.1%和10%;城镇登记失业率2.65%;人口自然增长率3.8‰;第六次被评为"中国全面小康十大示范区",各项工作取得明显成效。

**(一)重抓两大战略,经济转型升级步伐加快。**积极实施"工业强区"和"服务业兴区"战略,推动经济结构调整,三次产业结构调整为2.9∶55.4∶41.7。着力加强项目建设。"五大千亿工程"全面启动,完成工业投资291.8亿元、服务业投资284.1亿元,分别增长17.1%和18%,引进投资5亿元以上项目10只,落实浙商回归项目49只、到位省外资金55.2亿元。提升发展现代农业。新建粮食生产功能区1.25万亩,成功创建省级现代农业综合区、省出口茶叶质量安全示范区。加快工业转型升级。实现规模以上工业产值3493.5亿元,其中战略性新兴产业产值868.6亿元。印染产业集聚升级工程累计13只项目竣工投产。创建成为省"两化"深度融合国家综合示范区,完成"机器换人"项目677只。科技园、创意园基本建成,实现创意设计营业收入7.6亿元,增长16.4%。新增国家高新技术企业13家,中国驰名商标2件,授权专利3735项,其中发明专利116项,制订和参与修订国家标准、行业标准58项，引进省级以上“千人计划”人才8人。积极做大做强服务业。实现服务业增加值474亿元，增长8.7%，占生产总值比重提高2.1个百分点。新建电商产业园区2个、新增电商应用企业500余家，实现旅游总收入141.5亿元，增长16.2%，大香林二期、金沙·东方山水等项目进展顺利。完成建筑业产值1866亿元，增长16.6%。轻纺城西市场启动改造，轻纺城市场群实现成交额1238.1亿元，增长12%，“网上轻纺城”实现成交额112.7亿元，增长89.8%。

**（二）重抓五水共治，生态环境质量持续改善。**按照重建绍兴水城的要求，大力开展以“五清十抓”为重点的水环境治理，启动实施“五水共治”三年行动计划，开工建设65只项目，完成投资108.7亿元。158家印染企业完成原地整治提升，关停小微排污企业905家。完成河道清淤200万立方米，整治垃圾河137条、黑臭河82条，拆除拦河筑坝113条。加强养殖清养整治，累计关停畜禽养殖场874家，清迁河道水产养殖10581亩。城区和集镇生活污水收集处理率分别提高到87%和35%，45个村实施生活污水收集治理改造,完成32个村。深入实施“蓝天行动”，完成热电机组脱硫改造11台、脱硝改造8台、定型机“煤改气”699台，淘汰黄标车2851辆。抓好平原绿化工程，完成绿化5122亩，创建省森林城镇2个、森林村庄5个。健全刷卡排水、排气、排泥自动监控系统，加强污泥、渣土规范运输处置，淤泥脱水固化处理项目建成投用。狠抓节能降耗，华舍热电、浙江玻璃、南方水泥等实施关停，规上工业增加值综合能耗下降5.9%。健全大气污染监测预警机制，省级气象现代化示范区创建顺利推进。

**（三）重抓建设管理，城乡一体发展呈现新面貌。**开展柯桥水城规划研究，编制完成城市排水防涝等规划。柯桥—杭州城际轨道交通项目获得国家发改委批复同意，104国道柯桥城区段高架、钱滨线等项目开工建设，全面完成第一轮113公里的县乡道路改造。轻纺城体育中心建成投用，坂湖公园、中纺CBD等项目顺利推进，青少年宫基本建成。提档改造城市老小区18个。新增公共自行车4000辆，站点增至126个。城市“智慧天网”启动建设。完成“三改”222万平方米，拆除违章建筑201万平方米，“无违建区”创建积极实施。开展主要道路两侧广告牌、违建坟墓等专项整治，拆除大型广告牌391块、违建坟墓498穴。调整完善货币化拆迁安置政策，解决了一批拆迁遗留问题，完成拆迁125万平方米、交地2275亩。加强城市精细化管理，数字城管水平不断提升。加快小城市培育建设，6个省、市级小城市完成基础设施投资21.7亿元，钱清镇获省小城市培育试点考核优秀。推进美丽乡村“四大行动”计划，开展“鲜花进村入户”活动，新启动改造“空心村”10个、面积120亩，完成宅基地置换510户，完成农村住房解困1927户、累计完成率73%。

**（四）重抓社会事业，公共服务水平不断提高。**全年公共财政用于民生支出53.8亿元，增长7.4%，区政府十件实事基本完成。浙江工业大学之江学院建设顺利推进，引进落户浙江树人大学杨汛桥校区。名师、名校引进培育工作进一步加强，外来务工人员子女就学管理得到规范，教育现代化达标区建设取得积极进展。成功协办省第十五届运动会。妇女儿童医院等建设如期实施，医疗服务“基层首诊、分级诊疗、双向转诊”工作全面启动，建成标准化村卫生室103家。全面落实“单独两孩”政策。“幸福水乡才艺秀”等文化活动蓬勃开展。浙东古运河柯桥段和古纤道成功入选世界文化遗产名录。区档案馆、老年活动中心建成投用。村（社区）社保平台全面建成，新增城镇就业1.9万人，新参加“五大保险”7.2万人。启动社会福利中心二期建设，新增社区居家养老中心78家。向困难群众发放社会救助金1.86亿元，增长12.8%。实施“绍兴人免费游绍兴”政策。29件省市督办信访积案全部化解，“大调解”工作机制进一步健全，连续第九年创建成为省“平安区”。创建省级以上民主法治村4个。人感染H7N9禽流感等疫情得到有效防控。支持工青妇、科协、文联、红十字会、商会等组织开展工作，老龄、关心下一代、残疾人、慈善等事业健康发展。国防动员、民兵预备役、双拥、人防、国家安全和统计、档案、史志、民族宗教、外事侨务、对台事务等工作取得新成绩。

**（五）重抓改革创新，政府服务效能得到提升。**企业投资项目高效审批改革取得明显成效并在全省推广，企业投资项目不再审批、农村土地使用管理制度创新、民间融资管理创新等省级试点顺利开展。资源要素市场化配置综合配套改革启动实施。土地评估实行市场化运作。建立失信人员“黑名单”等制度，着力建设“信用柯桥”。加快国企改革，调整完善城市、交通、旅游等建设体制机制。深化农村改革，169个村经济合作社完成股份合作制改革，农房登记发证工作全面展开，新增土地流转3300亩。加快政府职能转变，市场监管、卫生计生等部门机构改革落实到位。制定政府权力清单和责任清单，削减政府职权事项4079项。强化要素保障，新增建设用地指标3237亩，盘活存量土地1420亩、低效建设用地1229亩。会稽山酒业成功上市，引进银行机构3家，金融机构贷款余额1285亿元，增长2.9%。

一年中，区政府始终把优作风、抓落实放在突出位置，认真组织开展党的群众路线教育实践活动，组织实施“三重三爱”主题活动。自觉接受人大监督、政协监督，代表建议、委员提案办理质量进一步提升。环境保护、国土资源、安全生产、城乡环境、食品药品安全和流动人口等“六大管理”得到巩固深化。严格管理财政支出，“三公”经费下降35.4%。审计、监察、国有资产监管和行政复议等工作得到加强。

经过全区上下和全区人民的共同努力，较好地完成了区十四届人大三次会议确定的主要预期目标和各项任务。这一成绩来之不易，是在区委坚强领导下，全区人民团结一心、攻坚克难、扎实工作的结果。

也清醒看到，政府工作与发展的要求、柯桥的地位、群众的期盼相比，差距不小、困难不少。2014年，受宏观经济形势和产业结构调整影响，生产总值增幅低于预期目标2.2个百分点，自营出口、规模以上工业增加值也没有完成预期目标，保持经济持续平稳增长的压力增大。有效投入后劲不足，大项目好项目储备少、引进难。金融担保链风险仍较大，企业解困稳步推进但帮扶任务依然艰巨。要素保障、节能减排等问题和矛盾尚未根本性解决，生态环境的现状与人民群众的要求还有距离。因征迁拆违、房产纠纷等引发的社会矛盾不少，由此产生的突发事件、群体事件需要引起足够重视。一些政府部门和少数工作人员的“四风”问题尚未根除，效能建设有待提升，行政执行力、干部担当力尚需增强，一些领域消极腐败现象依然存在。对这些问题，一定高度重视、认真研究，积极采取措施，努力予以解决。

二、2015年目标任务和重点工作

2015年是全面完成“十二五”规划、深入谋划“十三五”发展的关键之年。做好2015年工作，既有许多有利条件，也有不少实际困难。要准确把握发展新常态带来的趋势性特征，更大力度推动经济结构优化升级，更大力度推动创新驱动发展，更大力度推动生态环境保护和改善，使经济发展加快进入“增长中高速、质量中高档”的健康轨道，确保柯桥区经济平稳健康发展和社会和谐稳定。

2015年政府工作的总体要求是：深入贯彻党的十八大和十八届三中、四中全会以及中央经济工作会议精神，全面落实区委十三届七次全会的决策部署，牢牢把握“聚神聚力、提标提速，勇争一流、走在前列”的行动准则，深入实施“服务业兴区”和“工业强区”两大战略，全力推进经济转型升级、城乡转型升级、社会转型升级，致力打造“时尚柯桥、印象柯桥、幸福柯桥”，确保完成“十二五”各项任务，为“十三五”发展奠定坚实基础。

打造时尚柯桥、印象柯桥、幸福柯桥，是此后一个时期柯桥发展的总基调。“时尚柯桥”就是要致力经济结构调整，以发展城市经济为核心，加快现代服务业、新型工业化和新型城市化融合发展，让时尚成为柯桥的鲜明特征。“印象柯桥”就是要致力生态环境改善，加快“品质新城、魅力集镇、美丽乡村”建设，让“空气清新、水体清澈、环境清洁”的江南水乡成为人们对柯桥的美好印象。“幸福柯桥”就是要致力人民福祉提升，最大限度提高人民群众安全感、幸福感和自豪感，让柯桥成为全国幸福指数最高的地区之一。

2015年全区经济社会发展的主要预期目标建议为：生产总值增长7.5%左右；公共财政预算收入增长8%以上；研究与试验发展经费支出占生产总值比重达到2.15%；固定资产投资增长12%以上；社会消费品零售总额增长14%以上；自营出口增长7%左右；城镇常住居民人均可支配收入增长8.5%以上，农村常住居民人均可支配收入增长9.5%以上；城镇登记失业率控制在3%以内；人口自然增长率控制在

2.31‰以内；节能减排完成上级下达任务。

2015年要重点抓好以下十项工作：

**（一）更大力度推动现代服务业发展。**坚持服务业优先发展，确保服务业增加值占生产总值比重提高1个百分点。建成开放金沙·东方山水、大香林·兜率天等项目，加快青旅羊山生态城等项目建设，确保完成服务业投资324亿元，增长14%。大力发展旅游产业，整体提升鉴湖—柯岩旅游度假区品质，启动国家级旅游度假区和国家5A级景区创建工作，积极实施区域慢行道和绿道建设，建成运营旅游集散中心，统筹发展江南水乡水上旅游和南部山区乡村休闲旅游，全年实现旅游总收入150亿元以上。优化区域商业布局，积极引进重大商贸项目，完善柯南、柯北等区域生活性商业配套，推动商贸业繁荣发展。以平水兰若寺休闲度假中心等项目为带动，积极发展生命健康产业。大力发展银行、保险、证券、股权投资等金融产业。推动时尚创意、休闲娱乐、影视传媒、书画艺术等文化产业集聚发展。鼓励发展中介服务业。积极发展体育产业。

**（二）下大决心推进工业经济转型升级。**坚持工业强区不动摇，积极引导企业提振发展信心，重投入、重管理、重创新，爱主业、爱资源、爱家乡，不断增强工业强区实力。加快传统产业改造升级，以壮士断腕的决心推进印染产业集聚升级工程，加快27个在建项目和水、电、气等配套工程建设，积极创造条件使已签约企业落地建设，确保新投产项目15个以上。加快淘汰高耗能、高污染、低产出的落后产能，大力整治"低小散"企业，促进工业集聚区和家庭工业集聚点提档升级。积极推进"腾笼换鸟"，培育壮大汽车汽配、机械装备制造等新兴产业，力争战略性新兴产业增加值占比提高1个百分点。深化"两化"融合，推进"机器换人"，培育一批"两化"深度融合示范企业，抓好滨海工业区国家级循环化改造示范试点工作。坚持以扩大有效投资推动产业转型升级，重点抓好单体投资5亿元以上的重大项目建设，确保完成工业投资321亿元，增长10%，力争战略性新兴产业投入占比提高2个百分点以上。真正把招商引资作为"一号工程"，力争新引进投资5亿元以上项目10个，到位浙商、越商等回归资金60亿元以上，实到外资2亿美元以上。积极参与"一带一路"和长江经济带建设，不断提高对外开放水平，加大高附加值、自主知识产权等产品出口，鼓励企业进口先进技术和关键设备。深入推进国家级柯桥经济技术开发区建设，继续抓好"江山—柯桥山海协作产业园"共建工作。完成"下升上"100家。建立健全风险预警机制，引导企业兼并重组，积极做好企业帮扶工作，促进经济平稳增长。大力发展新型建筑工业化，促进绿色建筑发展，提高建筑业发展质量和水平。

**（三）在新的起点上推进轻纺城"三次创业"。**大力度推动轻纺市场与产业、城市在更高层次融合，全面推进以发展创意设计、电子商务、现代物流、会展经济等为主要特征的"三次创业"，全力打造国际纺织时尚之都。发展创意设计，抓好F5创意园、中国轻纺城创意园建设运行，着力引进专业团队和高端研发创意机构，积极举办纺织时尚创意赛事和活动，加强创意版权保护，促进创意产品交易和价值实现，推动纺织创意产业链发展。发展电子商务，加快电子商务园区与服务平台建设，开放发展"网上轻纺城"，积极发展轻纺城电子移动商务，培育壮大网商队伍，探索发展跨境电子商务。发展现代物流，加快"一城三园"建设，大力培育引进现代物流企业，加强物流信息化建设，积极发展轻纺市场物流和现代工业供应链物流。发展会展经济，办好办精纺博会，举办更多产业类展会和重要赛事活动。加快轻纺城西市场升级改造，把它建成轻纺城核心市场。强化宣传推介，加强整体品牌、形象策划，不断扩大中国轻纺城知名度。

**（四）坚持以改革创新推动科学发展。**全面实施资源要素市场化配置综合配套改革，完善要素分层定价、企业分类指导等制度，以要素配置市场化推进产业结构调整。继续抓好企业投资项目高效审批改革和不再审批试点。深化土地"二次开发"，力争盘活闲置土地1200亩、低效建设用地500亩。加强信贷保障和民间融资管理创新，积极拓宽融资渠道，直接融资50亿元以上，企业上市1家以上。加快农村"三地一制度"和确权赋权改革，完成79个村经济合作社的股份合作制改革，新增土地流转2000亩。深化国企和政府性项目投融资体制改革，加强和规范国有资产管理。加快创新主体和创新平台建设，大力培育国家高新技术企业、科技型中小企业，鼓励企业建设研发机构，继续扶持试点企业研究院建设，抓好科技园运营管理。加强创新协作，深化与香港理工大学等一流科研院所的政产学研合作，促进科技成果转化。强化创新保障，加强共性关键技术攻关，开展网上技术市场试点，设立科技风险投资基金。积极实施“三名”工程，引导企业加强品牌创建、知识产权保护和标准化建设，新增各类专利4500项以上。强化人才引领，深入实施“鉴湖英才计划”。

**（五）继续花大力气改善生态环境。**深入开展以“五清十抓”为重点的“五水共治”，全力抓好57只治水项目建设。持续开展印染行业整治提升和小微排污企业专项整治，加快污水分质提标和集中预处理工程建设。对14家规模生猪养殖场实施生态化治理。推进14个居民老小区污水收集系统改造，加快王坛、稽东污水处理厂和城镇生活污水收集系统建设，力争城区、集镇生活污水收集处理率分别提高到88%和50%，新启动41个村的农村生活污水治理、新增受益农户1.8万户。完成河道清淤140万立方米以上。加强“五气合治”，完成印染企业定型机“煤改气”1500台、热电机组脱硫脱硝改造7台，淘汰黄标车4000辆以上，严格垃圾露天焚烧监管。狠抓节能降耗，调整完善热电规划布局，认真执行能源消费总量和用能强度“双控”制度。抓好工业污泥、建筑泥浆及建筑垃圾、餐厨垃圾规范化运输处置。严格环保执法，创新科技监管手段，全面建成并运用刷卡排水、排气、排泥自动监控系统，严厉打击环境违法行为。深化“河长制”，建立健全断面水质监测、考核机制。全面开展集镇、村庄和主要道路、河道两侧环境综合整治。启动18条、总长80公里的森林游步道建设，强化森林系列创建，实现省级森林城镇全覆盖。

**（六）更高水平推进新型城镇化。**开展城际轨道交通沿线开发利用规划研究，编制城区低效空间利用、区域商业布局等专项规划。积极推进柯桥—杭州城际轨道交通、杭绍台高速等项目建设，加快104国道柯桥城区段高架、钱滨线等工程建设，力争镜水路南延、解放南路南延、绍三线北延等工程动工建设，按照景区化要求改造杭甬、杭金衢高速出入口。抓好中纺CBD招商与建设，培育打造一批品质、特色、专业楼宇。加快坂湖公园建设和柯桥历史文化街区保护开发。加快稽山路、香林大道、文明路等南北连通道路建设，拓宽改造柯华北路、镜水路。切实加强城市精细化、智能化管理，将柯南部分区域纳入城区城市管理，深化“智慧天网”建设，开展背街小巷整治改造。加强交通治堵，完善城市道路交通标志标线和公共自行车系统，新增地下公共停车位500个。完成城镇拆迁100万平方米。加强社区管理，巩固老小区整治成果，提升物业管理水平。积极创建特色小镇。抓好小城市培育工作，支持中心镇建设商贸综合体，不断完善城镇功能、提升城镇品位。

**（七）扎实推进农业现代化和美丽乡村建设。**抓好耕地保护和粮食储备，新建粮食生产功能区1.6万亩，确保粮食安全。加快农业现代园区建设，新建、提升精品示范园区5个，建成一批休闲农业观光带，提升农业规模化、精品化水平。完善农业服务体系，壮大农业经营主体，组建、提升农民专业合作社20家。积极发展农产品加工业，培育农业产业化龙头企业，打响香榧、红豆杉、平水日铸茶等农副产品品牌。大力推进美丽乡村建设“四大行动”计划，开展最美镇街创建试点，新建美丽乡村示范村6个、精品村4个。积极创建“无违建区”，大力开展“一户多宅”整治，完成“三改”200万平方米、拆违50万平方米。全面完成农房登记发证工作。启动“空心村”改造项目5个。深化农村“三资”管理，积极培育壮大村级集体经济，增加村级收入。

**（八）持续推进社会事业全面协调发展。**安排59亿元的公共财政资金用于民生支出。抓好浙江工业大学之江学院、浙江树人大学杨汛桥校区建设。深化集团化办学，积极实施名校名师工程，进一步规范外来务工人员子女就学管理，促进教育内涵提升、优质发展。做好市第八届运动会承办和参赛的各项工作。加快妇女儿童医院建设和中医院扩建，建成投用第三医院、口腔医院。深化医药卫生体制改革，开展区镇村卫生一体化综合管理试点，积极引进社会资本举办优质特色民营医疗机构。优化整合医疗卫生和计划生育服务资源。深化文化惠民工程，办好“鉴湖之春”广场文化月等活动，新建农村文化礼堂20家以上。加强历史文化与非物质文化遗产保护传承，启动阳明文化园项目建设，开展历史建筑信息普查和名录编制。提升发展地方曲艺，支持创作文艺精品。开展全民参保登记工作，开发金融社保自助系统，新增“五大保险”参保人员各1万人以上。完善促进就业政策，新增城镇就业1.2万人以上。支持社会资本兴办养老服务机构，推行“医养融合”养老模式。探索政府购买公共服务，推进公共服务市场化、多元化。进一步加强人感染H7N9禽流感等疫情防控工作。促进儿童、老龄、慈善、残疾人等事业健康发展。

**（九）运用法治方式推进社会治理创新。**建立健全社会信用体系，加大对恶意逃废债务等行为打击力度，全力建设“信用柯桥”。创新发展“枫桥经验”，完善人民调解工作，抓好法律援助和社区矫正工作，落实好“谁执法、谁普法”的普法责任制。加强信访积案化解和矛盾纠纷处置。健全社会治安防控机制，依法打击违法犯罪。深化流动人口积分制管理，创新社会化、属地化管理机制。加强舆情疏导管理，有效预防和处置群体性事件。创新安全生产管理制度，有效防范安全事故。深入推进平安建设，加快社会治理基层信息化建设，力争创建成为省“平安区”。积极培育社会组织。加强统计、档案、科普、对台、应急管理、民族宗教、外事侨务等工作，做好国防动员、民兵预备役、国家安全等工作，支持工会、共青团、妇联、红十字会、商会等组织开展工作。

**（十）继续办好一批民生实事。**每年办好十个方面的民生实事，是柯桥区坚持多年的一项重要制度。2015年，区政府将进一步加大投入，继续办实办好十方面的民生实事。一是积极发展公共交通。新建、改造公交候车亭150个以上，调整（延伸）公交线路20条，新增新能源公交车辆150辆，建成投用新客运中心和平水、滨海、柯南等公交客运站，提高居民公交出行分担率，努力打造全国县（区）级一流公交。二是实施新一轮县乡道路升级改造。改造升级分后线、平王线王坛段、杨渔线杨汛桥集镇段等5条县乡道路。三是切实提高住房保障水平。开工建设安置房100万平方米、竣工55万平方米、交付80万平方米，建成公共租赁住房350套、完成配租600户。着力改善农村住房条件，完成农村住房解困1150户。四是加快解决山区农民饮水难题。实施并完成10个山区农民饮用水提升工程和22个自然村的小舜江饮用水工程，解决近1.8万人的喝水难题。争取通过两年努力，对王坛、稽东两镇实施供水扩面，让更多的群众能喝上优质自来水。五是提升课堂教育现代化水平。投入4000万元以上，分两年改造提升全区2100多个中小学教室的课堂教学设施，2015年完成1000个以上。六是提升基层医疗服务水平。新建标准化村卫生服务站40家，深化“基层首诊、分级诊疗、双向转诊”工作，小病在社区诊疗比率达到62%以上，镇级以上医疗服务机构实现自助结算服务全覆盖。七是加强养老服务机构建设。加快社会福利中心一期改造和二期建设，新增养老服务床位500张，新建居家养老服务中心50家。八是加强困难残疾人帮扶。向7100名残疾人提供基本生活保障、无固定收入补贴及托养等服务。九是加大南部山区发展扶持力度。安排4500万元以上资金，对南部山区生态保护、耕地保护、产业转型、教育医疗、集镇改造等予以支持。十是加强食品药品和农产品质量安全监管。抓好市民“菜篮子”工程，规范管理22个星级农贸市场，争创省级放心农贸市场3家。

2015年还有一项十分重要的任务，就是科学谋划柯桥区“十三五”发展规划。要认真研究、系统谋划事关全区长远发展的重大问题，认真做好国民经济和社会发展第十三个五年规划的编制工作。

## 三、全面加强法治政府建设

运用法治思维、法治方式，遵循法定职权、法定程序，全面加强政府自身建设，着力打造法治政府、效能政府、廉洁政府。

**坚持依法行政。**加强法制教育，促进领导干部、政府工作人员学法、守法、用法。广泛接受监督，自觉接受人大监督和政协监督，主动接受司法监督、舆论监督、社会监督和审计监督，认真办理代表建议和委员提案，广泛吸纳社会各界意见建议。完善决策机制，重大行政决策坚持公众参与、专家论证、风险评估和合法性审查，出台前向人大报告。规范权力运行，推动政府行政管理与基层群众依法自治有效衔接，强化行政执法监督，全面落实行政执法责任制，理顺城市管理执法监管体制，做好行政复议、行政诉讼应诉等工作。

**坚持简政放权。**加快职能转变，完成新一轮政府机构改革与精简工作，支持社会组织承接政府职能转移。推动简政放权，清理削减行政权力，认真落实以政府权力清单、责任清单、企业投资项目负面清单、财政专项资金管理清单以及政务服务网为核心的“四张清单一张网”制度。推进政务公开，加强电子政务建设和应用，构建政务信息公开平台，及时回应群众呼声、网络舆情。

**坚持勤政廉洁。**巩固深化党的群众路线教育实践活动成果，努力践行“三严三实”，认真解决群众关心的民生问题。开展“靠作风吃饭、凭实绩说话”教育活动，鼓励干部敢担当、肯实干。完善行政问责和绩效评估制度，坚决反对“为官不为”，着力遏制不执行、慢执行、乱执行行为。认真落实党风廉政建设责任制和廉洁从政各项制度，深入推进预防和惩治腐败体系建设。严格执行“八项规定”和“六个严禁”要求，厉行节约、反对浪费。贯彻执行新《预算法》，改革财政专项资金使用办法，严格控制公务消费，深化公务用车改革。强化重点领域、重大工程和重要环节监督管理，营造风清气正的政务环境。

名词解释

**“五大千亿工程”**：在2014—2017年期间，大力推进传统产业提升、新兴产业培育、现代服务业发展、幸福水乡建设、基础设施配套等五大工程，实施120个重点项目，总投资1538亿元。

**“三改”**：旧住宅区改造、旧厂区改造和城中村改造。

**美丽乡村“四大行动”计划**：富裕乡村、宜居乡村、洁净乡村、文明乡村建设四大行动计划。

# 中国人民政治协商会议第十一届绍兴市柯桥区委员会常务委员会工作报告（摘要）

## ——在政协第十一届绍兴市柯桥区委员会第四次会议上

政协绍兴市柯桥区第十一届委员会主席　孟柏干

（2015年1月27日）

### 一、2014年主要工作

2014年，是柯桥撤县设区的开局之年，也是区政协承前启后、继往开来的关键之年。一年来，区政协在中共柯桥区委的领导下，围绕全区工作大局，紧扣"服务发展、关注民生、促进和谐"的政协工作主线，贯彻落实省、市、区政协工作会议精神，认真履行政治协商、民主监督、参政议政职能，为推动柯桥区经济社会持续稳步发展作出了积极贡献。

#### （一）不断拓宽协商渠道，努力服务发展大局

围绕经济社会发展大局集中协商。区政协十一届三次会议期间，重点就"一府两院"工作报告及事关柯桥区经济社会发展的重大问题，组织委员通过大会发言、小组讨论、提交提案等形式，集中开展政治协商。精心组织了37篇发言材料，收集报送了32条协商建议，区委主要领导当场在其中7份材料上作出批示，区政府常务会议进行了专题研究，并逐条分解有关部门落实，提高了相关提案、协商建议的办理效果。

围绕轻纺城提升发展重点协商。针对新形势下中国轻纺城发展面临的新情况，在组织大会发言、列入重点提案进行重点督办的同时，组建六个课题组，进行走访座谈和外地专项考察，召开常委会议进行重点协商，提出了科学谋划发展、优化市场资源、提升市场品位、完善功能配套、引领产业前沿、凝聚各方合力等六个方面20条协商意见，力促轻纺城市场提升发展，不少意见建议被区委、区政府决策采纳。

围绕工业经济稳健发展专题协商。赴滨海工业区实地视察，了解印染产业集聚升级工程进展，针对存在的突出问题提出协商意见。建议加强宣

传引导、坚定既定目标，突出工作重点、抓好关键环节，加大服务力度、优化发展环境，坚定不移推进印染产业集聚升级，推动柯桥区工业经济加快转型升级。赴柯桥经济开发区实地检查工业园区小微企业安全生产工作，召开主席会议进行专题协商，建议强化安全发展、防范在先、常抓不懈三个意识，隐患排查、专项整治、夯实基础多措并举，力促安全生产工作真正落到实处。

围绕优化发展环境系列协商。专题听取企业投资项目高效审批省级试点等工作情况通报，就更好推进企业投资项目不再审批、涉民事项即办审批、“中介超市”规范、区域和镇（街道）便民中心管理等方面内容提出协商意见。实地了解保障房工程、坂湖公园、金沙·东方山水等重点项目进展情况，就优化服务，推进项目早落地、快建设、早投用建言献策。赴区法院、检察院进行视察，了解金融审判庭建设和职务犯罪侦查工作情况，旁听有关案件庭审，在此基础上召开主席会议，就维护公平正义、营造良好法治环境提出协商意见，得到了区委、区政府的重视和肯定。

**（二）积极履行监督职能，致力促进民生改善**

全力助推“五水共治”。按照全省“三级政协联动，万名委员同行，助推五水共治”专项民主监督的要求，围绕区委、区政府“五水共治”工作部署，组织和动员各专委会、镇（街道）工委和广大委员立足自身实际，发挥各自优势，积极投身治水实践。一年来，共召开专题会议38次，开展专题调研21次，组建民主监督小组22个，进行专项督查36次。政协领导身体力行，兼任“河长”，分头实地督查；各专委会和镇（街道）工委组织所属委员，以座谈协商、实地视察、明查暗访等形式，开展专项监督。广大委员响应区政协倡议，踊跃捐款，奋力参与，争当“五水共治”的宣传员、战斗员、监督员、信息员和示范员。邀请专家专题讲解治水知识，举办“助推‘五水共治’、共建‘两美柯桥’”书画摄影展，组织开展专题调研，召开常委会议进行集中议政，提出要理性把握“源”与“流”、“点”与“面”、“近”与“远”三对关系，科学推进治水工作，形成齐抓共管良好格局，区委、区政府主要领导在政协建议案上作出批示予以高度肯定。组织有关委员，就建议案落实情况进行跟踪了解，听取情况通报，开展实地督查，力促议政意见落实，不少建议已经转化为实际成果。

持续关注食品安全。针对食品安全监管机构体制改革后处于职能整合“过渡期”、工作推进“磨合期”的实际，及时向区市场监管局委派政协民主监督小组，开展专题调研，了解相关情况。召开主席会议，听取情况通报，提出了要落实监管责任、开展专项整治、加强日常监管、构建共治体系的监督意见，力促柯桥区创建“食品安全放心城市”各项工作更好落到实处，更好保障人民群众“舌尖上的安全”。

力促公交优先发展。根据行政区划调整后特别是公交国有化后面临的新情况，组织专题调研协商，针对公交总体布局、站点设置、线路密度、服务质量、内部管理等方面问题，提出协商意见。建议落实公交优先的具体举措，突出规划先行，确立公交优先发展地位；加强基础建设，改善通行保障条件；加大扶持力度，增强持续发展能力，力促城乡公交向城市公交加快转型，打造“全国县区级城市一流公交”。

建言“体育强区”建设。结合省运会开幕式在柯桥区举行的实际，实地视察体育中心建设现场，听取“体育强区”建设情况通报。召开主席会议进行专题协商，建议精心做好省运会筹备工作、加快完善体育设施、尽快开放学校体育场地、广泛开展全民健身运动、积极培育体育人才、着力做大体育产业。区委、区政府主要领导在建议案上作出批示，不少意见得到吸纳和落实。

**（三）弘扬团结民主主题，倾力促进社会和谐**

广泛团结各界人士。坚持和完善政协党组领导联系党派团体制度，定期举行政协参加单位负责人会议，通报情况，交流工作，增进了在共同政治基础上的团结合作。重视和支持各党派团体通过政协全体会议、常委会议、专题协商、提案督办、联合调研视察等平台建言献策、履行职责，切实发挥他们在协商监督、参政议政方面的重要作用。加强与港澳台同胞、海外侨胞及其眷属、民族宗教界人士以及新社会阶层人士的联络联系，做好宣传推介、牵线搭桥、促进越商回归的工作。以各专委会为依托，密切与界别委员的联系，灵活多样地开展学习、视察、调研等活动，在服务大局、关注民生、促进和谐等方面发挥独特作用，进一步提高了政协组织的影响力。支持政协之友社开展专题视察、座谈建言等活动，较好地发挥了在助推发展、促进和谐上的参谋作用。

*畅通民意诉求渠道。*加强和改进提案工作，严把立案审查关，提案质量有了新的提高。继续坚持集中交办、重点提案领衔督办、办理进度通报检查、面对面二次答复、办理落实情况民主评议、媒体公示等办法，力促提案成果转化。区政协十一届三次会议以来立案的238件提案，全部在规定期限内办复完毕，满意率达到97.1%。健全社情民意信息工作机制，立足柯桥实际，积极反映政协各参加单位和广大委员的意见建议及各界群众的利益诉求，努力为区委、区政府了解民情、掌握民意提供更多决策参考，及时向上反映柯桥区经济社会发展的热点难点问题。开展向政府部门统一委派政协民主监督小组试点工作，变民主监督工作由“被动受邀监督”为“主动参与监督”，提升了政协民主监督的组织化程度。

*真情开展“助学”活动。*格外关注、格外关爱、格外关心困难群众、弱势群体生产生活，发动广大委员积极参与扶贫济困等公益事业，定期组织科技、文化、医疗、法律下乡及结对帮扶活动，千方百计帮助他们排忧解难。突出重点，开展了“系列慈善·助学”行动，发动各专委会、镇（街道）工委和广大委员以捐款捐物、结对帮扶、建设“爱心图书馆”等形式为区育才学校、山区学校、贫困家庭学生提供帮助支持。期间，共组织各类慰问活动50余次，看望慰问学生7300余人次，捐赠款物170余万元，发出了政协履职为民的好声音。

**（四）切实加强自身建设，着力夯实基层基础**

*深入开展党的群众路线教育实践活动。*政协党组及机关根据区委的统一部署，紧密结合政协自身特点，认真扎实地开展了教育实践活动各环节的工作。活动中提出的14项38条整改措施已全部落实到位，“四风”方面存在的突出问题得到了有效整治，政协各项工作得到了更好推进，履职质量得到了更好提升，进一步树立起了为民、务实、清廉的良好形象。

*加强政协“三化”建设。*区委、区政府、区政协联合下发年度协商计划，明确了各议题的协商形式、时间安排、参加对象、协商组织、协商意见处理反馈等，推进了协商民主广泛、多层、制度化发展。区委召开全区政协工作会议，出台加强政协民主监督的实施意见，明确了政协民主监督的原则、内容、形式以及工作机制，为政协民主监督工作的更好开展提供了有力的制度保证。完善政协工作激励考评机制，坚持和实行专委会向政协常委会、镇（街道）工委向政协主席会议集体述职评议以及政协参加单位工作交流评议制度，较好地促进了政协履职的制度化、规范化、程序化建设。

*提升委员素质形象。*围绕提高委员履职水平，举办系列专题讲座，赴江西干部学院开展专题培训，定期不定期召开政情通报会，力促委员增强政治定力、坚持正确方向，提高素质能力、推动履职工作。围绕激发委员履职的积极性，政协组织的调研、视察、考察活动尽可能吸纳更多委员参与，政协常委会议、专题会议尽可能安排更多委员议政建言，政协网站、政协杂志尽可能宣传更多委员的履职风采。围绕加强委员队伍建设，继续坚持委员动态管理制度，建立委员履职考核评价机制，实行委员向专委会、镇（街道）工委届中述职。广大委员充分发挥主体作用，在学习研究、建言献策、服务群众、遵章守纪上争当表率，树立了良好的社会形象。

*推进政协机关建设。*认真落实中央八项规定精神和省、市、区委关于加强作风建设的要求，修订完善并严格落实机关各项工作制度，强化理论学习，加强调查研究，控制会议活动，改进接待工作，提高服务质量，使政协机关的学风、会风、文风、作风有了更好改进。优化政协门户网站，提升政协杂志质量，加强与新闻媒体的联系，扩大了政协履职的社会影响。做好机关干部的培养、选拔、交流工作，进一步调动了机关干部干事创业的积极性。政协领导积极投身“五水共治”、“三改一拆”，主动下访接访，认真做好重点帮扶村整转、“三长制”管理等工作，牵头开展柯桥历史文化街区保护利用、食阁工程调研、联系镇社会稳定等重点工作，较好地发挥了政协的“一线”作用。

一年中区政协工作取得的成绩，是中共柯桥区委正确领导，区人大、区政府和社会各方面大力支持的结果，是各党派团体、各界人士共同努力的结果。

回顾一年来的工作，深切体会到，必须坚持在中共柯桥区委领导下，紧紧依靠各部门、各方面的支持开展工作；必须适应协商民主深入推进对政协工作提出的新要求，切实提高协商议政的能力和水平；必须紧紧围绕柯桥区改革发展大局履职尽责，彰显政协的独特优势和重要作用；必须切实改进作风，把为民、务实、清廉的要求落实到政协实际工作之中；必须充分发挥委员在政协工作中的主体作用，为委员施展才华创造条件。

与此同时，清醒地认识到，工作中还存在不少差距和不足：协商民主的实践与全区工作大局需要进一步契合，民主监督的职能需要进一步发挥，议政建言的质量和实效需要进一步提升，联系群众需要进一步加强。所有这些，都要认真对待，着力改进。

二、2015年工作重点

2015年，常委会要深入贯彻中共十八大和十八届三中、四中全会精神，牢牢把握团结民主主题，在中共柯桥区委的领导下，服务大局、助推发展，服务群众、助推民生，努力使政协的各项工作更加扎实、更富活力、更有成效，为打造“时尚柯桥、印象柯桥、幸福柯桥”，促进柯桥区经济平稳健康发展和社会和谐稳定发挥更大作用。

**（一）把服务发展大局作为第一要务，努力提高协商议政实效。**贯彻区委十三届七次全会精神，围绕区委、区政府的重大决策部署和柯桥区经济社会发展的重大问题，制定和落实全年协商计划。突出协商重点，找准服务大局与发挥政协优势的结合点，把履职重点放在新常态下柯桥区发展的战略性问题的深入思考上，放在群众高度关注的热点问题的对策谋划上，围绕“十三五”规划编制、“法治柯桥”建设、“两大战略”实施、美丽乡村建设、招商选资、村级治理等议题，深入调研、掌握实情，找准问题、分析原因，力求提出的对策建议更具针对性和可操作性。在全体会议集中协商、常委会议重点协商、主席会议专题协商、专委会对口协商的基础上，精心选题，周密安排，组织开展若干专题议政活动，努力使政协建言更好进入党政决策思路，融入科学发展实践，取得实际成效。积极引导和推动广大委员立足本职岗位和政协岗位“双岗奉献、建功立业”，带头创业创新，做大做强事业，在推进柯桥区经济社会发展中当好排头兵。

**（二）把推动民生改善作为重要职责，认真履行民主监督职能。**落实区委关于加强人民政协民主监督的实施意见，坚持在服务中监督、在监督中支持，把政协民主监督的着力点放在助推区委、区政府重大决策部署的贯彻落实上，放在助推民生加快改善上。更加关注民生实事工程的推进和落实，围绕中国轻纺城“三次创业”、柯桥历史文化街区保护利用、“五气合治”、医疗养老、司法公正等人民群众最关心、最直接、最现实的利益问题，开展视察督查。把政协提案作为加强民主监督的重要抓手，继续严把提案立案关，探索实行民生提案归类交办，加大重点提案现场督办、跟踪督办、联合督办和办理落实情况民主评议力度，力促相关问题得到及时解决。进一步健全了解民情的机制，拓宽反映民意的渠道，协助区委、区政府把民意了解得更真切，把政策制定得更确切，把工作做得更贴切，为更好推进党政中心工作凝心聚力。加强和改进政协民主监督小组统一委派工作，努力使民主监督的职责更加明确，程序更加规范，机制更加健全，作用更好发挥。

**（三）把促进社会和谐作为自觉追求，广泛凝聚各方智慧力量。**进一步加强与各党派团体的沟通联系，支持他们通过政协这一平台发表意见、表达诉求、发挥作用，推动有序政治参与。注重发挥界别作用，开展界别活动，把各方面、各阶层人士的积极性、主动性和创造性调动起来，为推进柯桥区改革发展凝聚强大动力。深入研究新时期人民内部矛盾的新情况、新特点，主动协助区委、区政府做好协调关系、理顺情绪的工作，切实为改革发展减少阻力、增加助力、形成合力。认真总结和积极探索政协工作向基层延伸、向新社会阶层人士拓展的方法途径，不断拓宽政协工作领域。努力探索网络履职的方法途径，通过政协网站、委员微博、网络问政、在线交流等载体，主动搜集网络舆情，及时反映各界诉求，切实加强正面引导，努力增进社会和谐团结。更加关注那些生活中还有难处的群众，以“系列慈善·助孤”行动为重点，鼓励和支持政协组织和广大委员奉献爱心，让这些需要帮助的人们生活得到保障，心灵充满温暖。

**（四）把加强履职能力建设作为重要基础，不断提高工作科学化水平。**深入学习中共十八届三中、四中全会和习近平总书记系列重要讲话精神，认真贯彻《中共中央关于加强社会主义协商民主建设的意见》精神，全面落实区委全会精神，始终坚持正确的政治方向，不断巩固政协履职的共同思想政治基础。牢牢把握“聚神聚力、提标提速，勇争一流、走在前列”的行动准则，认真研究全面深化改革、依法治区背景下政协工作的特点和规律，积极探索协商议政的新举措、调研视察的新形式、提案工作的新机制、反映社情民意的新渠道、发挥委员作用的新途径，着力提高政协工作的科学化水平。主动适应新常态，切实加强调查研究，深入基层一线，直接接触群众，吃透上情，摸透下情，掌握实情，进一步提高建言献策的质量和水平。着力发挥委员的主体作用，专委会、镇（街道）工委的基础作用和政协机关的服务保障作用，巩固和深化教育实践活动成果，把人民的期待变成实际行动，以履职为民的实际成效提升政协组织的影响力。

**执行编辑　宋如玲**

# 专 辑

## 柯桥区“十二五”期间经济发展

“十二五”末，柯桥区实现地区生产总值1200.11亿元，人均生产总值（户籍）18.4万元；财政总收入160.54亿元，其中一般公共预算收入97.85亿元；固定资产投资663亿元；社会消费品零售总额233.37亿元；自营出口104.16亿美元。全区地区生产总值、财政总收入、一般公共预算收入和自营出口分别比2010年增长55.5%、65.3%、77.5%和31.3%，经济总量居全市第一、全省前列、全国综合实力百强区第十五位。“十二五”期间，全区地区生产总值、财政总收入、一般公共预算收入、固定资产投资、社会消费品零售总额和自营出口年均分别增长9.1%、10.6%、12.2%、16.3%、14.3%和5.6%。

服务业增加值占比43.5%，年均提高1.7个百分点。印染产业集聚升级工程加快推进，战略性新兴产业产值比重27%，时尚创意产业兴起，全社会研究与试验发展经费支出比2010年增长64.9%，累计引进高校技术转移中心8家、高层次人才36人，实施省级以上科技项目464项。“两化”融合走在全省前列，柯桥经济开发区升格为国家级，滨海工业区列入国家级循环化改造示范试点。改革创新先行先试，行政审批制度改革经验在全省示范推广，资源要素市场化配置、民间融资管理创新等省级试点深入实施。节能减排、“机器换人”等任务全面完成。

完成行政区划调整，统筹推进城乡规划、建设和管理，主城区南北全面融合，城市亮化、绿化、美化升格提档。萧甬铁路高架建成通车，杭绍线城际轨道交通项目实质性启动。区体育中心、瓜渚湖公园等建成投用，中纺CBD、柯桥历史文化街区改造等项目扎实推进。全面实施路长、河长和村（居）长制。累计完成城区拆迁改造1090万平方米。省市级小城市培育试点成效明显，成功创建省级美丽乡村先进区，城乡统筹发展水平居全省首位，城市化率达70%。

抓“五水共治”和“五气合治”，开展重点污染行业、工业小区和“低小散”块状行业整治，累计完成定型机“煤改气”2211台，淘汰整改全部小型燃煤锅炉，全面推行刷卡排污、排气、排泥监管系统，主要污染物减排任务顺利完成。实施城乡环境整治提升“九大专项行动”，全面整治黑臭河、垃圾河，累计完成河道清淤709万立方米，断面水质达标率提高20.5个百分点，大气质量环境稳步改善。累计完成平原绿化3.75万亩，实现省级生态镇全覆盖，成功创建省级森林城市。

公共财政累计用于民生支出266.27亿元。城乡居民收入居全省前列，全面消除绝对贫困现象。引进浙江工业大学之江学院、浙江树人大学杨汛桥校区两所本科高校，优化调整中小学布局，成功创建省体育强区。古纤道入选世界文化遗产点，群众性文化活动丰富活跃，文艺名家精品不断涌现。开展公立医院改革，启动“分级诊疗”机制，实施应急救护培训惠民实事工程，成功创建省卫生应急工作示范区、省慢性非传染性疾病综合防控示范区。城乡居民基本医疗保险参保率98.3%。实现省级平安区（县）创建“十一连冠”，连续多次列中国全面小康十大示范区。

（谢 斐）

# 重点工作和实事工程完成情况

## 表1　2015年柯桥区政府十件实事完成情况

| 序号 | 目标任务 | 工作内容 | 完成情况 |
|---|---|---|---|
| 1 | 积极发展公共交通 | 新建、改造公交候车亭150个以上，调整(延伸)公交线路20条，新增新能源公交车辆150辆，建成投用新客运中心和平水、滨海、柯南等公交客运站，提高居民公交出行分担率，打造全国县(区)级一流公交 | 新建、改造公交候车亭158个；调整公交线路38条；新购置200辆新能源公交车并投运；建成投运新客运中心和滨海、柯南公交站，平水公交站部分启用；公交出行分担率提升1个百分点 |
| 2 | 实施新一轮县乡道路升级改造 | 改造升级分后线、平王线王坛段、杨渔线杨汛桥集镇段等5条县乡道路 | 完成稽东镇骆穿线，漓渚镇分后线、兴园路，王坛镇平王线，杨汛桥镇杨渔线等5条乡镇道路的升级改造 |
| 3 | 切实提高住房保障水平 | 开工建设安置房100万平方米，竣工55万平方米，交付80万平方米；建成公共租赁住房350套，完成配租600户 | 开工建设安置房102.2万平方米，竣工81.5万平方米，交付100.8万平方米；建成公共租赁住房350套，完成配租800套 |
|  |  | 着力改善农村住房条件，完成农村住房解困1150户 | 完成农村住房困难户解困1738户，累计完成农村住房解困4232户 |
| 4 | 加快解决山区农民饮水难题 | 实施并完成10个山区农民饮用水提升工程和22个自然村的小舜江饮用水工程，解决1.8万人的喝水难题。力争两年时间，对王坛、稽东两镇实施供水扩面，让更多的群众能喝上优质自来水 | 完成10个山区农民饮用水提升工程，新建蓄水池23口、深井20口，铺设管道37千米；完成山区22个自然村小舜江自来水扩面工程，3.58万名山区群众喝上优质自来水，小舜江自来水普及率98%。完成王坛、稽东两镇26个村的供水扩面工作 |
| 5 | 提升课堂教育现代化水平 | 投入4000万元以上，分两年改造提升全区2100多个中小学教室的课堂教学设施，2015年完成1000个以上 | 投入2002万元，完成全区初高中1072个教室的电子白板等信息化教学设施改造 |
| 6 | 提升基层医疗服务水平 | 新建标准化村卫生服务站40家，深化“基层首诊、分级诊疗、双向转诊”工作，小病在社区诊疗占比62%以上，镇级以上医疗服务机构实现自助结算服务全覆盖 | 建成投运村级标准化卫生服务站40家；实施分级诊疗，小病在社区诊疗占比62.2%；实现全区公立医疗机构自助结算服务全覆盖 |
| 7 | 加强养老服务机构建设 | 推进社会福利中心一期改造和二期建设，新增养老服务床位500张，新建居家养老服务中心50家 | 福利中心一期完成第一标段改造，二期完成桩基工程；全年新增养老服务床位510张；新建社区居家养老服务照料中心76家 |
| 8 | 加强困难残疾人帮扶 | 向7100名残疾人提供基本生活保障、无固定收入补贴及托养等服务 | 安排资金1810万元，为7118名残疾人提供基本生活保障、无固定收入补贴及托养庇护等服务 |

续表1

| 序号 | 目标任务 | 工作内容 | 完成情况 |
|---|---|---|---|
| 9 | 加大南部山区发展扶持力度 | 安排4500万元以上资金，对南部山区生态保护、耕地保护、产业转型、教育医疗、集镇改造等予以支持 | 出台《绍兴市柯桥区南部山区生态保护补偿专项资金项目管理办法》等政策，全年安排财政资金4760万元扶持南部山区发展，重点加大生态保护、教育医疗、基础建设等扶持力度 |
| 10 | 加强食品药品和农产品质量安全监管 | 抓好市民"菜篮子"工程，规范管理22个星级农贸市场，争创省级放心农贸市场3家 | 通过制定管理标准，加强对22个星级农贸市场的长效管理，创建省级放心农贸市场4家 |

## 农村基层党组织建设

2015年，柯桥区围绕从严治党、大抓基层的要求，开展"三严三实"专题教育，抓住筹备全国农村党建工作座谈会现场参观点契机，梳理基层党建"整乡推进、整县提升"工作标准，从党组织、村干部队伍、党员等方面着手，抓实抓好农村基层党组织建设工作。

区委出台《关于开展"三严三实"专题教育的实施方案》，明确专题教育的指导思想、目标要求、方法措施和组织保障；围绕"加强村级治理"等主题，举行"三严三实"系列专题报告会；邀请中组部党建研究所所长赵湘江、省委党史研究室副主任王祖强等专家，作"三严三实"专题辅导；组织引导全区各级党员干部，广泛开展"新常态、新举措、新发展"专题讨论。累计开展专题报告会5次，组织各级各类交流讨论110余场次，提出书面建议700余条次，撰写心得体会等文章80余篇。

对新未庄、新风两个考察点进行全面提升，形成系统的整套农村党建工作方法，得到与会领导高度肯定。以会议筹备为契机，组织镇（街道）组工干部到考察点参观学习，带动全区农村党建全面进步。在此基础上，制定村级党建示范点建设"十个有"标准，即有阵地、有标识、有标配、有特色、有实效、有故事、有台账、有线路、有讲解、有资料。

摸排确定新一轮16个软弱涣散村开展重点帮扶，出台《关于深入开展2015年重点帮扶村整顿转化工作的实施意见》，组织48个区级机关部门参与帮扶，建立16个帮扶包干小组，选派16名驻村指导员到村工作。全区投入各类资金8389万元，兴办实事工程93件。至年底，滨海工业区（马鞍镇）新围村、柯岩街道叶家堰村和华舍街道新围村等3个村（居委会）一年完成两年目标，提前整转成功。

出台《2015年党建工作责任制》，落实区委书记、镇街党委（工委）书记和村级党组织书记的责任清单。制定《柯桥区基层组织建设"整乡推进、村村过硬"工作标准80条》工作标准，按照"责任清单化、管理项目化、工作标准化、推进有形化"的思路和要求，以清单的形式，列出镇级"整乡推进"和村级"村村过硬"两个层面的工作标准各40条。

出台"三合适"村干部言行负面清单，整理出负面言语30条、负面行为70条，规范村干部日常言行。通过《绍兴日报》、柯桥网等媒体广泛开展向"千名好支书"学习活动，在《柯桥日报》设置《咱们的好支书》专栏，加强典型引导；探索不合适村干部退出机制，对不合格村干部责令辞职或调整岗位，加强反向约束。

全区有党员的农民合作社、家庭农场党组织组建率100%。区级层面成立农村改革试验工作领导小组，16个镇（街道）均成立新型农业经营主体党工委。第一批先行先试单位各具特色，漓渚镇国兰、建刚锦鲤等家庭农场形成党建引领发展模式，柯岩新未庄社区形成以社区党建引领社区治理模式。

（袁　祖）

## 印染产业集聚升级

2015年，柯桥区印染产业集聚升级工作按照“控总量、提效益、高集聚、优环境”总体目标稳步推进，取得阶段性成效和实质性进展。滨海第二水厂一期10万吨/日进场施工，20万吨/日污水集中预处理工程完工并投入运行，钱塘江地块污水处理工程建成。浙能热电一期项目和龙德环保一期项目建成投运，集聚区总供热量590吨/小时；浙能热电二期项目于7月30日获区发改局核准。昆仑燃气具备2.5亿立方米/年的供气能力，柯海大道北四路次高压管线延伸工程铺设完成，滨海门站及高压连接线工程正式启动。近江变和兴滨变建成投运，滨北变建成，环塘变完成选址。“三路二桥”工程完工通车，“六路一泵”道路完工通车，印染3#泵站完工。配套工程累计完成投资59.52亿元。

对所有集聚项目进行两次设备验收，邀请中国印染行业协会组织专家对企业进行现场把关，对36家企业进行试生产验收，对12家企业进行全面投产验收，企业工艺装备、清洁生产和污染防治水平得到显著提升。

加快集聚项目新厂建设。向未关停企业所属镇（街道、开发区）下发通知，明确关停时间，加强走访、督查。至年底，除“稽山印染”外其余企业原厂区全部关停。

启动印染行业标杆企业培育工作，出台《印染行业标杆示范企业培育实施方案》。8月，区集聚办会同相关镇（街道、开发区）开展摸排和组织申报工作，根据企业产品创新能力、装备水平、企业管理、产品附加值等情况，确定8家企业为印染行业标杆企业重点培育单位。

至年底，柯桥区印染产业一期和二期40个项目（51家企业）中36个项目建成投产，累计完成投资66.21亿元。“虚拟供地”三期36个项目（41家企业）中，落实10个项目的规划及用地指标共计488亩。

表 2　至2015年年底柯桥区关停的企业原厂区情况

| 镇(街道)、开发区 | 企业名称 | 印染产业用地面积(亩) | 土地证面积(亩) |
|---|---|---|---|
| 柯开委(2家) | 浙江东盛印染有限公司 | 149.7 | 149.7 |
| | 浙江稽山特宽幅印花有限公司 | 220 | 220 |
| 福全(4家) | 绍兴县星发纺织服饰印染有限公司 | 73.1 | 54.7 |
| | 浙江五洋印染有限公司 | 100 | 100 |
| | 绍兴大地百尔印染有限公司 | 72.873 | 72.873 |
| | 绍兴县国泰印染有限公司 | 42.142 | 31.142 |
| 柯岩(6家) | 绍兴县新泰隆染整有限公司 | 27.45 | 0 |
| | 浙江友谊染织有限公司 | 86.95 | 10 |
| | 绍兴县柯桥印染有限公司 | 53 | 53 |
| | 绍兴县新风印染有限公司 | 117 | 117 |
| | 绍兴县塞特印染有限公司 | 124 | 115 |
| | 绍兴县超超染整有限公司 | 141 | 141 |
| 钱清(9家) | 绍兴县天顺印染有限公司 | 45.8 | 29 |
| | 绍兴市南洋染织有限公司 | 91 | 57.4 |
| | 绍兴市南海染织有限公司 | | 0 |
| | 绍兴县华星丝织印染有限公司 | 67 | 40.25 |

续表2

| 镇(街道)、开发区 | 企业名称 | 印染产业用地面积(亩) | 土地证面积(亩) |
|---|---|---|---|
| 钱清(9家) | 绍兴市东方时代印染有限公司 | 36 | 28 |
| | 绍兴县金楚印染有限公司(原文铭印染) | 21.43 | 21.4 |
| | 浙江维艺实业股份有限公司 | 71 | 63.3 |
| | 绍兴县兴明染整有限公司 | 47.2 | 17 |
| | 绍兴县天宇印染有限公司 | 21 | 19 |
| 兰亭(9家) | 绍兴天翔纺织印染服饰有限公司 | 86.49 | 85.12 |
| | 绍兴三印印染有限公司 | 139.65 | 87.339 |
| | 绍兴县中漂印染有限公司 | 72 | 47 |
| | 绍兴县兰亭印染有限公司 | 36 | 32 |
| | 浙江绿洲印染有限公司 | 87 | 87 |
| | 绍兴县制革印染有限公司 | 29 | 25 |
| | 绍兴县虹海针纺有限公司 | 19 | 19 |
| | 绍兴县育达纺织有限公司 | 18 | 18 |
| | 绍兴县兰亭栅溪染厂 | 62 | 38 |
| 安昌(4家) | 浙江盛兴染整有限公司 | 64.2 | 0 |
| | 绍兴高温印染有限公司 | 32.7 | 32.7 |
| | 绍兴中环整理有限公司 | 97.9 | 84 |
| | 浙江绍兴立新纺织品整理有限公司 | 55 | 35 |
| 湖塘(2家) | 绍兴县士林印染有限公司 | 100 | 72 |
| | 浙江诚盛实业集团有限公司(佳彩印染) | 37 | 37 |
| 华舍(5家) | 绍兴县英吉利印染有限公司 | 71.75 | 71.75 |
| | 绍兴县建中印染服装有限公司 | 78 | 42.94 |
| | 绍兴洁彩坊印染有限公司 | 75 | 75 |
| | 浙江耀华毛纺织有限公司 | 68 | 68 |
| | 绍兴县宇华印染纺织有限公司 | 68 | 46 |
| 杨汛桥(9家) | 绍兴县展望绣花布业有限公司 | 57.5 | 44.5 |
| | 浙江绍兴永利印染有限公司 | 140 | 136 |
| | 绍兴县和兴印染有限公司 | 14 | 14 |
| | 绍兴县孙家桥印染有限公司 | 16 | 16 |
| | 绍兴县兴腾染整有限公司 | 21.27 | 17 |
| | 绍兴县佳宇印染纺织有限公司 | 24.3 | 23.7 |
| | 绍兴县兴隆染织有限公司 | 46.16 | 21.45 |
| | 振兴分公司 | | |
| | 绍兴县新安染整有限公司 | 17.71 | 14.03 |

**·小资料·　“三路二桥”**

北十二路、兴滨北路延伸、北四路及兴滨北路延伸中包括的两座桥梁。

**·小资料·　“六路一泵”**

北十一路、北十路、北八路、东二路（北十至北九）、东三路（北十至北九）、兴滨北路二期及3#泵站。

（王　好）

## “五水共治”纪事

2015年，柯桥区把“五水共治”工作列为全区“一号”工程，纳入领导班子和领导干部实绩考核、年终述职、党风廉政建设责任制考核的重要内容。

区政府把“清三河”（治理黑河、臭河、垃圾河）工作作为“五水共治”工作的重中之重，全力实施“五水共治”“百日攻坚”“六大硬仗”“十大攻坚行动”等活动。到7月底列入整治提升计划的15条“黑臭河”全部治理完成，全区河道断面水质状况逐月提升好转。8月31日起，全区16个镇（街道、开发区）陆续通过区级验收。9月14日，柯桥区通过省级“清三河”达标区创建市级验收。10月28日至29日，接受省级现场复核验收并获充分肯定。

建立由34位区领导、720名镇干部、403名村干部组成的三级“河长”队伍，其中水质最差、治理任务最重的河道由所在镇街党政“一把手”担任“河长”，实现“河长”全覆盖。加大包干河道定期巡查力度，实现区级“河长”半月一巡查，镇级“河长”一周一巡查，村级“河长”一天一巡查。在全区河道推行“河道警长制”，对涉水违法犯罪案件第一时间发现并予以严厉打击。设立企业“河长”，开全市先河。滨海工业区管委会探索创新曹娥江流域（柯桥段）“企业河长轮值制”，挑选12位重环保投入和污染治理，又敢于监督偷漏排等违法行为的企业经营者担任“河长”，对所属流域河段落实门前“三包”，轮值“河长”对整个流域开展巡查，每十天交叉检查，当好河道“监护人”。结合“两地报到、双岗服务”活动，全区700余名区管领导干部以“乡贤河长”身份，根据自身特长和职业优势，到区内原户籍地、外婆家、现居住地或学习过、工作过的地方，寻找并认领一条“孩提时代的河道”，参与所认领河道的日常监督和管理。

把水质断面治理作为“三河”整治提升的重要抓手，重点做好21个市控及以上断面工作的同时，对全区854条河道1380个断面采取全面监测，实现水环境质量监测全覆盖，同时建立相关的督查、通报、考核机制。全区河道断面水质状况逐月好转，Ⅴ类、劣Ⅴ类水质减少31.6%。点对点下发断面监测结果，修改完善“一河一策”治理方案并编印成册。区级河道“河长”、年度治理目标任务、责任单位和责任人等信息在《柯桥日报》、“中国柯桥网”上予以公示，接受社会监督。

先后下发《关于深化完善河长制管理工作的意见》《关于进一步落实“河长制”完善河道长效机制的若干意见》等文件，建立健全“河长制”工作上下游协调机制、投诉举报受理机制、重点项目协调推进机制、公共参与机制等。建立镇级“河长”研判制度，全区16个镇（街道、开发区）党委政府主要领导每月召开研判会议，及时会商治水工作存在问题和整改措施。2015年累计召开研判会议234次，研究解决河道个性问题140个。建立微信互动机制，开设微信公众号“印象柯水”，建立52个“河长”微信工作群，发动群众开展微信“随手拍”，督促有关镇（街道、开发区）及时落实问题整改。

印染、化工、造纸、制革等四大行业全部完成整治验收。232家印染企业于10月通过市级验收，其中52家集聚企业整合为40家，规范提升158家，关停淘汰34家。完成污水分质提标和印染废水集中预处理工程。新建20万吨/日工业污水处理工程（即钱塘江地块污水处理工程）和深度处理工程。运用刷卡排污系统有效提升监测能力。大力实施中水回用，减少工业废水。深化小微排污企业整治，共计关停1191家。深入实施“低小散”块状行业整治提升，全面开展“三合一”、无证无照经营、燃煤锅炉淘汰等六大专项行动，实现由“低小散”向优势特色块状产业发展。

分两批下达2015年城乡生活污水治理任务，制定城乡生活污水治理工作考核办法。至12月底，完成120个村（居委会）的生活污水治理任务，14

个城区居民老小区污水系统改造工程按期完工，4000吨/日王坛污水厂及14.5千米管线建设如期完成，城区污水分质收集系统工程、泵站出水管线及设备设施完成改接和改造。

全面完成17家重点规模养殖场的整治提升工作，7家实行清养关停，10家实行生态化治理并通过验收。巩固和深化禁养区、限养区养殖治理成果，畜禽养殖不反弹、不回潮。完成水产养殖五大工程年度任务。在鉴湖流域开展大规模增值放流活动，共投放各类夏花鱼种共4475万尾，有效改善鉴湖水质和水域生态环境，恢复渔业资源。推广实施水稻、蔬菜化肥、农药减量控污，推广测土配方技术和农作物病虫害综合防治技术，推广高效低毒低残留农药。

防洪排涝整治一期工程壶瓶山至马鞍横湖陆段建成完工。除险加固烂船湾等3座2015—2016年跨年度小型水库，完成30座山塘水库整修，加强山塘水库安全管理。完成区、镇两级基层防汛防台体系规范化创建。完善水文基础设施建设和山洪灾害防治非工程措施建设。加快推进绍虞平原"十纵七横"骨干河道整治，加强小舜江南北溪、若耶溪治理，有序推进城区河道连通疏浚工程。全面实施大小坂湖、古运河、滨海大河及其他重要河道清淤工程。全面实施清淤固化一体化运行模式。齐贤淤泥固化中心作为全省首个采用河道淤泥、建筑泥浆无害化脱水固结处理技术的泥浆固化处理中心，配备8台设备全负载生产，日均泥饼产量2000吨左右。福全、钱清淤泥固化中心建成投产。至年底固化泥饼约30万立方米，解决约80万立方米的淤泥堆放难题。完成城区道路积水点改造、雨污分流改造、雨水管网建设、提标改造管网建设。

开展平水江水库合格规范饮用水源保护区创建，保护区划分技术报告经省政府批准同意。继续实施山区农民饮用水工程建设并开展水质监测，完成6个村的农村供水管网改造，实现小舜江供水区域135米及以下山区农村小舜江自来水全覆盖。推广实施农业节水灌溉、工业农业取水信息化管理、中压蒸汽定型后冷凝水回用、印染行业节水设备技改、高能耗高水耗企业节水计量、热电企业工业冷却水改用除盐水等节水技术。完成小型水利工程建设与管理体制改革，通过全国小型农田水利重点县验收以及省级以上农村饮水安全项目验收。33家区级机关、2个学校基本完成节水型公共机构单位建设。

全区建成刷卡排污、排气、排泥三刷系统，其中刷卡排污系统安装239套，全区1956台定开型机废气处理装置全部安装在线监控系统，134家印染企业安装完成刷卡排泥系统。结合移动执法终端，建成全天候的"水、气、泥"数字监控平台，环保部、省政府领导多次到此调研，给予高度肯定，并在全省得到推广。以排污许可证为核心，以许可证管理、排污权交易（租赁）、排污总量基本账户、污染源自动监控及刷卡排污、诚信守法记分制五大内容的"环保管理平台"为载体，率先开创"一证式"环境监管新模式。

启动柯桥城区餐厨垃圾收运处置工作，柯桥区机关事业单位、规模企业、酒店宾馆、夜排档和大型餐饮企业等单位餐厨垃圾集中收运后作无害化处理。彻底解决餐厨垃圾的出路问题，开创全省先河。

全民动员，构建长效监督机制。创设宣传活动载体，加强社会监督、考核问责，提高群众对"五水共治"的参与度、满意度，营造群众爱水、护水、亲水的良好氛围。2015年，柯桥区"五水共治"工作经验先后9次被省领导批示肯定。柯桥区被省委省政府授予"五水共治"工作优秀县（市、区）"大禹鼎"。

（陈天虹）

## 乡村旅游

2015年，柯桥区整体推进南部山区乡村休闲旅游发展。调整南部山区乡村旅游发展工作统筹力量，下发《关于统筹发展南部山区乡村休闲旅游工作的实施意见》，对南部山区三镇实现全域"景区化"提出明确目标要求。分步实施，推进"3150"工程建设，即编制一个规划，乡村旅游发展规划暨重点乡镇3年行动计划，整体谋划发展布局；建立一个品牌，统一推出营销口号；整合一体营销平台，加强互助互动；完成10个乡村旅游项目998万元的投资；举办好10个节庆活动；开发推出10条特色线路；南部山区10个村创建为乡村旅游示范村；建立10个乡村旅游宣传营销载体，创建一支百人旅游志愿者，培训250人次以上从业人员，发展300多张民宿床位。

以项目建设为抓手，下达《柯桥区2015年度南部山区乡村休闲旅游建设任务表》，计划年内完成投资998万元的十大乡村休闲项目。2015年完成项目投资1341万元，完成率134.4%。加强督促检查和服务指导，推进旅游厕所建设和民宿产业发展，开展10个乡村旅游示范村创建。通过项目带动，全面培育汽车营地、台门旅馆、乡村民宿、骑游道等旅游新业态和工业旅游风情（特色）小镇、乡村旅游示范区（村）。

统筹整合乡村旅游品牌和宣传营销，策划推出“漫游稽山·行之有道”乡村旅游品牌及十大系列活动、十大特色游线和十大宣传载体。专题组织赴南昌、厦门、天津等地开展乡村旅游推介活动，利用中国国际（昆明）旅游交易会、中国国际（天津）旅游产业博览会、中国国际（义乌）旅游商品博览会及浙江省（江西）旅游交易会等平台，开展重要目标城市系列宣传推介活动。利用《旅游周刊》及局新浪官方微博、微信、手机报等宣传平台，策划开展驴友会、茶友汇、骑行赛等乡村旅游活动。植入旅游元素，举办香雪梅海梅花节、小舜江亲水节、大香林樱花节、虞舜文化旅游节等乡村节会活动，提升乡村旅游在长三角地区的知名度和影响力。

## 美丽乡村建设

2015年，柯桥区实施“富裕乡村、安居乡村、洁净乡村、文明乡村”四大行动计划，以点带面、整体推进，建设经济发达地区的“美丽乡村”升级版。

建设“水乡新味”“富桂香林”“花满棠棣”及马臻纪念馆等参观点，完成全省美丽乡村和农村精神文明建设现场会承办任务。新启动市级美丽乡村精品村培育3个，落实建设项目13个；开展安昌、平水2个市级美丽乡村先进乡镇创建；实施美丽乡村示范村（精品村）建设12个；累计有7个历史文化村落完成规划编制，7个村开展修缮保护工作。完成漓渚棠棣、湖塘香林等2个市级农村生活垃圾减量化资源化处理试点任务。

开展城乡环境集中整治提升月活动和城乡环境整治提升“九大专项行动”。采用录像曝光比对等措施，实行区领导月度督查、每月通报、每周排名等工作制度。至12月25日，全区27条主要道路沿线、18条主要河道两岸、各镇（街道、开发区）集镇所在地、有条件的村（居委会）等重点区域拆违章322.63万平方米，种树木24.56万株，改立面133.51万平方米，装路灯5925盏，砌围墙11.57万平方米。规划并启动建筑小品21个，完成10个。规划治理生活污水124个村（居委会），

2015年11月16—17日，浙江省“美丽乡村和农村精神文明建设”现场会在柯桥召开　（沈浩根　摄）

整理管线路11.22万米，清垃圾45.45万吨，44个有条件村（居委会）全部启动规划建设。完成前二轮“两路两侧”“四边三化”问题整改1655个，整改完成率95.8%。

构建“以奖促管”和“以奖促考”的城乡环境整治月度抽考机制和“洁净镇街”竞赛活动机制等两大机制，推进城乡环境“高标准、全覆盖、常态化”管理进程。实行月度排位通报、挂钩镇（街道）岗位考核、城乡环境整治月度“三随”（随时、随机、随地）抽考；组织开展“镇、村、户”三个层面的竞赛活动，引导镇村加强日常环境管理。至年底，全区参赛村（居委会）中分别有216个和322个通过一次以上环境卫生优胜村和整洁村考核，环境卫生优胜村、整洁村创建覆盖率分别为67.1%和100%，完成年度环境卫生优胜村（整洁村）创建目标任务。新创建庭院整洁户8814户，累计创建28999户，占总户数的15.77%。（陈华彪）

**执行编辑　宋如玲**

# 2015年大事记

## 1月

1月12—13日，柯桥区接受省教育基本现代化县（市、区）评估组的督导评估。区委副书记、代区长阮建尧作表态发言，评估组对柯桥区创建省教育基本现代化工作给予充分肯定。

1月16日，柯桥区委召开十三届七次全体（扩大）会议。区委常委会主持会议。区委书记徐国龙代表区委常委会作工作报告。区委副书记、代区长阮建尧部署当前工作。

1月23日，全国人大常委会委员、环资委副主任委员蒋巨峰率全国人大调研组一行，到柯桥区调研循环化改造示范点建设情况。

1月27日，中国人民政治协商会议第十一届绍兴市柯桥区委员会第四次会议开幕。柯桥区政协主席孟柏干作常委会工作报告。区政协常务副主席陈忠尧主持会议。

1月28日，柯桥区第十四届人民代表大会第四次会议开幕。代区长阮建尧代表区政府作《政府工作报告》。

1月31日，柯桥区政府召开十四届四次全体（扩大）会议。区长阮建尧作报告，常务副区长丁生产主持会议。

## 2月

2月11日，浙江省委常委、政法委副书记、省公安厅厅长刘力伟率省慰问组，到柯桥区慰问基层一线政法干警。

2月28日，柯桥区召开建筑业发展大会，总结和部署全区建筑业工作，表彰先进，激励企业开拓进取。区委书记徐国龙在会上讲话。

## 3月

3月6日零时起，柯桥城区主要区域东至镜水路、南至104国道南复线（杨绍线）、西至稽山路南沿104国道至香林大道、北至柯袍线，禁止燃放烟花爆竹。

3月9日，浙江省平安办副主任鲍学军、省综治办副主任朱益军带领省平安建设考核组对2014年度柯桥区平安建设情况进行检查考核。柯桥区委书记徐国龙向省考核组汇报有关工作情况，区委副书记、区长阮建尧主持会议。省考核组对柯桥区平安建设工作所取得的成效表示肯定。

3月12日，柯桥区委、区政府召开全区“五水共治”工作会议。区委书记徐国龙讲话。区委副书记、区长阮建尧主持会议，并代表区委、区政府与各镇（街道、开发区）签订责任状；区委副书记马芳妹宣读2014年度全区“五水共治”各级先进集体；副区长胡国炜通报全区河道水质情况。

3月31日，浙江省委、省政府召开全省建设平安浙江工作视频会议。区领导徐国龙等在柯桥区分会场参加会议。会上，柯桥区再次被省委、省政府命名为平安区，连续第十年创建成功，区委副书记、区长阮建尧代表柯桥区在杭州主会场领奖。

## 4月

4月19日，“2015柯桥科技时尚创意节·春季场”开幕。该创意节由每年9月固定的科技时尚创意周演变而来，每年固定的创意周改为包含春、夏、秋、冬4个主题的柯桥科技时尚创意节。这届创意节包括国际性学术活动“两岸纺织科技研讨会”、2015中国时尚同盟台湾设计师发布秀等特色内容。

4月24日，柯桥区妇女儿童医院、柯桥区中医院与杭州树兰医院管理有限公司签订合作框架意向书。区委书记徐国龙，中国工程院院士、国家传染病重点学科带头人、杭州树兰医院管理有限公司创建人李兰娟等出席签约仪式，副区长祝静芝主持签约仪式。

4月25日，浙江省拼布协会在柯桥成立，中国美术学院教授裘海索当选为会长。

4月28日，庆祝“五一”国际劳动节暨表彰全国劳动模范和先进工作者大会在北京人民大会堂进行。浙江新中天控股集团有限公司副总经理、总工程师、技术中心主任洪桂焕被授予全国劳动模范称号，绍兴小百花艺术传承中心党支部书记吴凤花被授予全国先进工作者称号。

4月30日晚上起，柯桥区部分机关单位停车场限时向市民免费开放。

## 5月

5月5日，2015中国纺织创新年会·柯桥峰会举行。以“智造引领、产业互联——拥抱纺织工业4.0时代”为主题，是中国纺织创新年会首次从北京进入地方纺织产业集群基地。

5月6日，“2015中国柯桥国际纺织品面辅料博览会（春季）”在中国轻纺城国际会展中心开幕，为期3天。与会客商33239人，实现成交额52.58亿元。

5月7日，浙江省委召开全省“三严三实”专题党课暨专题教育部署会。区委书记徐国龙在柯桥区分会场参加会议并讲话。区四套班子领导等参加分会场会议。

同日，浙江省委、省政府召开全省“河长制”工作视频会议。区委副书记、区长阮建尧等在柯桥区分会场参加会议，阮建尧就贯彻落实会议精神讲话。

5月8日，浙江省治堵办副主任郑黎明率检查组到柯桥区检查城市治堵工作。

5月13日，柯桥区人民对外友好协会成立，选举产生第一届理事会。区人大常委会主任吴晓当选区友协第一届理事会会长。

同日，浙江省委书记、省人大常委会主任夏宝龙在柯桥区调研基层党建等工作。

5月15日，柯桥区委理论学习中心组组织“新常态、新举措、新发展”讨论活动专题学习。区委书记徐国龙主持并讲话。

同日，柯桥区政府召开专题会议，部署国家卫生城市省级复查迎检工作。

5月19日，柯桥区召开全区“三严三实”专题党课暨专题教育部署会，区委书记徐国龙为全区领导干部讲专题党课。

5月24日，柯桥区名特优新农副产品展销中心开业。展销中心位于金柯桥大道，总面积80平方米。

5月27日，浙江华通医药股份有限公司在深圳证券交易所正式挂牌上市。

5月31日，浙江省委以视频会议形式召开全省领导干部会议。区委书记徐国龙在柯桥区分会场讲话。省委组织部副部长、省委人才办主任姚志文，市委常委、组织部部长吴晓东，区四套班子领导，区人民法院院长、区人民检察院检察长在区分会场参加会议。

## 6月

6月2日，浙江省人大常委会党组书记、副主任茅临生一行到柯桥区调研大气污染防治专项工作。

同日，柯桥区产业转型升级基金、产业重组基金成立，并举行合作签约仪式。区委书记徐国龙为绍兴金柯桥产业投资发展有限公司授牌并讲话。区委副书记、区长阮建尧主持。区委副书记马芳妹通报基金筹建工作情况。区委常委、常务副区长丁生产代表区政府分别与浙江天堂硅谷资产管理有限公司、浙江省浙商资产管理有限公司签订合作框架协议。

6月3日，浙江省政协主席乔传秀到柯桥区调研浙江树人大学杨汛桥校区项目建设情况。

6月5—6日，全国农村基层党建工作座谈会在杭州召开。会议期间，柯桥区柯岩街道新未庄社区、新风村作为此次全国农村基层党建工作现场示范点接受代表考察。参加考察的相关领导高度评价柯桥区农村基层党建工作的做法与成效。

6月8日，柯桥区举行工业、服务业“双百亿”重大项目开工仪式，15个总投资211亿元的重大项目同时在华舍街道、杨汛桥镇、柯桥经济开发区、滨海工业区等地开工建设。绍兴市委书记陈金彪在开工仪式主场地——浙江润昇新能源有限公司项目工地宣布柯桥区工业、服务业“双百亿”重大项目正式开工。

6月10日，南京军区副政委王平率工作组，到浙江精功科技股份有限公司调研军民深度融合发展等工作。

6月13—22日，柯桥区委书记徐国龙率团赴阿联酋、土耳其等国及香港进行经贸友好访问，访问团考察市场、走访商户，与当地政、商、学各界人士进行深入交流。

## 7月

7月1日，柯桥区餐厨垃圾处置中心建成投运，日处理能力100吨。

7月3日，浙江省“三改一拆”工作现场推进视频会举行。区委书记徐国龙在柯桥区分会场参加会议，随后主持召开全区“无违建区”创建工作推进会，要求全力打好“三改一拆”硬仗，确保成功创建省级“无违建区”。

7月5日，浙江大学国际医院中医分院揭牌仪式在柯桥区中医医院举行。柯桥区委副书记、区长阮建尧，中国工程院院士、国家传染病重点学科带头人、浙江大学国际医院创建人李兰娟等出席揭牌仪式。

7月5日，由华舍街道引进的浙江乙大股权投资股份有限公司，与柯桥经济开发区的华绣科技有限公司举行股权投资签约仪式。自此，“乙大基金”将以众筹金融、股权投资的形式，为“华绣科技”注入首笔2000万元资金，助推该企业纳米银产品走向市场。两家本地企业以这样的方式“联姻”，在绍兴尚属首次。

7月8日，柯桥区启用青少年宫。青少年宫占地22.5亩，建筑面积9041平方米，设美食制作坊、创客空间、陶艺手工、民乐坊、国学堂等大小课室28间，室内活动厅堂5处、标准室内运动场馆2个，室外活动场所2处、运动场1个。

同日，全国政协副主席、农工党中央常务副主席刘晓峰到柯桥区考察黄酒产业发展。

7月9日，柯桥区人民政府与浙江水利水电学院举行战略合作签约仪式。双方将在战略咨询与合作、水利改革与发展、人才培养、科技创新以及资源共享、人员互派等内容上开展战略合作。

7月14日，浙江省委、省政府以视频会议形式召开“两路两侧”“四边三化”专项整治推进会。柯桥区设分会场。区委书记徐国龙主持分会场会议。区委副书记、区长阮建尧部署工作。

7月15日，柯桥区委召开十三届八次全体（扩大）会议。区委常委会主持会议。区委书记徐国龙代表区委常委会向全会作工作报告；区委副书记、区长阮建尧就贯彻落实全会精神作工作部署。

7月21日，柯桥区人民政府召开十四届五次全体（扩大）会议，贯彻落实区委十三届八次全会精神，总结上半年工作，部署下半年任务。区长阮建尧作报告，常务副区长丁生产主持会议。

7月28日，由全国工商联副主席安七一率队的全国工商联调研组，到柯桥区调研商会建设情况。

## 8月

8月7日，2015年柯桥区·新昌县帮扶协作交流活动在柯桥举行。活动期间，双方举行2015年帮扶资金交接仪式。2008年起，柯桥区累计向新昌县提供帮扶资金4000万元，双方开展各类帮扶协作交流活动近百次，落实帮扶项目上百个。

8月19日，浙江省委常委、组织部部长廖国勋到柯桥区调研基层党建工作。

8月20日，浙江省纪委副书记王海超一行到柯桥区调研落实党风廉政建设“两个责任”“三转”后乡镇纪委工作。

同日，浙江省政协副主席张泽熙到柯桥区调研文化创意产业发展状况。

8月21日，柯桥区委区政府召开轻纺城“三次创业”发展大会。

8月25日，中国—阿拉伯国家产能合作与投资代表团到柯桥区考察经济社会发展、对外产能合作与投资等有关情况。柯桥区委副书记、区长阮建尧会见苏丹工业部国务部长阿卜杜·达奥德·阿卜杜拉，埃及投资部副部长哈娜·达克鲁里等一行。

8月26日—9月4日，柯桥区委副书记、区长阮建尧率团赴澳大利亚、新西兰、斐济等国进行经贸友好访问。

8月30日，在田径世锦赛男子4×100米接力的决赛中，柯桥区湖塘街道谢震业与他的队友组成的中国队以38秒01的成绩获得银牌，创亚洲田径历史。

## 9月

9月8日，柯桥区举行银企对接会暨重点项目授信签约仪式。8家金融机构分别与9家企业签订授信协议，授信总金额超过80亿元。区委书记徐国龙，区委副书记、区长阮建尧等参加。

同日，柯桥区委副书记、区长阮建尧会见由大卫·崔瓦瓦斯市长带队的新西兰陶坡市友好代表团一行。

同日，柯桥区坂湖公园“香杉动影”“杉林花溪”两景区正式向市民开放。这两大景区总面积77497平方米，有杉科类树2300多棵，形成环湖绿带、花海相伴、一花一叶皆是景的景象。

9月12日，绍兴市第八届运动会在柯桥区开幕。

9月15日，浙江省委第四巡视组巡视柯桥区工作动员会召开。省委巡视组组长龚吟怡就巡视工作作动员讲话。省委巡视工作领导小组办公室陈泓受省委巡视工作领导小组的委托到会讲话。绍兴市委常委、纪委书记傅祖民讲话。区委书记徐国龙作表态性发言。区委副书记、区长阮建尧主持。区四套班子领导，区人民法院院长、区人民检察院代检察长等参加会议。

同日，柯桥区小百花越剧艺术传习中心党支部书记兼副主任、国家一级演员、著名越剧演员吴凤花，参加由中宣部、人力资源和社会保障部、中国文联共同主办的第四届全国中青年德艺双馨文艺工作者表彰大会，获全国中青年德艺双馨文艺工作者称号。

9月29日，浙江省委常委、宣传部部长葛慧君到柯桥区调研“美丽乡村”和农村精神文明建设工作。

## 10月

10月10日，浙江柯岩风景区开发股份有限公司召开股东大会上，26家企业与柯桥区旅游发展有限公司签订股份转让协议。至此，旅发公司完成对柯岩风景区76.89%的股份收购，实现国有控股。

10月11日，博鳌亚洲论坛理事长、日本前首相福田康夫和博鳌亚洲论坛副理事长、国务院原副总理曾培炎，率博鳌亚洲论坛理事会理事一行到柯桥考察。博鳌亚洲论坛秘书长周文重和巴基斯坦前总理阿齐兹、马来西亚前总理巴达维、新西兰前总理珍妮·希普利等参加考察。

10月12日，柯桥区与深圳服装行业协会在上海举行新闻发布会，启动“深圳·柯桥时尚联盟”。区委副书记、区长阮建尧出席发布会，区委常委、副区长金晓明，深圳市服装行业协会会长沈永芳就“深圳·柯桥时尚联盟”进行签约。

10月16日，为期4天的2015中国柯桥国际纺织品博览会（秋季）和为期6天的2015柯桥时尚周暨深圳时装周走进中国轻纺城活动在柯桥同时开幕，来自全球各地的展商、客商和服装品牌设计师齐聚柯桥，共享面料和时尚盛宴。当天上午，首届柯桥时尚周暨深圳时装周走进中国轻纺城启幕活动在位于柯桥F5创意园的时尚发布厅举行。中国纺织工业联合会副会长徐文英，柯桥区领导徐国龙、阮建尧等及深圳服装行业协会会长沈永芳、法国女装成衣协会前主席Gerard Roudine等参加启幕仪式。

10月16日，柯桥区举行第三批重大招商项目集中签约仪式，6个总投资77.5亿元的重大项目集体签约落户柯桥。区委书记徐国龙讲话。区委副书记、区长阮建尧主持。区委常委、副区长金晓明介绍项目基本情况。

同日，新疆纺织服装产业投资说明会暨合作洽谈会在中国轻纺城国际会展中心举行。新疆维吾尔自治区人民政府副主席史大刚，浙江省政协原副主席张蔚文，中国纺织工业联合会副会长徐文英，中国纺织品进出口商会副会长张锡安，中国服装协会秘书长杨金纯，浙江省对口援疆工作前方指挥部指挥长、新疆阿克苏地区地委副书记徐纪平，浙江省商务厅副厅长马洪涛，柯桥区委副书记、区长阮建尧等出席。

10月17日，“中国轻纺城杯”2015中国国际时装创意设计大赛颁奖典礼在柯桥举行，柯桥区第7次被授予时尚创意推动奖。

10月19日，2015“中国轻纺城杯”新丝路模特大赛浙江赛区总决赛蓝天大剧院落下帷幕。这是新丝路赛事首次落户柯桥。

10月22日，浙江省委副书记王辉忠到柯桥区调研“美丽乡村”和农村精神文明建设工作。区委书记徐国龙汇报柯桥区“美丽乡村”和农村精神文明建设工作等情况。

同日，浙江省政协副主席王建满到柯桥区调研“两路两侧”“四边三化”专项整治工作进展情况。副区长钱勇军作工作汇报。

10月24—25日，柯桥区开展党员干部五水共治“义务劳动日”活动，全区2万多名党员干部参加。

10月27日，柯桥区成立华绣科技有限公司院士专家工作站，区委副书记马芳妹为院士专家工作站授牌。

10月28日，环保部副部长翟青到柯桥区调研刷卡排污总量控制系统建设工作情况。

同日，柯桥客运中心正式启用。该中心是集长途客运、公交客运和出租客运于一体的大型综合性公路运输中心。

10月30日，瓦栏文化创意公司与传化集团签署战略合作协议。全国工商联副主席、传化集团董事长徐冠巨，国家纺织品开发中心主任李斌红，柯桥区委书记徐国龙等出席签约仪式。

## 11月

11月5日，2015绍兴虞舜文化旅游节在王坛镇开幕。

11月1—10日，区政协主席孟柏干率区友好经贸代表团赴英国、爱尔兰、法国3国访问。

11月16—17日，浙江省美丽乡村和农村精神文明建设现场会在柯桥召开。省委书记夏宝龙出席会议并讲话。省委副书记、省长李强作工作部署，省委副书记王辉忠主持会议。绍兴市委书记彭佳学致辞。柯桥区委书记徐国龙代表柯桥区作典型发言。

11月17日，浙江省委副书记、省长李强在柯桥区调研住宅产业化发展情况。

同日，浙江省副省长郑继伟到柯桥区柯桥街道人大代表联络站开展联系群众主题活动。

11月20日，柯桥区与中信集团签署三年300亿元融资战略合作协议，范围涵盖企业转型、产业升级、实事民生等多个领域，正式开启金融与政府合作的“柯桥模式”。

同日，全国工商联副主席李路到柯桥区作“‘十三五’与民营经济”企业家主题讲座，并考察中国轻纺城展示中心。

11月22日，柯桥金秋旅游节“越之南”乡村旅游品牌暨“花满棠棣”推介仪式在漓渚镇棠棣村兰文化广场举行。

11月30日，柯桥区召开打击逃废债、建设“信用柯桥”工作会议。会议要求政府、银行、企业担责担当，打击恶意逃废债行为。

## 12月

12月1日，为期两天的柯桥——江山“文化走亲”文艺晚会在江山市电影院开幕，富有绍兴地域文化特色的演出给江山市民送上文化大餐。

12月1—3日，柯桥区委书记徐国龙率党政考察团赴山东济南章丘市、青岛即墨市、威海环翠区，就传统产业提升、产业市场集群、城市建设管理等方面进行学习考察。

12月2日，浙江新风热电有限公司整体关停。这家运行近30年的热电联产企业，关停后，年可削减燃烧原煤约28万吨，二氧化硫、氮氧化物排放将分别减少700吨和800吨。

12月8日，浙江省委副书记王辉忠到柯桥区调研群团工作。

12月7—8日，磐安县委书记陈蕾妍率党政考察团到柯桥区考察经济转型升级和美丽乡村建设情况。

12月8—10日，柯桥区委副书记、区长阮建尧率党政考察团赴福建长乐、鼓楼、晋江、石狮等地学习考察。

12月12日，为期两天的2015第十届国际泳联花样游泳大奖赛在柯桥区游泳跳水馆开幕。这届赛事共设立混合双人、主题双人等5个项目的比赛，吸引包括中国、美国、日本、俄罗斯等13个国家123名运动员报名参赛。

12月15日，浙江省副省长熊建平率领建设、环保等部门负责人，到柯桥区调研相关工作，勉励柯桥区为全省环保工作创出更多好经验。

12月16日，杭州市富阳区委书记姜军率党政考察团到柯桥区考察转型升级和美丽乡村建设等方面情况。

12月26日，柯桥区兜率天景区正式全面开放。该景区总投资15亿元，建筑面积10万多平方米，中轴线长2500米，景区南北纵跨3个山峰，由龙华寺和兜率天宫两大主体建筑群组成。省政协副主席汤黎路等参加落成开放仪式。

12月28日，中国轻纺城跨境电商产业园项目开工。该项目投资近10亿元，建成后是融合多种功能于一体的现代电商产业综合体。

12月31日，滨海印染集聚区内"绿洲""和兴"等8家印染企业"煤改气"改造工程通过柯桥区环保、经信、安监等7部门联合验收。至此，柯桥区印染企业"煤改气"改造工程全部完成。

（陈天虹　胡　刚）

**执行编辑　宋如玲**

# 区情概貌

## 历史沿革

**【越族繁衍】** 柯桥，历史悠久。新石器时代，境内就有人类繁衍生息。在距绍兴偏西约100千米的建德山地，于1963年、1974年先后发现人类牙齿化石，距今约5万年，命名为“建德人”，人们推测为于越先祖蛰居山地、开辟草莱的端倪。偏东69千米的余姚江南、四明山北，于1973年、1977年先后发掘的河姆渡文化遗址，测定距今7000年至6000年，被视为越族创造文明的嚆矢。在北部平原古丘上，1984年发掘出马鞍山寺桥村凤凰墩文化遗址，距今约4500年。1985年又在附近发现仙人山文化遗址，距今约5000年，确认为新石器时代晚期越族祖先的聚落遗存。传说时代，在今上虞区去城30里的地方，名姚丘，是舜的出生地。后来舜继承尧的事业，做了华夏民族的首领。他推举鲧的儿子禹治理洪水，才有大禹治水的神话。传说大禹吸取父亲鲧用“堙”（堵）的办法治洪水失败被杀的教训，改用“疏”“导”，劳身焦思，居外13年，“三过家门而不入”，终于把洪水治平。因为这个功劳，舜把位子禅让给禹。相传禹是越族的祖先，生于今之绍兴，在治水时曾“上茅山，大会计，爵有德，封有功”，遂更名茅山为会稽山，“会稽”一名始此。大禹娶妻于涂山，取名女娇，生子启。公元前21世纪前后，禹死，葬于会稽，故有禹陵。启接禹位，打破禅让制，推行世袭制，建立中国第一个王朝——夏朝，历史进入奴隶社会。启之后过了6世，约公元前19世纪，少康即位，怕禹祭断绝，封其庶子无余于越，以续香火。历史上遂有“于越”的名称。1991年，陶里壶瓶山文化遗址被发掘，该文化成于公元前17世纪至前16世纪的商周时期，出土有石器、玉器和夹砂红陶器等文物。约公元前11世纪（周成王二十四年），《竹书纪年》记有“于越来宾”，是为于越部族有文献记载之始。约公元前10世纪（周穆王三十七年），周“伐越至于纡”，1981年、1986年两次发掘的袍谷文化遗址证明是这个时期的文化。周定王六年（前601），越开始与楚结盟。周景王元年（前544），吴始伐越。此后吴越两国多有强事小争。周敬王十年（前510），吴王阖闾伐越，败越于槜李；十五年（前505），越王允常乘吴伐楚而入吴，以报槜李之败。自此，吴越之间的战争连绵不断，越打越大。

**【越国兴衰】** 史载，自无余封越，千有余岁，至句践，越国兴起。周敬王二十三年（前497），允常病卒，句践即位，迁都平水平阳。次年建元，打败吴国进攻，吴王阖闾被射伤而死。句践三年（前494），吴王夫差为报父仇，大败越军。越向吴求和，越王句践携夫人、范蠡等人入质囚吴，几乎灭国。行三年韬晦之计，于句践五年得释返越，在范蠡、文种、计然等谋士辅助下，于句践七年立郭树都，构筑小城、大城，作为政治、经济、文化中心，致力发展生产、增长人口、强化军事、安定国家。经过卧薪尝胆，“十年生聚、十年教训”，越国炽富。

句践十五年，句践乘夫差北会诸侯于黄池之机，率兵入吴，败吴师，杀吴太子。句践十九年，再战笠泽，大败吴师。句践二十二年，越大举攻吴，败吴军于没（吴地），又败之于郊，再败之于津，围吴城三年，以候时机。句践二十四年，越国灭吴，吴王夫差自杀。越国报仇雪耻之战告终。

句践平吴之后，乃以兵北渡淮，与齐、晋诸侯会于徐州，并派使臣向周王朝进贡，周元王遣使赐句践胙，命为伯。时，越兵横行于江淮以东。句践二十五年，迁都琅琊，与齐、楚、秦、晋会盟，诸侯毕贺，以为霸主。

句践三十二年（前465），句践卒，子鹿郢立。越国在不寿、朱句、翳、诸咎、孚错枝、无余、无颛、无彊等代，均称强。但因后代国内频起杀伐，无彊伐楚失败，于周显王三十六年（前333）被楚威王杀死，楚国尽取故吴地至浙江，越国从此四散。诸族子争相自立，或为王、为君，滨于江南海上，服朝于楚。秦王政二十五年（前222），秦将王翦平定江南，越君降，越遂亡。

**【秦汉会稽郡山阴县】** 秦始皇二十六年（前221）平定天下，分海内为36郡。原越地称大越，隶会稽郡，治吴（吴县）；三十七年（前210）秦始皇南巡，上会稽，祭大禹，刻石颂秦德，更名大越为山阴，山阴县始此。西汉高祖五年（前202），刘邦徙韩信为楚王，山阴属楚国。六年（前201）并丹阳、会稽两郡为荆国，封刘贾为荆王，山阴隶荆国。十二年（前207）荆国除，建吴国，刘濞为王，山阴属吴国。景帝前元三年（前154），刘濞叛，国除，恢复会稽郡，山阴属之。汉永建四年（129），析浙江以西为吴郡，浙江以东仍会稽郡，山阴县为郡治。熹平三年（174），孙坚父子开始在会稽图建国，建置不变。

在这近400年中，山阴人郑吉于甘露年间（前53—前50）数出西域。建武间，上虞王充著《论衡》，反对谶纬迷信。永元间，太守马棱建回涌湖，治绩有声。永和五年（140），太守马臻疏筑鉴湖，溉田9000余顷，造福百姓。

**【魏晋南北朝会稽郡山阴县】** 东汉建安元年（196）孙策击败严白虎，自领会稽太守。建安五年，孙策死，孙权领会稽，谋建国。三国吴黄龙元年（229），孙权称帝，建都建业，仍设会稽郡，山阴县为郡治所在地。天纪四年（280），孙皓降晋，山阴仍为会稽郡治。晋太康二年（281），改会稽郡为会稽国，孙秀当国，治山阴县。永宁元年（301），孙秀因参与赵王伦篡位，国除，复郡，治山阴。建武元年（317），司马睿在建康即晋王位，改元，翌年称帝，史称东晋，山阴隶属不变。咸和四年（329），王舒任会稽内史，为避父讳，钦改会稽为郐稽。永初元年（420），晋恭帝禅位，刘裕称帝，建国号宋，翌年复为会稽郡。元嘉三十年（453）析扬州浙东5郡为会州，治山阴，旋罢。孝建元年（454）又析扬州浙东5郡为东扬州，治山阴。后屡有变易，但山阴为会稽郡治不变。建元元年（479），萧道成逼宋帝禅位，立南朝齐，会稽郡仍属扬州，治山阴县。天监元年（502），萧衍逼齐和帝禅位，建南朝梁。普通五年（524），置东扬州，治山阴县。太平元年（556）罢东扬州，还复会稽郡，属扬州，郡治山阴县。永定元年（557）陈霸先废梁自立，是为南朝陈，隶属依旧。陈后主时（583~589）析山阴县东部置会稽县（一说在永定年间），两县同城而治。会稽设县自此始。

在三国吴、西晋、东晋和南朝360年间，除西晋37年外，其他各朝均建都建康（今南京），故史称六朝。六朝期间，贺循疏凿浙东运河，造福百姓；司马睿称“今之会稽，昔之关中”，地位重要；王羲之修禊兰亭，成书法圣地。

**【隋唐五代越州山阴、会稽】** 隋开皇九年（589）废郡置吴州，并山阴、上虞、始宁、永兴为会稽县，隶吴州。大业元年（605）改吴州为越州，治会稽。越二年仍复会稽郡。唐武德四年（621），李子通克杭州，置越州，治会稽，旋改越州总管府。武德七年改总管府为都督府，恢复山阴县。此后，山、会两县时有废复。元和十年（815），山、会两县同城而治遂成定制。开平元年（907），朱温篡位，史称后梁，封钱镠为吴越王，后称吴越国，越州为东府，山、会属之。后虽有后唐、后晋、后汉、后周更迭，山、会隶属不变，直至北宋太平兴国三年（978）。

在隋、唐、五代的388年间，越州为浙江东道之道治所在地，山、会县城为七州之首、钱镠行都。期间，观察使皇甫温、会稽县令李俊之和李左次先后增修百余里东江塘。山阴王叔文主持永贞革新。诗人贺知章告老归故里。李白、杜甫等著名诗人踏歌山阴道上，史称“唐诗之路”。越绫、青瓷名闻遐迩。

**【宋元建置变迁和山、会两县】** 后周显德七年（960），赵匡胤陈桥兵变，夺取后周政权，建立宋朝。太平兴国三年（978），钱俶降宋，改东府为越州，山、会属之。期间曾设两浙路，统州、县。建炎元年（1127），赵构在南京称帝，史称南宋。绍兴元年（1131），定都临安，改州称府，升越州为绍兴府，山、会隶属不变。至元十三年（1276），元军攻占绍兴，改府为路，山、会属绍兴路，直至元亡。

宋、元400余年间，两宋经济有所发展。开宝四年（971）开广州、杭州、明州市舶司后，越州丝绸、青瓷远销日本、印度、大食等国。纸币“会子”

允许与铜钱并行。鉴湖围湖造田兴起，史有争论。州学书院代有所建。大中祥符五年（1012），陆轸建陆太傅书院于牛峰寺；天圣九年（1031），成悦等4任知州建州学于望花桥（今稽山中学）；崇宁二年（1103）间，山、会两县学宫分建于阳堂山和竹园坊。期间，会稽县令杨宪重筑箐江石塘，知府赵彦倓修筑山阴海塘，知府汪纲疏浚西兴运河，拓建贡院、教场，缮治罗城诸城门，为世人称道。元朝是个大逆转大倒退时期，西僧杨琏真伽盗掘宋六陵，民族矛盾加剧，很快激起民变。

**【明朝绍兴府山、会两县】** 明洪武元年（1368），朱元璋称帝，山、会两县属绍兴府。崇祯十七年（1644）明亡，绍兴处在南明小朝廷控制之下。清顺治三年（1646），多铎部将博洛取绍兴，明鲁王逃亡舟山，绍兴归属清。

明朝统治绍兴近280年，由于前期执行与民休养生息的政策，生产发展，经济繁荣，资本主义因素萌生，绍兴第一家酱园“俞合兴”在城内开张营业。“一条鞭法”的推行，由实物税转入货币税。知府戴琥建麻溪坝，制“山会水则”；汤绍恩建三江闸，最后一次开通碛堰，造福山、会、萧三县。王守仁、刘宗周创阳明心学和蕺山学派，成一代宗师；稽山、阳明、五云、和靖等书院兴旺；古小学重建。张景岳被誉为绍派伤寒之祖。其间，倭寇为患，汤和筑三江、沥海、白洋等所城防倭，姚长子抗倭殉难，均名垂史册。

**【清朝绍兴府山、会两县】** 清顺治三年（1646），多铎部将博洛定绍兴，绍兴仍为府，山、会两县属之。前期，绍兴经济有所发展，但是由于大兴文字狱、禁用绍兴师爷、停止山会乡试、会试等民族歧视政策，曾多次发生民变。康、乾期间，玄烨、弘历采取到绍祭禹、削除绍兴堕民籍等举措，阶级矛盾有所缓和。知府俞卿修筑城垣和改建玉山斗门。李亨特立“十禁牌”以淳风俗，为世人称道。鸦片战争期间，葛云飞英勇抗击英军，壮烈牺牲。1861年太平天国将领陆顺德占据绍兴，设200多乡官局施政，多次击杀英、法官兵。1863年左宗棠收复绍兴，山、会仍属绍兴府。

19世纪60年代到90年代的洋务运动中，绍兴有识之士奋起救亡，徐树兰、徐友兰兄弟兴办实业，创立绍兴中西学堂。齐贤“益昌佩”绸厂、山阴“公豫源”丝厂相继开业。汤寿潜著《危言》，主张变法。蔡元培、陶成章建立“光复会”。徐锡麟、秋瑾、陶成章为光复中华先后牺牲，成为辛亥革命时期“绍兴三烈士”。1911年11月6日，绍兴光复，废府存县，知府陈赞清为绍兴军政分府都督。越4日，王金发率部抵绍，成立绍兴军政分府，自任都督。翌年1月，归属浙江省。

**【民国时期绍兴县】** 1912年，民国肇元。1月，奉浙江省军政府关于“调整县区，更改县名”令，山、会两县合并，成立绍兴县，直属省，治原会稽县衙。民国3年6月，省县间设道，绍兴县属会稽道，治绍兴县。民国16年4月道废，直隶省。民国24年6月，设绍兴行政督察区，绍兴县属之，为区治所在地。民国25年4月，绍兴县改属第三行政督察区，仍为区治。民国37年4月改名第二行政督察区，绍兴县属之，区治迁至余姚县。1949年3月，中共绍兴县临时工作委员会（临工委）办事处（实为县人民政府）成立。4月6日，中共浙东临工委决定由会稽二支队、四明五支队一部和新越中队、绍兴办事处共500余人联合发起“车头战役”，获胜。10日，宣布成立南池、越南、漓渚、汤浦4个区人民政府。5月7日，浙东人民解放军第二游击纵队进驻绍兴城，绍兴解放。11日，中国人民解放军第三野战军21军61师先遣部队抵绍。12日中共浙东临工委建立绍兴军管会。25日成立绍兴市军管会。6月3日，中共绍兴县委成立，同时建立城郊、柯桥、齐贤、漓渚、进化、马山、东皋、汤浦、越南9个区分委。6日，绍兴县人民政府成立，同时建立9个区人民政府。

**【中华人民共和国成立后】** 1949年10月1日，中华人民共和国成立。是月，析绍兴县城区为绍兴市，市政府驻城区；绍兴县东部为会稽县，县治驻皋埠；西部仍为绍兴县，县治移驻柯桥。两县一市均属绍兴专区。1950年5月9日，两县一市合并为绍兴县，治城区，隶属仍旧。9月15日又析城区复置绍兴市（县级），县、市同城而治，隶属不变。1952年1月撤绍兴专区，绍兴县直属省，1953年2月改属宁波专区。1958年2月21日又次撤销绍兴市（县级），并入绍兴县，隶属仍旧。1962年1月11日，再析城区置绍兴市（县属）。1963年1月3日，再撤县属市建制，称绍兴县城关镇。1964年9月恢复绍兴专区，绍兴县属之。1968年5月改绍兴专区为绍兴地区，绍兴县属之。1978年9月又改名为绍兴地区行政公署，绍兴县属之。1981年3月31日，撤绍兴县，建绍兴市，仍县级，隶属不变。1982年2月8日国务院公布绍兴市（县级）为全国第一批24个历史文化名城之一。1983年7月23日，国务院批准实行市管县体制，撤绍兴地区行政公署，设绍兴市（地级），撤县级市，恢复为绍兴县，驻市。是年9月20日，省人民政府办公厅通知，析绍兴县城区和周边亭山、禹陵、灵芝、城东、梅山5乡和东湖1镇建越城区（县级），隶绍兴市，市、县、区同城而治。2000年7月，再析绍兴县之东浦、鉴湖、皋埠、马山、斗门5镇归属越城区，以扩大其地域。是年10月，绍兴县行政中心搬迁柯桥试运行。2001年1月13日，经国务院正式批准，绍兴县治迁至柯桥。是年3月23日举行绍兴县人民政府驻地迁至柯桥揭牌仪式。2013年10月，国务院批复同意浙江省调整绍兴市部分行政区划，撤销绍兴县，设立绍兴市柯桥区，原绍兴县的孙端镇、陶堰镇、富盛镇划归绍兴市越城区管辖。

绍兴县自1988年起，多次名列全国财政收入“十大财神县”；1991年起多次被评为中国农村综合实力百强县（市），名列十位前后。2000年，绍兴县在划出5个建制镇后，在中国县（市）社会经济综合发展指数排名中，名列综合位次第15位。2007年~2013年，在全省城乡统筹水平综合评价中连续第七年居各县（市）首位。2015年，柯桥区实现地区生产总值1200.9亿元，比上年增长7.6%；财政总收入160.5亿元，比上年增长4.3%；2009年~2015年连续七年被评为中国全面小康十大示范县，2006年~2015年连续10年被评为省平安县（市、区）。

（史　志）

## 名胜古迹

【概况】 绍兴市柯桥区为古越先人生息、发祥之地，地上地下保存着大量的文物古迹，至2014年年底，境内有国家级文保单位9处，省级文保单位6处、省级历史文化保护区2个、区级文保单位59处，区级文保点89处，被誉为没有围墙的博物馆。名胜众多，至2014年年底，全区共有国家级旅游景区20个，其中AAAA级景区3个，AAA级景区6个，AA级景区11个。

表3　2015年柯桥区国家级文物保护单位情况

| 序号 | 名　称 | 时　代 | 地　址 | 公布日期 |
|---|---|---|---|---|
| 1 | 古纤道 | 明代 | 柯桥街道、湖塘街道、钱清镇 | 1988年1月 |
| 2 | 印山越国王陵 | 春秋战国 | 柯桥区兰亭镇里木栅村 | 2001年6月 |
| 3 | 王守仁墓 | 明代 | 柯桥区兰亭镇花街洪溪鲜虾山 | 2006年5月 |
| 4 | 徐渭墓 | 明代 | 柯桥区兰亭镇里木栅村 | 2006年5月 |
| 5 | 柯岩造像与摩崖题记 | 隋唐 | 柯桥区柯岩街道柯岩风景区内 | 2013年3月 |
| 6 | 越国贵族墓群 | 春秋战国 | 柯桥区平水镇、漓渚镇 | 2013年3月 |
| 7 | 舜王庙 | 清代 | 柯桥区王坛镇双江溪舜王山 | 2013年3月 |
| 8 | 大运河柯桥段（包括渔后桥纤道） | 春秋战国至中华人民共和国 | 柯桥区柯桥段 | 2013年3月 |
| 9 | 绍兴古桥群<br>（太平桥、融光桥、接渡桥） | 元至民国 | 柯岩街道、柯桥街道 | 2013年3月 |

表 4 2015年柯桥区省级文物保护单位情况

| 序号 | 名称 | 时代 | 地址 | 公布日期 |
|---|---|---|---|---|
| 1 | 马鞍遗址 | 新石器时代 | 柯桥区马鞍镇寺桥村 | 1997年8月 |
| 2 | 鉴湖遗址、大王庙 | 东汉至清 | 柯桥区钱清镇江南村虎象自然村 | 2011年1月 |
| 3 | 善庆学校旧址 | 民国 | 柯桥区柯岩街道州山村 | 2011年1月 |
| 4 | 会稽山古香榧种植园——稽东古香榧林 | 宋至清 | 柯桥区稽东镇 | 2013年4月 |
| 5 | 西跨湖桥 | 明清 | 柯桥区湖塘街道湖塘村 | 2011年1月 |
| 6 | 鉴湖遗址、大王庙 | 东汉至清 | 柯桥区钱清镇江南村虎象自然村 | 2011年1月 |

表5 2015年柯桥区省级历史文化保护区情况

| 序号 | 名称 | 地址 | 公布日期 |
|---|---|---|---|
| 1 | 柯桥街道 | 柯桥区柯桥街道 | 1991年10月 |
| 2 | 安昌镇 | 柯桥区安昌镇 | 1991年10月 |

（祝妍春）

表 6 2015年柯桥区国家级旅游景区情况

| 序号 | 名称 | 级别 | 地址 | 公布日期 |
|---|---|---|---|---|
| 1 | 柯岩风景区 | AAAA | 柯岩街道柯岩大道558号 | 2001年12月 |
| 2 | 大香林风景区 | AAAA | 湖塘街道岭下村 | 2007年12月 |
| 3 | 乔波滑雪世界 | AAAA | 柯岩大道2168号 | 2013年5月 |
| 4 | 安昌古镇旅游区 | AAA | 安昌镇老街 | 2009年12月 |
| 5 | 香雪梅海旅游区 | AAA | 王坛镇东村 | 2011年12月 |
| 6 | 轻纺城市场景区 | AAA | 柯桥金柯桥大道1639号 | 2011年12月 |
| 7 | 舜王庙景区 | AAA | 王坛镇长林村 | 2012年12月 |
| 8 | 会稽山千年榧林 | AAA | 稽东镇占岙村 | 2012年12月 |
| 9 | 平水同康绿林竹海景区 | AAA | 平水镇同康村 | 2013年12月 |
| 10 | 印山越国王陵 | AA | 兰亭镇里木栅村 | 2001年12月 |
| 11 | 羊山石佛景区 | AA | 齐贤镇石佛村 | 2013年12月 |
| 12 | 陶元岭-金鱼湾景区 | AA | 平水镇金鱼村 | 2013年12月 |
| 13 | 王坛镇南岸旅游景区 | AA | 王坛镇南岸村 | 2013年12月 |
| 14 | 稽东镇红豆仙霞景区 | AA | 稽东镇龙东村 | 2013年12月 |
| 15 | 夏履镇越王峥景区 | AA | 夏履越王峥村 | 2013年12月 |
| 16 | 香湖山庄景区 | AA | 湖塘街道夏泽村 | 2013年12月 |
| 17 | 平水平阳寺景区 | AA | 平水镇平阳村 | 2014年12月 |

续表6

| 序号 | 名称 | 级别 | 地址 | 公布日期 |
|---|---|---|---|---|
| 18 | 平水王化-日铸岭景区 | AA | 平水镇王化村 | 2014年12月 |
| 19 | 王坛玫瑰山庄景区 | AA | 王坛镇南岸村 | 2014年12月 |
| 20 | 陶宴岭-新联溪景区 | AA | 王坛镇新联村 | 2014年12月 |

（杨兴红）

## 名士之乡

【概况】 绍兴自越王句践至当代伟人周恩来，可谓人才辈出，灿若星汉。名闻全国以至世界者，有著名哲学家、思想家、政治家王叔文、王阳明、刘宗周，历史学家谢承、赵晔、范文澜，方志学家袁康、吴平、章学诚，文学家贺知章、陆游、张岱、鲁迅，画家徐渭、赵之谦、任颐，书法家王羲之、王献之，教育家蔡元培，日记大家李慈铭，自然科学家钱三强、陈建功、竺可桢，民族英雄葛云飞，革命志士秋瑾、徐锡麟、陶成章。自隋、唐兴科举至清光绪三十一年（1905），1300余年，会试中式钦赐进士者1400余人，明、清两朝还出现过"绍兴师爷"这一人才群体。近代以后，在人民革命中，有为新中国英勇牺牲之在册烈士183人。至2015年年底共有高级知识分子7112人。 （史 志）

## 区域和行政区划

【区域地理位置和面积】 柯桥区位于浙江省中北部，地处杭州湾南岸，会稽山北麓，东与上虞区、越城区交界，东南与西南分别与嵊州市、诸暨市为邻，西与西北部与杭州市萧山区接壤，北濒海。全区介于北纬29°42′01″～30°13′01″，东经120°16′52″～120°44′58″，东西宽45.28千米，南北长57.5千米，周边长407.45千米。至2015年年底，柯桥区域土地面积1066.02平方千米。

【行政区划和各镇街面积】 至2015年年底，柯桥区下辖12个建制镇4个街道。区政府驻柯桥。

表7 2015年柯桥区各镇（街道）地域面积 单位：平方千米

| 地域 | 面积 | 地域 | 面积 |
|---|---|---|---|
| 柯桥街道 | 15.95 | 齐贤镇 | 32.47 |
| 柯岩街道 | 45.32 | 安昌镇 | 24.05 |
| 华舍街道 | 23.06 | 夏履镇 | 51.01 |
| 湖塘街道 | 66.28 | 漓渚镇 | 36.64 |
| 钱清镇 | 54.18 | 兰亭镇 | 82.85 |
| 杨汛桥镇 | 36.66 | 平水镇 | 173.39 |
| 马鞍镇 | 59.70 | 王坛镇 | 137.69 |
| 福全镇 | 39.87 | 稽东镇 | 111.51 |

## 地形地貌

【概况】 柯桥区南靠会稽山，北濒海，故呈西南高、东北低的阶梯形地势，山脉、平原、海岸兼有，受江山—绍兴大断裂影响，山丘与平原间界限比较明显。西南部为低山丘陵河谷区，占全区总面积约52%，中北部为水网平原区，占全区总面积约31%，平均海拔6米～7米，偶有孤山、残丘分布其间，其高度一般不超过200米，史称山会平原。东北部为滨海平原区，占全区总面积11%，海拔5米左右，系淤涨型滩涂，地势平坦。

柯桥区内山地和丘陵在形态和成因方面有许多共同之处，其分布也紧密相连，犬牙交错，难以截然区分。区内群山连绵，山体抬升强烈，地形破碎，溪流短小湍急，一般在海拔300米~400米之间，向东北急剧倾斜，降至海拔20米左右时，与无数山麓冲积扇和中北部冲积平原相连，坡度以15°~25°和大于25°为主。境内水系发育受地质构造及地貌形态制约，南部丘陵山地地面切割强度大，地形破碎，树枝状水系发育；北部水网平原地势低平，河湖密布，交织成网。

柯桥区境处于浙西山地丘陵、浙东丘陵山地和浙北平原三大地貌单元的交接地带，地貌类型复杂，以山地丘陵、丘陵盆地和河谷平原为主，有夏履、型塘、漓渚、兰亭、平水及小舜江河谷，王坛、平水盆地，其面积较小，山城较狭，水流湍急，含沙量较高，土壤冲积明显。丘陵盆地与水网平原交界处均有大片坡地、阶地，漓渚、兰亭一带面积较大，坡度皆在10°以下，土层深厚，适宜农耕。

**【西南部低山丘陵河谷】** 会稽山脉尾闾进入柯桥区境内南部，构成崎岖低山、丘陵、河谷地，约形成于1.3亿年前，长期基本稳定。新石器时代有频繁农垦活动，现辟为茶、桑、果等经济作物和旱粮种植地，在绍兴农业史中占有重要地位。

**【中北部水网平原】** 历史上，山会平原本是一片战海沼泽，潮汐无常，今之漓渚、平水均为海水直拍的山地和海岸交界处，海退之后，海岸北移，海岸线轮廓已与今相似，浅海开始赤裸，加之山丘泥沙来源丰富，溺谷於浅不畅，浅海逐渐垫高而变成咸潮出没的沮洳沼泽之地。约在公元前21世纪，经大禹治水，无余封越，越族居民才开始垦殖。距今约3000年，越族酋长开始把聚落居民从会稽山地向北迁徙，山麓冲积扇和平原中一些较大孤丘及附近坡地被开发，中部冲积扇平原形成。公元前5世纪初，越王句践把驻地迁至今之越城，经过筑城、立郭、围堤、筑塘、拒潮、蓄谈，造就会稽山北麓冲积扇以下的大片耕地。秦汉时，越人迫迁，北人南徙，潮沼地加快开发。东汉马臻浚筑鉴湖，开辟良田9000公顷。唐垂拱二年（686）山阴与萧山间25千米界塘筑成，开元十年（722）会稽县令李俊之主持修筑山会海塘，后经大历十年（775）、大和六年（832）两次增修，才形成东起上虞、西至山阴、全长50多千米之防海塘，山会平原遂全面形成。

境内除偶有高不过200米的零星火成岩残丘外，皆为冲积、淤积、海积而成。地势平坦，平均海拔6米至7米。靠近古海塘北部狭长地带，地势低平，平均海拔4.5米，河流较少，水面狭窄，为向滨海滩涂过渡地带。平原地区，则河流纵横，湖泊星散，有大量以溇、湖、埭、桥、江、墅、葑、塘、渎、堰、岸、港、浦等命名的村落。

**【东北部滨海平原】** 滨海平原是柯桥区棉、麻、甘蔗、西瓜等主产区，部分近海涂地系近代人工围垦而成。由于近钱塘江河口岸线受潮汐及曹娥江涌潮影响，极不稳定，需人工筑堤防护。明永乐至万历年间（1403—1620），钱塘江主槽北移，山、会两县海涂外涨，有人自发垦殖，植棉、麻，种水稻、瓜果、蔬菜。清咸丰年间（1851—1861），三江口乾、坤两号沙地，面积超过4万亩。清末民初，滩涂曾向杭州湾伸展10千米，有磨盘丘、豆腐畈等垦区。此后，由于钱塘江南股槽游移，滩涂大片坍方，至建国前夕，几乎丧失殆尽。从1969年开始组织大规模人工围涂造地，至2001年围垦76平方千米，约占滩涂总面积47%。2002年10月，启动“九七”丘二期工程，总投资1.58亿元，抢围低滩面积450公顷。2006年10月28日，最后一期口门治江围涂（西片）工程动工建设。此次围涂计划分三阶段实施，共抛筑堤坝两支，其中西堤全长1997米，北堤全长2186米，实际围垦面积为316.67公顷，抛筑石坝4183米，筑堤4130米。至2007年7月10日，口门丘治江围涂（西片）工程竣工。这块淤涨型滩涂，约占全区总面积的10%，区内地势平展，人工水系纵横交错，海拔5米左右，为滨海平原。

**【主要山脉及主峰】** 会稽山是曹娥江与浦阳江分水岭，主峰太白山在诸暨、嵊州交界处，海拔1000多米。其北脉自西南方由诸暨、嵊州边境进入柯桥区，主峰有两个。

真如山，在嵊州境内，海拔近800米，延伸到王坛镇孙岙，称五百岗，海拔近700米，余脉向东北伸展，达曹娥江畔。主要山峰有雄鹅峰、西峰山、衙堂山、龙塘山，皆在小舜江东岸。

骆家尖，在稽东镇龙西村焦坞西南，海拔700

多米，为境内最高峰。沿主峰分出3支：

第一支向东过龙头岗、东桃林、木窝尖、铜盘山抵王城之仰山岭，称木窝尖山脉。

第二支向东北延伸，过独树尖大、小西岭至王坛，称独子山脉。

第三支逶迤经越大山、九曲岭、龙头岗、古博岭、铜井山、叶家山、越王峥至马社，称西干山脉，系柯桥区与诸暨市、萧山区的天然分界岭。

西干山脉又分出3条分支：

由五岩山向东过分水岭、化山、龙池山、皇姑山、陶晏岭、日铸岭，东折过捣臼坞、石泄岭入上虞市者称化山山脉。其中的诸葛尖、将军山、银山、稷山颇具史迹。

由捣臼坞北折过寺后山、九岗山、杨梅山到东湖绕门山，称东干山脉，其中的绕门山、吼山等紧依城区，独具自然景观。

由西干山脉乍丹岗向北伸展，过法华岭，折向东北，经峨嵋山、秦望山、横浜岭到香炉峰（宛委山之峰），称秦望山脉。秦望山如钳状环展于越城区南部和西南部，其中的石匮、侯山、塔山、种山、蕺山、亭山等各具典故，名著于世。

这3条支脉余脉散落在平原上的孤丘，自南而北主要有梅里尖、柯山、牛头山、梅山、金鸡山、西扆山、上方山、羊山、壶瓶山、白洋山、马鞍山、驼峰山、大和山等，为古越文明之摇篮，文化积淀深厚。

**【火山地貌】** 发生在中生代的燕山运动，给境内带来剧烈的火山喷发活动，后经长期外力作用，火山多已荡然无存，残留下来的死火山地貌在柯桥区境内仅五百岗火山群。这些死火山山顶都较平坦，火山锥形保存完整。五百岗位于柯桥、嵊州两地交界处，属江南少见的火山群地貌。山体由安山岩构成，有多座火山锥分布于喷出岩构成的高台地上，其中以主峰雌鹅凸（近700米）、雄鹅凸（600余米）最为典型。（胡洪良）

## 河流和湖泊

**【概况】** 柯桥区境内河流源于南部会稽山，除小舜江、浦阳江外，均流经中部平原，北注曹娥江、入钱塘江。经历自然水系、鉴湖水系、运河水系的发展演变过程。现分属小舜江、运河、浦阳江三大水系，又以运河水系为主。

**【小舜江水系】** 小舜江是曹娥江中游的最大支流。流域面积534平方千米，主流长72千米。辖区范围的流域面积为294平方千米。主要支流有南溪、北溪、双江溪、王化溪4条支流。

南溪，为小舜江的正源，发源于嵊州竹溪赤藤岗，东北流经谷来、显潭，在五间头流入柯桥区境内，过王城、王坛，到肇湖与北溪合流。在区境内起于童家泛、王城，经南子口，折东北到肇湖与北溪合流。主流长9.65千米，支流总长34.4千米，境内集雨面积67.47平方千米。

北溪，上游呈扇形，分别源于龙峰上王谷雨尖、越峰胡宅、越大山、九曲岭、相岙等，汇合于袁村，过上冯、车头、青坛、王坛至肇湖与南溪合流。主流全长23.15千米，支流总长69.45千米，集雨面积124.51平方千米，是小舜江上游的两大支流之一。

双江溪，由南溪和北溪在肇湖汇合而成，流经罗镇汇入汤浦水库，主流全长7.8千米，支流总长25.5千米，集雨面积43.91千米。

王化溪，源于王化上祝杨梅山，向东南流经宋家店、王化、青店，在登岸注入小舜江，主流全长14.4千米，支流总长11.15千米，集雨面积42.63平方千米。

**【运河水系】** 西干山脉与化山山脉之间丘陵、平原地区的溪、河、湖泊，总称运河水系，由山区河流、平原河网和平原湖泊三部分组成，流域面积为731平方千米。

**【浦阳江水系】** 在柯桥区境内流域面积15.3平方千米，主要涉及漓渚镜内的弦腔溪、朱家坞溪和黄山畈溪等，属山区性河流，河道总长11.05千米。

**【山区河流】** 古称“三十六源”之水，源出于西干山脉和化山山脉，源短流急，由南向北，下注平原与萧绍运河通连，为平原河湖网的主要水源。自西依次往东的主要河流8条。

夏履江，发源于湖塘黄山岭下凉帽尖，流经华丰、夏履桥、汪家埭后，河道弯曲盘迴，称九曲河，至前童、南钱清通连西小江。主流全长32.6千米，支流总长94.6千米，集雨面积148.47平方千米。

陌坞江，发源于湖塘陌坞一字岗，流经古城，在西跨湖注入鉴湖大江，主流全长6.75千米，支流总长10.35千米，集雨面积14.03平方千米。

型塘江，发源于湖塘俞家山村九岭下，经潜

家桥、型塘，出寿胜埠头注入鉴湖大江，主流全长18.65千米，支流总长16.6千米，集雨面积28.61平方千米。

项里江，发源于柯桥州山大洋水库冷水弯岗，经项里，在彤山西侧注入鉴湖大江。主流全长4.7千米，支流总长13.85千米，集雨面积13.78平方千米。

秋湖江，发源于福全樊迪豆腐尖，流经王七墩、秋湖，在彤山东侧注入鉴湖大江。主流全长6.6千米，支流总长16.5千米，集雨面积12.09平方千米。

漓渚江，发源于漓渚棠棣刘家村太山岭，流经九板桥、义桥、下溇、徐山，于钟堰汇入鉴湖大江。主流全长20.4千米，支流总长44.15千米，集雨面积57.23平方千米。

娄宫江，又名兰亭江，发源于兰亭镇大庆山，流经谢家桥、花街、分水桥、娄宫、凌江岸，在偏门汇入鉴湖大江。主流全长21.55千米，支流总长98.05千米，集雨面积111.31平方千米。

平水江，又名若耶溪，发源于平水镇上嵋岙茅园岭，流经岔路口、平水江水库、平水、铸铺岙、望仙桥后有上灶溪注入，出龙舌嘴，在稽山门汇入环城河。主流全长23.55千米，支流总长103.95千米，集雨面积152.42平方千米，（含上灶溪）是运河水系中最长的山区河流。

**【平原河网】** 会稽山区河流，自南而北，涌入平原，或溢而为江，或潴而为湖，或为沼为池，或为溇为荡，形成纵横密布、四通八达的平原水网。水流总趋西南向东北；水位升降幅度受水闸节制。萧绍曹运河贯穿东西，其径流主要由西小江、直落江经新三江闸、马山闸等注入曹娥江。

萧绍曹运河，古名漕渠，又名西兴运河，疏凿于晋代，历加浚治而成。西起萧山西兴，东至上虞曹娥，全长78.5千米，与萧甬铁路线基本平行。运河在区境内，西起钱清镇，经柯桥入绍兴城西郭门，出五云门迤东，经皋埠、陶堰，于泾口进入上虞，共长41千米，为运河水系的主干河道和连接萧山、上虞的主要航道。运河南面有夏履江、陌坞江、型塘江、项里江、秋湖江、漓渚江、娄宫江等汇入鉴湖与萧绍运河贯通，又有平水江、攒宫江等直接汇入绍曹运河。运河北面，与各南北、东西向河道连接，主要经西小江、直落江及马山闸配套河道，由新三江闸、马山闸等注入曹娥江。

西小江，又名钱清江。宋、明期间，多次成为浦阳江下游干道；明嘉靖十六年（1537）建成三江闸前，为直通杭州湾之潮汐河流。明宣德年间（1426—1435），始筑临浦坝，复开碛堰山口，导浦阳江归复故道入钱塘江；明成化年间（1465—1487），又筑麻溪坝、新河闸，浦阳江与西小江分流，自此，西小江自成系统。上游为进化溪（古称麻溪，今萧山境内），源出今萧山进化螽斯岭。经晏公桥入西小江，在境内杨汛桥镇上坂入境，流经江桥、杨汛桥，在钱清镇附近贯穿萧绍运河，又折而东北经南钱清、新甸、管墅、华舍、嘉会、下方桥、狭猕湖等地，于荷湖与直落江汇合，由西入新三江闸江总干河，注入曹娥江。其中上坂至钱清河段，为柯桥区与萧山之界河；华舍至嘉会主干河道，因垦殖消失。西小江全长91.6千米，区境内长58.6千米（上坂至三江闸），为境内西部主要的灌溉、排涝和航运河流。现为新三江闸西干河。

**【平原湖泊】** 公元前2000年左右海岸线自会稽山麓逐渐北移，至春秋时代出现山麓地带湖泊群，汉代出现中部地带湖泊群，期间产生大型人工湖泊古鉴湖，唐代形成沿海地带湖泊群。境内曾存在大量湖泊群，较大湖泊达54个。唐代以后，开始围垦湖泊，宋代加剧，湖泊锐减。明清两代，湖泊继续垦废。至中华人民共和国成立前，主要湖泊存18个。中华人民共和国成立后，湖泊仍遭局部围垦，20世纪90年代，围湖现象明显抑制。

经历次行政区划调整，现属柯桥区仅6个主要湖泊。以萧甬铁路线为界，分成两大系统。路南以古鉴湖残留湖泊为主，路北属于滨海潟湖。

鉴湖，古鉴湖残留湖泊，属河道式湖泊。西起湖塘街道西跨湖桥，东至越城区亭山东跨湖桥，全长19.2千米，南北均宽108.4米，最宽处300多米，最窄处十多米，平均深度2.77米，湖面积294.8万平方米，容积875.9万立方米。鉴湖西通西小江，东连环城河，南有会稽山区河流夏履江、陌坞江、型塘江、项里江、秋湖江、漓渚江、娄宫江汇入，北岸古称南塘即古鉴湖西湖堤，有众多南北向小河与萧绍运河沟通，流域面积357平方千米。

瓜渚湖，位于区域中心柯桥街道，南濒萧绍运河，滨海潟湖。清初，有前后两湖，广数千余亩，现存1湖，面积为149.2万平方米，容积417.41万立方米。

大小坂湖，位于区西北13千米华舍街道，滨海泻湖。湖面积91.88万平方米，容积248.63万立方米。

芝塘湖，又称茭塘湖、菱塘湖、芝湖，位于区西北24千米杨汛桥镇。原为自然湖泊，明洪武二十七年（1394）始筑塘建闸，逐成为滞洪蓄水工程。历有围垦。现湖面积为40.3万平方米，容积109.05万立方米。

施家荡，位于区西北20千米钱清镇，滨海潟湖，南接萧绍运河，北通西小江，湖面积23.13万平方米，容积62.59万立方米。

屃石湖，位于城西南9千米福全镇，古鉴湖残留湖泊。湖面积17.9万平方米，容积50.48万立方米。

（祁　欢）

## 自然资源

**【土地资源】** 柯桥区域，历来变动较多，土地面积又疏于记载。从明朝万历开始，才有若干年份土地面积记录。

明万历《绍兴府志》载：洪武二十四年（1391），山、会两县合计土地面积2184279亩。万历十三年（1585），山、会两县合计2215007亩。

清乾隆《绍兴府志》载：康熙十年（1671）年，山、会两县合计2246859亩。乾隆四十九年（1784），山、会两县合计2263086亩。

民国时期，据《重修浙江通志稿》载：民国18年（1929），绍兴县陈报公私土地面积为2672558亩。民国24年，《浙江省各县面积分析表》列绍兴县总面积为3124832.26亩。据宁波专署按浙江省统计局刊发《浙江省银行经济年鉴》反馈给县的资料：民国35年、民国36年、民国38年，绍兴县土地面积（不含海湾）均为287.35万亩，折合1915.66平方千米。

中华人民共和国成立后，绍兴县域仅20世纪50年代就变动11次，与1949年比，净减土地面积474.6平方千米。1959年土地总面积为1441平方千米，合144100公顷（不含海湾面积）。1983年撤地建市，恢复绍兴县，土地面积减至1392平方千米，合139200公顷。据1991年土地资源详查资料，全县总面积为1492.51平方千米（含海湾面积），合149251公顷。2000年7月，行政区域又作调整，除去划给越城区的东浦、马山、斗门、皋埠、鉴湖5镇，计土地面积239.70平方千米后，全县土地面积减到1252.81平方千米，合125281公顷。2003年，齐贤镇划出15个村，计19.21平方千米，全县土地面积减到1233.6平方千米，合123360公顷。

2013年10月，国务院批复同意撤销绍兴县设立绍兴市柯桥区，行政区划再作调整，除去划给越城区的孙端、陶堰、富盛3镇，计土地面积136.42平方千米后，据2013年12月31日土地利用调查数据，柯桥区域土地面积106601.76公顷，计1066.02平方千米。区境土地后备资源潜力不大，人均耕地由中华人民共和国成立初的人均0.07公顷减至0.03公顷。

（钱定虎）

**【水资源】** 柯桥区境内水资源的主要来源是雨水。常年雨量充沛，其年内时间分配随季节交替变化，差异明显。2015年全区按平均降雨量计算地表径流量为12.4724亿立方米，地下水资源 2.6968亿立方米，两者重复计算水量 1.6783 亿立方米，全区水资源量13.4909立方米，按年末户籍人口65.36万计算，人均水资源占有量1908.26立方米。

（夏潮军）

**【生物资源】** 据1998年新编《绍兴县志》载，1993年据本地科研单位、医药卫生部门、学校等有关单位征集的野生鸟兽、农作物、经济昆虫名录整理，全县载有主要野生动植物1521种。其中植物8门187科931种，动物9门2类12纲16目213科59种。

在众多生物中，属国家级保护的共24种，其中属国家二级保护植物有鹅掌楸、杜仲、银杏、金钱松、天竺桂5种；国家三级保护植物有凹叶厚朴1种；属国家一级保护动物有虎1种，二级保护动物有穿山甲、水獭、豺、白鹇、小杓鹬、鸺鹠、东方蝾螈、虎纹蛙和5种鹰类、2种隼类共17种。属省级保护动物有眉锦蛇、眼镜蛇、蕲蛇、寿带、戴胜、大杜鹃、毛冠鹿7种。

**【矿产资源】** 境内矿藏资源丰富。自1958年陆续开展地质勘探以来，探明32个矿种，85个矿点。内生矿为铁、铜、金、多金属、萤石等，是浙江省钢铁、冶金、化工、有色金属原材料及黄金的重要产地之一。外生矿有石煤、泥炭、钾、石英、石灰石、白云石等。境北部第四系地层中有天然气。

金、铜、铁、铅、锌等多金属矿大都分布于元古界双溪坞变质火山岩中，石煤、磷、钾、石灰石、白

云石等大多分布于西南部古生代地层中，萤石、墨曜石、珍珠岩则分布于上侏罗火山岩中。（钱定虎）

## 气象特征

**【概况】** 2015年，柯桥区平均气温比常年偏高1℃，呈现冬暖夏凉的特征，降水量偏多明显，且时间分布上不均匀。年内主要天气气候事件有冰雹大风、阴雨寡照、台风暴雨、梅汛期强降水、强对流。

冬季（1—2月），冷暖空气活动频繁，前期多晴少雨，降水以过程性为主，后期出现阴雨寡照天气，平均气温、雨量比常年偏高，日照时数比常年偏多，雨日偏少，1月和2月平均气温均比常年显著偏高，分别偏高2.4℃和1.5℃，1月份平均气温为柯桥区站有气象记录后历史同期第三高，1月降水量接近常年略偏多，2月比常年显著偏多。春季（3—5月）平均气温比常年偏高，雨量接近常年略偏多，以过程性降水为主，雨日比常年明显偏少，日照时数比常年略偏少。夏季（6—8月）平均气温与常年持平，雨量比常年明显偏多，雨日比常年明显偏多，日照比常年明显偏少。秋季（9—11月）平均气温比常年偏高，雨量比常年明显偏多，雨日比常年显著偏多，日照比常年显著偏少，其中9月、10月雨量比常年偏少，雨日比常年略偏多；11月雨量、雨日比常年异常偏多。12月平均气温比常年显著偏高，雨量和雨日比常年显著偏多，日照时数比常年显著偏少。

全年平均气温17.9℃，比常年偏高1.0℃。年极端最高气温为39.3℃，出现时间为8月5日，年极端最低气温为-2.3℃，出现时间为2月10日。年高温日数（日最高气温≥35.0℃）为14天，比常年偏少11天。年低温日数（日最低气温<0℃）为6天，比常年偏少17.5天。年内月平均气温1月~4月、10月~12月比常年显著偏高，平均偏高1.6℃，其中1月比常年偏高2.4℃，5月、6月和9月比常年分别偏高0.7℃、0.9℃和0.5℃，8月与常年持平，7月比常年偏低2.4℃，出现凉夏现象。

全年大于10℃的积温达5941.1℃。稳定通过10℃的初日出现在3月9日，回暖比常年偏早16天，稳定通过10℃的终日出现在11月24日，降温比常年偏早4天。连续3天日平均气温≤20.0℃的秋季低温，出现在10月11日，比常年偏迟10天。

全年降水量为1853.9毫米，比常年偏多26%，为1961年建站以来第二大。降水空间上呈现南多北少的分布态势，时间上不同月份差别极大，其中11月和12月降雨量创历史新高，分别为常年同期的3倍和1.7倍，其中11月为建站以来同期第二多；7月份比常年异常偏高，为常年同期的2.3倍；10月为全年降水最少月份，比常年同期偏少近4成。全年出现暴雨4次，日最大降水量为83.4毫米，出现在7月11日。全年雨日为194天，比常年偏多35天，其中11月和12月雨日比常年异常偏多。

全年日照时数为1394小时，比常年（1803.9小时）明显偏少，为建站以来历史最低值。年内1—4月份日照时数比常年同期偏多或持平外，5—12月份日照时数比常年同期均有显著偏少，其中6月、7月和11月日照时数分别为1961年建站以来同期第二低、第三低和第一低。

全年平均风速为1.5米/秒，为建站以来最小风速年（并列2012年、2014年），小风日数（小于2米/秒的天数）291天；出现大风（瞬时风速≧17米/秒）1次，其中极大风速出现在7月29日，达18.7米/秒，全年盛行风向为东北偏东风（ENE）。

全年霜日23天，比常年偏少15天，为1961年建站以来第二少，终霜日出现在2月18日，比常年提前34天；初霜日出现在11月27日，比常年晚9天。

全年酸雨率为79.9%，降水pH值年平均为4.74。

全年大雾出现38天，比常年偏多14.4天，主要出现的月份为11和12月份。霾日出现125天，主要出现的月份为1月和10月，所有霾日中主要以轻微为主，轻度其次，分别出现64天和49天，占总霾日52%和40%；中度较少，出现8天，重度雾霾2天，出现在1月，全年未出现严重等级。

**【重要天气事件】** 冰雹大风　2015年7月29日17时30分至18时，福全镇、柯岩街道、夏履镇和柯桥街道等乡镇出现冰雹天气，冰雹直径2厘米~3厘米，冰雹持续时间5分钟~25分钟。福全镇、柯岩街道、夏履镇、柯桥街道、柯桥街道、华舍街道、杨汛桥镇等6个乡镇出现8级以上大风。

阴雨寡照　11—12月柯桥区出现持续阴雨寡照天气，期间累计降水348.4毫米，为历史同期最多，累计降水日38天，为历史同期第二多，累计日照时数135.4小时，为历史同期最少。其中11月日照时数53.1小时，为有记录后最少。月降水量245.7毫米，为有记录后第二多，其中16—25日出现持续10天的连阴雨天气。12月降水量102.7毫米，接近为常年同期的两倍，日照时数78.4小时，为常年同期的2/3。

台风暴雨　影响柯桥区的台风主要有"灿鸿""苏迪罗""天鹅"3个。其中"灿鸿"影响最大，全区普降暴雨，局部大暴雨，期间最大日降水量83.4毫米，过程面雨量128毫米，其中稽东镇雨量超过300毫米，5个乡镇出现8级以上大风。

梅汛期强降水　6月7日入梅，7月12日出梅，梅期35天，入梅时间比常年偏早，出梅偏晚，梅雨量510毫米，为常年梅雨量的2.2倍，降水呈南多北少分布，期间共出现6轮系统性强降水。

强对流　4月5日后半夜到6日上午受强冷空气影响，柯桥区西北部普遍出现雷电和30毫米~70毫米短时强降水，其中柯岩街道站点雨量77毫米，为全区最大雨量站点。

表8　2015年度柯桥气象站气象要素

| 气温(℃) | | | 雨量(毫米) | | | 雨日(天) | | | 日照(小时) | | |
|---|---|---|---|---|---|---|---|---|---|---|---|
| 2014年 | 2015年 | 常年 | 2014年 | 2015年 | 常年 | 2014年 | 2015年 | 常年 | 2014年 | 2015年 | 常年 |
| 17.9 | 17.9 | 16.9 | 1401.3 | 1853.9 | 1469.8 | 138 | 194 | 159 | 1733.3 | 1394 | 1803.9 |

说明：表格中的常年值为1981—2010年30年平均值　（季丹丹）

## 民族　人口

**【概况】** 2015年末，柯桥区域总户数220635户，户籍人口653631人。其中男性321759人，女性331872人，分别占总人口的49%和51%；城镇人口378482人，农村人口275149人，分别占总人口的57.9%和42.1%。全年出生人口4973人，出生率7.61‰；死亡人口4310人，死亡率6.59‰。到年末净增人口663人，自然增长率1.01‰，比上年下降2.8个千分点。

全区境内人口以汉族为主，人数647859人，占总人口比率的99.12%；少数民族人口5772人，占总人口比率的0.89%，与上年基本持平。全区境内有壮族等36个少数民族人口居住。少数民族人口比上年增加339人，以女性为主，计4705人，占总数的81.51%；男性1067人，占总数的18.49%。男性人口比上年上升15.7%。

表9　2015年柯桥区少数民族人口情况

| 序　号 | 民　族 | 男 | 女 | 序　号 | 民　族 | 男 | 女 |
|---|---|---|---|---|---|---|---|
| 1 | 蒙古族 | 23 | 42 | 20 | 畲族 | 39 | 58 |
| 2 | 回族 | 33 | 56 | 21 | 拉祜族 | 0 | 2 |
| 3 | 藏族 | 1 | 0 | 22 | 水族 | 3 | 9 |
| 4 | 维吾尔族 | 46 | 28 | 23 | 纳西族 | 40 | 317 |
| 5 | 苗族 | 79 | 414 | 24 | 景颇族 | 0 | 3 |
| 6 | 彝族 | 40 | 187 | 25 | 柯尔克孜族 | 0 | 1 |
| 7 | 壮族 | 261 | 2181 | 26 | 土族 | 1 | 0 |
| 8 | 布依族 | 40 | 241 | 27 | 达斡尔族 | 1 | 1 |
| 9 | 朝鲜族 | 195 | 207 | 28 | 仫佬族 | 4 | 33 |
| 10 | 满族 | 59 | 74 | 29 | 羌族 | 2 | 3 |

续表9

| 序号 | 民族 | 男 | 女 | 序号 | 民族 | 男 | 女 |
|---|---|---|---|---|---|---|---|
| 11 | 侗族 | 17 | 62 | 30 | 布朗族 | 0 | 2 |
| 12 | 瑶族 | 11 | 37 | 31 | 毛南族 | 3 | 24 |
| 13 | 白族 | 35 | 224 | 32 | 仡佬族 | 2 | 21 |
| 14 | 土家族 | 96 | 302 | 33 | 锡伯族 | 1 | 1 |
| 15 | 哈尼族 | 3 | 33 | 34 | 怒族 | 0 | 1 |
| 16 | 傣族 | 2 | 14 | 35 | 乌孜别克族 | 13 | 4 |
| 17 | 黎族 | 12 | 81 | 36 | 京族 | 1 | 1 |
| 18 | 傈僳族 | 2 | 34 | 37 | 入籍 | 1 | 1 |
| 19 | 佤族 | 0 | 2 |  | 其他 | 1 | 4 |

（徐 金）

## 经济和社会发展

【概况】 2015年，柯桥区实现地区生产总值1200.11亿元，按可比价计算增长7.6%。人均生产总值184148元（按户籍人口计算），比上年增长6.7%，按年平均汇率折算为29566美元。第一产业增加值33.91亿元，比上年增长2.0%；第二产业增加值644.56亿元，比上年增长5.9%，其中工业增加值566.14亿元，比上年增长5.1%;第三产业增加值521.64亿元，比上年增长10.5%。三次产业结构调整为2.8 ∶ 53.7 ∶ 43.5。第三产业占比比上年提高1.8个百分点。

【农业】 2015年，柯桥区实现现价农林牧渔业总产值49.92亿元，比上年增长2.9%。其中农、林、渔业分别实现产值31.94亿元、4.32亿元、5.10亿元，比上年分别增长3.7%、6.4%、5.3%；畜牧业实现产值8.23亿元，比上年下降3.0%。全年实现粮食总产量11.38万吨，比上年增长2.2%，其中早稻产量1.7万吨，比上年下降2.1%；晚稻产量7.3万吨，比上年增产0.4%。家禽出栏量211.0万羽，比上年下降12.0%；生猪出栏量30.0万头，比上年下降10.4%。淡水产品产量2.0万吨，比上年增长8.0%。全区新建粮食生产功能区1.68万亩，新创省级现代农业园区2个，新建农民专业合作社25家。新增省级骨干农业龙头企业2家、市级重点农业龙头企业4家。新建美丽乡村示范村和精品村11个，成功承办全省美丽乡村和农村精神文明建设现场会。

【工业】 2015年，柯桥区有工业单位15660个，其中规模以上工业企业1212家。年主营业务收入超亿元企业531家，比上年增加14家。实现全部工业总产值3971.83亿元，其中规模以上工业总产值3478.32亿元，比上年增长2.5%。全部工业实现主营业务收入3880.30亿元，其中规模以上工业实现主营业务收入3386.79亿元，比上年增长2.9%。实现规模以上战略性新兴产业产值939.95亿元，占比为27.0%。大纺织业实现产值2263.76亿元，比上年增长5.4%；实现利润120.75亿元，比上年增长16.9%。非纺业实现产值1214.56亿元，比上年下降2.4%；实现利润69.90亿元，比上年下降12.6%。新产品产值1139.35亿元，比上年增长25.8%，占规上工业产值32.8%；规上高新技术产业产值277.76亿元，比上年增长4.0%，占规上工业产值8.0%。印染产业集聚升级工程扎实推进，新建成投产项目26个，累计39个。开展工业小区暨“低小散”块状行业整治，关停“低小散”企业732家，293个工业小区进行全面整治。深化“两化”融合，“两化融合”发展指数居全省前列。完成工业投资326.54亿元，比上年增长11.9%，精工建筑产业化、润昇新能源等“双百亿”重大产业项目开工建设。

【建筑业】 2015年，柯桥区有建筑施工企业268家，其中特级资质4家、一级企业45家、二级企业

58家。全年完成建筑业总产值2026.05亿元，比上年增长8.6%，上缴区内税费12.73亿元，比上年增长11.1%。房屋建筑施工面积15518.46万平方米，比上年增长2.3%，其中新开工房屋施工面积8655.45万平方米，比上年增长7.4%。房屋建筑竣工面积7705.14万平方米，比上年增长5.4%。全年创省级以上优质工程70项，其中鲁班奖1项、国家优质工程奖2项、中国钢结构金奖10项、中国金属围护系统工程“金禹奖”1项、中国钢结构协会工程大奖2项、中国土木工程詹天佑奖优秀住宅小区金奖1项。

**【固定资产投资】** 2015年，柯桥区完成固定资产投资663.14亿元，比上年增长14.9%。其中工业投资326.54亿元，比上年增长11.9%；服务业投资335.99亿元，比上年增长18.3%。全区完成基础设施投资156.36亿元，比上年增长17.4%。引进5亿元以上重大项目14项，总投资181.5亿元；引进浙商回归项目40项，到位回归资金63亿元。

**【房地产业】** 2015年，柯桥区完成房地产投资146.65亿元，比上年增长2.5%；施工面积815.69万平方米，比上年下降16.6%；竣工面积111.87万平方米，比上年下降51.2%。商品房销售面积152.68万平方米，比上年增长11.9%；商品房销售额125.30亿元，比上年增长4.0%。

**【国内贸易】** 2015年，柯桥区实现社会消费品零售总额233.37亿元，比上年增长11.0%。其中批发零售业零售额213.73亿元，比上年增长10.4%；住宿餐饮业零售额19.65亿元，比上年增长18.2%。全年实现批发业商品销售额3364.02亿元，比上年增长22.2%；零售业商品销售额385.18亿元，比上年增长15.1%。年末有各类消费品市场81个，其中消费品综合市场5个、农副产品市场41个、工业消费品市场35个。有生产资料市场10个。全年实现商品市场成交额1429.64亿元，比上年增长11.1%。启动轻纺城“三次创业”，轻纺城市场群实现交易额1382亿元，比上年增长11.6%。其中中国轻纺城成交额和钱清轻纺原料市场成交额分别为865.83亿元和516.02亿元，比上年分别增长16.7%和4.0%。发展电子商务产业，新增电商园区3个，引进“淘实惠”等一批重大电子商务产业项目，实现电商销售40.8亿元，被评为全省“电商换市”升级样本城市。“网上轻纺城”实现交易额175亿元，比上年增长55%。举办纺博会等各类展会20个。

**【对外经济】** 2015年，柯桥区货物进出口总额112.33亿美元，比上年下降10.9%。其中出口总额104.16亿美元，比上年下降5.4%。进口8.17亿美元，比上年下降48.7%。传统纺织品出口95.11亿美元，比上年下降7.3%。出口国家和地区中阿联酋、美国、巴基斯坦、越南、印度尼西亚、印度分别居出口额前六位，出口额分别为8.32亿美元、6.75亿美元、6.11亿美元、5.92亿美元、4.31亿美元、4.17亿美元，比上年分别增长-15.7%、-0.4%、-11.7%、7.2%、-3.9%、9.9%。有出口实绩企业4021家，其中超1000万美元企业224家。全年完成合同外资2.16亿美元，比上年增长26.7%；实际利用外资2.31亿美元，比上年增长10.1%。新批外商投资企业100家，总投资2.12亿美元，比上年下降37.1%；注册资本1.76亿美元，比上年下降7.9%。全年完成境外投资3870万美元，完成境外工程营业额5193万美元，完成服务外包合同执行额1601万美元，其中离岸合同执行额1601万美元，比上年增长22.9%。

**【交通】** 2015年，柯桥区公路通车总里程1424千米，其中国道28千米、省道56千米、县道384千米、乡道287千米、村道658千米、专用公路11千米。全区实现旅客周转量237948万人·千米，比上年下降0.9%；货物周转量792466万吨·千米，比上年增长8.1%。柯桥新客运中心建成投用，杭绍城际轨道交通项目前期工作顺利推进，104国道柯桥城区段高架改造、钱滨线、解放南路南延、稽山路南北连通、柯华北路拓宽改造等工程按计划实施。杭甬、杭金衢高速出入口完成景区化改造。现代物流“一城三园”建设顺利推进。新增新能源公交车辆200辆。分后线、平王线王坛段等县乡道路实施改造升级。完成县乡公路改造32条，建成4条美丽乡村公路。

**【旅游业】** 2015年，柯桥区接待国内外旅游者1511.19万人次，比上年增长7.5%；实现旅游总收入153.15亿元，比上年增长8.2%。其中接待国内旅游者1489.66万人次，实现国内旅游收入147.89亿元，比上年分别增长7.6%和8.3%；接待入境旅游者21.53万人次，比上年增长5.0%。

【财政】 2015年，柯桥区实现财政总收入160.54亿元，比上年增长4.3%，其中完成地方一般公共预算收入97.85亿元，比上年增长7.7%。全年一般公共预算支出98.53亿元，比上年增长23.9%。民生支出得到重点保障，全年财政经常性民生保障支出67.31亿元。其中用于科学技术、教育、文化体育与传媒、社会保障和就业、医疗卫生与计划生育、节能环保、城乡社区事务分别为5.20亿元、18.49亿元、2.22亿元、8.80亿元、8.14亿元、2.45亿元、10.74亿元，比上年分别增长31.2%、10.8%、47.3%、20.9%、20.3%、62.9%、47.9%。

【金融】 2015年，杭州银行绍兴科技支行、民泰银行柯桥小微企业专营支行、宁波银行小微企业专营支行先后正式开业运营，柯桥区有银行22家。年末金融机构本外币存款余额1624.94亿元，比上年增长9.2%。城乡居民储蓄存款余额764.54亿元，比上年增长11.0%。年末金融机构本外币贷款余额1242.06亿元，比上年下降3.4%。存贷比76.4%。全年实现保费收入13.20亿元，比上年增长8.2%，保费赔付支出金额4.66亿元，比上年下降1.2%。新增民间融资信息服务企业试点单位3家，全区有民间融资管理创新试点单位9家。全年证券交易额9751.78亿元，比上年增长249.6%。年末开户数11.68万户，比上年增长67.3%。华通医药上市募资2.53亿元，优创科技通过创业板发审会。梅轮电梯完成辅导备案，古纤道、绿萌科技新三板挂牌。有39家企业启动股改上市工作。年末有上市公司14家。

【科教】 2015年，柯桥区新增省高新技术企业27家（其中重新认定7家），复审高新技术企业8家。累计有高新技术企业74家、省科技型中小企业341家、省农业科技型企业30家、市级创新型企业81家。新增省级企业研究院2家、省高新技术企业研发中心6家、市级研发中心25家。累计有省级企业研究院7家、省高新技术企业研发中心54家、省农业科技研发中心15家、市级研发中心167家。科技园建成启用。新引进创意设计机构55家，累计落户161家。首届“柯桥时尚周”活动成功举办，时尚创意产业加快发展，实现创意营业收入7.8亿元，比上年增长9.1%。新增中国驰名商标5件，累计有19件；新增省著名商标10件，累计有125件；新增市著名商标11件，累计有228件。全年申请商标2274件，其中国内2054件、国外220件。全年核准注册商标1727件，其中国内1545件、国外182件。全年专利申请量和授权量分别为5205件和5883件，其中授权发明专利139件、实用新型专利924件。全年获省级科学技术奖4项、市级科学技术奖13项。新增浙江名牌产品11个、绍兴市名牌产品5个，累计有浙江名牌产品87个、绍兴名牌产品118个。全年参与各类标准制订并发布23个，其中国家标准10个、行业标准13个。累计参与国际标准28个、国家标准144个、行业标准145个。年末有高等学校1所，在校学生7714人，专任教师374人；有中等职业学校4所，在校学生1.12万人，专任教师594人；普通中学27所，在校学生3.93万人，专任教师3380人；小学62所，在校学生5.04万人，专任教师2817人。浙江工业大学之江学院迁建项目完工。

【文卫】 2015年，柯桥区有区级艺术中心1个、文化馆1个、图书馆1个、博物馆1个、区级以上文物单位（点）162个。公共图书馆藏书量38.9万册，全年书刊发行量729万册。全区有省级文化示范村11个、村级文化活动中心（室）315个、文化礼堂70个、图书分馆6个、省四星级以上农家书屋7家。有卫生机构32个，其中医院、卫生院24个；实有床位3758张，其中医院、卫生院床位3728张；卫生技术人员4988人，其中医生1987人。5岁以下儿童死亡率3.79‰，婴儿死亡率2.89‰，人口自然增长率0.86‰。

【体育】 2015年，柯桥区新创建省小康体育村15个、省级体育俱乐部4个、省级老年体育活动中心俱乐部1个、省级中心村体育休闲公园1个。完成国民体质监测1584人，合格率91.28%。新增群众体育健身活动场所8个、社会健身场所面积1110平方米。全年获国家级金牌21枚、省级金牌36.5枚、市级金牌122.5枚。体育彩票发行额12873万元，比上年增长30.4%。成功举办国际泳联花样游泳大奖赛和市第八届运动会。获市第八届运动会总分第一，金牌、奖牌第二的历史最好成绩。实施学校体育设施向社会开放政策。

【环境保护】 2015年，柯桥区有国家级生态乡镇8个、省级生态镇（街道）7个、市级生态村113个。环境空气质量优良天数265天，优良率72.6%。规模以上工业增加值能耗比上年下降3.7%。持续推进“五水共治”，基本消灭“垃圾河”“黑臭河”，完成83个村（居委会）生活污水处理，1380个断面水质达标率比上年提高5.9个百分点。统筹开展“五气合治”，1762台定型机废气处理设施实现24小时在线监控，改造热电机组脱硫脱硝9台，淘汰燃煤锅炉460台、黄标车5970辆。14个老小区污水收集系统改造、83个村居农村生活污水治理按期完成，城区、集镇生活污水收集处理率分别提高到88%和50%。完成平原绿化2756亩，新增省级森林城镇两个，全省首个实现省级森林城镇全覆盖。

**【城乡建设】** 至2015年年末，柯桥城区建成区面积53.8平方千米，比上年增长1.9%，实有城市道路面积635.20万平方米，增长5.2%。建城区绿化覆盖面积2246.12公顷，比上年增长1.6%；绿地面积1925.07公顷，比上年增长1.5%，其中公园绿地面积447.46公顷，比上年增长2.6%。污水日处理能力110万吨，比上年增长22.3%，城区生活污水年处理量10626万吨，比上年增长10.2%。独立收运和处置餐厨垃圾，垃圾无害化年处理量34.7吨，比上年增长56.3%。中纺CBD、柯桥历史文化街区保护开发、坂湖公园等项目加快实施。完成“三改”313.72万平方米，其中旧住宅改造完成39.97万平方、城中村改造完成183.69万平方米、旧厂区改造完成90.06万平方米。完成拆迁面积128.5万平方米。新开工安置房102.23万平方米。

**【人民生活】** 2015年，柯桥区全体居民人均可支配收入44358元，比上年增长8.6%。其中城镇居民人均可支配收入50741元，比上年增长8.4%；农村居民人均可支配收入29177元，比上年增长9.1%。城乡居民收入比为1.74。全体居民、城镇居民、农村居民人均生活消费支出分别为25144元、28188元、17905元。全体居民、城镇居民、农村居民家庭恩格尔系数分别为28.2%、27.6%和30.7%。全区城镇登记失业率2.56%，年末城镇登记失业人员数4033人，比上年增长5.0%。全年城镇新增就业人数18322人，帮助6818名失业人员实现再就业。完成职业技能培训15394人。

**【社会保障】** 至2015年年末，全区基本养老保险参保人数52.90万人，其中企业养老保险参保人数42.45万人、事业养老保险参保人数1.02万人、城乡居民养老保险参保人数9.43万人。基本医疗保险参保人数78.20万人，其中城镇职工医疗保险人数37.15万人、城乡居民医疗保险人数41.05万人。工伤保险参保人数34.22万人，失业保险参保人数24.29万人。各项社会保险基金总收入52.28亿元，总支出49.08亿元。年末列入最低生活保障人数6480人，共发放最低生活保障资金3124.5万元。全年优待597户、优抚5172人，共计发放优抚金3342万元。全年使用社会救助资金2.39亿元，比上年增长5.%，其中低保金3522.3万元、医疗救助3745.9万元、临时救助资金422.9万元、慈善资金2373.6万元。城乡居民低保标准分别提高到每人每月630元、570元。社会散居孤儿基本生活费标准提高到每人每月910元，农村五保对象集中供养标准提高到每人每年16050元。年末拥有各类养老院17个，收养人数550人。

说明：①所列各项数据为年度初步统计数据。

②生产总值和各产业增加值绝对数是按现价计算的初步核算数，增长速度按可比价格计算，人均生产总值按户籍人口计算。

③由于计量单位取舍而产生的计算误差均未作机械调整。

（刘 弘）

**执行编辑 宋如玲**

# 农业经济

## 综　述

2015年，柯桥区围绕“创新强农、科技兴农、服务为农”，实现农林牧渔业产值49.92亿元，农业增加值33.73亿元，比上年分别增长2.9%和2.0%；粮食统计监测面积24.7万亩，粮食生产总量11.38万吨，比上年分别增长3.5%和2.2%，粮食生产实现“十二连增”。

2015年，柯桥区新建粮食生产功能区1.68万亩，兰亭镇黄贤村、马鞍镇寺桥村2个粮食生产功能区通过省级验收。滨海中大畜牧精品园和平水黄壤坞香榧精品园通过省级考核认定。平水日铸茶被评为省名牌产品和平水日铸（茶叶）被评为省著名商标，3个产品获省农博会金奖。

2015年，柯桥区配合美丽乡村现场会，全面提升27条主要道路沿线，18条主要河道两岸绿化景观带，得到省委省政府肯定，柯桥区被评为全省“1818”平原绿化行动先进集体。创建“鲜花进村”示范村2个，福全镇、马鞍镇创建森林城镇通过省级验收，柯桥区成为全省首个森林城镇全部创建成功的县（市、区）。

2015年，柯桥区建成生态循环农业示范主体5个；6家千猪场实施沼气工程、农牧结合，通过农业和环保的验收，4家万猪场完成纳管排放。种植业实施测土配方施肥56.6万亩，化肥减量544.3吨，农药减量47.3吨。全年完成养殖塘生态化改造工程5000亩，稻鱼共生面积2850亩，外荡水域禁、限养区整治20000亩，渔业资源增殖放流4650万尾。

**【创建全市首个省级农产品质量安全可追溯县（市、区）】** 2015年，柯桥区强化农产品质量安全监管，创建全市首个省级农产品质量安全可追溯县（市、区），44家企业安装二维码追溯系统。各级农产品抽检、快检任务全面完成；抓好生猪定点屠宰和家禽定点屠宰、杀白上市工作。开展安全生产专项行动，保障农业生产安全。

**【设立柯桥区农林局】** 2015年4月，根据《柯桥区人民政府职能转变和机构改革方案》，设立绍兴市柯桥区农林局。下设办公室等8个职能科室，机关编制为33人，下设绍兴市柯桥区森林公安局等直属行政机构1个，定森林公安专项编制7人，下设畜牧兽医局等事业单位8个，定编153人。

（胡广洲）

## 农业产业化经营

**【概况】** 2015年，柯桥区有区级以上重点农业龙头企业59家，其中国家级重点农业龙头企业1家，省级骨干农业龙头企业6家，市级重点农业龙头企业40家，省级示范性农民专业合作社9家，省级示范性家庭农场8家。农业企业167家，农民专业合作社319家，农产品专业市场11个，家庭农场129家。农业企业实现产值115.72亿元、销售收入103.97亿元、利润5.66亿元。其中农产品加工企业90家，实现产值77.37亿元、销售66.21亿元、利润3.89亿元。年销售收入5000万元以上的农业龙头企业35家，实现销售收入91.80亿元、利润4.56亿元。农产品自营出口8220万美元。农产品专业市场交易额24.37亿元。

2015年，柯桥区开展农业龙头企业十强考核评选，浙江中大饲料集团有限公司等十家企业被评为绍兴市柯桥区2015年度农业龙头企业十强单位，浙江昌祥茶叶有限公司总经理沈汉江被评为2015年度柯桥区经济发展功臣。

【农业企业建设1.03亿元】 2015年，柯桥区农业企业项目建设投资1.03亿元。绍兴宇成生态农业开发有限公司追加投资1500万元，柯岩街道建设宇成蔬菜现代农业园区投资达5000万元。浙江裕田红豆杉科技有限公司追加投资800万元，累计投资达16100多万元面积达5300亩。浙江科盛饲料股份有限公司在滨海工业区征地205亩，建设年产52万吨级绿色环保生物科技饲料加工项目投资2056万元。

【近5万人次光临柯桥区农产品展销会】 2015年12月25日至29日，柯桥区第八届名特优新农产品展销会在中国轻纺城国际会展中心举行，设标准展位313个，农业企业、农民专业合作社、家庭农场、休闲农庄等67家农业经营主体参加展示展销，近5万人次光临农展会。

【7个农产品品牌获市级以上认定】 2015年，柯桥区7个农产品品牌获得市级以上认定，其中浙江名牌产品3个、浙江省著名商标2个、绍兴市著名商标2个。全区农产品品牌有中国驰名商标6个、浙江名牌24个、浙江名牌农产品1个、浙江省著名商标29个、绍兴名牌26个、绍兴市著名商标71个。平水日铸茶、山娃子香榧、仁昌记膳仙酱油3个产品获省农博会金奖，"绍兴兰花"获得国家地理标志证书。

表10　2015年柯桥区获市级以上认定农产品品牌和著名商标

| 单　位 | 商标及产品名称 | 浙江名牌产品 | 绍兴名牌产品 | 浙江省著名商标 | 绍兴市著名商标 |
|---|---|---|---|---|---|
| 绍兴华绿园林建设有限公司 | 华绿建设园林绿化养护服务 | √ | | | |
| 绍兴至味食品有限公司 | 松盛园玫瑰米醋 | √ | | | |
| 绍兴市柯桥区茶叶产业协会 | 平水日铸茶 | √ | | | |
| 绍兴市柯桥区茶叶产业协会 | 平水日铸(茶叶) | | | √ | |
| 浙江塔牌绍兴酒有限公司 | 丽春(黄酒) | | | √ | |
| 绍兴县东方茶业有限公司 | 斗丘御茶(茶叶) | | | | √ |
| 绍兴县舜源茶业有限公司 | 万年湾(茶叶) | | | | √ |
| 合　计 | | 3 | | 2 | 2 |

【注册农民专业合作社9家】 2015年，柯桥区出台奖励政策，规定被认定为省级、国家级示范性农民专业合作社分别奖励5万元、10万元。开展合作社负责人培训，开展示范性农民专业合作社认定和考评。当年注册农民专业合作社9家。至年底，全区有各类农民专业合作社319家，注册资金23508万元。

【新增家庭农场16家】 2015年，柯桥区。绍兴市柯桥区新增家庭农场16家，其中滨海元兴家庭农场被认定为省级示范性家庭农场。到年底，全区累计注册家庭农场129家，注册资金8964万元，其中省级示范性家庭农场8家。

【推进"农业+旅游+文化"新模式】 2015年，柯桥区推进"农业+旅游+文化"乡村休闲农业新模式，有省级农家乐特色村4家、省级农家乐经营点5家，市级农家乐特色村1家、经营点13家。

（胡　萦）

## 种植业

【概况】 2015年，柯桥区粮食统计监测面积24.7万亩，粮食生产总量11.38万吨，比上年分别增长3.5%和2.2%，其中大小麦播种面积2.18万亩，比上年增加2358亩，产量5879吨，比上年增加771

吨；早稻播种面积3.71万亩，比上年减少838亩，产量17585吨，比上年减少376吨；单季晚稻播种面积11.23万亩，比上年增加1031亩，产量60619吨，比上年减少222吨；连作晚稻播种面积2.57万亩，比上年减少322亩，产量12876吨，比上年增加499吨。油菜种植面积3.47万亩，与上年持平。蔬菜播种面积14.91万亩，比上年增加0.99万亩，总产37.69万吨，比上年增加2.26万吨。建成区级粮食生产功能区面积10.1万亩，其中建成省级粮食生产功能区7个，面积0.92万亩。农业机械总动力25.56万千瓦，其中柴油机14.02万千瓦，汽油机2.77万千瓦，电动机8.77万千瓦。

水稻生产耕、种、收综合机械化率76.9%；推广应用秸秆类还田机械设备，农作物秸秆综合利用率91.21%。拥有畜牧养殖沼气工程11处，总池容量39000立方米。

2015年，柯桥区有3个农技推广项目获省、市级奖励，其中区农技推广总站主持承担的《蔬菜集约化育苗技术示范与推广》获2014年度省市农业丰收三等奖，区农技推广总站参与的《水稻万亩高产创建示范》《叶菜优良品种和标准化栽培技术示范及推广》分别获2014年度省农业丰收二等奖、三等奖。

**【新建2个省级粮食生产功能区】** 2015年11月25日，柯桥区兰亭镇黄贤村、马鞍镇寺桥村2个千亩粮食生产功能区，通过浙江省粮食生产功能区建设工作协调小组办公室验收，2个粮食生产功能区总面积2088亩合计投入资金728.4万元。

**【培育60个高产示范方】** 2015年，柯桥区培育高产示范方60个、观光作物示范方3个，建设区级千亩示范方3个。全区甬优12田块最高亩产852.6千克，绍粳18田块最高亩产705.1千克，甬优1540田块最高亩产809.2千克。

**【223.86万元用于粮食生产功能区建设】** 2015年，柯桥区投入资金223.86万元，用于齐贤镇、柯岩街道、马鞍镇粮食生产功能区内基础设施建设，提高土壤肥力和复种指数，建立社会化服务组织，为区内农户开展代耕、代种、代管、代收、代烘服务。

**【挽回农作物病虫害产量损失7.25万吨】** 2015年，柯桥区在福全镇、马鞍镇、钱清镇、安昌镇建立8个病虫观测点，在福全镇、平水镇、安昌镇设立5个苗情观察点。开展会商和植保技术培训30次，培训镇村农技人员、农资推广人员和农户1800余人次。印发植保技术资料5816份，在柯桥区农业信息网上（宣传病虫发生与防治信息）20余次，发布《病虫情报》16期，《苗情动态信息》23期，对重大病虫预测准确率接近100%。全年防治335.5万亩次，挽回病虫害产量损失7.25万吨。

2015年8月13日，浙江省粮食局副局长李立民调研齐贤镇齐贤片省级粮食生产功能区 （区农林局 供稿）

**【开展储备秧苗种子工程】** 2015年，柯桥区实施储备秧苗工程和储备种子工程，储备秧苗10482盘，储备种子11.4万千克。因台风“灿鸿”影响，动用储备种子0.8575万千克，减轻灾害损失。

**【创建早晚稻示范方6308.35亩】** 2015年，柯桥区开展农作物新优品种示范推广，安排农作物新品种展示点2个，引进新优品种17个，面积22亩。全年创建早晚稻示范方6308.35亩，推广水稻主导品种24.52万亩，主导品种率88.3%，主要农作物用种商品化率70.2%。

**【审核标准农田占补282.738公顷】** 2015年，柯桥区审核标准农田占补（置换）19个批次（不包括杭绍台）282.738公顷，其中一等田106.6093公顷，二等田175.1265公顷，三等田1.0022公顷。其中涉及千万亩标农区域213.7868公顷，一等田65.3742公顷，二等田148.2901公顷，三等田0.1225公顷，补入田等级数量符合要求。

**【测土配方施肥技术增收2300.61万元】** 2015年，柯桥区推广配方肥56.6万亩，采集土样302个，开展测试3020余次；开展肥料对比试验2个，举办培训班11期，培训技术骨干61人次、农民334人次、营销人员78人次，发放施肥建议卡30035张，培训资料5950份。累计减少不合理施肥544.3吨（纯量），总增产节支增收2300.61万元。（骆文婷）

**【农业机械总投入资金330.18万元】** 2015年，柯桥区共有116户农户购置160台（套）各类农业机械，总投入资金330.18万元，其中享受中央补贴资金90.003万元，省级补贴资金7.56万元，区级配套11.33万元。（茅培新）

## 养殖业

**【概况】** 2015年，柯桥区畜牧业发展总体平稳。年末生猪总饲养量26.46万头，其中存栏生猪10.36万头，能繁母猪存栏0.88万头，出栏16.10万头；家禽总饲养量231.19万羽，其中存栏95.87万羽，家禽出栏135.32万羽。禽蛋产量7311吨。兔饲养量2.55万只，羊饲养量1.96万头。完成奶牛场清养关停。全区肉类总产量13846.62吨。

2015年，柯桥区有水产养殖面积2836公顷。其中外荡（河沟）养殖面积1127公顷，池塘养殖面积1581公顷，水库养殖面积128公顷。另有稻田（围塘）养殖面积162公顷。全年水产品总产量1.91万吨，渔业产值4.59亿元。南美白对虾养殖面积1.8万亩，占池塘总面积的75.9%。全区开展渔业禁养区、限养区清迁、治理，规范管理外荡水域水产养殖。推行外荡渔业“洁水型”养殖，应用池塘渔业生态养殖模式。12月，柯桥区胡海元水产专业合作社养殖基地引入100多公斤新品种“太湖1号”青虾，可试养面积20多亩。

2015年，柯桥区关停4家千猪场，对6家千猪场实施沼气工程生态消纳，对4家万猪场开展污染深度处理。启动规模鸭场离地离岸养殖试点，完成4个标准水禽场建设，确立1个规模鸭场作为离地离岸养殖试点。

**【完成瘦肉精抽检19443份】** 2015年，柯桥区组织6家饲料企业参加《饲料质量安全管理规范》培训班学习，抽检免税饲料42批次，检查规模养猪场14个、养禽场42个、养鸽场4个，与企业主签订肉品质量安全承诺书。完成瘦肉精抽检19443份，结果全部为阴性。

**【1027.3万元用于动物疫病防控】** 2015年，柯桥区投入1027.3万元用于镇（街道）动物检疫、重大动物疫病防控、区级畜产品质量安全检测、病死动物无害化处理补助。全年注射禽流感疫苗154.0万毫升，免疫家禽172.3万羽次；注射猪口蹄疫疫苗45.9.万毫升，免疫生猪28.7万头次；注射牛羊口蹄疫疫苗3.8万毫升，免疫牛羊1.5万头次；注射猪蓝耳病疫苗9.5万头份；注射猪瘟疫苗155.6头份，免疫生猪40万头次。给1.02万只狗注射狂犬病疫苗，对0.66万头羊进行小反刍兽免疫。全年检测禽流感抗体1318份，检测猪口蹄疫抗体609份，牛羊口蹄疫抗体130份，羊小反刍兽65份，猪瘟抗体637份，猪蓝耳病抗体60份，鸡新城疫抗体212份，H7N91180份。规范病死猪无害化处理程序，不定期现场抽查，审核上报养殖环节病死猪无害化处理补贴30275头。（杨鸣洲）

**【推广生态养殖模式4500亩】** 2015年，柯桥区利用生物生态方法改善养殖水质，减轻渔业污染。向养殖场（户）推广生态养殖模式4500亩、种植空心菜500亩、应用生物制剂5000亩，建设养殖尾水处理试验池1个。（朱　迪）

## 林　业

**【概况】** 2015年，柯桥区茶、竹、花、果林特生产保持稳定发展。茶叶总产量6800吨、总产值3.09亿元。其中名优茶总产量1300吨、总产值2.65亿元；毛竹和竹笋产值4.08亿元，比上年增加600亩，产值6.62亿元；干鲜果产值达1.23亿元。福全镇、马鞍镇创建成为省级森林城镇。至此，柯桥区成为全省首个森林城镇全覆盖的县（市、区）。全年发生火情48起，总过火面积2.728公顷，无受害森林面积

(因灌木林),森林火灾受害率为零。建成18条森林健身游步道,长度100千米。

**【绿化造林2510亩】** 2015年,柯桥区确定27条主要道路沿线,18条主要河道两岸进行绿化造林,新增面积2510亩,被评为全省“1818”平原绿化行动先进集体。 (尉月琴)

**【查处各类森林案件6起】** 2015年,柯桥区查处各类森林案件6起,办理2起征占用林地手续,受理市长热线电话7件,接待群众来访17人次,受理群众来信3件,接区应急联动指挥中心接警单83件。放归自然的国家、省级保护野生动物32余只(条)。

**【建设森林消防“引水灭火”队伍6支】** 2015年,柯桥区完成平水、稽东、兰亭、夏履、柯岩、湖塘6支森林消防“引水灭火”队伍建设。全区至此有8支森林消防“引水灭火”队伍,人员205名,配备进口携带式高压水泵18台。 (祝瑞生)

**【投入280余万元清理枯死松树】** 2014年10月—2015年3月,柯桥区清除枯死松树475.79万公斤,清理枯死松树面积23662亩,投入资金280余万元,其中区财政投入以奖代补资金190.32万元。

**【2.3万余元防治松材线虫病】** 2015年,柯桥区投入资金2.3万余元开展松材线虫病综合防治工作,对兰亭镇王阳明墓区域内古松甲维盐药剂打孔注药1037瓶,对王阳明墓周围和王坛镇孙岙村百年古松打孔注药共计300瓶。

**【森林医生进乡村、社区】** 2015年,柯桥区开展“森林医生进乡村、社区”活动,派出森林医生30多人次,举办专题活动1次、技术培训4次,发布虫情预报3次,救助古树3棵。 (王 恒)

2015年8月18日,柯桥区农林局森林公安局在湖塘街道开展水泵操作业务培训 (区农林局 供稿)

## 农业服务

**【概况】** 2015年,柯桥区推进基层农技推广体系改革与建设,组建粮油、蔬菜、畜牧、水产4个区级产业技术创新与推广服务团队,开展新型职业农民班5期,培训职业农民256人。

2015年6月,柯桥区的89名职业农民经过2年的学习,经考试(考查)、职业技能培训和鉴定,按期毕业。其中现代农艺技术专业55名,花卉生产技术专业34名。2015年3月10日至3月31日,柯桥区组织农技人员、家庭农场主和种养大户等参加各类农技培训20期,参加农业专业技术人员892人。 (王华苹)

**【招收现代职业农民农业专业中专班学员75名】** 2015年,柯桥区开展现代职业农民农业专业中专学历教育,新招收2015级学员75名。至年底,全区有在校现代职业农民农业中专班学员160名。

**【4272人接受现代农业技术培训】** 2015年,柯桥区开展现代农业技术(绿色证书)培训84期,参训4272人。其中区级培训22期、参训1327人;镇(街道、开发区)级培训62期、参训2945人。

**【306人获国家农业职业技能资格证书】** 2015年,柯桥区329人参加农业职业技能培训,经浙江省特有工种职业技能鉴定农业-379站鉴定,306人获国家农业职业技能资格证书。其中中级农作物植保员68人,中级林木种苗工51人,中级蔬菜园艺工99人,中级农艺工30人,中级农产品经纪人58人。

**【40名农技指导员参加省级集中培训】** 2015年,柯桥区组织区、

镇（街道、开发区）两级40名全国基层农技推广体系改革与建设项目的产业团队专家和农技指导员，分6批到浙江省农科院等培训基地进行省级集中培训。其中参加粮油首席专家培训班3人、蔬菜首席专家培训班2人、畜牧首席专家培训班2人、粮油（旱粮）高产创建及营销技术培训班19人、蔬菜提质增效技术培训班8人、生态养殖及污染治理技术培训班6人。

**【164名农业科技示范户参加新型农民技术培训】** 2015年，柯桥区组织164名全国基层农技推广体系改革与建设项目的农业科技示范户，分3期参加新型农民专项技术培训。其中参加水稻种植技术培训班2期，参训116人；参加蔬菜种植技术培训班1期，参训48人。（鲁建国）

## 农村经营管理

**【概况】** 2015年，柯桥区开展农村集体“三资”管理、农村确权赋权改革、欠发达村和低收入农户奔小康工程、农民负担监督管理，保障农民权益。全区村级集体经济总资产83.47亿元，比上年增长10.59%；总收入13.70亿元,比上年增长10.47%；经常性收入7.65亿元，比上年增长10.83%。农村居民人均可支配收入29177元，比上年增长9.1%，位居全市第一。

2015年，柯桥区被确定为全省农村土地承包经营权确权登记颁证工作整区试点单位，完成3个镇（街道）、45个村、共计38567亩承包土地的作业测绘工作，占全区承包土地的22.04%。成交农村集体产权交易152宗，交易额0.38亿元；累计成交492宗，交易额1.90亿元。培训农民8821人，全市农民职业技能比武中，柯桥区获第二名。首次采用社会化服务方式开展农村集体经济审计，全年完成142个村集体经济组织的财务收支审计，出审计通报9期。2015年，柯桥区获“中国全面小康十大示范县市”称号。

**【完成村经济合作社股份制改革79个】** 2015年，柯桥区完成79个村经济合作社股份合作制改革。至此，全部完成村经济合作社股份制改革，量化集体资产31.31亿元，持股人数56.87万人，人均量化5506元。

**【116户农户股权抵押获贷】** 2015年，柯桥区出台《关于印发〈柯桥区股份经济合作社股权质押担保贷款管理办法（试行）〉的通知》。金融机构向116户发放股权质押承诺信用贷款2572万元。

**【80个机关部门帮扶44个经济薄弱村】** 2015年，柯桥区组织80个机关部门结对帮扶44个经济薄弱村。全年提供帮扶资金975.04万元，帮助联系村建设集体经济增收项目43个、公益性基础设施建设项目139个、合计帮扶项目182个。全区784名机关干部结对帮扶低收入农户1005户，向低收入农户提供慰问金（包括物）72.63万元。

**【19个经济薄弱村获基础设施建设资金420.01万元】** 2015年，柯桥区实施经济薄弱村基础设施项目建设补助政策，向19个经济薄弱村兑现补助资金420.01万元，涉及30个项目。其中道路硬化项目16个，停车场项目11个，路灯安装项目1个，自来水改造项目2个。

**【首次推行农村流转土地经营权证制度】** 2015年，柯桥区试行农村流转土地经营权证制度，对集中连片面积30亩以上、经营长期稳定、签订流转合同规范的农村流转土地，试行颁发流转土地经营权证。全年新增土地流转2500亩。

**【“三资”监管拒绝入账单据451张】** 2015年，柯桥区加强对农村集体“三资”管理实施监管。全区年拒绝入账单据451张，涉及金额730.84万元；补办手续后入账单据735张，涉及金额4156.32万元；签署反馈意见书67份，涉及金额426.89万元；拒盖财务专用章46次，涉及金额383.86万元。（沈　琴）

## 农业行政执法

**【概况】** 2015年，柯桥区抓农产品质量安全监管，新申报无公害农产品4个，换证7个，绿色食品2个。开展肉品和水产品安全整治，出动执法人员317人次，检查生产经营单位154家次，发放宣传通告70余份。

2015年，柯桥区出动执法人员473人次检查种子、农药、肥料、饲料、兽药、农产品生产基地等各类生产、经营单位306家次，抽检农业投入品102批次，其中完成省下达农业投入品抽样任务50批次。

检查发现违法行为为21起，处理农业生产事故4起。

2015年，柯桥区开展植物检疫执法人员30人次，检查种子生产经营单位8家、花卉园艺场2个，涉及种子389366公斤，花卉60万株（盆）。9月，开展植物检疫宣传月活动，设立宣传点2个，共发放资料200余份，受理咨询30余人次，巡回宣传2次。受理901亩水稻种子（种苗）产地检疫,签发植物检疫要求书4份，涉及种子66000千克。

2015年，柯桥区制作农机安全宣传版面9块，印发农机安全生产知识宣传单2000份,悬挂条幅2条,标语21条,举办拖拉机驾驶员学习班4期，参训200余人。

2015年，柯桥区签订渔船安全生产责任书102份，检验渔船102艘，合格率100%。全市范围内率先安装渔业船舶身份识别标签。开展渔业（渔船）安全生产执法检查65次。

（顾伟强　刘秀红　何　英）

**【抽检农产品450批次】** 2015年，柯桥区抽检农产品450批次。其中蔬菜250批次（配合省、市级86批次），水产品100批次（配合省级41批次），畜产品100批次（配合省级9批次），合格率99.78%。配合省、市级部门开展例行监测，其中省级抽检37批次，市级抽检24批次，合格率均为100%。（顾伟强）

**【设立13个区级植物疫情监测点】** 2015年，柯桥区设立13个区级植物疫情监测点，完成省下达的梨枯枝病、黄瓜绿斑驳花叶病毒病等疫情的调查和普查任务。加强对疫情防控工作和加拿大一枝黄花春季防控工作。

**【年检拖拉机1053台】** 2015年，柯桥区排查拖拉机培训机构1个、维修网点15家、农业机械安全设施企业5家。全年核发驾驶证60本、拖拉机行驶证9本、农田作业拖拉机行驶证14本；年检拖拉机1053台，年检率85.4%。

**【确定90家农药废弃包装物回收点】** 2015年，柯桥区与各镇（街道）签订农药废弃包装物委托集运协议，确定90家回收点。确定绍兴华鑫环保科技有限公司为无害化处置单位，绍兴农丰农资有限公司为集运单位，补助集运单位启动资金19.5万元。

（刘秀红）

**【初级水产品抽检合格率99%】** 2015年，柯桥区对30亩养殖面积以上的大户实施重点监管，收集基层水产品养殖资料台账，完成抽样任务108批次。其中区级60批次，市级2批次，省级41批次，部级抽检5批次，抽检合格率99%。

**【4650万尾渔业资源放流鉴湖水域】** 2015年，柯桥区3次在鉴湖水域进行渔业资源增殖放流，投放鳙鱼、鲢鱼、草鱼、鲫鱼、鳊鱼、黄尾密鲴等夏花、冬片鱼种4650万尾，投入资金106.88万元，改善鉴湖水质和水域生态环境。

**【查处渔业违法案件80起】** 2015年，柯桥区出动执法艇（车）624次、出动执法人员2023人次，查处渔业违法案件80起，其中电鱼案40起、使用禁用渔具案20起、违反禁渔期规定案3起、无证捕捞案14起、毒鱼案3起，收缴罚款12.8万元。

（何　英）

2015年12月31日，柯桥区渔政站在柯岩开展冬季渔业资源增殖放流
（区农林局　供稿）

**执行编辑　徐建良**

# 工业经济

## 综　述

2015年，柯桥区紧扣稳增长调结构目标，打好转型升级“组合拳”，推进工业经济的各项工作，实现新常态下区域工业经济的平稳发展。全区实现全部工业总产值3971.83亿元，比上年减少3.9%；其中规模以上工业总产值3478.32亿元，比上年增长2.5%；实现规模以上工业增加值518.09亿元，比上年增长5.4%；全部工业实现主营业务收入3880.30亿元，比上年减少3.9%；其中规模以上工业产值3478.3亿元，比上年增长2.5%；规模以上工业实现主营业务收入3386.79亿元，比上年增长2.9%；实现利润190.64亿元，比上年增长4.0%。全区有工业单位15660个，其中规模以上工业企业1212家；年主营业务收入超亿元企业（集团）531家，比上年增加14家，其中超10亿元企业（集团）59家，超50亿元的企业（集团）8家。柯桥区成为全省首批资源要素市场化配置综合配套改革扩面县（市、区），列入全省工业企业“零土地”技术改造审批方式改革示范县（市、区），全省区域能评改革试点地区。

2015年，全区完成工业投资326.5亿元，比上年增长11.9%。其中技术改造完成投资308.9亿元，比上年增长23.1%；83个亿元以上项目完成投资107.64亿元，5亿元以上在建项目23个，完成投资52.55亿元。全年有7只工业项目参与“双百亿”重大产业项目开工奠基仪式，计划总投资103亿元。提高对优质“机器换人”项目奖励比例，下达1822.31万元财政资金支持企业技改。全年35个项目列入市级技术改造专项投资计划，5个项目入选市级“机器换人”典型案例；新增技改备案项目210只，计划投资120亿元，分别占全部项目备案数和投资数的73.9%、53.5%。2015年，共计33只项目列入“二次开发”，合计涉及土地面积1055亩，计划新增建筑面积70万平方米。

2015年，柯桥区推进4项“五水共治”工业节水工程，三年计划总投资3.43亿元；36家企业列入省清洁生产审核计划，26个节能项目申报省、市节能降耗重点项目计划；完成印染行业定型机“煤改气”1143台，完成率100%；18个光伏发电项目动工，计划增加200辆新能源公交车（以天然气为主），新能源公交车数量占总客车比例达60%。全区共有36只项目通过高效审批节能审查，24个不再审批项目完成节能备案登记，对6只工业增加值能耗不达标项目不予受理节能审查。

2015年，柯桥区整治完成工业小区230个，入驻企业6490家，完成率分别为78.5%和87.4%，关停企业887家。淘汰落后印染产能3.19亿米，涉及企业11家，完成市政府下达任务的106.2%；化纤产能20.5万吨，涉及企业7家，完成市政府任务的141.4%；织造产能1.04亿米，涉及企业10家，完成市政府任务的204.3%。对全区510台10蒸吨/小时（含）以下燃煤锅炉开展集中专项整治，整治率达99.6%。202家印染企业进行综合效益排序分类，其中综合效益指标≤0.8的41家印染企业开展专项整治倒逼行动，围绕企业税负、环境污染、消防隐患等现状，发出特种设备监察指令书16份，8家企业立案查处，4家企业责令限期整改，2家企业停产整治；发现火灾隐患133处，下发《责令限期改正通知书》48份，补交税款965.14万元。

2015年，柯桥区“两化”深度融合创建项目又添“维艺实业”的“印染业节能生产管理的集成控制”、“华东纺织”的“绿色安全印染及智能化制造应用示范”等8个项目。“精功集团”两化融合管理体系贯标成为绍兴市首家两化融合管理体系贯标企业。开展无线局域网（Wi-Fi）建设和免费开放工作，发展服务于高端纺织产业智能设备及应用软件。“梅轮电梯”和“梅盛实业”两家企业技术中心认定为省级企业技术中心；4只技术创新项目列入省重点技术创新专项计划，17只产品列入省级工业新产品计划，3只产品（项目）分别列入省重点高新技术产品开发项目计划、省装备制造业重点领域首台（套）、省级企业技术中心创新能力建设项目计划，3只新产品认定为2015年浙江省优秀工业新产品（新技术）。（赵链栋）

**【36个印染集聚项目投入生产】** 2015年，柯桥区印染集聚区40个项目中有36只项目投入生产（其中当年新增23只），累计完成投资66.21亿元。集聚区内集中供电、供水、供汽、集中污水处理、污泥焚烧、路网交通等重大生产性配套均建成投运，累计完成投资56.38亿元。出台《关于进一步推进印染产业集聚升级工程的意见》，启动印染行业标杆企业培育，明确创新能力、装备水平、企业管理等8方面评价标准，确定8家企业为印染行业标杆企业重点培育单位。设立10亿元印染产业集聚升级扶持基金，重点支持集聚印染企业污染治理、提标改造等，下达1亿元资金用于技改贴息、节能减排与集约节约用地。（王　好）

**【组织开展企业培育培训】** 2015年，柯桥区有7家企业成为市级以上“三名”（知名企业、知名品牌、知名企业家）试点企业，其中精功集团、宝业集团入围省级“三名”试点企业名单。组织110多名企业家赴国内知名学府进行专题培训；组织65家企业126人次参加省、市组织开展的各类专题培训；借助区中小企业创业辅导中心，开展企业管理人员创业辅导培训21期，参加企业365家，培训企业管理人员1623人次。摸排全区营业收入500万元以上小微企业1595家，制订小微企业上规升级培育计划，确定151家小微企业作为培育对象，建立动态培育库，全年共有104家企业完成“小升规”。（赵链栋）

## 化　纤

**【概况】** 2015年，柯桥区规模以上化纤企业88家，职工总人数17124人，品种主要是涤纶长丝及少量氨纶等产品。全年规模以上化纤产业实现总产值692.39亿元，比上年增长5.40%；实现销售收入682.20亿元，比上年增长6.2%；实现利润37.05亿元，比上年增长6.8%；上缴税金10.23亿元，比上年增长6.2%。

**【“励达公司”自主研制丙纶长丝无纺土工布】** 2015年，位于柯桥区兰亭镇的绍兴励达无纺布有限公司与浙江工业职业技术学院合作，自主研制出的丙纶长丝无纺土工布，经第三方检测机构检测，断裂强度足高出国家标准80%，且具有极强的耐酸碱性，其技术填补国内空白。土工布主要应用于岩土工程。（史国平）

## 织　造

**【概况】** 2015年，柯桥区规模以上织造企业491家，职工总人数49236人。全年规模以上企业实现总产值822.79亿元，比上年下降1.8%；实现销售收入807.96亿元，比上年下降1.4%；创造利润41.71亿元，比上年增长11%；上缴税金24.04亿元，比上年增长1.8%。（史国平）

## 印　染

**【概况】** 2015年，柯桥区有规模以上印染企业176家，职工总人数94346人。全年实现总产值671.66亿元，比上年增长15.20%；实现销售收入657.67亿元，比上年增长15.0%；创造利润39.52亿元，比上年增长37.9%；上缴税金26.53亿元，比上年增长17.70%。至年底，全区印染企业“煤改气”改造工程全部完成，印染企业定型机加热改为天然气、中压中温蒸气、液化天然气及生物质锅炉等清洁能源。

**【“红绿蓝”引进“印花机器人”】** 2015，滨海工业区的红绿蓝纺织印染有限公司引进柯桥区印染企业首台“印花机器人”，提高了排版精确度及生产效率。（史国平）

## 服装家纺

**【概况】** 2015年，全区服装规模以上企业49家，职工总人数8713人，总产值76.91亿元，同比增长10.4%，实现销售收入72.56亿元，比上年增长9.9%，利润达到2.47亿元，比上年增长3.2%。税金2.63亿元，增长19.7%。（史国平）

## 纺　机

【概况】 2015年，柯桥区有规模以上纺机业企业25家，职工人数3071人。全年实现总产值41.68亿元，比上年增长8.0%；实现销售收入41.08亿元，比上年增长8.3%；创造利润2.96亿元，比上年下降0.9%；上缴税金1.89亿元，比上年增长2.2%，销售利润率为7.2%。重点企业有浙江越剑机械制造有限公司、绍兴金昊机械制造有限公司、绍兴纺织机械集团有限公司等。（赵链栋）

## 汽车汽配

【概况】 2015年，由于汽配行业行情整体较好，柯桥区内汽车汽配企业实现产值、销售、利润同步增长，企业规模也不断扩大。全区有规模以上汽车汽配企业20家，职工总人数4672人。全年规模以上企业实现总产值52.44亿元，比上年增长11.6%；实现销售47.74亿元，比上年增长4.5%；创造利润4.08亿元，比上年增长9.7%；上缴税金2.27亿元，比上年下降9.7%，销售利润率为8.5%。重点企业有索密克汽车配件有限公司、厦门金龙联合汽车工业有限公司绍兴分公司、延锋伟世通怡东汽车仪表有限公司等。（赵链栋）

## 电子仪表

【概况】 2015年，柯桥区有规模以上电子仪表企业2家，职工总人数646人。全年实现总产值3.33亿元，比上年下降21.5%；销售收入3.24亿元，比上年下降17.0%；上缴税金0.14亿元，比上年下降27.8%，销售利润率为-1.8%。（赵链栋）

## 新型建材

【概况】 2015年，柯桥区有规模以上新型建材企业38家，其中新墙材企业19家，完成新型墙体材料产量7.62亿标砖，比上年下降19.19%。新型墙体材料生产比例94.1%，比上年增长0.08%，新墙材应用比例90.27%，比上年增长0.06%。全年实际节能4.73万吨标煤，节土1257亩，利用废料106.51万吨，减少二氧化硫等废气排放约1153吨。（丁磊）

【“建业幕墙”涉足家装门窗定制】 2015年，位于柯桥区夏履镇的浙江建业幕墙有限公司在绍兴金德隆文化创意园，设立700多平方米的“墅标门窗”绍兴体验中心。为满足客户体验需求，公司在体验馆安装用以测试门窗产品防水、防盗、节能、隔音等性能的实验装置，标志公司开始涉足家装门窗私人定制领域，这是在全国开设的第一家直营门店。（益　群）

## 皮塑羽绒

【概况】 2015年，柯桥区有年销售额2000万元以上皮塑羽绒业企业2家，年产塑料薄膜47.4万吨，比上年增长6.2%。企业主要分布在福全镇、柯岩街道等区域，重点企业有浙江三力士橡胶股份有限公司、浙江无名皮塑集团有限责任公司等。其中浙江三力士股份有限公司荣获全国化工橡胶行业“2015年度十大影响力品牌奖”。（赵链栋）

## 金属制品

【概况】 2015年，柯桥区有规模以上金属制品企业13家，职工人数8685人。全年实现产值120.19亿元，比上年增长6.6%；销售收入111.07亿元，比上年增长9.01%；创造利润8.45亿元，比上年增长9.1%；上缴税金3.79亿元，比上年增长8.6%，销售利润率7.6%。行业以金、银饰品深加工，铜板、带、箔、管技生产，铝（镁）、合金材料生产为主。重点企业有浙江日月首饰集团有限公司、浙江力博控股集团有限公司、浙江鼎丰铝业有限公司等。（赵链栋）

## 医药制造

【概况】 2015年，柯桥区医药行业发展较好，增长较快。全区有规模以上生物医药企业4家，职工总人数1342人。全年实现产值12.94亿元，比上年增长31.8%；销售收入11.89亿元，比上年增长20.4%；创造利润2.1亿元，比上年增长76.3%；上缴税金0.55亿元，比上年增长14.9%；销售利润率17.7%。其中重点企业浙江亚太药业股份有限公司再次被认定为国家高新技术企业。（赵链栋）

## 食品生产

**【概况】** 2015年，柯桥区食品行业实现产值27.15亿元，销售收入24.10亿元，比上年增长5.6%；创造利润1.89亿元，比上年增长2.2%。其中21家黄酒企业总产值23.4亿元，销售收入20.34亿元，比上年增长6.7%。黄酒产量20.78万千升，比上年下降4.6%；黄酒行业实现利润17405.3万元，比上年增长1.6%。黄酒出口17018.8千升，比上年下降6.7%，出口交货值1897万美元，比上年下降5.9%。2家果酒企业产值2258万元，产量678千升，销量668千升。5家酱醋业产量35262千升，与上年基本持平，销售收入12410万元，比上年增长4.1%，实缴税费632万元，利润1004.6万元，比上年增长5.4%。（史国平）

## 能源工业

**【概况】** 2015年，柯桥区有热电企业13家，装机容量110.6万千瓦。其中地方公共热电企业11家，装机容量53.8万千瓦，年供热量为56223547吉焦，供电量为26.93亿千瓦时；省统调热电企业1家（浙能滨海热电），装机容量60万千瓦，本年度对外供热量为4850684吉焦，发电量为30.87亿千瓦时；资源利用热电企业1家（龙德环保热电），装机容量2.4万千瓦，年对外供热量为4358947吉焦，供电量为14641.85亿千瓦时。“新风热电”实现整体关停，减少装机容量4.9万千瓦，年削减原煤约28万吨。

2015年，柯桥区规模以上工业综合能源消费量616.01万吨标煤，比上年增长2.1%；规模以上单位工业增加值综合能耗比上年下降3.7%。规模以上工业原煤消费总量609.91万吨（包括浙能滨海热电），比上年下降5.7%；全社会用电量135.84亿千瓦时，比上年下降1.98%，其中工业用电量120.56亿千瓦时，比上年下降2.98%，占全社会用电量的88.75%；居民用电量6.59亿千瓦时，比上年增长6.29%，占全社会用电量的4.56%。

2015年，柯桥区有17个分布式光伏发电项目通过验收，并成功并网发电，光伏发电装机容量达18兆瓦。其中位于滨海工业区的东亚工程玻璃有限公司4.25兆瓦分布式光伏发电项目成为全区最大的光伏发电项目。

**【5家热电企业实施节能技术改造】** 2015年，柯桥区的“胜利热电”“其其热电”等5家热电企业实施节能技术改造，以高参数替代底参数，以背压机组替代抽凝机组。（陈俊杰）

## 其他工业

**【柯桥区家具行业协会成立】** 2015年4月30日，柯桥区家具行业协会在平水镇成立，吸收家具生产经营单位会员40个。柯桥区有家具经营商及生产加工企业40多家，大部分集聚在平水镇，生产以民用、办公为主的家具产品。“越联居”商标成为柯桥区家具的区域品牌。

**【“五洋环保”投资300万元研发印染污水处理设备】** 2015年，绍兴五洋环保有限公司借鉴国际先进处理工艺技术，耗时2年，投资300多万元，研发出一款新型印染废水处理设备，自主研发的EGSB高效厌氧反应器，采用生化处理工艺，强化废水在微生物中的分解、消化作用，有效降解了废水COD浓度，在污水处理过程中不会产生污泥，还能降低污水处理成本。

**【“迅实电子”研发的3D打印机打入美国市场】** 2015年4月28日，位于平水新城工业园区的绍兴迅实电子科技有限公司研发的一款名为MoonRay的光固化3D打印机上美国众筹平台kickstarter，成功打入美国市场，这款光固化3D打印机完全由公司团队自主研发，其技术水平达到同类打印机国内先进水平。

（益　群）

**执行编辑许可可**

# 建筑业

## 综述

2015年，柯桥区建筑业完成总产值2026亿元，首次突破2000亿元，比上年增长8.6%，居全市第一、全省第二；完成省外产值1276.02亿元，比上年增长15.77%；建筑业增加值451.8亿元，比上年增长11.6%；创造利税96.9亿元、上缴区内税费12.7亿元，比上年增长11%。在区内纳税超1000万元的建筑业企业22家，其中2家企业纳税超1亿元。“十二五”期间，全区完成建筑业总产值8014亿元，上缴区内税费50.1亿元，分别是“十一五”的2.5倍和2.1倍。2015年，全区创市级以上优质工程136项，其中国家级18项、省级69项，中国轻纺城体育中心“一场两馆”工程获区“鲁班奖”。全年获国家级发明专利12项、省建筑业新技术应用示范工程1项、市级QC成果12项，编制国家标准4项、省级工法20项；入围中国500强企业1家、中国承包商80强4家；入围绍兴市百强企业5家、市“龙头骨干企业”6家。获评浙江省先进建筑业企业5家、省级优秀建造师项目经理12人。

2015年2月15日，柯桥区召开建筑业发展大会　　（赵玉亮　摄）

**【李强到柯桥区调研建筑产业】** 2015年11月17日，浙江省委副书记、省长李强到柯桥区调研建筑产业现代化发展情况，李强实地踏看宝业PC结构装配式建筑生产线、精工绿色集成建筑科技产业园、雅德居金属门窗生产线，听取柯桥区建筑产业现代化发展基本情况汇报，肯定柯桥区在建筑产业现代化方面作出的成绩并提出要求。（赵玉亮）

## 市场拓展

**【概况】** 2015年，柯桥区建筑业完成省外产值1417亿元，比上年增长9.1%，占总产值的70%；24个省份产值超过10亿元，其中上海、江苏两个中心市场产值分别达241亿元和227亿元，广东、湖北两省拓展成为新的50亿元级区域市场。全区50亿元级以上的区域市场9个。宝业集团在广东江门市新承接的广东银葵医院项目，造价50亿元，刷新承接省外工程单项合同金额记录。

**【组织企业到安徽考察】** 2015年，柯桥区组织骨干建筑企业老总20人到安徽六安等地进行市场考察，并与六安市建委，建设局主要领导和当地建筑企业进行

对接，交流建筑业发展工作经验。（赵玉亮）

## 行业管理

【概况】 2015年，柯桥区建筑业管理部门不再审批综合监管、联合测绘工作，牵头验收工业投资项目建设工程竣工。建管审批窗口全年综合考评居区行政审批中心34个部门窗口第一。在中厦建设集团开展规范化管理试点，提高企业风险防控能力。根据企业需求举办教育培训和对接活动。建筑业诚信信息平台建成，并与省网联接。考核全区建筑市场从业行为，对472名考核对象进行扣分，其中设计单位2家、施工单位95家、监理单位47家、项目经理192人、总监136人。调解日常欠薪，处理民工工资拖欠投诉128起，接待上访人数814人，涉及农民工1956人、金额1.13亿元。加强行政执法稽查，查处各类建筑施工违法违规行为10起，对3起案件进行立案处罚，收缴罚款3.8875万元，结案3起，无任何行政复议案件；配合公安打击建筑领域违法犯罪行为，维护社会稳定。（赵玉亮）

## 质量管理

【概况】 2015年，柯桥区开展工程质量治理两年行动，重点开展工程质量、安全生产重大危险源、工地文明施工等专项检查，涉及工地250余个，出具整改意见200余条，提交行政处罚5项、停工整改8项，查处处理37项，实现建筑工地6年安全质量无重大事故。严把建筑工程质量验收关，推进预拌砂浆应用，强化市政基坑工程监管。

【创省级以上优质工程69项】 2015年，柯桥区创市级以上优质工程136项，其中国家级优质工程18项、省级以上69项，中国轻纺城体育中心"一场两馆"工程获区"鲁班奖"。

【获省级以上科技成果37项】 2015年，柯桥区获国家科技进步奖项、发明专利12项、省建筑业新技术应用示范工程1项、市级QC成果12项，编制国家标准4项、省级工法20项。

【开展工程质量治理两年行动】 2015年，柯桥区开展工程质量治理两年行动。统计工程质量终身责任制、监督执法检查、人员培训、深基坑、施工许可和竣工工程等数据，并对全区建筑工程施工质量、安全生产及建筑市场行为开展大检查。（赵玉亮）

2015年，中国轻纺城体育中心"一场两馆"工程获柯桥区"鲁班奖"
（赵玉亮 摄）

## 安全生产

【概况】 2015年，柯桥区出台《关于进一步加强全区年前节后建筑安全生产工作的通知》《关于开展建筑工地食堂食品安全及环境卫生专项整治工作的通知》《关于印发2015年度全区建筑工程安全生产百日整治行动方案的通知》《关于开展"奋战百日，确保建筑安全生产无事故"活动的通知》。全年先后召开全区建筑工程安全质量工作会议及商品砂浆应用促进会、全区建筑工程安全质量文明施工现场会、"奋战百日，确保建筑安全生产无事故"宣贯动员会等各类会议20余次。开展节前专项检查、节后复工检查、起重机械检查、百日整治行动、奋战百日活动，控制危险源，查处违法违规行为。

【召开建设工程安全质量文明施工现场会】 2015年6月30日，柯桥区建设工程安全质量文明施工现场会在柯桥檀府项目施工现场举行。会议围绕“质量两年整治”，提出抓转型、抓投入、抓品牌3个新要求，强化建筑企业对“五水共治”“五气合治”“平安综治”“消防安全”“百日整治”标准化管理。

2015年，柯桥区建筑工地文明施工现场　（赵玉亮　摄）

**【开展“五气合治”】** 2015年，柯桥区出台《绍兴市柯桥区建设工地扬尘专项整治方案（2014—2017年）》（意见征求稿）。牵头召开建设、水利、交通等8个部门（五气合治）协调会，明确成员单位任务。区建管局对各建筑工地扬尘管理“九个100%”要求进行督查，联合区环保局、建设局、水利局、交通运输局、行政执法局组成督查组，对两项交通、两项市政、4项房建（柯岩、兰亭各1项）工程扬尘治理情况展开督查，并联合通报。每月5日向区“五气合治”领导小组汇报城区建设工程扬尘和烟尘整治专项治理工作进展情况。　（赵玉亮）

2015年6月30日，柯桥区召开建筑工程安全质量文明施工现场会　（赵玉亮　摄）

**·小资料·建筑工地扬尘管理“九个100%”**

建筑工地扬尘管理“九个100%”，即施工现场100%围挡（交通工程和市政设施维修工程等视情围挡）、工地砂土100%覆盖、工地主要道路100%硬化、出入口100%实行视频监控（市政设施维修工程除外）、拆除工程100%洒水、出工地运输车辆100%冲净车轮车身且密闭无泄漏、暂不开发的场地100%绿化、外墙脚手架密目式安全网100%安装、工地环保监督员100%配备。

## 勘察设计

**【概况】** 2015年，柯桥区开展民用建筑节能评估审查工作，发放民用建筑节能审查意见书51项，建筑面积189万平方米。组织申报省级工法20项，通过3项。申报省建筑业新技术应用示范工程1项。申报浙江省建筑业绿色施工示范工程1项。申报浙江省建设科研项目验收1项。获浙江省建设科学技术奖1项。　（赵玉亮）

执行编辑　朱菊根

# 房地产业

## 综　述

2015年，柯桥区房地产发展良好，商品房销售量增长明显。全年新建商品房成交11916套，比上年增长21.31%；成交面积170.60万平方米，比上年增长25.90%，成交金额138.02亿元，比上年增长11.62%。柯桥区出台《绍兴市柯桥区人民政府办公室关于促进房地产市场平稳健康发展若干意见》，鼓励现房和准现房销售，继续执行《绍兴市柯桥区关于进一步完善住宅房屋拆迁货币化安置补偿政策的实施意见》，加快新建商品房去存量化，促进房地产平衡健康发展。

2015年，编制完成《绍兴市柯桥区行政区域城镇危旧住宅房屋治理改造三年行动专项规划及2015年工作计划》，加快推进全区危旧房排查治理改造，排查危旧房33594幢次，其中镇（街道）、部门非住宅排查存在安全隐患的108幢，面积2.92万平方米。组织完成5幢城镇危旧房屋鉴定工作，10幢丙类住宅房屋中，柯桥街道方家汇33号等5幢房屋列入2015年柯桥历史文化街区改造（一期）项目范围，建筑面积3484平方米，以房屋征收形式予以改造。全区共完成农村困难群众住房救助对象39户的危旧房改造建设。

**【启用房地产档案数字化查询】** 2015年，柯桥区完成57787卷产权档案、抵押档案的数字化扫描、整理入库工作，完成约14100卷预告登记档案的交接入库。实现与市房管处同步模式，实现统一平台操作，统一数据管理，统一查询。

**【610套公共租赁住房尝试市场化租赁】** 2015年，柯桥区对位于柯桥万达广场东侧的亲馨家园610套公共租赁住房试行市场化出租，出租房屋建筑面积在30平方米~70平方米，租金为每月每平方10.10元。

（杨学敬）

## 开发投资

**【概况】** 2015年，柯桥区完成房地产开发投资146.65亿元，比上年增长3.64%；商品房累计新开工建筑面积95.16万平方米，比上年下降63.76%；房屋累计竣工面积111.87万平方米，比上年下降45.19%。全区在建楼盘78个，比上年下降22%。项目交付使用备案面积248.1万平方米。房地产销售面积170.6万平方米，比上年增长25.89%；成交金额138.02亿，比上年增长11.62%。房地产上缴税收22.06亿元，比上年下降6.01%，占全区地税总额的30.07%。

2015年，柯桥区发放预售证面积162.46万平方米，比上年下降30.98%，多种措施推动商品房去化周期持续加快。至年底，全区商品房存量343.58万平方米，其中城区249.31万平方米，乡镇94.27万平方米。去化周期约25个月。住宅253.04万平方米，其中住宅城区166.26万平方米，乡镇86.79平方米，住宅去化周期约22个月。

**【商品住宅成交均价每平方米8064元】** 2015年，由于大部分房产开发商采取以价换量销售策略，柯桥区商品住宅成交均价每平方米8064元，比上年下降5.60%，为2012年以来最低。

**【商业物业成交2414套】** 2015年，柯桥区商业物业成交2414套，其中，低价、小户型SOHO公寓热销，成交705套，占全区商业物业套数的29.2%，主要热销楼盘为冠成国际商业中心、金地自在天地商业中心。

**【首个仓储物流地产成交1.49亿元】** 2015年6月，柯桥区出现首个对外销售的仓储物流地产项目——乐创时代物流中心，项目位于柯桥中国轻纺城老市场以西，靠近钱清中国轻纺原料城。至年底，成交仓储87套，面积42496.22平方米，金额1.49亿元。

（杨学敬）

## 住房保障

【概况】2015年，柯桥区350套公共租赁住房9月底基本建成。加大棚户区改造力度。完成齐贤镇185户和华舍街道219户的拆迁补偿工作；建设位于中梅、红丰、大溇安置小区的城中村改造用房1510套；竣工并交付安置房4160套。扩大住房保障人群覆盖面，完成2012年底前开工的公共租赁住房90%的分配目标，新增946户保障对象。

【123户住房困难家庭择定公租房】2015年，柯桥区推出130套全装修公租房，建筑面积60平方米~90平方米，租金每月每平方米建筑面积7.8元，城镇低保家庭按标准租金的20%缴纳。11月8日，柯桥区123户符合条件的家庭在柯桥中学抽签择房。

（杨学敬）

## 物业管理

【概况】2015年，柯桥区完成新建项目物业用房初审13个，核定物业用房交付备案项目28个，核定物业用房面积1.42万平方米。归集物业专项维修资金6881万元，其中统筹资金1422万元，申请使用拨付资金135万元；归集物业保修金4284万元；收缴物业服务企业履约保证金148万元，退还47万元；完成城区拆迁安置小区、老旧住宅小区物业补贴资金的拨付工作，共发放资金1357.16万元。引进有资质的物业企业对老旧住宅小区实施专业化物业管理，城区住宅小区物业管理覆盖率达96.6%；调整完善城区社区物业管理机制，强化属地镇（街道）的监管职能，移交柯桥街道物业履约保证金257万元。“金地自在城一期”“景瑞望府一期”“世纪星城”3个小区被评为绍兴市物业管理优秀住宅小区。

【举办物业小区绿化养护知识培训】2015年10月30日，柯桥区举办物业小区绿化养护知识培训班，培训园林树木养护防护专业知识、技术规程及绿化常见病虫害识别和防治。全区各物业小区绿化主管、绿化养护人员近100人参加培训。

（杨学敬）

## 交易市场

【概况】2015年，柯桥区二手商品房成交2792宗，比上年增长48.75%；成交面积76.38万平方米，比上年增长46.52%；成交金额30.48亿元，比上年增长61.36%。

（杨学敬）

## 住房公积金管理与房改

【概况】2015年，柯桥区归集住房公积金81941万元，为上年同期的112%，完成计划的132%。年末归集余额217329万元。全年支取住房公积金57239万元，为上年同期的128%，完成计划的164%。发放公积金贷款68291万元，为上年同期的225%，完成计划的273%。全年发放公积金贷款1347户，贷款余额190083万元，存贷比87.5%。实现业务收入8350万元，为上年同期的107%，完成计划的152%。业务支出2144万元。全年审批住房补贴职工171人，金额140.9万元，房改房上市31套，面积2034.56平方米。

2015年，柯桥区印发《2015年公积金扩面攻坚方案》，至年底，全区新增缴存职工14062人，净增缴存职工4861人，净增率10.06%；新增缴存单位336个。

【住房公积金增值收益6206万元】2015年，柯桥区实现住房公积金增值收益6206万元，收益率3.03%。其中提取风险准备金4034万元，占增值收益的65%；提取管理费422万元，占增值收益的7%；提取廉租房补充资金1750万元，占增值收益的28%。

【实施贷款新政策】2015年4月起，柯桥区实施公积金贷款新政，缴存职工家庭使用住房公积金贷款购买首套普通自住房的，最低首付比例由原来的30%降低到20%；为改善居住条件，在结清首套房公积金贷款后，第二次使用住房公积金贷款购买普通自住房的，最低首付比例由原来的60%下调至30%，并且贷款利率按照首套房利率计算。

（李思萌）

**执行编辑　许可可**

# 商贸业

## 综 述

2015年，柯桥区实现社会消费品零售总额233.37亿元，比上年增长11%；其中限额以上社会消费品零售总额107.3亿元，比上年增长8.1%。全区35个商贸服务业建设项目完成投资46.73亿元，累计完成投资180.48亿元，其中26个“三个一批”项目完成投资28.17亿元，累计完成投资100.87亿元。

2015年，柯桥区举办柯桥城市购物节系列活动3次，组织164家次企业参加，累计实现销售7.9亿元。汽车流通行业实现销售56.74亿元，比上年增长2.8%。全区有典当企业7家，发放典当额6.75亿元，比上年增长75.3%，因经营变更转让股权1家；办理酒类流通备案登记企业93家，其中批发企业20家，零售企业49家；销售散装水泥243.26万吨，散装率达86.96%。

2015年，柯桥区加快中国轻纺城传统市场与网络虚拟市场融合发展，引进大型重点电商企业与项目，深圳动态等电商企业落户柯桥；引导鼓励“百思寒”“瓦栏文化”等本土电商企业做大做强，启动新三板上市计划，新建5个电商园区；制订实施2015年柯桥区电子商务人才总体培训方案，全年举办电商论坛10余场次，开展培训50余场次，累计培训人员1万余人次。柯桥区获评浙江“电商换市”升级样本城市。 （孟舒璐）

## 商场超市

**【概况】** 2015年，柯桥区居民生活消费平稳，列入柯桥区商务局监测的18家重点百货零售企业实现销售额24.32亿元，比上年下降3.45%。继续举办新春购物嘉年华、春季消费周活动、2015柯桥城市购物节三大节会活动，其中9月25日—10月7日举办的2015柯桥城市购物节，历时13天，有54家商贸企业参与，累计实现销售额35703万元，比上年同期增长11.2%。继续推进重大商贸项目，世贸中心二期、绍兴金沙·东方山水国际商务休闲中心、冠成国际商业中心和欧式名品街等项目主体结顶；中纺CBD商业中心、CBD01~CBD08地块项目主体施工；中国轻纺城西市场改造工程完成拆迁；柯桥区首家全产业链生鲜超市—明康汇在柯桥天虹商场开业。

2015年，柯桥区出台《关于规范柯桥城区户外商贸促销活动暂行办法》，强化户外促销活动申报管理；结合国家卫生城市、全国文明城市创建工作，制定商贸流通领域城市管理工作实施方案；结合平安创建工作，组织开展商场安全生产专项检查6次。

**【开展特色楼宇创建】** 2015年，柯桥区组织开展柯桥城区商务楼宇调研工作，完成柯桥区楼宇经济发展调研报告。制订出台柯桥区特色楼宇创建办法，柯桥街道的中央大厦确认为外贸特色楼宇，聚银国际商业中心1幢A座、华舍街道越府大厦确认为涉外特色楼宇。 （陈国建　陈怡梦）

## 粮油购销

**【概况】** 2015年，柯桥区收购订单粮食13721吨。其中小麦2425吨，早稻885吨，晚稻10411吨。轮换区级储备粮22603吨。新增地方粮食储备规模，完成10750吨扩储任务，65250吨粮食储备规模足额到位。

2015年，柯桥区在实行国家最低粮食收购价政策的基础上，对粮农按订单交售早籼谷、小麦实行订单奖补，每50公斤给予30元补贴奖励；交售晚粳谷、籼粳杂交谷（甬优系列）每50公斤给予20元补贴奖励，订单奖补全部到位。每50公斤小麦、早籼谷、晚粳谷、籼粳杂交谷（甬优系列）订单收购价分别为148元、165元、175元和169元。

2015年，柯桥区开展爱粮节粮科普活动，承办全省“兴粮惠农、爱粮节粮进万家”活动现场会。柯桥区粮食局被省人力资源和社会保障厅、省粮食局评为全省粮食系统先进集体。

**【新建5.66万吨级柯桥区中心粮库】** 2015年，柯桥区针对扩储安排及仓容不足的实际，新建5.66万吨级柯桥区中心粮库。该粮库纳入全省新建粮食储备仓容计划，争取到用地指标100亩和国家专项资金1109万元。

**【首次应用新技术储粮】** 2015年，柯桥区推进智慧粮库建设，推广应用氮气气调储粮技术，替代化学药剂熏蒸对粮食进行害虫防治，总投资699.22万元的区粮食储备中心富氮低氧气调储粮项目基本完工，20个仓号投入使用，保管粮食4.8万吨，成为全市第一个应用富氮低氧储粮新技术储存粮食的项目。

**【亚太粮食市场粮油成交21.82万吨】** 2015年，浙江亚太粮食市场立足实体市场，拓展网上市场，吸引周边县市区粮食企业参与绍兴粮网交易，全年实现粮油销售21.82万吨，销售额10.25亿元，副食品销售额7.04亿元；绍兴粮网年成交量7.52万吨，成交额1.99亿元。

**【收粮点24小时提供烘干服务】** 2015年，柯桥区出台《关于深化粮食收购服务工作的意见》，执行收购政策，规范粮食收购行为，按照“政府放心、农民满意、行业争先”目标为农户服务。针对夏、秋粮分别受台风和阴雨天气影响，稻谷出现泥谷、芽谷的实际情况，收粮点24小时提供烘干服务，适当放宽标准降等收购，维护粮农利益。（王卫娥）

## 供销合作商业

**【概况】** 2015年，柯桥区供销社实现总经营收入97亿元，商品总销售67亿元，实现利润1.92亿元，上缴税金1.62亿元。新建4个基层社，9个专业合作社，1个联合社，2个经营服务综合体，16个农村综合服务社及3个农村综合服务中心。新建供销超市清江嘉园店、供销超市昌安购物中心、越城景岳堂国药馆等大型网点。农资公司组织落实春耕化肥6380吨、农药561.8吨、农地膜121.7吨；供销社筹集1000万元资金，设立合作发展专项资金，通过以奖代补和资助等方式，专项用于区域供销系统为农服务组织奖励、各类农民合作组织农特产品（服务）品牌奖励、促进社有企业发展以及扶贫、救灾等为农服务支出；投资300万元，与深圳智慧城商务有限公司合资成立绍兴供销智慧乡村电子商务有限公司，在平水镇进行试点。柯桥区供销社获浙江省供销社系统2015年度综合业绩考核特等奖。

2015年，柯桥区粮食储备中心富氮低氧气调储粮中央控制系统投用

（区粮食局　供稿）

**【唯尔福股份登陆“新三板”市场】** 由浙江绍兴华通商贸集团、新加坡美通咨理有限公司及经营层共同投资组建的上海唯尔福集团股份有限公司(简称“唯尔福”，证券代码“831782”)于2015年4月24日，在全国中小企业股份转让系统挂牌。该公司在上海和

绍兴两地设有5家子公司，形成妇女用品、婴儿用品、生活用纸、护理用品四大产品系列，销售市场拓展到上海、浙江、江苏、江西、安徽等地，产品全面进入国内外知名超市卖场，并远销英国、印尼等国。

**【"华通医药"在深交所挂牌上市】** 2015年5月27日，浙江华通医药股份有限公司（证券简称：华通医药，证券代码002758）在深圳证券交易所挂牌上市，成为全省第一家登陆A股市场的供销系统企业。

**【启动平水镇农村电商试点】** 2015年11月19日，由柯桥区供销社与区农林局、商务局联合举办农村电商平水镇试点启动仪式暨绍兴供销智慧乡村（淘实惠）新闻发布会。供销智慧乡村电商公司是柯桥区供销社与深圳动态科技集团共同出资成立的公司。平水镇试点工作是以供销超市为依托，建立镇村两级淘实惠的运行样板，然后在全区各镇街道复制推广，实现农村全覆盖，成为供销社为农服务的综合平台。31家超市网点、村级网点经营者签约加盟淘实惠。

（蒋剑彪）

2015年4月24日，上海唯尔福在"新三板"上市 （区供销社 供稿）

2015年5月27日，浙江华通医药股份有限公司在深交所挂牌上市

（区供销社 供稿）

2015年11月19日，农村电商平水镇试点启动仪式暨绍兴供销智慧乡村（淘实惠）新闻发布会举行 （区供销社 供稿）

## 住宿餐饮业

**【概况】** 2015年，柯桥区39家住宿餐饮业实现营业额224425.6万元，比上年增长13.0%，其中星级住宿业和限额以上餐饮业营业额50643万元，比上年下降0.9%；餐饮业实现营业额20126万元，比上年增长16.8%；住宿业实现营业额30517.1万元，比上年下降9.9%。

（陈国建）

## 汽车服务业

【概况】 2015年，柯桥区有加油站40家，加油点7家，全年销售成品油244589.36吨，比上年增长8.0%，其中汽油159569.34吨，比上年增长12.41%，柴油83887.12吨，比上年增长1.01%。建成柯桥客运中心油气站、福全越都加油站，迁建中石油柯南加油站。

【21家4S店实现销售额56.74亿元】 2015年，柯桥区21家汽车4S店销售汽车15652台，比上年增长0.88%，实现销售额56.74亿元，比上年增长2.8%。受总体经济形势影响，高端品牌车型的需求量相对减少。据统计，绍兴宝利德汽车有限公司、绍兴宝晨汽车销售服务有限公司、绍兴英之杰汽车销售服务和绍兴之星汽车有限公司等4家4S店全年完成奥迪、宝马、捷豹、路虎、奔驰等品牌系列汽车销售额38.1亿元，比上年下降3.35%。

（马金良　陈怡梦）

## 电子商务

【概况】 2015年，柯桥区实施“电商换市”发展战略，依托纺织产业与轻纺市场发展优势，搭建电子商务发展平台，培育一批具有较强竞争力的电商主体。全年实现网络零售额49.54亿元，网上轻纺城平台交易额174.73亿元，比上年增长55.01%；全区新建并开园运营电商园区（集聚区）5个，新增阿里巴巴“诚信通”用户1000余家、B2B跨境电商企业150余家、天猫商家45家；新增网上轻纺城注册经营户4719家，累计达到80178家。柯桥区获评浙江“电商换市”升级样本城市，网上轻纺城、百思寒电子商务有限公司分获省级电子商务示范平台与企业，中国轻纺城被省电子商务百强评审委员会办公室评为浙江省线上线下结合10强专业市场。

【加快电子商务产业园建设】 2015年，柯桥区引进电商园区建设商、运营商，引进中纺CBD中国轻纺城跨境电商产业园项目，众创小镇、绍兴聚势电商园分别落户并开园运营，集聚互联网创业创新项目与电商服务商，分别入驻企业21家、9家；杨汛桥窗帘窗纱电商产业园入驻电商7家，定位于窗帘窗纱电商产业链发展；蓝天电商园区及柯北贸易中心电商中心专注对接市场，发展纺织面料及衍生产品的B2B电商销售。推动电商项目引进落户，重点引进电商园区投资、运营商深圳动态、杭州聚势，并以园区建设为载体，先后吸引天搜科技、念灵贸易、盛晓美逸、淘实惠、家装E站、华速仓储物流、绍兴网易等一大批电商企业落户柯桥。

【推进龙头企业集聚发展】 2015年，柯桥区推动本地骨干电商企业发展，“百思寒”启动新三板上市计划，“瓦栏文化”与“传化股份”签订战略合作协议；培育本地电商企业平台化发展，推动网上轻纺城移动端APP项目、百思寒自主交易平台、青藤物业“智慧社区”云系统社区O2O信息平台、乐消费大数据平台等项目建设，基本进入运营阶段。

【首次举办纺织行业跨境电商高峰论坛】 2015年8月27日，柯桥区政府携手阿里巴巴在蓝天大剧院举办纺织行业跨境电商高峰论坛。论坛上，阿里巴巴集团与绍兴地区企业分享互联网的四个阶段及未来趋势，解读纺织外贸企业如何“互联网+”。绍兴地区上千家外贸及电商企业参加峰会。

【培训电商人才6000人次】 2015年，柯桥区对各镇（街、开发区）开展知识普及与技能培训，组织60余名电商干部赴阿里巴巴参加业务培训学习。成立之江学院电商研究中心，建立职教中心专业人才输出培训机制，系统培训学生近500名，联合网上轻纺城、迪聪及搏亚等企业，开展“阿里小二进柯桥”“万名电商培训”等8个专项性培训计划，累计培训电商人才6000人次以上。

（赵海峰）

## 会展业

【概述】 2015年，中国轻纺城国际会展中心举办各类展览项目20个，全年总展览面积21万平方米，吸引参观客商27万人次。展会内容主要涉及纺织品、设计、汽车、家居、建材等。

【2015中国柯桥国际纺织品面辅料博览会（春季）】 2015年5月6—8日，绍兴市柯桥区人民政府主办的2015中国柯桥国际纺织品面辅料博览会（春季）在中国轻纺城国际会展中心举行。此届春季纺博会设1332个国际标准展位，展览面积3.4万平方米，共有635家企业参展，现场专业采购商

33239人，比上届增长9.5%，其中境外采购商4883人，比上届增长11%。展会实现成交额52.58亿元，比上届增长9.3%。

**【2015绍兴第二十二届中国轻纺城（秋季）汽车博览会】** 2015年9月3—6日，浙报集团主办的2015绍兴第二十二届中国轻纺城（秋季）汽车博览会在中国轻纺城国际会展中心举行。本届车博会有75家商家的60多个汽车品牌、300余款车型，包括玛莎拉蒂、保时捷、林肯、奔驰房车等众多品牌参展。四天的车展成交车辆2218辆，刷新历届车博会成交量的最高值。

**【2015中国柯桥国际纺织品博览会（秋季）】** 2015年10月16—19日，浙江省人民政府、中国国际贸易促进委员会、中国纺织工业联合会、中国商业联合会主办的2015中国柯桥国际纺织品博览会（秋季）在中国轻纺城国际会展中心举办。秋季纺博会设1466个国际标准展位，展览面积3.4万平方米，共有669家企业参展，现场专业采购商37061人，比上届增长9.4%，其中境外采购商8287人，比上届增长9.3%。展会实现成交额75.57亿元，比上届增长9.1%。

**【2015年第八届柯桥区名特优新农产品展销会】** 2015年12月25—29日，绍兴市柯桥区人民政府主办的2015年第八届柯桥区名特优新农产品展销会在中国轻纺城国际会展中心举办，近百家农业龙头企业的500多种特色农产品参展。

表11　2015年中国轻纺城国际会展中心会展情况

| 序号 | 会展名称 | 时间 | 地点 | 主办单位 | 承办单位 |
|---|---|---|---|---|---|
| 1 | 2015年鹰游纺机柯桥展销会 | 1月4—10日 | 中国轻纺城国际会展中心 | 连云港鹰游纺机责任有限公司 | 连云港鹰游纺机责任有限公司 |
| 2 | 浙江绍兴柯桥现代农业展览会 | 1月23—26日 | 中国轻纺城国际会展中心 | 绍兴市柯桥区人民政府 | 绍兴市柯桥区农业局 |
| 3 | 2015绍兴第二十一届中国轻纺城(春季)汽车博览会 | 4月3—6日 | 中国轻纺城国际会展中心 | 浙报集团 | 柯桥日报有限公司<br>柯桥经济开发区管委会 |
| 4 | 2015绍兴第十届春季家居博览会 | 4月11—12日 | 中国轻纺城国际会展中心 | 柯桥日报有限公司 | 柯桥日报有限公司 |
| 5 | 2015中国柯桥国际纺织品面辅料博览会(春季) | 5月6—8日 | 中国轻纺城国际会展中心 | 绍兴市柯桥区人民政府 | 中国轻纺城展会有限公司<br>上海歌华展览服务有限公司<br>绍兴星际展览有限公司 |
| 6 | 2015中国柯桥纺织品印花工业展览会 | 5月6—8日 | 中国轻纺城国际会展中心 | 上海歌华展览服务有限公司 | 上海歌华展览服务有限公司 |
| 7 | 2015中国柯桥窗帘窗纱展览会 | 5月6—8日 | 中国轻纺城国际会展中心 | 杨汛桥镇人民政府 | 绍兴市柯桥区经编协会 |
| 8 | 2015年绍兴第一届家电博览会 | 6月20—21日 | 中国轻纺城国际会展中心 | 浙江省家电零售协会 | 绍兴市柯桥区柯桥优良家电有限公司 |
| 9 | 2015绍兴第十一届秋季家居博览会 | 7月25—26日 | 中国轻纺城国际会展中心 | 柯桥日报有限公司 | 柯桥日报有限公司 |
| 10 | 2015绍兴第二十二届中国轻纺城(秋季)汽车博览会 | 9月3—6日 | 中国轻纺城国际会展中心 | 浙报集团 | 柯桥日报有限公司<br>柯桥经济开发区管委会 |
| 11 | 绍兴市体育成就展 | 9月12—21日 | 中国轻纺城国际会展中心 | 绍兴市体育局 | 柯桥区教体局 |
| 12 | 2015绍兴市第二届家电博览会 | 9月25—27日 | 中国轻纺城国际会展中心 | 柯桥区商务局 | 柯桥优良家电商店 |

续表11

| 序号 | 会展名称 | 时间 | 地点 | 主办单位 | 承办单位 |
| --- | --- | --- | --- | --- | --- |
| 13 | 2015中国柯桥国际纺织品博览会(秋季) | 10月16—19日 | 中国轻纺城国际会展中心 | 浙江省人民政府<br>中国国际贸易促进委员会<br>中国纺织工业联合会<br>中国商业联合会 | 浙江省商务厅<br>中国国际贸易促进委员会浙江省委员会<br>绍兴市人民政府<br>绍兴市柯桥区人民政府 |
| 14 | 2015中国柯桥纺织机械展 | 10月16—19日 | 中国轻纺城国际会展中心 | 上海歌华展览服务有限公司 | 上海歌华展览服务有限公司 |
| 15 | 2015首届中国拼布创意设计大赛 | 10月16—19日 | 中国轻纺城国际会展中心 | 中国纺织服装教育学会<br>浙江省拼布协会<br>浙江省民间美术家协会<br>绍兴市柯桥区人民政府 | 绍兴市柯桥区文化产业促进会<br>上海胜家缝纫机销售有限公司<br>绍兴大师文化创意产业有限公司<br>中国拼布产业网 |
| 16 | 2015年“圣象力量”11.15全民地板日 | 11月14—15日 | 中国轻纺城国际会展中心 | 杭州圣象家居用品有限公司 | 杭州圣象家居用品有限公司 |
| 17 | 2015绍兴第十二届冬季家居博览会 | 11月21—22日 | 中国轻纺城国际会展中心 | 柯桥日报有限公司 | 柯桥日报有限公司 |
| 18 | 2015绍兴第二十三届中国轻纺城(冬季)汽车博览会 | 11月27—29日 | 中国轻纺城国际会展中心 | 浙报集团 | 柯桥日报有限公司<br>柯桥经济开发区管委会 |
| 19 | 2015绍兴中国轻纺城首届人居展 | 12月12—13日 | 中国轻纺城国际会展中心 | 柯桥日报有限公司 | 柯桥日报有限公司 |
| 20 | 第八届柯桥区名特优新农产品展销会 | 12月25—29日 | 中国轻纺城国际会展中心 | 绍兴市柯桥区人民政府 | 绍兴市柯桥区农业局 |

（李　斌）

**执行编辑　许可可**

# 商务服务

## 法律服务

**【概况】** 2015年，柯桥区有律师事务所12家，执业律师144人，实习律师24人。其中1名当选省人大代表，1名当选市人大代表，4名当选区政协委员。全年律师办理诉讼案件5430件，担任常年法律顾问786家。全区有法律服务所11家，基层法律工作者56人，全年共代理办理案件1529件，担任常年法律顾问230家。

**【开展深化农村法律顾问试点】** 2015年6月，柯桥区印发《关于在兰亭镇开展深化农村法律顾问工作的试点方案》，在一村（社区）一法律顾问全覆盖的基础上，在兰亭镇试点开展深化农村法律顾问工作，重点落实完善定期走访制度、定期联系制度、工作记录制度、重大事项报告制度、法制宣传制度和法律体检制度等六项工作制度，加强服务管理考评，创新农村法律服务方式。

**【实现市场商会、协会法律顾问全覆盖】** 2015年，柯桥区通过摸底调查出9家尚未配备法律顾问的商会，牵线搭桥，推荐经验丰富、业务精湛的律师担任法律顾问。中国轻纺城江苏商会、宁波商会等九家商会与法律顾问签约结对，全区29家市场商会、协会实现法律顾问全覆盖。（王一依）

## 公证服务

**【概况】** 2015年，柯桥公证处接受各类咨询9042次，受理各类公证事项4150件，办结各类公证事项3956件。其中国内经济类公证事项1052件，国内民事类公证事项1814件；涉外类（含港、澳、台）公证事项1090件，翻译英文公证文书759份。全年外出核实公证事项741件，发现当事人隐瞒继承人的32件，继承公证事项中发现遗产存在问题的55件，其他类提供虚假证明材料的15起。

2015年，柯桥公证处办理各类土地现场监督公证48件，土地使用权出让合同公证48件，出具公证文书96件。办理政府采购现场监督公证356场，涉及采购标的405个，出证221件，涉及金额7.26亿元；不予出证的184件，涉及金额5.48亿元；在开标过程中发现串标或疑似串标16次。办理建设工程招投标现场监督公证187场，出具公证文书197件，涉及金额14亿余元，发现问题47件。办理国有、集体资产产权拍卖现场监督公证47场，涉及标的406个，出具公证文书695件。办理招投标及备案涉及的授权委托书公证312件；办理上市公司股权转让公证5件；办理金融类公证事项11件。2015年，柯桥公证处办理涉及“五水共治”方面的现场监督公证95件，涉及金额9.47亿元；排污权挂牌现场监督11场43件；办理排污权出让合同公证43件，减免公证费4.2万元。办理服务“三改一拆”方面的继承公证155件，安置房分配抽签现场监督2件，安置家庭56户。

2015年，柯桥区公证处办理继承公证661件（其中小额遗产继承公证125件），赠与合同公证28件，委托书上的签名、指印公证508件，财产约定类公证123件，监护公证87件，抽签类现场监督14件，用于股权转让、赠与的亲属关系公证56件，国内用途的无犯罪记录公证38件，资助出国留学协议4件，合作办学协议2件，放弃继承权声明书28件，另外还办理保全证据类公证104件（其中涉及知识产权64件），其他民事公证事项161件。

2015年，柯桥区公证处在柯桥历史文化街区改造项目中，根据房改政策和实施细则，对公房承租人进行现场咨询，制定不同的法律文书文本，根据不同情况分别办理各类公证事项，发挥公证处预防纠纷、减少诉讼的职能。

**【办理涉外类公证事项1090件】** 2015年，柯桥区公证处办理各类涉外公证事项1090件。主要用于旅游、商务、留学、移民，使用地包括法国、美国、澳大利亚、加拿大、乌干达、卢森堡、巴拿马、坦桑尼亚、哈萨克斯坦、玻利维亚等47个国家和地区。

（骆秀美）

## 会计服务

**【概况】** 2015年，柯桥区有会计师事务所4家（兴业会计师事务所、集财会计师事务所、宏泰会计师事务所、中审会计师事务所）。其中有限责任事务所2家，普通合伙事务所2家。全区会计师事务所从业人员104人，其中注册会计师34人。全年会计师事务所业务收入1622.91万元。其中审计收入1368.27万元、咨询服务收入222.43万元、其他收入32.21万元。至年底，柯桥区有会计从业人员22789人。其中硕士及以上学历人员为63人，本科学历3763人，大专学历6671人。具有高级及以上职称83人，中级职称972人，初级职称3555人。

2015年，柯桥区进一步强化会计从业资格管理和继续教育。全区共有1995人报名参加初、中级会计专业技术资格考试，新颁发会计从业资格证937本，旧证换发新证436本，办理会计人员调转369人次。受理浙江四正财务咨询有限公司等三家新办代理记账机构的代理记账申请并予以许可。加强会计人员继续教育培训工作，推广网上教育形式，完成培训18252人。

（寿彩琴）

## 商标服务

**【概况】** 2015年，柯桥区新增“越泉”铝材、“富士力”电梯、“宝纺”纺织、“众华”家纺、“凤凰庄”纺织等5件经行政认定的中国驰名商标。新增省著名商标10件、市著名商标11件。至年底，全区累计拥有注册商标12770件，实际拥有行政认定中国驰名商标19件，浙江省著名商标125件，绍兴市著名商标228件，有省级品牌基地3个，市级专业品牌基地4个，地理标志商标1件。10月13日，柯桥区取得包括“浙江绍兴中国轻纺城”“绍兴中国轻纺城”“柯桥中国轻纺城”等商标注册通过初审并进行公告。通过专业软件加强对“会稽山”“平水日铸”“明牌”等重点商标的监测保护。

（陈士强）

## 广告服务

**【概况】** 2015年，柯桥区新增广告经营单位6家，累计121家。从业人员1008人，经营额4714万元。其中房地产广告经营额1002万元、酒类食品广告经营额369万元、汽车广告经营额219万元。分别列广告经营额的前三位。

（陈士强）

执行编辑　许可可

# 开放型经济

## 综　述

2015年，柯桥区开放型经济保持稳定发展。外贸出口艰难中前行,实现进出口112.3亿美元。引导近千家外贸企业开展电子商务拓展市场。发挥7个省级外贸公共服务平台的功能和作用，新增省级出口名牌企业1家，复评7家，办理对外贸易经营者备案登记790家。与188个国家和地区有贸易往来，出口超1000万美元的国家和地区81个。前三位分别是阿联酋、美国和巴基斯坦，分别出口83244万美元、67487万美元、61081万美元，比上年分别下降15.69%、0.39%、11.74%。

2015年，柯桥区贸促会率先部署推广原产地证ECO，率先落实免费打印财政预算，全年签发一般原产地证7.2万份，直接服务外贸出口约30亿美元，年审企业2500家，新登记企业注册311家，新办理临时申领员343名，使用ECO企业2400家，推广率95%以上，为企业提供免费打印财政预算4.2万份，节省资金约13.2万元。

2015年，柯桥区出台《关于加速推进招商引资工作的实施意见》，开展3次重大招商项目集中签约仪式，引进5亿元以上项目21个，总投资323亿元。编印制作招商推介手册、地块推介手册和招商宣传片、幻灯片、招商网页，组织参加各类招商推介活动6次。选调12名招商干部，分赴北京、上海、杭州、深圳4个城市进行驻点招商。深化参展促贸和洽谈引资融合发展模式，新批或增资1000万美元以上外资项目12个。外经外包工作有力推进，全年新批企业8家，组织97家企业参加白俄罗斯推介会、澳洲投资推介会等20场次投资推介活动，协助企业获取（申报）各类补助1212万元。　（孟舒璐）

## 对外贸易

**【概况】** 2015年，柯桥区实现进出口总额1123347万美元，比上年下降10.85%。其中出口额1041621万美元，比上年下降5.38%，高于全市平均增幅3.38个百分点，出口额继续保持全省各县（市、区）第三位；进口额81727万美元，比上年下降48.67%。通过“浙江一达通”出口9144.4万美元，合计调整后全区进出口额1132491.4万美元，比上年下降10.1%；出口额1050765.4万美元，比上年下降4.5%。加工贸易出口额22277万美元，比上年下降39.71%。

**【出口实绩企业4021家】** 2015年，柯桥区出口实绩企业4021家，比上年增加63家。其中贸易型出口企业3048家，比上年增加110家，出口额721690万美元，比上年下降0.96%；生产型企业973家，比上年减少47家，出口额319930万美元，比上年下降14.04%。

**【“红绿蓝”获省级出口名牌】** 2015年，柯桥区组织企业向省商务厅申报和复评省级出口名牌，浙江红绿蓝纺织印染有限公司的“红绿蓝”品牌及标识获省级出口名牌，另有7个通过复评。

**【组织开展“廿展千企”全球行活动】** 2015年，柯桥区组织开展“廿展千企”全球行活动，共计展会25次，参展企业630家（次），展位864个，引导近千家外资企业开展电子商务拓展市场。

**【5家外贸企业获AEO高级认证】** 2015年，柯桥区的“红绿蓝”“嘉业印染”“远东新聚酯”“凯利新材料”“宝业印染”等5家企业获得AEO高级认证（AEO是指“经认证的经营者”的英文简称），这5家通过高级认证企业的货物，出口到欧盟28个成

员国时，可享受到和欧盟境内认证企业同样的通关便利。

（许胜男）

## 利用外来资金

**【概况】** 2015年，柯桥区新批外商投资企业100家，增资13家、减资12家，完成合同外来资金21579万美元，比上年增长26.7%；实到外来资金23133万美元，比上年增长10.1%，实际外来资金额列全市各县（市、区）第一。其中滨海工业区实到外来资金9666万美元，总量居全区第一；柯桥开发区实到外来资金5105万美元，完成计划的102.1%。两大平台占全区外来资金的63.9%。

**【增添3个外商投资国别】** 2015年，来自北非摩洛哥、中亚土库曼斯坦以及南亚斯里兰卡的外商首次在柯桥区设立外商投资企业，在柯桥区投资的国家和地区增至66个。

**【外来投资首涉金融租赁和文化交流领域】** 2015年，由华联集团和香港虹亿国际有限公司共同投资1000万美元，设立浙江越商融资租赁有限公司，专门从事融资租赁业务，为外来投资首次涉足柯桥区金融租赁行业。“盛夏文化创意发展”到资1234万美元，成为柯桥区文化艺术交流领域的第一笔实际外来资金。

**【外债占实到外来资金总额的25.3%】** 2015年，柯桥区实到外来资金23133万美元，其中外债5851万美元，占实到外来资金总额的25.3%，新增2家外债利用企业。

（陈　东）

## 对外经济合作

**【概况】** 2015年，柯桥区新批和备案境外投资企业8家，增资2家，总投资3870万美元。完成中方投资额3870万美元，比上年下降2.14%。获批准和备案的境外投资企业累计485家（其中办事处15家），分布64个国家和地区。完成境外承包工程实际营业额5193万美元，比上年增长43.65%。6月起，境外投资实行备案无纸化管理并简化注销手续，对外承包工程企业实行网上年检。

**【2个增资项目投资额2840万美元】** 2015年，柯桥区新备案增资项目2个，投资额2840万美元，占当年投资总额的73.38%。其中绍兴县华田投资有限公司增资840万美元，用于新西兰陶波度假村酒店二期项目开发；浙江瑞弘实业有限公司增资2000万美元，与国外公司合作开发电力设备和技术。

**【“精工钢结构”对外承包工程完成营业额5193万美元】** 2015年，浙江精工钢结构集团有限公司在日本、尼日利亚、新加坡、哈萨克斯坦、沙特等地的境外承包工程项目完成实际营业额5193万美元，创对外承包工程实际营业额历史新高。

**【97家企业参加推介对接活动21次】** 2015年，柯桥区有97家企业参加各级各类推介对接活动21次，其中参加“一带一路”沿线国家推介对接活动10次，多家企业赴“一带一路”沿线国家实地考察寻求投资合作机会。

**【4个项目获“走出去”补助资金】** 2015年，柯桥区有4家企业的4个项目获得“走出去”补助资金712万元，其中2个项目获得中央外经贸专项补助700万元，2个项目获得柯桥区开放型经济奖励政策补助12万元。

（王小玲）

## 服务外包

**【概况】** 2015年，柯桥区完成服务外包合同执行额1600.9万美元，比上年增长21.65%，其中完成离岸执行额1600.9万美元，比上年增长22.86%；新增服务外包企业6家，累计96家，业务涉及中国香港及美国、尼日利亚、土耳其、意大利、墨西哥、阿联酋、马来西亚等30多个国家和地区，承接业务包括面料花型、LED照明、遥控器、小型发电机、房屋钢架结构等的设计研发。

**【新增服务外包企业6家】** 2015年，柯桥区新增“新乐纺织”“小轩窗居室”“龙聚纺织”等服务外包企业6家，新增数为全市第一，其中4家新增企业产生实绩，实现服务外包离岸执行额297.7万美元，占全区离岸执行总额的18.60%。

**【组织7家企业参加服务贸易展会3个】** 2015年，柯桥区有7家服务外包企业参加中国（上海）国际技术进出口交易会、中国国际软件和信息服务交易会、中国浙江商务服务交易博览会等3个服务贸易专业展会。在浙交会上组建“绍兴柯桥国际服务外包示范园区”特装馆一个，组织区内5家企业参展，

40余名企业代表观展。

【**27个外包项目获政策支助231.1万元**】2015年，浙江点金照明有限公司等3家企业17个项目获中央外经贸发展专项资金87.2万元，绍兴县人生纺织服饰有限公司等10家企业10个项目获柯桥区服务外包政策奖励143.9万元。（杜 广）

## 外商服务

【**概况**】2015年，柯桥区新增外商投资商业企业81家，比上年增长84%，其中拥有出口实绩企业105家，全年出口额22066万美元，占全区出口总额的2%，累计缴纳地税704.92万元，外国人个人结汇额为1266.46万美元，比上年增长7%。至年底，有常驻外商3191人，比上年增长38.7%；临时出入境外商60749人，比上年增长21.8%；办理居留许可4265人次，接待境外人员60749人次，办理外国人就业申请256人，比上年增长22%。至年底，全区设有外商代表机构1294家，新增68家。全年审核外籍子女入学19人，外籍子女即时入学392人。

【**首次举办外商板球比赛**】2015年6月，柯桥区涉外管理服务中心联合之江学院举办首届印度客商板球比赛。8支队伍共百余名外商参加。

【**印度客商获最美浙江人称号**】2015年，柯桥区帕瓦尼贸易有限责任公司绍兴办事处的印度客商尼拉杰·帕瓦尼当选“最美浙江人——2015浙江骄傲人物”，成为浙江省第一个获此荣誉的外籍人士。（张 燕）

表12　2015年柯桥区外贸出口主要市场

| 国家（地区） | 出口额（万美元） | 比上年（±%） | 占比（±%） | 比重（±） |
|---|---|---|---|---|
| 亚洲 | 540245 | -0.29 | 51.87 | 2.65 |
| 欧洲 | 152262 | -6.99 | 14.62 | -0.25 |
| 拉丁美洲 | 140965 | -19.86 | 13.53 | -2.45 |
| 非洲 | 130867 | -7.97 | 12.56 | -0.35 |
| 北美洲 | 73770 | 0.27 | 7.08 | 0.40 |
| 大洋洲 | 3494 | 6.17 | 0.34 | 0.04 |
| 中东 | 215680 | -8.64 | 20.71 | -0.74 |
| 东盟 | 172345 | 3.75 | 16.55 | 1.46 |
| 欧盟 | 122254 | -4.98 | 11.74 | 0.05 |
| 阿联酋 | 83244 | -15.69 | 7.99 | -0.98 |
| 美国 | 67487 | -0.39 | 6.48 | 0.32 |
| 巴基斯坦 | 61081 | -11.74 | 5.86 | -0.42 |
| 越南 | 59156 | 7.18 | 5.68 | 0.67 |
| 巴西 | 41276 | -41.31 | 3.96 | -2.43 |
| 印度尼西亚 | 43149 | -3.91 | 4.14 | 0.06 |
| 印度 | 41746 | 9.94 | 4.01 | 0.56 |
| 埃及 | 32813 | -1.43 | 3.15 | 0.13 |
| 墨西哥 | 31866 | -2.18 | 3.06 | 0.10 |
| 德国 | 20956 | -21.00 | 2.01 | -0.40 |
| 意大利 | 18319 | -16.43 | 1.76 | -0.23 |
| 南非 | 16822 | -0.93 | 1.61 | 0.07 |

续表12

| 国家(地区) | 出口额(万美元) | 比上年(±%) | 占比(±%) | 比重(±) |
|---|---|---|---|---|
| 俄罗斯 | 15112 | -18.09 | 1.45 | -0.23 |
| 土耳其 | 12228 | -32.01 | 1.17 | -0.46 |
| 日本 | 10711 | 8.77 | 1.03 | 0.13 |
| 尼日利亚 | 10312 | -15.84 | 0.99 | -0.12 |
| 澳大利亚 | 2644 | 1.07 | 0.25 | 0.02 |
| 合计 | 1041621 | -5.38 | 100.00 | 0.00 |

表13　2015年柯桥区外贸出口分类情况

| 类别名称 | | 出口额(万美元) | 比上年(±%) | 占比(±%) | 比重(±) |
|---|---|---|---|---|---|
| 企业类型 | 外贸公司 | 721690 | -0.96 | 69.29 | 3.09 |
| | 生产企业 | 319930 | -14.04 | 30.71 | -3.09 |
| 贸易方式 | 一般贸易 | 1019238 | -4.20 | 97.85 | 1.21 |
| | 加工贸易 | 22277 | -39.71 | 2.14 | -1.22 |
| 产品类型 | 纺织品 | 951123 | -7.27 | 91.31 | -1.87 |
| | 纺织面料 | 913051 | -7.23 | 87.66 | -1.75 |
| | 化纤长丝 | 14060 | -35.67 | 1.35 | -0.64 |
| | 无纺布 | 6643 | -1.36 | 0.64 | 0.03 |
| | 服装 | 32134 | -7.91 | 3.08 | -0.08 |
| | 机电产品 | 39522 | 29.20 | 3.79 | 1.02 |
| | 高新技术 | 10544 | 278.29 | 1.01 | 0.76 |
| 合计 | | 1041621 | -5.38 | 100.00 | 0.00 |

表14　2015年柯桥区组织和推荐的海外展（博）览会

| 日期 | 展(博)览会名称 | 国家(地区)/城市 | 参展内容 | 企业数(家) | 摊位数(个) |
|---|---|---|---|---|---|
| 1月 | 美国纽约国际TEXWORLD面料及辅料展 | 美国/纽约 | 各类面料、辅料 | 17 | 17 |
| 2月 | 拉斯维加斯MAGIC国际时装面料展 | 美国/拉斯维加斯 | 各类纺织面料、服装 | 10 | 13 |
| 2月 | 俄罗斯轻工纺织品及设备批发博览会 | 俄罗斯/莫斯科 | 各类纺织品面料、服装、家纺产品 | 3 | 4 |
| 3月 | 埃及开罗纺织展览会 | 埃及/开罗 | 服装、纺织面料、家纺 | 3 | 4 |
| 3月 | 巴拿马第三十三届国际贸易博览会 | 巴拿马/巴拿马城 | 各类纺织品面料、家纺产品等 | 3 | 4 |

续表14

| 日期 | 展(博)览会名称 | 国家(地区)/城市 | 参展内容 | 企业数(家) | 摊位数(个) |
|---|---|---|---|---|---|
| 4月 | 越南国际纺织服装、面料及辅料展览会 | 越南/胡志明市 | 各类纺织面料、服装 | 3 | 3 |
| 4月 | 印尼纺织面料辅料及服装机械展览会 | 印度尼西亚/雅加达 | 面料辅料及服装机械 | 6 | 7 |
| 5月 | 阿尔及尔国际博览会 | 阿尔及利亚/阿尔及尔 | 综合类 | 2 | 4 |
| 7月 | 中国纺织品服装贸易博览会(纽约) | 美国/纽约 | 各类服装、服饰、面料、家用纺织 | 76 | 89 |
| 7月 | 墨西哥国际时装和面料展 | 墨西哥/瓜达拉哈拉 | 各类纺织面料、服装 | 5 | 5 |
| 8月 | 拉斯维加斯MAGIC国际时装面料展 | 美国/拉斯维加斯 | 各类纺织面料、服装 | 50 | 63 |
| 9月 | 埃及开罗纺织展览会 | 埃及/开罗 | 服装、纺织面料、家纺 | 1 | 1 |
| 9月 | 俄罗斯轻工纺织品及设备批发博览会 | 俄罗斯/莫斯科 | 各类纺织品面料、服装、家纺产品 | 5 | 15 |
| 9月 | 俄罗斯国际家用及室内纺织品展览会 | 俄罗斯/莫斯科 | 墙纸及墙壁覆盖物,窗帘、床品、浴室系列用品餐桌用纺织品及非纺织品 | 6 | 7 |
| 9月 | 巴西圣保罗GOTEX国际纺织采购展 | 巴西/圣保罗 | 服装面料及辅料 | 5 | 6 |
| 11月 | 南非国际纺织品、纺织机械及鞋类展览会 | 开普敦 | 服装、面料、家纺、纺织 | 5 | 5 |
| 11月 | 土耳其伊斯坦布尔国际面料展览会 | 土耳其/伊斯坦布尔 | 各类纺织品面料 | 3 | 3 |
| 12月 | 中东(迪拜)中国家居产业博览会 | 阿联酋/迪拜 | 综合类 | 40 | 73 |

(张 燕)

**执行编辑 许可可**

# 市　场

## 综　述

2015年，柯桥区市场成交额1429.64亿元，比上年增长11.11%。其中消费品市场成交904.06亿元，比上年增长15.90%；生产资料市场成交525.58亿元，比上年增长3.72%。年成交额超亿元市场9个，其中超百亿元市场3个。中国轻纺城成交865.83亿元，比上年增长16.67%；钱清中国轻纺原料城成交516.02亿元，比上年增长4.03%。网上市场共成交274.69亿元。至年底，全区有各类商品交易市场92个，其中消费品市场81个、生产资料市场10个、服务市场1个。有网上交易市场5个。

2015年10月，中国轻纺城（东升路市场）、钱清中国轻纺原料城、柯桥区裕民农副产品综合市场被省工商局、省文明办认定浙江省诚信示范市场。11月，国家工商总局公示柯桥区裕民农副产品综合市场、中国轻纺城为全国2014年至2015年度诚信示范市场。柯桥区裕民农副产品综合市场、滨海旺角综合市场、柯南旺角农副产品综合市场被评为柯桥区2015年度最佳农贸市场。

**【新增5个星级文明规范市场】** 2015年1月，绍兴县钱清农副产品综合市场等5家市场被省工商局认定为2014年度星级文明规范市场。其中绍兴县钱清农副产品综合市场、绍兴市柯桥区滨海新旺角农贸市场为四星级文明规范市场；绍兴县江桥农副产品综合市场、绍兴市柯桥王坛旺角农贸市场、绍兴县百舸农贸市场为三星级文明规范市场，有效期三年（2015—2017年）。

**【4家农贸市场成功创建省级放心市场】** 2015年，柯桥区成功创建省级放心农贸市场4家，分别是绍兴县柯南旺角农副产品综合市场、绍兴县杨汛桥综合市场、绍兴县华舍农副产品综合市场、绍兴市柯桥区钱清农副产品综合市场。

**【新批准登记市场4个】** 2015年，柯桥区新批准核发市场名称登记证4张，分别是绍兴市柯桥区中国轻纺城南区市场、绍兴保健品医疗器械交易市场、绍兴市柯桥区荣达二手车交易市场、绍兴市柯桥区铭鸿二手车交易市场。

**【注销商品交易市场1个】** 2015年注销市场名称登记证1张，为绍兴县王坛农副产品综合市场。

（杨水龙）

## 中国轻纺城

**【概况】** 2015年，中国轻纺城面料市场实现成交865.83亿元，比上年增长16.67%。市场注册经营户29853家，其中贸易公司8192家，新增1509家。联托运货运量436.63万吨，比上年增长8.14%；外贸出口实绩企业1634家，出口额37.1亿美元；外商投资商业企业370家，新增81家。“网上轻纺城”吸引注册会员205万个，开通网上商铺62万家，网站日访问量230多万次，吸引80178家纺织企业入驻，实现在线交易额174.73亿元，比上年增长55.01%。全年新认定中国轻纺城知名商号26家，中国轻纺城知名商品40件。这年，中国轻纺城荣获中国市场优秀管理机构、中国优秀示范市场、浙江轻纺国际采购中心等称号。

2015年，柯桥区推进中国轻纺城实施“三次创业”决策，围绕“国际化、时尚化、智慧型、复合型”的发展定位，抓好“轻纺城+实体市场、时尚创意、电子商务、现代物流、会展经济、现代金融”六方面工作，深化市场、产业、城市联动发展，增强国际影响力、时尚创造力、价值提升力。

2015年，中国轻纺城市场实施重点工程项目，基本完成西市场拆迁工作和中国轻纺城国际物流中心改造项目，中国轻纺城仓储物流中心仓储部分和商务楼部分主体完工，谢桥立体停车库投入运行。开展轻纺城市场内外环境综合大整治，对市场环境卫生、消防安全、控违拆违、交通整治、工程管理五个方面实施全面整治，市场环境秩序明显改善。

2015年，中国轻纺城举办“中国轻纺城杯”2015中国国际时装创意设计大赛、“2015中国纺织创新年会—柯桥峰会”、中韩时尚论坛等三大品牌活动，提升中国轻纺城的品牌影响力和知名度。继续实施“布满全球”产业与招商对接平台，共举办与上海、深圳等产业集群对接活动8场，为经营户带来直接订单600多笔。中国·柯桥纺织指数共发布价格指数47期、景气指数11期、外贸指数11期。对指数采集区域的划分进行调整，对市场359家采集点和588种采集代表品进行调整、替换。

**【网上轻纺城完成股权转让】** 2015年，中国轻纺城集团股份公司收购网上轻纺城，优化网上轻纺城运行体制机制，进一步完善轻纺城实体市场与虚拟市场融合发展的格局。全年网上轻纺城实现在线交易额174.73亿元，比上年增长55.01%。

2015年10月16—19日，中国柯桥国际纺织品博览会（秋季）在中国轻纺城国际会展中心举行　（中国轻纺城建管委　供稿）

**【优化市场招商隆市政策】** 2015年，中国轻纺城按照“划行归市”要求，继续优化市场招商政策和隆市举措，南区市场在确定经营业态后，举办4次公开拍租，招商拍租营业房222间；柯北服装家纺市场一、二楼通过推出新业态，完成营业房回租招商250余间。

**【春秋季纺博会实现成交额128.15亿元】** 2015年，柯桥春季纺博会吸引专业采购商33239人，比上年增长9.5%；实现成交额52.58亿元，增长9.3%。秋季纺博会吸引专业采购商37061人，比上年增长9.4%；实现成交额75.57亿元，比上年增长9.1%。秋季纺博会期间，首次举办柯桥时尚周暨深圳时装周走进中国轻纺城活动。

**【中国轻纺城综合服务中心投入运行】** 2015年11月2日，中国轻纺城综合服务中心正式运行，中心位于中国轻纺城综合服务中心设在山阴路151号，下设市场监管、国税、地税、质监、交通运输5个部门组成的“多证联办”窗口，并引入轻纺城营业房转让转租交易中心、品牌指导站等4家市场专业服务机构。

**【经营户管理试行积分制】** 2015年9月起，中国轻纺城市场管理试行经营者管理积分制，专门制订《诚信文明经营管理制度》，对经营户依法经营、诚信履约、文明经营、综合治理与消防安全等方面设置相关规定，要求各经营户严格遵守，对违反相关要求的行为，则明确了不同的扣分标准。每天对经营户依法经营、诚信履约等多个方面开展打分考核，至年底，根据不同得分给经营户颁发不同等级的星级证书，考核不及格的，则限制该营业房转让转租。

**【开展培训服务提升经营户素质】** 2015年，中国轻纺城实施经营户素质提升工程，不断提升经营户发展能力，为市场中各个层面的经营户提供培训服务，全年累计培训经营户2000余人次。引导和帮助经营户创新创牌，“科旺纺织”“锦毅纺织”获评省

2015年11月2日，中国轻纺城综合服务中心投入运行

（中国轻纺城建管委　供稿）

AAA级重合同守合同单位，“凤凰庄”被认定为中国驰名商标。（沈　瑜）

## 钱清中国轻纺原料城

【概况】 2015年，钱清中国轻纺原料城成交额516亿元，比上年增长4.03%，市场运行整体平稳。完成外贸区（钱清中国轻纺原料城E区）外立面升级改造。这年，钱清中国轻纺原料城面临纺织行业产能过剩的局面，市场交易活跃度减缓，行情波动较大，整体呈现弱势。5月中旬以后，市场行情呈下跌态势，至10月份有所好转。9月16日，在第九届中国商品市场峰会上，钱清中国轻纺原料城被评为“中国商品市场百强”和“网上网下融合市场二十强”。（裘孝坤　陈荣根）

## 人力资源市场

【概况】 2015年，柯桥区针对企业对高端人才的需求，分批组织企业赴外地开展系列人才智力对接活动。达成高端紧缺人才引进意向160余人，达成科技难题合作攻关与智力成果合作意向20余项。为方便招聘单位和求职者，开办绍兴地区首个“人才夜市”。

【举行柯桥区·天津工业大学人才智力合作对接活动】 2015年4月10日，绍兴市柯桥区·天津工业大学合作签约暨人才科技对接洽谈会在天津工业大学举行。柯桥区与天津工业大学研究生院、科技处签订《共建研究生创新实践基地协议》、《科技合作协议》。“梅盛实业”“华通色纺”“绍力机电”“朗莎尔实业”等企业与纺织学院、材料科学与工程学院、机械工程学院、艺术与服装学院签订《人才技术合作框架协议》。同时，举行“智汇纺都—绍兴柯桥纺织服装机械名企专场招聘会”，达成引进意向286人。

【赴成都院校引智纳才】 2015年4月17—19日，柯桥区组织包括上市公司、省级重点企业研究院、国家级高新技术企业和跨国公司在内的机械机电、电子信息重点骨干企业赴四川的大学院校，招揽专业人才，对接科技成果，促成企业人才智力需求与高校专家科研资源的合作对接。柯桥区的“精功科技”“康迈尔机电”“滨海港现代物流”等企业推出机械设计、电气工程、测控技术、材料成型、机械电气自动化、电子信息等岗位150余个。吸引四川大学、成都科技大学等毕业生应聘求职，达成人才引进意向近200人。

【举办夏季人才交流及就业服务月活动】 2015年7月15日，“柯桥区大中专毕业生就业洽谈暨知名企业人才对接交流会”在区人力资源市场举行。全区近百家重点骨干企业推出1300余个就业岗位，与应届毕业生达成初步意向近300人。“微才市”“网络招聘月”等才企对接平台同步启动，360°人才测评、现场职业规划指导、入职素养专题培训、创业创新辅导等就业服务举措全面开展。

【“冬季招才校园行”活动达成人才意向2000人】 2015年，柯桥区组织450余家企业赴西南大学、重庆工商大学、西安建筑科技大学、浙江工业大学、徐州工程学院等10余所省内外高校举行综合类人才招聘、外经贸人才专场招聘、工科类人才专场招聘等系列招才活动，推出需求岗位6400余个，达成人才引进

意向近2000人。（冯天磊）

## 联托运市场

**【概况】** 2015年，柯桥区新增托运部11家，注销11家。全区有物流经营户189家，其中在国际物流中心注册的113家、柯东仓储注册的39家，其它地段经营的有37家。物流经营户中有有限公司63家、个人独资99家、个体经营户27家。全区有危险品货运车辆99辆，运力载重吨位2462吨。柯桥区物流运输遍及全国30个省(市、区)共87个城市，全年完成联托运运量436.63万吨，比上年增长8.14%；周转量622937.7万吨·公里，比上年下降8.02%。

**【国际物流业务完成提还箱量22133万标箱】** 2015年，中国轻纺城物流中心完成提还箱量约22133万标箱，进出场箱量约41093万标箱，分别比上年下降44.79%、44.32%，国际物流量下降明显。

（高奇卉）

**执行编辑　许可可**

# 旅 游 业

## 综 述

2015年，柯桥区共接待国内外游客1511.19万人次，实现旅游业收入153.15亿元，比上年分别增长7.53%和8.24%。柯桥区以统筹推进南部山区乡村休闲旅游，实施柯桥区"绍兴人免费游绍兴"旅游惠民政策，推进金沙·东方山水国际商务休闲中心等旅游重大项目建设。大香林·兜率天景区对外开放，31个在建旅游项目全年实际完成投资33.99亿元。

**【金沙·东方山水乐园主体建成】** 2015年，鉴湖—柯岩旅游度假区的绍兴金沙·东方乐园项目完成酒店主体23层和6个场馆主体钢结构安装。项目于2012年9月动工建设，主要由室内海滩馆、五星级酒店、旅游商业街区等部分组成。

**【大香林·兜率天景区建成开放】** 2015年12月26日，大香林·兜率天景区建成并对外开放。该景区总投资10亿元，总规划面积1300亩。主体工程由会稽山龙华寺和兜率天宫两部分组成，兜率天宫建筑面积6万余平方米，建于宝林山峰顶（海拔321米）。

## 旅游营销

**【概况】** 2015年，柯桥区组织全区旅游企业参加4次旅游交易会，开展系列推介活动，提升柯桥的旅游品牌在国内外的知名度。打造智慧旅游营销平台，旅游局官方微博粉丝量136万，列全省旅游政务微博第四名，"享游柯桥"微信粉丝量4000余人次。在柯桥日报上推出《旅游周刊》栏目138期。2015版《绍兴市柯桥区旅游交通地图》出版，首次印刷2万份。

东方山水乐园夜景 （区旅游局 供稿）

**【开展南部山区乡村游整体营销活动】** 2015年，柯桥区以“美丽乡村”为主线，策划推出“漫游稽山行之有道”南部山区乡村游品牌、十大节会活动和十大精品线路。组织开展“茶友汇”“挖笋游”等以采摘为内容的“体验游”活动，对南部山区乡村旅游进行整体宣传营销。

**【举办旅游推介活动3次】** 2015年，柯桥区杭嘉湖绍新年旅游优惠月活动、中国国旅分公司落户柯桥签约暨柯桥旅游推介会、杭州都市圈国内联合促销活动。出台相关奖励和优惠政策，吸引外地旅行社组团到柯桥旅游。

2015年11月21日，“越之南”乡村旅游品牌暨“花满棠棣”推介仪式在漓渚镇棠棣村兰文化广场举行 （区旅游局 供稿）

**【绘制“游走越之南”乡村旅游宣传折页】** 2015年，柯桥区绘制出版“游走越之南”乡村旅游宣传折页。折页以图标和地图等形式详细介绍区域内南部三镇、柯岩湖塘等乡村旅游景点，并附上乡村美食、机场、公路、动车、铁路等交通信息。

**【开通首条旅游公交线路】** 2015年7月，柯桥区首条旅游公交818路旅游专线开通，把柯岩景区、大香林景区、东方山水乐园、乔波滑雪馆等柯南休闲旅游景点与高铁绍兴北站、万达广场、浙江工业大学之江学院等联系起来，方便市民和游客。

## 旅游接待

**【概况】** 2015年，柯桥区重点发展观光、休闲、会展、商务、度假等综合型旅游业态。全年接待国内外游客1511.19万人次，实现旅游收入153.15亿元，分别比上年增长7.53%和8.24%。

**【全面实施绍兴人免费游绍兴】** 2015年5月19日起，柯桥区全面实施绍兴人免费游绍兴惠民政策，至年底，共接待绍兴市免费游客150多万人次。

**【启动旅游集散中心建设】** 2015年，柯桥区启动旅游集散中心建设，计划投资500万元，包括旅游服务大厅、旅游服务中心、公共停车场等旅游服务设施。

## 行业管理

**【概况】** 2015年，柯桥区有省级旅游度假区1个，国家AAA级以上旅游景区9个，星级旅游饭店9家。组织举办4次旅游安全管理人员业务培训，开展旅游系统第三届消防运动会、“安全生产月”及全区旅游市场秩序专项整治行动等，免费向各旅游企业提供各类安全生产宣传招贴画120多套，发放旅游安全宣传资料1200多份，确保旅游市场安全有序。

**【开展旅游市场秩序专项整治行动】** 2015年，柯桥区制定《关于开展全区旅游市场秩序2015年度专项整治行动的通知》，组织开展旅游企业市场秩序监管暨安全工作。对辖区内10家旅行社的业务档案管理、超范围经营行为、租车协议、旅游合同签订是否规范、黑车违法经营等情况进行督查；对全区20个旅行社分支机构开展为期一周的专项检查，共发现隐患30余条，并要求整改。 （杨兴红）

**执行编辑 许可可**

# 金 融 业

## 综 述

2015年，柯桥区金融机构本外币存款余额1624.94亿元，比上年增加137.91亿元，比上年增长9.15%，增量增速居全市首位。其中个人存款余额764.54亿元，比上年增长10.96%，当年新增76.25亿元；非银金融机构存款余额58.05亿元，比上年增长24.87%，当年新增11.56亿元。期末银行业金融机构本外币贷款余额1242.06亿元，比上年下降2.32%。表外等其他贷款余额320.68亿元，实缴税费4.75亿元。至年底，不良贷款余额53.65亿元，当年新增10.122亿元，不良率4.315%，比年初上升0.925个百分点。全年处置不良贷款94.22亿元，比上年增长22.4%，占全市不良处置的27.12%。其中司法核销7.65亿元，资产转让70.58亿元（其中核销42.58亿元），担保企业平移2.73亿元，现金清收3.58亿元，重组4218.15万元，化解7.53亿元，抵押物拍卖8432.96万元。金融业实现增加值47.98亿元，分别占国内生产总值和服务业增加值的为4.00%和9.20%，实缴税费6.26亿元，税收贡献分别占全区财政总收入和服务业税收的3.90%和10.41%。

2015年，柯桥区保险行业实现各项保费收入13.20亿元，比上年增加1亿元。其中财险保费收入7.42亿元，比上年增加0.43亿元；寿险保费收入5.78亿元，比上年增加0.58亿元。其中12月份各项赔款支出4.66亿元。

2015年，柯桥区与浙江天堂硅谷资产管理有限公司、浙江浙商资产管理有限公司分别合作成立柯桥区产业转型升级基金、产业重组基金，重点投向省七大万亿产业项目，符合柯桥区“服务业兴区”“工业强区”两大战略的重点项目和城镇化基础设施项目，目标融资规模均达100亿元。柯桥区启动股改上市39家，其中辅导备案1家，完成股改7家。其中，“华通医药”中小板上市，“古纤道”“绿萌科技”新三板挂牌。46家企业在省股交中心挂牌。企业通过上市、公司债、中小企业私募债、定向债务融资工具、私募股权等多种方式融资，全年实现直接融资总额146.46亿元，比上年增加51.33亿元，增长53.96%。其中国投公司、中心城建投等4家平台通过非公开公司债、私募债等实现直接融资71亿元；“华通医药”“精功集团”等10家企业通过首发上市、中期票据、定向债务融资工具等实现直接融资75.46亿元，另有80亿元直接融资获得批准。

（竺鸣咚）

## 银 行

**【概况】** 2015年，柯桥区银行业存款余额1624.94亿元，比年初新增137.91亿元，比上年增长9.15%；各项贷款余额1242.06亿元，表外等其他贷款余额320.68亿元，实缴税费4.75亿元。新增杭州银行、民泰银行、宁波银行，银行总数增至22家。联合村镇银行设立钱清支行。全年各银行开展中小企业信用贷款、年审制贷款、并购贷款等37项创新业务200.95亿元，其中排污权、商标权、房地产、股权等8项创新型抵（质）押贷款60.09亿元。柯桥区政府与中信集团签署3年300亿元融资战略合作协议，开启金融与政府合作的“柯桥模式”。至年底，项目实际落地58亿元。

**【工行绍兴支行推广个人自助质押贷款】** 2015年，工行绍兴支行宣传推广个人自助质押贷款业务。至年底，个人自助质押贷款余额4224万元，全年发放贷款16949万元。

**【建行绍兴支行与区公积金中心开展深度合作】** 2015年，建行绍兴支行与绍兴市公积金管理中心柯桥分中心合作开展“扩面增存”活动，拓展全区公积金缴交面。全年新增500余人缴存公积金，列全区金融机构第二名。涉及企业81户，其中纯新缴纳企业26户。

**【建行绍兴支行完成国际结算量12.8亿美元】** 2015年，建行绍兴支行累计完成国际结算量12.8亿美元，其中外币结算量6.3亿美元，国际收支客户余额288户。

**【瑞丰银行上海业务中心正式开业】** 2015年7月7日，瑞丰银行上海业务中心正式开业。中心位于上海浦东陆家嘴恒生银行大厦12层，成为浙江省农信系统内首家入驻上海浦东陆家嘴的农商行。

**【瑞丰银行举行系列慈善爱心活动】** 2015年2月9日，瑞丰银行在柯桥蓝天大剧院举行“幸福柯桥”2015年慈善爱心活动，向全区低保家庭发放“幸福专款”261万元，向“美丽乡村”建设项目捐助360万元，设立1亿元瑞丰扶贫基金。11月30日，瑞丰银行举行“根植柯桥丰泽万家”2015年慈善爱心活动，向全区低保家庭发放206万元“爱心专款”，向“美丽乡村”建设项目捐助360万元。

**【瑞丰银行打造绍兴首个IC卡“闪付”菜场】** 2015年9月28日，瑞丰银行IC卡“闪付”支付项目入驻柯桥区裕民农副产品综合市场，居民不用输入密码、签名、“插卡”，只需在POS机前挥一下卡就可以实现便捷支付。这是绍兴市首个IC卡“闪付”菜场。

**【瑞丰银行着力打通农村社区金融服务】** 2015年，瑞丰银行全面升级325个乡村金融服务点功能，新增100台助农终端，累计布放助农POS机408台，助农终端257台。至年底，共发生小额存取款业务近80万笔。20家乡村金融服务点创建成示范型服务点，推行“金融+电商”服务模式，为农村居民办理小额存取款、代缴费等银行服务和网上代购、代销等多种服务。

**【瑞丰银行推出首家互联网金融O2O平台】** 2015年8月，瑞丰银行推出绍兴地区首家互联网金融O2O平台——“丰收家”。至年底，该平台入驻商户147家，上架商品244个，订单4120笔，订单总金额超5万元。

**【绍兴银行第一家社区银行开业】** 2015年10月9日，绍兴银行第一家社区银行——裕民社区支行在柯桥区兴越路正式开业。

**【绍兴银行轻纺城支行中小企业股权质押7000余万元】** 2015年，绍兴银行轻纺城支行推出股权质押、排污权抵押等各种信贷模式。至年底，股权质押余额7000万元，排污权抵押3880万元，小微企业流动资金贷款年审制37855万余元。

**【杭州银行绍兴科技支行成立】** 2015年4月24日，杭州银行绍兴科技支行在柯桥区开业，成为绍兴市首家科技文化创业专业金融机构。至年底，存款余额10.58亿元，贷款余额19.59亿元。与200多家科技文创类企业建立联系，与13户科技型企业及3户文创类企业展开合作，科技金融授信余额3.9亿元。

**【华夏银行绍兴柯桥支行启动全市第一个跨境电子商务项目】** 2015年3月12日，华夏银行绍兴柯桥支行在上级行及第三方支付公司配合下，与浙江瓦栏文化创意有限公司达成合作意向，启动绍兴市第

2015年10月9日，绍兴银行第一家社区银行——裕民社区支行开业

（绍兴银行 供稿）

一个跨境电子商务项目。9月6日，华夏银行绍兴钱清支行开立首笔国内信用证。

**【义乌农商银行绍兴柯桥支行小微企业贷款比上年增长126.45%】** 2015年，义乌农商银行绍兴柯桥支行支持小微企业。至年底，各项贷款余额7.02亿元，其中小微企业贷款余额6.25亿元，占各项贷款余额的89.03%，比年初增加3.49亿元，比上年增长126.45%。

**【浦发银行绍兴柯桥支行率先推出银行理财份额转让服务】** 2015年1月，浦发银行率先在市场上推出银行理财份额转让服务，为客户提供持有期内的理财产品转让服务。

**【上海银行绍兴分行推出"慧通理财"品牌】** 2015年，上海银行绍兴分行推出"慧通理财"品牌。至年底，在上海银行绍兴分行的个人结算账户5480户中，"慧通卡"客户占2680户，其中300万元以上财富级客户140户，800万元以上私行客户41户；零售客户综合资产24.88亿元。全年理财产品销售突破500亿元。

**【宁波银行绍兴柯桥小微企业专营支行开业】** 2015年12月24日，宁波银行绍兴分行下属第一家支行——绍兴柯桥小微企业专营支行开业。该支行位于绍兴市柯桥区群贤路1469号，西邻柯桥区行政中心、笛扬路商业圈和蓝天商业圈。

**【泰隆银行绍兴分行开办国际业务】** 2015年11月18日，泰隆银行绍兴分行获准开办国际业务，经营范围包括开销户业务、结售汇业务、单证业务、贸易融资业务。至年底，开户15户，结汇10.895万美元。

**【浙商银行绍兴分行4.9亿元注资产业基金】** 2015年11月，浙商银行绍兴分行出资4.9亿元，与浙江省绍兴市柯桥区产业转型升级基金、浙江天堂硅谷资产管理集团、精功集团共同设立碳纤维基金，总规模9亿元。 （竺鸣咚）

## 保　险

**【概况】** 2015年，柯桥区保险行业各项保费收入13.20亿元，比上年增加1亿元。其中财险保费收入7.42亿元，比上年增加0.43亿元；寿险保费收入5.78亿元，比上年增加0.58亿元。各类赔付支出4.66亿元，实缴税费5980.93万元，比上年增加653.43万元，增长12.26%。

**【人保财险柯桥支公司实缴地税和保费规模均居第一】** 2015年，人保财险实现保费收入32010.6万元，比上年增长12.68%，居柯桥区第一位。实缴地税税费2953万元，位居柯桥区保险系统第一位，金融系统第二位，获评2015年度柯桥区现代服务业十强企业。

**【人保财险柯桥支公司向"灿鸿"受灾农户理赔71万余元】** 2015年7月超强台风"灿鸿"过境，导致人保财险柯桥支公司70户保户受损，人保财险及时支付63万余元水稻赔款及8万余元其他农险赔款。

**【人保财险柯桥支公司支付史上最大一笔企财险赔款】** 2015年，人保财险柯桥支公司一企财险客户因仓库起火遭受重大损失，人保财险柯桥支公司向该企业支付企财险赔款3681万元。这是绍兴市历史上最大一笔企财险保险赔款。 （竺鸣咚）

## 证　券

**【概况】** 2015年，柯桥区拥有财通证券柯桥营业部、财通证券钱清营业部、中信证券兴越路营业部、国元证券金柯桥大道营业部、浙商证券金柯桥大道营业部、信达证券柯桥山阴路营业部、银河证券金柯桥大道营业部、山西阳光证券等8家证券营业部。年初，随着证券市场行情的迅猛发展，促进了全区证券营业部开户数和交易量大增。至年末累计开户数为116828户，比年初增加46989户，比上年增长67.28%，当年证券机构交易额9751.78亿元，比上年增加6962.28亿元，增长249.59%。6月8日，财通证券钱清营业部整体搬迁新址。12月，山西证券绍兴笛扬路营业部"向日葵"股票质押类融资4500万元。

**【财通证券A股交易量2677.98亿元】** 2015年，财通证券柯桥营业部完成A股交易量2677.98亿元，销售各类金融理财产品10亿元。实现税前利润约1亿元，实缴地方税收1650.56万元（其中营业税723.47万元缴杭州），个人限售股减持缴税1230.6万元，个人所得税313.48万元。新增客户8554户，新增证券资产约20亿元。

**【国元证券推进IPO、新三板业务】** 2015年，国元证券金柯桥大道营业部推进IPO（首次公开募股）、新三板业务，与捷众汽车部件有限公司、绍兴光辉制版有限公司分别签订IPO、新三板业务协议。至年底，国元证券金柯桥大道营业部的客户资产总值25.45亿元（含信用负债资产），净资产增长120%。

（竺鸣咚）

## 企业上市

**【概况】** 2015年，柯桥区制订《加快企业股改上市三年计划》（2015—2017），编印《企业股改上市政策意见汇编》，召开全区股改上市工作座谈会。全区累计实现企业上市17家，其中挂牌上市公司14家，募集资金超过110亿元。完成股改7家，正在股改14家，完成尽调10家。全年有46家企业在省股权交易中心挂牌。

**【完成IPO、新三板企业4家】** 2015年，柯桥区完成IPO、新三板企业共4家，其中新三板2家，实现零的突破。5月27日，华通医药（002758）在深圳证券交易所挂牌上市，募资2.53亿元。7月3日，优创科技通过创业板发审会。11月30日，浙江古纤道股份有限公司获全国中小企业股份转让系统挂牌同意函。12月31日，绿萌科技获挂牌同意函。

（竺鸣咚）

## 小额贷款

**【概况】** 2015年，柯桥区有小额贷款公司10家，累计注册资本24.56亿元。全年累计发放贷款2792笔计64.52亿元，贷款余额25.02亿元。

2015年，柯桥区出台《关于进一步加强小额贷款公司规范管理的意见》，重申规则规范，鼓励业务创新。开发建立柯桥区小贷征信系统，实现小贷公司间信贷业务查询。新增耀光金融服务公司、荣生金融服务公司和越商金融服务公司3家民间融资信息服务企业试点单位，累计有民间融资管理创新试点单位9家。金融服务公司中小企业转贷业务全年发放1541笔，金额137.76亿元。民间融资管理服务中心全年出借登记236笔，金额2.13亿元，对接成功568笔，金额6.33亿元。（竺鸣咚）

**【柯桥区首家融资租赁外资企业成立】** 2015年5月，浙江华联集团有限公司与香港虹亿国际有限公司共同投资1000万美元的浙江越商融资租赁有限公司获省商务厅批准，成为柯桥区首家融资租赁外资企业。企业合同外资300万美元，主要从事融资租赁业务、向国内外购买租赁财产和租赁交易咨询。

（益 群）

**执行编辑 许可可**

# 国土资源管理

## 综　述

2015年，柯桥区围绕“时尚柯桥、印象柯桥、幸福柯桥”建设的目标，推进“812”土地整治，创新耕地保护措施，完善耕地保护补偿机制，落实耕地保护管理。用地空间瓶颈得以破解，用地指标争获成效显著，用地消化盘活展开，用地出让有序划拨。解决征地难题，保障住房用地，解决融资需求，提高服务效率。行政服务中心国土窗口实现商品房土地登记发证即办化。受理各类办件19785件，办结19785件，期内办结率100%；承诺件提前办结率99.99%，平均办理天数0.5663天，时间提前率92.78%。

（钱定虎）

2015年6月25日，绍兴市国土资源局柯桥区分局工作人员上街开展“土地日”宣传咨询活动

（王晓野　摄）

## 土地资源管理

**【概况】** 2015年，柯桥区继续落实耕地保护“党委领导责任、政府主体责任、部门监管责任、基层直接责任、社会监督责任”等责任体系。土地开发新增耕地1149.31亩，建成高标准基本农田19755亩，农村土地综合整治项目立项252.39亩，验收111.3亩，落实“占优补优”“占水田补水田”新政，验收旱改水项目1560.48亩，新旱改水立项1511.62亩，剥离表土324.18亩，表土覆盖再利用320.33亩。盘活存量土地2328.36亩，消化批而未供土地1779.35亩；完成再开发土地1666.53亩。获得用地指标6259.6亩。按照“困难户申请、村委会审核、镇街审批、国土备案”流程，农村住房解困用地227.85亩，农民住房解困用地报备386户。工业用地公开出让323.18亩、经营性用地公开出让1281.89亩，划拨用地2477.20亩。办理企业土地使用权抵押1989宗，面积36857.14亩，抵押金额639.9亿元。完成不动产统一登记职责及机构编制整合工作。

**【新增耕地1149亩】** 2015年，柯桥区推进“812”土地整治，验收垦造耕地项目34个，新增耕地1149.31亩。

**【“旱改水”土地面积1512亩】** 2015年，柯桥区落实“占优补优”“占水田补水田”政策，新增旱改水土地面积1560.48亩，旱改水立项土地面积1511.62亩。

**【表土覆盖再利用土地320亩】** 2015年，柯桥区实施表土剥离再利用技术，实际剥离表土324.18亩，表土覆盖再利用320.33亩。

**【调整土地利用规划】** 2015年，《柯桥区土地利用总体规划（2006—2020年）2014年调整完善》方案，经相关专家论证，率先在全省通过县（区）级规划审批，破解柯桥区用地空间瓶颈。

**【盘活存量闲置土地2328亩】** 2015年，柯桥区根据存量土地成因不同，按照先易后难、先晚后早、先大后小的顺序，通过限期建设、项目对接、有偿收回、优化考核等途径，挖掘闲置存量土地利用潜力，盘活存量闲置土地2328.36亩。

**【消化转而未供土地1779亩】** 2015年，柯桥区通过清家底、定目标、明职责、强督查、优考核等措施，实行年度供地率与新增建设用地指标分配挂钩，消化转而未供土地1779.35亩。

**【建设用地指标6259亩】** 2015年，柯桥区获得浙江省年度用地计划指标1534亩，获钱滨线建设项目专项用地指标2459.6亩，省重大产业项目奖励用地指标284亩，省工业投资和“机器换人”技术改造考核用地指标105亩，调整追加年底用地计划指标720亩，浙能电厂二期用地指标243.5亩，树人大学用地指标410亩，农村住房解困用地专项指标300亩，绍兴市调整并追加用地计划指标203亩。

**【出证工业用地经营性用地1605亩】** 2015年，柯桥区为发展柯桥区域经济完成工业用地公开出让323.18亩、经营性用地公开出让1281.89亩。

**【土地抵押融资640亿元】** 2015年，柯桥区服务企业，办理土地使用权（房产）抵押1989宗，面积36857.14亩，抵押金额达639.9亿元；为企业、银行提供抵押、查封信息查询6500余次，办理注销抵押1924宗。

**【审批临时用地21亩】** 2015年，柯桥区为企业和建设单位临时用地的需要，办理临时用地项目21个，批准临时用地20.56亩。

**【土地征收报批3850亩】** 2015年，柯桥区按照提速增效、强化监管的思路，配合全区企业投资项目

2015年3月2日，柯桥区人大调研土地规划　　（王晓野　摄）

2015年5月11日，绍兴市国土资源局柯桥区分局召开土地资源开发提升评审会　　（王晓野　摄）

高效审批试点工作，农转用审批时间由15日缩短到12日，完成土地征收报批24个批次，364个项目，面积3850亩。

**【商品房土地登记发证实现“即办化”】** 2015年，柯桥区国土服务窗口推进大提速活动，实现商品房土地登记发证“即办化”（即在当天下午2：30之前收件的当天办结，下午2：30之后收件的第二天下午2：30之前办结）。全年受理各类办件19785件，办结19785件，期内办结率100%；承诺件提前办结率99.99%；平均办理天数0.5663天，时间提前率92.78%。

**【审批农村住房困难户宅基地386户】** 2015年，柯桥区按符合一户一宅、户型标准、村庄规划这3个条件，就农村住房解困用地急需先行，应保尽保，破解农村住房困难户的用地指标瓶颈，推进省农村住房解困用地授权审批试点工作，通过“困难户申请、村委会审核、镇街审批、国土备案”流程审批农村住房困难户宅基地386户，解决农村住房困难户使用土地227.5亩。

**【完成农村集体土地登记发证18万宗】** 2015年，柯桥区集中力量、创设条件，推动农村集体土地确权登记发证工作。全年开展业务培训辅导10次，完成全区行政村现状图测绘，对18.14万宗农村集体土地予以确权登记发证。

**【开展土地执法巡查1400余次】** 2015年，柯桥区继续“国土巡查、镇街拆除、部门配合、通报考核”的国土资源管理长效机制，各所辖区每周两次以上巡查，全年巡查1400余次。查处违法用地81起，涉及非法开采7起。全年立案查处各类国土资源违法案件222起，查处面积34.13万平方米，责令拆除非法建（构）筑物18.24万平方米，没收非法占用15.95万平方米建筑物，处罚款826.29万元，依法申请人民法院强制执行132件。

**【依法征收土地5932亩】** 2015年，柯桥区配合杭绍台和钱滨线的建设，开展土地征收工作，完成土地征收5931.9亩。办理被征地农民“即征即保”审核7194人，对事实失土农民调查确认537人。

**【国土信访件比上年下降30.8%】** 2015年，柯桥区探索协同调处机制，结合“三改一拆”“五水共治”等重点工作，解决群众呼声较为强烈的信访问题。全年受理群众信访件204件，市长（区长）热线562件，分别比上年下降30.8%、16.9%。

**【卫片执法拆除违法用地234亩】** 2015年，柯桥区利用年度土地变更调查与卫片执法检查联动机制，提前做好土地卫片执法整改工作。拆除复垦违法用地150宗，234.41亩，其中耕地165.34亩。全区违法用地总量120亩，其中耕地48亩。

**【完成审计署土地审计】** 2015年，柯桥区针对国家审计部门对柯桥区土地出让收支和耕地保护审计发现的涉土方面的问题，按照“实质性整改一批、制度性整改一批、承诺性整改一批”等“三个一批”的思路，整改率100%、依法依规应当查处问责率100%。

（钱定虎）

## 地质环境保护

**【概况】** 2015年，柯桥区开展矿山生态环境综合治理，齐贤金白山废弃矿山治理基本完成排除清坡，马鞍镇驼峰山南侧乌猪山边坡完成排险清坡、厚层基材喷播绿化等工程，对68个采掘场及废弃矿山进行实地整理。推进工程建设项目地质资料汇交管理试点工作。开展地质遗迹保护工作，完成辖区内4个省级重要地质遗迹点开展标识牌埋设、保护范围划定及落实保护工作。处置柯岩风景区镜水飞瀑景点突发崩塌引起的地质灾害。启动梅汛暴雨地质灾害防御应急响应机制，分队派人赴基层巡查指导，安排资金300余万元，对37个隐患点开展应急排险及治理。加强高温强降雨天气地质灾害排查，核定地质灾害隐患点28处，落实专项资金进行治理。

**【全年未发生地质灾害事故】** 2015年，柯桥区落实地质灾害防治经费1219万元，对18个地质灾害隐患点工程治理项目、4个地质灾害隐患点应急预算项目进行治理。加强地质灾害防治，发送预警信息2500余条，推行防灾单元化管理，举办地质灾害防灾知识培训会。开展“小手拉大手”地质灾害宣传，向易发区小学发放地质灾害防治科普知识手册、图片等资料，开展地质灾害防治普及观摩课，对全区域内村（居委会）书记、主任进行地质灾害防治知识培训。未发生任何地质灾害事故。

（钱定虎）

## 矿产资源管理

【概况】 2015年，柯桥区开展矿产资源开采日常监管督察。区国土应急指挥中心在平水、兰亭、稽东等镇矿山必经路口安装摄像头对非法开采实时监控，定期或不定期地进行日常巡查。依法处置7起非法开采行为，处罚4起，罚款34.43万元。在非法开采点设置了警示牌、挡墙。规范矿产资源的开发利用秩序，依法注销到期采矿权两宗，依法征收矿产资源补偿费100余万元，建立采矿权人信用信息管理制度，对辖区内7家持证矿山进行实地检查。

（钱定虎）

**执行编辑　徐建良**

# 环境保护

## 综　述

2015年，柯桥区环境保护工作以改善城乡环境质量为目标，加大环境执法力度，提高环保责任担当，建设民主环保、民生环保、科技环保和法治环保，有效维护区域环境安全。2015年柯桥区空气质量优良率72.6%，比上年提升4.2%，$PM_{2.5}$均值为0.057毫克/立方米，比上年下降10.9%。主要江河水质状况良好，全区各镇（街道、开发区）34个考核断面高锰酸盐指数、氨氮、总磷三项指标分别比上年上升6.9%、下降9.6%、下降5.5%，Ⅰ～Ⅲ类水质的断面由15个增至18个，Ⅴ～劣Ⅴ类水质的断面由14个减至8个，断面达标率增长8.8%。生态环境质量公众满意度比上年增长18.3%。

2015年，柯桥区环境保护工作在全市各县（市、区）考核中位列第二。世界互联网大会环境质量保障工作，得到省市肯定，被评为先进单位。环境监管工作受到环保部副部长翟青、副省长熊建平的肯定。浙东古运河（柯桥区段）被评为第二批绍兴市最美河道（段）。（沈　力）

## 环境监察与稽查

**【概况】** 2015年，柯桥区加强环保严管严控，围绕"水、气、泥"，开展环境污染综合整治，维护区域环境安全。全年移交刑事案件25起，15名当事人被行政拘留，10名当事人依法刑事追责。关停12家非法印染产能，对新风热电开出迄今浙江省按日计罚金额最大的133万元罚单。全年停产整治印染企业69家次，比上年增长27.6%，立案查处企业376家，比上年增长43.2%，行政处罚企业359家，比上年增长25.5%，处罚金额约2008.1万元，比上年增长81.8%，违法企业查处数、处罚金额总数、个案处罚额度位列全市第一。

**【创新环保执法监管机制】** 2015年，柯桥区新建立环境行政违法线索移送制度，环保干部全员参与，寻找环境违法线索。配置暗管探测仪，随时探测企业有否设置地下暗管，围绕"假日、夜间、雨天"3个重要时间节点，调整工作时间，开展零点突击执法和临时性随机检查。

**【构建废气在线监控平台】** 2015年，柯桥区203家印染企业1908台定型机废气处理设施全部安装在线监控系统，填补全省空白。出台《关于进一步加强定型机废气治理设施运行管理的通知》，建立"凡定型机工作必须开启废气处理设施"制度，增强企业环保自觉，14家企业因定型机静电二级未开被记扣分。

**【排查违法违规建设项目491个】** 2015年，柯桥区根据《绍兴市柯桥区人民政府办公室关于印发〈柯桥区全面清理违法违规建设项目环保专项行动实施方案〉的通知》要求，开展违法违规建设项目清理整治工作，全区共完成排查"未批先建"项目491个，排查完成率100%，完成排查"未验先投"项目3118个，排查完成率90.4%。

**【关停小微排污企业173家】** 2015年，柯桥区开展小微排污企业整治成果巩固"回头看"行动，通过日常执法检查、信访调处、媒体曝光等途径新发现小微排污企业185家，关停不符合要求企业173家。至年末累计关停小微排污企业1364家。

**【受理环境信访投诉1805件】** 2015年，柯桥区出台《关于规范"12369"环保热线接处机制的通知》《绍兴市柯桥区环境监察信访案件查办内部质量管理制度》等文件，加强信访调处的质量把控和反馈

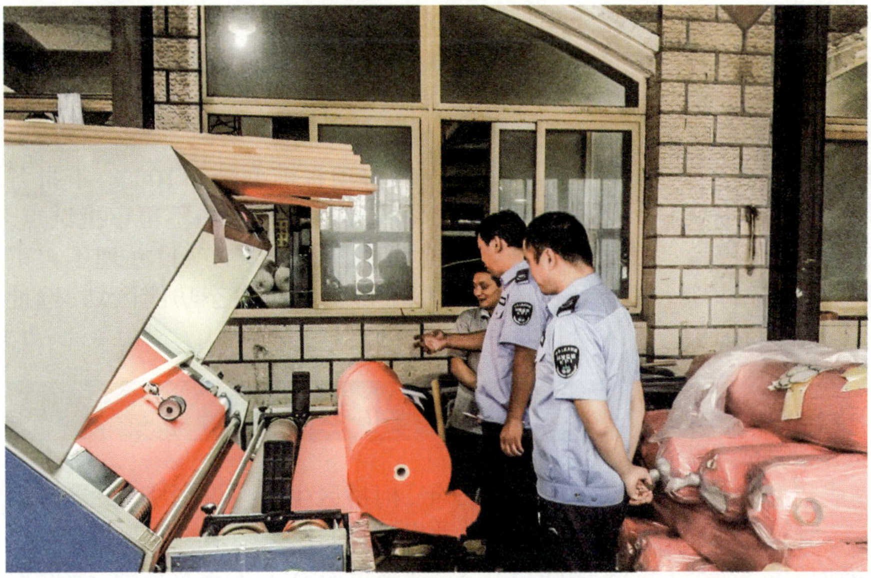

2015年9月25日，柯桥区环保局工作人员对小微排污企业开展环境执法检查（沈力 摄）

纠错，发现违法线索及时移交执法单位查处。全年受理信访投诉1805件，调处率100%，满意率98%。

（沈 力）

## 环境监测及管理

**【概况】** 2015年，柯桥区环境监测做好考核断面水质监测、AQI日报发布与预警、重点污染源监督监测和在线比对工作、开展区域环境质量监测及分析评价，强化突发性事件的快速响应能力和应急监测能力。全年提交各类监测、检测报告2122份，其中“三同时”（《中华人民共和国环境保护法》第26条规定：建设项目中防治污染的设施，必须与主体工程同时设计、同时施工、同时投产使用。）验收监测报告107份，常规政府性指令性监测报告109份，重点污染源监督性监测报告100份，执法监测682份批次，完成突发性污染应急监测任务2起，参加区级应急演练1次。9月24日，应急监测乔波滑雪场区突发污染事件。10月16日，应急监测彩虹庄印染厂突发火灾。全年获得手工监测数据72567个。加强省、市监测中心及周边区、市的联动，完成柯桥区境内10个交界断面监测工作，考核良好，出境水质显著好于入境水质。2015年，完成2次应急监测任务和1次应急演练。9月底，参与环境污染事故应急预案演练。

**【引入第三方水质检测机构】** 2015年，柯桥区委托有资质的第三方水质检测机构，对全区1380个监测点每双月一测，对IV类以下水质断面每月一测，为区委区政府及当地镇委领导做好参谋分析。

**【区域大气质量明显转好】** 2015年，柯桥区空气质量优良率72.6%，比上年提升4.2%；PM2.5均值0.057毫克/立方米，比上年下降10.9%；二氧化硫均值为0.024毫克/立方米，比上年下降36.8%；氮氧化物均值0.039毫克/立方米，比上年下降9.3%；PM10均值0.078毫克/立方米，比上年下降2.5%；一氧化碳均值0.9，比上年下降25%；臭氧均值0.079，比上年下降10.9%，城区大气环境质量明显好转。

**【区域河道断面达标率上升8.8%】** 2015年，柯桥区各镇（街道、开发区）34个考核断面高锰酸盐指数、氨氮、总磷三项指标分别比上年上升6.9%、下降9.6%、下降5.5%，Ⅰ～Ⅲ类水质的断面由15个增至18个，Ⅴ～劣Ⅴ类水质的断面由14个减至8个，断面达标率上升8.8%，水质有所提升。鉴湖主体及上游13个监测断面高锰酸盐指数、氨氮、总磷三项指标比上年分别下降16.4%、41.1%、3.2%；市控及以上断面水质达标率比上年提高11.8%，V类以下水质断面减少2个；全省交接断面考核优秀。

（沈 力）

## 污染防治管理

**【概况】** 2015年，柯桥区开展工程减排、结构减排、监管减排三大类41个减排项目，完成2个国家减排责任书项目建设，严控全社会煤炭消耗总量和印染布总量，整治提升印染行业，淘汰“黄标车”，控制新机动车排气污染。重点抓印染行业治污减排，控制全社会煤炭消耗及印染布产能，将“五气合治”（控烟气、降废气、减尾气、消浊气、除臭气）

作为减排工作重点。全区所有热电企业完成全部机组脱硫脱硝改造。完成10家万头以下养猪场深度治理。四项主要污染物（化学需氧量、氨氮、二氧化硫、氮氧化物）全部完成市政府下达的年度任务。2015年，柯桥区印染行业整治提升通过市生态办区域性验收，全区232家印染企业中，52家集聚企业整合为40家已入园，规范提升158家，关停淘汰34家，整治后，实际关停淘汰企业家数比原计划增加14家；完成印染行业整治提升专题片的拍摄工作。

**【印染定型机"煤改气"完成率120%】** 2015年，柯桥区加快印染定型机"煤改气"进度，完成"煤改气"1800台（其中原地整治企业完成定型机"煤改气"1351台，40家集聚企业完成定型机"煤改气"449台），完成率120%；淘汰燃煤锅炉304台套，计1997蒸吨。

**【停产整治印染企业33家】** 2015年，柯桥区制订《关于印发柯桥区印染、造纸行业整治提升百日攻坚行动实施方案的通知》，共对33家印染企业实施停产整治，累计224家（次）企业被予以限产和处罚。原地整治企业污水达标排放率由上年6月底的44%提升至97.4%。通过停产、限产等措施，累计削减印染企业污水排放量300余万吨。

**【治理淘汰黄标车5809辆】** 2015年，柯桥区共治理淘汰黄标车5809辆，完成率112.74%，环保窗口共受理黄标车补助3533辆，发放黄标车淘汰补助资金3670万元。累计检测车辆73653辆，发放绿色标志104400张，完成轻型柴油车加载减速法检测线建设。

**【开展排污权有偿使用和交易】** 2015年，柯桥区规范引导排污权指标从高污染行业向低污染行业进行转移。健全排污权基本账户制度，开展排污权有偿使用和交易，全年共有44家企业通过平台交易获得排污权，交易排污量5236吨，涉及金额达8207万元；针对企业发展融资需要，全年共办理排污许可证抵押186笔，抵押排污量332550吨，抵押金额达89亿元，激活排污权交易市场，提供企业发展融资保障。

**【高效审批优化环境管理】** 2015年，柯桥区执行环境影响评价和"三同时"制度，协调"三重一大"项目。各类行政许可事项提前办结率100%，审批各类环境影响评价报告378件。开展不再审批试点，协调符合条件的项目，共有63个项目办理不再审批环保备案。否决43个不符生态功能区划、选址不合理及环境敏感项目。（沈　力）

## 生态建设

**【概况】** 2015年，柯桥区生态建设围绕"突出转型升级，致力科学发展"工作主题，推进"811"生态文明建设（"8"是指全省八大水系及运河、平原河网，"11"指11个设区市,也指11个省级环境保护重点监管区）。出台《2015年度柯桥区生态市建设工作任务分解方案》和《柯桥区"811"生态文明建设行动2015年度工作计划》，分解落实工作任务和责任单位；出台《2015年度柯桥区生态建设优胜镇（街道、开发区）考评办法》，将生态文明建设列入镇（街道、开发区）岗位目标责任制考核内容。区政府与各镇（街道、开发区）签订《2015年度生态建设目标责任书》。开展平水江水库合格饮用水源

2015年6月5日，柯桥区环保部门在区行政中心举行环保宣传图片展
（沈　力　摄）

创建，于11月27日通过验收。开展系列创建活动，形成不同层面、覆盖城乡、相互衔接生态区建设规划体系，成功创建市级绿色学校3所、市级生态村12个。与区新闻媒体合作宣传，报道生态工作先进事迹，曝光破坏环境行为，生态满意度调查结果为66.62分，比上年上升18.3个百分点。

**【实施“四边三化”行动】** 2015年，柯桥区开展“两路两侧”“四边三化”（公路两侧，铁路两侧。在公路边、铁路边、河边、山边等区域开展洁化、绿化、美化行动）专项整治，制订方案，明确责任人。完成省定106个问题整改工作，完成率100%。完成市下达的铁路边整改任务，104国道、绍大线63个问题完成整改、137个区级自查问题以及提质扩面1728个问题。通过市对区考核。

**【组织生态满意度专题宣传月活动】** 2015年，柯桥区出台《关于加强生态文明建设电视、电台宣传分解方案》，利用“6·5”世界环境日、“6·30”浙江生态日，开展环保宣传。9月，开展生态满意度专题宣传月活动，悬挂宣传标语横幅，张贴生态宣传挂图，村（居）指导员走村入户进行生态宣传、发放宣传品，共计分发宣传折页和电话记录笔各10万册（支）、宣传围裙22万余条。（沈　力）

**执行编辑　徐建良**

# 水　利

## 综　述

2015年，柯桥区围绕“水质提升、防灾减灾、民生保障”工作重点，完成水利投资5.5亿元。在全省率先实现平原河道清淤淤泥固化处置全覆盖。创建全省第一批节水型社会建设示范县（市、区），水政监察规范化建设在全市考核中获优秀，在全市水政执法技能竞赛中获一等奖，代表绍兴市参加全省水行政执法技能竞赛，获团体二等奖。

## 防汛抗旱

**【概况】** 2015年，柯桥区印发《关于做好2015年防汛防台抗旱工作的意见》，落实全区防汛防台抗旱工作。区水利水电局组成6个检查组对全区各镇（街道、开发区）、有关单位汛前准备工作情况进行复查，并对农村小水电、在建水利工程、屋顶山塘水库等开展一系列检查，督促责任单位落实整改，及时消除安全隐患。5月27日，区水利水电局会同滨海开发区在钱塘江南岸口门丘标准海塘开展海涂海塘抢险应急演练。12月4日，在稽东镇水浆坞水库举行防汛防台抗旱应急预案暨水库大坝抢险应急演练。全年完成1个区级、16个镇级、327个村级的基层防汛防台体系规范化建设，实现全覆盖、无空白。开展山塘水库安全管理培训，加强水情、雨情、工情监测，有效应对第9号超强台风“灿鸿”，无人员伤亡，实现安全度汛目标。

**【3539人参加防汛抢险队伍】** 2015年，柯桥区成立防汛抢险队伍20支，区、镇、村三级共3539人参加，储备编织袋、土工布、电缆、铁锹、水泵、石料、铅丝、合金钢网兜、葫芦、移动发电机、橡皮舟、冲锋舟、救生衣、工作灯、对讲机等防汛物资。

**【建成2处区级防汛仓库】** 2015年，塘闸管理处和平水江水库管理处建成2处区级防汛仓库，补充救生衣100件、救生圈100只、电缆1000米、编织袋30000只、汽油水泵5只、铅丝1000千克及其他各类防汛抢险物资。

**【山洪灾害防治项目通过省级专项验收】** 2015年9月，柯桥区启动山洪灾害防治项目，12月通过省级专项验收。项目主要对10座小（二）型水库新建视

2015年12月4日，柯桥区在稽东镇水浆坞水库举行防汛防台抗旱抢险应急演练
（胡飞珍　摄）

频监测站，将区级山洪灾害监测预警平台延伸到乡镇，启用山塘水库信息化管理系统，提升全区防汛信息化水平。

**【投资550万元建成冢斜水文站】** 2015年11月18日，柯桥区冢斜水文站通过完工验收，12月1日移交柯桥区水文站，投入试运行。该水文站总投资550万元，主要包括新建管理房、测流缆道、自动测流系统、水雨情遥测系统及测验业务用房等设施设备。

（胡飞珍）

## 水利工程建设

**【概 况】** 2015年，柯桥区投资1.1亿元完成钱清西小江至白马山段等共25.25公里河道治理工程。完成全国中小河流治理，第一批3个项目区建设，第二批9个项目区全部开工。投资500余万元开展南运河整治二期工程，治理河道4.43千米。

**【全年清淤土方171万立方米】** 2015年，柯桥区把河湖清淤作为治污水的关键一环，全年清淤土方171万立方米。其中重要河道清淤约88万立方米，面上镇、村河道清淤约83万立方米。8月，在钱清、福全成立两处淤泥固化处理中心，提升河道淤泥固化处置能力。

**【小舜江南北溪治理四期工程完工】** 2015年，小舜江南北溪治理三期工程（稽东段）于6月开工，计划治理长度1.65千米，到年底完成90%工程量。四期工程（王坛段）于2015年5月开工，到12月完工，完成河道治理长度1.141千米。

**【投资1500万元完成平水若耶溪治理一期工程】** 2015年，平水若耶溪治理一期工程完成河道治理长度2.46公里，总投资1500万元。平水若耶溪成为集防洪、休闲、生态等多功能于一体的景观溪流。

**【整治山塘水库47座】** 2015年，柯桥区完成青铜湾、岭下、舒村3座水库除险加固任务，完成30座山塘整治及11座小型水库观测设施建设，妙渚、烂船湾、学寨3座水库尚在建设中。

**【完成山区农民饮用水工程10个】** 2015年，柯桥区实施10个村的农民饮用水工程，涉及稽东镇、王坛镇、平水镇，新建水池23个，打深井20口，改造村内管网40500米，总投资657.79万元，改善6800人饮用水条件。

**【马臻纪念馆建成】** 2015年10月，柯桥区在海山村建成马臻纪念馆。该馆仿古代园林式建筑，占

2015年8月，福全淤泥固化处理中心建成投用 （胡飞珍 摄）

2015年10月，马臻纪念馆建成 （胡飞珍 摄）

地7497平方米，建筑面积1500多平方米，总投资1900万元。（胡飞珍）

## 水资源管理

**【概况】** 2015年，柯桥区从取水许可、年度审验、计量取水、规费征收规范企业取水用水行为，将286家年取水10万立方米以上自备取水户纳入计划用水管理。向马鞍镇湖安村民委员会核发全市首张农业灌溉用水取水许可证。开展水法规宣传教育，推进供水管网改造、灌区配套工程、污水深度处理工程等节水重点示范工程，推广节水器具，实施节水技改，开展节水载体建设，完成节水型社会建设，各项目标任务，通过省级终期验收，成为全省第一批节水型社会建设县（市、区）。

2015年，柯桥区强化水土流失预防监督，批复开发建设项目水土保持方案90件，开展水土保持现场监督检查11次，开展生产建设项目水土保持验收5次，发出《生产建设项目水土保持督查整改通知书》2份、水土保持补偿费缴纳通知单2份。

**【开展内容丰富的水法律法规宣传】** 2015年，柯桥区以“世界水日”“中国水周”“法制宣传日”为契机，走进山区、走进街市、走进校园、走进乡镇，开展宣传活动，借助新闻媒体的力量，利用“印象柯水”微信公众号、浙江农民信箱等平台，呼吁全社会节约水资源，保护水环境，增强水忧患意识。

**【配合浙东引水3.12亿立方米】** 2015年，柯桥区继续配合浙东引水工程做好水资源调配，开展新三江闸、马山闸闸门的启闭调度、平原河网的水位监测等工作，全区年引水总量为3.12亿立方米。

**【完成水资源管理信息系统一期升级工程】** 2015年，柯桥区投资87万元，完成水资源管理信息系统一期升级工程，将年取水量5万立方米以上企业取水全部纳入省取水实时监控系统，为全区水资源监管、水资源费征收工作提供信息支撑和科技管理手段。

**【查处水事违法案件32件】** 2015年，柯桥区查处水事违法案件32件。其中作出水行政处罚（处理）决定11件，申请法院强制执行15件。清除河道设障面积2692平方米。

2015年3月22日，柯桥区开展第23个世界水日宣传活动（王强 摄）

**【取水许可证审验率100%】** 2015年3月16日，柯桥区启动为期一个月的取水许可证年度审验工作，对全区304家取水企业的取水许可证进行审验。其中，通过审核259家，注销20家，缓检25家，审验率100%。

**【办结水行政许可项目356件】** 2015年，柯桥区办理各类水行政许可事项及服务性事项356件，其中取水许可148件。全年承诺件准确率、办结率、提前办结率均为100%。（胡飞珍）

执行编辑 徐建良

# 经济管理

## 发展改革管理

**【概况】** 2015年，柯桥区发展和改革部门争取中央及省级资金1.3亿元、土地指标3237.54亩，有效投资考核、服务业考核、浙商回归考核等均居全市第一。印染产业集聚升级工程加快推进，战略性新兴产业产值比重达到27%，时尚创意产业蓬勃兴起。至年底，柯桥区累计引进高校技术转移中心8家、高层次人才36人，实施省级以上科技项目464项。全面推进资源要素市场化配置改革，公布印染企业效益评价排序。萧甬铁路高架建成通车，杭绍线城际轨道交通项目实质性启动，柯桥历史文化街区改造等项目扎实推进。制定出台《关于深化强镇扩权改革的意见》，建立适应中心镇发展需求的“小政府、大服务”行政管理体制和运行机制。省市级小城市培育试点成效明显，城乡统筹发展水平居全省首位，城市化率达到70%。完成政策性农村住房保险工作，全区16个镇（街道）、开发区共计投保户数158331户，比2014年增加1414户。

**【编制“十三五”规划纲要】** 2015年7月，柯桥区“十三五”规划纲要（以下简称“《纲要》”）正式启动编制。通过组织召开部门座谈会、专家咨询会、思路交流会、《纲要》评审会等一系列会议，开展“十三五”公众建言活动，多渠道、全过程吸纳社会各界的意见建议。《纲要》结合柯桥区打造“三个柯桥”的总体要求，采用篇章结构，支撑“三个柯桥”建设的各领域重点工作分类分层组织起来，形成了统分结合、层次分明、支撑有力的“三个柯桥”建设框架。《纲要》共分为五篇十八章。

**【完成固定资产投资663.14亿元】** 2015年，柯桥区完成固定资产投资663.14亿元，增长14.9%。其中工业投资326.54亿元，增长11.9%；服务业投资335.99亿元，增长18.3%。在“十二五”规划期间，柯桥区累计完成固定资产投资2519亿元，年均增长16.3%。推进重大项目开工，当年开工50亿元以上项目两个。政府性投资项目完成当年投资130.5亿元，增长10.6%，已开工建设项目228个，开工率75.2%。全区“三个一批”项目累计完成投资566.5亿元，当年累计完成投资165.8亿元，完成当年计划投资比率的90.1%。14个项目列入省411重大项目，完成当年投资115.4亿元，完成计划的121.3%。9个项目列入省重大海洋经济项目，完成当年投资12.3亿元，完成计划的207.7%。10个项目列入市“双百双千”重大基础设施项目，完成当年投资77.4亿元，完成计划的157.3%。

**【培育创建12个特色小镇】** 2015年，柯桥区的湖塘黄酒小镇列入省级联创对象，柯岩酷玩小镇列入省级第二批特色小镇创建名单，兰亭书法小镇列入省级培育名单。马鞍蓝印时尚小镇等9个特色小镇列入市级培育创建名单，列入省（市）级特色小镇名单数量居全市首位。完善规划编制，建立项目进展情况定期报送制度。起草出台《柯桥区人民政府关于加快培育建设特色小镇的实施意见》。

**【新增省重点建设项目13个】** 2015年，柯桥区新增省重点建设项目13个，省重大产业项目2个。绍兴县柯岩建设投资有限公司8亿元企业债券获批发行。柯桥区华舍街道华墟居委会、湖门村、沙地王村棚户区改造工程，滨海第二水厂一期工程，绍兴精工绿筑集成建筑系统工业有限公司绿色集成建筑科技产业园（一期）等3个项目列入2015年专项建设基金。

**【实现服务业增加值521.64亿元】** 2015年，柯桥区实现服务业增加值521.64亿元，比上年增长10.5%；服务业增加值占生产总值的比重达到43.5%，比上年提高1.8个百分点。成功申报20个市级服务业重大项目、2个省级服务业重大项目。当年新签约引进迪卡侬运动休闲文化广场、学府新天地、普天数据中心、家装e站等14个服务业重大项目落户柯桥，总投资达129.5亿元。

**【浙商回归省外到位资金60.79亿元】** 2015年，柯桥区上报浙商回归省外到位资金60.79亿元，其中项目回归53.47亿元，资本回归7.32亿元。通过开展"浙商之春"、举办"天南地北绍兴人"、召开异地商会座谈会等联谊活动，发放乡贤卡，在医疗、教育、酒店住宿等方面给予一定优惠。在外经商人士建立5个柯桥区异地商会。在柯桥区的深越国际大厦、闽商大厦、川商大厦等商会投资的大厦动工建设。

**【江山—柯桥山海协作产业园固定资产投资突破15亿元】** 2015年，江山—柯桥山海协作产业园区固定资产投资完成15.97亿元，其中基础设施4.65亿元、工业项目投入11.32亿元；新增开发面积1000亩。新引进项目5个，总投资额10.76亿元，分别是投资5.3亿元的"米纳丝门业"、3.1亿元的"肖恩电子"、1.1亿元的"逸含化纤"二期、1亿元的"宏振饮用水"和0.26亿元的"喜隆门门业"。新投产企业6家，分别是"娃哈哈饮品"一期、"大北农""骏驰纸制品""逸含化纤"一期、"江铸机械"和"家乐福门业"。（谢 斐）

## 国有资产管理

**【概况】** 2015年，柯桥区国有资产总额1167.6亿元，净资产461.7亿元，资产负债率60.5%，国有资产总量406.8亿元；营业收入总额43.6亿元，利润总额-1.7亿元；年末国有企业从人数6729人，其中年末职工数6674人。

2015年，柯桥区出台《关于进一步规范区直属国有企业职工薪酬管理的实施意见》，对全区国有企业实行职工工资总额预算管理，切实规范国企职工收入分配激励约束机制，健全结构合理、水平适当、管理规范的薪酬分配制度。开展19个机关部门下属46家经营实体的调查清理，46家经营实体共有员工总数1187人，资产总额11.16亿元，净资产总额5.07亿元。

**【启动210亿元直接融资项目】** 2015年5月份，柯桥区国投公司启动210亿元直接融资项目。至年底，50亿元非公开公司债资金全部到位，其中第一期30亿元年利率5.79%，融资综合成本年利率6.14%；第二期20亿元发行利率5.38%，融资综合成本年利率5.73%。

**【完成柯岩风景区股份国有收购】** 2015年，柯桥区旅游发展有限公司按照国资收购的程序要求，以1.99元/股的价格，对柯岩风景区非国有小股东按自愿原则进行同价收购。

**【新设立2家国有公司】** 2015年，柯桥区国投公司新设立2家国有公司，其中绍兴柯桥历史文化街区开发利用投资建设有限公司注册资金10000万元、绍兴市柯桥区文化发展公司注册资金3000万元；注销1家国有公司，为绍兴市柯桥区农信担保有限公司；增加1家国有公司注册资本金，为绍兴市柯桥区中国轻纺城市场开发经营有限公司增资4000万元；完成9家国有公司董监事委派和法定代表变更（柯桥历史文化街区公司、杨汛桥城镇开发公司、柯桥区文化发展公司、中国轻纺城人才市场公司、绍兴县柯岩建设投资有限公司、中国轻纺城市场开发经营有限公司、绍兴市柯桥区纺织工业设计管理服务有限公司、绍兴市柯桥区创业投资管理有限公司、绍兴市柯桥区汇泰投资有限公司）。（韩吴英）

## 工商行政管理

**【概况】** 2015年，柯桥区深化商事制度改革，全面推行"五证合一、一照一码"的登记模式，落实"先照后证"改革制度，实施浙江省企业简易注销程序，全年办理内资企业设立登记4327户、新设外商投资企业206户、个体工商户登记11569户、农民专业合作社9家。其中有限公司设立登记4231户，比上年减少9.8%。全区累计在册登记市场主体98233户，注册资本（金）1224.75亿元。其中内资企业32473户（含有限公司30788户），外商投资企业2158户（含常驻代表机构1159户）、个体工商户63283户、农民专业合作社319户。完成378户"个转企"工作，其中公司制企业361户，占比95.5%。作为全省"双对接"工作先行点，开展各类金融科技专项培训31场，各类金融对接活动23次，成功对接小微企业近656家，总贷款金额4290万元。办理动产抵押登记597件，主债权金额53.1亿元，有效缓解企业融资难问题

2015年，柯桥区细化事中事后监管，落实企业信息公示、经营异常名录、严重违法企业名单、信用约束联合惩戒机制等“严管”措施，对未按照规定要求报送年度报告的1835家企业，依法列入经营异常名录。打击侵权假冒、不正当竞争等违法行为，查处各类工商行政管理案件369起。“12315”举报投诉指挥中心受理投诉1333件，举报568件，为消费者挽回经济损失124.3万元。构建互联网消费维权自助和解体系，完善消费纠纷调处机制，“柯桥区天天315自助和解网”累计录入商家7397家，自助和解293起。

**·小资料·“五证合一、一照一码”登记模式**

为深化行政审批制度改革，提高市场准入使得化程度。政府实施新的“五证合一”办证模式，采取“一表申请、一窗受理、并联审批、一份证照”的流程：首先，办证人持工商网报系统申请审核通过后打印的《新设企业五证合一登记申请表》，携带其他纸质资料，前往大厅多证合一窗口受理；窗口核对信息、资料无误后，将信息导入工商准入系统，生成工商注册号，并在“五证合一”打证平台生成各部门号码，补录相关信息，同时，窗口专人将企业材料扫描，与《工商企业注册登记联办流转申请表》传递至质监、国税、地税、社保、统计五部门，由五部门分别完成后台信息录入；统一核发加载注册号、组织机构代码、税务登记证号(纳税人识别号)、社会保险登记证号和统计登记证号的营业执照(正副本)，审批时限由原来的9个工作日缩短为3个工作日。

**【扶植市场“互联网+”升级发展】** 2015年，柯桥区助力实施“互联网+市场”“互联网+纺织”战略，促进线上线下良性互动发展。中国轻纺城市场群全年实现成交额1381.85亿元，比上年增长11.61%；网上轻纺城实现在线交易额174.73亿元，比上年增长55.01%，“线上线下”共计成交1556.58亿元。

**【受理花样登记4135件】** 2015年，柯桥区联合省版权局等10家单位开展知识产权宣传周活动，首次引入法院在市场内开庭审理花样侵权案件。全年受理花样登记4135件，调解花样侵权纠纷286件，仲裁10件；立案查处花样侵权案件2件。加强花样版权登记管理“进园区”“进企业”“进协会”活动，在轻纺城创意产业基地新设花样版权登记受理点4个，解决版权服务管理“最后一千米”。

**【创建4个省级放心农贸市场】** 2015年，柯桥区成功创建4个省级放心农贸市场，全区放心农贸市场累计达到9个。加强放心市场创建的长效管理，组织集中督查4次，委托第三方督查2次，建成并向社会开放24个农贸市场食品免费快检点。完成改造提升福全中心农贸市场、胜利农贸市场、稽东农贸市场、漓渚农贸市场，全区累计完成改造27个农贸市场，全部达到星级市场标准。

**【行政认定5件中国驰名商标】** 2015年，柯桥区通过中国驰名商标行政认定5件，认定省著名商标10件、市著名商标11件，各项指标领先全市。“浙江绍兴中国轻纺城”“绍兴中国轻纺城”“柯桥中国轻纺城”等商标注册通过初审并进行公告，使中国轻纺城享有商标专用权的保护。

**【新增小微企业886家】** 2015年，柯桥区市场监管部门走访小微企业905家，确定跟踪对接样本服务企业479家，帮助协调解决问题46起。召开全区

2015年10月27日，柯桥区组织区市场监管局中层以上80余人到绍兴市警示教育基地参观学习 （区检察院　供稿）

小微企业三年成长计划工作会议，落实“1+X”专项行动方案。开展各类金融科技专项培训31场、各类金融对接活动23次，成功对接小微企业近656家，总贷款金额4290万元。成立区民企“双对接”综合服务中心，并下设钱清、滨海2个综合服务站。全区新增七大产业小微企业886家，其中新增科技型小微企业81家。（吴宏才　钱勇峰　孙卫国）

## 质量技术监督

【概况】 2015年，柯桥区质量技术监督部门围绕“质量提升、技术提标、监督提质、队伍提神”，推进产业转型升级，服务地方经济。在市政府对县市各级政府的质量工作考核中，柯桥区获评A级。全区新增浙江省名牌11个，浙江精工钢结构集团有限公司、浙江精功科技股份有限公司（复评）获评绍兴市市长质量奖，浙江梅轮电梯股份有限公司获评绍兴市质量进步奖。推荐浙江越剑机械制造有限公司等4家企业列入绍兴市“浙江制造”品牌培育计划；推荐三力士股份有限公司等3家企业为浙江省制造业“单打冠军”；三力士的橡胶V带、索密克的汽车转向拉杆、悬架摆臂球头总成2个产品为试点产品。

2015年，柯桥区立案查处质量技术监督行政案件70起。全年抽查七大行业30种（类）447批次产品质量，批次合格率99.6%，比上年上升0.9个百分点；开展专项监督抽检工作，抽检印染布、服装、建材等15种产品769批次，合格766批次，批次合格率99.6%。

【36个成果创造经济效益500余万元】 2015年，柯桥区12家企业36个成果参加2015年绍兴市优秀QC小组活动成果发布，其中荣获一等奖成果12个、二等奖成果13个、三等奖成果11个，为全区相关企业创造直接经济效益500余万元。

【指导企业参与修订上级标准22个】 2015年，柯桥区质量技术监督部门帮助企业参与、制订、修订上级标准22个，其中国家标准11个（牵头1个）、行业标准11个（牵头3个）。申报全国首个市场党建类标准化项目（中国轻纺城“纺城有家”）；申报立项省标准化项目1个（农村生活污水收集服务标准化试点）。企业产品标准自我声明公开数量位列全市第一，共有1006家企业上报1414项标准，涵盖纺织、化工、建材等1540种产品。

【开展“低小散”块状行业燃煤锅炉专项整治】 2015年，柯桥区开展“低小散”块状行业燃煤锅炉淘汰专项整治行动。拆除燃煤锅炉248台，完成生物质锅炉改造240台，更新21台。淘汰44家印染企业10蒸吨以下燃煤锅炉119台、232家其他行业使用单位10蒸吨以下燃煤锅炉274台及20蒸吨以下燃煤锅炉3台。完成282家小微排污企业现场督查任务。（赵一冲）

## 食品药品监管

【概况】 2015年，柯桥区在全市率先开展食品安全放心镇街建设，全面推进“餐桌安全治理行动三年计划”，各镇（街道）、部门把行动纳入年度目标责任制考核，完善从田头到餐桌的全程管控体系。推进重点领域、重点问题的整治提升，保障茶叶、黄酒、饮料、酱醋、水产品、香肠和豆制品等本地产食品安全，查处保健食品虚假宣传等一批大案要案。在26个食品安全委员成员单位的基础上新增区委政法委（综治办）、区法院、区检察院等6个成员。深入推进食品安全主体责任落实试点，全面实施《柯桥区落实食品安全主体责任办法》，进一步完善食品安全信息公示制，每月发布监督抽检不合格信息。开展食品药品宣传（进社区、进家庭、进学校、进机关、进工地、进企业）六进活动，提高群众自我保护能力。在多个媒体平台开辟食品安全专栏，主动宣传食品安全政策法规。

2015年，柯桥区强化风险防控体系，建立完善食品药品安全舆情专人监测、预警提示和信息共享机制。发布舆情专报5期、食品安全黑名单2期共7家、食品监督抽检信息9期。开展“你点我检”活动，征集群众检测信息640条，检测食品160批次。推进“阳光厨房”建设，至年底全区大型及以上餐饮企业“阳光厨房”覆盖面达43%，学校食堂覆盖面达到55%。创建33家规范化家宴中心，落实农村集体聚餐长效管理。（钱永峰　杨　波）

【率先全省推广执业教育】 2015年，柯桥区市场监管部门起草出台《柯桥区实施食品安全执业教育策划方案》，组织建设执业教育室，推行“先培训、后领证”食品行业准入机制。在滨海市场监管所打造一座以参观、讲座、考核为一体的食品安全执业教育中心，布置小餐饮店、现场制售、小食杂店等具有代表性的“样板屋”和视频教育课堂，对食品从业人员无偿开展执业培训，解决“行业法盲+专业文盲”现象。这项工作得到省食药监局领导肯定并在全省推广。

**【开展食品安全责任保险试点工作】** 2015年，柯桥区出台《绍兴市柯桥区食品安全责任保险试点工作实施方案》，把全区百家食品安全主体责任试点、学校食堂、农村集体聚餐、社区养老机构、建筑工地食堂等高风险集体聚餐环节纳入首批试点范围。全区公立学校食堂、校内品牌超市、学校大宗食品配送单位完成投保工作，涉及学生13万人。

**【提升食品小作坊规范工作】** 2015年5月，柯桥区市场监管部门对湖塘豆制品园区24家小作坊进行第三次升级改造。重点规范提升园区环境条件、生产设施和现场管理，保障食品安全。完善“安昌腊肠”分类监管模式，对绍兴市非物质文化遗产“安昌腊肠”50家肉制品小作坊进行分类排查建档，定期开展日常监督检查和质量抽检。

**【发放食品生产许可证26张】** 2015年，柯桥区市场监管局承担从市局下放的食品生产许可审批职能。实施食品生产许可技术审评机构建设，完善许可工作制度和工作规范，严格技术评审要求，做好发现问题的督促整改与整改确认工作，保证食品生产许可审批权限的平稳下放。全年受理食品生产企业生产许可申请26件，完成生产许可现场核查26家次，发放食品生产许可证书26张。

**【查处30万元以上罚没款大案6件】** 2015年，柯桥区围绕“品种+行业”开展食品药品各类专项整治10余次，查处食品药品违法案件301件，比上年增长150%，其中30万元以上罚没款案件6件；移送公安3件，采取刑事强制措施19人。开展“肉品、水产品百日会战”，检查经营户700余家、集贸市场21家、冷库23个，取缔肉制品黑窝点12家，立案查处191起。开展以网络售假、食品售假、制售不合格食品等为重点的三次“双打”专项整治行动，查处食品案件71件；开展保健食品虚假宣传专项整治，立案12件，罚没款51万元。

**【58家零售药品企业通过新版GSP认证】** 2015年，根据新版《药品生产质量管理规范》和《药品经营质量管理规范》的要求，柯桥区推进辖区内药品生产、经营单位的提档升级，4家药品生产企业的5个药品生产车间通过新版GMP认证，58家零售企业通过新版GSP认证。

（董根生　齐佳丽　陈炜　王樱）

## 安全生产监管

**【概况】** 2015年，柯桥区累计发生各类上报事故214起、死亡86人，分别比上年下降24.6%、7.5%。柯桥区把安全生产列入经济发展、社会管理、文明建设考核以及干部政绩考核，落实领导干部安全生产“一岗双责”责任制，坚持较大以上事故“一票否决”制和安全生产领导约谈制度。3月，区政府与18个镇（街道）、平台，以及20个区级有关部门和10个区级有关单位签订《2015年度安全生产目标管理责任书》。8月，印发《关于严格落实安全生产“党政同责、一岗双责”和加强基层安全生产工作的实施意见》。加大行政执法监察力度，出台《关于进一步加强对生产安全事故责任企业查处工作的意见（试行）》和《绍兴市柯桥区安全生产工作诫勉约谈实施办法》，整合安全生产监管力量，规范安全监管行政执法行为。

2015年，柯桥区开展安全生产“百日整治”和“打非治违”专项行动，共检查企业742家，发现隐患478处，完成整改467条；开展“三场所一企业”安全生产专项整治，检查企业5家，发现隐患17处，责令限期整改。开展职业病防治业务指导，走访128家企业，出具职业病防治业务指导意见书，共有54家企业进行职业病危害项目网上申报并备案。

2015年，柯桥区开展各种形式的安全生产宣传教育培训。宣传新《中华人民共和国安全生产法》，传授安全生产各类知识和安全技能，分发各类宣传挂图6000张、安全生产音像资料1000份等；利用广播开展专项宣传报道，携手“亚红热线”并邀请专家开展“走进危化企业，关注危化安全”系列报道。推进全员安全培训工程，全年举办各类安全培训班71期（其中危化品培训班9期），培训职工7159人，其中企业负责人及安全管理干部4728人、危化品从业人员705人、特种作业人员1726人。

**【开展“三合一”企业消防安全专项整治】** 2015年，柯桥区在柯桥、安昌、柯岩三镇（街道）开展“三合一”企业消防安全整治试点，对安昌奥顺工业

2015年8月18日，柯桥区领导带队督查企业安全生产工作及危化品安全生产综合整治“六大行动”开展情况　　（区安监局　供稿）

园区的17家企业进行试点整治工作，对柯桥街道老远东厂区进行联合整治，关停272家企业；对大娄、东华、双梅三地其他园区的142家企业进行整治，并提出整改意见和建议。

**【开展69家“煤改气”企业安全生产督查】** 2015年，柯桥区对印染行业的69家“煤改气”企业开展安全生产专项督查，发现安全隐患85处，督促企业及时安装可燃气体泄漏自动报警装置、通风排气装置，责令限期整改6家、立案查处5家，其中责令停产整改2家。

**【实施小微企业安全生产集中整治】** 2015年8月，柯桥区安监部门对柯岩街道小微企业进行集中整治试点，指导化学浆料规范使用存放，编印安全管理台账，并对炎中工业小区内因大型绣花机持续强力冲击、震动造成大梁及楼面多处裂缝的8家大型绣花机公司实施强制关停。试点之后在全区范围内展开整治，对各工业集聚区（家庭工业集聚点、标准厂房）开展“地毯式”摸排调查，出动1.5万人次，检查工业园区293个、企业6482家，完成整改企业5000余家，关停企业854家。

**【查处6起安全事故18起违法行为】** 2015年，柯桥区查处6起生产安全事故和18起违法行为，依法对24家责任单位及15名责任人员给予行政处罚，累计收缴罚款319.1万元，比上年同期增长165%。

（李建峰）

## 价格管理

**【概况】** 2015年，柯桥区物价部门加强对14大类商品170多只品种的价格监测和动态管理。配合做好“E价通”民生商品价格信息平台，改版后的新网站正式上线，平台共有近80万条民生商品价格信息和服务收费标准。根据《浙江省定价目录》调整价格管理政策，建立差别化的资源要素价格机制。全年调整非居民天然气最高销售价格3次。

**【核减不合理定价成本3915万元】** 2015年，柯桥区物价部门开展2014年度管道天然气营运、滨海工业供水和兰亭、杨汛桥工业供水定调价等共6个项目的成本监审，共核减不合理定价成本3915万元。

**【组织开展7项价费专项检查】** 2015年，柯桥区开展了放开药品价格、涉农涉企价费、商业零售促销价格行为、旅游景区门票价格政策执行情况、进出口环节收费和全区养老服务收费等7项价费专项检查。共受理价格投诉举报90件并全部办结，协调退还消费者11858元。查处价格违法案件2起，实施经济制裁105万余元。

（谢　斐）

## 财　政

**【概况】** 2015年，柯桥区完成财政总收入160.5亿元，比上年增长4.3%，剔除11项政府性基金调入一般公共预算因素后同口径增长6.5%。其中一般公共预算收入97.85亿元，比上年增长7.7%，同口径增长12.0%。完成一般公共预算支出98.53亿元，比上年增长23.9%。

2015年，柯桥区财政部门参与研究制定各项财政扶持政策，累计拨付转型升级资金4.8亿元；利用各项政策和相关信息，向上争取各类补助资金8804万元，帮扶区内企业发展。开展专项资金整合优化工作，打破部门界限，合理归并使用资金，全面修订完善建筑业发展、生态环境保护等16项专项资金管理办法。明确52个新增项目的预算绩效目标，对22个部门153个项目开展进度绩效跟踪管理，涉及财政资金18.38亿元；对17个重点项目进行财政监督检查和绩效支出评价。开展涉农资金专项整治行动，涉及项目223项，财政资金48.53亿元；对8批次52个政策项目的财政奖补资金进行抽查审核，涉及拟奖补资金2844.23万元。深化强镇扩权，加快新型城市化建设，安排1.6亿元专项资金扶持钱清小城市培育发展。深入推进“一事一议”财政奖补项目建设，全年共实施项目22个，受益农户4.52万人

**【设立全省县区级规模最大的区域合作基金】** 2015年，浙江省首批转型升级产业基金中县区级规模最大的区域合作基金落户柯桥。基金总规模40亿元，其中省转型升级产业基金出资12亿元，柯桥区政府产业基金出资28亿元，在柯桥区注册成立浙江柯桥转型升级产业基金有限公司进行管理，重点投向战略性新兴产业、高新技术产业项目，推进重点领域转型升级和开展对外投资合作，可撬动社会资本投入400亿元以上。

**【基金小镇入驻30余家私募机构】** 2015年，柯桥区出台相关实施意见，加大财政奖补力度，多方出击做好招商服务，以中国轻纺城创意园为核心区域，打造“金柯桥基金小镇”，至年底，集聚30余家金融私募机构入驻。

**【民生支出67.3亿元】** 2015年，柯桥区安排经常性民生保障支出67.3亿元，比上年增长9.7%，当年新增财力用于民生支出的比重达69.9%。加大民政经费保障，各类社会补助再次提标，城乡居民养老保险基础养老金提高到145元/月，企业退休人员基本养老金人均增加135元/月，城市和农村低保分别提升到630元/月和570元/月。做好失业人员、就业困难人员、退役士兵的就业扶持工作，全年投入8421万元用于失业保险和就业保障；落实社会福利和优抚等各项政策，做好困难群众、优抚对象、城乡老年居民春节慰问等资金落实保障工作，全年共拨付各类慰问金1.32亿元。推进浙工大之江学院、树人大学、妇女儿童医院以及老年医院等建设，累计拨付资金5.56亿元。筹措建设性财政资金1.92亿元，加大对交通治堵、公交一体化、机动车污染整治（黄标车淘汰）等的投入力度。创新社会治理，扎实推进基层社会治理信息化及平安系列创建，全年用于公共安全支出5.1亿元。

**【统筹安排生态文明建设财政资金10.2亿元】** 2015年，柯桥区财政部门健全支持生态文明建设的政策体系，统筹安排财政资金10.2亿元，做好“五水共治”“五气合治”工作的资金保障，支持美丽乡村建设和城乡环境卫生整治提升九大专项行动。

**【国库集中支付金额63.45亿元】** 2015年，柯桥区财政部门加强用款计划管理，严格执行国库集中支付制度，区本级集中支付金额63.45亿元，比上年增长21.7%。继续推进公务卡改革，落实公务卡强制结算目录制度，全区累计发放公务卡近11000张。

**【创新公共服务供给模式】** 2015年，柯桥区推进政府购买服务工作，制定政府向社会力量购买服务实施意见，出台指导目录、采购管理细则及预算管理办法，选取法律咨询、物业管理、保洁服务等98个项目开展试点，涉及资金1.77亿元。创新融资模式，探索通过PPP（公共部门—私人企业—合作）、BT（建设—移交）、BOT（建造—运营—移交）等投融资模式参与重大政府投资项目建设，其中“杭州—绍兴城际铁路”项目被纳入全省第二批PPP项目库。

**【实施政府债券置换存量债务43.1亿元】** 2015年，柯桥区财政部门按照疏堵结合、“开前门、堵后门、筑围墙”的改革思路，加快建立规范的地方政府举债融资机制，强化政府投融资平台的财务监管和风险预警，争取并实施政府债券置换存量债务43.1亿元，有效化解到期偿债的压力和风险，降低政府债务成本。

**【政府非税收入完成41.5亿元】** 2015年，柯桥区完成政府非税收入41.5亿元。在全省率先实现土地出让金系统与非税收入系统数据接口导入，提高数据传递准确性、高效性；推进非税收入收缴电子化改革，拓展第三方信息应用，建立非税征管预警机制；开展部分单位非税收入历年陈欠清查，对少征漏征、应征未征非税收入展开专项清理，累计清缴收入近1亿元。（姚斌辉）

## 国税

**【概况】** 2015年，柯桥区完成国税收入75.18亿元，按地方财政口径计算完成国税收入71.11亿元。

2015年，柯桥区国税部门落实《国、地税合作

规范》，与地税局明确37个合作项目，在联合税收方面加强宣传、协同，开展定期定额户定额核定、联合开展专项检查和区域税收专项整治等10个项目上取得成效。7月，推出“离厅式”自助办税服务，采取“国税提供设备+地税提供场地”的合作模式，在柯桥区地税滨海分局办税服务厅设置自助办税服务设备，为纳税人提供发票发售、发票认证、抄税报税等多项自助服务功能，方便滨海工业区1100余户纳税人实现“家门口办国税”。2015年9月，区国税局联合区地税局，对全区印染行业综合效益指标低于0.8的28家企业进行专项整治，对其中7户企业进行纳税评估，21户开展重点稽查，查补税款、滞纳金和罚款共计872万元。

2015年，柯桥区国税部门落实小微企业税收优惠政策。筛选出2014年度应纳税所得额介于20万元至30万元之间的小微企业1323家，2015年前3季度实际利润额15万元至30万元之间的小微企业1074家，通过短信提醒、税企邮箱、办税大厅面对面解说、税收宣传手册等多渠道开展税收政策宣传，对固定资产加速折旧重点行业企业主动送政策上门。全年所得税汇算清缴工作中，全区共有申报企业所得税企业22183家，其中享受小型微利企业优惠政策企业12264户，受惠面55%，比上年增长20%；减免企业所得税3403万元，比上年增加减免额2854万元。全年月销售额3万元以下小微企业申报245083户次，增值税免税销售265033万元，免征增值税7951万元。

**【电池、涂料业纳入消费税征收范围】** 2015年3月起，柯桥区扩大消费税征收范围，对电池业、涂料业征收消费税。全区从事经营电池、涂料业的企业有43家，消费税扩大征收范围企业中，一般纳税人28家、小规模纳税人15户。其中有2户涂料企业符合免税条件。

**【分类管理6777家出口退（免）税企业】** 2015年4月，柯桥区国税局根据《出口退免税企业分类管理办法》的规定，对全区6777家出口退税资格认定企业开展评审，评定符合一类条件的企业299家、二类条件的企业1634家、三类条件的企业4829家，四类条件的企业15户。按照分类管理办法，对四大类企业进行差异化出口退税申报受理和退税管理，鼓励企业规范申报、诚信纳税，提升自身分类级别。

**【开展出口退税无纸化管理试点】** 2015年7月2日起，柯桥区作为全国首批试点单位，全面推行出口退税无纸化管理试点工作，出口企业办理出口退免税，不再需要前往国税部门提交纸质资料，通过网上办税系统提交电子数据即可。试点无纸化管理后，税务部门对出口退税审核系统没有提示疑点的，不再进行人工审核。无疑点的出口退税单证将直接进入电子退税流程，退税款当日就可退至企业账户，全流程实现无纸化申报、无纸化审核、电子化退税。试点工作受到国家税务总局、省国税局领导充分肯定。

**【推广小微企业“银税互动”业务】** 2015年9月，柯桥区国税局强化纳税信用体系建设，推动纳税信用等级的社会化应用，实施小微企业“银税互动”业务，与建设银行绍兴支行、瑞丰银行、广发银行绍兴分行等3家银行签订《小微企业“银税互动”业务合作协议》，推出“税易贷”服务项目，降低企业融资成本，助力小微企业健康发展。（陆海东）

## 地　税

**【概况】** 2015年，柯桥区地税收入持续保持平稳增长。地税部门共组织各项收入118.86亿元，比上年增长3.4%，其中税收收入73.35亿元，比上年增长9.0%。

2015年，柯桥区地税部门加强重点税源培育，健全财税运行定期分析制度，对印染行业、建筑行业发展现状展开调研，完善重点税源动态监控机制，对855家重点税源企业实行全程跟踪监管；落实招商引资考核政策，全年引进项目6个，总投资3.8亿元。开展纳税信用评定工作，评出A级纳税人1480户。推进“春风便民行动”和“同城通办”业务，全年计受理“同城通办”业务1515起。开展“千企走访”、支持浙商创业创新专项行动等活动，走访企业986家，梳理问题74个。推广应用“柯桥财税”微信公众号，共推送图文信息43期，涉及各类财税资讯135条。柯桥区地税部门发挥“政策叠加”效应，落实“营改增”等结构性减税和普遍性降费政策，开展涉企收费专项清理，全年为企业减免税费4.82亿元。

【开展“低小散”块状行业专项整治工作】2015年，柯桥区地税部门围绕清理漏征漏管、公平定额、夯实自行申报、规范出租税收等征管要求，联合国税对6225家经营户进行专项整治，补缴税费3300余万元；推进工业小区整治工作，拟定全区工业园区出租物业最低计税价格，完善出租税收相关征管规定。

【查补各项收入6206万元】2015年，柯桥区地税部门继续打击恶意欠税、逃税等行为。全年共检查纳税人619家，查补各类收入6206万元，查处50万元以上大要案7件；落实欠税管理制度，通过以欠抵退、以票控欠等多种措施，严格控制新欠规模；强化公检法协作联系机制，全年对8起破产案申报税费等债权4703万元；强化纳税评估力度，对染化行业、法律服务业、印染业等开展专项评估，全年评估入库2187.55万元，比上年增长88.45%。

【办理“五证合一”3999本】2015年，柯桥区地税部门建立国地税协作联席会议制度，确定37项合作事项。与市场监管、质监等部门协同开展“五证合一、一照一码”登记制度改革，全区办理“五证合一”3999本。扩大“亩产税收”导向效应，在印染企业先行“试水”资源要素市场化配置改革。

（陆海东）

## 审　计

【概况】2015年，柯桥区审计局完成审计及审计调查项目39个，其中署定项目1个、省定项目5个、交办项目26个、自定项目7个。管理不规范金额67049万元，为财政增收节支7145万元；提出审计建议134条。“柯桥区农业经营组织运营发展状况专项审计调查项目”获得省表彰、市优秀项目，区本级2013年度预算执行情况审计等3个项目获得市优秀和表彰项目。

2015年，柯桥区出台《关于进一步加强国有企业内部审计工作的意见》，意见着眼于实现全部政府性资金审计监督“全覆盖”，以完善廉政防控体系、提高企业绩效为工作目标，进一步健全国有企业内部审计制度。柯桥区审计部门向政府移送审计线索7项；在政策或法规的“废改立”方面，推动区政府完善政策14项，部门出台制度22项。配合嵊州市派出的审计组，做好跟踪审计柯桥区的保障性安居工程工作。

【核减政府性投资建设工程造价13700万元】2015年，柯桥区完成政府投资造价结算审计项目（标段）113个，送审造价23.87亿元，审定22.50亿元，净核减金额13700万元，净核减率为5.74%；审核业主单位委托审计造价结算项目（标段）97个，净核减金额4212.78万元。

【探索创新审计模式】2015年，柯桥区审计部门探索自然资源资产审计，在经济责任审计中开展自然资源资产审计和村级审计试点，在实施审计的5个镇（街道）中，各选择1个自然资源重点项目和1个行政村，探索方法，摸索经验。创新投资审计模式，实行审计管理与审计实施相对分离，把造价结算审计项目委托下属事业单位政府投资项目审计中心实施；探索政府投资项目跟踪审计和向中介机构购买服务，参与国家审计。

（区审计局）

## 统　计

【概况】2015年，柯桥区统计部门以提高统计数据质量为中心，以提升统计能力为主线，为全区经济社会发展提供统计保障。开展投资统计试点改革工作，成立柯桥区固定资产投资统计制度方法改革领导小组，密切关注重点指标和指标间的逻辑关系，对不同产业、不同行业新老数据差异进行深入分析，对出现异常情况的调查单位进行电话回访、实地调研，开展投资统计改革试点数据质量自查、检查，进一步规范投资统计工作。

【完成2015年全国1%人口抽样调查工作】2015年，柯桥区全面开展1%人口抽样调查工作。对全区抽中的41个样本村3000多户人口进行上门登记调查。登记全部采用PAD(掌上电脑)采集上报，做到“人口调查数字化，数据采集实时传送”。开展技术业务研讨和数据汇总分析，了解2010年以来柯桥区人口在数量、素质、结构、分布以及居住等方面的变化情况。

【建立统计工作三大制度】2015年，柯桥区统计局完善统计工作制度，着重抓好三大制度建设。建立统计工作联席会议制度，每月召开一次由相关部门和各镇（街道、开发区）分管领导参与的统计工作联席会议，加强对部门数据和镇街数据的统筹协调；建立月通报制度，敦促各镇（街道、开发区）全面了解全区发展形势，强化镇域间横向发展指标的比较分析；建立“一把手”签字制度，力促镇（街道）、部门一把手抓好数据质量，提升工作实效。

（刘 弘）

## 工业项目管理

**【概况】** 2015年，柯桥区实施工业强区战略，推动工业转型升级。全区完成工业投资326.5亿元，比上年增长11.9%，其中工业技改投资308.9亿元，比上年增长23.1%。切实推进“三重三爱”重大项目落地，通过企业大走访活动确定的11个项目2414.3亩用地需求情况，有9个工业项目落实土地1154.16亩。推动企业“机器换人”项目，承办绍兴市工业投资暨“机器换人”工作现场会。全年全区共有35个项目列入市级技术改造专项投资计划，5个项目入选市级“机器换人”典型案例。

2015年，柯桥区加强项目履约管理，对新增用地项目实行履约（开竣工）保证金制度，实行差别化管理。在经济新常态下，及时下调保证金额度，由原土地款10%下调至5%缴纳。严格项目产业导向和固定资产投资监管复核制度，以中介审计和现场复核形式进一步规范项目监管，全年受理项目33个，27个通过验收，平均投资强度237.85万/亩。实施全方位项目管理模式，坚持项目投资氛围营造，举行“双百亿”重大产业项目开工奠基仪式，其中工业项目7只，项目计划总投资103亿元，

**【49家企业获区财政专项奖励1397万元】** 2015年，柯桥区落实各级财政专项补助。浙江龙德环保热电有限公司污泥焚烧资源综合利用热电联产项目获省工业转型升级财政专项技术改造补助资金425万元。全区共49家企业获2014年柯桥区工业有效投入财政专项奖励资金1397.31万元。

（田小琴）

**执行编辑　许可可**

# 城镇建设与管理

## 综　述

**【概况】** 2015年，柯桥区围绕打造“时尚柯桥、印象柯桥、幸福柯桥”主题，优化城乡空间布局。城市化率达70%，柯桥城区建成区面积53.8平方千米。

2015年，柯桥区完善控规编制，对绍兴市总体规划建设用地覆盖的城区控规管理单元，基本完成控规编制，其中KQ-02、KQ-05、KQ-06、KQ-09、KQ-10五个管理单元控规通过绍兴市人民政府审批。加强土地集约利用，缓解城市建设用地矛盾，开展柯桥城区低效空间利用规划，对城区用地空间进行效益评价，挖掘用地潜力，优化用地空间布局。

## 规划编制

**【杭绍城际轨道交通布局】** 2015年，柯桥区开展编制《杭绍城际轨道交通站点周边综合开发模式和交通衔接研究》，把握轨道交通站位与城市空间、产业、结构、人口的关系，研究沿线土地的一体化利用模式，与综合交通和市政设施体系的关系。规划对轨道路线、站位作进一步优化，并对轨道交通站点周边500米和1000米两个范围用地作详细梳理，包括现状可保留地块、拆迁后可利用地块、可直接利用地块以及需调整土地指标地块，并提出相关用地调整方案。在交通接驳方式上，接驳设施布设的优先次序依次为步行、公共交通、自行车、出租车、小汽车。其中步行的合理影响半径为0.6千米，自行车为2.6千米，公交为2.5~5千米，小汽车为5~7千米。

**【普查1000余处历史建筑】** 2015年，柯桥区开展历史建筑信息普查及名录编制，对全区16个镇（街道）1000余处历史建筑进行实地调查，形成档案，明确保护范围，提出保护要求。筛选出31处作为柯桥区首批上报市政府批准的历史建筑名录，分镇（街道）形成历史建筑信息普查成果汇编。

**【开展城区精细化规划】** 2015年，柯桥区坚持精细化规划理念，编制柯西片区柯东大溇区块、高铁站后区设计；编制高铁沿线绿化建设规划，塑造高铁沿线景观廊道。加强户外广告牌的统一规划，编制金柯桥大道户外广告整治规划、笛扬路街景综合整治规划。修编柯桥城区九年制义务教育设施布局规划，提升城市公共设施服务水平。

**【指导镇（街道、开发区）规划】** 2015年，柯桥区坚持城乡一体化发展战略，指导协调有关城镇总规、控规上报审批，会同滨海工业区管委会编制完成滨海绿色印染产业集聚区景观改造规划。指导各镇（街道、开发区）开展“小品”方案设计，全区20个“小品”完成方案设计，其中16个“小品”建成验收。

（沈　斌）

## 城区建设

**【概况】** 2015年，柯桥区建设局共承建政府性投资项目13个，其中续建4个、新建8个、预备1个，完成投资16130万元，完成率100%。迎接省美丽乡村和农村精神文明建设现场会，柯岩大道等4条道路提档改造；对高尔夫路、南闲路进行修复，总投资6290万元，施工修复路面（人行道）110391平方米、施划标志标线8091平方米、更换改造指路牌269块、疏通雨水管10000米、改造候车亭37座、油漆路灯杆1430杆、种植两旁绿化60068平方米。投资600万元，改造修补柯桥城区迎驾桥路

2015年，柯桥新开河公园一角　　（沈一鸣　摄）

等部分路段。投资800万元，对湖东路等道路部分路段设置人非隔离栏，总计11000米。2015年，柯桥区实施精品化绿化工程建设及养护管理，瓜渚湖东岸的樱花园获全国园林工程金奖、浙江省建设工程"钱江杯"奖（优质工程），瓜渚湖东岸的梅园获2015年度浙江省"优秀园林工程"金奖。

**【投资500万元完善公共自行车二期建设】** 2015年，柯桥区在人流量大的区域增加公共自行车站点，投资500万元完善二期站点。二期站点范围东至镜水路、南至104国道南复线、西至稽山路、北至华齐路（华舍街道）。在原有基础上加密和扩建，减少盲点，分别在城区、柯东、柯西、柯北、柯岩增加公共自行车站点22个。

**【投入750万元完成政府性投资项目】** 2015年，柯桥区完成香水湾沿河绿化补种、市政设施维修、亮化系统恢复，"五水共治"古运河提档，新开河绿道东连瓜渚湖工程等3个政府性投资项目，总投资约750万元。

**【"美丽乡村"示范区建设线路投资约1485万元】** 2015年，柯桥区完善美丽乡村示范区道路建设，柯岩大道（柯南大道至湖滨路段）、春望路（柯岩大道至乔波滑雪馆段）、湖滨路（柯岩大道至镜水路段）项目总投资约1485万元，其中绿化提档28936平方米。项目4月开工，7月完工。

**【柯桥城区背街小巷工程完工】** 2015年，柯桥区投资1000万元，对城区湖西路（裕民路至钱陶公路段）、万商路人行道等多处道路（人行道）改造修复。对部分人行道进行了人改沥青，施划停车位，规范停车秩序。

**【完成"五水共治"城区排涝水改造】** 2015年，柯桥区投资1000万元，分成四个标段，对城区山阴路（稽山路以西）等多个积水点进行改造。实施疏通排水、堵水，潜水封堵、淤泥外运、管道井修复，完成雨污分流改造26.6千米，雨水管网建设36.5千米，提标改造管网建设26.5千米。

**【坂湖公园两个景区建成开园】** 2015年，柯桥区坂湖公园按"一路一室十区块"建设规划要求，种植水杉、池杉、落羽杉等杉科类植物2300多棵，配备文化雕塑、系统亮化、七人制足球场及运动草坪等设施。先期建成"杉林花溪""香杉动影""秋林夕照"三个区块，面积约11万平方米，总投资约6000万元。其中"杉林花溪""香杉动影"景区于9月8日开园。

2015年11月26日，香水湾沿河绿化环境综合整治工程项目通过验收　　（沈一鸣　摄）

【柯桥城区行道树形成“一路一树”】 2015年，柯桥城区行道树以植物造景为主，利用乡土植物营造绿化带。其中群贤路香樟、金柯桥大道（钱陶公路以南）银杏、华齐路黄山栾树、裕民路、湖东路珊瑚朴、柯华路无患子和镜水路意杨成为柯桥城区“一路一树”的标志。

【城区绿化覆盖2246公顷】 2015年，柯桥区完成城区绿化覆盖2246公顷。完成15项绿化工程建设，包括柯华路、群贤路、柯西道路区块、柯桥城区环境整治工程裸露绿地提档I标、谢秋立体停车场北侧地块复绿、港越新都围墙外绿化、虹桥宾馆周边绿化、小百花路南侧绿化、湖东路庙宇周边清水工程复绿、区公安局智慧天网一二期、柯桥智能交通建设复绿、补绿和断篱补植等。

2015年，金柯桥大道中央隔离带　　（沈一鸣　摄）

表15　柯桥区2014年、2015年绿化情况

| 指标名称 | 单位 | 2014年 | 2015年 | 比上年（%） |
|---|---|---|---|---|
| 建成区面积 | 平方千米 | 52.8 | 53.8 | 1.9 |
| 绿地面积 | 公顷 | 1896 | 1925 | 1.5 |
| 其中：公园绿地面积 | 公顷 | 436 | 447 | 2.5 |
| 建成区绿化覆盖面积 | 公顷 | 2211 | 2246 | 1.9 |
| 人均公共绿地面积 | 平方米 | 11.26 | 11.5 | 2.1 |

（潘朝霞　陈菲　沈一鸣）

## 城管执法

【概况】 2015年，柯桥区推进控违拆违和无违建工作，抓城市管理提质扩面，落实城市管理责任，加强督查考核。柯南区域纳入统一管理，实施城市管理十大专项行动，深化市容网格化管理，开展20余次专项整治，取缔无证游商1000余户，清理横幅巨幅3000余块，暂扣工具1500余件。对群众反响强烈的占道经营、偷倒乱倒垃圾、焚烧垃圾情况进行查处，全年查处案件100余件。查处渣土乱倒、泥浆偷排案件28起，查处人行道乱停车辆8万余辆。全年审批处置渣土、泥浆项目82件，消纳渣土113万立方米、处置泥浆51万立方米。2015年，全区16个镇（街道）通过市级无违建验收，达到“无违建”先进标准，柯桥区获得省级无违建先进县（市、区）称号。

【拆除违建379万平方米】 2015年，柯桥区开展各类拆违整治行动5856起，累计拆除违章建筑379万平方米，拆违总量和进度均位居全市第一。开展拆违专项整治，完成追加200万平方米的拆违任务。拆除广告牌3.5万块，其中金柯桥大道拆除1237块；完成高铁沿线违建拆除，基本完成复绿和防护林建设。

【首创全市违建“四不予”政策】 2015年3月，柯桥区出台《关于落实涉违商品住宅“四不予”政策的通知》，在绍兴市范围内率先实施涉违商品住宅不予房产登记、不予抵押、不予行政许可、不予提供服务的“四不予”政策。核查商品住宅1176起，涉及建筑面积20万平方米，核查拆除违建300余户，出具无违建确认书801份，这一政策在全市推广。

【开展违建拆除真实性核查】 2015年，柯桥区加大对镇（街道）拆违真实性核查，对单项拆除面积超过1000平方米的项目，现场丈量核实，对拆前、拆中、拆后三态照片和现场进行严格比对，全年累计退回核查30余起。实行月度“十大典型违建”拆除机制，对镇街拆违实行“日上报、周通报、月排位”管理，形成日常规范性制度。

【实施城市管理十大专项行动】 2015年，柯桥区出台《关于加强城市管理若干政策意见》《柯桥区城市管理工作考核办法》，实施城市管理十大专项行动。开展齐门经营、人行道停车收费、夜排档夜宵摊、车窗抛物、花店洗车店占道等专项整治，规范经营户200余户，取缔非法经营50余户，清除废弃家具堆放210处，施划人行道车位8000余个，清理非法小广告2万余处，清运积存垃圾1万余吨。

【数字城管处置率98.5%】 2015年，柯桥区数字城管共受理案件20.3万件，处置率98.5%，对“12319”城管热线全面升级。完善微信平台建设，拓展民生服务功能。通过新闻媒体宣传，柯桥区数字城管的上镜率、知晓率、影响力不断扩大。推出城市管理“代整治”、第三方考核、联席会议增强城市管理疑难问题的处置能力。（王丽军）

2015年10月8日，柯桥区综合行政执法局会同相关镇街对高速入口区域的违建实施拆除（王丽军 摄）

## 环境卫生管理

【概况】 2015年，柯桥区推进环卫保洁市场化、机械化、科技化、长效化建设，城区环卫保洁范围持续扩面，保洁区域东至区界，西至湖安路，南至104国道南复线（不含），北至华齐路，保洁总面积1500万平方米，其中道路保洁700余万平方米、河道550万平方米、其他250万平方米。城区500余家餐饮单位的餐饮垃圾纳入统一收运，全区所有镇（街道）的生活垃圾纳入统一清运，全年清运生活垃圾50万吨。2015年4月，柯南区域纳入柯桥城区统一保洁管理，区综合行政执法局开展一系列环境专项整治，柯南区域的环境面貌发生质的变化，助推全省美丽乡村和精神文明现场会在柯桥区召开。

【规范城乡垃圾清运】 2005年，柯桥区加强垃圾中转站标准化建设，提档升级，淘汰所有环卫作业黄标车，更新环卫垃圾直运设施和冲洗作业装备。城区34个开放小区、19个安置小区生活垃圾直运清洁；对环卫作业驾驶员进行业务操作培训，建立规范作业的奖惩制度，规范生活垃圾统一清运。

【推进生活垃圾分类】 2015年，柯桥城区53个住宅小区，城区所有机关、企事业单位、医院、学校、星级酒店均实现生活垃圾分类，总体分类率达到60%，完成市政府下达的生活垃圾分类指标。

【率先建成智慧环卫管理系统】 2015年，柯桥区对数字环卫考评系统和配套硬件进行全面升级，优化考核流程，规范保洁管理。城区垃圾中转站安装视频监控系统，所有环卫车辆安装GPS定位系统，成为全省首家实现智能化考核的单位。

【建成全省首个餐厨垃圾处置中心】 2015年，柯桥区通过公开招投标的方式引进宁波开诚公司，建成餐厨垃圾统一处置中心，对柯桥城区500余家单位纳入统一收运处

2015年7月1日，柯桥区餐厨垃圾处置中心建成投运，日处理能力100吨
（王丽军 摄）

置，日处置量约50吨，该中心配备垃圾分类配套的厨余垃圾处置系统，使柯桥区成为省内第一家独立收运处置餐厨垃圾的县（区）级城市。（王丽军）

## “三改一拆”

**【概况】** 2015年，柯桥区开展各类拆违5856起，累计拆除违章建筑379万平方米，拆违总量和进度均位居全市第一。开展拆违“百日攻坚”、两路两侧、“四边三化”等专项整治，实际拆违201万平方米。全区所有违规违法立柱广告、屋顶广告基本拆除，累计拆除广告牌3.5万块，其中金柯桥大道拆除1237块；完成高铁沿线违建拆除，基本完成复绿和防护林建设。

**【实施28个“三改”项目】** 2015年，柯桥区实施“三改”项目28个，其中旧住宅区改造项目8个，城中村改造项目16个，旧厂区改造项目4个。全区累计完成“三改”面积313.73万平方米，其中旧住宅区39.97万平方米、城中村改造183.7万平方米、旧厂区改造90.06万平方米。（王丽军）

## 城区交通管理

**【概况】** 2015年，柯桥区推进治堵保畅工程，完善路面勤务机制、加快城区智能交通建设、强化交通秩序管理，落实各项工作措施，推进城市交通拥堵治理。

**【完善路面勤务机制】** 2015年，柯桥区实行“一路口一方案”管理模式，提高路口执勤效率；落实大队民警站高峰岗工作制度，提高路面见警率、管事率；建立城区应急疏导分队，实现对道路交通事故、交通拥堵的快速反应、快速疏导；推行“包路口、包路段”工作制度，明确路口责任到每个民警。

**【投入1185万元建设智能交通】** 2015年，柯桥区在智能交通建设中投入1185万元，建成较为完善的交通信号灯控制系统，初步实现城区主要道路监控全覆盖，实现日常管理工作从“人治”到“技控”的提升。

**【查处各类交通违法行为851001起】** 2015年，柯桥区查处各类交通违法行为851001起，其中超速58591起、不按信号灯规定行使89698起、违法停车125558起。开展行人和非机动车交通违法专项整治行动，查处非机动车和行人违法共计13290人次，提高交通守法率。联合路政、工商、城管等部门，加大“四小车”整治力度，共查处“四小车”2650辆，没收电瓶298组；开展黄标车整治，全年淘汰黄标车及老旧车5677辆。（徐 金）

## 拆迁安置

**【概况】** 2015年，柯桥区实施拆迁项目65个，建筑面积约180万平方米。全部拆净的项目20个，完成拆迁128.5万平方米，完成目标的128.5%。其中城区四街道完成拆迁面积70.1万平方米，占全区拆迁总量的54.6%。

**【完成安置房建设81.5万平方米】** 2015年，柯桥区安置房建设开工102万平方米、竣工81.5万平方米、交付100.8万平方米。其中城区开工84.6万平方米、竣工65.2万平方米、交付84.5万平方米。

**【上午头安置小区交付使用】** 2015年5月，柯桥区上午头安置小区项目交房。小区总建筑面积

2015年5月，柯桥区上午头安置小区项目完工，总建筑面积250686平方米
（孙 凯 摄）

250686平方米，其中地下建筑面积31319平方米。项目总投资115891.95万元，建安造价61256.52万元。总居住户数1783户住户。工程于2012年5月6日开工。
（金泳涛）

## 供水·排水

**【概况】** 2015年，柯桥区实现供水能力66.6万吨/日、截污能力100万吨/日、污水处理能力110万吨/日。全年安全供水1.86亿吨，收集污水1.82亿吨，达标处理污水2.77亿吨。

**【完成政府性投资18.56亿元】**

2015年，柯桥水务系统有15项工程列入政府基础性、公益性建设项目，计划投资16.5亿元，实际完成投资18.5亿元。全年新建供排水泵站69座，配套管线300千米。

**【解决2.81万山区群众喝水问题】** 2015年，柯桥区完成山区22个自然村的小舜江自来水扩面，解决2.81万人“喝水难”问题。至此，小舜江供水区域内海拔135米以下的山区群众全部喝上小舜江自来水。全区饮用小舜江自来水人口达到57.74万人，小舜江自来水普及率达到98%。

**【改善2.09万户城镇居民用水条件】** 2015年，柯桥区推进农村供水管网改造，完成福全、杨汛桥等镇9个村的改造，受益用户2500户。实施柯桥城区居民老小区供水管网改造，完成城市花园等13个老小区供水系统改造，受益住户4650户。推进高层住宅二次供水设施改造，接管18个高层住宅小区的二次供水设施，使13724户高层住户享受到抄表到户、服务到户。

**【新增生活污水收集面积106平方千米】** 2015年，柯桥区根据《柯桥区城乡生活污水治理三年行动计划》的要求，完成60个村（居委会）生活污水公共收集系统及王坛污水处理厂建设。全年新建生活污水泵站50座，配套管线221千米，新增收集面积106平方千米，全区生活污水收集面积由203.7平方千米扩大到310平方千米。

**【城区、集镇生活污水处理率分别达到88%和50%】** 2015年，柯桥区实施城市花园等14个居民老小区的污水系统改造，强化生活污水系统管理，改造后的老小区实行专人化服务、专职化养护。全年

2015年8月25日，柯桥区排水公司管道养护人员在对生活污水管网进行疏通清淤
（区水务集团 供稿）

收集生活污水3012万吨，其中城区收集量2436万吨、集镇收集量419万吨，城区、集镇生活污水收集处理率分别达到88%和50%。

【提升污水处理能力20万吨/日】2015年，柯桥区按照“一次规划、分项实施、适时启动、按时配套”的总体思路，建成滨海印染产业集聚区20万吨/日污水处理工程和20万吨/日污水深度处理工程，并具备投运条件，使污水处理能力由90万吨/日提升至110万吨/日。

2015年12月，江滨水处理公司钱塘江20万吨日污水处理工程及深度处理工程建成（区水务集团 供稿）

【继续推进污水分质提标】2015年，柯桥区继续推进污水分质提标和印染废水集中预处理工程。城区污水分质收集工程和30万吨/日生活污水处理系统改造工程完工，60万吨/日工业污水处理系统技术改造工作完工投运。实现生活污水和工业污水分质处理，工业污水出水COD达到80毫克/升以下，生活污水出水COD达到50毫克/升以下，污水分质提标，出水达到国家城镇污水一级A排放标准。

（区水务集团）

## 供　电

【概况】2015年，柯桥供电分局推进电网建设，全年共投入电网建设资金5.6亿，开工建设110千伏及以上输变电工程4个，开工容量78万千伏安；投产项目3个，投产容量58万千伏安；实现全社会用电量135.84亿千瓦时。比上年增长–1.98%；最高用电负荷144.66万千瓦，比上年增长6.78%。深化安全管控，保证人身、电网、设备安全。完成宁绍特高压属地政策处理工作，实施城区配电网“双环网”自动化改造，完成农灌线路接收改造，柯桥网架结构更加合理，电网供电能力持续增强。

【投入配网建设资金2亿元】2015年，柯桥区优化配网结构，提升供电可靠性，投入配网建设资金2亿元。新建10千伏线路25条，共计82.5千米；改造10千伏线路66条，共计154.5千米；改造重负荷线路28条，新增配变246台，调换配变73台，新建及改造低压线路286千米。出台《绍兴市柯桥区中压配电网网架优化方案》，明确主城区配电网改造方向，确定33个“双环网”改造方案，当年投入5000多万元建成7个环。

【开展电能替代，倡导节能环保】2015年，柯桥区不少玻璃企业和锻造厂采用零排放的“中频炉”以代替“冲天炉”。柯桥供电分局完成电能替代指标9418万千瓦时，相当于减少直燃煤4.6万吨，减排二氧化碳7.89万吨，减排二氧化硫、氮氧化物和烟尘排放0.21万吨。

【改造农灌线路506条】2015年，柯桥区有农用电力资产的村247个，农用线路506条，杆塔9540基，农用分支配电箱3452只，农用线路总长502千米。柯桥供电分局按照规定程序完成农村农用电力线路接收，投入资金7208万元，完成197个村的接收改造。

【优化电源布局，助推产业集聚】2015年，柯桥区对滨海印染集聚区、中纺CBD、双百亿等政府重大项目实行一对一跟踪服务机制，做好电力配套服务。滨海印染集聚区一、二期项目完成投产用户39户，合计容量18.845万千伏安；中纺CBD项目9户完成均用电征询答复及临时施工用电送电，完成永久用电方案答复7户；双百亿工程均完成主动对接，6户完成前期施工用电送电。（区供电局）

## 新农村建设

【概况】2015年，柯桥区围绕宜居、宜业、宜游总目标，开创乐居、乐业、乐游新理念，坚持环境整治、农房解困、综合改革三大重点，实施富裕乡村、安居乡村、洁净乡村、文明乡村四大计划。柯桥区被省“千村示范万村整治”工作协调小组授予2015年度全省农村生活污水治理工作优胜市（县、区），第七次获得“中国全面小康十大示范县市”称号。

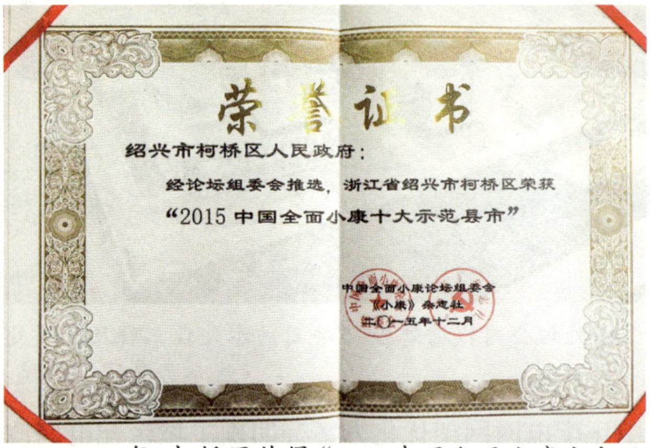


2015年，柯桥区获得“2015中国全面小康十大示范县市”称号　（区农办　供稿）

**【城乡环境高标准“常态化”管理】** 2015年，柯桥区出台《柯桥区城乡环境整治月度抽查考核办法》《关于组织开展“洁净镇街”竞赛活动的实施意见》，推进城乡环境高标准、全覆盖、常态化管理进程。全区村（居委会）分别有216个和322个通过一次以上环境卫生优胜村和整洁村考核，优胜村、整洁村创建覆盖率分别为67.1%和100%。

**【“两大”行动促进城乡环境整治】** 2015年，柯桥区出台《关于开展城乡环境集中整治提升月活动的实施意见》《关于开展城乡环境整治提升专项行动的实施意见》，促进美丽乡村串点连线扩面进程。在全区27条主要道路沿线、18条主要河道两岸、各镇（街道、开发区）集镇所在地、有条件的村（居）等重点区域实施整治提升工程，累计拆违322.63万平方米、种树木24.56万株、改立面133.51万平方米、装路灯5925盏、砌围墙11.57万平方米。启动建设小品21个(已完成10个)，整理管线11.22万米，清运垃圾45.45万吨，44个有条件村（居委会）全部启动整治；完成“两路两侧”“四边三化”问题整改1655个，完成率95.8%。

**【95个村完成农村生活污水治理】** 2015年是柯桥区污水治理三年计划的第二年，全面治理与扩面改造并重、卫生改厕与截污堵源并举，生活污水治理稳步推进。2014年度列入省市考核的32个村都通过省市检查验收；2015年完成95个村的生活污水治理，受益农户42212户。

**【完成农村住房解困三年计划】** 2015年是柯桥区开展农村住房解困三年计划最后一年，全区为4232户住房困难户（边缘户）解困。各镇（街道、开发区）结合各自实际，完成三年计划中的解困任务。其中，农房修缮87户、农房翻（扩）建339户、农房新建760户、旧房调剂196户、农民公寓建设361户、宅基地置换115户、空心村改造46户、拆迁（含提前拆迁）205户、租房补贴174户、购房补贴82户、取消资格370户、补差解困211户、放弃解困504户、暂缓解困782户。对照《柯桥区农村住房困难户解困认定标准》剔除租房补贴174户，因经济困难或土地难以落实等原因放弃解困504户；因等待拆迁、分家析产未完成、土地难以落实等原因暂缓解困782户，三年全区累计实际解困2772户，实际解困率为65.5%，其中兰亭镇、马鞍镇、湖塘街道实际解困率为全区最高，分别为85.9%、83.3%、82.6%。

**【完成2550平方米社区公共设施】** 2015年，柯桥区结合空心村改造、农民公寓建设，推进公共服务配套设施向农村延伸，形成以中心村为主要平台的公共服务圈。全年完成3个镇（平水、夏履、稽东）、3个社区的3个文化体育活动中心建设，总建筑面积2550平方米。

**【新建农村水冲式公厕613座】** 2015年，柯桥区加快卫生改厕步伐，推进农村小型集中搬迁改造。全年新建农村水冲式公厕613座，区财政计划补助资金1770万元。　（沈　琴）

## 柯南区块建设

**【概况】** 2015年，鉴湖—柯岩旅游度假区完成招商项目投资26亿元，完成政府性项目投资14亿元；全年接待游客382万人次，比上年增长12%，实现旅游收入40亿元，比上年增长14%。鉴湖—柯岩旅游度假区落实区委《关于贯彻落实“四个全面”战略布局、开展“新常态新举措新发展”讨论的方案》。将“四个全面”战略布局、开展“新常态新举措新发展”讨论与度假区实际工作相结合，促进度假区发展。2015年12月24日，浙江省人民政府正式批准《绍兴市柯桥区鉴湖—柯岩旅游度假区总体规划（2014—2030）》。根据总体规划，鉴湖—柯岩旅游度假区将以“全域景区化”为宗旨，以鉴湖为核心，以感怀高端风情度假、感悟神圣礼佛文化、感受现代时尚运动为特色，形成“一心两带五组团”的空间格局。“一心”即鉴湖—柯岩旅游度假区综合服务中心，“两带”为香林大道“山·水·城”景观带和鉴湖景观带，“五组团”即鉴湖水乡风情度假组团、轻纺之城商务休闲组团、项羽营里体育运动组团、大香林礼佛休闲组团、鉴湖源康体养生组团。

**【完成度假区慢行交通系统规划】** 2015年，鉴湖—柯岩旅游度假区打造柯南步行和骑车系统，启动度假区慢行交通系统规划。建设规划年限为2015—2030年，在度假区范围内提出“一带二横三纵”的特色慢行廊道结构。启动12千米的鉴湖1号线自行车专用道、9千米的鉴湖南岸步行道、7千米的湖塘大香林游步道、7处码头和有关驿站等配套建设，并开通鉴湖水上游线，方便居民出行和推进度假区旅游业的发展。

**【大香林·兜率天景区正式对外开放】** 2015年10月1日，大香林·兜率天景区二期对外开放。大香林二期兜率天宫总投资5.3亿元，主体工程包括兜率天宫、龙华寺，辅助设施包括演出广场、山门广场、水库周边配套设施、声光系统等；配套工程包括盘山公路、水库、水电通讯、征地拆迁及山体平整复绿等。

**【湖塘安置小区交付使用】** 2015年7月22日，柯桥区湖塘安置小区（一期）湖塘跨湖苑小区交房。该安置小区总用地面积8.3万平方米，总建筑面积约11平方米，安置房源890套，总投资约6亿元，主要是安置为配合湖塘二路建设而拆迁的居民以及湖塘街道部分住房困难户。此次交房共涉及拆迁户安置近250户，房源480多套。

**【投资2000万元高尔夫路改造完工】** 2015年9月，度假区总投资2000万元的高尔夫路(香林大道至柯岩大道段)改造工程完成建设。改造涉及道路建设及排水系统改造，解决因两侧埋设的雨水管破损、雨水排出口被填埋、河道被侵占而导致的雨天路面积水严重、周边居民出行困难的现象。

**【投资约3亿元整治鉴湖江环境】** 2015年，柯桥区完成鉴湖环境综合整治工程，总投资约3亿元。完成鉴湖江南岸绿化和柯岩段场外景观工程绿化种植500亩、鉴湖两岸河磡改造3000余米、景观石自然磡7000米；完成建筑立面景观改造围墙修筑320米，涂料粉刷20000平方米；完成围堰施工400米、景观桥两座。

**【完成香林大道沿线环境整治38万平方米】** 2015年，柯桥区完成香林大道沿线环境整治38万平方米。共完成立面涂料粉刷35000平方米、店招广告更换1000平方米、雨棚制作安装1500平方米、绿化带护栏安装1900米、彩色沥青路面铺设2000余米；对沿线绿化进行补种，对部分民居的门窗进行清洗或更换。

**【完成“美丽乡村”建设】** 2015年，11月16日至17日，全省美丽乡村和农村精神文明建设现场会在度假区新未庄、香林村召开。为配合现场会召开，鉴湖—柯岩旅游度假区完成鉴湖江的生态护岸河磡7000余米与两岸绿化500多亩，两岸立面改造约90000平方米及游步道建设4.5千米；完成澄湾停车场的建设与香林大道沿线整治工作；并与区建设局对接完成柯岩大道、镜水路等七条道路的绿化提档工作。完成主要道路墙绘布置约5000平方米；完成鉴湖江沿线、香林大道沿线的鲜花布置，香林大道与湖南路

鉴湖风光 （杨凌科　摄）

丁字路口的花墙布置。

【投资3.57亿元建设柯南停车场】 2015年，柯桥区投资3.57亿元建设柯南停车场，总用地面积51786平方米，建筑面积104075.15平方米，建筑密度43.15%，绿地率为18.86%，建设一幢5层立体停车楼，内设有2654个停车位，基地内另设有20个短驳车停车位到年底进入主体施工阶段。

（杨凌科）

## 钱清小城市建设

【概况】 2015年，钱清镇重抓商贸三产，强化基础设施，加强城市管理，城市面貌得到全面提升。全年实现服务业增加值50亿元，比上年增长22.2%。“大钱门”核心区引进各类商贸单位56个。清水园市民公园二期完工，完成钱滨线征地227亩、租地104亩，完成104国道高架改造工程拆迁8500平方米，完成嘉凯城·城市客厅商贸综合体项目地块拆迁26000平方米。推进“无违建镇”创建，拆除非法“一户多宅”409户，拆除各类违章建筑852处、47.05万平方米。做好农房登记发证，完成农房登记测绘12595户，有序推进资料收集、登记发证。推进“两路两侧”“四边三化”专项治理，梳理9路6河问题清单，完成省定问题整改24处、区定问题整改406处、自查整改428处。

2015年，钱清小城镇建设新貌　（余春燕　摄）

【大钱门国际影城接待观众3万多人次】 2015年，钱清大钱门国际影城共接待观众3万多人次。钱清影城坐落于大钱门，是2500平方米的一线城市影院，与国内外大片同步上映，成为柯桥区首个星级影院。

【举办市场走进钱清招商对接会】 2015年，钱清镇联合区工商联，举办市场走进钱清招商对接会。引进嘉凯城·城市客厅项目投资5亿元、新农农贸市场项目投资3亿元、各种大小商业项目超30家，完善大钱门国贸区的商贸功能，活跃整个钱门新城商贸结构。

（裘孝坤　陈荣根）

## 平水新城建设

【概况】 2015年，平水新城完成工业技改投入19.9亿元，比上年增长19.8%，工业增加值5.8亿元，比上年增长12.4%，服务业增加值2.5亿元，比上年增长14.4%。2015年，编制“养生特色小镇”及重要开发区块控制性详细规划，完成平水镇土地利用空间布局中期规划。仙人谷养老养生项目完成地上部分权属转让，“会稽湖休闲度假”等2个5亿元以上项目签约落户，“金渔湾”养生、“巷深竹缘”养老养生、“葫芦湾”中药养生等项目部分投运。王化夕阳红、同康养心谷、小千巷深竹缘等中高端民宿建成投运，“T33”“美筑”等民宿建设加快推进。新增1个AA级景区和2个省级特色农庄。

【兰若寺国际休闲度假项目开工】 2015年6月8日，平水新城兰若寺国际休闲度假项目举行开工典礼。项目由浙江稽山控股集团有限公司开发，计划投资10亿元，总用地面积近1000亩。项目以“休闲度假、旅游观光、养性养心”为主线，结合现有水库、山林自然景观，建设一个自然山水景观特征明显，养生养老的胜地。

（平水镇供稿）

【稽山颐养院签订落户意向协议书】 2015年8月8日，平水新城稽山颐养院项目签订落户意向

2015年6月8日，平水新城兰若寺国际休闲度假项目举行开工典礼

（平水镇　供稿）

协议书。项目由浙江华汇集团有限公司和浙江华伟岩土集团有限公司共同投资，选址在平水镇东桃村，平水大道东侧和公园路南侧。项目计划用地70余亩，投资约6亿元，总规模800张床位以上。

**【平水会稽湖景区项目意向签约】** 2015年10月16日，平水新城会稽湖景区项目意向签约。项目由浙江中城银信资产管理有限公司开发建设，总投资150亿元，面积约1000亩。项目规划养老养生、休闲农业和旅游、文化、清洁能源等业态，改造绍甘线会稽湖段公路两侧和平阳村村落，扩建平阳寺旅游景区，完善区域内医院、学校、农贸市场等生活配套设施。

**【区行政服务中心平水分中心完成办件量37044件】** 2015年，柯桥区行政服务中心平水分中心调整窗口设置，进行一站式办理，增加窗口业务权限，住建窗口取得制证权限，房产权证可直接在住建窗口办结打证。中心累计办件量37044件，月平均办件量3087件，按时办结率100%，提前办结率99.89%。（徐德芳）

**执行编辑　徐建良**

# 交通运输

## 综　述

2015年，柯桥区围绕美丽公路建设，实施政府性投资项目14项，完成投资3.34亿元。第二轮县乡公路双棠线、胜利西路、柯夏线、钱茅线、漓头线升级改造完工。建成启用柯桥新客运中心，新增乔波滑雪馆、体育中心4个公交站；调整公交线路38条，新建公交候车亭158个，建成启用首个油气站；新购并投运200辆新能源公交车和10辆普通公交车，完成117辆“黄标”公交车淘汰任务。深化“路长制”工作，开展交通环境整治“三个一百”工程，全年拆除非法广告牌197块、改造公路标志标线122千米、建设公路通道绿化146万平方米。完成省定106个问题整改并通过验收，开展两轮扩面整治，全区22条主要交通道路排查出问题1728个，整改1664个。全区公路水路货物周转量比上年增长8.1%，物流增长5%。绍兴滨海现代物流园区一期投运，轻纺城国际物流改造完工，世纪联华超市物流配送中心动工建设。《中国轻纺城物流业发展战略规划》通过评审，中国物流网公共服务信息平台升级完善并正式运行。整合水运个体户，组建柯桥区顺通航运有限公司。引进安博（中国）、深宝湾等物流企业。

这年，全区开展危化品运输事故应急救援演练，处置出租车不稳定事件，轻纺城汽车站迁址金柯桥大道以东，柯袍线以南，距杭甬铁路专线绍兴北站2公里，改名为柯桥客运中心；完成第二届世界互联网大会及节假日的安全运输保障工作。公交、长途客运、危化品运输、交通工程零事故。

2015年6月11日，柯桥区开展危险品泄露应急演练　　（陈立明　摄）

柯桥区投资104国道高架工程6.15亿元，钱滨线工程7.04亿元。完成杨绍公路杨汛桥至钱清段主线主体工程；完成杭金衢高速出入口道路改造、绿化及配套提档改造工程（除西小江公园段外）；完成柯北大道改造主线主体工程、安昌路北延工程，柯桥区域内路段路基和桥梁工程；完成柯桥客运中心、柯南公交站、滨海公交站建设并投入使用；完成平水公交站主体建设并部分启用；完成钱江通道安置房工程主体建设；公开招标采购项目61项。

（高奇卉）

## 交通建设

【概况】 2015年，柯桥区重大交通项目前期工作顺利推进，《"十三五"综合交通运输发展规划》编制完成，杭绍台高速、柯（桥）余（姚）高速前期准备工作进展顺利，解放路南延、绍三线北延等项目获省发改委初步设计批复，绍大线北延完成初步设计审查，镜水路南延完成施工图审查，绍甘线王坛至王城段改造项目完成"工可"报批，32省道绍兴兰亭至平水段设计批复，柯桥城区快速路内环项目完成方案设计。实施12项重点工程（其中续建8项、新建4项），总投资82.73亿元，完成工程投资20.42亿元。

【完成104国道柯桥段高架建设年度投资102%】 2015年，柯桥区投资6.15亿元建设104国道柯桥段高架，完成投资任务102%，总体形象进度完成45%。104国道柯桥段改建工程起于104国道秦望互通，终于柯桥区、越城区交界，全长10.24千米。项目按一级公路标准设计，兼顾城市道路部分功能。上部采用宽26米

2015年12月15日，104国道柯桥段高架路面硬化现场 （黄汉良 摄）

双向4车道高架桥，地面采用42米宽路基道路，全线设置平行匝道2处，互通立交1处。总投资26亿元。

【完成钱滨线建设工程投资2.1亿元】 2015年，柯桥区完成钱滨线建设工程投资2.1亿元，总形象进度26%。其中一标完成投资1.2亿元，关键节点东小江完成墩身及0#块浇筑，形象进度28.5%，二标完成产值9000万元，关键节点梅林分离立交桩基开工完成，形象进度23.5%。钱滨线起于柯桥区钱清镇杭金衢绍兴连接线与柯袍线交叉口，终点与滨海工业区滨江大道相接，采用双向6车道一级公路标准设计，全长34.3千米，同步建设安昌连接线1.1千米和滨海工业区连接线1.2千米，采用双向4车道一级公路标准设计，建设里程36.6千米，总投资约45亿元。

【完成杨绍公路杨汛桥至钱清段工程】 2015年，柯桥区完成杨绍公路杨汛桥至钱清段工程建设投资6000万元，占概算总投资50%。主要完成沥青路面铺设18万平方米，中小桥9座，板涵5道，公交候车亭28个及沿线标志标线、路灯、绿化建设。杨绍公路（104国道南复线）杨汛桥至钱清段改造工程起于杨汛大桥南侧桥坡处（K1+070），终点至杨绍公路与杭金衢高速公路绍兴连接线交叉口环岛处K9+850，全长8.78千米，路基宽度为13米~38.5米，按二级公路标准进行改造，设计速度60千米/小时，路面设计标准轴载为BZZ-100。对道路机动车道、非机动车道、机非隔离带、土路肩进行改造，路面结构为沥青砼路面。概算投资11988.71万元。

【柯北大道改造工程完工】 2015年，柯桥区完成柯北大道改造工程施工，完成投资8800万元，项目于2015年6月公开招标，主要完成沥青路面铺设110000平方米，沿线标志标线、路灯及候车亭改造。柯北大道改造工程，起于安华北路，终于柯海线，全长4.03千米，路基宽度由34米拓宽至38米，采用二级公路兼顾城市道路功能标准设计，道路设计时速60千米/小时，改造桥梁4座。项目总投资1.35亿元。

【杭金衢高速杨汛桥出入口道路改造工程完工】

2015年，柯桥区完成杭金衢高速杨汛桥出入口道路改造工程。该工程包括道路横断面拓宽、新增路基防护、改善路基边部排水设施、迁移路灯（基础新增）、迁移及完善安全设施、桥涵拼宽等项目。杭金衢高速杨汛桥出入口道路改造工程起点K0+098位

2015年4月27日，杨绍线施工现场　（黄汉良　摄）

于杭金衢连接线浙江玻璃厂门口，终点FK0+762位于杭金衢高速杨汛桥收费广场，共长860米，按二级公路标准设计，设计时速60千米/小时，桥梁荷载等级为公路–I级。总投资985.10万元。

**【杭金衢高速杨汛桥出入口绿化及配套提档改造工程完工】** 2015年，柯桥区完成杭金衢高速杨汛桥出入口绿化及配套提档改造，种植灌木及地被85427平方米，乔木3022棵，建成建筑面积159平方米的旅游集散中心。该项目包括高速收费站出口处绿化、高速匝道内绿化、高速出入口段两侧绿化及杭金衢连接线沿线部分绿化等，总用地约181650平方米，总投资约6000万元，工程分绿化一、二、三，山体复绿4个标段，其中一标为高速收费站出口处绿化、高速匝道内绿化；二标为高速公路两侧绿化；三标为杨渔线北侧20米宽绿带、西小江边公园、和门程村滨河绿化、水泥厂门口绿化、仁里王村小游园等。

**【柯桥客运中心竣工并运营】** 2015年，柯桥区投资3374万元，完成柯桥客运中心建设。完成客运中心智能化设备安装及调试工作，VRV空调采购安装到位，完成场外绿化工程苗木种植。8月，该工程竣工并通过验收。9月底，柯桥客运中心正式营运。

**·小资料·柯桥客运中心**

绍兴柯桥综合客运枢纽工程按一级站标准建设，日送发旅客15000人次。本工程总占地面积约为122.2亩，建筑面积为16817平方米，主要建筑包括客运站站房，出租车服务中心，附属服务用房（后改为旅游集散中心），变电所，公交维修间。项目总投资2.8亿元，其中工程费用1.9亿元（包括综合楼工程）。工程由东南大学建筑设计研究院有限公司设计，由中设建工集团中标施工，由浙江华诚工程管理有限公司中标监理。该客运站共设置机动车泊位477个，配套建设地面广场、停车场、道路、景观绿化等设施。

**【完成钱江通道安置房工程85%】**

2015年，柯桥区完成钱江通道安置房7幢高层住宅建设，完成内外墙粉刷，开始门窗安装，外墙饰面及石材干挂，完成主体工程85%。钱江通道安置小区项目用地面积24619平方米，建筑面积76072.32平方米，有7幢18层高层建筑和3幢附属用房构成。

**【完成杭金衢高速柯桥西出入口改造】** 2015年，柯桥区改造杭金衢高速公路杨汛桥出入口，关停高速出入口附近沥青拌和场、轧石场，拆除杭金衢高速柯桥区行车视线内违章建筑，规范连接线周边码头，新增及提档周边绿化，设置接送点和应急停车场、公厕，改造出入口处道路750米，由双向两车道调整为双向4车道。

**【完成杭甬高速柯桥出入口改造】** 2015年，柯桥区完成改造杭甬高速公路柯桥出入口，关闭梅林路、八柯线进入金柯桥大道通道，封闭官湖沿村道和东侧服务用房出入口，增设接送客区域，设置电子显示广告牌，拆除收费罩棚及出入口广告牌。改造集贤路与金柯桥大道交叉口，建成集贤路进入金柯桥大道左转地下通道。

（高奇卉）

## 交通设施管养

**【概况】** 2015年，柯桥区境内公路总里程为1423.82千米，其中国道27.537千米（含国家高速公路12.287千米，普通国道15.25千米），省道56.198千米（含绍诸高速11.145千米），县道383.612千米，乡道286.891千米，专用公路11.438千米，村道里程658.144千米。全区桥梁891座，其中国家高速23座、普通国道15座、省道41座（含绍诸高速11座）、县道313座、乡道143座、村道356座。隧道9道，建制村公路通达率100%。按公路技术等级划分：高速公路23.432千米，一级公路69.989千米，二级公路182.156千米，三级公路104.222千米，四级公路907.922千米，等外公路136.099千米。柯桥区管养国、省、县道公路里程为456.202千米（不含高速）。这年，受监交通建设工程31项，在建交通工程质量和安全监督覆盖率100%、监督合格率100%、质量评定备案率100%。全年开展执法大检查4次，质量安全检查35次，下发抽查意见58份，排查质量安全隐患150项，并全部整改。启动省级课题《乡级公路软粘土中基不均匀沉降及桥头跳车处理的技术与监管模式研讨》。

**【出台柯桥区县乡级农村公路建设标准】** 2015年，柯桥区出台《绍兴市柯桥区县乡公路标准化建设实施指南》，包括实施目标、实施范围、实施原则、路基、路面、交通工程及沿线设施、交叉口及沿线接线接坡、排水设施、人行道、路灯、景观绿化、候车亭等12个方面。（高奇卉）

**【投入8500万元改造乡村公路】** 2015年，柯桥区投入8500万元对双棠线、胜利西路、柯夏线、钱茅线等乡村道路进行升级改造。开展在建交通工程环境卫生督查12次。9月18日，绍兴市美丽乡村公路示范镇街考核启动仪式（现场会）在柯桥区举行。

2015年9月18日，绍兴市"美丽乡村公路示范乡镇（街道）"考核工作启动仪式在柯桥区举行（陈立明 摄）

**·小资料·美丽乡村公路建设工程概况**

双棠线棠棣至棠二村村道新建工程，起于棠棣村村头停车站，终点与钱茅线K27+780相交，另有支线长373米，路线全长3.498千米。设计速度为2千米/小时，路基宽度为6.5米~7米，采取部分老路拓宽和劈山新建相结合，并完善排水及边沟、交安设施、绿化等配套工程，总投资2800万元。

胜利西路柯岩大道至尹大线段改造工程，胜利西路柯岩大道至尹大线段改造工程起点位于柯岩旅游度假风景区，终点与尹大线相交，全线长4.62千米，设计时速60千米/小时，其中柯岩大道至镜水路段路基宽24米，镜水路至尹大线段路基宽60米，主要对路面进行病害处治、路面罩面、桥头调坡、交安设施增设调整等改造，总投资2500万元。

柯夏线（香林景区入口至钱茅线段）改造工程，起于香林景区入口水泥砼路面和沥青砼路面交界处，终点与钱茅线相交，路线长2.374千米，设计时速30千米/小时，路面宽7.5米，主要对水泥砼路面采用"白改黑"改造，完善照明、节点景观、排水边沟、交安设施、候车亭等配套工程，总投资900万元。

钱茅线夏泽至棠二村改造工程，起于钱茅线和柯夏线交叉口，终于钱茅线与朱弦线交叉口，长6.711千米；设计时速30千米/小时，路面宽7.5米，主要对水泥砼路面采用"白改黑"改造，完善照明、节点景观、排水边沟、交安设施、候车亭等配套工程，总投资2300万元。

**【完成第二轮县乡公路改造9500万元】** 2015年，柯桥区完成第二轮县乡公路稽东镇骆穿线、漓渚镇分后线、漓渚镇兴园路、王坛镇平王线、杨汛桥镇杨渔线升级改造，总投资9500万元。

**·小资料·5个县乡公路升级改造工程**

骆穿线龙东至穿山岙改造工程，起于骆穿线龙东，终于车谷线平交，路线全长6.584千米，总投资900万元，按四级公路标准设计，设计时速为20千米/小时，设计路宽6.5米。主要对沥青路面病害处治后罩面，并完善排水、交安等设施。

分后线兰亭漓渚段改造工程，起于绍大线分水桥，终点桩号K2+400，全长2.4千米，总投资2600万元。按二级公路兼顾城市道路功能标准设计，设计时速60千米/小时，设计路宽20.35米~29.50米。主要对路基路面改造，并完善排水、交安设施、照明、候车亭等配套工程。

兴园路延伸段漓渚镇兴园路改造工程，起点K0+000（为分后线K2+400），终点与福漓线相交，全长1.576千米，总投资2620万元，按二级公路兼顾城市道路功能标准设计，设计时速60千米/小时，设计路宽为22.5米。主要对路基路面改造，并完善排水、交安设施、照明、候车亭等配套工程。

平王线王坛三桥至绍甘线段改造工程，起于王坛三桥，终于绍甘线，路线全长1.396千米，总投资980万元。按三级公路标准设计，设计速度为30千米/小时，设计路宽9米~13米。主要对路基路面进行改造，并完善排水、照明、交安设施等配套工程。

杨渔线杨汛桥集镇段改造工程，起于杨绍线杨汛大桥南侧桥坡交叉口，终于环山路交叉口，路线全长1.746千米，总投资2400万元。按三级公路技术标准，设计速度为30千米/小时，路基宽度为16.5米~24.5米。主要对路基路面进行改造，并完善排水、交安设施、照明、候车亭等配套工程。

**【完成多处桥面、路面修复投资1亿多元】** 2015年，柯桥区完成农村公路平王线、钱茅线、梗黄线、十赵线、下双线钢质护栏安装10.201千米，总投资234.63万元。完成农村公路大中修，包括车谷线稽东镇至骆家田、尹大线福全段、福漓线路面综合改造、钱茅线漓渚段、钱茅线漓渚段、钱茅线路面维修工程、柯夏线、寨南线、下双线、骆穿线10个项目，总里程59.677千米，总投资9500万元。完成绍甘线惠民桥维修，总投资136万元，主要改造内容为桥面重浇。完成G104京福线柯桥段路面大中修，总投资96万元，主要对两侧沥青路面临时大中修。修复170处水毁公路，涉及柯海线、老益线、柯袍线、104线、钱茅线、分后线、钱安线、夏进线、杨绍线、绍大线、新皇线、柯夏线、阳何线、梗黄线、十赵线、车谷线、下双线、王崇线、平王线、王汤线、寨南线、绍甘线22条公路，总投资约356万元。

**【完成绍大线柯桥区段示范公路景观改造】** 2015年，柯桥区完成绍大线柯桥区段示范公路景观改造。该工程位于柯桥区兰亭镇南部，北起五羊桥、南至诸暨界，道路总长14.5千米，总投资143万元。主要对绿化，山体护坡喷播，照壁，景石、仿古牌、花坛、文化墙改造，对五羊桥、白木桥、绍诸高速出口、古博岭提档升级。

**【推行绿化保洁捆绑式外包】** 2015年，柯桥区推行绿化保洁“捆绑式”外包模式，道路保洁外包60%，绿化外包100%，公路保洁扩面282.287千米。推行“问题曝光台”，曝光问题122个，全部完成整改。

**【推进“两路两侧”“四边三化”整治】** 2015年，柯桥区推进“两路两侧”“四边三化”专项整治，整改问题106个。22条交通要道，发现问题1728个，整改1676个，完成率97%。

**【组建联合执法大队执法公路治超】** 2015年，柯桥区组建公路治超联合执法大队，区财政每年安排1080万元资金，保障执法大队正常运作。招聘、培训治超协管员90人，一线执法人员130人。在全区柯海线、绍甘线、福漓线、杨绍线公路段设立6个治超卡点，开展24小时不间断执法。在柯夏线和钱茅线改造工程中同步实施非现场执法系统建设，完成绍大线非现场执法试点治超系统1个。

**【查处超限车6433辆】** 2015年，柯桥区开展“春雷”“雷霆”“夏日风暴”、百日专项整治等治超专项行动18次，共查处超限运输车辆6433辆，比上年增长318%，占全市的62%；卸货13.1万吨，卸载率100%，全年处罚款1213.1万元

**【整治37座公路桥梁下空间】** 2015年，柯桥区整治公路桥梁下空间，检查扩面至乡村道。检查35条区管公路270座公路桥梁，全区乡、村道422座公路桥梁和19座杭甬运河桥梁，查处37座桥梁下空间安全隐患，并全部整改。

**【开展环境整治“三个一百”工程】** 2015年，柯桥区推进22条道路的环境整治、绿化管理、设施完善，开展“三个一百”工程，即拆除非法公路广告牌100块、改造公路标志标线100千米、绿化修剪补种提档100万平方米，全年拆除非法公路广告牌194块，改造公路标志标线121.64千米，修剪绿化146万平方米。

（高奇卉）

2015年7月17日，柯桥区交通运输局进行夜间治超 （陈立明 摄）

2015年8月12日，柯桥区公路路政人员在协助拆除墙体广告牌 （陈立明 摄）

## 航道管理

**【概况】** 2015年，柯桥区有等级航道46条，航道里程320.12千米。其中四级航道2条（柯甬运河、曹娥江），航道里程50.52千米；五级航道1条（绍海甲线），航道里程12.8千米；六级航道5条（萧余线、南塘线、钱陶线、钱海线、柯海线），航道里程99.8千米；七级航道14条，航道里程80.6千米；准七级航道25条，航道里程76.4千米。

这年，柯桥区水路客运量62.3万人，旅客周转量62.3万人千米，比上年分别增长2.4%、2.4%；货运量134.6万吨，货物周转量21067.4万吨千米，比上年分别增长9.4%和15.9%。实现港口吞吐量630.7万吨，运河通行量1082.3万吨，比上年分别增长22.6%和32.2%。柯桥区有水运企业6家，企业从业人员178人，其中普货运输企业4家、景区游船公司1家、危货运输企业1家。水运企业客船为16艘718客位，货船为48艘14170载重吨。浙能绍兴滨海热电有限责任公司码头创建成为全省港口行业第一批五星级美丽码头，绍兴美佳热电有限公司码头创建成为绍兴市港口行业四星级码头，柯桥区钱清港航管理检查站获全省港航系统"最美窗口"称号，柯桥区港航管理处的王海明获全省港航系统最美人物称号

**【新增客货船32艘】** 2015年，柯桥区水路运力有货船121艘，客船16艘，货船运力28855载重吨；货船平均吨位238.05吨，增长27.7%。其中新增货船30艘11005载重吨，注销52艘886载重吨，新增客船2艘120客位，注销1艘100客位。船型标准化拆解改造32艘，发放补贴资金495万余元。

**【整治码头44个】** 2015年，柯桥区关停整治南塘线（鉴湖水域）22个码头，并复耕复绿，淘汰21个"小、散、乱"码头，升级改造码头1个。浙能绍兴滨海电厂码头全年进港船舶2403艘，电煤吞吐量为137.1万吨，占柯桥区港口吞吐量的21.7%。

**【建成67个视频监控设施】** 2015年，柯桥区投资

2015年，浙能电厂码头成为全省第一批五星级美丽码头　（陈立明　摄）

150万元建设杭甬运河镜湖桥老桥墩，投资100万元建设航道视频水文监测、船舶流量监测系统。至年底，建成1个信息指挥中心，43个航道视频监控点，67个视频监控设施，两套流量监测系统，两套水文监测系统和3个甚高频基站。

【清理官培溪杭甬运河（华舍段）航道垃圾98吨】 2015年，柯桥区完成杭甬运河华舍段航道清淤，全区26处码头设置“二桶一牌”，码头业主与村、镇签订垃圾转运协议26份，核查船舶生活垃圾回收证明，回收船舶垃圾33.13吨，油污水473.6公升，未发现船舶偷排油污和生活垃圾的现象。每月开展官培溪、杭甬运河河长制督查，全年查处并整改问题123处；每天安排2艘船舶6名保洁人员打捞水草垃圾，全年打捞各类垃圾98吨。

【监管检查泥浆运输船舶406艘次】 2015年，柯桥区强化对船舶运输泥浆的监管，召开泥浆运输安全专题会议1次，开展部门联合执法2次，全年办理临时泥浆装卸作业点审核9起，涉及5家公司120艘泥浆运输船舶，审核运量41万立方米，检查泥浆运输船舶406艘次，拆除擅自设置泥浆装卸点1处，处罚违章泥浆运输船6起。　（高奇卉）

## 公共交通发展

【概况】 2015年，柯桥区公共交通以城乡公交、中长途班线和出租客运为主，有一级客运站1个，区内经营的客运企业12家，城区及镇（街道）公交客运站场16个，另有平水、兰亭等两个在建公交站场。柯桥客运中心油气站作为全区首个油气站于2015年6月底投运。

全区有城乡公交线路70条（不含市公交在柯桥区运营线路），其中跨区线路12条、区内公交主线33条、二级公交25条，线路总里程1680.8千米，日发总班次4532班。所有公交线路于7月底前完成无人售票改造，占比达100%。全区有公交车辆595辆，其中新能源公交车336辆，占56.5%。2015年公交客运量为5451.5万人次，公共交通出行分担率比上年提升1%。城乡公交公司有从业人员1216人，其中公交驾驶员737人。

全区有营运客车631辆（不含公交），其中班线客车92辆，省内外旅游包车74辆，出租汽车465辆。由柯桥始发及途经补员的各类客运班线110条，始发客运班线73条，途径班线37条。轻纺城汽车站全年平均日发2367人次，单日最高日发5378人次。全年运送旅客86.4万人次，旅客周转量为14518.2万人千米。

绍兴地区内客运班线4条，分别为柯桥至嵊州、诸暨、岭北、新昌；地（市）班线（含途径）50条，分别为柯桥至杭州、萧山、金华、东阳、义乌、永康、磐安、浦江、兰溪、宁波、石浦、宁海、慈溪、温州、瓯北、乐清、瑞安、苍南、水头、衢州、江山、龙游、温岭、玉环、三门、杜桥、路桥、仙居、丽水、遂昌、松阳、练市、许村、沈家门、缙云、北仑、湖州、安吉、南浔、嘉兴、海宁、桐乡、海盐、临安、新安江、桐庐、千岛湖、临平、余杭、富阳；跨省（市）的长途客运班线（含途径）56条，分别为柯桥至太仓、无锡、江阴、张家港、淮阴、徐州、靖江、盛泽、盐城、海门、苏州、宿迁、景德镇、德兴、乐平、玉山、宿州、祁门、六安、鹿邑、临泉、来安、亳州、襄樊、石狮、浦城、固始、商丘、菏泽、常德、淮滨、周口、柳州、广州、武汉、天门、松江、常熟、扬州、南昌、绩溪、安庆、合肥、南通、姜堰、黄桥、掘江、吴江、常州、启东、北京、青岛、上海、奉贤、郑州、南宁；跨省（市）途径重复班线4条，分别为苏州、无锡、太仓、柳州。

**【新建和改造公交站场7个】** 2015年，柯桥区投入13800万元新建、改造公交站场7个，其中新客运中心公交站、滨海公交站、柯南公交站三个站场完工并使用，平水公交新站土建工程已完工，兰亭站完成工程招标。完成秋湖桥公交首末站为新建站场，丰二、乔波滑雪馆等2个首末站改造，租用（改建）体育中心首末站1个；投入10500万元建成全区首个油气站，并于6月底投用。

2015年12月15日，安昌公交站装修完工

（黄汉良　摄）

**【安装8台洗车机设备】** 2015年，柯桥区完成杨汛桥、夏履、湖塘、滨海、柯南、秋湖桥、体育中心、轻纺城汽车站、钱清、平水等公交站场10台洗车机公开招标，除钱清、平水等公交站外完成8台洗车机设备的安装。

**【调整38条公交网络线路】** 2015年，柯桥区优化公交线路29条，新增9条，其中旅游公交两条、夜公交1条、定制公交1条、专线公交1条和其他主线公交4条。调整后的公交营运线路89条，其中区属公交线路70条、市属公交线路19条。

**【新增新能源公交车辆200辆】** 2015年，柯桥区新能源公交车336辆，其中新增清洁能源公交车200辆，占57.4%，新增普通公交车10辆，公交运力比上年增加110辆。淘汰117辆“黄标”公交车。

**【实施公交智能手机查询系统】** 2015年，柯桥区70条公交线路和595辆公交车可通过手机查询系统软件，能查询公交线路、公交站点和换乘方式、公交车辆到站时间、距离动态信息。公交投诉总量比上年下降37.8%，有责投诉量下降68.7%，第三方测评乘客满意度提高到84.9%。

**·小资料·公交线路变更**

1. 原206路、605路：2015年1月17日起整合调整为101路，走向：柯桥客运中心→绸缎路→双渎路→华齐路→笛扬路→群贤路→金柯桥大道→万商路→云集路→镜水路→胜利路→绍齐公路→杨绍线→城南大道→绍甘线→平水公交站。

2. 原216路：2015年1月17日起调整运营为102路，走向：柯桥客运中心→绸缎路→双渎路→华齐路→金柯桥大道→兴越路→湖东路→云集路→镜水路→胜利路→绍齐公路→杨绍线→城南大道→绍甘线→王坛公交站。

3. 原236路：2015年1月17日起调整运营为103路，走向：柯桥客运中心→绸缎路→双渎路→华齐路→金柯桥大道→兴越路→湖东路→云集路→镜水路→胜利路→绍齐公路→杨绍线→城南大道→绍甘线→车竹线→稽东公交站。

4. 原613路、616路：2015年2月1日起优化调整为866路，走向：高铁绍兴北站→站前大道→钱陶公路→镜水路→裕民路→湖东路→云集路→金柯桥大道→鉴湖路→柯华路→山阴路→万绣路→104国道→钱陶公路→杨绍线→杨江大道→杨汛桥公交站。

5. 新开行西南片三镇的二级公交（夏履二级公交中村支线、钱清二级公交4号线和杨汛桥环线公交三线优化调整）：2015年2月1日起线路命名为566路，走向：夏履公交站→钱茅线→杭金衢连接线→里枢村级公路→杨绍线→江南路→104国道→钱陶公路→镇前路→文化路→梅湖村级公路→

杨绍线→杨江大道→远瞻路(美女山隧道)→江夏线→钱茅线→夏履公交站。

6. 原810路:2015年2月1日起运营调整为567路夜公交,走向:杨汛桥公交站→杨江大道→杨绍线→钱清公交站。

7. 863路:2015年2月6日起走向:柯桥客运中心→双渎路→华齐路→笛扬路→群贤路→育才路→山阴路→太平路→双周路→稽山路→钱陶公路→区公交钱清站。

8. 620路:2015年2月6日起优化调整为565路,走向:钱清公交站→钱陶公路→文化路→镇前路→钱陶公路→钱安线→蜀风村(支线:由蜀风村继续按原走向至柯桥区职教中心)。

9. 钱清3号线:2015年2月6日起优化调整为563路,走向:钱清公交站→经钱陶公路→二环路→镇前路→文化路→钱陶公路→104国道→西后街→钱安线→瓜渔线→华星。

10. 66路:2015年6月1日起优化调整为166路,走向:迪荡始发站→东池路→胜利路→绍大线→104国道→百舸路→云集路→万商路→金柯桥大道→鉴湖路→笛扬路→兴越路→金柯桥大道→华齐路→轻纺城体育中心。

11. 178路:2015年6月10日起优化调整走向:客运中心→绍三线→江东路→迎宾路→兴滨路→滨海(远东石化)(支线至天圣化纤)。

12. 新开830路(滨海至柯桥城区夜公交),2015年6月15日起线路走向:滨海旺角→兴滨路→镜海大道→柯海线→柯北大道→金柯桥大道→华齐路→双渎路→绸缎路→柯桥客运中心。

13. 新开546路(滨海印染集聚区定制公交专线),2015年6月15日起线路走向:滨海公交站→镜海大道→兴滨路→北十二路→滨海大道→天圣化纤。

14. 288路:2015年6月15日起实施无人售票车改造为833路,线路走向、运营时间、班次间隔、停靠站点保持不变。

15. 108路:2015年6月20日起优化调整及实施无人售票车改造,走向:梅龙湖公交站→胜利路→解放路→环城北路→霞西路→越西路→凤林西路→绍齐公路→耶溪路→湖东路→群贤路→湖中路→华齐路→区公共服务大楼(支线至柯桥区职教中心)。

16. 原268路:2015年7月4日起优化调整为816路,走向:盛陵→下大线→环镇北路→安华路→柯华路→兴越路→笛扬路→鉴湖路→金柯桥大道→柯南大道→乔波滑雪馆(会议中心)。线路调整后运营班次时间等均保持不变。

17. 801路:2015年7月5日起优化调整为柯桥城区环线,走向:东环→之江学院公交站→柯华路→兴越路→金柯桥大道→华宇路→湖西路→万商路→柯华路→鉴湖路→稽山路→钱陶公路→之江学院公交站;西环反之。线路调整后运营班次时间等均保持不变。

18. 新开818路旅游公交西段线:2015年7月5日起实施线路走向:高铁绍兴北站→站前大道→钱陶公路→湖东路→华齐路→柯华路→钱陶公路→稽山路→精工集团。线路运营时间6:00—18:00,平均班次间隔30分钟左右,实施一元一票制无人售票。

19. 原603路、77路:2015年7月8日起优化整合为177路,走向:大禹陵→禹陵路→杨绍线→东光路→镜湖路→中兴路→人民路→大教场沿→环城西路→鉴湖前街→越西路→胜利路→湖滨路→柯岩大道→柯南大道→香林大道(柯夏线)→大香林公交站。

20. 原617路:2015年7月8日起优化调整为857路,走向:之江学院→柯华路→群贤路→育才路→万商路→金柯桥大道→104国道→柯岩大道→南复线→绍大线→31省道→分后线→兰亭桃源村委。

21. 开行818路旅游公交南段线:2015年7月10日起线路走向:东方山水→柯南大道→柯岩大道→湖南路→香林大道→大香林公交站。

22. 604路:2015年7月18日起优化调整为812路,同时新开行822路、823路,走向:812路:轻纺城汽车站→云集路→万商路→金柯桥大道→104国道→香林大道→钱茅线→横山岭;822路:轻纺城汽车站→云集路→万商路→金柯桥大道→104国道→香林大道→丰郭线→郭家山(毛婆溪);823路:轻纺城汽车站→云集路→万商路→金柯桥大道→104国道→香林大道→钱茅线→朱家坞→棠二。

23. 609路:2015年7月18日起优化调整为

809路,同时新开行819路、820路二条公交线路,走向:809路:轻纺城汽车站→云集路→万商路→金柯桥大道→104国道→香林大道→永鉴线→宾舍村级公路→江灶娄;819路:轻纺城汽车站→云集路→万商路→金柯桥大道→104国道→香林大道→永鉴线→杨绍线→古城村级公路→陌坞村;820路:轻纺城汽车站→云集路→万商路→金柯桥大道→104国道→香林大道→阮三村路→新风村路→永鉴线→杨绍线→湖中村。

24. 原615路:2015年7月20日起优化调整为855路,走向:之江学院→柯华路→鉴湖路→金柯桥大道→万商路→云集路→镜水路→南复线→绍齐公路→漓福公路→兴业路→花市路→新街→幸福路→分后线→桃源村委。线路运营时间6:00~18:00,日发班次32班,班次间隔20~40分钟,实施一元一票制无人售票。

25. 612路:2015年7月21日起新命名为862路并实施无人售票车改造,线路走向、班次时间等均保持不变。

26. 619路:2015年7月21日起新命名为869路,线路走向、班次时间等均保持不变。

27. 805路:2015年9月30日起延伸调整后线路走向:九鼎→安华路→柯华路→华齐路→湖中路→钱陶公路→金柯桥大道→兴越路→笛扬路→鉴湖路→湖西路→云集路→百舸路→柯南大道→柯岩大道→秋湖桥公交站。

28. 801路:2015年10月27日起延伸调整至柯桥客运中心,走向:东环→柯桥客运中心→绸缎路→双渎路→华齐路→湖中路→钱陶公路→金柯桥大道→兴越路→湖中路→华宇路→金柯桥大道→群贤路→湖西路→万商路→柯华路→鉴湖路→稽山路→钱陶公路→柯华路→兴越路→金柯桥大道→钱陶公路→湖中路→华齐路→双渎路→绸缎路→柯桥客运中心。西环反之。

29. 818路:2015年10月28日起延伸调整经柯桥客运中心,走向:高铁绍兴北站→站前大道→钱陶公路→镜水路→华齐路→双渎路→迎驾桥路→湖东路→华齐路→柯华路→钱陶公路→稽山路→柯南大道→柯岩大道→湖南路→香林大道→大香林公交站

30. 新开柯桥客运中心至轻纺城汽车站专线,2015年10月28日起线路走向:柯桥客运中心→绸缎路→双渎路→华齐路→湖中路→裕民路→镜水路→青峰路→百舸路→云集路→轻纺城汽车站(注:在百舸路未正式通车前暂按照经云集路后绕行镜水路通行)。

31. 813路:2015年10月31日起延伸调整经柯桥客运中心,走向:朝阳村→尹大线→梅林支路→丈午村→梅林支路→梅林路→梅林→西环路→柯北大道→东环路→官湖沿路→齐贤路→齐安路→绍齐公路→怡华北路→创意路→金柯桥大道→迎驾桥路→双渎路→绸缎路→柯桥客运中心。

32. 815路:2015年10月31日起延伸调整至安昌二号桥,走向:安昌二号桥→柯北大道→下大线→曙光路→镇西北路→大和路→大山西村→大和路→兴安路→安华北路→八柯线(党柯路)→梅林路→安昌路→曙光路→安华北路→柯北大道→尹大线(环镇西路)→绍齐公路→钱陶公路→站前大道→绍兴北站。

33. 新开828路:2015年12月10日起运行,走向:东环:秋湖公交站→杨绍线→柯岩大道→柯南大道→余渚路→湖塘路→杨绍线→秋湖公交站;西环:秋湖公交站→杨绍线→湖塘路→余渚路→柯南大道→柯岩大道→杨绍线→秋湖公交站。

34. 298路:2015年12月25日起优化调整为868路,走向:湖光桥(上下客站)→服装市场→南岸公园→北市场→中市场→小马路口(西市场)→104国道育才路口→柯华桥→阮社→精工园区→新风工业园区→信心村→信心村委→余渚→余渚桥→柯南大道路口→临时停靠站→南复线路口→大坞、五丰村临时停靠站→公路管理处→虎象村→九二→上浦西村→下浦西村→砖窑村→狮子山→前梅村→东江新村→钱清镇中学→钱清镇政府→东坂村→梅盛布业→钱清公交站。

35. 钱清2号线:2015年12月25日起优化调整为562路,走向:钱清公交站→大岭下→梅二村口→狮子山→前梅村→东江新村→钱清镇中学→钱清镇政府→东坂村→镇前路口→方家桥→永通集团→西后街→钱清小马路口(电信局)→钱清村→壕湖沿→东茂织造→西沙头→清风路口→万绣路口→珠墅村→新甸路口→凤仪印染厂→凤仪村→施家→临时停靠站→白马山→庆庆纺织→全城。

36. 218路：12月21日起线路编号更名为831路，线路走向、站点及运营计划均保持不变。

37. 228路：12月21日起线路编号更名为832路，线路走向、站点及运营计划均保持不变。

**【完成公交国有化收购工作】** 2015年，柯桥区对县公交下属投资企业股权和长途班线车经营租赁权公开拍卖和过渡期损益清算，决算价为21190万元，收购其中捷达汽车出租公司因无人竞拍而流拍，以最终的评估价收购，完成柯桥区公交国有化收购工作。

（高奇卉　王利珍　黄汉良　丁国方）

## 道路运输监管

**【概况】** 2015年，柯桥区开展客、货运输市场专项整治，开展驾驶员培训、维修行业集中整治和公交车辆规范停靠现场整治活动，实现行业安全有效监管。全区有货运车辆15180辆，可载货量46040吨，全年运送货物3227.39万吨、周转量771398.64万吨千米。全区有道路旅客运输经营业户13家，客运站（场）经营业户1家，其中班车客运企业3家、包车客运企业3家、公交企业1家（柯桥区城乡公共交通发展有限公司）、出租车客运企业5家。道路危险品运输企业7家、危货运输车辆99辆。维修企业395家，其中一类维修企业18家、二类维修企业51家、三类维修企业（含快修）326家，全区有维修从业人员2595人。驾驶员培训企业12家，教练车1118辆，教练员52388人，签发培训记录93646份（其中理科41258份、术科52388份），报送新训教练员202人，复训教练员521人。

**【春运旅客600余万人次】** 2015年春运期间，柯桥区日均投放客运车辆1146辆，计21128个客位，比上年分别增长3.62%和下降8.02%，累计运送旅客601.1万人次，旅客周转量达8251.9万人千米，客运量和周转量分别比上年下降8.45%和32.85%。轻纺城汽车站完成跨县以上长途班线旅客运输11万人次，比上年下降15.2%。

**【开展整治无证营运行动60余次】** 2015年，柯桥区在开发区、主要景区、高速出入口开展无证经营“黑车”行动60余次，清理非法组客点4个，查处违章车辆1931辆次，比上年增长116%，其中“黑车”27辆，比上年增长133%。全年办理行政处罚案件957件，比上年增长41.6%；累计罚款124.82万余元，比上年增长25.4%。

**【远程监管23家车辆二级维护企业】** 2015年，柯桥区建设车辆二级维护远程监管平台，完善“全球眼”监管模式，维护作业流程“透明化”。全区23家承担营运车辆二维作业的企业检测线安装摄像头104个，安装率100%，完成28791辆营运车辆二级维护工作。发展“绿色维修”，引导维修行业节能减排，严控废弃机油失管与外泄，全年共收集废机油150吨。全区新增、改造烤漆房6台，投入资金16.5万元，维修企业远红外加热的烤漆房使用率达85%。

2015年9月19日，柯桥区举行车辆维修技能比武　（包明敏　摄）

**【改革驾驶员培训模式】** 2015年1月26日，柯桥区启用“预约培训、自主选择、一人一车、即时付费、学后评价”驾驶员培训管理模式，提高学员驾驶能力，杜绝教练员违规行为。

（高奇卉）

## 交通安全

**【概况】** 2015年，柯桥区受理各类交通事故64667

起，其中一般程序处理208起；事故造成78人死亡、163人受伤，比上年分别下降14.77%和34.43%；直接经济损失7.578万元，比上年下降62.07%

**【查处车辆违法11万余起】** 2015年，柯桥区大力查处酒驾、超速超载等重点交通违法行为，查获酒驾2903起，其中醉酒191起，现场查处重点违法110591起。完善公路客运车辆、危险品运输车、学生接送车和公路危险路段的安全隐患排查，建立动态管理台账。

**【办理机动车注册登记17695辆】** 2015年，柯桥区办理机动车注册登记17695辆，其中汽车16375辆、摩托车1320辆。机动车转移登记658辆，变更登记4418辆，注销10410辆，补换行驶证、牌照、机动车登记证书9976起，其中汽车3489起。核发检验合格标志113735辆，其中汽车103066辆。

**【开展交通安全宣传教育活动259场次】** 2015年，柯桥区组织民警下社区，进企业，入校园开展宣传活动218次，上交通安全课29次，其他形式的宣传活动12场次，在各级新闻媒体刊登发布200多篇新闻报道，利用柯桥交警官方微信平台和各大网络平台发布交通安全信息，在区电视台开设“交警在线”和“王警官说交通”栏目，向社会播送交通信息、宣传交通安全知识。（徐　金）

**【查处船舶违法案件66件】** 2015年，柯桥区加强船舶动态监控，严把船舶报港签证关、船舶安检关，减少船舶带病航行。开展安全隐患大排查、打非治违、安全生产百日整治专项治理，排查安全隐患。全年查处违法案件66件，案件数量比上年减少33%。

2015年11月24日，柯桥海事在杭甬运河钱清航段检查船舶

（金嘉骐　摄）

**【处理水上交通安全事故36起】** 2015年，柯桥区未发生6小时以上堵航事件及船舶污染水域责任事故，全区接处警水上交通事故36起，其中一般事故2起，死亡1人，经济损失1万元；3000元及以上小事故6起，经济损失7.31万元。开展船舶遇险救助模拟推演，发布安全预警信息2万条，提醒船舶安全航行。（高青升）

**执行编辑　朱菊根**

# 邮政·通信

## 邮 政

【概况】 2015年，柯桥区有邮政局所18个，均为自办局所，营业面积2471平方米，城市投递邮路19条，农村投递邮路81条，城市投递路线总长度442千米，农村投递路线总长3169千米。全区共有村邮站286个、信报箱10262只，其中信息化村邮站建成142个。信息化村邮站主要为村民提供电费等公用事业费代收代缴，话费充值，小额现金支付，领取养老金和社保等助农取款金融服务，代售长途汽车票和飞机票等业务。（蔡 晶）

## 电 信

【概况】 2015年，中国电信柯桥分公司以转型促发展，以人为本打造团队。9月，保障绍兴市第八届运动会分会场中国轻纺城体育中心通信工作。为运动会安保指挥提供全球眼监控系统，检查和维护全球眼监控点；加强天翼3G、4G、WLAN的覆盖，提供中国电信"ChinaNet"无线宽带高速上网，开通应急基站。11月，中国电信柯桥分公司与柯桥区公安局签订警务通手机合作书，提高公安系统信息化水平。12月7日，承建柯桥区环保局"柯桥区危险废物和污泥全过程信息化监控系统项目"通过验收。

【"柯桥数码港"建成开业】 2015年11月11日，由中国电信柯桥分公司与绍兴尊诚信息技术有限公司合作建设"柯桥数码港"建成开业，其于柯桥区山阴路柯桥电信分公司电信大楼一层，营业面积1000余平方米，包含全网通手机卖场区、数码专卖区、产品展示区域、受理区和休闲区域五大功能部分，引进苹果、华为、三星、中兴、vivo、OPPO、TCL、乐木几等智能通信品牌入驻，主推电信合约加宽、分享等业务，是柯桥区域规模最大的数码3C产品零售综合体。（中国电信柯桥分公司）

## 移 动

【概况】 2015年，中国移动柯桥区分公司，依托移动4G无线网络，融入智慧柯桥、平安柯桥建设。新建4G基站550个，4G室分190个。至年底，全区有4G基站1350个，4G室分450个，完成柯桥区内的4G信号全覆盖。基本实现街道、乡镇、农村和外来人口集聚区的移动光宽带覆盖，覆盖率超过98%。在柯桥城市管理中心实施"数字城管"项目，协助柯桥区政法委通过社区网格化，把社会管理服务中心系统搬至手机终端，实施综治工作"平安通"项目；在柯桥区公安局先后实施警务通、执法仪、执法平板、无人机等流量采购项目；为柯桥区环保局实施刷卡排污四期建设和"蓝天行动"——定型机监控2期建设，为柯桥区水务系统-供水公司实施高层校区泵站水压监测传输2期项目，参与柯桥区的"WIFI覆盖项目"的前期工作。做好美丽乡村建设、钱滨线、104国道柯桥段高架等区重点工程的线路整治与迁改。（中国移动柯桥区分公司）

## 联 通

【概况】 2015年，柯桥联通推进经营模式、服务方式、网络能力和体制机制转型。3G网络人口覆盖率上升到97%；4G网络人口覆盖率提升到61%。柯桥联通利用现有的1.8G带宽20M（4G）+10M（2G）频率资源进行LTE 1800M带内载波聚合（CA）试验，将4G网络峰值速率提升至近225mbps。

**【联通视频采集系统助力绍兴市第四届大运会】** 2015年10月23—26日,“联通杯”绍兴市第四届大学生运动会在绍兴文理学院元培学院举办。绍兴联通启用无人机系统,推广视频类行业新技术,利用图像拼接技术实时传送开幕式、文艺汇演、运动员赛场图像视频,使手机用户能通过终端APP观看赛事直播。 (中国联通柯桥区分公司)

**执行编辑 许可可**

# 机　构

## 柯桥区党政机构及有关部门负责人名单

**中共绍兴市柯桥区第十三届委员会**

书　记：徐国龙
副书记：阮建尧
马芳妹
常　委：姚国海　诸剑明
金水法　杨伟卿
潘益民（2015.06任）
金晓明　傅青春
何小华
彭振业（2015.06任）
宋国新（2015.06免）
傅海彪（2015.06免）
丁生产（2015.08免）
高秉学（2015.06免，挂职）
张　剑（2015.12免，挂职）

**绍兴市柯桥区第十四届人民代表大会常务委员会**

主　任：吴　晓
副主任：邢柏生　于庆国
魏阳林　葛美芳
濮如松　沈祖卫

**绍兴市柯桥区人民政府**

区　长：阮建尧
副区长：金晓明
张　剑（挂职）
何小华（挂职）
周树森　胡国炜
祝静芝　王张泉
钱勇军　毛吉泽（挂职）
王志强（2015.07任，挂职）
丁生产（2015.09免）
高秉学（2015.07免，挂职）
张　睿（2015.03免，挂职）

**政协第十一届绍兴市柯桥区委员会**

主　席：孟柏千
副主席：陈忠尧　蔡金标
骆学新　钱月美
吴汉华　裘江新
秘书长：高利泉

**区委办公室（区委区政府政策研究室）**

区委办公室主任：刘　斌
区委区政府政策研究室主任：高来兴

**区人大常委会办公室**

主　任：李亚根

**区人大常委会研究室**

主　任：杨高相（2015.12任）
孙忠富（2015.09免）

**区人大常委会法制工作委员会**

主　任：钱兔根

**区人大常委会代表工作委员会**

主　任：王　勤

**区人大常委会财经工作委员会**

主　任：宋金木

**区人大常委会教科文卫工作委员会**

主　任：叶加林

**区人大常委会城建环保工作委员会**

主　任：徐智煊

**区人大常委会农村经济工作委员会**

主　任：蒋倬臣

**区人民政府办公室(区人民政府法制办公室、区人民政府外事办公室)**

党组书记：孙爱保（2015.04任）

区人民政府办公室主任：孙爱保

区人民政府外事办公室主任：

孙爱保（2015.04任）

区人民政府法制办公室主任: 张晓峰

区人民政府驻杭州办事处主任:

朱志康（2015.04免）

**区人民政府办公室(区人民政府法制办公室)**

党组书记：孙爱保（2015.04免）

**区外事与侨务办公室**

党组书记：蒋伟星（2015.04免）

主　　任：蒋伟星（2015.05免）

注：2015年4月机构改革，区人民政府办公室增挂区人民政府外事办公室牌子，不再保留区外事与侨务办公室。

**区政协办公室**

主　任:陈　方

**区政协提案委员会**

主　任:赵时栋

**区政协经济科技委员会**

主　任:张咸良

**区政协文史和教文卫体委员会**

主　任:汪建中

**区政协城建和人口资源环境委员会**

主　任:朱潮美

**区政协社会法制和港澳台侨委员会**

主　任:杨国良

**区政协委员工作委员会**

主　任:朱力望（2015.09免）

**区政协研究室**

主　任:杨金法（2015.05任）

注:设立绍兴市柯桥区政协研究室。

**区纪律检查委员会**

书　记:金水法

副书记:郎煜江

黄宇峰

**区委组织部**

部　长:姚国海

**区委宣传部**

部　长:杨伟卿

**区委统战部**

部　长:裘江新

**区委政法委(区维稳办、区综治办、610办公室)**

区委政法委书记:马芳妹

区委政法委副书记:潘益民（2015.07任）

濮建明（主持工作）

丁国灿

沈　洋（2015.12任）

宋国新（2015.07免）

区委维护稳定工作领导小组办公室主任:丁国灿

区委610办公室主任:王红坤（2015.04任）

**区机构编制委员会办公室**

主　任:徐国娣

**区委区政府农业和农村工作办公室**

主　任:高青泉

**区直机关党工委**

书　记:吴岳炎

**区委区政府信访局**

局　长:任宏亮

**区委老干部局**

局　长:徐民江

**区史志办公室**

主　任:何鸣雷（2015.04任）

注:绍兴市柯桥区史志办公室机构规格由相似副科级事业单位调整为相似正科级事业单位。

**区委党校**

校　　长:姚国海

党委书记:鲁立新

**区发展和改革局**

党组书记、局长:蒋国洪

**区经济和信息化局**

党组书记、局长:倪仁龙

**区教育体育局**

党工委书记、局长:何其洪

**区科学技术局**

党组书记、局长:王炳豪

**区民族宗教事务局**

局　长:沈关祥（2015.07任）

阮建康（2015.07免）

**区人民政府侨务办公室**

主　任：王良红（2015.04任）

注：2015年4月机构改革，设立区人民政府侨务办公室，与区委统战部、区归国华侨联合会合署办公，不再保留区外事与侨务办公室。

**区公安局**

党委书记、局长：潘益民（2015.07任）
宋国新（2015.07免）

政　　委：傅　超

**区监察局**

局　　长：郎煜江

**区民政局**

党组书记、局长：孙尧富

**区司法局**

党组书记、局长：胡斌钦

**区财政局（地税局）**

党工委书记：余建林（2015.08任）
喻光耀（2015.08免）

区财政局局长：余建林（2015.09任）
喻光耀（2015.09免）

柯桥地方税务局局长：余建林（2015.11任）
喻光耀（2015.11免）

**区人力资源和社会保障局**

党组书记、局长：王秋珍

**市国土资源局柯桥区分局**

党委书记、局长：钱建明

**区环境保护局**

党工委书记、局长：章金尧

**区住房和城乡建设局（绍兴市规划局柯桥区分局、区测绘和地理信息局、区人民防空办公室）**

党工委书记：李卫龙（2015.04任）

局　　长：李卫龙（2015.05任）

**区住房和城乡建设局**

党工委书记：李卫龙（2015.04免）

局　　长：李卫龙（2015.05免）

**市规划局柯桥区分局**

党组书记、局长：杨金法（2015.04免）

注：2015年4月机构改革，组建区住房和城乡建设局（绍兴市规划局柯桥区分局、区测绘和地理信息局、区人民防空办公室），不再保留区住房和城乡建设局、市规划局柯桥区分局。

**区建筑业管理局**

党工委书记、局长：黄化强

**区交通运输局**

党工委书记、局长：缪智勇

**区水利水电局**

党工委书记、局长：徐阿幼

**区农林局**

党工委书记：陈永建（2015.04任）

局　　长：陈永建（2015.05任）

**区农业局**

党工委书记：何建刚（2015.04免）

局　　长：何建刚（2015.05免）

**区林业局**

党组书记：陈永建（2015.04免）

局　　长：陈永建（2015.05免）

注：2015年4月机构改革，组建区农林局，不再保留区农业局、区林业局。

**区商务局**

党组书记、局长：方优美

**区文化广电新闻出版局**

党工委书记：吴坚祥（2015.02任）
王　彪（2015.02免）

局　　长：吴坚祥（2015.03任）
王　彪（2015.03免）

**区卫生和计划生育局**

党工委书记、局长：李　敏

**区审计局**

党组书记：王玲玲（2015.04任）
吴坚祥（2015.02免）

局　　长：王玲玲（2015.05任）
祁金凤（2015.05免）

**区统计局**

党组书记、局长：朱志康

**国家统计局柯桥调查队**

党组书记、队长：徐建江（2015.04任）

**区安全生产监督管理局**

党组书记、局长：金阿根

**区市场监督管理局**

党委书记、局长：寿志平

**区质量技术监督局**

党委书记：沈秀娣（2015.02任）

郁　伟（2015.02免）

局　长：沈秀娣（2015.03任）

郁　伟（2015.03免）

**区政府台湾事务办公室（区委台湾工作办公室）**

主　任：冯鹏英

**区粮食局**

党工委书记、局长：方慧琴

**区综合行政执法局**

党组书记、主任：李兴成（2015.07任）

**区城市管理委员会办公室**

主　任：李兴成（2015.07免）

注：2015年7月机构改革，组建区综合行政执法局。

**区国家税务局**

党组书记、局长：胡连华

**区中国轻纺城建设管理委员会**

党工委书记、主任：冯华林

**区中国轻纺城运输市场管理委员会办公室**

主　任：冯华林

**区滨海工业区管理委员会**

党工委书记、管委会主任：闻仁水

**绍兴柯桥经济开发区管理委员会**

党工委书记、管委会主任：周建鑫

**区鉴湖—柯岩旅游度假区管理委员会**

党工委书记：诸剑明

主　任：郁　伟（2015.02任）

胡华良（2015.02免）

**区平水新城建设指挥部办公室**

党工委书记、主任：张国生

**区行政服务中心（区公共资源交易管理委员会办公室）**

党工委书记：丁生产（2015.12免）

区行政服务中心主任：丁生产（2015.12免）

区行政服务中心常务副主任：王　群

区公共资源交易管理委员会办公室主任：王　群

**区流动人口管理局**

党组书记、局长：祝安钧

**区旅游局**

党组书记、局长：金秀芳（2015.02任）

沈秀娣（2015.02免）

**区金融工作办公室**

党组书记、主任：陈文荣

**区国有资产管理委员会办公室**

主　任：蒋伟星（2015.12任）

李国兴（2015.12免）

**区档案局**

党组书记、局长：尹伟粱（2015.02任）

俞园娟（2015.02免）

**区机关事务管理局**

党组书记、局长：毛海美

**区体育中心建设指挥部办公室**

主　任：倪仁龙（2015.12免）

**浙江工业大学之江学院建设指挥部办公室**

主　任：胡建恩（2015.05免）

**区浙江树人大学杨汛桥校区建设指挥部办公室**

党组书记：朱国庆（2015.12任）

主　任：朱国庆

注：2015年12月，建立区浙江树人大学杨汛桥校区建设指挥部办公室党组。

**区中国轻纺城中央商务区开发建设指挥部办公室**

党组书记：滕建平（2015.12任）

主　任：滕建平

注：2015年12月，建立区中国轻纺城中央商务区开发建设指挥部办公室党组。

**区柯桥古镇开发建设办公室**

党组书记：韩烨飞（2015.12任）

主　任：韩烨飞

注：2015年12月，建立区柯桥古镇开发建设办公室党组。

**区会展业发展办公室**

主　任：徐　迅

**区印染产业集聚升级工程建设办公室**

主　任：赵金良（2015.12免）

**区轨道交通建设指挥部办公室**

党组书记：孙成荣（2015.12任）

主　　任：孙成荣（2015.08任）

注：2015年设立区轨道交通建设指挥部办公室，2015年12月建立区轨道交通建设指挥部办公室党组。

**市住房公积金管理中心柯桥分中心**

党组书记、主任：王宝焕

**区供销合作社联合社**

党委书记：李国兴（2015.12任）
　　　　　张爱武（2015.12免）

主　　任：金　强

**区水务集团有限公司**

党委书记、董事长：倪阿泉

总经理：单宝子

**区直属国有集体资产经营有限公司**

党委书记、董事长：尉睦金

**区中国轻纺城集团股份有限公司**

党委书记、董事长：翁桂珍

总经理：周　俭

**区中国轻纺城市场开发经营有限公司**

董事长、总经理：毛东敏

党委书记：王征宇（2015.07任）
　　　　　李为民（2015.07免）

**区交通投资建设集团有限公司**

党委书记、董事长、总经理：葛梅荣

**区城建投资开发集团有限公司**

党委书记、董事长、总经理：单崇军

**区旅游发展有限公司**

党委书记、董事长、总经理：徐忠良

**区轨道交通集团有限公司**

董事长、总经理：徐永祥（2015.12任）

注：建立区轨道交通集团有限公司。

**绍兴中石油昆仑燃气有限公司**

董事长：孙苗林

**绍兴天然气投资有限公司**

总经理：胡建飚

**区人民武装部**

部　长：李红军（2015.03任）
　　　　傅海彪（2015.03免）

政　委：彭振业

**区人民法院**

党委书记、院长：孙　浩

**区人民检察院**

党委书记：周　江（2015.08任）
　　　　　丁　飞（2015.08免）

代理检察长：周　江（2015.07任）

检　察　长：丁　飞（2015.07免）

**区工商业联合会（总商会）**

党组书记：蒋建国

主席（会长）：谢　妍

**区总工会**

党组书记、主席：喻光耀（2015.08任）
　　　　　　　　唐水淼（2015.08免）

**共青团绍兴市柯桥区委**

党组书记、书记：孙　洁

**区妇女联合会**

党组书记、主席：朱伟芳

**区科学技术协会**

党组书记：孙建华

主　　席：王茂荣

**区文学艺术界联合会**

党组书记、主席：黄锡云

**区残疾人联合会**

党组书记、执行理事长：卢宝良

**区归国华侨联合会**

主　席：王良红（2015.04任）
　　　　王征宇（2015.04免）

**区红十字会**

常务（专职）副会长（执行委员会主任）：尹王炳

**柯桥日报社**

党组书记、总编辑：邹文伟（2015.12任）
　　　　　　　　　方国安（2015.12免）

**区广播电视总台**

党组书记、台长：丁兵康

**瑞丰银行**

党委书记、董事长：俞俊海

行　　长：章卫东

**民革绍兴市柯桥区基层委员会**

主　委：于庆国

民盟绍兴市柯桥区基层委员会
主　委：祝静芝
民建绍兴市柯桥区基层委员会
主　委：祁金凤
民进绍兴市柯桥区基层委员会
主　委：葛伯军
农工绍兴市柯桥区基层委员会
主　委：骆学新
九三学社绍兴市柯桥区基层委员会
主　委：蔡金标

## 柯桥区各街道和建制镇党政正职名单

柯桥街道
党工委书记：张伟江
办事处主任：韩春芳（2015.04任）
王玲玲（2015.04免）
柯岩街道
党工委书记：马建刚
办事处主任：钱　鸿
华舍街道
党工委书记：娄刚强
办事处主任：朱忠良
湖塘街道
党工委书记：郁　伟（2015.02任）
胡华良（2015.02免）
办事处主任：钱　钧（2015.04任）
尹伟梁（2015.02免）
钱清镇
党委书记：朱建刚
镇　　长：邹　丰
夏履镇
党委书记：陈广见
镇　　长：王峻峰
杨汛桥镇
党委书记：王叶刚
镇　　长：陈晓峰
齐贤镇
党委书记：周建鑫
镇　　长：陈立根
安昌镇
党委书记：邱松定
镇　　长：孙伟刚
马鞍镇
党委书记：闻仁水
镇　　长：陈　钧
福全镇
党委书记：陈　刚
镇　　长：王其龙
兰亭镇
党委书记：陈学军
镇　　长：谭　科
漓渚镇
党委书记：钱清华
镇　　长：裘剑平
平水镇
党委书记：张国生
镇　　长：沈　强
王坛镇
党委书记：王　彪（2015.02任）
金秀芳（2015.02免）
镇　　长：郦满峰
稽东镇
党委书记：俞园娟（2015.02任）
赵　凯（2015.02免）
镇　　长：许立峰

（袁　祖）

执行编辑　宋如玲

# 中共绍兴市柯桥区委员会

## 重要会议

**【区委全体（扩大）会议】** 2015年，中共柯桥区委共召开两次全体（扩大）会议。

中共柯桥区第十三届委员会第七次全体（扩大）会议于1月16日召开。会议认真贯彻党的十八届四中全会、中央经济工作会议和省委十三届六次全会、市委七届八次全会精神，总结2014年工作，部署2015年任务，全面深化法治柯桥建设，动员全区各级党组织和广大党员干部，聚神聚力、提标提速，主动适应新常态、奋力实现新发展，致力打造“时尚柯桥、印象柯桥、幸福柯桥”，全面完成“十二五”各项任务。区委常委会主持会议。区委书记徐国龙代表区委常委会作工作报告。会议充分肯定2014年工作。会议认为，2014年全区上下合心合力推进经济社会平稳健康发展，经济报表和平安报表交出预期答卷。会议提出，要主动适应经济发展新常态、社会治理新常态和作风建设新常态，准确把握柯桥区处于结构调整阵痛期、转型升级关键期和深化改革攻坚期的阶段性特征，努力实现新常态下的新发展。会议明确2015年全区经济、城乡、社会发展的主要任务。会议强调，2015年要认真贯彻落实区委决策部署，着力提振精气神，赶早落实新一年工作，进一步深化目标任务并尽快付诸实施，确保实现一季度“开门红”，推进项目建设，抓好环境整治提升月活动，关心人民群众生活，努力保持社会和谐稳定，全面加强党风廉政建设。

中共柯桥区第十三届八次全体（扩大）会议于7月15日召开。会议认真学习贯彻习近平总书记在浙江考察时的重要讲话精神和省委十三届七次全会、市委七届九次全会精神，总结上半年工作，部署下半年任务，审议通过《中共绍兴市柯桥区委关于全面加强基层党组织和基层政权建设的实施意见》，动员全区各级党组织和广大党员干部，谋在深处、干在实处，确保完成全年目标任务，加快打造“时尚柯桥、印象柯桥、幸福柯桥”，努力率先全面建成小康社会。会议由区委常委会主持。区委书记徐国龙代表区委常委会向全会作工作报告。会议通过区委《实施意见》。区委副书记、区长阮建尧就贯彻落实全会精神作工作部署。会议指出，要认真学习领会习近平总书记在浙江考察时的重要讲话精神，增强信心、奋发有为，加快打造“三个柯桥”，全力推动“四个全面”战略布局在柯桥区的生动实践。会议认为，全区上下积极适应新常态、落实新举措，调结构促转型、经济稳速向好，提品质强统筹、城乡稳固融合，抓治水优环境、生态稳步改善，惠民生创平安、社会稳定和谐，区域经济社会保持稳健发展，主要发展指标和各项重点工作基本实现“双过半”，成绩值得充分肯定。但也要认识到发展中存在的困难和问题，冷静应对、主动作为，确保完成全年目标任务。会议强调，做好下半年工作，推进转型升级，着力加快轻纺城“三次创业”、印染集聚、项目建设、招商选资、科技创新、股改上市、企业帮扶和特色小镇建设等工作，提升经济发展的质量和效益。治理生态环境，继续抓实“五水共治”、治气治泥、“美丽乡村”建设、环保监管等重点，推动区域生态环境改善。提升民生福祉，大力改善基础设施，提升城市管理和社会服务水平，强化民生保障，增强城乡居民的幸福感和满意度。深化平安建设，突出主动维稳，强化重点整治，保障公共安全，确保连续第11年成功创建省“平安区”。强化发展保障，提高要素保障能力、提升政府服务水平、提振干部担当精神，推动工作、保障发展。

**【区深化作风建设会议】** 2015年2月26日，柯桥区召开深化作风建设会议。区委书记徐国龙讲话，区委副书记、区长阮建尧主持会议。会议对有关先进进行表彰。会议指出，柯桥区处于结构调整阵痛期、转型升级关键期、深化改革攻坚期，要认真落实“聚神聚力、提标提速，勇争一流、走在前列”行动准则，全力抓好各项工作落实，推动柯桥区新常态下的新发展。会议强调，致力打造“时尚柯桥、印象柯桥、幸福柯桥”是今后一个时期内努力方向，2015年具体工作是区委、区政府确定的十方面70项工作，要准确把握印染集聚、项目建设、招商引资、企业帮扶、生态改善、美丽乡村建设、平安建设、村级治理、干部队伍建设等方面的重点目标任务。会议强调，抓落实要靠好的作风。要大力弘扬“靠作风吃饭、凭实绩说话”的优良传统，以过硬的作风抓好各项工作的落实。会议强调落实党风廉政建设主体责任，要求各级党委、纪检组织以及单位“一把手”、其他班子成员认识责任，主动担责，严明纪律、严管干部、深纠“四风”、严惩腐败，严肃追责，增强刚性问责，落实“一案双查”。阮建尧就贯彻落实会议精神提出要求。

**【区常委会会议】** 2015年，区委共召开18次常委会议。

1月13日会议。会议听取关于区委十三届七次全体（扩大）会议报告（送审稿）、区委十三届七次全体（扩大）会议方案的汇报；听取关于进一步加强和改进人大工作意见（送审稿）、区委人大工作会议方案的汇报；听取关于《政府工作报告（送审稿）》起草情况的汇报；听取关于区2014年财政预算执行情况及2015年财政预算（草案）的汇报；听取关于区2014年国民经济和社会发展计划执行情况与2015年国民经济和社会发展计划（草案）报告的汇报；听取关于浙江工业大学之江学院（新）董事会董事监事会监事变更说明的汇报；听取水务集团关于今后发展思路和2015年工作重点的汇报；听取轻纺城股份公司关于今后发展思路和2015年工作重点的汇报；国资公司、轻纺城经营公司、交投集团、城投集团、旅游发展公司、中石油昆仑燃气有限公司、天然气投资公司关于今后发展思路和2015年工作重点的汇报（书面）。

2月7日会议。会议传达省、市组织部长会议精神；传达中央、省、市纪委全会精神及柯桥区贯彻落实意见建议；传达省委政法工作会议精神；传达全省第九次党史工作会议精神；听取关于选派“两新”组织专职党建工作指导员实施意见的汇报；听取关于2014年度“评星晋级”考核结果暨区级星级基层党组织建议名单的汇报；听取关于将区史志办机构升格情况的汇报；听取关于2015年区委区政府重点工作分解情况的汇报；听取关于区长奖等奖项评比结果的汇报；听取关于2014年度镇（街道、开发区）和区机关部门岗位目标责任制考核情况的汇报；听取关于柯桥区优惠保障人才住房工作意见的汇报；听取关于开展城乡环境整治提升专项行动实施方案的汇报；听取关于进一步推进印染产业集聚升级工程的意见汇报；听取关于2015年区慈善资金使用指导性计划安排的汇报；听取关于进一步完善困难群众医疗救助制度的实施意见和关于完善行政事业单位工作人员重大疾病医疗救助制度意见的汇报；听取关于加强新形势下离退休干部队伍建设意见的汇报；听取关于2014年度公务员嘉奖、三等功、区级先进单位、区级先进工作者（区管干部以下）评选汇总情况汇报；听取关于区管领导干部及区机关部门退职领导干部2014年度考核优秀等次（嘉奖）建议名单的汇报；听取关于区政协原副主席吴越要求到区茶文化研究会工作的情况汇报；听取关于阳明园建设方案的情况汇报；听取关于收购柯岩风景区股份有限公司股权建议方案的汇报；听取关于区交投集团收购瑞丰银行部分股权的情况汇报。

3月16日会议。会议传达全国“两会”会议精神；研究远东石化有关事项。

3月30日会议。会议传达夏宝龙书记在省委学习贯彻“四个全面”战略布局专题研讨班上的讲话精神；听取区纪委关于党风廉政建设和反腐败工作的汇报；听取全区平安创建工作情况的汇报；听取全区信访工作和积案化解情况的汇报；听取关于2015年度全区“五水共治”重点工作情况的汇报；听取关于加快推进现代社会组织建设实施意见的汇报；听取关于2015年镇（街道、开发区）、部门岗位目标责任制考核意见的汇报；听取关于加速推进招商引资工作实施意见的汇报；听取关于2015年度金融支持经济发展考核奖励办法的汇报；听取关于与杭州树兰医院管理有限公司开展医院合作的情况汇报；听取关于远东石化帮扶工作进展情况的汇报；听取关于冠成国际商业中心项目有关问题的汇报；听取关于迪卡侬项目招商落户相关事项的汇报；听取关于2015年采购公交车辆方案的情况汇报；听取关于受让凌达公司天津滨海农村商业银行股份工作方案的汇报；听取审议《柯桥区2015年干部教育培训工作要点》的汇报；听取审议《关于深入开展2015年重点帮扶村整顿转化工作的实施意见》的汇报；听取审议《柯桥区2015年度党建工作责任制》的汇报。

4月13日会议。会议听取关于2015年柯桥区劳动模范评选工作有关情况的汇报；听取关于区宗教活动场所和民间信仰场所专项整治“回头看”工作方案的汇报。

5月5日会议。会议听取出台《关于落实党风廉政建设党委主体责任和纪委监督责任的实施意见》《2015年柯桥区党风廉政建设和反腐败工作组织领导与责任分工》《2015年柯桥区落实党风廉政建设主体责任考核办法》的情况汇报；听取关于全国文明城市建设、文明指数测评和浙江省文明区复评工作方案的汇报；听取关于做好意识形态工作情况的汇报；听取全区宗教问题情况的汇报；听取关于一季度柯桥区安全生产和食品药品安全工作的情况汇报；听取关于2015年度全区经营性国有建设用地出让计划和2015年度全区工业及行政公益性项目用地供地计划的汇报；听取关于中纺CBD电子商务产业项目的情况汇报；听取关于2014年度区直属国有企业绩效考核及负责人年薪情况的汇报；听取关于中国轻纺城集团股份有限公司、中国轻纺城市场开发经营有限公司拟出资参与浙商银行股份有限公司增资扩股计划方案的汇报。

5月15日会议。会议研究其他有关事项。

5月28日会议。会议传达学习王岐山同志在浙江考察调研和在部分省（区、市）纪委书记座谈会上的重要讲话精神、全省深化纪律检查体制改革工作会议主要精神；听取关于全区公安监管工作的汇报；听取关于加快推进资源要素市场化配置综合配套改革实施意见的汇报；听取关于加快企业股改上市三年推进计划（2015—2017）及推进企业股改上市政策意见的情况汇报；听取关于2015年区直属国有企业经营业绩考核意见的情况汇报；听取关于创新财政支持经济发展方式设立政府产业基金若干意见及产业重组基金、转型升级基金工作的汇报；听取关于区国有资产投资经营有限公司拟出资参与绍兴银行第五轮增资扩股方案的情况汇报。

7月3日会议。会议听取区人大常委会党组、区政协党组关于上半年工作情况和下半年工作安排的汇报；听取关于全区党风廉政建设上半年工作情况和下半年工作安排的汇报；听取关于区委十三届八次全体（扩大）会议报告（送审稿）、区委十三届八次全体（扩大）会议方案和柯桥区委全面加强基层党组织和基层政权建设实施意见（送审稿）的汇报；听取关于进一步规范区直属国有企业职工薪酬管理的实施意见汇报；听取关于网上轻纺城股权转让方案的汇报。

7月15日会议。会议听取关于绍兴远东石化有限公司进入司法处置情况的汇报。

8月17日会议。会议听取审议《关于进一步加强助企服务工作意见》的汇报；听取关于建立企业服务员制度方案的汇报；听取关于柯桥区农民合作社、家庭农场、村转社区等农村基层党组织建设试点工作实施方案的汇报；听取关于加强全区伊斯兰教管理工作情况的汇报；传达夏宝龙书记在省公安厅调研反恐维稳工作时的讲话精神、听取全区反恐维稳工作情况的汇报；听取关于落实“党政同责、一岗双责”迅速开展全区安全生产“六大行动”专项大检查情况的汇报；听取关于大力推进轻纺城“三次创业”若干意见的汇报；听取关于轻纺城市场开发经营有限公司对“轻纺城”股份进行增持的汇报；听取关于浙江中国轻纺城集团股份公司开展金融服务的汇报。

9月9日会议。会议学习传达市委党风廉政建设和作风建设巡查工作会议精神；听取关于省委第四巡视组到区巡视工作方案的汇报；听取关于审议柯桥区委2010年以来工作情况汇报和区纪委、区委组织部专题工作情况的书面汇报；听取关于柯桥区深化“四张清单一张网”改革推进简政放权放管结合转变政府职能工作方案的汇报；听取关于柯桥区企业投资项目高效审批50天全流程试点实施方案的汇报。

9月29日会议。会议学习传达中央和全省统战工作会议精神；听取柯桥区统战工作情况汇报；学习传达中央和全省党的群团工作会议精神，听取柯桥区群团工作情况汇报；听取关于出台《镇（街道、开发区）纪（工）委书记、副书记（专职纪检员）提名考察办法（试行）》《区纪委派驻纪检组组长提名考察办法（试行）》《区属企业纪委书记提名考察办法（试行）》的情况汇报；听取关于全区社会稳定及平安创建、信访工作情况的汇报；听取关于柯桥区安全生产和食品药品安全工作的情况汇报；听取关于加快柯桥“金柯汇富基金小镇”建设的汇报；听取关于柯桥区加快培育建设特色小镇实施意见的汇报；听取关于2015秋季纺博会及柯桥时尚周暨深圳时装周走进中国轻纺城活动方案的汇报；听取关于加快柯桥区轨道交通建设若干意见的汇报；听取关于组建柯桥区轨道交通集团有限公司的意见的汇报；听取关于柯桥区加快科技型成长型企业培育三年计划（2015—2017）的汇报；听取关于“IBM智慧城市（水资源管理）未来科技馆”项目落户有关事项的汇报；听取关于柯桥区完善机关事业单位工资制度实施办法的汇报；听取关于柯桥区机关事业单位养老保险制度改革实施工作方案的汇报。

11月2日会议。会议传达贯彻党的十八届五中全会精神；传达贯彻《中共中央关于部分省市县党委书记违纪违法案件及其教训警示的通知》；传达贯彻习近平总书记在中央政治局第二十六次集体学习时的重要讲话精神；传达学习全省组织部部长会议精神（关于选人用人问题整改工作）；听取关于企业投资非独立选址项目不再审批试点实施方案的汇报；听取关于2015年冬季大气污染防治百日攻坚行动实施方案的汇报；听取关于柯桥历史文化街区（一期）征收范围内直管公房房改出售实施细则的汇报；听取关于全省美丽乡村和农村精神文明建设现场会方案的汇报。

11月27日会议。会议传达学习《关于结合巡视对绍兴等4个市及萧山等县（市、区）选人用人工作专项检查情况的通报》；传达学习任泽民同志在听取绍兴市党风廉政建设“两个责任”落实情况汇报后的讲话精神；听取关于建议召开柯桥区人大十四届五次会议和柯桥区政协十一届五次会议有关情况的汇报；听取关于杭州至绍兴城际铁路香樟路站工程委托建设相关情况的汇报；听取关于柯桥区轨道交通集团有限公司组建情况的汇报；听取关于进一步深化区纪委派驻机构改革工作方案的汇报；听取关于对2015年度落实党风廉政建设主体责任情况进行检查考核方案的汇报。

12月11日会议。会议学习传达中发〔2015〕18号、浙委发〔2015〕21号文件精神（关于加强县乡人大工作和建设若干意见）；听取关于区十四届人大五次会议有关组织领导机构的情况汇报；听取关于柯桥区综合行政执法工作实施方案的汇报；听取关于2016年度柯桥区城乡居民基本医疗保险筹资方案的汇报；听取关于绍兴鉴湖大酒店与君澜酒店管理有限公司合作经营方案的汇报；听取关于柯桥区进一步深化城镇住房改革补充意见的汇报；听取关于柯桥区城乡生活污水治理设施运行维护管理意见的汇报；听取关于中纺CBD二期地块开发建设有关事宜情况的汇报；听取关于稽山路等六路段下穿杭甬客专铁路道路工程代建方案的汇报；听取关于区城投集团下属中心城公司出资参与天津滨海农村商业银行股份有限公司增资扩股计划的汇报。

12月16日会议。会议听取关于毅腾职业足球俱乐部建设合作框架协议的汇报。

12月30日会议。会议听取区委十三届九次全体（扩大）会议报告（送审稿）及区委十三届九次全体（扩大）会议方案的汇报；听取关于制定国民经济和社会发展第十三个五年规划建议（送审稿）的汇报；听取关于2016年区委区政府工作思路和重点工作分解情况的汇报；听取关于2016年度加快经济社会转型升级若干政策意见的汇报；听取关于政府购买公交服务实施办法（试行）的汇报；听取关于调整土地出让成本结算的情况汇报；听取关于要求审议开展建设“三个柯桥”重点工程立功竞赛活动等情况的汇报；听取关于拟收购柯桥区天圣投资管理有限公司建议方案的汇报。

## 重要决策和活动

**【加大南部山区发展扶持力度】** 2015年1月5日，柯桥区委印发《关于进一步加大南部山区发展扶持力度的若干意见》。主要措施有8项：建立山区生态保护补偿基金；加大山区耕地保护补偿力度；扶持山区产业转型发展，推动适宜山区环境的现代农业、服务业发展；支持山区改善公建设施；加快发展山区教育卫生事业；提升山区集镇特色品位；引导山区农民集中居住；加大金融和保险支持山区发展力度。

**【推进印染产业集聚升级】** 2015年2月15日，柯桥区委印发《关于进一步推进印染产业集聚升级工程的意见》，将全区印染企业空间布局划分为集聚区、提升区和退出区。培育创建一批骨干示范企业，通过节能减排、淘汰落后产能等倒逼措施，分期分批推进有条件有实力的印染企业向集聚区搬迁集聚，推进印染产品的结构调整和先进适用技术的应用。到2017年，基本完成印染产业集聚升级工程。

**【深化强镇扩权改革】** 2015年2月25日，柯桥区委印发《关于深化强镇扩权改革的意见》。加强基层政府公共服务、市场监管、社会管理、环境保护等职责，理顺中心镇管理体制，赋予中心镇与其人口和经济规模相适应的区级管理权限，提高中心镇集聚人口、经济发展、公共服务、社会治理能力，建立“小政府、大服务”行政管理体制和运行机制适应中心镇发展需求，推进中心镇和大中城市协调发展，加快新型城市化进程。

**【加快实施“服务业兴区”战略】** 2015年3月30日，柯桥区委印发《关于加快实施“服务业兴区”战略的若干意见》，主动适应经济发展新常态，以城市经济为核心，以国际化、现代化、市场化、信息化、高端化、集群化为导向，加快实施“服务业兴区”战略，增强改革和创新动力，优化体制和政策环境，努力把柯桥区建设成为绍兴中心城市的“经济中心”“商贸中心”，国内具有较强影响力的“现代服务业发展示范区”。2015—2017年服务业增加值占全区生产总值的比重每年提升一个百分点以上。在服务业重点领域形成一批现代服务业集聚区和增长极，产业集群效应显著增强，城市集聚辐射和综合服务功能整体跃升，形成现代服务业和先进制造业并重发展的产业格局。

**【推进资源要素和印染行业市场化配置改革】** 2015年6月16日，柯桥区委印发《关于印发柯桥区加快推进资源要素市场化配置综合配套改革实施意见和印染行业开展资源要素市场化配置改革实施方案的通知》。通过改革，到2020年，柯桥区在土地、资金、人才、环境容量等要素配置中的体制性障碍取得明显突破，形成较完善要素市场化配置方式。单位建设用地GDP达7.5亿元/平方千米以上，工业、服务业和建筑业全员劳动生产率年均提高5%以上，单位GDP用水量年均下降6%以上，单位GDP能耗下降率和主要污染物排放总量削减率完成上级下达指标。

**【推进中国轻纺城“三次创业”】** 2015年9月17日，柯桥区委印发《关于大力推进中国轻纺城“三次创业”的若干意见》。运用“轻纺城+”理念，深化市场、产业、城市联动发展，增强轻纺城国际影响力、时尚创造力、价值提升力，推动柯桥经济转型、城乡转型、社会转型，组织实施“新611工程”，即用6年时间，推进建设100个以上项目，再“造”一个轻纺城(轻纺城市场交易额6年实现翻一番；轻纺城网上交易额达到现有实体市场规模，再造一个“网上轻纺城”)。全面推进市场智慧化提升、产业时尚化升级、城市国际化拓展，近期到2020年，中国轻纺城在纺织贸易流通、时尚发布、信息交互、创意设计、商务会展、金融服务等方面得到显著提升；远期到2030年，把中国轻纺城打造成为具有较高知名度和重要影响力的国际化、时尚化、智慧化纺织之都。

## 纪检监察

**【概况】** 2015年，柯桥区纪检监察系统按照转职能、转方式、转作风的要求，强化监督执纪问责，坚持“三个到人”(即任务到人、责任到人、奖惩到人)，推动“两个责任”(即党委负主体责任，纪委负监督责任)落地生根。围绕权力运行轨迹，扎紧规范权力制度笼子。深化村级治理，夯实基层党风廉政建设基础。提升纪检干部履职能力，推动“三转”落实。科技监督平台、“纪委提醒您”、正风肃纪等特色亮点工作多次被《中国纪检监察报》《纪检监察》《浙江日报》《反腐败导刊》等省级以上新闻媒体报道。其中，发表在《中国纪检监察报》12篇、《纪检监察》2篇、《浙江日报》10篇、《反腐败导刊》7篇。

**【召开区纪委十三届五次全体会议】** 2015年2月10日，中共绍兴市柯桥区第十三届纪律检查委员会第五次全体会议召开。区委书记徐国龙出席会议并讲话。全会传达学习中央、省市纪委全会精神，回顾总结柯桥区2014年党风廉政建设和反腐败工作，研究部署2015年任务。全会审议通过区委常

2015年2月10日，中共绍兴市柯桥区第十三届纪律检查委员会第五次全体会议召开　（区报社　供稿）

委、纪委书记金水法代表区纪委常委会所作的《坚持从严治党，全面依规治党，坚定不移推进党风廉政建设和反腐败工作》的工作报告。

【省委书记夏宝龙调研科技监督平台】 2015年5月13日，省委书记夏宝龙调研柯桥区党风廉政建设科技监督平台，详细了解平台监督"三重一大"事项（即重大问题决策、重要干部任免、重大项目投资决策、大额资金使用）、农村集体"三资"（即资金、资产、资源）管理、村务监督等情况，对科技平台在监督农村基层党风廉政建设等方面作出高度评价。夏宝龙指出，解决服务群众"最后一千米"问题，最好要缩短到一米甚至"一纳米"，在这个中心能看到村里所有的原始发票，是真正把解决群众问题落实到了最后"一纳米"。柯桥区的做法很好，值得在全省推广。

【落实党风廉政建设"两个责任"】 2015年，柯桥区出台《关于落实党风廉政建设党委主体责任、纪委监督责任的实施意见》，组织全区各镇（街道、开发区），区机关各部门学习"两个责任"（即党委负主体责任，纪委负监督责任）重要文件精神，学习反馈情况由党委（党组、工委）负责人和纪检组织负责人签字背书并上报。建立健全部门落实主体责任报告评议、督查约谈等机制，组织区纪委委员对34个单位履行主体责任情况开展满意度评议，召开专题会议听取10个重点单位"一把手"工作汇报，传导责任压力。加大一案双查和责任追究力度，全年对"两个责任"履行不到位的，通报或约谈35人次，诫勉谈话2人次。

【开展"小金库"问题专项治理】 2015年1月，柯桥区开展"小金库"问题专项治理，督促区内各单位清理"小金库"、防范滥发津补贴行为。全区107个单位全部上报"回头看"情况报告，对"小金库"治理不力的1名正科级领导干部作出免职及党内警告处理。

【查纠违反作风效能规定行为42人次】 2015年，柯桥区加大"慵懒散奢浮粗"等行为明查暗访和责任追究力度。全年组织开展各类明查暗访12次，查纠违反作风效能规定行为42人（次），违反八项规定精神行为28人（次）。制定出台影响"五水共治"和"河长制"工作推进责任追究暂行办法，对4起严重影响"三改一拆""五水共治"工作进展事件进行严肃处理。

【处理各类违纪违法案件145件】 2015年，柯桥区实践监督执纪"四种形态"。全年共谈话函询25件（次），党纪轻处分和组织调整63人，党纪重处分和作出重大职务调整94人。全区各级纪检监察组织共受理信访举报881件（次），比上年下降39%。立案148件，结案145件，给予党纪处分157人，政纪处分8人，双重处分8人，涉嫌犯罪被移送司法机关处理10人。重点查处稽东镇部分镇村干部违规变卖、处置村级物业用房系列串窝案。对有关干部涉嫌严重违纪接受组织审查等信息，及时在《柯桥日报》上予以公布。

【区直63个党和国家机关部门派驻全覆盖】 2015年12月，柯桥区纪委在省市纪委的统一部署下，完成全区纪检派驻机构改革。改革前共有单独派驻机构38家，改革后统一派驻20个纪检组，其中综合派驻15家，单独派驻5家，配备正科职领导干部7名，副科职领导干部20名，实现了对区直63家单位部门派驻监督全覆盖。　（蒋立明）

# 组织工作

【概况】 2015年，柯桥区组织系统组织“三严三实”专题教育。严格落实领导干部署名推荐和干部个人有关事项即时报告制度，遵循干部动议“三步曲”，建成干部信息综合管理系统。公开选拔3名结构性干部，择优挑选106名“源头干部”，选派127名年轻干部参与区委区政府中心工作，调整21名不适宜担任现职的区管领导干部，干部“能上能下”成为常态。制定基层党建“整乡推进、村村过硬”80条标准，帮扶整转16个软弱涣散村，基层组织建设全面提升。调整23名不合适村干部，跟踪培养646名村级后备干部，“三合适”村干部队伍建设得到强化。举办“三重三爱”主题培训精品班，择优选派64名助企服务员，开展党建品牌“三级联创”。继续实施“鉴湖英才计划”，成立全市首只科技人才创业创新基金——锦聚科技人才创业创新投资基金，建设“一站式”人才服务平台——创立方，引育16名海外高层次人才。

2015年，柯桥区组织系统完成全国农村基层党建工作座谈会现场考察点任务；柯桥区获省“五好”服务型乡镇（街道）建设先进县（市、区）；区委组织部在全市组织系统岗位目标责任制考核中获“五连冠”；助企服务员选派工作和基层党建“整乡推进、村村过硬”80条标准得到市委、市委组织部发文推广；推出全国首张“村干部言行负面清单”，《人民日报》予以报道；完成全国农村改革试验区基层党建年度试点工作，实现“两农”组织党建工作全覆盖，得到省、市组织部肯定；海外高层次人才引进总数连续五年位列全市第一。

【开展“三严三实”专题教育】 2015年，柯桥区委出台《关于开展“三严三实”专题教育的实施方案》，明确专题教育的指导思想、目标要求、方法措施和组织保障。全年共组织专题报告会6次，组织各类交流讨论110余场（次），提出书面建议700余条（次），撰写心得体会等文章80余篇，建立教育实践活动整改落实长效机制37项。

【推行领导干部署名推荐】 2015年，柯桥区落实《干部选拔任用工作条例》，开展领导干部署名推荐。全区共有20余名推荐对象被署名推荐，经组织部考察得到提任的有10余名，“以德为先、实干实绩、群众公认、重视基层”选人用人导向进一步树立。

【实行干部动议“三步曲”】 2015年，柯桥区委组织部采用“三步曲”方式，规范领导干部选拔任用动议环节。区委组织部综合研判干部队伍现状、班子缺配情况和各方建议，提出《干部调整工作意见》；提出《干部调整初步建议》，经“五人小组”成员酝酿并签批同意；提出《干部调整工作方案》，正式启动干部调整的各个环节工作。

【选派127名年轻干部压担锻炼】 2015年，柯桥区委组织部通过优选培育、墩苗压担，选派127名优秀年轻干部参与区委区政府中心工作。其中，抽调64名区管正、副职后备干部、“源头干部”和专业技术干部参与每月镇（街道）环境卫生督查；选派7名干部到印染产业集聚办工作；选派5名干部到企业解困帮扶办；抽调5名干部到区“五水共治”办；选派8名干部到区文明办参与文明城市创建；选派12名干部开展驻点招商；选调3名干部参与轨道建设重点工作。

【培养106名源头干部】 2015年，柯桥区委出台《绍兴市柯桥区2015年“源头干部”培养计划》，选拔新一批106名“源头干部”。源头干部培养过程实行动态管理，106名源头干部中，1人通过竞争性选拔成为区管领导干部副职，4人提拔为中层正职，7人提拔为中层副职。20余人参与环境卫生检查、印染产业集聚等全区中心工作。

【实行干部个人有关事项即时报告制度】 2015年7月，柯桥区委出台《关于领导干部即时报告个人有关事项的若干规定》，要求领导干部在所列报告事项发生后30天内，填写《领导干部个人有关事项即时报告表》，经所在单位主要领导审签后，向区委组织部进行报告。全年共有25名区管领导干部进行即时报告。

【培训党员领导干部5073人次】 2015年，柯桥区突出政治纪律和政治规矩、依法治国、干部选拔任用条例重点教学内容，加大中青年干部、源头干部、村干部和新生代企业出资人等特定人员的选调，增加结构化研讨、现场教学、情景模拟、案例分析教育等新型授课模式比例。举办组工干部培训班、村级后备干部培训班，全年培训党员领导干部5073人（次）。

【入选全国农村基层党建工作座谈会现场考察点】 2015年，柯桥区柯岩街道新未庄社区、新风村作为全国农村基层党建工作座谈会现场示范点，接受与会代表考察。全区先后接待省内外学习考察团120多批（次）、4200多人（次），有关工作得到《人民日报》、浙江电视台《党建好声音》等主流媒体正面报道，受到中组部和中农办有关领导的高度肯定。

**【推动基层党建“整乡推进、村村过硬”】** 2015年，柯桥区委落实省委关于基层党建“整乡推进，整县提升”要求，出台基层党建“整乡推进、村村过硬”80条标准。6月和11月，分别组织召开全区农村基层党建工作现场推进会、全区“整乡推进、村村过硬”和“两农”组织党建工作推进会，推动基层党建“全面进步、全面过硬”。各镇（街道）开展基层党建示范点创建，年底验收通过23个示范点。

**【整转16个重点帮扶村】** 2015年，柯桥区摸排出16个重点帮扶村，按照“分类定级、分批帮扶、分组包干、分年整改”的思路开展为期两年的帮扶整转。全区共组建16个帮扶“包干小组”，组织46个区级机关部门和18名企业家参与帮扶，选派16名驻村指导员到村工作。“包干小组”累计筹措资金799万元用于民生实事，建设完工49个实事项目。16个重点帮扶村中，3个村提前完成两年整转目标，10个村完成年度整转任务。

**【建设“三合适”村干部队伍】** 2015年，柯桥区组织评选93名“三合适”好支书，挖掘提炼优秀村支书的治村工作法，在区级媒体开设“咱们的好支书”专栏专题，宣传表彰一批优秀村干部。区委组织部出台《柯桥区“三合适”村干部言行负面清单》，全年调整不合适村干部23名，其中书记17名，支部负责人1名。实施村级后备干部“千人计划”，跟踪培养646名村级后备干部，举办村级后备干部骨干培训班1期。

**【举办3期新生代企业家培训班】** 2015年，柯桥区委围绕“三重三爱”主题，突出企业经营者代际传承，推出新生代企业出资人“三重三爱”主题培训精品班，于6月、10月两次开展集中培训，提升企业家现代管理理念。9月，在中国人民大学举办第八期企业经营者转型升级高级研修班，围绕“成效管理、公司治理、团队合作、财务管理、互联网+”等方面内容，采取“白天上课、晚上讨论”模式组织集中学习。

**【选派64名助企服务员】** 2015年，柯桥区委择优选派第五批64名助企服务员到69家企业开展助企工作，出台《关于进一步加强助企服务工作的意见》和《党建工作经费使用管理办法》两项规定，明确退出机制，落实党建工作经费规范使用。首次在机关部门中层干部中，选派7名党建工作指导员到13家企业开展党建指导工作。

2015年6月5日，中组部部委成员吴玉良（中）考察柯岩街道新未庄

（袁祖 摄）

**【评鉴47名“两新”组织党务工作师】** 2015年，柯桥区委推动“两新”组织党务工作者职业化。经过申报、初审、评审、公示等程序，产生47名“两新”组织党务工作师，其中高级党务工作师2名，授予柯桥区“两新”党务工作师资格证书。区级财政设立党务工作师专项资金，对通过资格认证并在“两新”组织实际从事党务工作的党务工作师，每人每年发放0.2万~1万元的岗位津贴，相关基层党委可根据自身实际配套发放补助资金。

**【引育16名海外高层次人才】** 2015年，柯桥区深入实施“鉴湖英才计划”，开展“鉴湖英才”季度沙龙、高层次人才项目推介会，发挥科技“三园”、本地企业和之江学院的人才集聚作用，组织企业赴天津、四川、哈尔滨等地招才引智。全年新引进国家“千人计划”1人、省“千人计划”2人、市“330海外英才计划”15人，海外高层次人才引育总数继续在全市各区（市、县）排名第一。

**【成立创立方/党建·科技·人才服务中心】** 2015年12月，柯桥区在科创大厦综合楼成立创立方/党建·科技·人才服务中心，总面积1600余平方米，包括柯桥区高层次人才服务中心、柯桥区科技创新服务中心和柯桥经济开发区党群服务中心。“创立方”通过受理人才申报、提供人才政策咨询、开展人才创业指导等方式，为高层次人才提供全方位、精准式、人性化服务，集聚市场资源、优化人才服务、转变政府职能，打造“一站式”服务平台。

**【成立全市首只科技人才创业创新基金】** 2015年，柯桥区为有效解决高层次人才项目融资难的问题，以政府产业基金为引导，与杭州锦聚投资管理有限公司合作，成立全市首只科技人才创业创新基金——锦聚科技人才创业创新投资基金。该基金总规模5亿元，首期1亿元，首轮募资5000万元，以股权投资方式重点投向处于天使期、种子期、初创期、成长期的科技型人才型创业创新中小项目。

（袁 祖）

## 宣传工作

**【概况】** 2015年，柯桥区宣传工作围绕“基层宣传思想文化工作生活化”总目标，突出理论深化、舆论强化，推进文化惠民、文明创建，主动服务中心、服务基层，为加快建设“三个柯桥”提供思想保证、精神力量、道德滋养和文化条件。组织集中学习会12次。开设“柯桥中心组讲坛”，邀请国内知名学者授课。推动“周一夜学”，每月编发学习提示、学习资料，提高机关干部理论学习的针对性和实效性。全区范围开展以“让高标准成为新常态”主题大讨论活动，编发《“新常态新举措新发展”讨论活动中有关意见建议的解答说明汇编》。2015年，柯桥区唱好“柯桥好人一台戏”，挖掘出20位“柯桥好人”故事，巡演巡讲。在柯桥日报开设《柯桥·好人365》专栏，有27位好人展现感人故事；组建道德模范爱心团队，定期组织开展公益活动；开展家风建设活动，在FM106交通电台开设“说家风话家训”，评选“十佳家训”和“十佳家风故事”。推进未成年人思想道德教育，创新“红色网上游”载体。实施“春泥计划”，全区寒暑假期间开展活动近3000次。打造阳光少年心灵驿站，在区图书馆设立工作室，聘请23位专业中小学心理老师担任心理咨询志愿者，为未成年人心理健康成长提供保障。

**【深化“幸福水乡好声音”】** 2015年，柯桥区以“幸福水乡好声音”宣讲团为载体，组建起一支43人的“三个柯桥”宣讲队伍。建立“政府选送，基层点单”模式，在全区镇村两级开展“三个柯桥”主题宣讲200多场次。唱响“幸福水乡好声音”，共编发12期《幸福水乡好声音》宣传专版，通过农村广播、企业报专栏、新媒体平台、好声音宣讲团等媒介进行推送。“幸福水乡好声音”宣讲团被省委宣传部评为基层宣讲先进集体。

**【征集“柯桥精神”表述语489条】** 2015年，柯桥区为加快“三个柯桥”建设，在原有的“四千”“三创”精神基础上，进一步提炼新时期的“柯桥精

2015年10月13日，柯桥明珠广场，才艺秀总决赛现场 （胡劲松 摄）

神”。通过区级媒体和微信等新媒体开展征集活动，共征集到“柯桥精神”表述语489条。经过专家学者点评、市民投票等环节，概括出“时尚、创新、包容、诚信”为新时期“柯桥精神”。

**【外宣重点报道300余篇】** 2015年，柯桥区接待中央、省级以上媒体采访100余批（次），开展联合采访19批（次），在中央及省级媒体刊发各类重点报道300余篇，其中重点稿件60多篇，《人民日报》7篇，《浙江日报》头版8篇。在《柯桥日报》、区广电总台、柯桥网及相关微信平台开辟专栏、专版和专题报道，全年累计刊发重点报道1000多篇，专版20多个，录制“沟通面对面——领导谈治堵”电视问政等节目。围绕市运会、房博会、时装周、全省美丽乡村和农村精神文明现场会等重点活动，邀请新闻媒体100余家。建立区委舆情导控联席会议制度，每月安排汇报重点外宣工作情况，并商定下阶段重点题目、拟发媒体及相关责任人。

**【开通“柯桥发布”微信平台】** 2015年，柯桥区开通“柯桥发布”微信公众平台，设微时尚、微印象、微幸福3个板块。开设以“柯桥直通车”为核心的全媒体网络宣传管理平台，搭建“微博+微信”的新媒体宣传阵地。结合区级机关、企事业单位微信公众平台、手机报和新浪、腾讯微博平台，建立起由核心圈、协同圈、扩散圈组成“三圈环流”红色网络矩阵平台，分级、分区即时发布信息，及时发布各级党委政府出台的政策法规、政务信息、民生服务以及热点事件。全区拥有微博、微信公众账号及专业APP等平台69个，粉丝178万。

**【处置网络舆情1511件】** 2015年，柯桥区完善网络直通车，共派发网络舆情1511件，编发《每日网摘》《每日涉区网络舆情》各206期，《直通车工作通讯》12期，编印《让网络空间清朗起来——柯桥区“网络民生直通车”工作资料汇编》。加强网络队伍建设，重点培育5个“红色网络大V”，发表正面主题帖文74篇，开展网评引导657次。建立突发公共事件和热点问题舆论引导工作协调机制，组建700多人四级梯度化网评员队伍，开展网评引导657次，有效管控远东石化停产重组、“登革热”疫情、巡视组进驻等舆情热点。开展“三个柯桥”网络摄影作品宣传，展示“时尚柯桥、印象柯桥、幸福柯桥”形象。

**【文化惠民活动提档升级】** 2015年，柯桥区打造文化品牌。创新幸福才艺秀模式，开展活动122场，300余支业余文艺团队、1万余名才艺达人登台展演，惠及群众25万人（次）。开展“百花大舞台”精品剧目展演52场（次）、“鉴湖之春”广场文化月专场演出21场。举办第四届中国（柯桥）曲艺高峰论坛和中国曲协“送欢笑到基层”专场演出，承办第27届中国戏剧梅花奖现场竞演。开展农村“三下乡”“文化五进”“文化走亲”基层惠民活动320余场（次），电影放映3650场。成立乡镇文联9个。推出柯桥区公益性文化活动平台，发布信息340余条。举办“群众文化带头人”系列培训班12期，培训文艺骨干1000余人（次）、文艺团队45支，开展各类文艺培训80余次。

**【获省级及以上奖项作品130余项】** 2015年，柯桥区获省级及以上奖项作品130余项。其中，国家级奖项40余项。吴凤花获第四届全国中青年德艺双馨文艺工作者、全国先进工作者；陈飞获白玉兰主角提名奖；电影《西藏天空》获第24届金鸡百花电

2015年，漓渚镇棠棣村文化礼堂建成　　（胡劲松　摄）

影节最佳摄影、最佳音乐奖；越剧电影《狸猫换太子》获第七届浙江省电影凤凰奖；越剧《屈原》被列入2015年度国家艺术基金舞台艺术创作资助项目；越剧《马臻治水》、动漫电影《小猪班纳大电影之梦想大“帽”险》被列入浙江省文化精品扶持工程第十批扶持项目；创排现代越剧《杭兰英》并在全市巡演12场（次）；莲花落《一鬓水》获浙江曲艺展演展评金奖、莲花落《借大衫》获首届浙江曲艺奖表演金奖；参加浙江（中国）第五届中国工艺美术精品展，获2个金奖。

**【创建27家文化礼堂】** 2015年，柯桥区完成第三批27个农村文化礼堂创建。推进文化礼堂“大数据库”建设，提供107项服务；以宣讲培训、文艺演出、法律法规、健康生活、非遗项目为主要内容的“五进礼堂”活动，全年开展1000余场（次）。成立文化礼堂公益金20个，资金总规模500余万元。发挥“互联网+”作用，实现免费Wi-Fi信号文化礼堂全覆盖，“文化微礼堂”微信公众号发布各类信息700余条。课题《关于农村文化礼堂建设与村落文化对接的实践与思考》被列入2015年全省宣传文化系统重点调研课题。

**【建立10亿元文化产业投资基金】** 2015年，柯桥区被评为省文化产业“十强”县（市、区）称号（排名前六）。区内有8个国家、省市级产业园区及相关平台，1个省级文化小镇（兰亭书法小镇），113家文化企业，2家上市企业，1家省“三十强”重点企业。柯桥区建立10亿元文化产业投资基金，首只规模2亿元募集到位。全年向社会公开征集招商项目22个。26个在建重点文化项目完成总投资额220亿元的50%左右。电影《巴黎假期》、动漫电影《小猪班纳之梦想大“帽”险》上映。

**【文明创建有序推进】** 2015年，全省美丽乡村和精神文明建设现场会在柯桥举行，整理农村精神文明建设18项亮点，制作成专题片和宣传画册。派员驻点漓渚镇棠棣村、湖塘街道香林村、柯岩街道新未庄社区和海山村协助开展现场会工作；配合成立创建办，完成浙江省文明区复评工作。经复评继续命名144个村（居委会）、365个单位为区级文明单位。申报国家级文明单位、社区6个，申报省级文明单位、社区16个。组织开展“文明单位扬文明”“文明单位主题服务月”系列活动，“请勿车窗抛物，让爱随车同行”等大型环保公益活动。

**【网站注册志愿者5万余名】** 2015年，柯桥区利用微博、微信“微动力志愿者”等新兴媒介和“幸福水乡文明人·微动力”网站，扩大志愿服务影响力和号召力，网站注册志愿者5万余名，志愿服务团队近700支。以“点滴微动力·温暖黄玫瑰”关爱环卫工人、“万名车主拒绝向窗外抛撒垃圾”“3·5”学雷锋等大型志愿服务活动，带动“爱心无国界热血续生命”捐款、“向阳花开”助学慰问等志愿服务活动的开展，共发起志愿服务活动1300余次。

（谢可慧）

## 统一战线

**【概况】** 2015年，柯桥区统一战线适应新常态、抢抓新机遇，凝心聚力、服务大局，推进各领域统战工作。举办全区民主党派、知联会骨干培训班和暑期读书会，引导各民主党派、工商联以及知联会，继续做好宋家店村“三农”同心实践基地建设。结对帮扶少数民族贫困村——松阳县象溪镇石牌门村，提供帮扶项目资金7万元，用于基础设施建设。2015年，建立完善各镇（街道）统战人士信息库，实现“加强基层统战、创新社会管理”试点扩面工作全覆盖，各镇（街道）全面建成社区、村（居委会）统战工作示范点。推进知联会扩面工作，指导知联会基层组织加强队伍的自身建设，16个镇（街道）全部成立镇（街道）级知联会分会，成为全市第一个实现全区镇（街道）知联会分会组织全覆盖的县（市、区）。2015年，区委统战部组织赴上海、杭州等地重点采访柯桥籍中科院院士李兰娟、美建建筑董事长裘建华、同济大学人文学院院长孙周兴等知名人士，通过区电视台“话题”栏目进行播出，激发在外乡贤关爱家乡热情。2015年，柯桥区委统战部组织全区各民主党派工商联知联会负责人座谈会、经济社会运行情况和党风廉政建设情况通报会、政府有关部门与各民主党派和工商联对口联系工作会议、特约人员组长会议等一系列会议。加强民主党派基层组织领导班子和后备干部队伍建设，考察30名新生力量加入民主党派和知联会组织。组织各民主党派就群众关心的热点、难点问题，开展重点课题调研，完善“党委出题、党派调研、政府采纳、部门落实”的运行机制，共完成调研课题22篇。

**【举办民主党派、知联会骨干培训班】** 2015年7月7—11日，区委统战部举办全区“2015年度民主党派、知联会骨干培训班”，全区各民主党派、知联会共65名骨干成员参加培训。培训班采取集中培训与现场教学相结合，分别安排在柯桥区委党校和南京市委党校进行，组织参观南京大屠杀纪念馆，考察高淳慢城生态建设。

2015年7月7日~11日，柯桥区举办民主党派、知联会骨干培训班
（钟兴友 摄）

**【统战“三下乡”服务群众200余人(次)】** 2015年11月6日上午，柯桥区统战系统“三下乡”活动走进平水镇宋家店村。活动分医疗、科技、政策、法律、书画五个组，30余名各民主党派和知联会专家学者为民服务，接待服务群众200余人(次)，赠送书画50余幅，发放宣传资料500余册。

**【成立网络界人士联谊会】** 2015年12月23日下午，柯桥区网络界人士联谊会成立大会召开。大会通过区网联会《章程》。区鑫隆计算机技术有限公司总经理舒长福当选为区网联会会长。会议宣读了致全区网络界人士倡议书。

2015年12月23日，柯桥区网络界人士联谊会成立大会召开，舒长福当选为区网联会首届会长
（钟兴友 摄）

**【深圳“天南地北绍兴人”联谊会成立】** 2015年10月17日，深圳“天南地北绍兴人”联谊会成立大会在深圳召开，柯桥区在深创业的精英人士及各界社会人士共计90余人参加会议。浙江明牌珠宝股份有限公司董事长虞兔良当选为联谊会名誉会长，深圳市超纯环保股份有限公司董事长钱志刚当选为会长。

**【旅港乡贤寻根祭祖故乡行】** 2015年4月4日，柯桥区香港同乡会会长倪伟虎率领区旅港乡贤一行60余人，回故乡柯桥开展寻根祭祖访问活动，参观龙华寺景区，感受家乡新貌。

**【云南联谊会投资3000余万元盘活闲置土地】** 2015年，柯桥区委统战部促成云南联谊会会长徐洪尧投资3000多万元，盘活兰亭镇46亩闲置土地，规划筹建厂房10万平方米，总投资1亿元。帮助深圳联谊会会长钱志刚创办超纯环保科技有限公司绍兴分公司落户区科创园。 （钟兴友）

## 机构编制

**【概况】** 2015年，绍兴市柯桥区召开编委会5次，审议批复42个部门单位请示58件。办理人员进编手续625项，出编手续619项。完成区外进人和逆向流动90人次用编审核；完成120人次区内调入用编审核。设立事业单位3家，注销事业单位6家，95家事业单位完成变更工作。提升登记管理制度业务法定性和规范性，对申报材料内容不准确、格式不完整的一律不予办理，现场核查新设立和部分变更登记事业单位。柯桥区取消事业单位年检，在区政府网站信息公开专栏专门开设“事业单位年度报告”专题入口，公示389家事业单位年度报告书。通过登报公告，提高公示知晓率和监督率。对新设立和部分变更登记事业单位法定代表人开展培训，首次采取全程异地办班形式，突出针对性、互动性和实效性，提高培训质量。做好不动产登记职责整合，明确不动产登记局职责。推进镇(街道)行政体制改革，探索开展镇街综治工作、市场监管、综合执法、便民服务“四个平台”建设，杨汛桥镇被省编委办确定为镇(街道)行政体制改革联系点。2015年，柯桥区利用单位门户网站和“柯桥机构编制”微信公众号，以文件汇编、媒体报道、政策法规知识宣传、机构编制知识有奖竞答、LED户外宣传、展板展示等多种方式积极宣传机构编制管理政策、法规。通过新媒体平台发布信息7次，短信平台发送短信1000多条次，发布报纸专栏6期，报送信息专报6期，发放资料汇编200余本、宣传手册300余份，组织培训200余人(次)，下基层宣传40余人(次)，营造全区“知编懂编、用编管编”的良好氛围。

**【推进政府职责体系建设】** 2015年，柯桥区完善两张清单(即权力清单和责任清单)有关工作，推进权力清单“瘦身”和责任清单“强身”。完善“四张清单一张网”(政府权力清单、企业投资负面清单、政府责任清单、省级部门专项资金管理清单，浙江政务服务网)建设，配合浙江省政务服务网柯桥区分厅权力事项网上运行。清理非行政许可审批事项，完成63项事项的动态调整。规范行政权力比，推进8类其他行政权力网上运行工作，行政权力“一站式”网上办理工作全省领先。

**【规范调整区政府部门设置】** 2015年，柯桥区规范机构设置，区政府工作部门从29个调整到25个。对10个涉及调整变动部门，调整主要职责、内设机构、人员编制、领导职数以及下属事业单位，划转职能、机构人员，印发“三定”规定(主要职责、内设机构和人员编制所作规定)(方案)。完成涉及机构改革调整部门职责分工，对涉及40个部门46项管理事项职责分工内容予以确定。

**【推进综合行政执法改革】** 2015年，柯桥区推进综合行政执法改革有关工作，围绕推进跨部门、跨行业综合执法和执法力量下沉，解决权责交叉、多头执法问题，逐步建立权责统一、权威高效的行政执法体制。综合执法局机构经市批复后于2月份组建，班子于7月份确定后开始运作。拟定综合行政执法改革方案，至年底，14个部门21个领域共计504项行政处罚权事项和人员编制事项一次性划转到位。

**【纪检监察派驻机构全覆盖】** 2015年，柯桥区将35个纪检派驻(出)机构调整为19个纪检组和派出1个纪工委，实现区直63个部门单位派驻监督全覆盖，从40个部门调剂划转行政编制75名作为纪检监察专项编制。

**【核减事业编制183名】** 2015年，柯桥区严格控制和管理事业单位编制，按照核减5%的目标，核减事业编制183名。结合简政放权、部门职责调整和机构撤并，收回事业编制29名，收回的编制重点向区委区政府重点、难点工作及新加强的工作职能和领域倾斜。严控自收自支事业单位机构编制，全区48家自收自支事业单位原则上不再用编进人。

**【371家单位完成年度机构编制审核】** 2015年，柯桥区落实部门“三定”规定(方案)核定的领导职数。共计审批38个部门使用中层领导职数184名，88家事业单位使用领导职数138名。接待省委巡视组巡视涉及机构编制相关问题，开展机构编制专项问题梳理。将机构编制管理工作纳入领导干部经济责任审计范围，共有16个部门23位领导干部经济责任审计纳入了机构编制内容，增强机构编制管理工作约束力。组织全区各机关事业开展“机构编制管理证”年审，65家机关部门和306家事业单位完成审核。

【完成实名制管理系统升级】 2015年，柯桥区完善机构编制实名制管理系统建设，与省系统互联，输入全区自1984年以来涉及机构编制调整变动文件1295个，加强系统内机构、编制、人员信息等数据维护，系统向区纪委、区委组织部开通数据端口，密切机构编制与纪检监察部门和组织部门的联系配合。

【抓好编外用工规范管理】 2015年，柯桥区对编外用工实行总量控制，全年未审批新增编外人员。做好编外用工规范管理工作，全面摸底编外用工情况，赴有关单位开展编外用工情况调查研究，建立全区编外人员台账。

【新增34家单位完成网站标识申请】 2015年，柯桥区推进全区党政机关、事业单位网站开办审核、资格复核和标识管理及中文域名注册工作。新增34家单位完成行政、事业单位标识申请，累计达到126家，网站注册率和挂标率均达100%，为全市最高。2015年，柯桥区新增中文域名注册单位65家，续费452家，已注册域名805家，位居全市第一。中文域名注册全省首创申请由财政统一缴费，获得中央编办肯定。

（高越峰）

2015年7月30日，浙江省编委办调研组到柯桥区调研行政体制改革工作 （高 君 摄）

2015年3月30日，柯桥区召开机关事业单位编外用工调查工作会议 （高 君 摄）

## 信访工作

【概况】 2015年，柯桥区信访局坚持“依法信访”总体要求，创新信访工作机制，夯实信访工作基础，提高信访规范化建设水平，全区信访形势总体保持稳定，信访总量比上年下降5.1%。2015年，柯桥区信访局被评为浙江省信访系统先进集体单位。

2015年，柯桥区落实中央和省、市对信访工作改革的一系列决策部署，推进以“法治信访、阳光信访、精准信访”为主要内容的信访规范化建设。树立法治理念，出台《柯桥区信访事项受理办理工作办法（试行）》，信访全过程阳光受理、精准办理，确保初信初访事事有回音、件件有着落。柯桥区信访法治规范化建设走在全市前列。

【接访群众528批】 2015年，柯桥区坚持和完善大接访制度，每月5日、25日区领导带队在信访局接访，15日区领导到联系镇（街道、开发区）下访，不断完善配套措施，跟踪督查镇（街道）部门办理区领导接访件落实情况，敏感时期重点约访重点人员和群体化解疏导。全年接访群众共528批2685人次。

**【化解信访积案33件】** 2015年，柯桥区集中开展信访积案排查化解工作。滚动排查不稳定因素，采取“一件积案、一名领导、一套班子、一个方案、一抓到底”，全面落实区领导包案责任制，开展化解工作，区信访联席会议定期对化解进展情况、督查通报，成功化解2件省级积案、17件市级积案和14件区级积案。

**【信访督查“百千万”专项行动】** 2015年，柯桥区根据“三严三实”专题教育活动安排，排查梳理出130件程序不规范、办理不精准、群众不满意信访事件。各镇（街道、开发区）、机关部门举一反三、查漏补缺，减少处理信访事项中的行政不作为、乱作为、慢作为现象。

**【做好重点时期信访维稳】** 2015年，柯桥区抓好重点时段和重要敏感时期的信访工作，进京“非正常上访”人数全市最少，得到了省、市领导肯定。完成全国“两会”、省市区“两会”、中央全会、抗战胜利70周年纪念活动、世界互联网大会、区纺博会期间信访工作任务。会同区公安局加大对恶意滋事、缠访闹访等违法对象依法打击力度，起到震慑警示作用。在省委组织“百日维稳攻坚大会战”中取得较好成绩，受到省、市好评。（龚亚萍）

2015年，柯桥区信访局被评为浙江省信访系统先进集体 （张晓玲 摄）

2015年7月3日，绍兴市信访基层基础规范化建设推进会在柯桥区召开 （张晓玲 摄）

## 老干部事务

**【概况】** 2015年，柯桥区全面落实老干部各项待遇。全年组织情况通报会、党课、理论学习会10次。其中区委区政府主要领导通报经济社会发展情况2次，老干部集中学习会4次。组织副区级以上退休老领导参加重大活动10次，重要会议13次，考察调研12次，举办享受离休干部读书会和老领导理论研讨会。开展离休干部、老领导一年两次体检疗养，涉及225人次，举办医疗咨询活动3次和老干部健康保健讲座2期。对112名特殊困难离休干部及遗属加强帮扶，发放补助金17.8万元。举办书画摄影展，开展桥牌、门球、台球等多项比赛。

2015年年底，全区有离休干部147名（党员离休干部92名），其中易地安置在外11名，抗战前期入伍2名、抗战后期入伍20名、解放战争时期入伍125名，享受厅（局）级待遇2名、县（处）级63名、副科级82名，行政单位45名、事业单位60名，代管外省市易地到柯桥区安置离休干部2名，代管副区级以上退休干部38名。

2015年，柯桥区老年大学与老干部活动中心分别开展“全国敬老文明号”和“全省敬老文明号”单位创评工作。老年大学提出“用文化养老、让老人幸福”创评主题，布置学校走廊和墙面的文化布置。学校办学规模扩大，本部31个班905名学员，7所分校40个班890名学员，全区共1795名学员，比上年增加30%。7所分校培育一校一品，初步形成书法、面点制作、腰鼓、排舞、太极拳、信息技术等精品课程。柯桥分校推进“文化养老进社区（居）”工程，开展省级课题研究。11月10日，开展“敬老文明月”专场演出。组织各类特色纪念活动，开办老年养生保健课，按月开展室内钓鱼、套环、转盘、投篮等趣味比赛，老同志参加活动2万余人次。

**【开展“红色典藏”行动】** 2015年，柯桥区对全区健在22位抗战老兵开展抗战人物访谈，在《柯桥日报》开设专栏专题纪念。组织离休干部和老年大学学员以纪念抗战胜利为主题创作书画、摄像作品，收到参展作品160余件，优秀作品在区行政中心展出。整理编撰副区级以上老领导《岁月有痕》书籍。全年开展各类纪念抗战胜利70周年系列活动10次。

**【组织老干部“走基层、看变化、促发展”活动】** 2015年，柯桥区组织70余位离休干部先后参观“浙江省美丽乡村”漓渚镇棠棣村、新安江水电站、农夫山泉有限公司、新建成的绍兴市科技馆、区体育中心和区档案馆，了解区域经济社会发展情况。10月，组织13位副区级以上退休干部到嘉兴市委党校开展理论研讨会，考察南湖红船革命纪念馆、嘉兴市美丽乡村建设、秦山核电站建设，学习周边地市的发展经验，为柯桥区发展建言献策。

**【开展“争做最美老干部”活动】** 2015年，柯桥区通过主流媒体报道、举办巡回宣讲等途径，宣传老干部先进典型，树立有社会影响力的“最美老干部”，打造“最美老干部工作室”品牌。区老年大学结合“三个柯桥”建设，开展争做“幸福老人”“时尚老人”“印象老人”活动，评选和表彰校级三十佳典型，《浙江老年报》《柯桥日报》均作报道。全年评选出200名优秀学员、爱校标兵，凝聚老年人正能量。

**【开展老年志愿服务48次】** 2015年，柯桥区老年大学组建“艺术团”，成立11支艺术团队，吸收团员157人，以文艺形式宣传党的富民惠民政策，开展文化下乡活动16次。区老年大学志愿服务队，将

2015年5月8日，柯桥区老年大学为全市癌症康复病人志愿演出

（董国华　摄）

2015年4月10日，柯桥区离休干部参观新安江水电站　（董国华　摄）

原"春泥志愿者"协会纳入市志愿者协会，改名为"绍兴市柯桥区老年大学志愿服务指导中心"，开展各类志愿活动48次。

**【成立区老年大学临时党支部】** 2015年，柯桥区老年大学本部262名学员党员，约占30%。6月24日，区老年大学召开临时党支部成立大会，省委老干部局教育指导处处长贾咏出席会议。临时党支部作为老干部局党总支下的一个支部，按专业设立9个党小组，党支部定期开展活动。（董国华）

## 党史研究

**【概况】** 2015年，柯桥区党史研究借智借力，以党史编纂为主业，实现史料长存。完成《中共绍兴县历史（1949—1978）》出版。以活动为抓手，拓展发展空间，开展纪念抗日战争胜利70周年系列活动。柯桥区史志办公室被市编办批准升格为正科级机构。

**【中共绍兴县党史二卷出版】** 2015年，柯桥区推进《中国共产党绍兴县历史》第二卷（1949—1978）编纂。查阅档案文献和报刊资料上千万字，征集珍贵图片数十张。广泛征求部分当事人、有关党史专家意见，召开评审会，报送省、市党史部门审阅。落实专人对80万字资料初稿进行5轮修改和调整，最终形成35万字定稿，于12月底由中共党史出版社出版。

**【开展纪念抗日战争胜利70周年系列活动】** 2015年，柯桥区党史研究部门开展纪念抗日战争胜利70周年"五个一"活动。开展一次抗战图片巡展，搜集整理绍兴地区抗战时期珍贵的历史图照和文献资料，在柯桥区行政中心、公共服务中心和全区各农村文化礼堂巡回展出。举办一次抗战精神专题讲座，邀清华大学教授刘江永，为全区近400名党员干部作《战后70年的中日关系》专题讲座，提升干部群众对历史的认识和感悟。刊出一本抗战纪念专辑，《越地春秋》第二期专刊介绍绍兴县抗战历程。召开一次座谈会，以"日军火烧漓渚街"事件为主题，邀请有关老领导、事件亲历者等20余人，共同回忆日本侵略军侵略漓渚镇的过程。开展一次寻访抗战老兵活动，采访在绍兴的10余位抗战老兵，弘扬抗战精神。（史 志）

2015年6月30日，柯桥区举办纪念建党94周年暨抗战胜利70周年专题报告会（区史志办 供稿）

## 党校教育

**【概况】** 2015年，柯桥区委党校完成各类干部培训50期，实际受训人数7200人次。开展实地调研，有19个课题被省、市、区立项，出版《区情研究》4期，全年共编发《决策参考》14期，其中《正确把握乡规民约制订与推广的十大问题》获省委副书记王辉忠批示。组织教师赴机关、镇（街道）、村（社区）、企业、学校开展基础理论宣讲200场次，受教育15000余人次。柯桥区委党校获得2015年度全省市县党校工作优胜单位、2014—2015全省党校系统年度优秀科研工作组织奖。

**【承办全区招商引资专题培训班】** 2015年4月20—24日，柯桥区在区委党校对43名区招商引资领导小组成员单位、各镇（街道、开发区）招商引资分管领导、区商务局招商引资专职人员进行专题培训。培训采用专题讲座、现场教学、研讨交流三种形式，区委常委、副区长金晓明作开班动员，邀请上海市委党校教授刘志广、浙江大学客座教授张学宁作专题辅导，组织学员赴苏州工业园区进行实地考察。

**【承办新提任领导干部培训班】** 2015年4月27—29日，柯桥区委组织部在区委党校对63名新提任领导干部进行培训。设置党性教育、现场教学、专题研讨三个培训模块。重点解读《党政领导干部选拔任用工作条例》；组织学员赴四明山浙东游击队根据地开展现场教学。

**【承办帮扶村村干部、驻村指导员培训班】** 2015年4月28日，柯桥区委组织部在区委党校对105名重点帮扶村村干部、区派驻村指导员进行集中培训，现场参观钱清镇九岩村，特邀安昌镇大山西村书记徐志连作先进典型介绍，组织重点帮扶村党组织书记作交流发言。

**【培训新录用公务员82人】** 2015年10月19日—11月17日，柯桥区委组织部、区人力资源和社会保障局在区委党校对82名新录用公务员（机关工作人员）开展政治素质和业务能力培训，组织学员学习《中华人民共和国公务员法》《中华人民共和国行政许可法》等相关法规，熟悉区情发展，组织学员进行素质拓展训练，赴部分镇（街道）开展调查研究，提高初任公务员政治业务素质、适应机关能力和公共服务水平。

**【承办贵州丹寨县科级干部研修班】** 2015年5月25—6月4日，贵州省丹寨县委组织部在柯桥区委党校对61名科级干部开展能力提升培训，培训采取课堂讲授、现场教育与参观、交流互动等方式，学习柯桥区强区建设、现代农业发展、城市经济与现代服务业发展经验、社会治理创新、基层党建等方面做法和经验，提高丹寨县干部服务改革发展能力。柯桥区委常委、区委组织部部长、区委党校校长姚国海出席开班式。

（区委党校）

2015年4月27日，柯桥区在柯桥区委党校举办新提任领导干部培训班开学典礼 （毛睿佳 摄）

2015年10月19日，柯桥区在柯桥区委党校举办新录用公务员培训班开学典礼 （毛睿佳 摄）

## 机关党务

**【概况】** 2015年，柯桥区直机关工委坚持“围绕中心抓党建、抓好党建促发展”理念，加强党的思想建设、组织建设、作风建设、反腐倡廉建设和制度建设，提高机关党建科学化水平。2015年5月—6月，柯桥区直机关工委围绕深入推进“四个全面”战略布局在柯桥区的实践，开展为期两个月的“新常态、新举措、新发展”大讨论活动，共开展各类学习、座谈活动10余次，征集意见建议10多条。

**【开展区直机关党组织“评星晋级”活动】** 2015年4月23日，柯桥区直机关工委会同区委组织部出台《柯桥区机关事业单位党组织“评星晋级”堡垒指数》，从领导班子、组织建设、党员队伍、作风效能和工作业绩等五个方面进行考核。12月经申报自查、分组核查、综合评价，评选产生2015年度五星级基层党组织22家、四星级基层党组织34家。

**【加强机关基层党组织建设】** 2015年5月25—27日，柯桥区直机关工委举办入党积极分子培训，25个机关基层党组织派员参加，培训入党积极分子102人。全年新建党组织9个、换届和补选党组织24个，配备专职副书记10名，发展党员38人。4月，组织机关基层党组织书记赴江西井冈山干部学院培训。

**【开展治理小微浪费专项行动】** 2015年，柯桥区直机关工委会同区机关事务局制定《开展治理小微浪费专项行动实施方案》，组织学习《党政机关厉行节约反对浪费条例》及省实施细则，发送《公私分明反对浪费从我做起倡议书》，组织开展以“严格公私消费，反对小微浪费”主题征文、“从我做起，今天不剩饭不剩菜”主题活动。至年末，机关人均综合能耗比上年下降20%、单位建筑面积能耗比上年下降30%、人均水耗比上年下降28%。

**【开展区直机关第五届运动会】** 2015年4—10月，柯桥区直机关工委会同区教体局组织登山、乒乓球、羽毛球、棋类、游泳、男子篮球、拔河和趣味运动等8大项、21个小项比赛。机关干部800余人次与会，其中副局级及以上领导99人次。机关工委下发《关于绍兴市柯桥区直机关第五届运动会比赛成绩的通报》，对本届机关运动会进行总结表彰，区直机关第七代表团、第四代表团和第一代表团分获团体总分前三名。

（盛红仙）

**执行编辑　徐建良**

# 绍兴市柯桥区人民代表大会常务委员会

## 综　述

2015年，柯桥区人民代表大会召开第十四届人大第四次会议，召开7次常委会会议和14次常委会主任会议，听取和审议“一府两院”专项工作报告26个，作出决议、决定和审议意见15个，对4部法律法规执行情况进行检查，组织专题视察活动8次，依法任免国家机关工作人员81人次，任命人民陪审员21名。把代表工作作为一项基础性工作，搭建平台，拓宽工作渠道，优化服务保障，支持代表依法履职，加强对镇街人大工作的指导。

## 重要会议

**【区十四届人大四次会议】** 2015年1月28日至1月30日，柯桥区第十四届人民代表大会第四次会议在柯桥举行。会议应到区人大代表267人，列席人员257人。会议听取和审议代区长阮建尧作的政府工作报告、区人大常委会主任吴晓作的绍兴市柯桥区人民代表大会常务委员会工作报告、区人民法院院长孙浩作的绍兴市柯桥区人民法院工作报告、区人民检察院检察长丁飞作的绍兴市柯桥区人民检察院工作报告；审议区发改局局长蒋国洪提交的关于绍兴市柯桥区2014年国民经济和社会发展计划执行情况及2015年国民经济和社会发展计划（草案）的报告、区财政局局长喻光耀提交的关于绍兴市柯桥区2014年财政预算执行情况及2015年财政预算（草案）的报告，并通过相应决议。会议依法选举阮建尧为绍兴市柯桥区人民政府区长。会议还印发绍兴市柯桥区人民政府《关于绍兴市柯桥区第十四届人民代表大会第三次会议<全面提升城镇水患防御能力议案决议>实施情况的报告》、绍兴市柯桥区人民政府办公室《关于第十四届人大三次会议代表建议、批评和意见办理情况的报告》。

会议期间，举行预备会议1次、全体会议4次、主席团会议4次。会议共收到人大代表10人以上联名提出的议案25件，经大会主席团讨论决定，作为代表建议、意见处理。还收到建议、意见200件，共225件。

**【区人大常委会第二十六次至第三十二次会议】** 2015年，柯桥区第十四届人大常委会共举行7次会议，履行重大事项决定权、监督权和人事任免权。

1月19日，区第十四届人大常委会召开第二十六次会议。会议听取和审议区统计局局长朱志康受区政府委托作的关于柯桥区《中华人民共和国统计法》贯彻执行情况的报告。会议根据区人民法院院长孙浩提出的有关人事任免议案，进行人事任免。

3月17日，区第十四届人大常委会召开第二十七次会议。会议听取和审议区发改局局长蒋国洪受区政府委托作的关于柯桥区现代服务业发展情况的报告、市国土局柯桥分局局长钱建明受区政府委托作的关于柯桥区土地利用总体规划（2006~2020年）2014年调整完善情况的报告。会议听取和审议区人大常委会财经工委主任宋金木作的关于《绍兴市柯桥区人民代表大会常务委员会预算审查监督办法（草案）》的说明，同意并表决通过《绍兴市柯桥区人民代表大会常务委员会预算审查监督办法》。会议听取和审议区人民检察院检察长丁飞作的关于监所检察工作情况的报告。会议根据区长阮建尧提出的有关人事任免议案，进行人事任免。

5月21日，区第十四届人大常委会召开第

二十八次会议。会议听取和审议区大气污染防治工作领导小组办公室主任章金尧受区政府委托作的关于柯桥区大气污染防治工作情况的报告，并开展专题询问。区人大常委会组成人员及部分区人大代表根据前期调研和暗访，就淘汰落后产能、餐饮油烟长效监管、建筑工地扬尘治理、露天焚烧垃圾秸秆、汽车尾气污染、大气污染防治新机制等情况进行询问，区政府相关部门主要负责人逐一进行回答。会议听取和审议区环保局局长章金尧受区政府委托作的关于《绍兴市柯桥区环境功能区划》编制情况的报告。会议根据区长阮建尧、区人大常委会主任会议、区人民法院院长孙浩、区人民检察院检察长丁飞提出的有关人事任免议案，进行人事任免。

7月20日，区第十四届人大常委会召开第二十九次会议。会议听取和审议区发改局局长蒋国洪受区政府委托作的关于2015年绍兴市柯桥区国民经济和社会发展计划上半年执行情况和下半年工作意见的报告；听取和审议区财政局局长喻光耀受区政府委托作的关于柯桥区2014年财政总决算和2015年上半年财政预算执行情况的报告，批准2014年区级财政决算；听取和审议区审计局局长王玲玲受区政府委托作的关于2014年度区本级预算执行情况和其他财政收支的审计工作报告；听取和审议区十四届人大代表相为民的辞职请求，决定接受相位民辞去区第十四届人民代表大会代表职务。会议根据区人民政府区长阮建尧、区人大常委会主任会议、区人民检察院检察长丁飞提出的有关人事任免议案，进行人事任免。会议决定接受丁飞辞去绍兴市柯桥区人民检察院检察长、检察委员会委员职务，报区人民代表大会备案，并报绍兴市人民检察院检察长提请绍兴市人大常委会批准。会议决定周江为绍兴市柯桥区人民检察院代理检察长，报区人民代表大会和绍兴市人民检察院、绍兴市人大常委会备案。

9月28日，区第十四届人大常委会召开第三十次会议。会议听取和审议区教体局局长何其洪作的工作自评报告，并进行满意度测评；听取和审议区市场监管局局长寿志平作的工作自评报告，并进行满意度测评；听取和审议区第十四届人大常委会委员徐晁华的辞职报告，决定接受徐晁华辞去绍兴市柯桥区第十四届人大常委会委员职务。会议根据区长阮建尧、区人大常委会主任会议、区人民检察院代检察长周江提出的有关人事任免议案，进行人事任免。

11月13日，区第十四届人大常委会召开第三十一次会议。会议听取和审议区政府副区长金晓明作的关于代表建议办理工作情况的报告；听取和审议区人民法院院长孙浩作的关于柯桥区金融审判工作情况的报告；听取和审议区财政局局长余建林受区政府委托作的关于绍兴市柯桥区2015年财政预算调整方案（草案）的报告，同意并表决通过该调整方案；听取和审议区人大常委会关于《绍兴市柯桥区组织实施宪法宣誓制度办法（草案）》，同意并表决通过该办法。

12月23日，区第十四届人大常委会召开第三十二次会议。会议听取和审议区十四届人大五次会议筹备工作情况报告，区十四届人大五次会议大会主席团、秘书长等建议名单，作出关

2015年5月21日，柯桥区第十四届人大常委会第二十八次会议专题询问大气污染防治工作情况 （裘可钦 摄）

于召开绍兴市柯桥区第十四届人民代表大会第五次会议的决定，原则通过区人大常委会工作报告、2016年工作要点、监督工作计划，表决通过区十四届人大代表变动情况的报告、区十四届人大五次会议列席人员名单；听取和审议区财政局局长余建林受区政府委托作的关于提请审议批准绍兴市柯桥区2015年地方政府债务限额的报告及相关说明，同意并表决批准绍兴市柯桥区2015年地方政府债务限额；听取和审议区第十四届人大常委会委员赵建新的辞职请求，决定接受赵建新辞去绍兴市柯桥区第十四届人大常委会委员职务。会议根据区人大常委会主任会议提出的有关人事任免议案，进行人事任免。

**【区人大常委会第三十七次至五十次主任会议】** 2015年，柯桥区人大常委会共召开14次主任会议。

1月8日，区第十四届人大常委会召开第三十七次主任会议。主任们实地视察钱清镇“安徽人之家”、柯桥街道流管所，听取区流管局局长祝安钧受区政府委托作的关于柯桥区贯彻实施《浙江省流动人口居住登记条例》情况的报告。

2月12日，区第十四届人大常委会召开第三十八次主任会议。主任们实地视察华舍街道柯华路拓宽拆迁现场、上午头拆迁安置小区拆违现场，听取区建设局局长李卫龙受区政府委托作的关于柯桥区“三改一拆”工作情况的报告。

3月10日，区第十四届人大常委会召开第三十九次主任会议。主任们实地视察柯桥街道瓜渚湖社区法治文化建设示范点，听取区司法局局长胡斌钦受区政府委托作的关于柯桥区“六五”普法规划实施情况的报告。

4月24日，区第十四届人大常委会召开第四十次主任会议。主任们实地视察柯桥区非物质文化遗产馆（省级非遗宣传展示基地），观看小百花艺校国遗·绍兴地方曲艺传承班表演，听取区文广局局长吴坚祥受区政府委托作的关于柯桥区《非物质文化遗产法》贯彻执行情况的报告。

5月14日，区第十四届人大常委会召开第四十一次主任会议。主任们实地视察平水日铸岭游步道建设情况，听取区农林局主要负责人陈永建受区政府委托作的关于柯桥区森林休闲旅游产业发展工作情况的报告。

6月11日，区第十四届人大常委会召开第四十二次主任会议。主任们实地视察漓渚镇九板桥村、棠二村美丽乡村建设现场，听取区农办主任高青泉受区政府委托所作的关于柯桥区美丽乡村建设情况的报告。

7月10日，区第十四届人大常委会召开第四十三次主任会议。主任们实地视察创意大厦中纺CBD整体模型、中纺CBD建设工地现场，听取中纺CBD开发建设指挥部办公室主任滕建平受区政府委托作的关于柯桥区中纺CBD开发建设情况的报告。

7月20日，区第十四届人大常委会召开第四十四次主任会议。会议研究提出《关于周江为绍兴市柯桥区人民检察院代理检察长的议案》。

8月13日，区第十四届人大常委会召开第四十五次主任会议。主任们实地视察绍兴市中心医院钱清分院（钱清镇卫生院）、钱清镇方家桥村卫生服务站、华舍街道兴越社区卫生服务站，听取区卫计局局长李敏受区政府委托作的关于柯桥区实施分级诊疗和村（社区）卫生服务站建设情况的报告。

9月7日，区第十四届人大常委会召开第四十六次主任会议。主任们实地视察104国道高架工程Ⅱ标施工现场、柯桥客运中心施工现场，听取区交通投资建设集团公司董事长葛梅荣受区政府委托作的关于柯桥区交通投资建设工作情况的报告。

10月14日，区第十四届人大常委会召开第四十七次主任会议。主任们实地视察绍兴百思寒电子商务有限公司、众创小镇电商园区、绍兴市迪聪网络科技有限公司，听取区商务局局长方优美受区政府委托作的关于柯桥区电子商务发展工作情况的报告。

11月6日，区第十四届人大常委会召开第四十八次主任会议。主任们实地视察浙江精工新能源有限公司、浙江建业幕墙装饰有限公司，听取区科技局局长王炳豪受区政府委托作的关于柯桥区《中华人民共和国科学技术进步法》贯彻执行情况的报告。

11月24日，区第十四届人大常委会召开第四十九次主任会议。会议听取和研究区政府副区长金晓明作的关于要求将绍兴市柯桥区国有资产投资经营有限公司债券本息纳入区财政预算的报

2015年11月6日，柯桥区第十四届人大常委会第四十八次主任会议，视察《科技进步法》贯彻执行工作情况 （裘可钦 摄）

告，原则同意该报告。会议听取区发改局局长蒋国洪受区政府委托作的关于柯桥区“十三五”规划编制情况的报告。

12月17日，区第十四届人大常委会召开第五十次主任会议。会议听取关于柯桥区十四届人大五次会议筹备工作情况的报告；研究区人大常委会工作报告（初稿）、区人大常委会2016年度工作要点（初稿）、监督工作计划（初稿）；研究通过《柯桥区人大常委会关于区人民法院金融审判工作情况报告的审议意见（送审稿）》。

**【区委召开人大工作会议】** 2015年1月16日，柯桥区委召开人大工作会议。区委书记徐国龙强调，要认真贯彻中央、省委、市委有关精神和区委十三届七次全体（扩大）会议的决策部署，进一步加强和改进党对人大工作的领导，扎实推动人大工作与时俱进，更好发挥人大“一线”作用，为推进柯桥区新常态下新发展做出应有贡献。区人大常委会主任吴晓要求增强制度自信，进一步树立做好人大工作的信心决心；要坚持党的领导，牢牢把握人大工作正确的政治方向；要依法认真履职，充分发挥人大在建设“时尚柯桥、印象柯桥、幸福柯桥”中的作用，不断开创全区人大工作新局面。

**【召开代表建议、委员提案交办会】** 2015年3月20日，柯桥区召开十四届人大四次会议建议和政协十一届四次会议提案交办会议，总结2014年代表建议和委员提案办理工作，对2015年代表建议和委员提案作出交办，提出办理要求。

**【召开人大宣传信息工作会议】** 2015年3月25日，柯桥区召开全区人大宣传信息工作会议。会议总结2014年区人大宣传信息工作，表彰2014年度人大宣传信息工作先进集体和个人，部署2015年工作任务。

**【召开机关读书会】** 2015年12月4日，柯桥区召开区人大常委会机关读书会。会议对区十四届人大常委会2015年工作进行回顾总结；交流人大工作体会和对人大工作的意见建议；研究2016年度区人大常委会工作初步思路和重点。

## 其他主要活动

**【领导干部人大代表带头进选区】** 2015年4月，柯桥区人大常委会办公室发出《关于领导干部人大代表带头进选区的意见》，要求领导干部人大代表除平时采取多种形式保持同选区选民和人民群众的经常联系外，每年按统一要求进选区，宣传法律政策，了解社情民意，听取和征询群众对公益性、政策性事项的意见和要求，开展履职活动，发挥代表作用。区委书记徐国龙，区委副书记、区长阮建尧，区人大常委会主任吴晓，区政协主席孟柏干，区委副书记马芳妹等领导干部，以人大代表身份进选区听民情，征求意见建议。柯桥区领导干部人大代表带头进选区的做法，得到省、市人大常委会的推广，副省长郑继伟，市委副书记、市长俞志宏，市政协主席陈长兴，市委常委、宣传部部长何加顺，市人大常委会副主任车晓端，副市长丁晓燕等领导干部分别以代表身份，进选区、进代表联络站接待选民并座谈。《绍兴市柯桥区实施领导干部人大代表带头进选区制度》被《浙江人大信息》（专刊）录用，得到省人大常委会党组书记、副主任茅临生的批示肯定：此期信息请机要传送市县委书记、市县长和人大主任参阅。

**【开展人大代表监督“已治理的河”活动】** 2015年4月，柯桥区人大常委会组织区、镇两级人大和市、区人大代表小组开展“人大代表监督已治理的河”主题活动，各级人大代表分头监督全区219条“已治理的河”，通过明察暗访、听取汇报等形式，助推“五水共治”。《绍兴市越城区柯桥区人大常委会开展“代表监督已治理的河”活动的主要做法》，被《浙江人大信息》（专刊）录用，得到省人大常委会副主任袁荣祥的批示肯定：越城柯桥人大采用发动代表就地就近灵活监督的方法，实施“已治理的河”水质的监督，效果很好，我们环资委应认真总结推广这样的监督方式。

**【开展贫困人口脱贫核查活动】** 2015年4月，柯桥区人大常委会组织各级人大代表进村入户，对年收入4600元以下贫困人口脱贫情况开展视察核查活动。活动以区人大常委会各街道工委、各镇人大主席团为单位，把各级人大代表编成若干个工作组，以分片包干的形式进村入户，对贫困人口逐户逐人收入情况、政府帮扶措施等进行核查，听取镇街和村级组织的意见和建议。对相关数据材料进行梳理汇总，分析当前扶贫脱贫工作中存在的问题和困难，提出具体的意见、建议。

**【大气污染防治专题询问】** 2015年5月21日，柯桥区第十四届人大常委会第二十八次会议听取和审议区政府关于柯桥区大气污染防治工作情况的报告，进行专题询问。与会人员先观看大气污染防治专题片，区人大常委会组成人员及部分区人大代表根据前期调研和暗访，就淘汰落后产能、餐饮油烟长效监管、建筑工地扬尘治理、露天焚烧垃圾秸秆、汽车尾气污染、大气污染防治新机制等情况进行询问，区政府相关部门主要负责人逐一进行回答。区人大常委会组成人员在审议中提出审议意见，要求进一步明确工作职责，突出重点，严格执法，深入持久推进大气污染防治工作；进一步完善政策，落实技术，增强合力，不断提高大气污染治理能力；进一步加强宣传引导，积极倡导全民治气的良好环境。

**【首次开展工作满意度测评】** 2015年9月28日上午，柯桥区第十四届人大常委会第三十次会议专项评议区教体局、区市场监管局工作，进行满意度测评。区人大常委会主任吴晓在充分肯定前阶段评议工作成绩后指出，这是本届人大常委会首次开展工作评议，开展工作评议是人大常委会依法履职的内在要求，是广大人民群众的热切期盼，是支持和促进“一府两院”工作的有效途径，要深刻认识开展工作评议的重要意义，统一思想，认真对待评议意见，不断改进工作；要深入开展各项整改，坚持问题导向，高标准严要求解决问题；要继续搞好跟踪督查，督促问题解决出成效，促进政府及部门工作更好开展，为打造“三个柯桥”作出新的贡献。

2015年4月，柯桥区人大常委会开展人大代表监督“已治理的河”

（区人大办　供稿）

**【组织开展人大代表视察活动4次】** 2015年，柯桥区人大常委会组织4次人大代表视察活动。

4月13日，区人大常委会组织部分区人大代表视察鉴湖水域保护治理工作。代表们乘船实地视察鉴湖湖塘街道湖塘村西跨湖桥至柯岩街道海山村段水域，听取区水电局局长徐阿幼受区政府委托作的关于鉴湖水域保护治理工作情况的报告，提出意见建议。

6月25日，区人大常委会组织部分区人大代表视察政府性投资项目建设工作。代表们实地踏看坂湖公园项目现场、绍兴县监管中心（一期）项目现场、中国轻纺城物流仓储中心项目现场，听取区发改局局长蒋国洪受区政府委托作的关于全区政府性投资项目建设情况的报告，提出意见建议。

8月20日，区人大常委会组织部分区人大代表视察议案决议实施和建议办理工作。代表们实地踏看马鞍快速排涝干道拓宽工程、马鞍镇大鱼山村文化建设、柯开委梅轮电梯股份有限公司等现场，听取区水电局、区经信局、区文广局等主办单位就柯桥区防洪排涝河道整治一期工程建设进展情况、区推进两化深度融合工作情况、农村基层文化建设工作情况汇报，提出意见建议。

10月21日，区人大常委会组织部分区人大代表视察政府实事工程工作。代表们实地踏看华舍街道西周安置小区、柯桥中学电子白板系统、柯桥街道居家养老中心——颐养园等现场，听取区人民政府办公室关于2015年区政府十件实事推进情况的报告，提出意见建议。

**【组织开展“人大讲坛”6期】** 2015年，柯桥区人大常委会共开展6期“人大讲坛”。内容包括《维护宪法和法律权威推进法治国家建设》《中华人民共和国预算法》《中华人民共和国档案法》《宪法实施与法治中国建设》《中华人民共和国物权法》《中华人民共和国行政诉讼法》等。

**【组织人大代表集体培训】** 2015年5月27日，柯桥区人大常委会组织人大代表集体培训，邀请江苏省无锡市人大常委会原副秘书长陆介标主讲人大代表履职技能。陆介标结合长期从事人大工作的经历和担任代表职务的实践经验，从人大代表首先要解决的两个认识问题、人大代表的最基本职权、人大代表要处理好的关系等方面，讲解与代表履职密切相关的问题。

**【开展代表向选民述职评议】** 2015年6月至7月，柯桥区人大常委会组织代表向选民述职并接受评议。主要围绕“三述三评”进行，即：述大会期间开展代表工作和闭会期间参加代表活动的情况，评代表意识强不强；述联系走访选民、反映社情民意、为人民群众办实事、做好事的情况，评履职水平高不高；述带头学习宣传和贯彻执行党的政策、法律法规、人大决议决定及区委重大决策的情况，评自身形象好不好。代表向选民述职评议，增强代表意识，依法执行好代表职务；增强政治意识，不断提高履职能力；增强选民意识，自觉接受选民监督，围绕地方工作大局，更好地代表人民的利益和意志，参加行使地方国家权力。

**【督办代表建议】** 2015年，柯桥区十四届人大四次会议期间共收到代表议案、建议225件。区人大常委会督促区政府及相关部门进一步规范完善办理程序，通过开展重点建议督办、视察督办、现场督办、代表参与督办、网上跟踪督办、绩效评估和满意度测评等方式，督促政府及部门认真负责地办好代表建议，注重解决实际问题，不断提升办理成效。2015年，全部建议均在法定期限内办理并答复代表。从办理情况看，落实或问题得到基本解决的共105件，占总数的46.7%；取得初步成效，部分解决或列入计划正在逐步落实或需要今后长期推进抓好落实的89件，占总数的39.6%；尚不具备解决条件或受法律法规、上级政策限制无法解决，作出解释或留作参考的31件，占总数的13.8%。全年还收到并督办代表“直通车”建议20件。（赵士君）

**执行编辑　徐建良**

# 绍兴市柯桥区人民政府

## 重要会议

【十四届四次全体（扩大）会议】 2015年1月31日，柯桥区政府召开十四届四次全体（扩大）会议。区委副书记、区长阮建尧作报告。会议指出，适应新常态，就要展现新状态，会议要求认真贯彻区委十三届七次全体（扩大）会议和区“两会”精神，聚神聚力、提标提速，全线发力，勇争一流，全面加快推进今年各项工作，致力打造“时尚柯桥、印象柯桥、幸福柯桥”。会议还分解落实《政府工作报告》主要目标任务、重点工作和2015年区政府十件民生实事。

【十四届五次全体（扩大）会议】 2015年7月21日，柯桥区政府召开十四届五次全体（扩大）会议。区委副书记、区长阮建尧作报告。会议总结上半年工作，部署下半年任务，要求认真贯彻落实区委十三届八次全会精神，始终坚持经济建设这一中心不偏离，统筹抓好其他重点工作，勇争一流、走在前列，确保全面完成全年目标任务，加快建设“时尚柯桥、印象柯桥、幸福柯桥”。

【区政府常务会议】 2015年，柯桥区人民政府共召开12次常务会议，审议政府相关工作。

2月5日，区政府召开第三十五次常务会议。会议听取并审议区政府办关于区长奖等奖项的评比结果，区委政研室和区直机关党工委关于2014年度镇（街道、开发区）和区机关部门岗位目标责任制的考核情况，区农办关于开展城乡环境整治提升专项行动的实施方案，区经信局关于进一步推进印染产业集聚升级工程的意见，区经信局关于柯桥区“低小散”块状行业整治提升行动的实施意见，区经信局关于建设省“两化”深度融合国家综合性示范区的实施意见及省“两化”深度融合国家综合性示范区专项扶持资金使用的实施意见，区经信局关于柯桥区全面实施“三名”工程的若干意见，区审计局关于2014年审计整改工作的情况，区安监局关于进一步加强全区印染行业“煤改气”工程安全管理的工作意见，区安监局关于柯桥城区禁止燃放烟花爆竹的汇报，区金融办关于浙江耀光纺织品有限公司申请成立柯桥区耀光金融服务有限公司作为柯桥区民间融资信息服务企业试点的情况，区水电局关于实施镇街河道淤泥固化的方

2015年1月31日，柯桥区政府召开十四届四次全体（扩大）会议
（沈浩根　摄）

案，区建设局关于促进房地产市场平稳健康发展的若干意见，柯桥国土分局关于加强建设项目用地批后监管的实施意见，区环保局关于柯桥区环境保护攻坚行动的实施意见，华舍街道关于“中嘉银都水岸”项目帮扶维稳工作的方案，区城管办关于柯桥城区餐厨垃圾处理的实施方案，区交通运输局关于加快推进公交事业优先发展的意见，区民政局关于2015年区慈善资金使用指导性计划安排的汇报，区民政局关于进一步完善困难群众医疗救助制度的意见和完善行政事业单位工作人员重大疾病医疗救助制度的意见，区人力社保局关于进一步完善城乡居民基本养老保险制度的实施意见，区人力社保局关于进一步加强新形势下离退休干部工作的建设意见，区委人才办关于柯桥区优惠保障人才住房工作的意见，区旅游发展有限公司关于阳明园的建设方案，区旅游发展有限公司关于收购柯岩风景区股份有限公司股权的建议方案，区国资办关于区交投集团收购瑞丰银行部分股权的情况。

3月26日，区政府召开第三十六次常务会议。会议集体学习新《中华人民共和国预算法》，听取并审议区民政局关于加快推进现代社会组织建设的实施意见，区委政研室和区直机关党工委关于2015年镇（街道、开发区）、部门岗位目标责任制的考核意见，区发改局关于加强政府投资项目决策管理的实施意见和政府投资项目建设管理的考核办法，区商务局关于加速推进招商引资工作的实施意见，区金融办关于2015年度金融支持经济发展的考核奖励办法，区教体局关于进一步促进柯桥区普高教育优质发展的若干政策意见，区卫计局关于与杭州树兰医院管理有限公司开展医院合作的情况，区安监局关于柯桥区2015年安全生产责任制的汇报，区交投集团关于2015年公交车辆采购的情况，轻纺城建管委关于冠成国际商业中心项目的有关问题，华舍街道关于迪卡侬项目招商落户的相关事项，区城投集团关于受让凌达公司天津滨海农村商业银行股份的情况。

4月27日，区政府召开第三十七次常务会议。会议集体学习新《中华人民共和国环保法》，听取并审议区环保局关于柯桥区环境功能区划编制的情况，区安委会、食安委关于一季度柯桥区安全生产和食品药品安全工作的情况，区城管办、农办和建设局关于一季度“三改一拆”、农村住房解困、农房登记发证等工作的进展情况，区农办关于推进农村土地经营权流转促进农业现代化建设的意见，区国土分局关于2015年度全区经营性国有建设用地出让计划和2015年度全区工业及行政公益性项目用地供地计划，中纺CBD指挥部办公室关于中纺CBD电子商务产业项目的情况，区建设局关于柯桥区优秀人才用房已配建楼盘基准价的核定方案，区国资办关于2014年度区直属国有企业绩效考核及负责人年薪的情况，区国资办关于新设立越州燃气公司的建议方案，轻纺城建管委关于中国轻纺城集团股份有限公司、中国轻纺城市场开发经营有限公司拟出资参与浙商银行股份有限公司增资扩股的计划方案，区金融办关于浙江绍兴越都投资管理公司要求成立绍兴柯桥荣生金融服务有限公司作为柯桥区民间融资信息服务企业试点的情况，滨海工业区关于浙江远东化纤集团有限公司改制及结算的方案，滨海工业区关于浙江万丰化工有限公司新建年产6000吨2–氨基–4–乙酰氨基苯甲醚（还原物）项目落户的汇报，柯开委（齐贤镇）和区环保局关于要求恢复浙江四达印染厂生产的情况。

5月25日，区政府召开第三十八次常务会议。会议集体学习新《中华人民共和国行政诉讼法》，听取并审议滨海工业区管委会关于绍兴华威化工有限公司8000吨/日三苯基磷、15000吨/日对甲基苯磺酸项目的情况，区财政局和区经信局关于创新财政支持经济发展方式设立政府产业基金的若干意见以及成立产业转型升级基金、产业重组基金的情况，区发改局关于加快推进资源要素市场化配置综合配套改革的实施意见，区金融办关于建设柯桥“基金小镇”的情况，区金融办关于加快企业股改上市三年推进计划（2015—2017）及推进企业股改上市的政策意见，区委政研室关于2015年区直属国有企业经营业绩的考核意见，区国资办关于区国有资产投资经营有限公司拟出资参与绍兴银行第五轮增资扩股的方案，区科技局关于大力扶持科技型成长型企业的实施办法，区建设局关于2015年第一批公共租赁住房保障对象的情况，区司法局关于进一步加强司法所建设的实施意见，华舍街道关于“中嘉银都水岸”项目帮扶维稳工作的情况，区政府办关于区长、副区长牵头办理区人大代表建议和政协提案的建议方案。

6月27日，区政府召开第三十九次常务会议。

会议集体学习《审计法》，听取并审议区环保局关于2015年柯桥区大气污染防治工作的实施计划，滨海工业区关于天圣集团滨海项目相关事宜的情况，区教体局关于加快学前教育优质发展的行动计划，区建设局关于柯桥区农民建房审批及监管的实施办法，区交投集团关于104国道镜水路互通立交桥工程的实施情况，区城投集团关于坂湖公园景观雕塑工程的实施情况，区国资办关于进一步规范区直属国有企业职工薪酬管理的实施意见，区人力社保局关于农村特岗教师津贴的方案，区金融办关于浙江华联集团有限公司成立绍兴市柯桥区越商金融服务有限公司作为民间融资信息服务企业试点的情况，轻纺城建管委关于网上轻纺城股权转让的方案，柯岩街道、福全镇和杨汛桥镇关于“三改一拆”、农村住房解困、农房登记发证等工作进展情况说明及下步工作打算的汇报。

8月6日，区政府召开第四十次常务会议。会议集体学习《中华人民共和国土地管理法》，听取并审议区科技局关于科技园运营管理的有关事项，区政府办关于大力推进轻纺城“三次创业”的若干意见，区经信局关于柯桥区印染行业资源要素市场化配置改革效益评价排序的情况，区经信局关于对新风热电热用户以天然气或电替换用热设备进行补助的政策意见，区经信局关于建立联企服务员制度的工作方案，区集聚办关于柯桥区印染行业标杆企业培育的实施方案，区发改局关于2015年柯桥区政府性投资项目建设计划的调整方案，区安监局关于严格落实安全生产“党政同责、一岗双责”和加强基层安全生产工作的实施意见，区商务局关于上半年全区招商引资工作的有关情况，轻纺城建管委关于轻纺城市场开发经营有限公司对“轻纺城”股份进行增持的方案，轻纺城建管委关于浙江中国轻纺城集团股份公司开展金融创新服务的有关情况，区教体局关于理顺浙江电子工程学校办学体制的工作方案，区古镇办关于柯桥历史文化街区改造（一期）项目房屋征收的决定，区交投集团关于绍兴县轻纺城汽车运输公司及汽车站关停的实施方案，平水镇关于采用BT模式投资建设有关工程的有关意见，区审计局关于2015年上半年审计整改落实工作的有关情况。

8月25日，区政府召开第四十一次常务会议。会议集体学习《中华人民共和国城乡规划法》，听取并审议区经信局关于完善印染集聚企业原厂区再开发利用的政策意见，区经信局关于进一步促进工业经济平稳增长的实施意见，区金融办关于进一步加强小额贷款公司规范管理的工作意见，钱清镇关于柯西服装园区历史遗留问题处置的情况汇报，区审改办关于柯桥区深化“四张清单一张网”改革推进简政放权放管结合转变政府职能的工作方案，区审改办关于柯桥区企业投资项目高效审批50天全流程试点的实施方案，区教体局关于加快发展现代职业教育的实施意见，区发改局关于柯桥区轨道交通项目推进工作的情况，区政府办关于落实人大审议、政协协商政府工作情况的汇报。

9月25日，区政府召开第四十二次常务会议。会议集体学习《中华人民共和国安全生产法》，听取并审议区科技局关于柯桥区加快科技型成长型企业培育三年计划（2015—2017）的有关情况，区科技局关于“IBM智慧城市（水资源管理）未来科技馆”项目落户的有关事项，区民政局关于柯桥区镇街社会福利中心（敬老院）提档升级工程的实施意见，区人力社保局关于柯桥区完善机关事业单位工资制度的实施办法和关于柯桥区机关事业单位养老保险制度改革实施的工作方案，区城管办关于柯桥区建筑泥浆固化处置项目的实施方案，区城管办关于2015年柯桥城区生活垃圾分类工作的实施方案，区建设局关于柯桥区2015年第二批公共租赁住房保障对象的有关情况，区发改局关于柯桥区加快培育建设特色小镇的实施意见，轻纺城建管委关于2015年秋季纺博会及柯桥时尚周暨深圳时装周走进中国轻纺城活动方案的有关情况，中纺CBD指挥办关于轻纺城国际时尚中心建设及招商运营的有关情况，区轨道交通指挥办关于加快柯桥区轨道交通建设的若干意见，区轨道交通指挥办关于组建柯桥区轨道交通集团有限公司的意见。

10月29日，区政府召开第四十三次常务会议。会议集体学习《中华人民共和国食品安全法》，听取并审议区政府办（法制办）关于全面推行政府法律顾问制度的实施意见和柯桥区人民政府法律顾问工作规则，区审改办关于企业投资非独立选址项目不再审批试点的实施方案，区环保局关于2015年冬季大气污染防治百日攻坚行动的实施方案，区经信局关于柯桥区无线局域网（Wi-Fi）建设和免费开放的实施方案，区科技局关于建设中科院上海高等研究院合作平台的情况，区建设局关于柯桥历史文化街区（一期）征收范围内直管公房房改出售的实施细则，区卫计局关于加强村级医疗机构服务能力建设的实施意见，区卫计局关于推进全科医生签约服务工作的实施意见，区国资办关于调整完善越州燃气公司组建的工作方案。

11月27日，区政府召开第四十四次常务会议。会议集体学习《中华人民共和国行政监察法》，听取并审议区建设局关于柯桥区危旧住宅房屋综合治理的实施意见，区建设局关于柯桥区城乡生活污水治理设施运行维护管理的意见，区建设局关于2015年度第三批公共租赁住房保障对象的有关情况，区人力社保局关于2016年度柯桥区城乡居民基本医疗保险筹资方案，柯桥街道关于加强城区老住宅小区整治改造的实施意见，区轨道交通办关于杭州至绍兴城际铁路香樟路站工程委托建设的有关情况，区房改办关于柯桥区进一步深化城镇住房改革的补充意见，中纺CBD建设指挥办关于中纺CBD二期地块开发的有关事宜，区国土分局关于柯桥区不动产统一登记工作的实施方案，区文广局关于加快构建现代公共文化服务体系的实施意见，区编委办关于柯桥区开展综合行政执法工作的实施方案，区城投集团关于稽山路等六路段下穿杭甬客专铁路道路工程实施代建的有关情况，区城投集团关于中心城公司出资参与天津滨海农村商业银行股份有限公司增资扩股的工作计划，区旅游发展有限公司关于绍兴鉴湖大酒店与君澜酒店管理有限公司合作经营的方案，区司法局关于进一步深化完善农村法律顾问工作的实施意见，会议还听取并同意区监察局关于对有关人员开除公职的处分意见。

12月15日，区政府召开第四十五次常务会议。会议研究审议引进毅腾职业足球俱乐部的有关事项。

12月28日，区政府召开第四十六次常务会议。会议集体学习《中华人民共和国人大常委会监督法》，听取并审议区发改局关于2016年柯桥区政府投资项目建设计划和“三个一批”项目建设计划，区发改局关于柯桥区国民经济和社会发展第十三个五年规划纲要（草案）起草情况的汇报，柯桥区2015年国民经济和社会发展计划执行情况及2016年国民经济和社会发展计划（草案），区总工会关于要求支持开展建设“三个柯桥”重点工程立功竞赛活动等事项，区国土分局关于调整土地出让成本结算的意见，区交通运输局关于政府购买公交服务的实施意见，区国资办关于拟收购柯桥区天圣投资管理有限公司的工作方案，柯桥区2015年财政预算执行情况和2016年财政预算（草案），区政府办关于2016年度加快经济社会转型升级的若干政策意见，会议还听取并审议《政府工作报告（送审稿）》。

（李　超）

## 政务信息

**【概况】** 2015年柯桥区共编发各类信息简报277期，信息986余条（次）；上报绍兴市政府办公室281条（篇）、省政府办公厅信息180条（篇），被市录用247条（篇）、省录用43条（篇），得到省、市领导批示条26次。

**【省领导批示】** 1月21日，副省长袁家军在省政府办公厅《浙江政务信息（专报信息）》第91期《抓实绍兴市柯桥区推进淘汰落后产能工作的主要做法存在问题及相关对策》上批示：“请经信委阅研。”

2月6日，副省长熊建平在省政府办公厅《浙江政务信息（专报信息）》第146期《柯桥区建“三大引擎”领跑小微排污企业整治提升》上批示：“绍兴市柯桥区的小微企业排污整治提升还是很有特点，请环保厅阅研。”

8月18日，副省长熊建平在省政府办公厅《浙江政务信息（专报信息）》第1106期《柯桥区打造“三位一体”数字环保提升环境监管能力》上批示：“请环保厅阅研。”

9月28日，副省长熊建平在省政府办公厅《浙江政务信息（专报信息）》第1318期《柯桥区以互联网+为平台打造智慧环保体系成效明显》上批示：“柯桥区以‘互联网+’为平台的智慧环保做法请环保厅阅研。”

10月9日，副省长孙景森在省政府办公厅《浙江政务信息（专报信息）》第1348期《柯桥区打造美丽乡村公路推动美丽乡村建设》上批示：“柯桥区的做法值得肯定和借鉴，请省交通厅注重总结推广。”

11月20日，副省长黄旭明在省政府办公厅

《浙江政务信息（专报信息）》第1630期《柯桥区以美丽乡村建设为抓手深入推进农村精神文明建设》上批示："柯桥区做得很好，值得全省（市、区）学习借鉴。请文彪主任阅。"

12月13日，省长李强在省政府办公厅《浙江政务信息（专报信息）》第1771期《柯桥区坚持"四个引领"打造千亿级新型建筑工业化产业集群》上批示："建筑产业化具有智能、绿色、集约、高效等特点，是建筑产业现代化的发展方向。近年来绍兴市柯桥区抢抓机遇主动转型，大力推进技术创新、标准创新和政策创新，建筑产业化产值迅速增长，质量效应不断提高，取得显著成绩，其做法可印送各地学习借鉴。"

12月17日，副省长袁家军在省政府办公厅《浙江政务信息（专报信息）》第1814期《柯桥区创新中介机构管理助推项目审批提速及问题建议》上批示："请发改委阅研。"

12月31日，副省长袁家军在省政府办公厅《浙江政务信息（专报信息）》第1064期《柯桥区深化审批制度改革全力打造政务服务升级版》上批示："进一步加大力度，形成可复制、可推广的样板。"

**【市领导批示】** 3月17日，副市长杨文孝在市政府办公厅《绍兴政务信息（专报信息）》第12期《柯桥区推进淘汰落后产能工作的主要做法存在问题及相关对策》上批示："柯桥区抓淘汰落后产能工作力度大、成效明显，应予以充分肯定。希望在新的一年里，再接再厉，多取得新的成绩。"

8月21日，副市长冯建荣在市政府办公厅《绍兴政务信息（专报信息）》第33期《柯桥区打造"三位一体"数字环保提升环境监管能力》上批示："柯桥的这一做法，上符上级精神，下合当地实际，具有创新意义，取得初步成效，值得在全市总结推广。请市府办以内参形式送发各地借鉴。请市里几大媒体帮助宣传。"

11月30日，副市长钟洪江在市政府办公厅《绍兴政务信息（专报信息）》第46期《柯桥区着力推进无违建区创建拆违总量及完成率居全市首位》上批示："请市无违建办调研总结。"

12月21日，副市长钟洪江在市政府办公厅《绍兴政务信息（专报信息）》第57期《柯桥区打造全国"最宜居城镇"的主要做法》上批示："柯桥区'最宜居城镇'定位高、举措实、效果好，值得总结和推广。"

（周莹芳）

## 协调督查

**【概况】** 2015年，柯桥区政府围绕全年重点工作、十方面实事工作和阶段性中心工作，多次进行专题协调，并发出相应专题会议纪要，同时，对《政府工作报告》确定的十方面实事进展情况、重要专门工作推进情况以及重要会议精神、领导批示等贯彻落实情况，加强督促检查。全年共召开重要专题会议73次，编发《政务督查》23期。

**【召开重点工程重大项目督查会9次】** 2015年，柯桥区政府召开重点工程重大项目督查会议9次，做到每月一督查，双周一通报，协调解决有关工作中碰到的问题和困难，扎实推进全区重点工程重大项目建设。

**【召开重要专题会议105次】** 2015年，柯桥区政府召开专题会议105次，协调解决有关工作中碰到的问题和困难，扎实推进各项工作，确保年度工作目标和任务的完成。

**【编发《政务督查》23期】** 2015年，柯桥区政府按照分解任务、督促检查、狠抓落实的工作思路，进一步健全工作汇报和督查通报制度，强化督促检查内容，全年编发《政务督查》23期。督查主要内容包括《政府工作报告》确定的十方面实事工作完成情况、十大重点工作进展、十大重大建设项目完成进度和区政府领导批示件办理情况等。通过加强督查，确保政令畅通，提高政府效能，推动工作落实。

（胡永堂）

## 建议提案办理

**【概况】** 2015年，柯桥区十四届人大四次会议期间，收到代表10人以上联名提出议案25件。经大会主席团决定均作为代表建议、批评和意见处理；另外，大会秘书处在会议期间还收到代表提出的建议、意见200件。其中经济建设方面的53件，占总数的23.5%；城乡发展方面的63件，占总数的28%；民生社会方面的92件，占总数的40.9%；其他方面的17件，占总数的7.6%。

在区政协十一届四次会议期间，共收到政协委员以提案形式提出的意见建议306件，经区政协提案委员会审查，立案224件。其中有关经济生态建设方面的提案77件，占总数的34.3%；有关政治社会建设方面的提案96件，占总数的42.9%；有关文化建设方面的提案51件，占总数的22.8%。

2015年，各承办单位及时办理225件人大代表建议和224件政协委员提案，办理结果均答复代表和委员。至年底，落实或问题得到基本解决的建议105件、提案68件，分别占总数的46.7%、30.4%；部分解决或列入计划正在逐步落实，或需要今后长期推进抓好落实的建议89件、提案146件，分别占总数的39.6%、65.2%；尚不具备解决条件或受法律法规、上级政策限制无法解决，作出解释或留作参考的建议31件、提案10件，分别占总数的13.8%、4.5%。（胡永堂）

## 法治政府建设

**【概况】** 2015年，柯桥区深化行政执法责任制工作，开展规范性文件的合法性审查和清理工作，为重大信访事件处置提供意见，办理行政复议案件，慎重处理涉区行政诉讼事宜，加大行政执法监督力度，共受理行政复议申请16件，共审查以区政府和区政府办发文的规范性文件35件。

2015年，区法制办共审查以区政府和区政府办发文的规范性文件35件，其他文件18件。同时加强对部门制订的规范性文件的管理，专门召开规范性文件管理工作会议，重申规范性文件的“三统一”制度，明确制订的程序、公开征求意见的要求、合法性审查的重点、报送材料的要求等，并进行业务培训。

2015年，柯桥区制定下发《全面推行政府法律顾问制度的实施意见》，并重新修订《政府法律顾问工作规则》，聘请章勇进等5名法律专家担任区政府法律顾问，在参与企业解困、重大信访处置、重点工作推进等方面，发挥较好作用。

**【对行政机关406份合同进行备案】** 2015年，柯桥区政府本级签订政府合同9份，区级部门签订行政合同208份，镇（街道、开发区）签订行政合同189份，区法制办对区政府与中交建集团的合作框架协议、与中科院上海科创中心的合作共建协议、与杭州树兰医院管理公司的合作意向、与杭州地铁集团的代建协议等9份重大合同进行审查，提出法律意见和合理化建议。

**【受理依申请公开16件】** 2015年，柯桥区按照政府信息“公开是常态、不公开是例外”的要求，做好政府信息主动公开和依申请公开工作，通过召开培训会议，专题督查通报等形式，促进主动公开的及时性、准确性、全面性，并重点公开群众关注的领域。对群众的依申请公开，做到件件有答复，事事有回应。全年共受理依申请公开16件，当面答复9件，书面答复7件。

**【公众参与62项重大行政决策】** 2015年，柯桥区政府共有重大决策62项，其中专家论证62项，举行听证会或者公众代表座谈会36项。对重点推进的“五水共治”“三改一拆”、黄标车淘汰、小微排污企业整治、行政执法体制改革、行政审批制度改革、中介服务机构清理等工作，对相关法律文书，进行合法性审查，并对一些重大信访事件，提供处置意见，协助平稳妥善处置。

**【稳妥处理30件行政应诉和行政复议件】** 2015年，柯桥区政府共收到行政复议申请21件，经审查后受理16件，不予受理5件。主要涉及不服工伤认定、不服行政处罚、不服行政强制、不服行政确认、不服政府信息公开告知书等。经审理，维持行政机关的行政行为5件，责令重新作出1件；当事人撤回复议2件；驳回当事人申请1件，尚在办理中5件。办理涉区政府的行政复议案1件，行政诉讼案件14件，均妥善处理。（王昕璐）

## 人事工作

**【概况】** 2015年，柯桥区进一步完善公务员考试录用工作，把好公务员队伍的“入口关”。坚持公开、平等、竞争、择优的原则，按照德才兼备的标准，通过依法考录、公正考录和科学考录，招考录用机关、镇（街道）国家公务员82人。这年，对营以下军队转业干部实行“考试考核、竞争上岗、保底分配”的安置政策，共安置营职以下军队转业干部4人及随调配偶1人。

**【公开招考录用496名机关事业单位工作人员】** 2015年，柯桥区通过严把资格审查关、考试关、体检关和考察关，坚持公开办事制度，建立健全监督机制，实施阳光招考。公开招考录用机关事业单位工作人员92人、卫生系统事业单位工作人员282人、教育系统事业单位工作人员122人。（冯天磊）

## 行政审批

**【概况】** 2015年，柯桥区在继续推进高效审批100天和核准目录外不再审批省级试点的基础上，启动实施高效审批50天等3个省级新试点，9月1日上线运行政务服务网柯桥分厅，9个部门48个审批事项开展网上审批，受理各类网上办件6.28万件。即办化的涉民事项由原来的59项增至69项，涉民事项即办化率由56.2%上升到65.71%，增长9.51个百分点。

柯桥区在建成四级便民服务体系的基础上，2015年11月，成立公安出入境分中心和公安车管分中心两个“紧密型”分中心，行政许可事项进驻率99.22%，2015年，共办理各类审批事项609759件，日均办理2440件；行政许可准确率和承诺件按时办结率均达100%，提前办结率99.71%，时间提前率86.11%，每件承诺件实际平均办结时间为0.75天。

**【优化提升高效审批100天、核准目录外不再审批试点】** 2015年，柯桥区抓好企业投资项目高效审批100天扩面，从工业项目拓展到商贸三产项目，至2015年底，51个商贸三产项目进入高效审批流程，商贸三产项目实施高效审批覆盖率61.54%。累计有253个企业投资项目进入高效审批流程，其中完成233个，总投资额119.25亿元。抓核准目录外不再审批增量，通过简化开工前资料审查、减少资料提交等措施，优化流程，缩短审批时间，有73个项目进入不再审批试点流程，总投资80.37亿元，其中开工建设10个，已完成全部竣工验收事项的12个。

**【启动实施企业投资项目高效审批50天全流程试点】** 2015年5月，柯桥区根据省长李强在全省经济工作电视电话会议上提出的要求柯桥区企业投资项目高效审批试点从100天减少至50天左右的指示精神，在企业投资项目高效审批100天全流程起点和终点不变的基础上，通过创新审批方式、强化事中事后监督等措施编制企业投资项目高效审

2015年10月13日，浙江省委第四巡视组副组长、柯桥区组长郭庄宁一行视察区行政审批中心窗口（区行政审批中心　供稿）

2015年1月5日，浙江省不再审批改革试点工作调研会在柯桥区举行（区行政审批中心　供稿）

批50天全流程试点实施方案，并通过省有关法律专家的合法性论证。11月，经省政府同意后获省审改办批复。经沟通协调，有2个到3个项目拟进入高效审批50天全流程试点，其中柯桥开发委的浙江梅轮电扶梯股份有限公司新建年产扶梯2万台套生产线项目即将启动实施。

**【启动开展企业投资非独立选址项目不再审批试点】** 2015年8月，柯桥区根据省政府第六次全体会议暨深化"四张清单一张网"改革推进政府职能转变工作会议精神，开展非独立选址项目不再审批试点，在已实施核准目录外企业投资项目不再审批试点方案的基础上，编制柯桥区企业投资非独立选址项目不再审批试点方案。12月，经省政府同意后，获省审改办批复。

2015年6月24日，国家发展改革委投资司副司长罗国三调研柯桥区"负面清单管理模式"　（区行政审批中心　供稿）

**【编制上报相对集中行政许可权改革试点方案】** 2015年3月，柯桥区被省政府列入全省开展相对集中行政许可权改革试点地区。根据中央编办、省政府的要求，按照"编随事转、人随编走"的原则，编制柯桥区相对集中行政许可权试点改革方案。10月，以区政府请示件上报省政府待批。

**【入驻柯桥区的162家中介机构全部网上运行】** 2015年1月，柯桥区行政审批中介服务网管理系统正式上线，入驻柯桥区中介机构管理服务中心的162家中介机构全部网上运行，网上运行覆盖率100%，强化对服务承诺时间的监督。全年各类中介机构在网上收办件1064件，按时办结率100%。

**【顺利推进"联合测绘"扩面和"联合竣工验收"实施】** 2015年6月，柯桥区印发联合测绘从工业项目扩大至商贸三产项目的实施办法，强化联合测绘的管理考核，缩短测绘时间。8个商贸三产项目实施竣工前联合测绘，商贸三产项目竣工后实施联合测绘覆盖率57.14%。8月，工业投资项目"联合竣工验收"全面启动，实行"一个部门牵头、实行一窗受理，资料分头审查、派员现场初审，组织联合验收，出具验收意见"的运作新模式，实现对工业投资项目联合竣工验收的全覆盖，13个工业投资项目开展联合竣工验收。　（温海燕）

## 公共资源管理

**【概况】** 2015年，柯桥区在做好建设工程及政府采购电子反拍全电子化的基础上，完成土地产权、政府采购等领域全电子化进程，四项交易全部实施电子化。电子反拍类别实施扩面，在原有电子反拍基础上，完成计算机软件、机房辅助设备、显示屏的反拍扩面，反拍目录增至七大类近30个品种的货物，全年完成电子反拍项目1105项，成交金额3372.97万元。政府购买服务有效推进，在物业管理服务、软件开发设计等全覆盖的基础上，对桥梁检测、河道水环境质量检测等新项目的拓展进行探索，完成政府购买服务项目154个，采购金额近2亿元，平均下浮率近16%。2015年，公共资源交易中心完成四项交易1871项，成交金额100.61亿元，增效节资12.93亿元，增效节资率12.85%。

**【限额以下公共资源交易监管实现全覆盖】** 2015年，柯桥区通过健全制度框架、改造升级电子监察系统等举措，建立实时监控、在线提醒、限时督办、亮灯扣分的监管模式。全区镇(街道、开发区)、机关部门、国企等106个单位，累计1320个项目纳入监管，警示红灯项目14个，黄灯项目209个，督办项目223个。

**【公共资源交易现场监管实现精细化】** 2015年，柯桥区制定现场组织和监督管理办法，明确各方分工与职责，进一步规范招投标开标、评标程序，保证交易过程的正常有序。完成对开标、评标、询标现场的软件、硬件升级改造，充分运用电子监控、网络流程监控、交易现场视频直播可视化监控等手段，实现开标、评标、询标现场的全封闭、全监控，切实提高监管水平。（温海燕）

## 重要接待

1月23日，全国人大常委会委员、环资委副主任蒋巨峰一行14人，到柯桥区调研循环化改造示范点建设情况。

2月2日，省委常委、秘书长赵一德率省慰问组一行到柯桥区走访慰问。

2月11日，省委常委、公安厅厅长刘力伟率省慰问组一行到柯桥区慰问。

4月21日，省人大常委会副主任袁荣祥一行到柯桥区调研治理河流情况。

5月13日，省委书记夏宝龙一行到柯桥区进行工作调研。

6月2日，省人大常委会党组书记、副主任茅临生一行11人，到柯桥区调研大气污染防治专项工作。

6月3日，省政协主席乔传秀一行11人，到柯桥区调研树人大学杨汛桥校区项目建设情况。

6月5日，中央组织部部务委员兼全国基层组织建设协调小组办公室主任吴玉良，河北省委常委、组织部部长梁田庚，内蒙古自治区党委常委、组织部部长李鹏新，吉林省委常委、组织部部长齐玉，黑龙江省委常委、组织部部长杨汭，贵州省委常委、组织部部长孙永春，中央农村工作领导小组办公室副主任韩俊一行，到柯桥区调研农村基层党建工作等方面情况。

6月6日至7日，新疆生产建设兵团党委常委田建荣率兵团代表团一行24人，到柯桥区回访交流对口支援工作，并召开兵团招商引资项目推介会。

7月4日，中华人民共和国国务委员、公安部党委书记、部长郭声琨一行16人，在浙江省委副书记、政法委书记、省反恐怖工作领导小组组长王辉忠，浙江省委常委、公安厅厅长、省反恐怖工作领导小组副组长兼办公室主任刘力伟，武警浙江省总队司令员、省反恐怖工作领导小组副组长白海滨等领导陪同下，到柯桥区调研督导反恐怖工作。

7月8日，全国政协副主席刘晓峰一行3人，到柯桥区考察农工党基层组织。

7月28日，全国工商联副主席安七一一行6人，到柯桥区调研异地商会建设情况。

8月7日，省政协副主席汤黎路一行4人，到柯桥区考察大香林·兜率天景区建设情况。

8月19日，省委常委、组织部部长廖国勋一行到柯桥区进行工作调研。

8月20日，省政协副主席张泽熙一行20人，到柯桥区视察文化创意产业发展状况。

9月8日，国家民委副主任、党组成员罗黎明率中央国家机关联合督查组第三组一行12人，到柯桥区监督检查。

9月8日，中央财办副主任舒国增一行3人，在省委副秘书长、政研室主任李火林的陪同下，到柯桥区调研特色小镇创建工作。

9月28日，中央政治局原委员、国务院原副总理曾培炎一行9人，到柯桥区考察龙华寺·兜率天景区和鲁镇景区。

9月29日，省委常委、宣传部部长葛慧君一行到柯桥调研美丽乡村建设及农村精神文明建设工作现场会情况。

9月30日，中央政治局原委员、国务院原副总理曾培炎一行9人，到柯桥区考察安昌古镇景区。

10月11日，博鳌亚洲论坛理事会一行34人到柯桥区考察柯岩风景区。参加人员有博鳌亚洲论坛理事长、日本前首相福田康夫，博鳌亚洲论坛副理事长、中国国务院原副总理曾培炎，博鳌亚洲论坛副理事长夫人唐大智，博鳌亚洲论坛秘书长周文重，博鳌亚洲论坛秘书长夫人谢淑敏，巴基斯坦前总理阿齐兹，马来西亚前总理巴达维，新西兰前总理珍妮·希普利，新西兰前总理丈夫波顿·希普利。

10月15—17日，新疆维吾尔自治区副主席史大刚一行98人，到柯桥区参加2015年中国柯桥国际纺织品博览会（秋季）和新疆纺织服装产业投资洽谈活动。原浙江省政协副主席张蔚文一同参加。

10月22日，省政协副主席王建满一行10人，到柯桥区调研“两路两侧”“四边三化”专项整治工作进展情况。

10月22日，省委副书记、政法委书记王辉忠一行15人，到柯桥区调研“美丽乡村”建设。

11月2日，中央政研室、中央改革办党建研究局局长田培炎一行12人，到柯桥区督查县以下公务员职务与职级并行工作。

11月16—17日，省委书记夏宝龙一行500人到柯桥区出席全省美丽乡村和农村精神文明建设现场会。

11月17日，省委副书记、省长李强在柯桥区调研建筑产业化工作。

11月19—21日，全国工商联副主席李路一行2人，到柯桥区调研工商联工作并为柯桥民营企业家授课。

12月2—3日，公安部党委委员、部长助理刘跃进一行9人，到柯桥区检查反恐怖工作。

12月8日，省委副书记王辉忠一行13人，到柯桥区调研绍兴群团工作。

12月9—12日，国际泳联主席马格里奥一行34人，到柯桥区出席2015年国际花样游泳大奖赛。

12月15日，副省长熊建平一行9人，到柯桥区调研互联网大会环境保障和住宅产业化工作。

12月22日，省政协副主席陈艳华一行20人，到柯桥区出席省首届“美丽乡村”杯篮球赛颁奖典礼。

## 机关事务管理

**【概况】** 2015年，柯桥区全面提升机关事务管理能力和水平，全力保障机关高效有序运行。全年，区行政中心、区公共服务大楼共维修水、电、消防等设施设备4933次。推进平安大院建设，共接待和处置集体上访104批，个人上访306人，启用区公共服务大楼E邮箱。

2015年，区行政中心会场共保障会议756场次，有36个部门（单位）在大厅布展，区机关幼儿园再次被认定为“省级一级幼儿园”。

2015年，区政府投入40多万元在全区130家公共机构推广应用LED灯1万余支，进行照明改造；指导全区公共机构创建节水型单位，完成1/3以上的区级机关、14所学校及1家医院的节水型单位创建工作；绍兴第二医院通过国家级节约型公共机构示范单位验收。柯桥区公共机构人均综合能耗和单位面积能耗分别下降3.71%、3.63%，人均水耗比上年下降4.6%。

2015年，区政府继续加强对公务用车实行节假日统一停放制度，加强车辆定点加油、定点保险、定点维修，车辆经费比上年下降7.65%。这年，区机关事务管理局对登记在册的26个区机关事业单位及国有企业76辆黄标车实施淘汰。区机关事务管理局下发《柯桥区机关事业单位停车场节假日及夜间对外开放实施方案》，并规范社会车辆停车时间、车辆类型等。到6月底，符合条件的区级机关事业单位停车场的709个停车位在非上班时间全面向社会开放。

2015年，区委、区政府接待处与柯桥区机关事务管理局合署办公，坚持“有利公务、简化礼仪、务实节俭、杜绝浪费”的原则，严格按照相关规定做好接待。这年，区机关事务管理局完成省委第四巡视组到柯桥区开展巡视工作、全国基层党建现场会、市第八届运动会、全省美丽乡村和农村精神文

2015年，柯桥区人力社保局停车场对外开放成功试点

（区机关事务局　供稿）

明建设现场会、国际花样游泳大奖赛、全省“美丽乡村”杯篮球比赛、兜率天景区落成典礼等大型活动的后勤保障工作，累计高效完成212批4857人次的来宾接待任务。

是年，区政府通过招投标引进深圳天健物业管理有限公司和绍兴华绿园林建设有限公司对区行政中心、公共服务大楼、鉴湖大院的保洁、绿化工作进行管理。

**【统筹协调办公用房管理】** 2015年，柯桥区重点完成青少年宫装修改造及竣工验收工作，并于7月正式投入使用；及时做好行政中心部分楼层办公用房的修缮维护工作，确保经信局、商务局等部门的按时搬入；完成在绍兴市区办公的区农林局下属8个单位、环保局下属环境监测站等单位的搬迁协调工作，完成鉴湖路原国税大楼、城市规划展览馆、大坂湖人防工程大楼及鉴湖大院内国土分局、司法局和创意大厦相关部门的安排调整工作；认真做好办公用房清理规范工作，严格按规定控制部门新增办公用房，对擅自使用腾空办公用房的部门进行纠正。

**【行政中心太阳能光伏发电项目竣工投用】** 2015年，柯桥区以公开招标、合同能源管理方式引进的太阳能光伏发电项目（系绍兴市首个政府屋顶）竣工投用。项目按照25年发电800万千瓦吋计算，可节约标准煤3000吨、减少二氧化硫排放225吨、粉尘2000吨。（沈桔敏）

2015年11月，柯桥区行政中心屋顶太阳能光伏发电项目投用

（区机关事务局 供稿）

**执行编辑 徐建良**

# 政协绍兴市柯桥区委员会

## 综　述

2015年，政协绍兴市柯桥区委员会共召开全体会议1次、常委会议5次、主席会议13次、专题政治协商会议2次。组织大会发言材料40篇，区委、区政府主要领导对其中9篇作出批示。围绕柯桥区审计工作、“美丽乡村”建设、文化创意产业发展、中国轻纺城“三次创业”、金融审判和监所检察、城区生活污水截污外排全覆盖、基层医疗服务、科技创新等进行专题协商，提出意见建议；围绕“依法治区”工作和柯桥区经济社会发展“十三五”规划编制工作开展专题调研，进行重点协商。提前对提交区委十三届七次、九次全会决策的重大事项进行专题政治协商，为区委重大决策提供广泛民意基础和智力支持。传达学习中共十八届五中全会、全国政协十二届三次会议以及区委十三届七次、八次全会精神，民主评议提案办理落实工作。坚持政协领导走访约谈委员制度，听取社情民意，深化联络联谊。以专委会为依托，密切与界别委员联系，开展学习、视察、调研等活动，在服务大局、关注民生、促进和谐等方面发挥独特作用。坚持专门委员会、镇（街道）工作委员会述职制度和政协参加单位工作交流评议制度，对专委会、镇（街道）工委和政协参加单位履职开展民主评议。

2015年，柯桥区政协增补杨金法等4人为区政协委员，免去彭振业等5人区政协委员职务，撤销王飞等3人区政协委员资格。

**【举办“美丽柯桥·山阴墨缘”书画精品展】** 2015年11月30日—12月4日，柯桥区政协“最美柯桥·山阴墨缘”书画精品展在区行政中心开展。共展出由政协委员、政协系统干部、柯桥区政协山阴书画院会员等创作的书画作品46幅。

**【召开2015年度重点提案答复交流会】** 2015年10月30日，柯桥区政协召开2015年重点提案面对面答复交流会议。区委组织部、区经信局、平水镇政府等10个重点提案主办单位负责人在会上向各督办小组通报重点提案的办理落实情况、存在问题和下一步打算，各督办小组对进一步做好重点提案的办理落实工作提出意见建议。

**【开展依法治国专题讲座】** 2015年4月3日，柯桥

2015年4月23日，柯桥区政协十一届四十六次主席会议与会人员实地视察安昌镇大山西村“美丽乡村”建设工作　　（凌　军　摄）

区政协举办"依法治区"专题讲座，华东政法大学教授沈济时应邀就中国民主法制建设的历史与启示作系统分析和讲解，为区政协开展"依法治区"重点协商议政打下理论基础。（章立群）

## 重要会议

**【区政协十一届四次全体会议】** 2015年1月27—29日，中国人民政治协商会议第十一届绍兴市柯桥区委员会第四次会议在柯桥召开。会议听取并审议通过区政协主席孟柏千代表政协第十一届绍兴市柯桥区委员会常务委员会所作的工作报告和区政协副主席钱月美所作的提案工作情况报告；大会听取区政协提案委员会关于区政协十一届四次会议提案受理情况的报告，通过区政协十一届四次会议决议。会议认为，2014年，区政协在中共柯桥区委的领导下，围绕全区工作大局，紧扣"服务发展、关注民生、促进和谐"工作主线，贯彻落实省、市、区政协工作会议精神，认真履职，主动作为，为推动柯桥区经济社会持续稳步发展作出积极贡献。会议要求常务委员会认真组织实施2015年工作，切实抓好落实。

**【区政协十一届十八次至二十二次常委会议】** 2015年1月26日，柯桥区政协召开十一届十八次常委会议。会议集中表彰2014年度区政协工作先进集体和个人，审议通过区政协十一届四次会议日程、《提案受理情况报告》报告人、提案递交截止日期，宣布会议期间各次大会常委会值日安排。

1月28日，柯桥区政协召开十一届十九次常委会议。会议审议通过《提案受理情况报告》（草案）和《会议决议（草案）》，听取各委员小组关于政协常委会"两个报告"、《政府工作报告》讨论情况的汇报。

5月26日，柯桥区政协召开十一届二十次常委会议，专题议政依法治区工作。会议听取区司法局有关工作情况通报，区政协各课题组围绕法治政府和服务型政府建设、运用法治思维方式推动经济发展、推进社会治理创新等方面进行议政发言。部分政协常委、委员在前期调研基础上，就推进依法行政、政府决策评价体系建设、社会稳定风险评估、破解律师取证难、破解法院执行难等内容发表协商意见。会后，区政协办梳理形成建议案，报区委、区政府。区人大常委会副主任于庆国、副区长胡国炜到会听取协商意见。

9月17日，柯桥区政协召开十一届二十一次常委会议，专题协商区经济社会发展"十三五"规划编制工作。会议听取区发改局关于柯桥区"十三五"规划编制工作及"十三五"发展基本思路的情况通报。区政协各课题组围绕"十三五"时期区交通事业发展、特色小镇建设、基层民主法治建设、法治政府建设、医药卫生事业发展、文化创意产业发展等方面进行议政发言。部分政协委员就建筑业转型升级、保护和发展传统产业等方面发表协商意见。区委书记徐国龙到会听取协商意见并讲话。会后，区政协办梳理形成建议案，报区委、区政府。

2015年1月27—29日，中国人民政治协商会议第十一届绍兴市柯桥区委员会第四次会议在柯桥召开（凌军 摄）

12月24日，柯桥区政协召开十一届二十二次常委会议，决定区政协十一届五次会议于2016年1月18—20日在柯桥召开。会议听取区政府关于区政协

2015年5月26日，柯桥区政协召开十一届二十次常委会议，专题议政依法治区工作（凌军 摄）

十一届四次会议以来提案办理情况通报，审议通过关于召开柯桥区政协十一届五次会议的决定及会议议程（草案），区政协常委会“两个报告”报告人，十一届五次会议秘书长、副秘书长及会议分组办法和召集人名单，区政协常委会的委托决定等，研究决定2015年度区政协工作先进集体和先进个人。与会人员还就政协常委会“两个报告”（送审稿）进行审议讨论。副区长胡国炜到会通报有关情况，区人大常委会副主任邢柏生应邀列席会议。

**【区政协十一届四十二次至五十四次主席会议】** 2015年1月14日，柯桥区政协召开十一届四十二次主席会议。会议审议召开区政协十一届四次会议期间提案截止日期（草案）、《提案受理情况报告》报告人（草案）及有关人事事项，研究决定区政协十一届四次会议各次大会常委会值日安排，决定召开区政协十一届十八次常委会议。

1月28日，柯桥区政协召开十一届四十三次主席会议，审议《柯桥区政协十一届四次会议决议（草案）》。会议对《决议（草案）》进行讨论修改，发各委员小组进行讨论。

2月13日，柯桥区政协召开十一届四十四次主席会议。会议审议研究2015年区政协工作要点和主要履职活动安排，确定关于区政协先进单位和个人评选办法以及政协“系列慈善·助孤”行动方案，听取区政协提案委关于十一届四次会议提案审查立案情况的汇报。

3月24日，柯桥区政协召开十一届四十五次主席会议，专题协商审计工作。会议听取区审计局关于柯桥区审计工作情况通报，主席会议成员就强化审计工作认识、强化审计干部队伍建设、加强审计工作执行力度、重视审计成果运用等方面进行协商发言。副区长周树森到会听取协商意见。

4月23日，柯桥区政协召开十一届四十六次主席会议，视察协商“美丽乡村”建设工作。与会人员实地踏看安昌镇大山西村“美丽乡村”建设情况，听取区农办有关工作情况通报，听取区政协城建人资环委关于环境，发展区域特色，建立长效机制。会议听取区编委办关于区政府机构改革方案的情况通报。副区长胡国炜到会听取协商意见。

5月14日，柯桥区政协召开十一届四十七次主席会议，专题协商文化创意产业发展工作。与会人员实地视察柯岩电影拍摄外景地，听取区文化产业发展领导小组办公室关于柯桥区文化产业发展有关情况通报和区政协文史教文卫体委关于加快推进文化创意产业发展的调研情况汇报。主席会议成员围绕整合资源、加强统筹、发挥优势、抱团发展等方面进行协商发言。副区长祝静芝到会听取协商意见。

6月24日，柯桥区政协召开十一届四十八次主席会议，视察协商中国轻纺城“三次创业”工作，集中评议2014年度十件重点提案办理落实情况。与会人员实地视察轻纺城西市场升级改造工程和国际仓储物流中心建设现场，听取轻纺城建管委有关情况通报及区政协提案委关于2014年度重点提案办理落实情况督查评议意见汇报。主席会议成员围绕更好发挥提案综合功效、促进提案成果转化、扎实推进中国轻纺城“三次创业”开展协商评议。区委常委、副区长金晓明到会听取协商意见。会议

2015年8月12日，柯桥区政协十一届五十次主席会议与会人员现场视察柯桥街道镜水苑小区生活污水改造工程　（凌　军　摄）

同时审议区政协关于柯桥区经济社会发展“十三五”规划重点协商调研活动安排。

7月16日，柯桥区政协召开十一届四十九次主席会议，民主监督区法院金融审判工作和区检察院监所检察工作。与会人员实地视察区看守所及区检察院驻区看守所监察室，听取区法院金融审判工作和区检察院监所检察工作情况通报。主席会议成员就进一步营造良好金融环境、加大判决执行力度、加强职业风险防范、强化司法部门配合协作等方面进行协商发言。区人民法院院长孙浩、区人民检察院负责人到会听取协商意见，区公安局有关负责人列席会议。

8月12日，柯桥区政协召开十一届五十次主席会议，专题协商柯桥城区生活污水截污外排全覆盖工作。与会人员现场视察柯桥街道镜水苑小区生活污水改造工程，听取区水务集团关于柯桥城区污水治理工作情况的通报和区政协城建人资环委关于柯桥城区生活污水治理调研情况汇报。主席会议成员就科学规划城区生活污水收集工作、加快工程建设进度、不断完善污水收集系统等方面进行协商发言。区委常委、常务副区长丁生产到会听取协商意见。区府办、区建设局、区环保局负责人和城区4个街道政协工委主任列席会议。

9月9日，柯桥区政协召开十一届五十一次主席会议，专题协商全区基层医疗服务工作。与会人员实地视察绍兴市中心医院钱清镇分院和钱清镇方家桥社区卫生服务站，听取区卫计局有关工作情况的通报和区政协文史委有关调研情况的汇报。主席会议成员围绕制定发展规划、优化体制机制、加强队伍建设等方面进行协商发言。副区长祝静芝到会听取协商意见。

11月17日，柯桥区政协召开十一届五十二次主席会议，专题协商科技创新工作。与会人员实地视察柯桥区科技园、浙江津膜环境科技有限公司，听取区科技局有关工作情况的通报和区政协经科委有关调研情况的汇报。主席会议成员围绕继续加快转型升级、强化政策扶持、加大科技投入、培育创新主体、引进科技人才、更好推进全区科技创新工作长远发展等方面，进行协商发言。副区长周树森到会听取协商意见。

11月26日，柯桥区政协召开十一届五十三次主席会议暨专题读书会。会议传达学习中共十八届五中全会精神，听取区政协各室（委）、参加单位和镇（街道）工委2015年度履职工作情况汇报，探讨区政协2016年度重点履职工作。会议对做好新年度政协工作和年终各项工作提出要求。会议同时研究区政协十一届五次全会筹备有关工作。

12月15日，柯桥区政协召开十一届五十四次主席会议。会议听取关于召开区政协十一届五次会议有关事项的情况报告，研究区政协十一届二十二次常委会议建议议程及相关内容，讨论区政协常委会工作报告和提案工作情况报告，审议2015年度区政协先进集体和先进个人等有关事项。

（章立群）

## 主要工作

**【提案办理满意率98.6%】** 2015年，柯桥区政协共收到各界委员、各党派团体以及各专委会、镇（街道）工委以提案形式提出的意见建议306件，经审查立案224件，作并案处理53件，作来信处理26件，不予立案3件。立案提案中，委员提案166件，集体提案58件，交由78个承办单位负责办理，全部按期办毕。提案提出的建议得到落实或基本落实的68件，占提案总数的30.3%；列入计划逐步实施的146件，占提案总数的65.2%；因条件限制留作参考的10件，占提案总数的4.5%。提案委共收到委员对提案办理情况反馈意见表209件，对办理结果表示满意的206件，基本满意的3件，满意率98.6%。

**【收集社情民意信息101件】** 2015年3月27日，柯桥区政协召开社情民意信息工作座谈会，沈海风等14位同志被聘为2015年度柯桥区政协特邀信息员。10月16日，柯桥区政协邀请省政协办公厅社情民意信息处有关同志对部分信息员开展业务辅导。区政协全年共收集社情民意信息101件，其中3件被省政协采用，17件被市政协采用。全年共编发《政协信息》73期，为全区政协系统交流工作信息、展示调研成果、扩大履职影响提供平台。被评为2015年度市政协系统反映社情民意信息工作先进单位。

**【全年形成调研报告53篇】** 2015年，柯桥区政协围绕区委、区政府中心工作和区政协年初确定的全年工作思路，就依法治区、"十三五"规划编制、审计工作、"美丽乡村"建设、文化创意产业发展、中国轻纺城"三次创业"、金融审判、监所检察、城区生活污水截污外排、基层医疗事业发展、科技创新等工作开展专题调研，为区委区政府提出参考意见建议22篇。政协系统全年共形成调研文章53篇，收入《2015年度政协调研文集》。

**【召开专题读书会2次】** 2015年，柯桥区政协于8月6日、11月26日召开2次专题读书会。8月6日，区政协组织政协机关各室（委）和各民主党派、工商联、人民团体负责人学习贯彻区委十三届八次全会精神，交流探讨加强协商民主建设、推进政协事业创新发展的思路和举措，听取区发改局关于柯桥区经济社会发展"十二五"规划实施情况和"十三五"规划编制情况通报。11月26日，区政协集中听取政协机关各室（委）和镇（街道）工委2015年度履职工作情况汇报，探讨区政协2016年度重点履职工作。

**【开展"依法治区"专题议政】** 2015年3月，柯桥区政协启动"依法治区"专题议政活动，组建3个课题组，围绕运用法治思维和方式加强法治政府建设、推动经济发展、促进社会和谐等方面内容开展调研，于5月26日在区政协十一届二十次常委会议上进行重点协商。

**【开展"十三五"规划专题议政】** 2015年6月，柯桥区政协启动经济社会发展"十三五"规划专题议政活动，组建6个课题组，就"十三五"时期柯桥区城乡统筹发展、民主法制和社会治理、社会事业发展、工业经济和现代服务业发展、新型城市化提升发展、生态文明建设等方面开展调研，于9月17日在区政协十一届二十一次常委会议上进行重点协商。

**【开展政协系统业务培训2次】** 2015年5月27日，柯桥区政协举行政协工作培训班，邀请市政协副主席解晓波、市委党校教授杨宏翔、区政协常务副主席陈忠尧围绕做好新时期政协工作、撰写高质量调研文章、做好提案工作作专题辅导讲座。8月24—28日，区政协在浙江大学举办政协干部综合素质绩

2015年4月3日，柯桥区政协举办依法治区专题讲座　（凌　军　摄）

2015年5月27日，柯桥区政协工作培训班在区委党校举行　（凌　军　摄）

2015年3月13日，柯桥区政协"系列慈善·助孤"行动启动仪式在越崎中学举行　（凌　军　摄）

效提升研修班，邀请浙江大学教授为学员们讲授"中国协商民主的由来及发展前瞻""互联网+的机遇与挑战"等6个专题，并组织学员实地参观杭州青山湖科技城、玉皇山南基金小镇。

**【开展"系列慈善·助孤"行动】** 2015年，柯桥区政协在前三年开展"系列慈善"助残、助老、助孤行动的基础上，开展"系列慈善·助孤"行动，发动各专委会、镇（街道）工委和广大委员以捐款捐物、结对帮扶等形式为孤儿提供帮助支持。全年共组织各类慰问活动73次，看望慰问孤儿学生420人次，捐赠款物100余万元。

**【向政府部门统一委派政协民主监督小组】** 2015年，柯桥区政协制定下发《关于进一步推进民主监督小组集中派遣工作的通知》，在上一年度向区人民法院、市场监管局、安监局等3个部门委派3个民主监督小组的基础上，又新组建3个民主监督小组，将区档案局、区环保局、区行政服务中心增列到民主监督小组受派部门范畴。　（章立群）

**执行编辑　徐建良**

# 民主党派和工商联

## 综　述

2015年，柯桥区各民主党派基层委、知联会和工商联结合各自特点，履职创新，多党合作，实现新的发展。农工党中央授予农工党柯桥区基层委全国先进基层组织称号。各民主党派基层委和工商联参加区委、区政府召开的协商会、通报会8次，在各级人大、政协会议上提交各类提案、议案200余件，对全区经济社会运行情况及党风廉政情况提出意见、建议100多条，其中民革柯桥区基层委有两篇信息被省政协和民革省委会录用，1篇得到副省长批示。围绕区委区政府工作主题，联合搞好重点课题调研，形成调研报告25份，定期向区委区政府领导报送，其中有4篇被区委主要领导批示。区工商联围绕轻纺城“三次创业”，组织企业家沙龙4次，形成轻纺产业转型系列报告4篇；赴之江学院、浙商杂志编辑部取经，完成《工商联智库建设思考》。

这年，区各民主党派基层委与29个政府有关部门对口联系，组织联系座谈会和情况通报会，拓宽知情献力渠道。其中有57人被各政府部门聘为行风监督员。12月3日，区各民主党派、知联会和工商联代表40人，专题测评政府部门行风建设，受到区纪委充分肯定。

这年，区各民主党派和知联会成员在“同心·服务三农”宋家店基地建设中，落实实事工程8件，到位资金超过130万。两次参与统战系统组织的“三下乡”走进宋家店村，30余位专家学者设立医疗、科技、政策、法律、书画5个组，为民服务和咨询活动，赠送书画50余幅，各种图书、法律科技宣传资料1200余份，受惠群众600余人次。

这年，区6个民主党派基层委有成员665人，其中：民革72人，民盟113人，民建127人，民进121人，农工党143人，九三学社89人。这些成员中有省人大代表1人、省政协委员2人、市人大代表8人、市政协委员9人、区人大代表16人、区政协委员75人。政府领导班子中有党外干部1人，人大、政协班子中有党外干部3人，法检两院领导班子中有党外干部2人，政府部门及有关单位中的党外干部正职6人，副职9人，镇（街道）领导班子中有党外干部副职5人。

（陶　莉）

## 民革柯桥区基层委员会

**【概况】** 2015年，民革柯桥区基层委有省人大代表1人、市人大代表2人、市政协委员两人、区人大代表4人、区政协委员11人。基层委发展新党员3人，考察建党积极分子5人。完善基层委工作备忘录制度、基层委委员联系党员制度、先进评比和奖励制度以及支部规范化建设制度。组织党员学习中央统战工作会议精神和习近平总书记在中央统战工作会议上的重要讲话，重温民革党章和工作条例。

这年，区基层委共提交省人大建议3件，市、区人大建议11件，市、区政协提案17件，社情民意7条。主委于庆国提出的《关于要求建立南部山区长效生态保护补偿机制的建议》，被市人大列为重点建议，副市长钟洪江参与研究，并就相关内容进行面商。基层委向区政协提交《关于深入实施“工业强区”战略的建议》，作为区政协大会书面发言材料。撰写《“十三五”时期以智慧城市建设提升柯桥新型城市化发展建议》《关于农村集体产权股份制改革的建议》《农业中小企业贷款难的调研报告》

2015年6月13日，民革柯桥区基层委到平水镇宋家店村调研乡村旅游

（孙胜利　摄）

等多篇调研文章被区政协或统战部刊发。《西藏内地班面临的三个问题亟待引起重视》被中共浙江省委办公厅录用，《浙江新高考选课不平衡带来的诸多问题亟待解决》被浙江省政协综合采用，副省长郑继伟作出批示，《台胞子女就近入学应以监护人实际居住地为依据》被省民革刊物和网站录用，《难忘台湾实寄封——记我与祖父的鸿雁传书》刊在《浙江民革》2015年第2期。吴新竹被聘为民革省委会特约信息员。

6月13日，区基层委组织骨干党员到平水宋家店调研柯桥区乡村旅游业发展情况，并与区国土、农林等对口联系部门及旅游局开展协商，提交《乡村旅游的可持续发展之路——柯桥区发展乡村旅游业的调研与思考》一文。10月16—19日，民革柯桥区基层委组织支部委员以上骨干赴福建参观古田会议纪念馆、瞿秋白纪念馆等红色教育基地，缅怀革命先烈，接受革命传统教育，坚持中国共产党领导的多党合作政治协商制度。（陶　莉）

## 民盟柯桥区基层委员会

**【概况】** 2015年，民盟柯桥区基层委培养与培训盟员人大代表、政协委员、骨干盟员。发展新盟员两名，考察新盟员两名。1名盟员通过公开选拔走上副镇级领导岗位。春节期间基层委与各支部慰问走访老盟员，听取他们对盟务工作的意见和指导。区基层委开展坚持和发展中国特色社会主义学习实践活动征文比赛和宣讲活动。开展“加入民盟为什么、历史责任是什么、我为浙江做什么”大讨论，组织各支部及新盟员交流学习体会，向盟省委、盟市委提交征文7篇，其中《践行三个自信做一个充实快乐的人》《伟大的实践明亮的对话》录制宣讲视频报盟省委，王慧代表盟市委参加市委统战部举行“统一战线大讲坛”演讲活动。盟员潘家富的绍兴莲花落《借大衫》获得第十届河南宝丰马街书会全国曲艺邀请赛金奖，潘海良的莲花落《一念之差》获得第三届“岳池杯”中国曲艺之乡曲艺大赛金奖。章利萍等6位盟员的演出分别获得省级以上奖项15项。

是年，区基层委撰写人大建议4个、政协提案16个，其中《关于加快发展我区新兴现代服务业的几点建议》在政协大会口头发言，《关于进一步加强城市精细化管理、建设两美柯桥的建议》被区政协列入2015年度重点提案。《关于五水共治过程中及时跟进生态复育工作的建议》被列入区政府重点督办建议。完成调研报告7篇，其中《向地下要土地、要空间》区长阮建尧作出重要批示，《关于提高村级基层组织规范建设的若干思考》上报民盟省委。区基层委科技支部和文艺支部分别创建省十佳规范化支部和省十佳特色支部。科技支部省社会主义教育学院基地接待省民建、民进学员100余人考察、交流。参加区政府、区纪委通报会、政协参加单位会议、统战部工作会等会议，针对“三个柯桥建设”提出意见建议。“提升课堂教育现代化水平，投入4000万元以上，分两年改造提升全区2100多个中小学教室的课堂教育设施”被列入区政府2015年民生实事工程，全区所有高中和部分义务教育段学校完成电子白板配置工作。6名盟员分别被聘为区纪委、区监察局等部门特邀监督员，通过信息交流、情况通报、视察等活动，为政府工作献计献策。

是年，柯桥区基层委资助三农服务基地平水镇宋家店村15000元进行村级基本建设，为村民作社保政策、法律咨询。在特殊学校服务基地开展技艺辅导、公益讲座、送图书等多项服务，基层委还联合区老年大学师生，每月两次赴区特殊学校定点帮扶。区特殊学校两名学生剪纸在区机关支部辅导下获市剪纸比赛少儿组二等奖。区基层委与区文广局联办2015年“欢乐柯桥”文艺慰问贺新春活动，为柯桥、湖塘、华舍三个敬老院的老人们带去文艺表演。盟员章如庚的慈善基金向嘉兴、嘉善县柳州中学捐赠爱心图书室一万册，书架25组，价值44万元，向台州黄岩区平田乡平田学校捐赠图书6000册，书架20个，向上郑小学捐书2000册，书架10个。（陶　莉）

## 民建柯桥区基层委员会

**【概况】** 2015年，民建柯桥区基层委会员中有市、区二级人大代表、政协委员34人，实职正科级1人、副科级2人、机关中层以上18人，分布在银行、保险、公用事业单位、中介服务机构优秀骨干人才20余人。组织7名新会员参加市委会和区统战部培训，推荐多名骨干会员参加市委统战部组织的暑期读书会。建中支部被推荐为省民建先进支部，会员何纪方被评为省优秀会员，建英支部主任陈焕鑫当选民建绍兴市委会监督委员。民建区基层委组建网上支部，开设基层委、支部、信息员、企业家会员微信群、QQ群，网上传输文件、学习资料，布置相关工作，交流学习心得，落实工作。

是年，民建区基层委提交集体提案两件，个人提案27件、政协大会发言1件、市人大议案3件、区人大议案两件。完成调研课题8个，《新常态下柯桥区经济发展的认识与思考》等调研报告上报区统战部。

是年，省委会主委陈小平和专职副主委郭吉丰分别调研绍兴百丽恒印染有限公司和绍兴县欣业传动机械有限公司，肯定企业应对困难作出的举措。区基层委主办国防大学战略教授乔良的‘一带一路战略与民营企业的发展和挑战’报告会。基层委与平水宋家店村结对帮扶，每年捐款15000元，基层委和各支部集体结对平水王化小学和王坛王城村两所小学，发放结对资金5万余元，会员个人助学结对16人，发放结对资金32000元。其中建中支部结对王化小学已3年，每次发放奖学助学金6000元，资助优秀生、贫困生12人。（陶　莉）

## 民进柯桥区基层委员会

**【概况】** 2015年，民进柯桥区基层委在各级“两会”上提交提（议）案3件，其中在省政协大会上提交《关于切实减轻中小学生学习负担的建议》。向区政协提交集体提案两件，向省、市、区政协提交提案22件。政协委员还向各级政府、省市民进组织及区政协上报12件社情民意，收到“我为绍兴献一计”31份。9月17日，区基层委的调研报告《提升职业教育品位服务经济社会转型》在区政协十届二十一次常委会上做专题发言，《关于加快柯桥区“旅游超市”建设的建议》引起区委主要领导重视与批示，进而成为2015年度政协重点提案。《钱清镇老年人社区健康管理现状调查及建议》《营造创新氛围，打造绍兴‘创客高地’的建议》报送区委统战部与区政协。区基层委与政协城建和人口资源环境委员会成员考察调研江苏、贵州等地，形成环境保护方面调研报告。

是年，区基层委派出成员，开展行风监督，暗访相关局办行风，把情况上报相关局办。基层委对口联系部门联系紧密，年初与教育局沟通与协商关于高中教育的特色创建、学校的名校创建、绍兴市三区融合招生的影响等，高考后与教育体育局领导分析高考得失，提出合理化建议4条，并落实。这年，区基层委柯中支部的退休老师杨燕帮助贫困学生及其他学生填高考志愿，被评为浙江省公益之星。柯桥区职教中心支部主任周李钧负责的“纺织面料的设计与服务”，在市政府教师节表彰会上以服装秀与教育成果秀的形式现场表现，在秋季纺博会期间，以100平方米实物与实景展示，得到社会好评，周李钧成为绍兴市名师，全省先进个人。11月6日，基层委参与平水宋家店村扶困工作，捐资1.2万元。

8月7日，区基层委支部主任以上干部参加市委会组织的暑期读书会，市委党校孙建军教授主讲“三严三实”专题辅导。8月20—22日，基层委骨干会员参加市委统战部组织的暑期专题读书会。7月7—9日，基层委5位会员赴南京市委党校，参加区委统战部组织的专题读书会。（陶　莉）

## 农工党柯桥区基层委员会

【概况】2015年，农工民主党柯桥区基层委提交个人提案9件，集体提案《关于加强对浙东运河柯桥区段的保护和开发利用工作的建议》被评为优秀提案。6月下旬，区基层委与文史委开展“十三五”时期柯桥区社会事业发展建议协商调研，撰写“十三五”时期柯桥区医药卫生事业发展建议。

这年，区基层委形成定向服务、定点服务、集约服务社会服务模式，开展疾病预防知识讲座11次，受益群众1500人。15名党员赴平水宋家店村、湖塘岭下村医疗服务两次。参加区政协、区统战部门组织开展的送医下乡、物资捐助、结对帮困等社会服务。专题学习贯彻党的十八届三中、四中全会精神，中央统战工作会议精神和习近平总书记的重要讲话，《中共中央关于加强社会主义协商民主建设的意见》，党的十八届五中全会精神等。建立基层委、各支部微信群或QQ群。

11月，农工党中央授予区基层委全国先进基层组织。8月，农工党建党85周年暨浙江省委会成立60周年纪念大会在杭州举行，党员方水庆被授予农工党全省60年60人优秀党员。区基层委与浙江工业大学农工党支部就党派政治建设、思想建设、组织建设、自身建设开展日常交流。（陶　莉）

## 九三学社柯桥区基层委员会

【概况】2015年，九三学社柯桥区基层委有社员89人，其中一支社20人，二支社28人，三支社18人，四支社23人。发展新社员4人，列入发展对象5人。区基层委向“两会”提交集体议案5件、个人提案13件；向七届绍兴市人大五次会议提交议案2件，向七届绍兴市政协四次会议提交提案4件，即《关于以法治文化引领法治柯桥建设的建议》《关于把规模以上企业打造成‘百年企业’的建议》《关于在柯桥区建设一所大型医养结合的医疗机构的建议》《关于进一步加大轻纺城电子商务发展力度的建议》。其中《关于以法治文化引领法治柯桥建设的建议》作为政协大会的口头发言，《关于把规模以上企业打造成‘百年企业’的建议》列为政协重点提案。《关于严格规范和控制城区洗车业，避免河道水质加重污染的建议》的调研材料引起区委书记徐国龙重视，要求区政府领导牵头开展调查并加以规范。区基层委参加区政协关于柯桥区“十三五”规划调研，承担基层民主建设子课题调研，撰写《关于“十三五”时期加强柯桥区基层民主法治建设的建议》，并在政协常委会会议上作发言。区基层委提交集体和个人各类社情民意信息32件，不少社情民意被省政协、省委统战部，市政协和区政协，九三学社中央、省、市组织采用。

这年，区基层委组织四次较大社会服务活动。5月16日，联合柯桥区科协开展科技周活动，组织社员医技、科技、法律服务人员赴王坛南岸村开展“三下乡”社会服务活动。6月18日，再次联合柯桥区科协，组织医技人员赴稽东裘村开展“送医送科技下乡”活动。9月23日派员参加九三学社市委会组织的嵊州甘霖“三下乡”社会服务活动。10月23日，组织医技人员参加柯桥区科协赴夏履莲西村“三下乡”服务活动。11月6日，组织社员参加区统战系统在平水宋家店的“三下乡”活动。四次下乡服务活动发放科技、医疗书籍资料3000余册（份），为400余位山民提供义诊和科普服务。

2015年是中国抗日战争胜利70周年和九三学社建社70周年，各支社分别开展学习历史和纪念活动，纪念九三学社浙江建立组织60周年活动，开展“加入民主党派为什么、党派的历史使命是什么、我为浙江做什么”的大讨论活动，社员撰写体会文章。社员祝自力获全国优秀社员称号，舒长福牵头研究开发的“机械电气智慧工厂”项目，被列为浙江省智慧工厂建设样本单位。（陶　莉）

## 柯桥区知识界无党派人士联谊会

【概况】2015年，柯桥区知联会有会员95人，市区两级人大代表5人，政协委员20人，新发展会员5人，选举朱峰、陶莉为副会长。建立联系基层知联分会制度，明确副会长联系各个基层分会，指导和帮助各分会活动。撰写调研报告6篇，其中顾亚红撰写的《关于柯桥城区人行道临时停车位进行重新规划的建议》得到区委领导批示。区知联会领导参加区委组织情况通报会，区政协、区委统战部组织的各类视察、调研、意见征求会，并提出意见和建议。担任区级公安、监察等职能部门特邀员9名。

5月16日，区知联会同华舍街道知联分会，在华舍街道开展"送法律、送教育、送卫生、送政策"社会服务活动，20余名专家为百余位村民提供现场咨询服务，免费发放农技手册、防护口罩、消毒药品、计生药具、犬粮和宣传资料500余份。1月12日，以"同心同行·践行社会主义核心价值观"为主题的会员书画作品展在柯桥区行政中心开展，展出书法、国画、漫画等70余幅。区知联会联合区民主党派资助三农服务实践基地——宋家店村美丽乡村建设，与松阳县石牌门村结对。这年，区知联会被省委统战部和省知联会评为浙江省知联会工作先进集体。

（陶　莉）

2015年1月12日，柯桥区委统战部副部长、工商联党组书记蒋建国和区知联会会长何熙彦一行参观"同心同行·践行社会主义核心价值观"会员书画作品展　（孙　萍　摄）

## 柯桥区工商业联合会（总商会）

**【概况】** 2015年，柯桥区工商联提交团体提案5个，社情民意6个，扶持大众创业提案等提案议案30余件。参加区委区政府各种通报会、意见征求会、协商会以及调研活动，反映企业诉求与建议，参与有关政策决策过程。柯桥区工商联围绕轻纺城"三次创业"，组织企业家沙龙4次，形成轻纺产业转型系列报告4篇；赴之江学院、浙商杂志编辑部取经，完成《工商联智库建设思考》；陪同省联开展企业投资负面清单管理工作调研，协助市联民营企业"走出去"综合调研、全国工商联民营企业社会责任调研，配合区政协完成"运用法治思维助力经济建设"课题。

是年，区工商联为商会会员提供维权、培训、对接、联谊、信息、亲情等服务。推选入围全国民营企业500强企业5家，全国制造业企业500强3家。举办"鉴湖商道"企业领袖讲坛活动，邀请全国工商联副主席李路解读"十三五与民营经济"；联合主办浙商论坛，邀请国防大学战略教授乔良主讲"一带一路"战略与民营企业的发展和挑战，辅导企业新三板等活动。开通手机报和微信公众号，便捷信息服务。

是年，全国工商联副主席安七一调研商会工作，省委副书记王辉忠考察妇委会工作，省工商联副书记黄正强调研负面清单管理，理想信念教育工作在《全国工商时报》作为经验推广。组织商会专职工作人员法务知识培训，安排商会会员赴法院旁观庭审，并借助司法局等单位为商会聘用专职法律顾问；开展商会风采展，编印宣传册，推进商会建设，举行执委扩大会议、异地商会新春代表座谈会、十届三次常委会议、十届二次副主席会议、镇街秘书长会议等；指导各商会换届，镇级商会全面换届，实现企业家当会长，轻纺城江西商会、安徽商会以及异地商会上海商会顺利换届；开展星级商会创建，三星级以上90%。

（裘王华）

**执行编辑　朱菊根**

# 人民团体

## 总 工 会

**【概况】** 2015年，柯桥区新建工会组织135家，发展会员12810人。创建“全国工会示范职工书屋”1家、“省级工会示范职工书屋”5家。区总工会获全国工会财务先进单位和全国工会经审工作先进集体荣誉。

**【开展争当“五型”劳动者系列活动】** 2015年，柯桥区开展争当先锋型劳动者活动，评选出20名在经济、卫生、教育等领域贡献突出的区级劳动模范，并进行表彰，营造劳动光荣的氛围；争当创新型劳动者，组织开展13场次全区职业技能大赛，并在企事业单位广泛开展节能减排等“金点子”评选活动，激发职工创新热情。争当守法型劳动者，开展《工会法》和劳动法律法规宣传月活动，组织法律志愿者“送法进企业、进车间、进园区、进工地”活动10场次，提升职工法治意识。争当实干型劳动者，开展“最美环卫工人、最美公交司机、最美交通协警”评选活动，树立30名植根于基层一线的优秀职工典型，以职业精神凝聚职工；争当知识型劳动者，开展“三个柯桥”职工书画摄影作品展评活动，收到作品322件，组建职工文体团队8支，举办职工文体骨干培训班16场次，以文化熏陶职工。

**【开展柯桥区第六届劳动模范评选活动】** 2015年，柯桥区通过层层推荐选拔，综合考核评定，评出20名柯桥区劳动模范，并举行表彰大会和劳模事迹报告会，在报社、电台等媒体开设专栏广泛宣传。评选表彰“最美公交司机”“最美环卫工人”“最美交通协警”各10名，共30名“最美劳动者”。

2015年4月28日，柯桥区召开庆祝“五一”国际劳动节暨第六届劳模表彰会
（区总工会　供稿）

**表16　2015年柯桥区“最美公交司机”“最美环卫工人”“最美交通协警”情况**

| 模范名称 | 姓　名 | 性　别 | 出生年月 | 工作单位 |
|---|---|---|---|---|
| 最美环卫工人 | 钱素娟 | 女 | 1969.04 | 绍兴华联物业管理有限公司 |

续表16

| 模范名称 | 姓　名 | 性　别 | 出生年月 | 工作单位 |
|---|---|---|---|---|
| 最美环卫工人 | 李招娣 | 女 | 1954.02 | 柯桥区福全环卫站 |
| | 沈仁花 | 女 | 1948.07 | 柯桥区安昌镇前畈村 |
| | 郭忠仁 | 男 | 1973.07 | 绍兴金沙田环境工程有限公司 |
| | 徐永生 | 男 | 1971.05 | 绍兴市清爽物业管理有限公司 |
| | 李长才 | 男 | 1975.12 | 上海东飞环境工程服务有限公司绍兴项目部 |
| | 杨春艳 | 女 | 1973.02 | 温州利华道路保洁有限公司绍兴柯桥分公司 |
| | 许留成 | 男 | 1985.05 | 绍兴县城建环卫有限公司 |
| | 毛元林 | 男 | 1957.11 | 浙江柯林清洁有限公司 |
| | 闫振林 | 男 | 1984.08 | 宁波开诚生态技术有限公司柯桥项目部 |
| 最美公交司机 | 陈祖高 | 男 | 1972.07 | 柯桥区城乡公共交通发展有限公司 |
| | 徐叶翔 | 男 | 1983.11 | 柯桥区城乡公共交通发展有限公司 |
| | 张水潮 | 男 | 1971.02 | 柯桥区城乡公共交通发展有限公司 |
| | 朱　红 | 男 | 1972.11 | 柯桥区城乡公共交通发展有限公司 |
| | 温德根 | 男 | 1974.01 | 柯桥区城乡公共交通发展有限公司 |
| | 徐卫民 | 男 | 1967.12 | 柯桥区城乡公共交通发展有限公司 |
| | 赵元军 | 男 | 1973.08 | 柯桥区城乡公共交通发展有限公司 |
| | 汪国华 | 男 | 1967.10 | 绍兴县东方汽车出租有限公司 |
| | 徐利明 | 男 | 1966.07 | 绍兴县钱兴汽车出租有限公司 |
| | 俞可娣 | 女 | 1973.09 | 绍兴县捷达轿车出租有限公司 |
| 最美交通协警 | 诸斌斌 | 男 | 1989.08 | 柯桥区公安局交通警察大队轻纺城中队 |
| | 潘松青 | 男 | 1964.09 | 柯桥区公安局交通警察大队柯南中队 |
| | 陆南祥 | 男 | 1979.01 | 柯桥区公安局交通警察大队柯北中队 |
| | 全国栋 | 男 | 1983.06 | 柯桥区公安局交通警察大队车辆管理所 |
| | 蒋建秋 | 男 | 1982.11 | 柯桥区公安局交通警察大队滨海中队 |
| | 马兴龙 | 男 | 1976.11 | 柯桥区公安局交通警察大队柯桥中队 |
| | 孙其芳 | 女 | 1987.06 | 柯桥区公安局交通警察大队柯桥中队 |
| | 张宝祥 | 男 | 1970.04 | 柯桥区公安局交通警察大队柯桥中队 |
| | 冯利刚 | 男 | 1986.11 | 柯桥区公安局交通警察大队钱清中队 |
| | 钱建森 | 男 | 1990.01 | 柯桥区公安局交通警察大队事故中队 |

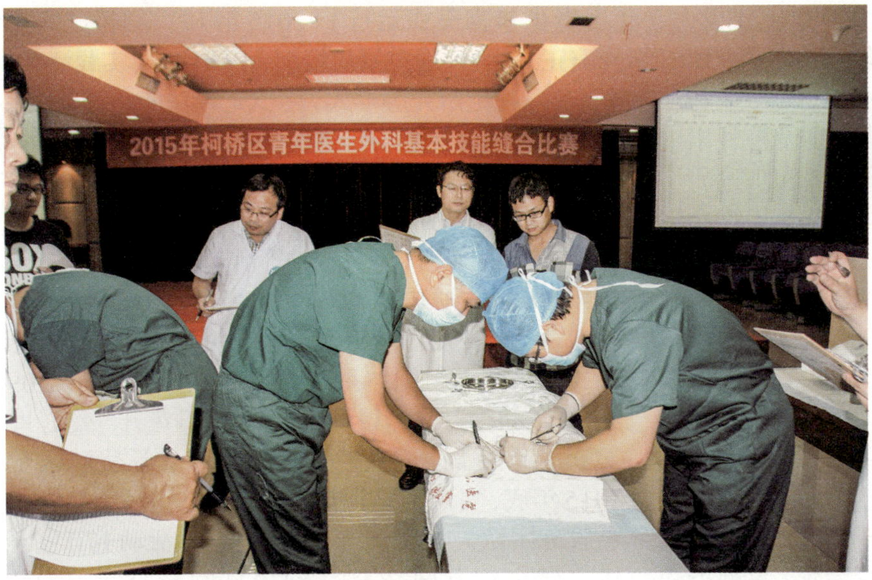


2015年6月10日，柯桥区举办第三届“金梭奖”职业技能大赛之青年医生外科基本技能缝合比赛　　（区总工会　供稿）

**【牵头举办第三届“金梭奖”劳动竞赛】** 2015年，柯桥区总工会联合区人社局、区人才办、区水务集团、区卫计局等9部门举办第三届“金梭奖”职业技能大赛，全年在纺织、服装、机械、医药、金融、教育、黄酒、电商、建筑等行业开展各级各类劳动竞赛120场（次）。组织选手（精功集团陈泉）参加省总工会组织的计算机程序设计大赛获第二名，创历史最好成绩。

**【新建省级、区级劳动关系和谐企业39家】** 2015年，柯桥区新建省级劳动关系和谐企业4家，省级劳动关系和谐园区1家，区委区政府行文表彰“区级劳动关系和谐企业”35家，财政落实奖励资金。推进工资集体协商“三谈”模式，在华舍街道试点开展集体合同签订规范达标工作，并在全区面上推广。

**【职工医疗互助参保突破8万人】** 2015年，柯桥区职工医疗参保86875人，199名职工实现理赔30.1107万元。延续“爱心保险”行动，由区总工会全部承担60元/人/年的互助金标准，为全区825名环卫工人送一份保险，加大特殊岗位医疗互助保障的帮扶力度。

**【完成镇街总工会第三届换届】** 2015年11月，柯桥区在稽东镇总工会试点，全区16个镇街、开发区总工会顺利完成第三届工会委员会换届选举，新一届委员会中均有1名到2名企业工会主席兼任镇街总工会副主席，配强镇街工会干部队伍。

**【建立2001—2015年全区工会组建数字档案】** 2015年，柯桥区开展全区范围内各基层工会组建情况大调查，厘清工会组建家底。修订完善2015年镇（街道、开发区）总工会和系统工会重点工作考核实施意见，提升考核效能。联合人民银行、财政、地税等部门出台具体征收办法，实现全区所有实行工会经费税务代征的企业均一次性按要求缴纳工会经费。　　（单小燕）

## 共青团绍兴市柯桥区委员会

**【概况】** 2015年，共青团绍兴市柯桥区委员会以

2015年12月7日，共青团浙江省委“一起改变世界”分享会走进柯桥　　（团区委　供稿）

“双网互动”为统揽，深化基层服务型团组织建设，理顺镇、村、企事业单位团组织架构，完成16个镇（街道）团委换届工作。开展团干部“三严三实”和“团干部如何健康成长”大讨论活动。建设校外素质平台，实现全区校外素质教育工作开展和理论研究质的提升。建成区、镇（街道）两级青少年综合服务平台。深化公益品牌项目，打造“小候鸟”夏令营、“流动少年宫”品牌项目。完成全市第八届运动会、全省美丽乡村和农村精神文明建设现场会、国际花样游泳大奖赛志愿服务保障工作。举办“信心、信誉、信用——积极适应新常态、打造企业新发展”青年论坛，“一起改变世界”创业创新故事分享会，引导一线青年爱岗敬业，投身创业之路。组织青企协会会员参加市、区两级组织部门开展的企业经营者转型升级研修班。开展“青春治水”系列志愿活动，通过“拍一拍”“治一治”“理一理”，实施“青年河”治理行动。开展最美学生、最美志愿者、最美青工等“最美”系列评比，引导社会正能量。

2015年，柯桥区有基层团（工）委51个，其中镇（街道）团委16个，局、系统、区直企事业单位团工委35个，团总支85个，团支部1590个，共青团员4.88万人。2015年，组织创业青年参与省、市、区三级开展的各类创业创新大赛，帮助青年展示创新智慧、对接政策资源，获市一等奖1项，入围省级青年创业创新大赛决赛2项。中国轻纺城创意园被共青团中央评定为第二批“全国青年创业示范园区”。浙江亚太集团有限公司团委等3家非公团组织被评为全市五星级非公企业团组织，瑞丰银行团委“1+3”区域化团建模式等5个案例被评为全市企业共青团特色工作案例。

**【打造“小候鸟”夏令营和流动少年宫品牌】** 2015年，柯桥区共开设41个“小候鸟”夏令营，招募省内高校学生志愿者120余人，服务全区2000余名外来和留守儿童。完善流动少年宫下基层行动，全年走进稽东楼坞完小、华舍蓝天实小等山区、外来务工学校6所。

**【区青少年宫正式运行】** 2015年7月，柯桥区青少年宫正式运行，通过素质培训、汇演比赛、实践活动、夏令营、理论研究等形式，逐步完善功能。开辟“幸福水乡红领巾梦广场”，建设柯桥区青少年综合服务平台、区少先队总队室，开辟青少年法制教育基地，设立柯桥区图书馆家长阅览点。2015年共开展公益体验、流动少年宫、公益课堂等活动达13次。

**【实现网站注册志愿者57998名】** 2015年，柯桥区着力完善“区—镇（街道）—村（社区）”志愿服务三级联动组织体系，当年新增志愿服务队109支。“微动力”品牌得到推广，“向阳花开”爱心助学获全市首届志愿服务项目大赛一等奖。截至2015年底，实现网站注册志愿者57998名、日常志愿服务团队791余个，自主发起志愿活动1702个。建立健全运营网站3个，微信订阅号18个，QQ群372个，微博平台68个，实现新媒体与传统模式的互动。

**【开展主题节日引思想活动】** 2015年，柯桥区通过“五四”“六一”“七一”、少先队建队日等重大节日，开展“国旗下的青春誓言”“奋斗的青春最美丽”主题团日、“红领巾相约中国梦·核心价值观记心中”主题教育、“珍藏幸福童年·奔向青春梦想”少先队员离队仪式、“万人共唱大禹歌·童声传递治水梦”活动、“童心铭记抗战史·童手绘出‘70年’”、绍兴抗战史讲座、寻找柯桥抗战纪念地等纪念抗日战争

2015年7月8日，柯桥区举行青少年宫启用仪式　（高洁　摄）

2015年11月，共青团柯桥区委为“全省美丽乡村和农村精神文明建设现场会”进行志愿服务（高洁 摄）

暨世界反法西斯战争胜利70周年主题教育活动。在全区机关企事业单位、中小学校全面开展“节粮爱粮”活动。（冯杨波）

## 柯桥区妇女联合会

**【概况】** 2015年，柯桥区落实区妇儿活动中心项目，内分婚姻家庭纠纷调解、心理咨询、亲子教育、妇女培训、文体活动等五大功能区。钱清镇梅东村儿童保护项目成功列入省级试点并开展软硬件建设。完成区妇女儿童发展“十二五”规划终期监测评估。加强基层妇联组织建设，每季度召开镇（街道、开发区）妇联工作会议，“妇女之家”在培训、宣传、维权、联谊等方面的综合服务功能得到发挥。先后在市场监督管理局和鉴湖—柯岩旅游度假区成立妇女组织。全年各镇（街道、开发区）妇联开展家政服务、电子商务、家庭烘焙、健康知识等培训超100场次；多次组织区、镇街两级妇联干部赴外地考察学习；邀请全国人大代表徐爱华召开“适应新常态，谋求新发展”专题讲座；编制发放《幸福密码——家教之问》书籍，提升家长科学教子水平。借助106电台平台，推出每周《幸福柯桥的半边天》栏目和每季《亚红关注深度报道》栏目。开通“柯桥区妇联”微信公众号，每周推送妇女工作动态和各类女性资讯。与绍兴广播电视总台绍兴之声、蓝天玫瑰园联手打造“玫瑰之约”相亲大会，500多名未婚青年男女参加活动，现场牵手成功11对。联合区女企业家协会和企业家太太俱乐部两支队伍，开展“爱在冬季”“在幸福的阳光里”“走进贫困儿童家庭”等慰问活动，帮扶全区贫困单亲家庭、贫困老妇女主任、贫困留守流动儿童等弱势群体。女企业家协会赴云南为3所贫困山区学校送去10万余元爱心物资，开展“走进王坛”活动，以10万元资金助力王坛“五水共治”和王城小学建设。

**【巾帼志愿助力“五水共治”】** 2015年9月9日，柯桥区妇联举办“助力五水共治 共建美丽家园——

2015年9月9日，柯桥区举行“五水共治”巾帼志愿队代表授旗仪式（赵梦迪 摄）

巾帼在行动”活动，并在柯岩街道高尔夫社区举行“五水共治”巾帼志愿队代表的授旗仪式，开展巾帼护水倡议书集体签字承诺。至年底，各村（居、社区）建立343支巾帼护水志愿服务队，成员总数3294人，经常性开展河道巡查、义务劳动等志愿服务活动，发放宣传资料16万余份。

**【创建美丽家园示范带6条】** 2015年，柯桥区出台《关于开展庭院整洁户和美丽家园示范带创建评比活动的实施意见》，安排奖励资金70万元，按一村一特色，打造一带一品牌，成功创建“富桂香林”“水乡新味”“山水六峰”“休闲东江”“幸福锦坞”“乡韵西湖”等6条美丽家园示范带。深化推进“星级庭院整洁户”创建工作，全区三年累计创建五星级庭院整洁户4628户。同时，齐贤镇胡中祥家庭获省级最美家庭称号和全国最美家庭提名，王坛镇秦建林家庭、漓渚镇刘建明家庭、平水镇娄伟民家庭获省级最美家庭称号。

**【维权调解保障妇儿权益】** 2015年，柯桥区妇联组织开展送法到家活动16场次，发放法律知识宣传资料6500余份。聘请专职法律顾问每周两次到妇联“坐诊”，全年接待来访妇女124起。开展婚姻家庭纠纷调解培训，组织妇联系统人民陪审员赴法院旁听案件。设立妇女家暴庇护专用房，联合区法制办建立区政策法规性别平等咨询评估机制。全区实现镇、村两级妇女维权站建设全覆盖。

2015年，齐贤镇胡中祥家庭获浙江省最美家庭称号和全国最美家庭提名　　（区妇联　供稿）

**【创建区级巾帼文明岗21家】** 2015年，柯桥区妇联继续开展巾帼文明岗创建，召开轻纺市场创建专题推进会，全年创建区级巾帼文明岗21家，推荐上报柯岩中心幼儿园等6家单位开展省级巾帼文明岗创建。开展全区来料加工点摸排，安昌镇的俞彩玉和稽东镇的陈国英被评选为全市十佳农村妇女创业带头人。

**【开展大走访大调研活动】** 2015年，柯桥区妇联召开16场座谈会，听取妇联主席、村妇代会主任和家庭代表意见建议，踏看“美丽家园示范带”和五星级庭院整洁户，走访最美家庭、民间人才家庭、巾帼护水志愿服务队等，发放餐巾纸、围裙、开瓶器等宣传用品5.5万份、调查问卷5万余份。

**【创新载体展现女性魅力】** 举办“时尚•印象•幸福——2015年区‘三八’国际妇女节特别节目”和“美丽女性　美丽家园”专题展板，通过舞蹈、走秀、剪纸、拼布等精彩节目和图文并茂的展板，充分展现全区妇女同胞在创新引领、家庭维系、奉献社会等方面的美丽智慧和杰出成绩。

**【举办“春风送岗位”专场招聘会】** 2015年3月8日，柯桥区妇联与区人力社保局联合开展“春风送岗位”专项行动，动员区女企业家协会会员提供就业岗位，发放宣传资料3500余份，服务对象3300余人，达成就业意向800余人。　（赵梦迪）

## 柯桥区科学技术协会

**【概况】** 2015年，柯桥区科学技术协会斥资5万元在城区明珠广场翻建20米科普长廊一座，斥资5万元对瓜渚湖西岸公园的20米科普长廊进行重建，与区反邪教主题公园配套。2015年，新成立企业科协7家，工业设计协会、食品工业协会、香榧产业协会成为区科协团体会员单位。这年，区科协组织平水舜禹家庭农场主考察上虞蔬菜科普基地，创建市级农村科普示范基地。钱清镇中学创客培育基地成功创建绍兴市科普教育基地。柯桥区科协围绕农民增收、农业增效，开展实用技术培训和转岗农民技能培训，全年共举办一年制长班38班，设26个专业，学员1980人，实现科普惠农兴村。

这年，柯桥区科协继续做好《科学手册》的编印工作，编印以“雾霾”为主题的第20期，以“互联网+”为主题的第21期，编印《花开万家》科普书籍和《五气合治》科普书籍并发放有关人群。开通“柯桥科普”微信平台，通过微信订阅号每星期五次发布科普知识，实现“科普到眼前”。与中广有线合作开通“柯桥科普”电视栏目，创造性地实现科普与电视媒体相结合，真正做到“科普进万家”。

这年，区科协联合浙工大之江学院成功开展《全民科学素质提升“十三五”规划》编制工作。区科协从征集到的110篇自然科学优秀论文中评出一等奖10篇、二等奖15篇、三等奖20篇。这年，区科协还召开“海外人才项目企业对接会”。

**【科普走进14家农村文化礼堂】** 2015年，柯桥区科学技术协会开展科普进文化礼堂活动，服务基层百姓，扩大科普受众面。先后到柯桥街道双渎文化礼堂、兰亭镇兰亭村文化礼堂、马鞍镇镜海社区、稽东镇竹田头村文化礼堂、安昌镇国际村文化礼堂、华舍街道沙地王村文化礼堂、钱清镇梅东村文化礼、漓渚镇棠二村、杨汛桥镇江桃村文化礼堂、夏履镇莲西村文化礼堂、平水镇宋家店村、湖塘街道永联村文化礼堂、漓渚镇棠棣村文化礼堂、齐贤镇光明居委会文化礼堂等14家文化礼堂开展活动。

**【“科普活动周”铸造科普品牌】** 2015年5月16日，柯桥区科普（科技）活动周在王坛镇南岸村文化礼堂启动，市、区科协和九三学社柯桥区基层委员会现场开展医疗、科技、文化集中性服务活动。现场开展针灸、量血压、外科、儿科、内分泌科、泌尿科等医疗服务，茶叶、农业农作物种植指导和社保、公积金等政策咨询，并现场发放科普资料。

**【“全国科普日”进村入户】** 2015年9月15日，柯桥区科普工作联席会议办公室组织区科协、区经信局、区环保局、区市场监管局、区卫计局、区气象局六个成员单位，在柯岩街道信心村开展柯桥区第

2015年10月23日，柯桥区科协联合九三学社柯桥区基层委员会在夏履镇莲西村开展科普医疗进文化礼堂活动　（孙建国　摄）

2015年5月16日，柯桥区“科普活动周”在王坛镇南岸村启动　（孙建国　摄）

十二次"全国科普日"科普咨询活动，安排现场门诊、环境治理知识宣传、食品药品安全宣传，发放相关科普书籍600册，并展出《营养与健康》《饮食秘诀》专题图板20块和《如何应对气象灾害》《食品安全专题》等科普图板。

【举办8场科普系列报告】 2015年，柯桥区科协与教体局联合以"科普巡回报告"为载体，推进青少年科学素质行动，邀请中科院老科学家科普报告团，在之江学院、柯桥中学等8所学校，向学生开展军事、心理、健康、前沿科技等8场系列科普报告。5月21日，由区科协、区教体局联合主办，在钱清中学举行柯桥区青少年科技辅导讲座，全区50余名科技辅导教师和钱清中学科技实验班的学生参加培训，省青少年科技活动中心主任、省科技馆副馆长杨英和新昌中学的全国科技创新十佳指导教师、特级老师黄林作辅导报告，并与师生们进行创新活动的教学互动。开展柯桥区第30届青少年科技创新大赛，同时还组织科普大篷车，分别开进漓渚镇中心小学、马鞍镇中心小学、稽东镇车头小学、华舍小学、区实验小学新校区等5所学校。

【首设"科技工作者之家"】 2015年5月20日，柯桥区"科技工作者之家"在"鉴湖埠头创业咖啡馆"揭牌。科技工作者之家为科技工作者提供一个固定的交流学习和休闲活动的场所，有效集成政府部门、企业、社会等方面的资源，为科技工作者服务，每周四晚为固定活动日。这年，"科技工作者之家"举办创业成功案例共享、科技项目申报辅导、柯桥区首届科普摄影比赛评审、科技工作者相亲交流、中国科协会员日女性着装专题讲座等活动。

【成立"科普志愿者讲师团"】 2015年8月19日，柯桥区科普志愿讲师团在区行政中心举行成立仪式，副区长周树森向讲师团授旗，并向26位科普讲师团成员颁发聘书。仪式后，讲师团副团长、博士张晓明为与会人员做《大数据应用》的专题科普讲座。讲师团以科普讲座进农村、社区和学校为目标，扩大科普受众面，提升民众科学素养。

【召开柯桥区科学技术协会第九次代表大会】 2015年9月28日，柯桥区科学技术协会第九次代表大会在区行政中心二楼报告厅召开，有代表220名。区委书记徐国龙、市科协主席黄浙平出席大会开幕式并讲话。会议表彰柯桥区第二届"十佳优秀科技工作者"，选举产生45名科协九届委员会委员，18名同志当选科协九届常委，王茂荣当选为新一届科协主席。

【评选柯桥区第二届"十佳优秀科技工作者"】 2015年9月28日，柯桥区第二届"十佳优秀科技工作者"获得表彰。他们分别是柯桥区地理信息中心主任兼测绘院院长王强、柯桥供水有限公司综合部副经理孙浙军、浙江精工钢结构集团有限公司技术中心副总监李建洪、浙江凯利新材料股份有限公司技术开发总监李洪文、绍兴市中心医院业务副院长吴志明、绍兴纺织机械集团有限公司副总经理俞宝福、柯桥区农业技术推广中心农技推广总站副站长祝燕丽、绍兴县鑫隆计算机技术有限公司总经理舒长福、浙江省现代纺织工业研究院副院长樊健美、浙江塔牌绍兴酒有限公司常务副总经理潘兴祥 。

【院士专家工作站增至12家】 2015年，"精工钢构""吉玛良斯""华绣科技"3家企业被授牌成立市级院士专家工作站，至

2015年4月29日，中科院老科学家报告团教授徐邦年，为浙工大之江学院师生们作钓鱼岛及南海形势分析科普报告 （孙建国　摄）

2015年底，柯桥区共成立院士专家工作站12家，进站院士17人，为绍兴市各县（市、区）之首。12家院士专家工作站分别是浙江裕隆控股集团院士专家工作站、绍兴第二医院院士专家工作站、绍兴市中心医院院士专家工作站、浙江省现代纺织工业研究院院士专家工作站、浙江佳隆防腐工程有限公司院士专家工作站、柯桥区建设工程安全质量监督站院士专家工作站、浙江兰亭高科控股有限公司院士专家工作站、绍兴华通色纺有限公司院士专家工作站、浙江省创意纺织产业研究院院士专家工作站、浙江精工钢结构有限公司院士专家工作站、华绣科技有限公司院士专家工作站、绍兴吉玛良斯服饰设计有限公司院士专家工作站。（孙建国）

## 柯桥区文学艺术界联合会

**【概况】** 2015年，柯桥区文联辖社团11个，其中区级法人社团5个、直属文艺家协会社团6个。这年，柯桥区文艺界获国家级奖项12项，省市级奖项40余项，在国家级、省市重点期刊上发表文学作品30余篇，在国家级、省市级以上展览中入展200余件（次）。戏剧家协会吴凤花获“第四届全国中青年德艺双馨文艺工作者”称号，美术家协会张子良作品八次入选中国美协举办的展览，曲艺家协会潘家富等10余位艺术家获省市级以上荣誉。至2015年底，全区文艺协会会员中有国家级会员69人、省级会员220人、市级会员415人。

2015年，区文联组织“心连心”艺术团惠民演出12场，参与组织和指导惠民演出34场，组织各直属协会为各镇街、村文化礼堂开展慰问演出、展览展示、专业培训、辅导讲座、文艺支教等活动22场。这年，区文联举办“柯桥·我心中的乐园”征文比赛，收到省内外参赛作品101篇，评出一等奖3篇，二等奖6篇，三等奖9篇。

**【举办柯桥区青年文艺骨干培训班】** 2015年7月13—17日，柯桥区63名青年文艺骨干在浙江师范大学参加培训，青年文艺骨干覆盖作家、书法、美术、戏剧、曲艺、音乐、舞蹈、摄影、影视、民间文艺等区文联各艺术协会。培训期间，学员们听取《儒家文化与民间文化的复兴》《庄子的人生态度与生活主张》《民俗与现代生活》《绍兴戏曲的今昔》《礼仪漫谈》等讲座。安排基层现场教学，学习交流历史文化名村保护与开发、农村文化礼堂建设的系列成果。

**【联合承办“中华美学精神与民间文艺评论”柯桥高峰论坛】** 2015年2月4—7日，柯桥区文联与区文广局联合承办“中华美学精神与民间文艺评论”柯桥高峰论坛。北京师范大学教授万建中、南开大学教授周志强等全国各地的专家教授、文艺评论家50余人参加论坛。与会专家一致认为，要把习近平总书记在文艺工作座谈会上的重要讲话精神和《中共中央关于繁荣发展社会主义文艺的意见》指示精神，贯彻到复兴中华美学精神与创建良好的民间文艺批评风气的行动中，为民间文艺的生存发展创造良好的生态环境和运行规则。

**【举办“越风汉韵”——首届绍兴市柯桥区·徐州丰县书法联展】** 2015年11月15日和12月26日，“越风汉韵”——绍兴市柯桥区·徐州市丰县书法联展分别在丰县体育馆和柯桥区档案馆一楼大厅开展，展出近百幅书法作品。此次联展，由柯桥区委

2015年12月，“中华美学精神与民间文艺评论”柯桥高峰论坛举行（胡劲松　摄）

宣传部、丰县县委宣传部、柯桥区文学艺术界联合会、丰县文学艺术界联合会主办，柯桥区书法家协会和丰县书法家协会承办。

**【举办“境由心造”——梅真君山水画作品展】** 2015年4月30日，梅真君山水画展在绍兴市美术馆开幕，共展出山水画作品110余幅。《梅真君画集》由中国艺术出版社出版。此画展是柯桥区文联美术干部梅真君在退休之际，对四十多年艺术创作之路的回顾和总结。市政协副主席徐青松，市委宣传部副部长、市文联党组书记何俊杰、市文联主席金一波等出席开幕式。（陈伟鸣）

## 柯桥区归国华侨联合会

**【概述】** 2015年，柯桥区侨联注重服务归侨侨眷，加大捐资助学、扶持贫困村等“送温暖、献爱心”活动力度。走访慰问华人华侨、贫困归侨侨眷等150余人次，向困难归侨发放生活补助款3万多元。加强海内外信息沟通，寄送贺卡、寄送《柯桥日报》《浙江侨声报》《柯桥区侨讯》1万多份，向全区80多名重点侨商、海归、侨眷赠阅省侨联专刊《钱江侨音》。全年接受侨港胞捐赠50多万元，用于教育、卫生、新农村建设等社会公共事业。

这年，区侨联先后走访调研柯桥街道、柯岩街道、兰亭镇、平水镇、安昌镇等基层侨联。6月24—27日，区侨联在浙江大学举办“绍兴市柯桥区侨联骨干综合素质提升专题研修班”，对全区新当选的八届侨联委员、各基层侨联主席、部分侨联骨干共50余人进行为期四天的综合业务能力培训。

这年，区侨联做好区政协香港委员和特邀人员出席“两会”接待工作，会议期间，组织参观考察平水平阳寺、兰若寺国际休闲度假项目和王化村新农村建设。6月12日，区侨联邀请区侨商会、区海创会企业家，联合轻纺城市场开发经营公司召开轻纺城“三次创业”招商隆市座谈会。

6月12日，区侨联召开八届二次全委会议，选举王良红为区侨联八届委员会主席，聘请王征宇为第八届绍兴市柯桥区侨联顾问。这年，俞菊民、周成灿、孟元土等获省侨联组织的“立家训·树家风”征文活动一、二、三等奖，柯桥街道“柯福社区侨之家”获评全省侨联系统“最美侨之家”。

**【建立南非约翰内斯堡海外同乡联络站】** 2015年，柯桥区继在澳大利亚墨尔本、新西兰奥克兰、奥地利维也纳、意大利罗马、阿联酋迪拜、加拿大温哥华、俄罗斯莫斯科等七个海外同乡联络站建立的基础上，新成立南非约翰内斯堡同乡联络站，阿联酋华侨华人联合会常务委员、阿联酋迪拜金大地纺织有限公司董事长诸生仗当选首任联络站站长。至2015年底，柯桥区已建立8个海外同乡联络站。

**【海外侨领组团参加2015柯桥国际纺博会】** 2015年10月16日，澳大利亚绍兴同乡会会长马锦鑫、新西兰绍兴同乡会会长曾险、阿联酋迪拜柯桥同乡联络站站长诸生仗以及英国、日本等地的海外侨商侨领应邀参加2015中国柯桥国际纺织品博览会（秋季）和2015年柯桥时尚周暨深圳时尚周。参会期间，侨领们还应邀参观兜率天景区、柯桥区湖塘街道香林村民俗博物馆。

**【举办“中国梦·故乡情”书法作品展】** 2015年3月23日，“中国梦·故乡情”柯桥区首届侨联书法作品展在区行政中心举行，海内外88幅书法作品参加展出。经评选，19幅作品获奖。书展还分别在柯桥区兰亭镇、福全镇、安昌镇等3个重点侨乡巡回展出。

**【到稽东镇开展“三送”活动】** 2015年12月10日，绍兴市侨联联合民革绍兴市委、绍兴市柯桥区侨联赴柯桥区稽东镇开展“送健康、送文化、送温暖”活动。绍兴市人民医院、绍兴市第六医院、绍兴市妇保院等医院的6位医师，开展心内科、肝病科、泌尿外科、消化内科的诊疗，为150余人次的群众义诊，并免费送药近5000元。发放《涉侨法规政策选编》《婚姻家庭常见问题》等宣传材料100多份。市侨联主席张小华、区侨联主席王良红一行深入稽东镇裘村、下尉村、顺利村，向12户特困低保户家庭每户送上800元慰问金，到稽东镇中心小学，为10名生活困难家庭的孩子送去书包、书籍等学习用品。

**【组织区侨商会赴青海省交流考察】** 2015年9月15日，由浙江省侨商会常务理事、绍兴市柯桥区侨商会会长汤鑫灿带领的绍兴市柯桥区侨商会交流考察团一行17人，到青海开展为期三天的交流考察活动。交流考察活动由浙江省侨商会牵线组织，主要考察青海省绿色农牧业项目、旅游等投资开发及相关经济开发园区。（徐炎法）

**执行编辑　徐建良**

# 外事·侨务·涉台事务

## 外　事

【概况】 2015年4月，柯桥区撤销区人民政府外事与侨务办公室，区人民政府外事办公室与区人民政府办公室合署办公，内设涉外管理科和外事交流科，下设区外事服务中心。

这年，柯桥区审核因公出国（境）12批220人次，受理邀请外国人来绍审核322批，413人次。主要涉及邀请美国、韩国、日本、法国、意大利、印度、尼日利亚、巴基斯坦、孟加拉国、伊朗等国客商到柯桥洽谈业务办理入境申请。妥善处理涉外事件27起，处置领事保护事件1起。

保持与塞尔维亚泽蒙区、俄罗斯德米特洛夫区、芬兰米凯丽市等城市的友好交流和合作。与韩国大邱市西区签订《友好交流关系协议书》，正式成为友好交流关系城市，与塞尔维亚泽蒙区和法国卡堡市签订《友好交流意向书》并实现领导互访。邀请并接待外国使领馆人员、外国政府官员、外国教育界人士、商务代表团等12批220人次到柯桥区考察访问。

多次组织柯桥区与韩国大邱市互访与交流，为中韩纺织印染和新材料的合作牵线搭桥。优化和发展柯桥区翻译协会，多次承接对外翻译任务，完成纺博会期间和2015第十届国际泳联花样游泳大奖赛期间外宾的翻译接待任务。现协会有成员100多人，涉及英、日、韩、德、法、西、印、俄、阿9个语种。

【成立对外友好协会】 2015年5月13日，柯桥区人民对外友好协会成立，协会有会员86人，海外特聘顾问8人，区人大常委会主任吴晓当选柯桥区对外友好协会第一届理事会会长。

【接待重大外事10次】 2015年1月16日，印度驻上海总领事史耐恩一行3人访问柯桥区，访问团一行参观中国轻纺城展示中心，并与在轻纺城经商的印度商人进行座谈。史耐恩总领事对柯桥区给予印度商人的帮助表示感谢。

4月24日，由南塞沃地区主席马库·卡克瑞亚宁率领的芬兰南塞沃地区代表团访问柯桥区，代表团参观轻纺城展示中心、柯岩风景区和柯桥区水处理有限公司，并就两地友好交流与合作进行座谈交流。

5月22日，以日本西宫市议会议长岩下彰为团长的日本西宫市结好30周年友好访问团一行20人到柯桥区进行友好访问，访问团游览安昌古镇。

8月25—26日，以苏丹工业部国务部长阿卜杜·

2015年5月13日，绍兴市柯桥区人民对外友好协会成立（区政府办　供稿）

达奥德·阿卜杜拉为团长的“中国—阿拉伯国家产能合作与投资代表团”一行29人到柯桥区考察经济社会发展、对外产能合作与投资等有关情况。柯桥区委副书记、区长阮建尧会见代表团一行，双方认为中阿双方在经贸合作方面有广阔空间，多个产业有巨大合作潜力。代表团参观精工控股集团、轻纺城展示中心、联合市场和围巾市场。

9月10日，以新西兰陶波市市长大卫·崔瓦瓦斯为团长的新西兰陶波市友好代表团访问柯桥区，区委副书记、区长阮建尧会见代表团一行，双方就在柯桥设立新西兰产品展馆、推动两地居民旅游交流等事宜进行洽谈。代表团一行参观涉鲨家纺展示中心、柯桥新服装家纺市场、轻纺城展示中心等。

10月11日，博鳌亚洲论坛理事长、日本前首相福田康夫和博鳌亚洲论坛副理事长、国务院原副总理曾培炎，率博鳌亚洲论坛理事会理事一行46人到柯桥考察。博鳌亚洲论坛秘书长周文重和巴基斯坦前总理阿齐兹、马来西亚前总理巴达维、新西兰前总理珍妮·希普利等参加考察。绍兴市、柯桥区领导陈金彪、魏伟、徐明光、徐国龙、阮建尧等陪同。代表团一行考察鲁迅笔下的绍兴水乡民俗风情、建筑风貌和自然景观，解戏曲书法、旅游风光、文物古迹、水乡桥乡酒乡、名人典故、文化盛会以及投资环境、产业特色、纺都柯桥、魅力新区等地域特色内容。10月16日，以大邱广域市西区区长柳汉国为团长的韩国大邱广域市西区代表团一行10人访问柯桥区，区委副书记、区长阮建尧会见代表团一行，阮建尧与柳汉国签署《友好交流关系协议书》。访问团一行还参加秋季纺博会，参观柯岩风景区。

10月15—18日，以韩国国际交流振兴院理事长安炅郁为团长的韩国专家代表团一行4人到柯桥区考察，代表团一行参加秋季纺博会，参观柯岩风景区、越国文化博物馆、考察浙纺院、东升路市场及凤凰庄面料超市。代表团对与柯桥区开展纺织创意设计，面料设计等纺织产业合作表达合作意向。

10月16—20日，塞尔维亚总理办公室特殊项目组主任乔尔杰·马尼奇奇一行4人访问柯桥区。区委副书记、区长阮建尧会见访问团一行。访问团参加秋季纺博会，参观轻纺城展示中心、越国文化

2015年9月10日，新西兰陶波市友好代表团到柯桥区访问（区政府办　供稿）

2015年10月16日，柯桥区与韩国大邱广域市西区签署友好交流关系仪式书（区政府办　供稿）

博物馆、柯岩风景区，考察柯桥区部分企业，并召开塞尔维亚投资推介会。

12月11日，在中国轻纺城（柯桥）杯2015第十届国际泳联花样游泳大奖赛期间。柯桥区委书记徐国龙会见国际泳联主席胡里奥·马革里奥内一行。中国游泳协会副主席、国家体育总局游泳运动管理中心主任王路生，国家体育总局游泳运动管理中心副主任原家玮等参加会见。

**【重大公务出访8次】** 2015年6月13—22日，以柯桥区委书记徐国龙为团长的访问团一行6人赴阿联酋、土耳其、香港进行经贸访问。在阿联酋，代表团先后访问迪拜龙城和轻纺市场，并与迪拜龙城华人华侨总商会会长金国忠、常务副会长张文耀等及当地华人企业家进行接触，解迪拜当前的轻纺行业现状和发展前景。拜访中国驻迪拜总领事馆官员、中国国际贸促会海湾地区总代表，举行中国轻纺城“三次创业”投资经贸恳谈会，全面推介柯桥区良好的投资发展环境。在土耳其，访问土耳其伊斯坦布尔省的希什利市政府，双方就经济社会发展、特色产业前景、重大投资项目等情况进行友好交流。在土耳其中国工商总会相关会长陪同下，访问团参观土耳其当地轻纺市场，就土耳其纺织市场及展会与柯桥区轻纺城面料家纺市场、钱清原料市场及纺博会对接寻求可能性。在香港，访问香港理工大学。双方就人才引进、科技合作等事项进行深入洽谈。访问团还与绍兴香港同乡会有关负责人士进行座谈，共同探讨中国轻纺城“三次创业”和同乡会回乡创业等事宜。

8月26日—9月4日，以区长阮建尧为团长的访问团一行6人，赴澳大利亚、新西兰和斐济进行经贸访问。在澳大利亚，代表团访问昆士兰州红土市。红土市政府介绍该市的产业经济现状以及教育、养老等产业的培育发展，阮建尧向红土市政府介绍柯桥的经济、社会和纺织等相关产业发展情况，探讨缔结友好交流意向城市的事宜。在新西兰，代表团访问陶坡市。阮建尧介绍柯桥区的经济、社会和旅游、电子商务等产业发展情况，同时邀请陶坡市政府及企业到柯桥实地访问考察。代表团还访问新西兰绍兴会馆，受到新西兰绍兴同乡会会长曾险先生的接待。在斐济，代表团访问斐济农业部。双方开展经贸合作洽谈，重点就浙江天天田园集团增资扩建的有关项目事宜进行磋商。

2015年11月1—10日，以区政协主席孟柏干为团长的访问团一行5人，赴英国、爱尔兰、法国执行项目洽谈及友好交流。在英国，代表团拜访英国桑德韦尔市政府。孟柏干向外方介绍柯桥区经济社会基本情况，表示引进当地先进的印染化料等合作的意愿，达伦·库柏表示认同与赞许，并向代表团介绍桑德韦尔市，表示定有合适与柯桥区合作的契机。在爱尔兰，代表团拜访爱尔兰科克市政府。孟柏干着力推介中国轻纺城和柯桥纺织品零售市场相关情况和优惠政策，邀请当地纺织企业来柯桥实地走访。在法国，代表团访问卡堡市政府。双方介绍各自的基本情况并进行交流，卡堡市的麻产业发达，是开展经贸合作的切入点。双方还就相互积极参加对方城市举办的大型活动方面表达良好的意愿，并签订双方缔结友好城市的合作意向书。

2015年12月11日，徐国龙会见国际泳联主席胡里奥·马革里奥内一行

（区政府办　供稿）

2015年10月15—24日，以区委常委、纪委书记金水法为团长的代表团一行6人，赴俄罗斯、塞尔维亚和香港进行经贸交流。在俄罗斯，代表团会见德米特洛夫区长瓦列里·加夫里洛夫、第一副区长伊莲娜等政府官员，参加两地的情况说明会和商贸及工业议会企业家座谈会，推介柯桥区现代物流园、纺织机械制造基地、鉴湖—柯岩旅游度假区商贸休闲等项目。代表团还访问圣彼得堡亚太合作中心，介绍柯桥区基本情况和农业发展情况，提出在圣彼得堡设立柯桥农产品展销中心设想。在塞尔维亚泽蒙区，金水法在交流时邀请泽蒙区派代表团参加2016年5月柯桥纺博会。在香港，代表团与绍兴县香港同乡会副会长徐志勇进行联系沟通，就进一步加强柯桥区与香港同乡会的联络联谊等事项进行交流，希望同乡会在推进浙商回归和轻纺城三次创业等方面发挥积极作用。

2015年4月1—10日，以区委常委、宣传部部长杨伟卿为团长文化交流及项目引进团一行赴奥地利、希腊、土耳其相关城市进行交流访问。在土耳其，与土耳其艾郁普区政府达成初步合作意向。柯桥区柯岩街道东方金沙山水风情项目计划投资80亿人民币，拟建各式主题风情园。代表团就在土耳其风情园中引进土耳其染纸艺术、蜡染艺术和土耳其传统木制工艺制作等项目进行具体洽谈。还召开文化特色项目推介会，着重推介柯桥区书法、雕刻、越剧创作、酒的制造等特色文化。在奥地利，奥中经济促进会主席李文光接见代表团一行，并和维也纳曼尼建筑协会开展交流活动，听取该协会迈克尔·曼因就“如何在现代工业发展中进行古城保护和古建筑维护”的报告。双方还深入探讨如何加强文化古迹保护及旅游业发展的协作与交流的问题，洽谈引进希腊风情特色文化项目事宜，达成文化产业园落户柯桥的初步意向。在希腊，访问麦达姆福斯区政府文化中心城，和主任赛琪奥斯·伊利亚迪斯深入交流双方文化特色和艺术分布格局。

2015年6月23日—7月2日，以区人大常委会副主任沈祖卫为团长的经贸洽谈团一行6人，赴意大利、瑞士和捷克进行经贸洽谈。在意大利，访问罗马三区政府，双方就促进两地在经贸方面的合作进行商谈。此外还访问意大利纺机协会，推介滨海工业区机械制造招商项目；访问柯桥区在意大利的华侨企业，探讨在欧洲国家建立友好城市的问题。在瑞士，访问瑞士格朗松市政府，召开招商引资项目小型推介会，推介柯桥区在经济发展方面的项目及优惠政策，并就柯桥区引进机械设备项目和无纺布科研人才和生产技术、开展智力合作进行交流和探讨，达成引进机械设备和无纺布项目的初步合作意向。在捷克，访问捷克梅尔尼克市政府。代表团就引进梅尔尼克机械制造技术，开展纺织、印染机械制造方面的合作进行洽谈。

2015年10月27日—11月5日，以区人民政府副区长祝静芝为团长的代表团一行6人，赴香港、新西兰和澳大利亚进行项目洽谈。在澳大利亚，代表团访问新南威尔士州及首都特区老龄社区服务委员会，解澳大利亚养老保障模式，交流养老服务体系建设经验，并就政府如何提供政策支持和服务，促使养老服务业发展作深入的探讨和交流。代表团访问悉尼市鲍尔温养老服务集团下的北悉尼养老院。双方在发展民营养老机构、推动养老产业发展、提升养老服务水平等方面进行探讨。在新西兰，代表团访问新西兰怀卡托市政府。团长祝静芝介绍柯桥区的旅游、医疗、养老等方面发展情况，并就柯桥区医疗人员赴新西兰培训事宜与怀卡托市政府进行洽谈。在香港，代表团访问香港仁安医院，代表团与该院副院长梁国龄及相关人士进行会谈和交流，梁国梁介绍仁安医院的基本情况、服务理念、人才培养、医疗设备、特色专科等情况，团长祝静芝重点介绍柯桥区深化医疗卫生改革、创新医院运营管理机制等情况，并就柯桥区医疗康复工作人员赴该院培训事宜进行洽谈，还实地参观该院的“一站式”门诊服务窗口及相关专科。

2015年6月20—22日，以区人民政府副区长周树森为团长的纺织服装经贸产业洽谈团一行4人，赴香港理工大学、绍兴香港同乡会进行交流。代表团参与柯桥区与香港理工大学举办的“绍兴市柯桥区·香港理工大学科技合作交流活动”，拜访绍兴香港同乡会有关在港企业代表，重点调研考察香港理工大学科技与教育资源，与绍兴香港同乡会有关企业进行对接。（马国峰　沈建芬）

## 侨　务

**【概况】** 2015年4月，柯桥区人民政府侨务办公室

2015年7月1日，吴善庆孙女吴淑升一行到柯桥区回访善庆学校

（区侨办　供稿）

与区委统一战线工作部合署办公，列入区政府工作部门。区归国华侨联合会与区人民政府侨务办公室合署办公。编制落实“三定”方案，制定“机关内部办文规定、财务管理、考勤制度、接待工作管理办法和涉侨人员联系制度”等管理制度。协同有关部门做好两会华侨港澳同胞的接待陪同工作，做好与会人员的联络联系与后勤保障服务工作。至2015年年底，柯桥区共有涉侨人员7347人，侨资企业205家。涉侨人员中华人华侨、海外留学人员2981人，其中海外留学人员455人，重点人士294人。归侨侨眷、归国留学人员4366人，其中归国留学人员305人，归侨26人。

**【侨情信息编印成册】** 2015年，柯桥区侨务办公室被评为全省侨情调查工作先进单位，区侨办将调查数据资料进行比对、较对，并将涉侨人员、侨资企业信息编印成册，建立侨情档案，涵养侨务资源。

**【维护华侨就业等权益】** 2015年，柯桥区认定魏志朗、姜烁宇、程涛等华侨子女身份，落实“三侨生”中高考加分政策。在政策允许的范围内，落实归侨华侨子女的幼儿园小学的就学问题，落实巴西华侨方丽华等的回国定居事项。答复落实华侨房屋拆迁、香港同胞参保等事。慰问住院美籍华人韩权，陪同市侨办有关领导赴有关乡镇走访困难归侨侨眷。

**【吴善庆孙女吴淑升回乡探亲】** 2015年7月1日，美国华侨吴善庆孙女吴淑升一行回乡探亲，回访考察善庆幼儿园，听取园领导对幼儿园建设教育的近况，商讨下一步的捐赠事宜。

（杨春燕）

## 涉台事务

**【概况】** 2015年，柯桥区接待台胞朋友130余人次，累计办理赴台商务考察团组10批次17人次，公务考察团组3批次31人次，参加省市“双跨”团组4人次，举办“中华魂”海峡两岸书画展，出版一期《华夏书画》杂志。走访台胞、台商和台属80余人次，开展台情调查，健全台企台商档案，妥善协调处理各类

2015年4月，第八届两岸纺织科技研讨会在柯桥举行　　（赵灵军　摄）

涉台求助事件，依法依规办结两起涉台纠纷。

**【举办第八届两岸纺织科技研讨会】** 2015年4月18—20日，第八届两岸纺织科技研讨会在柯桥举行，两岸纺织业界150余位专家学者、业界精英参加会议。国台办、省台办和市、区各级领导出席研讨会开幕式。研讨会上，浙江省现代纺织工业研究院和台湾金鼎联合科技纤维有限公司，浙江凤凰庄控股集团有限公司和台湾辅仁大学织品服装学系研究所，分别签署《共同研发功能性服装合作项目》《共建台湾纺织专业大学生暑假就业实习基地的合作协议》。

2015年12月，中华魂海峡两岸书画展在柯桥区行政中心展出
（包卫君　摄）

**【重要对台交流活动3次】** 2015年4月22日，柯桥区接待参加2015公祭大禹陵活动的台北夏氏宗亲会、屏东县琉球乡水仙宫、台北绍兴同乡会等50余位台湾嘉宾，并参观有浙江最美村庄称号的漓渚镇棠棣村。

11月1日，柯桥区接待台湾南投草屯镇里长协会参访团一行31人，参观王坛镇南岸村。

11月7日，柯桥区接待台湾纺织研究所徐兴雄一行7人，考察柯桥市场。

**【举办"中华魂"海峡两岸书画展】** 2015年12月14日，"中华魂"海峡两岸书画展在行政中心一楼举办，展出两岸名家书画作品170余幅，其中台湾作品90余幅、大陆作品80幅。

**【14名柯桥考生被台湾各类大学录取】** 2015年，柯桥区有14名学生被台湾各类大学录取，其中12人为大学本科、2人为研究生。

表17　2015年柯桥区考生被台湾高校录取情况

| 姓　名 | 录取院校 | 所属镇街 |
|---|---|---|
| 金可欣 | 东吴大学 | 柯桥街道 |
| 薛轶凡 | 岭东科技大学 | 柯桥街道 |
| 干一泓 | 逢甲大学 | 稽东镇 |
| 李胡柯 | 静宜大学 | 华舍街道 |
| 朱纯潇 | 东海大学 | 柯桥街道 |
| 成瑜亮 | 中华大学 | 柯桥街道 |
| 陈帅男 | 树德科技大学 | 平水镇 |
| 魏赋泓钰 | 正修科技大学 | 钱清镇 |
| 刘志文 | 中国文化大学 | 钱清镇 |
| 周　燕 | 树德科技大学 | 钱清镇 |
| 单佳楠 | 静宜大学 | 柯岩街道 |

续表17

| 姓　名 | 录取院校 | 所属镇街 |
| --- | --- | --- |
| 陈泽华 | 中原大学 | 钱清镇 |
| 邵玲玉 | 台湾政治大学（硕士班） | 福全镇 |
| 谭佳琪 | 东海大学（硕士班） | 柯岩街道 |

（李叶萍）

**执行编辑　徐建良**

# 法　治

## 综　述

2015年，柯桥区深化“平安柯桥”“法治柯桥”建设，维护社会和谐稳定。全年没有发生重大群体性事件、重大恶性案件和“一票否决”事项，连续10年成功创建“平安区”。这年，柯桥区被评为全国法治县（市、区）创建活动先进单位；被命名为全省“无邪教区”，柯桥街道被命名为全省“无邪教街道”，是全省被命名的5个县（市、区）之一；区法院被评为2014年度全国优秀法院，区司法局齐贤司法所被评为全国先进司法所，区公安局被省公安局记集体二等功3次；区司法局王国红被司法部授予全国模范司法所长称号，区公安局倪崇晖被中央文明办授予中国好人榜好人称号。

这年，柯桥区开展“百日维稳攻坚大会战”，完成第二届世界互联网大会、抗战胜利70周年纪念活动、全国农村基层党建座谈会、全省美丽乡村和农村精神文明建设现场会等33批次重大维稳安保任务，保持社会大局和谐稳定。

这年，柯桥区深化无邪教“三级联创”工作，对1名“法轮功”巩固对象、5名“全能神”人员落实专人管控，成功教育转化2名“全能神”邪教人员；抓好反邪教警示教育硬件建设，建成瓜渚湖反邪教主题公园，在村级建立“一墙一窗”宣教阵地。

**【创新“两网”“两约”“两会”基层社会治理模式】** 2015年，柯桥区“两网”“两约”“两会”推进“两网融合”工程，建立“一格一长多员”的网格服务管理模式，网格总数优化整合为1463个，共开通应用774台手机“平安通”，建成区镇两级指挥平台，实施基层社会治理信息采集“以奖代补”制度。抓实“两约”制定修订，全区356个村（居、社区）均完成村规民约、社区公约制定修订工作，开展“十佳村规民约”评选活动；抓实乡贤组织建设，在9个镇（街道）成立乡贤联谊会，172个村（居委会、社区）成立乡贤参事会，建成率48.3%。

**【开展多种形式的平安宣传活动】** 2015年，柯桥区共建成区级平安公园1个，镇级平安公园5个，制作1000只平安灯笼，在16个镇（街道）建成“平安一条街”。举办平安晚会1场，开通座机平安彩铃10万余户，推送平安短信5万余条，下发平安宣传手册25万份。组织开展“我为平安点个赞”“平安大篷车”进村居等主题宣传活动，有效提高群众对平安建设工作的理解和认识。（王雯娜）

## 公　安

**【概况】** 2015年，柯桥区公安局有内设机构和派出机构共46个，其中内设机构、直属机构29个，派出所17个。共有民警853人，其中大学以上学历679人，专科学历172人。

这年，柯桥区公安局接警总量为321320起，其中有效接警总量为144538起，同比上升3.39%和12.78%。全年共立刑事案件8703起，同比上升13.75%；破获刑事案件1843起，同比上升4.54%；起诉犯罪嫌疑人2430人，同比上升22.42%。其中，发“两类”命案6起，破6起；发“五类”案件17起，破17起；发“两抢”案件66起，破42起，破案率63.64%；摧毁黑恶势力团伙12个91人。加大对轻微违法行为的查处力度，全年共裁决行政案件2503件，涉案5155人，同比上升90.2%和117.88%；破获各类经济案件175起，移送起诉132人，抓获境外逃犯6人。

区禁毒大队被公安部授予全国百城禁毒会战先进集体；柯桥区公安局被省公安厅授予队伍正规

化建设先进单位和县级公安机关警卫工作规范化建设成绩突出单位。全局共有3个集体、4名民警荣立二等功，3个集体、27名民警荣立三等功，29个集体、205名民警荣获嘉奖。

**【破获两起公安部毒品目标案件】** 2015年3月21日，侦破公安部2015-126号目标案件，抓获贩毒团伙成员12名，缴获冰毒毒品650克。12月20日，破获2015-1250号毒品目标案件，先后查获吸贩毒人员17名，查获冰毒毒品1公斤，海洛因毒品3公斤。

**【侦查恶意逃废债和高利贷违法犯罪33起】** 2015年，柯桥区立案侦查恶意逃废债和高利贷违法犯罪案件33起，破案27起，抓获犯罪嫌疑人53名，其中恶意逃废债22名，因高利贷引发的违法犯罪31名，移送起诉41人，挽回经济损失2.28亿元，其中金林照明公司王金林恶意逃废债案件被省厅评定为经典案例，浙江卫视专门予以播出。

**【召开全省公安外国人服务管理现场推进会】** 2015年3月19日至20日，柯桥区承办全省公安外国人服务管理现场推进会，浙江省公安厅党委副书记、常务副厅长洪巨平出席并作讲话，柯桥区公安局在内的14家重点市县公安机关出入境管理部门作经验交流。（谢敏敏　徐金）

## 检　察

**【概况】** 2015年，柯桥区检察院共受理提请批准逮捕案件1008件，涉案1614人，案件数比上年升36.22%，批准逮捕813件，涉案1226人；受理移送审查起诉案件1628件，涉案2610人，案件数比上年上升46.9%，提起公诉1341件，涉案2025人。其中，批准逮捕杀人、绑架、抢劫等严重暴力犯罪44人，提起公诉51人；批准逮捕盗窃、抢夺、诈骗等多发性侵财犯罪551人，提起公诉722人；批准逮捕涉黄、赌、毒犯罪314人，提起公诉553人；对醉酒驾驶犯罪提起公诉151人。

这年，柯桥区检察院全面贯彻宽严相济刑事司法政策，对主观恶性不大、犯罪情节轻微的犯罪嫌疑人依法不捕130人，不诉59人，对具有非羁押措施条件的在押人员变更强制措施9人，促成27件轻微刑事案件达成和解。落实涉法涉诉信访改革，受理群众控告举报申诉241件，化解各类矛盾纠纷53件，引导群众依法表达利益诉求。邀请人大代表、政协委员、人民监督员等对申诉人不服法院生效刑事判决案件进行公开审查。完善犯罪背景社会调查、附条件不起诉、犯罪记录封存等未成年人保护机制，组织开展“送法进校园”法治宣讲系列活动3场，提高青少年知法守法意识。

这年，柯桥区检察院落实专人审查各类法律文书1213件，依法纠正刑期计算错误3人。参加联合检查、联合搜监12次，与在押人员谈话教育514人次，对检查中发现的监管人员私自为在押人员传递食品等问题，及时向监管部门提出纠正违法的检察意见。全年两次对全区600余名社区矫正人员开展集中监外考察，督促有关部门对4名不符合暂予监外执行的社区矫正人员收监执行。

**【查办贪污贿赂和渎职侵权犯罪26人】** 2015年，柯桥区检察院立案查办贪污贿赂犯罪案件22件23人，其中5万元以上大案21件22人，现职领导干部要案4人。立案查办渎职侵权犯罪案件5件6人，其中渎职与贪污贿赂数罪并罚案件3件3人。查处

2015年4月23日，柯桥区人民检察院轻纺城检察室的检察官们到轻纺城北市场，参加世界知识产权日宣传周活动　　（区检察院　供稿）

稽东农村物业领域窝串案13件13人，保障村级集体经济健康发展。与公安机关协作配合，成功抓捕潜逃境外长达5年的职务犯罪嫌疑人马某某。

**【受理行贿档案查询909次】** 2015年，柯桥区开展职务犯罪预防调查6次，预防谈话10人，深度剖析重点行业领域职务犯罪发案规律、特点及原因，从体制、机制、监管、履职等方面提出预防和减少职务犯罪的检察建议3件，对国有企业招投标项目负责人和中标方进行廉政约谈11次，促进源头反腐和法治反腐共同推进。深入机关、镇街、企事业单位开展预防讲座、组织参观警示教育基地等预防公共宣传6次，600余人受到廉政教育。推进行贿犯罪信息纳入工程建设和行政管理事务第三方信用报告评价，受理行贿档案查询909次，查询单位6303家，查询个人1695人，促进“信用柯桥”体系建设。

**【审查各类民事行政案件25件】** 2015年，柯桥区检察院畅通监督渠道，充分运用提请抗诉、检察建议、违法调查等多元化监督手段，加强民事行政诉讼监督、执行监督和行政执法监督等工作。审查各类民事行政案件25件，开展生效裁判监督9件，开展审判活动监督4件，对确有错误的民事裁判，提请抗诉和提出再审检察建议4件。开展行政执行监督和行政执法监督10件，对不当执法和拖延执行等问题提出检察建议7件。针对办案中发现的环保部门查处违法排污不及时、公安机关查办涉案人员吸毒行为行政处罚不到位等问题提出检察建议，均被有关部门采纳并予以积极反馈。

**【公开发布案件信息3836条】** 2015年，柯桥区检察院深入打造“互联网+检务公开”，依托案件信息公开网络平台和案件受理接待大厅，建立案件程序性信息线上线下查询、法律文书电子化查阅、辩护与代理网上预约等多项权利保障机制，以信息化提升便民利民服务水平。推进“阳光检察”，公开发布案件程序性信息3836条，法律文书1181份，重要案件信息35条，接待律师阅卷393人次。开通“柯桥检察”公众微信号，及时推送检察工作情况信息

2015年11月24日，柯桥区人民检察院邀请30余名人大代表、政协委员、人民监督员、媒体记者等参加“检察开放日”活动　（区检察院　供稿）

2015年5月29日，柯桥区人民检察院与浙江工业大学之江学院“法学专业教学科研实践基地”签约仪式在之江学院举行　（区检察院　供稿）

## 法　院

【概况】 2015年，柯桥区法院共收案19389件，结案（含旧存，下同）19012件，同上年比分别上升7.63%和6.33%，一线办案法官年人均结案295.50件，是全省平均数的1.36倍，主要办案质效指标继续位居全市法院前列。2016年1月23日，被最高人民法院和人社部授予“全国模范法院”称号。

【落实多项立案登记措施】 2015年，柯桥区登记立案19748件。全面推进诉讼服务大厅、诉讼服务网、12368诉讼服务热线三位一体的诉讼服务中心建设，提供立案便利。推行立案调查令制度，为当事人和律师签发调查令1601份，缓解因“取证难”而致的“立案难”问题。审结浙江省第一起法院判决认定的知识产权恶意诉讼案件，维护登记立案秩序。

【审结刑事案件1358件】 2015年，柯桥区法院受理刑事案件1404件，审结1358件，同上年比分别上升42.81%和37.73%。判处罪犯2055人，其中判处五年以上有期徒刑69人，同上年比下降19.77%。对716名具有从轻情节的初犯、偶犯、从犯、未成年人犯等，依法从宽判处缓刑或免予刑事处罚。为307名经济困难、可能被判处三年以上有期徒刑的被告人通知法律援助律师出庭，刑辩比例99.16%，继续全省领先。与区公安局、检察院联合出台《关于刑事案件审判期间证据补查程序的规定》，落实非法证据排除规则，严格规范庭审程序，推进以审判为中心的司法体制改革，强化刑事司法人权保障。

【审结民商事案件12616件】 2015年，柯桥区法院受理民商事案件12944件，审结12616件，同比分别上升8.03%和6.61%，其中调解撤诉7531件，调撤率60.63%，民事调解案件自动履行率85.40%。审结人身损害赔偿、婚姻家庭继承、劳动争议、财产权属确认等涉及群众切身利益的民事案件6941件，依法保障公民人身和财产权利。审结买卖、承揽、股权转让等商事案件4911件，运用司法手段积极调节市场经济秩序。审结涉外、涉港澳台商事案件215件，为创造高效优良投资环境提供司法保障。

【审结行政案件199件】 2015年，柯桥区法院受理一审行政案件212件，审结199件，同比分别上升168.55%和148.75%，其中判决行政机关败诉58件，经法院协调后和解撤诉28件，行政争议得以实质性化解28件，同比分别上升286.7%、55.6%和55.5%。推动落实行政机关负责人出庭应诉，行政机关负责人出庭应诉率达71.3%，同上年比上升104%，继续保持全市领先。

【连续八年向政府部门发送行政审判白皮书】 强化司法与行政的良性互动，连续第八年向政府部门发送行政审判白皮书，倒逼依法行政。发送司法建议7份，为国土、城管等行政机关授课5次，500余人参与听课，促进“法治柯桥”建设。

【执结各类案件4833件】 2015年，柯桥区法院受理执行案件4825件，执结4833件，执结率98.09%，执结标的额逾8.17亿元。用足用好新增的企业基本情况和投资入股信息查询系统、支付宝余额查控系统、沪市证券和银联卡消费记录查询等手段，不断压缩被执行人转移隐匿财产逃避执行的空间，累计查询存款、房产、车辆等财产信息28062条。开展逃废债攻坚月活动和涉民生案件专项集中执行活动，执结案件1270件，执行到位金额4.4亿元。综合运用各项执行惩戒措施，加大对失信“老赖”的威慑力度，媒体曝光657人，限制高消费4079人，限制出入境12人，司法拘留203人，以拒不执行判决、裁定罪追责1人，3637个失信被执行人被纳入最高法院和人民银行征信系统，推动“信用柯桥”建设。

【审结金融类案件2262件】 2015年，柯桥区法院共审结涉金融类案件2262件，涉案标的94.77亿元，有效阻断企业资金链、担保链风险扩散，保障区域金融安全。共受理破产案件16件，涉案标的近175亿元，推动12家“僵尸企业”退出市场。通过司法程序化解银行不良资产40.6亿元，盘活企业存量资产3.55亿元，释放土地资源16.88万亩，房屋面积39.43万平方米。

【审结知识产权案件360件】 2015年，柯桥区法院共审结专利、商标、著作权和不正当竞争纠纷360件。深化与广东省佛山市南海区人民法院、江苏省南通市通州区人民法院共建的知识产权司法保护协作机制，加大知识产权跨区域司法保护力度。

（徐少华）

## 司法行政

**【概况】** 2015年，柯桥区被全国普法办评为第三批“全国法治县(市、区)创建活动先进单位”，齐贤司法所被评为全国先进司法所。王国红被评为全国模范司法所长，越光律师事务所被浙江省司法厅作为全省唯一县级律师事务所向司法部推荐评比全国先进律师事务所。

2015年，柯桥区完成“六五”普法省级考核验收。区两办出台《关于建立“谁执法谁普法”普法责任制的实施意见》，明确各执法部门的普法责任和任务，改变普法工作由普法办（司法局）唱“独角戏”现象，建立“谁执法谁普法”的新机制。柯桥区被确立为全市唯一一个省级“学习宪法尊法守法”主题活动示范联系点。浙江卫视农村频道“流动大舞台——法治宣传浙江行”首次走进柯桥区，在杨汛桥紫薇广场举行专场法治文艺演出。开展“民主法治村（社区）”创建，新增全国“民主法治示范社区”1个、市级“民主法治村（社区）”11个。

**【全年调处矛盾纠纷14659起】** 2015年，柯桥区司法局全力化解矛盾纠纷，全年共调处矛盾纠纷14659起，调解成功14553起，成功率99.28%。出台《关于进一步推进人民调解工作规范化建设的实施意见》，完成区镇两级人民调解委员会和50%的村（居委会、社区）调解委员会的规范化建设。新成立区环保纠纷调解委会、区转移印花行业纠纷调解委会和区物业纠纷调解委会等3个区级行业性专业人民调解委员会。

**【接收社区矫正人员435人】** 2015年全区共接收矫正人员435人、同期解矫378人，截至2015年底在册的社区矫正人员603人，重新犯罪率为0.4%，无脱管、漏管和严重再犯罪，较好的维护社会的稳定。完成社区矫正指挥中心建设，实现对各司法所的远程监管，打通监督管理的“最后一公里”。依法高效开展社区服刑人员特赦工作，符合特赦条件的社区服刑人员8人，获中院裁定5人（另3人在法院审理期间已到期）。

**【受理法律援助案件1112起】** 2015年，柯桥区法律援助中心共受理法律援助案件1112件，接待到访群众法律咨询1670人次，电话咨询1620人次，为困难群众免除法律服务费约667万元，为受援人挽回或避免经济损失约1529万元，使1155余名困难群众受益。开通“12348”法律援助咨询平台，成立浙工大之江学院工作站和人民法院工作站。与区政法委联合印发《绍兴市柯桥区涉法涉诉法律援助实施办法》，将符合规定的涉法涉诉信访案件纳入法律援助范围。

2015年12月25日，浙江卫视农村频道“流动大舞台——法治宣传浙江行”首次走进柯桥区，在杨汛桥紫薇广场举行专场法治文艺演出

（区司法局　供稿）

**【新创省星级规范化司法所6个】** 2015年，柯桥区下发《关于加强司法所建设的实施意见》，将省星级规范化司法所创建纳入区委区政府对镇（街道、开发区）岗位目标责任制考核，为司法所建设提供政策支撑，新增每年150万元的专项建设经费。新创建省五星级规范化司法所3个、四星级1个、三星级2个，另有2个司法所分别通过省四星级和三星级复评。至此，全区省星级规范化司法所达13个，占全部基层司法所76.5%，其中五星级5个，四星级4个，三星级4个，星级司法所数量和质量均居全市第一、全省领先。（郭开放）

## 典型案例

**【立案监督的一案犯被判重刑】** 2015年5月20日，绍兴市柯桥区人民检察院立案监督的被告人王某某因犯合同诈骗罪、虚开增值税专用发票罪被绍兴市中级人民法院判处无期徒刑，剥夺政治权利终身，并处没收个人全部财产。

经审理查明：2011年12月至2013年11月，王某某在与朱某某及吴江某织造厂、浙江绍兴某印染有限公司等个人或单位签订和履行布匹购销、加工合同过程中，明知自己无履行能力，仍以先履行小额合同、部分履行合同及收受对方货款后拒不出货等方式，先后骗取上述被害单位及个人为其提供布料、染色加工或支付货款，并将加工完成的成品布低价销售，合计骗得财物价值人民币6400余万元。

2012年12月至2013年11月，王某某虚构经商需要周转资金、共同投资炒房及出售门市部等事由，骗得胡某某等7人合计人民币270万元，用于归还欠款等。

2012年年底，陶某某与海宁某强布业有限公司（以下简称某强布业）的周某某商定，由周某某支付给陶某某票面金额5%的开票费，陶某某负责联系企业虚开增值税专用发票给某强布业。后陶某某将此事告知王某某，要求王某某联系企业虚开增值税专用发票。2012年12月至2013年11月，陶某某将开票的相关信息告知王某某，由王某某到浙江绍兴某印染有限公司染色加工时，通过以某强布业的名义支付染费并提供开票资料的方式，经由浙江绍兴某印染有限公司虚开到某强布业增值税专用发票33份，合计税额260余万元。

该案系绍兴市柯桥区人民检察院在审查批捕陶某某、周某某涉嫌虚开增值税专用发票案时，发现王某某涉嫌犯罪，但公安机关未对其立案追究刑事责任。绍兴市柯桥区人民检察院遂依法向公安机关发出《要求说明不立案理由通知书》，公安机关收到通知书后对王某某予以立案侦查。

柯桥区人民检察院在日常办理审查逮捕案件过程中，切实担负起法律监督职责使命，严格依法监督侦查机关有案不立和不当立案。此次立案监督，实现法律的公平正义，维护当事人的合法权益，取得较好的法律效果和社会效果。

**【缅甸人玛岁用、杨阿林组织他人偷越国境罪】** 2015年11月，柯桥区法院审结首例组织他人偷越国境罪案件。被告人玛岁用（音译），缅甸国籍，女，1984年4月13日出生，无业；被告人杨阿林（音译），缅甸国籍，男，1994年出生，某公司员工，暂住绍兴市柯桥区平水镇该公司宿舍。绍兴市柯桥区人民检察院指控被告人玛岁用、杨阿林犯组织他人偷越国境罪，于2015年9月10日向柯桥区法院提起公诉。

公诉机关指控，2015年3月底4月初，被告人玛岁用、杨阿林经事先商量，由被告人玛岁用组织、策划、安排车辆接送，由被告人杨阿林到缅甸境内拉拢、介绍阿亮、阿达聂等9名缅甸籍人员到中国浙江省绍兴市柯桥区工作，并由被告人杨阿林带领上述9人通过坐船等方式从缅甸偷渡到中国境内。公诉机关认为，被告人玛岁用、杨阿林结伙组织他人偷越国境，应当以组织他人偷越国境罪追究刑事责任，属共同犯罪。诉请本院根据《中华人民共和国刑法》第三百一十八条、第二十五条第一款之规定判处。被告人玛岁用、杨阿林对被指控的事实和罪名均无异议，自愿认罪。

柯桥区法院审理认为，被告人玛岁用、杨阿林结伙组织他人偷越国境，其行为均构成组织他人偷越国境罪，属共同犯罪。公诉机关指控的罪名成立，予以支持。被告人玛岁用犯组织他人偷越国境罪，判处有期徒刑五年六个月，并处罚金人民币五千元；被告人杨阿林犯组织他人偷越国境罪，判处有期徒刑五年二个月，并处罚金人民币5000元。

（徐少华）

**执行编辑　徐建良**

# 武　装

## 综　述

2015年，柯桥区以强军目标为统揽，坚持“整顿、备战、法治、固基”主基调，坚持适应新常态，谋求新发展，推动军事各项建设协调发展、稳步提高。2015年，区人武部被省军区表彰为先进团单位，平水镇被省军区评为基层征兵工作先进单位。柯桥街道、柯岩街道、安昌镇和马鞍镇被市政府、军分区表彰为国防后备力量基层建设先进单位。（丁东凯）

## 国防教育

**【概况】** 2015年，柯桥区组织12次550名党政干部、企业领导过军事日，开设国防教育课15次，开展主题征文书画活动。在重大节日、纪念抗战胜利70周年、全民国防教育日和征兵期间，悬挂种类横幅标语800余条，发放宣传资料4500份。组织开展纪念世界反法西斯战争暨抗日战争胜利70周年系列活动。广泛开展国防教育进党校、进机关、进企业、进学校、进社区、进家庭活动。承办全市青少年学生“红色网上游”现场会，轻纺城小学国防教育做法得到国务院副总理刘延东和南京军区司令员蔡英挺、政委郑卫平等领导的鼓励和肯定。

**【开展法治军营建设】** 2015年，柯桥区把“法治军营”纳入“法治柯桥”整体规划，梳理依法管武、依法动员、依法征兵、依法抓建、依法教育、依法拥军等6个方面18项具体需求。把法律法规纳入党委中心组学习计划，组织官兵参加警示教育图片展和反窃密防窃密技术巡回演示。下发《关于推进法治武装建设的实施意见》，修订完善党委议事规则等7项规章制度，营造武装工作良好法治生态。

**【创建民兵红旗党支部】** 2015年，柯桥区围绕“领导关系顺畅、职能定位准确、运行秩序规范、作用发挥明显”标准要求，完成“浙江荣盛”、应急连、“浙纺院”民兵连党支部建设，重点完成32支民兵预设

2015年6月18日，绍兴市青少年学生“红色网上游”活动推进会在柯桥中国轻纺城小学召开　（区人武部　供稿）

党支部建设，按照硬件“两有”（有办公室、有活动场所）、软件“六有”（有规范的组织设置和主要职责、有完善的组织制度和议事规则、有齐全的党组织和党员基本档案、有活动计划和培训方案、有完善的登记统计和相关资料、有统一的工作图板）标准拓展党建工作平台。把民兵党支部建设纳入加强基层党组织和基层政权建设范畴。“浙纺院”女子民兵网络战分队接受军区调研并获肯定。

（丁东凯）

## 军民共建

**【概况】** 2015年，柯桥区组织应急力量1710人次，担负“八运会”安保和嘉兴“世界互联网大会”外围安保、抗洪抢险、防抗台风“灿鸿”“杜鹃”等应急任务。广泛发动民兵参与建设美丽乡村、最美河道活动。深入开展“三联”活动，帮扶革命老区井冈山。协调解决军人军属来信来访7起，军政军民关系得到进一步巩固。

**【向井冈山开展扶贫帮困活动】** 2015年，柯桥区向井冈山革命老区投入900余万元扶持的民生工程和产业项目，“重输血更重造血”的做法得到南京军区司令员蔡英挺的肯定和老区人民的赞颂。10月22日，柯桥区区长阮建尧率队赴井冈山实地考察，瞻仰井冈山烈士陵园并敬献花圈，和当地军地领导开展座谈。

**【王平视察精功科技股份有限公司】** 2015年6月10日，南京军区副政委王平率工作组视察浙江精功科技股份有限公司。王平一行观看浙江精功科技股份有限公司宣传片，听取精功集团董事局主席金良顺关于企业在推进军民深度融合发展和支持井冈山老区情况汇报，参观浙江精功科技股份有限公司实验室，就如何推进军民深度融合发展作出指导。

**【完成市“八运会”安保执勤】** 2015年9月11—12日，在绍兴市第八届运动会开幕式期间，柯桥区动用民兵应急连(排)等分队共200余名民兵参加柯桥主城区社会面防控安保执勤。执勤采取徒步巡逻的方式，东至百舸路、西至柯华路、南至柯南大道、北至兴越路。执勤民兵统一由区人武部指挥调度，编成两个连共20个班，各分队排以上干部任班长。

**【完成乌镇峰会备勤】** 2015年12月15—19日，世界第二届互联网大会在乌镇召开期间，柯桥区人武部首长机关和民兵应急连共130余人，按机动作战全要素在民兵训练基地开设基本指挥所，组织人员集中备勤。备勤按思想发动、拟制方案计划、筹措物资器材、组织针对性训练、落实全过程实战要素5个步骤推进，按建制连、任务实、出动快、要求高的标准和目标，于15日11时前完成赴乌镇跨区驰援一切准备。

（丁东凯）

2015年9月11—12日，柯桥区民兵应急分队参加市“八运会”安保巡逻　（夏先龙　摄）

## 民兵·预备役·兵役

**【概况】** 2015年，柯桥区完成9个批次、12支队伍610余名基干民兵、4600余名中学生(普通民兵)的军事训练。以大规模作战任务为牵引，以三项重大军事工作为抓手，以真打的决心，紧盯作战对手，着眼制敌胜敌，坚持为战而训，严格依法治训，规范实战练兵模式，提高基干民兵军事训练实战化水平和完成多样化军事任务能力。征兵工作按照“保质量、不退兵”要求，强化组织领导，抓宣传教育，突出征集主体，严格检查把关，加大优抚力度，坚持依法征兵，完成新兵征集任务。兵源素质再创新高，大专以上占52.6%，党团员比例100%。超出上级下达大学生为总任务数比率47%的总体目标。

【完成9个批次基干民兵训练】 2015年，柯桥区完成9个批次、12支队伍610余名基干民兵训练。5月15—22日，柯桥区民兵训练基地组织区民兵应急连120余名民兵军事训练。训练突出重要目标防卫、维稳处突、水上救险等12个反恐维稳、抢险救灾类课目的训练，并实地组织实兵实装防卫作战演练。12月21—23日，组织专武干部、民兵应急连、民兵应急排共30名骨干进行针对性课目训练。通过考核选拔，推荐15人参加军分区考核比武，考核成绩全优，其中湖塘街道张坚庆夺得手榴弹投准个人第一名。全年组织公路护路、应急排、情报信息等8支专业分队各为期7天，共310余名基干民兵军事训练。完成入队训练、共同课目、专业理论、应急救援、支援保障等15个课目的训练。

2015年10月16日，柯桥区民兵应急连在进行反恐维稳综合演练
（区人武部　供稿）

【完成国庆节战备拉动】 2015年10月6日上午9时，浙江省军区作战值班室来电，命令柯桥区民兵应急连全员齐装，于11时在部机关营院集结完毕待命。接令后，柯桥区人武部按照《民兵战备工作条例》和柯桥区民兵应急连紧急出动预案，迅速收拢人员、分发装备器材，于10时45分集结完毕，接受省军区远程视频指挥系统点验，人员点到率100%，在编点到率96%，受到省军区、军分区通报表彰。

【汇报演示反恐课目】 2015年10月11—16日，柯桥区组织民兵应急连骨干40人在民兵训练基地进行反恐维稳综合演练。12月23日，在省军分区组织的全市民兵后备力量骨干比武活动结束后，参演分队携带自动步枪、警棍盾牌、应急棍、防暴钢叉等现有装备器材，根据暴力恐怖袭击发生的不同事态，向军分区首长和全市90名民兵后备力量骨干汇报演示封锁拦截、解救人质、抓捕围歼等6个课目共10个内容。

【车辆装备支前保障点通过省军区验收】 2015年11月2日，绍兴某汽车维修有限公司作为柯桥区车辆装备支前保障点接受省军区检查验收。公司具备多种车型维修能力，战时主要担负过境部队车辆装备定点维修保障任务。省军区检查组实地查看公司车辆装备支前保障分队力量编成，配套设备工具、器材储供、指挥要素及保障点生活配套设施。公司通过验收，并被授牌“军车维修保障单位”。

【完成中学生军训4000余人】 2015年，柯桥区组织区财经学校、浙江电子工程学校、园艺学校、钱清中学、柯桥中学、鉴湖中学马鞍镇中等7所学校共4000余名新生军训。军训共抽调区民兵应急连(应急排)107名(次)副班长以上干部骨干任教员，军训安排单个军人队列动作、兵器常识、国防教育、内务卫生、紧急集合与疏散等内容。钱清中学在军训期间组织全体新生野营拉练。（丁东凯）

## 武　警

【概况】 2015年，武警柯桥区中队执行临时性押解勤务68起，出动兵力194人次，押送罪犯854人，行程2.3万千米；完成中高考“试卷警卫”、柯桥区社会面巡逻等各类临时性任务14起，出动兵力250

余人次；完成柯桥中学、轻纺城高级中学、西藏民族学校、鉴湖中学和工商银行等单位军训任务，选派军训教官240余人次，培训学员4700余人。持续开展“警营开放日”活动，邀请社会各界人士走进警营，感受人民武警战士的工作和生活，全年接待鉴湖中学、柯桥工商分局和万达集团等单位30余人次到中队参观。在武警总队特勤排比武和支队应急班比武中均取得前两名，有31人获得个人奖励，其中2人立三等功。　（徐　政）

## 消　防

**【概况】** 2015年，柯桥区柯南消防站主体建设竣工，钱清、漓渚、兰亭、轻纺城等4支专职队均新购置消防水罐车，杨汛桥、钱清、齐贤、安昌、兰亭和福全6支专职队纳入119调度系统。至年底，全区有19支专职消防队，其中有12支政府专职队、7支企业及村专职队，专职消防队员173人，消防车24辆；义务消防队363支，义务消防队员1900余人。开展消防宣传培训85次，培训人员6000余人，消防站开放90余次，参观人数2000余人。绍兴市公安消防支队柯桥大队全年接警1732起，出动车辆2813辆次，出动警力15475人次，抢救被困人员409人，疏散被困人员26人，抢救财产价值1479.8万元。

**【整治火灾隐患单位8480余家】** 2015年，柯桥区先后出台《全区火灾等安全事故防控综合治理体系建设工作指导方案》《柯桥区消防安全两类责任追究暂行办法》等相关文件8个，以1068家出租厂房、家庭作坊为重点整治对象，开展日常巡查和指导。整治期间，共拆除违章建筑面积4.2万平方米、彩钢板38647平方米，增加砖墙硬隔离22108平方米，整改火灾隐患1895处；关停236家，处罚41家；新增灭火器2595个、室内消火栓295个、消防安全标志标识2934张，电气线路穿管30630米。全面深化“低小散”企业火灾隐患整治，通过拉网式排摸，至年底，全区排摸小微企业7413家，关停798家，整改1615家。

**【开展夏季消防检查】** 2015年，柯桥区开展夏季消防检查工作。共检查单位610家，发现火灾隐患782处，督促整改火灾隐患682处，下发《责令改正通知书》384份，下发《行政处罚决定书》73份，罚款60.05万元，临时查封8处，责令“三停”13家，拘留1人。　（钱文庆）

## 人民防空

**【概况】** 2015年，柯桥区人民防空工作以强化“服务”为主线，围绕“民生”“应急”“应战”三大主题，开展区级人防应急疏散基地和人防教育基地建设。联通区镇两级人防指挥平台，提升全区规范化建设验收达标的重点镇（街道）、社区的组织机构、预案管理和救援队伍建设，充分发挥五个指挥平台平时使用功能。完成金盾–15演习任务。修订《柯桥区信息化条件下人民防空行动方案》，完成《柯桥区突发性公共事件下人员保障方案》初稿并汇编成册。购置应急救援器材40套分发于规划、园林、市政等部门用于灾后救援。

**【竣工人防工程面积约12万平方米】** 2015年，柯桥区加快办理人防审批手续速度，项目提前办结率100%。新审批人防工程6万余平方米，竣工人防工程面积约12万平方米。绍兴县0901人防工程通过验收、移交，并进行二次改造；柯桥区2013大小坂湖地下人防工程主体构架建成。

**【防空警报完好率100%】** 2015年，柯桥区完召开人防警报器协管员工作会议，采用现场、远程结合的方式，对管理员进行培训，提高警报管理员的维护管理能力；对全区32台防空警报进行维护、检修和管理，“5·12”防空警报试鸣顺利，警报完好率100%。

**【实行人防地下室民生服务】** 2015年，柯桥区对已建人防工程进行专项检查，确保停车位按功能使用，尽最大限度要求房地产商配建人防地下室，其功能绝大部分作为停车场使用。大小坂湖2013地下人防工程进入尾声，新增停车位250个。5月底组织召开人防工程协管员会议，对本区域内人防地下室进行常态化管理，每月进行定期巡查，督促物业公司做好防空地下室日常管理。

**【成立企业人防工作站】** 2015年，柯桥区以中国电信股份有限公司和浙江元垄控股集团有限公司作为示范企业，在企业内成立人防工作站，建立人防工作小组，制定各项管理制度，制订各类应急预案，有效提高基层人防建设力度。

**【多形式开展人防宣传教育】** 2015年，柯桥区利用国际民防日等重要日期开展形式多样的人防宣传活动。市、区人防办联动，为柯桥中学高一学生上人防普及课；将防空防灾知识卡放在点击率较高的柯桥区规划网站，宣传普及人防基本常识；在瓜渚湖、鉴湖园、笛扬、百福园等12个省级规范化建设示范达标社区开展人防宣传，发放宣传资料，同时将大量的省办统一印刷的人防宣传资料发送到各中学。在“世界读书日”到特殊学校开展“人防关爱智障儿童”活动。开展中小学生防空防灾演练工作、初级中学人防教育。结合“5·12”防空减灾日，组织柯岩街道高尔夫、柯桥街道瓜渚湖、鉴湖园、笛扬等多个社区300余名居民开展防空防灾疏散演练。

2015年4月，柯桥区人防部门到特殊学校开展“人防关爱智障儿童”活动 （周 英 摄）

（徐志君）

执行编辑 宋如玲

# 社会事务

## 计划生育

**【概况】** 2015年，柯桥区继续实施“单独两孩”生育政策，全区共出生4872人，其中清查对象317人，人口出生率7.48‰，自增率0.86‰，低生育水平继续保持适度稳定；计划生育率91.61%，多孩违法生育率1.15%，（其中不含清查计划生育率98.47%，多孩违法生育率0.25%）；出生人口性别比100 ∶ 106.67，保持在正常范围；免费婚前医学检查率93.90%，免费孕前优生健康检查覆盖率95.91%。

2015年，柯桥区共执行再生育审批1953例，其中“单独两孩”再生育审批1399例，占比71.63%。作出征收社会抚养费决定155例，决定征收金额1179.67万元，兑现1025.71万元，兑现率86.95%，其中足额征收到位129例，案件办结率达83.23%，无行政复议、行政诉讼行为的发生。比对预防接种信息和出生上报信息15844条。

2015年，柯桥区落实优生促进工程项目，结婚登记6216人，免费婚检5837人，婚检率为93.90%；完成再生育夫妇国家免费孕前优生检查1301对，国家孕前优生健康检查率为95.91%；完成产前筛查7307人，筛查率为74.59%；完成新生儿疾病（甲低、苯丙酮尿症）筛查9774例，筛查率99.38%；完成听力筛查9779人，全区听力筛查率为99.43%。优生促进工程共为服务对象减免费用382.57万，其中免费婚检、孕前检查8439人，产前筛查减免976人，免费产前诊断19人，新生儿免费疾病筛查2741人，免费听力筛查2726人，免费听力诊断12人，优生四项检测4534人，基因筛查3262人，发放优生营养素5267份。

柯桥区组织开展“生育关怀–情暖万家”进基层走访慰问、“5.29会员活动日”宣传服务、“生育关怀——圆梦微心愿”“人性化管理，亲情化服务，关怀关爱流动人口”流动人口计划生育宣传服务月等活动，累计发放宣传资料近19万份，受益人次16031余人，慰问金额53万余元，区镇计生干部培训128人次。

**【清查出生317人】** 2015年11月，柯桥区对出生情况进行清查，共清查出生317人，其中2010年前出生的5人，2010年以后出生的312人。2010年以后出生的计划内的为57人。计划生育率18.27%。

**【动态监测流动人口】** 2015年，柯桥区登记流入人口67.49万人，其中流入已婚育龄妇女18.10万人；流出人口1.64万人，其中流出已婚育龄妇女5148人，流入流出信息掌握率均在95%以上。全年累计向户籍地通报各类信息69332条，反馈接收154条。开展流动人口卫生计生动态监测和卫生计生服务流出地动态监测调查工作，动态监测于这年4月至6月开展，全区共有32个监测样本点，占全市总样本点的40%，调查监测流动人口总量640人，涉及11个镇（街道）、30个村（居委会、社区），其中柯桥、柯岩、华舍、齐贤和马鞍5个镇（街道）各有4个监测样本点。卫生计生服务流出地动态监测调查工作于2015年11月开展，分别为大渡、同康、黄山畈、梅东、宾舍、娄宫6个村（社区），分属6个镇（街），180户调查对象，占全省动态监测的5%。全省共20个县（市、区），柯桥区为绍兴市唯一的监测点。

**【避孕药具管理列全国第三】** 2015年，柯桥区完善药具管理员职责和管理、发放、随访、统计报表、进库验收等工作制度，明确工作标准，每月月底进行药具盘点，每季度与各镇（街道）核对请领数据，做到账账相符，账物相符。是年，接受国家卫生计生委妇幼司组织的避孕药具不良反应监测试点工作督导评估，以86分的综合评分在22个省23个监测点中排名第三。2015年，柯桥区有已婚育龄妇女126364人，使用药具人数40610人。共发放口服短效避孕药4826盒，长效避孕针30支，外用避孕膜3446张，外用避孕栓431合，女用避孕套188瓶，男用避孕套1203190只，节育环2411只。

**【106177人次享受计生利益导向政策】** 2015年，柯桥区继续实施农村部分计划生育家庭奖励扶助、特别扶助制度和特殊关爱制度，公益金救助3次，救助165人，救助金额为20.95万元。贯彻落实计划生育奖扶、特扶、关爱工作，奖扶对象新增2690人，退出1530人，累计9671人，发放奖扶金928.42万元；特扶对象新增92人，退出9人，累计564人，发放特扶金384.36万元；关爱对象新增65人，退出5人，累计398人，发放关爱资金148.20万元。52194户对象享受独生子女养老保险补贴，补贴金额为1808.17万；43185位独生子女父母享受独生子女父母奖励费，奖励总额215.93万元。

（朱敏芝　胡佳琴）

## 民政工作

**【概况】** 2015年，柯桥区加强对流浪乞讨的生活无着流动人员和困难群众开展救助，共救助514人次，其中男性419人，女性95人，60周岁以上老年人67人，18周岁以下未成年人20人，残疾人45人，流浪危重病人47人，流浪精神病人133人。

区民政局行政服务窗口全年受理七大类854件审批服务事项，提前办结率100%，848件实行即到即办。依法开展民间组织年检年审，应检263个，其中社会团体146个、民办非企业单位117个，实检263个，拟撤销登记12个，年检率100%。全年注册登记各类社会组织29个，涵盖专业性、行业性等协会和一批民办非企业单位，其中属于四类直接登记的社会组织2个。

这年，柯桥区城乡居民低保标准分别提高到每人每月630元、570元，农村五保年供养标准为每人16050元，社会散居孤儿基本生活费发放标准每人每月910元，全年支出困难群众生活救助资金4142万元。

实行基本救助、特殊救助和特种救助相结合的救助体系，全年共支出医疗救助资金3746万元。实现临时救助工作的制度化、规范化，对突发性、紧迫性、临时性生活困难，做到即时救助、应救尽救，全年共支出临时救助资金658万元。柯桥区对低保对象子女就读大学的，每人每年给予助学金8000元；低保边缘、因病致贫、就学困难对象子女就读大学的，每人每年给予助学金6000元，2015年共救助困难家庭大学生568人，发放救助资金345万元。

**【发放困难群众春节慰问金1609.1万元】** 2015春节前夕，柯桥区在全区范围内开展向困难群众“送温暖”慰问活动。给予困难群众临时救助，对因病、因灾、因祸等特殊原因造成基本生活出现暂时困难的家庭给予临时救助，共发放临时救助金82万元；开展普遍慰问，向低保对象慰问，1000元/人，低保边缘、因病致贫、就学困难对象慰问，500元/人，慰问孤儿，2000元/人，农村五保城镇“三无”集中供养对象慰问，400元/人；开展重点慰问，区四套班子领导分组对全区409户重点困难对象进行走访慰问，每户慰问金1万元；社会各界合力慰问，瑞丰银行举办慈善爱心活动，区慈善总会牵头开展“慈善年夜饭”活动。全区共发放困难群众春节慰问金1609.1万元。

**【注销低保379户749人】** 2015年，柯桥区按照低保对象“应保尽保、应退尽退”的原则，区民政局会同相关部门和各镇（街道），通过自查、核查、分组抽查和公示监督等方式对低保对象的资格进行专项核定。对低保对象的养老保险、商品住房、公积金、工商、车辆等信息进行查询核对，家庭收入或财产超过标准的及时注销低保资格。全年注销低保379户749人，新增182户357人，现有低保户4131户6480人。

**【8月27日起不再出具（无）婚姻记录证明】** 柯桥区自2015年8月27日起，除办理涉台和9个国家的公证事项外，民政部门不再向任何部门和个人出具（无）婚姻登记记录证明。2015年区婚姻登记处共办理结婚登记3824对，离婚登记1068对，补办结婚证2448对，补离婚证的94本，出具无婚姻登记记录5835份。

**【殡葬两率100%】** 2015年，柯桥区共发放殡葬补助费用及奖励559.5万元，其中领取基本丧葬服务费用补助4218人（1285元/人），计5420130元，领取节地型生态葬奖励349人（500元/人），计174500元。全区死亡人数4218人，全部实行火化及骨灰集中存放，达到火化率和骨灰集中存放率两个100%。

全年“三沿五区”裸露坟墓治理数653穴，并开展复绿工作。启动柯桥区乡村公益性墓地和乡村骨灰存放处布局专项规划（2015—2030）工作。

**【设置地名标志3180个】** 2015年，柯桥区出版《绍兴市柯桥区地名图册》。全年命名及更名42处住宅小区、商业楼宇，25条道路，设置地名标志3180个。

**【福利彩票总销量2.49亿元】** 2015年，柯桥区全年福利彩票总销量2.49亿元，其中“刮刮乐”1883万元、电脑彩票1.64亿元、中福在线销售6624万，募集区级福彩公益金1072万元。（陈华铭）

## 劳动保障

**【概况】** 2015年，柯桥区劳动保障监察大队共接警案件673起，其中10人以上集体投诉案件47件，较上年同期上升53%，涉及人数2055名，金额1933.5万元，均为一般突发公共事件。因企业主欠薪逃匿向公安机关移送拒不支付劳动报酬罪案件9起，涉案金额715万元。

这年，劳动保障监察指挥系统全面上线，实现案件的应急联动和快速调处相结合及数据共享和预警监控相结合。创建多维度预警网络，初步运行欠薪预警和处置工作联动机制。

这年，柯桥区劳动保障监察大队先后开展以清理整顿人力资源市场秩序为主要内容的“春雷行动”、以查处违法使用童工为主要内容的“春苗行动”、以农民工劳动合同签订为主要内容的“春暖行动”，尤其是元旦春节前后以防范和处置企业拖欠农民工工资专项活动。全年共累计受理各类投诉、举报及信访案件1053起，涉案金额2641.22万元，涉及劳动者3725人，案件总量、职工总数、工资金额等均呈现上升趋势，其中10人以上集体投诉案件31件，比上年同期上升56%，涉及人数1525名，金额1212.95万元。从案件投诉内容看，拖欠克扣工资类占总案件的81%；未签订劳动合同占总案件的9%；非法使用童工类占总案件的5%；未缴纳社会保险占总案件的5%。

2015年，受理劳动争议仲裁案件1167件，比上年减少12.40%，涉及人数1335人。结案1213件，结案率95.74%，其中调解542件，裁决326件，其他方式结案447件。立案累计涉及经济标的7856.23万元，结案累计涉及经济标的2659.07万元。

**【开展基层劳动争议调解组织规范化建设】** 2015年，柯桥区开展基层调解组织规范化建设工作。主要规范镇街、企业二级调解组织的标识标志、工作规则、统一台账等方面。为基层调解组织统一印制工作规范和调解台账并下发，并做好上墙张贴和建账登记工作。钱清镇劳动争议调解委员会被命名为省劳动人事争议调解先进基层调解组织，滨海工业区施旭日被评为省级优秀劳动人事争议调解员。宝业集团股份有限公司为全省第二批非公企业劳动争议调解组织建设示范创建单位。（冯天磊）

## 社会保障

**【概况】** 至2015年10月底，柯桥区职工养老保险参保447010人，累计增加21451人；职工医疗保险参保368805人，累计增加15245人；工伤保险参保344466人，因取消单工伤政策，累计减少17640人；生育保险参保259678人，累计增加12003人；城乡居民医疗保险参保率98.36%；办理并轨职工基本养老保险11250人。执行被征地农民“即征即保、应保尽保”制度，“即征即保即并”率100%。

这年，柯桥区将人工耳蜗等特用医用药材纳入基本医疗保险范围，并将格列卫等15种药品纳入大病保险支付范围。根据文件，在一个医保年度内，医保参保人员使用特殊药品累计发生的总医疗费用，大病保险补助起付标准为2万元，最高限额为30万元，起付标准以上、最高限额以下的医疗费用，补助50%；累计发生的总医疗费用在2万元以上的，最低补助6000元。在一个医保年度内，医保参保人员使用特殊药品累计发生的总医疗费用在2万元（含）以下的，其8000元以上部分，补助50%。

**【医疗保险智能监控二期系统试运行】** 2015年7月中旬，柯桥区开始在6家试点医院门诊诊间系统和住院结算系统试运行医疗保险智能监控二期系统，试运行期间提示规则共13条，其中事前提示规则4条、事中提示规则9条，对医保就医行为、诊疗行为、配药行为等实施全面监管。

**【开展全民参保登记调查】** 2015年，柯桥区通过信息比对、入户调查、数据集中管理和动态更新等措施，对全区60多万户籍人口的社会保险参加情况进行记录、核查和规范管理，于3月底在全市率先完成近18万人的入户调查，于4月底完成数据录入并提交省厅。截至年底，全区全民参保登记率100%，并配合市局初步探索建立起信息数据动态管理机制。

**【启动机关事业单位养老保险基础信息采集】** 2015年，根据国家、省、市总体部署，柯桥区以增强公平性、适应流动性、保证可持续性为重点，推进机关事业单位养老保险制度改革。区人社局通过人员调查摸底、实施方案制定、机构编制申请、信息采集准备、资金收支测算、政策业务培训、办公场地落实、领导小组建议名单确定等等，全力做好信息采集工作。截至12月底，共校验信息采集数据22107条，168家单位完成信息采集并上报纸质材料，379家单位完成信息采集，采集在职人员信息16528条，退休人员信息4369条，离开单位人员采集信息831条。

**【城乡居民基础养老金调整到每人每月145元】** 自2015年1月1日起，柯桥区对符合享受城乡居民基本养老保险待遇的人员，基础养老金由每人每月125元调整为145元。此次调整涉及城乡居民7.2万余人，补发金额1002万元，调整后城乡居民基本养老保险基础养老金月增加支出147万元，调整金额于9月底发放到位。 （冯天磊）

## 民族工作

**【概况】** 2015年，柯桥区办理少数民族成份变更审核事项24件。继续开展“宗教场所情系少数民族困难户”、少数民族“万人互助”等活动，为困难少数民族群众提供帮助。开展“友善人”“和谐家”“诚信户”“民特品”等四大创评活动。钱清镇土家族运动员聂真参加全国第十届少数民族传统体育运动会，获武术女子拳术二等奖。

**【中央联合督查组督查流动少数民族管理工作】** 2015年9月8日，国家民委副主任、党组成员罗黎明率中央国家机关联合督查组第三组一行，到柯桥区监督检查流动少数民族服务管理工作。督查组听取汇报，实地考察笛扬路穆斯林礼拜点，对柯桥区的流动少数民族管理工作予以肯定。

**【穆斯林群众欢度开斋节】** 2015年7月17日，是一年一度的伊斯兰教传统节日“开斋节”，全区近2000名国内外穆斯林群众到各礼拜点参加聚礼，欢度开斋节。

**【少数民族共庆“三多节”】** 2015年3月27日，农历二月初八，是纳西族同胞的“三多节”。柯桥区民族宗教事务局与福全镇人民政府联合主办少数民族共庆“三多节”活动，全区各族少数民族同胞以歌舞、戏曲、武术表演等形式共同欢度节日。

**【肉斯太木·艾力获绍兴市见义勇为模范市民称号】** 2015年5月22日，在柯桥工作的新疆籍维吾尔族小伙肉斯太木·艾力因2014年4月14日勇救落水汉族女青年，被绍兴市人民政府授予绍兴市见义勇为模范市民荣誉称号。 （徐　敏）

## 宗教工作

**【概况】** 2015年，柯桥区有经政府批准登记的宗教活动场所84处，其中佛教场所60处，基督教场所23处，天主教场所1处。纳入登记编号管理的民间信仰甲类场所有53处。另有经批准许可的穆斯林礼拜点5处，其中国内穆斯林礼拜点1处，国外穆斯林礼拜点4处。

这年，柯桥区办理非通常宗教活动、宗教场所扩建、迁建等行政许可事项18件。在宗教界继续开展“和谐寺观教堂”创建活动，成功创建国家级和谐寺观教堂2处，省级和谐寺观教堂4处，市级和谐寺观教堂49处，省级和谐寺观教堂达标场所68处，区级和谐宗教活动场所71处。

这年，柯桥区开展宗教活动场所及民间信仰场所专项整治“回头看”工作，对依法登记的60处佛教活动场所悬挂统一标识牌，拆除涉宗违建4处、宗教标志物整改21处；整治“改作他用”及“归并整合”回潮场所54处，宗教活动场所和民间信仰场所基本信息采集及“四至”平面图绘制341处，主要道路、主要河道两侧及镇、村主要出入口视线范围的场所立面改造157处。

11月14日，柯桥区组织84处宗教活动场所负责人及中外穆斯林临时礼拜点管理组织成员120余人参加消防安全培训。

**【开展“同心同行·共建和谐”活动】** 2015年10月21日，柯桥区下发《关于在全区宗教界深入开展“同心同行·共建和谐”活动的实施意见》，10月30日，召开“同心同行·共建和谐”工作会议进行

2015年10月15日，柯桥区第三届汉传佛教讲经交流会在安康寺举行
（徐 敏 摄）

专题部署，同时制订《关于推进“同心同行 · 共建和谐”活动工作任务分解落实方案》《区领导联系宗教团体及重点宗教场所工作内容提示》等文件，按照“五进五促十制”扎实推进此项活动，充分发挥宗教界人士的独特作用，支持宗教界发扬爱国爱教、热心公益、服务社会的优良传统。

**【举行第三届汉传佛教讲经交流会】** 2015年10月15日，柯桥区第三届汉传佛教讲经交流会在安康寺“三昧讲堂”举行，100余人与会。绍兴市佛教协会会长、炉峰禅寺方丈净芳大和尚，绍兴市佛教协会秘书长如法师应邀到会指导。来自全区各佛教场所的5位法师讲经交流。

**【取消“烧头香”活动】** 自2015年2月18日晚（除夕）开始，柯桥区佛教寺院取消“烧头香”活动，敬香礼佛一律使用寺院免费赠送的三炷清香，并在指定的区域烧燃。严禁香客、游客自带各类香烛、锡箔纸等敬香物品进入区属寺院，严禁香烛明火进入殿堂。

**【龙华寺（兜率天）落成】** 2015年12月26日，柯桥区举行龙华寺（兜率天）落成典礼暨佛像开光法会。海内外佛教三大语系长老、四大名山全山方丈、港澳台地区和韩日佛教界代表等五十多位大德高僧出席落成典礼暨佛像开光法会。典礼活动由中国佛教协会副秘书长、浙江省佛教协会副会长、杭州市佛教协会会长、杭州灵隐寺方丈光泉法师主持，中国佛教协会副会长明生法师、宗性法师、湛如法师等大德高僧先后致词，大德高僧主法为兜率天宫内院供奉的天冠弥勒坐佛开光。

**· 小资料 · 兜率天**

在佛教的宇宙观中，兜率天是欲界第四层天，其中的兜率天内院（弥勒法界），是未来佛弥勒菩萨为天人说法的地方。兜率天意为欢喜天，喜足天，是欲界最为殊胜的净土。在国学大师南怀瑾先生的指导下，依弥勒三经为原始版本规划设计的兜率天由七重宝垣、兜率天内院、紫金莲花三大部分组成。七重宝垣是天宫的基座，基座宽99米，长160米，高28米。宝垣外围由5000米汉白玉栏杆围合，似七层白云烘托着巨型莲花。七重宝垣四周雕刻着长达5公里的诸天罗汉菩萨及佛造像浮雕。宝垣内部为佛教艺术博物馆及佛教八大宗坛水陆内坛等。兜率天

2015年12月26日，柯桥区举行龙华寺（兜率天）落成典礼暨佛像开光法会　　（区民宗局　供稿）

2015年10月21日，柯桥区寂静寺举行藏经楼落成暨开光法会

（徐敏　摄）

宫中间圆柱体部分是兜率天内院，内供世界最大的室内坐佛——33米高的天冠弥勒像。天宫顶部为48瓣直径56.7米的巨型紫金莲花，堪称世界之最。

**【兰亭长庆寺大雄宝殿落成】** 2015年3月27日，柯桥区兰亭长庆寺举行大雄宝殿落成暨佛像开光法会，诸山长老、大德居士及各地信教群众300余人参加典礼。长庆寺始建年代不详，明代僧瑞白予以重建，位于距绍兴市区5公里的柯桥区兰亭镇境内。

**【寂静寺藏经楼落成】** 2015年10月21日，柯桥区寂静寺举行藏经楼落成暨开光法会，诸山长老、大德居士及各地信教群众近千人参加典礼。寂静寺，旧称寂静园，始建于1980年，是由扬州高旻寺首座密参禅师一手创建的临济宗道场。1996年后，新建天王殿、禅堂、大雄宝殿、观音殿等殿宇。2010年开始募资200万元兴建藏经楼。

**【五峰寺圆通殿落成】** 2015年12月6日，柯桥区五峰寺隆重举行圆通宝殿落成暨佛像开光法会，诸山长老、大德居士及各地信教群众1000余人参加典礼。五峰寺坐落于杨汛桥镇蒲荡夏村礼陀山半山之中，始建于元朝，有700多年的历史。

**【永兴寺开展“千名环卫工人免费观看电影”活动】** 2015年4月，柯桥区永兴寺与柯桥蓝天影城联手推出“千名环卫工人免费观看电影”活动，感谢他们为柯桥区的城市环境做出的贡献。活动分6次进行，共计邀请近1000名环卫工人观看电影，同时为他们送上毛毯等慰问品。此次活动还向社会发出《爱护城市环境尊重环卫工人》倡议书，呼吁更多的人关爱环卫工人。（徐敏）

## 流动人口管理

**【概况】** 2015年，柯桥区登记发证的流动人口总数865730人，比上年的854598人增加11132人，比上年涨幅1.3%。在册流动人口底数606691人，比上年的608733人减少2042人，比上年降幅0.34%。

柯桥区对流动人口管理坚持“三三制”精准

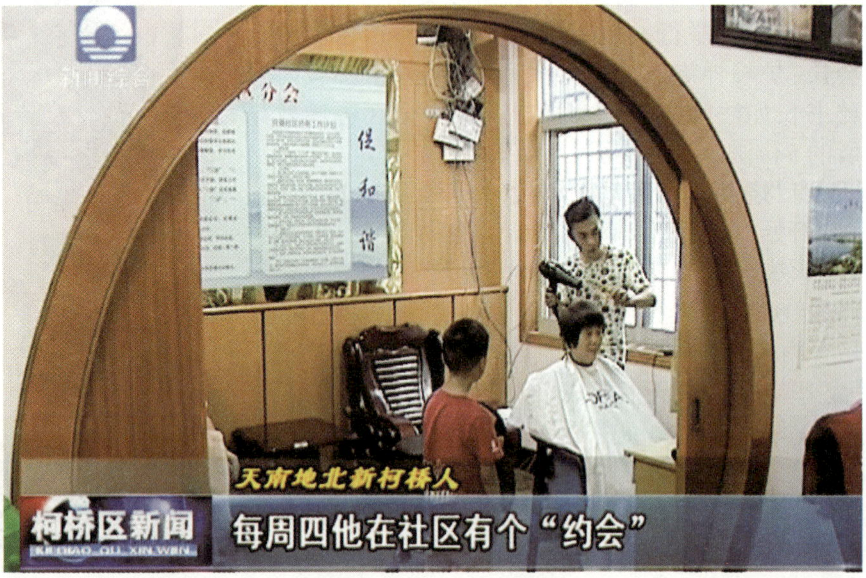


2015年，柯桥区电视台专题报道在柯桥区工作创业的优秀流动人口代表

（区流管局　供稿）

化管理原则，结合“一标三实”信息排查专项行动，落实“边采集、边纠错、边录入、边管控”工作要求，对全区23.2万间出租房屋信息排查，做到实有人口、实有房屋、实有单位标注准确。同时配备流动人口信息移动采集应用系统手机“e点通”，实现实时查验、实时注销、实时变更。“e点通”配备率100%，10个镇街使用率达到年初要求（70%以上），5个镇街使用达标率100%。

这年，柯桥区有6.25万（10%左右）流动人口纳入积分制管理，2914名流动人口子女积分入学，153名高层次流动人口获得首批公租房。7月29日，在柯桥区召开绍兴市流动人口积分制管理工作推进会，继续深化“安徽人之家”钱清工作站的样板工作。

**【流动人口呈减少趋势】** 从登记发证流动人口总数看，柯桥区9个镇（街道、开发区）的流动人口同比上升，7个镇（街道、开发区）的流动人口同比下降。从在册流动人口总数看，3个镇（街道、开发区）的流动人口同去年比上升，13个镇（街道、开发区）的流动人口同比下降。

**表18　2015年柯桥区各镇（街道）登记发证流动人口总数**

| 项目<br>单位 | 流动人口登记数(人) | 占全区流动人口登记总数的比例 | 同比增幅 |
|---|---|---|---|
| 柯桥街道 | 125509 | 14.50% | 2.81% |
| 滨海工业区(马鞍) | 131680 | 15.21% | 5.10% |
| 钱清镇 | 108900 | 12.58% | 1.72% |
| 柯岩街道 | 99645 | 11.51% | 1.13% |
| 华舍街道 | 83911 | 9.69% | -3.74% |
| 齐贤镇 | 92355 | 10.67% | 5.42% |
| 安昌镇 | 60074 | 6.94% | 0.14% |
| 杨汛桥镇 | 53492 | 6.18% | 1.40% |
| 福全镇 | 34414 | 3.98% | -3.75% |
| 湖塘街道 | 20621 | 2.38% | 3.32% |
| 兰亭镇 | 19452 | 2.25% | -8.47% |
| 漓渚镇 | 13584 | 1.57% | 4.51% |
| 平水镇 | 10215 | 1.18% | -9.33% |
| 夏履镇 | 10552 | 1.22% | -7.54% |
| 王坛镇 | 913 | 0.11% | -3.79% |
| 稽东镇 | 413 | 0.05% | -22.37% |

说明：统计时限为2014年12月21日至2015年12月20日

**表19　2015年柯桥区各镇（街道）在册流动人口总数**

| 项目<br>单位 | 流动人口在册底数(人) | 占全区流动人口在册总数的比例 | 同比增幅 |
|---|---|---|---|
| 柯桥街道 | 89582 | 14.77% | -1.48% |
| 滨海工业区(马鞍) | 87027 | 14.34% | 6.46% |

续表19

| 项目<br>单位 | 流动人口在册底数(人) | 占全区流动人口在册总数的比例 | 同比增幅 |
|---|---|---|---|
| 钱清镇 | 75026 | 12.37% | -2.66% |
| 柯岩街道 | 72107 | 11.89% | -2.34% |
| 华舍街道 | 61847 | 10.19% | -5.81% |
| 齐贤镇 | 62580 | 10.31% | 9.45% |
| 安昌镇 | 41222 | 6.79% | -3.98% |
| 杨汛桥镇 | 38712 | 6.38% | 8.43% |
| 福全镇 | 24224 | 3.99% | -3.22% |
| 湖塘街道 | 14897 | 2.46% | -7.05% |
| 兰亭镇 | 13999 | 2.31% | -12.37% |
| 漓渚镇 | 10331 | 1.70% | -0.80% |
| 平水镇 | 7159 | 1.18% | -9.33% |
| 夏履镇 | 6967 | 1.15% | -2.71% |
| 王坛镇 | 717 | 0.12% | -5.78% |
| 稽东镇 | 294 | 0.05% | -27.76% |
| 全区合计(人) | 606691 | 100.00% | -0.34% |

表20　2015年柯桥区流动人口流出地人数在1万人以上的省（市、区）

| 项目<br>户籍地 | 流动人口总数(人) | 占全区流动人口总数的比例 |
|---|---|---|
| 安徽省 | 111933 | 18.45% |
| 贵州省 | 72201 | 11.90% |
| 河南省 | 66807 | 11.01% |
| 四川省 | 64636 | 10.65% |
| 浙江省 | 58832 | 9.70% |
| 重庆市 | 38296 | 6.31% |
| 江西省 | 36429 | 6.00% |
| 湖南省 | 36019 | 5.94% |
| 湖北省 | 31358 | 5.17% |
| 云南省 | 17052 | 2.81% |
| 广西壮族自治区 | 14472 | 2.39% |
| 福建省 | 12733 | 2.10% |
| 江苏省 | 11519 | 1.90% |

## 表21 2015年柯桥区流动人口流出地人数在5000人以上的县（市、区）

| 项目<br>户籍地 | 流动人口总数(人) | 占全区流动人口总数比例 |
| --- | --- | --- |
| 安徽省临泉县 | 22260 | 3.67% |
| 安徽省阜南县 | 14377 | 2.37% |
| 贵州省盘县 | 13731 | 2.26% |
| 浙江省乐清市 | 11833 | 1.95% |
| 四川省筠连县 | 10235 | 1.69% |
| 重庆市忠县 | 10024 | 1.65% |
| 重庆市涪陵区 | 7287 | 1.20% |
| 河南省固始县 | 7027 | 1.16% |
| 河南省泌阳县 | 6804 | 1.12% |
| 安徽省蒙城县 | 6307 | 1.04% |
| 浙江省杭州市萧山区 | 6165 | 1.02% |
| 贵州省大方县 | 6064 | 1.00% |
| 安徽省安庆市 | 5020 | 0.83% |

## 表22 2015年柯桥区流动人口就业结构

| 项目<br>户籍地 | 流动人口总数(人) | 占全区流动人口总数比例 |
| --- | --- | --- |
| 农林牧渔生产 | 1237 | 0.20% |
| 生产制造加工 | 271897 | 44.82% |
| 工程施工 | 31744 | 5.23% |
| 运输服务 | 8238 | 1.36% |
| 装饰装修 | 2829 | 0.47% |
| 餐饮服务 | 9678 | 1.60% |
| 休闲娱乐 | 2785 | 0.46% |
| 家政服务 | 570 | 0.09% |
| 保安物管 | 1253 | 0.21% |
| 维修服务 | 1813 | 0.30% |
| 废旧物品收购 | 2355 | 0.39% |
| 其他商业服务 | 22817 | 3.76% |
| 其他职业 | 145086 | 23.91% |
| 失业 | 30198 | 4.98% |

**表23　2015年柯桥区流动人口文化结构**

| 项目<br>学历 | 流动人口总数(人) | 占全区流动人口总数比例 |
|---|---|---|
| 博士 | 26 | 0.004% |
| 研究生 | 274 | 0.05% |
| 本科 | 6744 | 1.11% |
| 大专 | 8525 | 1.41% |
| 高中 | 40096 | 6.61% |
| 初中 | 379755 | 62.59% |
| 小学 | 89668 | 14.78% |

**表24　2015年柯桥区流动人口年龄结构**

| 项目<br>年龄 | 流动人口总数(人) | 占全区流动人口总数比例 |
|---|---|---|
| 16岁以下 | 74787 | 12.33% |
| 16~29岁 | 182099 | 30.02% |
| 30~44岁 | 205434 | 33.86% |
| 45~59岁 | 129796 | 21.39% |
| 60岁以上 | 14575 | 2.40% |

**表25　2015年柯桥区流动人口政治结构**

| 项目<br>政治面貌 | 流动人口总数(人) | 占全区流动人口总数比例 |
|---|---|---|
| 中共党员 | 741 | 0.12% |
| 共青团员 | 655 | 0.11% |
| 民主党派 | 32 | 0.01% |
| 其他 | 605263 | 99.76% |

**表26　2015年柯桥区流动人口居住结构**

| 项目<br>居住场所 | 流动人口总数(人) | 占全区流动人口总数比例 |
|---|---|---|
| 医院 | 63 | 0.01% |
| 学校 | 465 | 0.08% |
| 培训机构 | 51 | 0.01% |
| 单位内部 | 136658 | 22.53% |
| 集中公寓 | 5815 | 0.96% |
| 居民家中 | 3552 | 0.59% |

续表26

| | | |
|---|---|---|
| 自购房 | 15474 | 2.55% |
| 租赁房屋 | 429748 | 70.83% |
| 工地现场 | 12118 | 2.00% |
| 水上船舶 | 11 | 0.002% |
| 救助站 | 3 | 0.0005% |
| 其他 | 2688 | 0.44% |

表27　2015年柯桥区流动人口民族结构

| 项目<br>民族 | 流动人口总数（人） | 占全区流动人口总数的比例 | 项目<br>民族 | 流动人口总数（人） | 占全区流动人口总数的比例 |
|---|---|---|---|---|---|
| 汉族 | 550612 | 90.76% | 水族 | 406 | 0.07% |
| 蒙古族 | 394 | 0.06% | 东乡族 | 135 | 0.02% |
| 回族 | 2148 | 0.35% | 纳西族 | 49 | 0.01% |
| 藏族 | 50 | 0.01% | 景颇族 | 42 | 0.01% |
| 维吾尔族 | 1062 | 0.18% | 柯尔克孜族 | 1 | 0.0002% |
| 苗族 | 12969 | 2.14% | 土族 | 43 | 0.01% |
| 彝族 | 5269 | 0.87% | 达斡尔族 | 5 | 0.001% |
| 壮族 | 8125 | 1.34% | 仫佬族 | 215 | 0.04% |
| 布依族 | 8223 | 1.36% | 羌族 | 159 | 0.03% |
| 朝鲜族 | 987 | 0.16% | 布朗族 | 17 | 0.003% |
| 满族 | 476 | 0.08% | 撒拉族 | 8 | 0.001% |
| 侗族 | 1676 | 0.28% | 毛南族 | 125 | 0.02% |
| 瑶族 | 745 | 0.12% | 仡佬族 | 389 | 0.06% |
| 白族 | 1202 | 0.20% | 锡伯族 | 4 | 0.001% |
| 土家族 | 7168 | 1.18% | 阿昌族 | 12 | 0.002% |
| 哈尼族 | 448 | 0.07% | 普米族 | 3 | 0.0005% |
| 哈萨克族 | 5 | 0.001% | 乌孜别克族 | 14 | 0.002% |
| 傣族 | 292 | 0.05% | 德昂族 | 3 | 0.0005% |
| 黎族 | 1236 | 0.20% | 京族 | 6 | 0.001% |
| 傈僳族 | 227 | 0.04% | 鄂伦春族 | 1 | 0.0002% |
| 佤族 | 51 | 0.01% | 珞巴族 | 3 | 0.0005% |
| 畲族 | 323 | 0.05% | 穿青人族 | 410 | 0.07% |
| 高山族 | 1 | 0.0002% | 僅家人族 | 7 | 0.001% |
| 拉祜族 | 104 | 0.02% | 其他 | 841 | 0.14% |

**【建立流动人口“三档”信息】** 2015年，柯桥区柯桥街道大渡社区、柯岩街道路南村等68个村（社区、居委会）拓展采集渠道，加强流动人口就业、就学等深层次信息采集，逐步建立完善流动人口党员信息库、人才信息库、特殊贡献信息库等信息档案。

**【强化三类特殊群体管理】** 2015年，柯桥区对涉疆人员、重点人口、有上访苗头的三类特殊群体进行维稳管理，联合公安局、国安局、防恐大队、镇（街道）开展“四联合”督管，对涉疆人员开展信息督查。建立信息专项奖惩制度，对涉黑、涉恶、涉暴、涉盗、涉抢、涉恐等其他犯罪前科的重点人口进行实时监控。对有上访、群访苗头的流动人口群体进行摸排、疏导。坚持信息日报制，重点对三类信息重点抄报：第一类是涉疆人员、重点人员的行踪轨迹，第二类是涉及流动人口的安全事故、劳资纠纷等重特大事件，第三类是有上访、群访苗头的流动人口，确保重点信息不漏报、不迟报、不虚报。

2015年10月13日，柯桥区召开流动人口属地化管理工作交流会，与会人员实地考察属地化管理先进村（居委会） （吴佳佳 摄）

2015年12月30日，柯桥区与安徽砀山县正式建立双向协作机制，并签订相关管理协议 （吴佳佳 摄）

**【68个村（居委会、社区）试行属地化管理】** 2015年10月13日，柯桥区召开流动人口属地管理工作交流会，流动人口1000人以上的村（居委会、社区）有174个，试行属地管理68个，较成熟完善的由流动党支部督管（华舍华墟）、“新村民小组”协管（安昌大山西）、村民房东联管（柯岩路南）等。

**【与“两市一县”签署双向协作协议】** 2015年，柯桥区继续拓展双向协作管理工作，相继与安徽省界首市、宿州市，贵州省盘县等流动人口超过5000的重点县（市、区）党委政府，签订双向协作协议，建立流动人口管理服务双向协作机制。 （吴佳佳）

## 慈善事业

**【概况】** 2015年，柯桥区募集善款1824.54万元，其中151个单位（个人）“慈善一日捐”捐款294.75万元，接收社会各界捐赠1529.79万元。发放各类救助款5160.97万元，惠及困难群众328501人次。柯桥区慈善总会获浙江“农信杯”万村慈善帮扶基金工程竞赛活动组织奖。

扶贫济困支出2954.80万元，39263人受助，其中新春及半年度慰问困难群众支出1637.97万元，27274人受助；临时救助231.25万元，1476人受助；定向救助1085.58万元，10513人受助。医疗救助支出1085.79万元，286414人受助。慈善助学支出215.66万元，503人受助，其中区级慈善助学208.2万元，475人受助；万向集团慈善基金会资助区内困难家庭学生28人，助学金额7.46万元。慈善助孤支出20.40万元，102人受助。慈善助老支出34.51万元，2219人受助。其他救助支出23.74万元。公益支出826.07万元。（傅炳荣）

## 残疾人事业

**【概况】** 2015年，柯桥区为701名残疾人发放经济补助，为387名残疾人实施重点康复服务，其中白内障患者复明手术救助180名，为适配低视力者免费验配助视器20台，为适配听力残疾人免费验配助听器52台，安装假肢23条，基本辅助器具配发92件，残疾儿童康复20余人，使1404名生活不能自理的重度残疾人纳入集中托养或居家安养，为他们提供托（安）养和庇护服务。对1812名轻度精神病患者的免费施药和81名重症精神病及躁狂症患者进行医疗救助，使全区2300名二级以上重度残疾人享受惠民医疗优惠政策。

这年，柯桥区为5122名无固定收入残疾人提供生活补贴近700万元。集中组织各镇（街道）残联对全区16069名残疾人进行基本服务状况和需求专项入户调查。组织实施“无障碍设施进家庭工程”，共完成190户无障碍设施配备和改造工作，投入资金81.2万元。这年新增残疾人就业210名，为56名残疾人就近安排残疾人公益性岗位。新建残疾人种养殖扶贫基地1个，4个基地和合作社共安置残疾人62名。民办公助4家残疾人小康•阳光庇护中心，为98名轻度精神、智力残疾人提供生活照料、康复护理、体育健身等托养康复服务和就业庇护。全年发放残疾人证916本。

**【慰问745户贫困残疾人家庭】** 第二十五次全国助残日，区政府残工委围绕“关注孤独症儿童，走向美好未来”主题，区领导分赴全区各地，带队走访慰问残疾机构和困难残疾人家庭，为他们送去16余万元的慰问金和生活必需品。全区慰问贫困残疾人家庭745户，送上慰问金近105万元。

**【免费为残疾人参保意外伤害险】** 2015年，柯桥区出资近92万元，为全区持证的所有残疾人实行免费参保，对持证残疾人在发生意外身故、意外伤残、意外住院、意外医疗费用以及初次罹患恶性肿瘤、慢性肾功能衰竭尿毒症、瘫痪等15种重大疾病进行救助，提高全区残疾人家庭抵抗意外事故和疾病的能力。

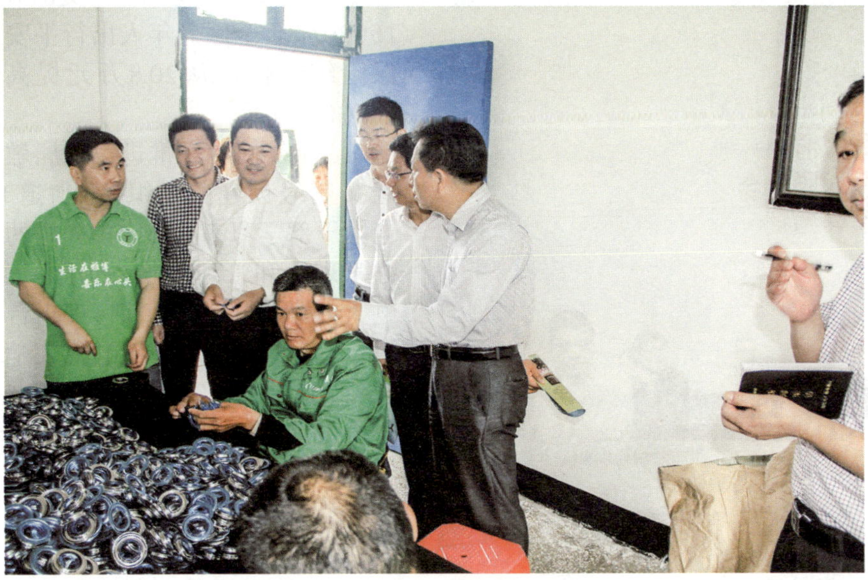

2015年5月14日，柯桥区委书记徐国龙在齐贤镇镜湖村的雅博残疾人庇护中心慰问残疾人（区残联　供稿）

**【集中置换392辆残疾人机动三轮车】** 2015年9月，柯桥区对全区残疾人机动三轮车采取集中处置。对置换新车的车主，在上缴旧车后，给予自选置换新车总价90%的补助，低保和低保边缘户残疾人补助标准提高到95%，补助最高限额为5000元；新置换车辆实行一年内免费保修，并统一免费登记上牌和办理第三者责任保险。活动中登记摸排残疾人机动三轮车393辆，集中置换392辆，置换率达99.75%。

【举办第二届残疾人运动会】 2015年10月，柯桥区举行第二届残疾人运动会，所有镇（街道）组队参与，463名肢体、视力、听力等残疾人运动员参加田径、羽毛球、乒乓球、举重、飞镖、中国象棋、8×60米迎面接力7个大项16个小项的比赛。经过角逐，柯桥街道、柯桥开发委（齐贤镇）、钱清镇获得团体总分前三名，福全镇、平水镇、华舍街道、滨海工业区（马鞍）和湖塘等五个镇街分获团体总分4至8名。 （陆琦瑛）

2015年9月，残疾人机动三轮车集中置换现场 （陆琦瑛 摄）

2015年10月17日，第二届残疾人运动会开幕 （陆琦瑛 摄）

## 老龄工作

【概况】 2015年，柯桥区总人口65.36万人。其中，60周岁及以上老年人口14.58万人，占全区总人口的22.31%，比上年同期增加0.71万人，增长5.11%。65周岁及以上老年人口9.71万人，占总人口的14.86%。70周岁及以上老年人口5.78万人，占总人口的8.84%。80周岁及以上高龄老人2.10万人，占老年人口的14.40%。90周岁及以上高龄老人0.23万人，占老年人口的1.58%。全区共有100周岁及以上长寿老人28人，其中男性6人，女性22人，2015年新增12人，核减12人。全区城镇老年人口8.16万人，占老年人口总数的55.97%；农村老年人口6.42万人，占老年人口总数的44.03%。全区共有公办、民办养老机构17家，均纳入政策性养老机构综合责任保险范围，参保率100%，参保资金由区财政与养老机构共同承担。

这年，柯桥区办理老年优待证15762张、老年公交IC卡15920张。全区老年人出行平安保险综合保额从20.8万元提高到130.8万元。

这年，柯桥区推进第二届敬老文明号创建。组织镇（街道）老龄干部学习考察海宁市先进的办学理念和管理经验，召开老年电大办学骨干业务培训会，出台《关于进一步加强老年电视大学教育工作的通知》，组织开展老年人健康养生、老年病防治等讲座进基层教学点活动，同时开展区规范化老年电大教学点评选。

这年，柯桥区根据省政府《关于加快发展养老服务业的实施意见》和《关于发展民办养老产业的若干意见》精神，区政府出台《绍兴市柯桥区人民政府关于加快发展养老服务业的实施办法》，确立柯桥区到2020年实现“9643”的养老服务业发展目标，在土地供应政策、财政支持政策、养老服务补贴政策等八个方面有新突破，2015年研究制定《柯桥区镇街社会福利中心（敬老院）提档升级工程实施意见》，加大对养老服务业发展政策支持的力度。区级层面，区民政局、区财政局联合下发《绍兴市柯桥区发展养老服务业专项资金管理办法》的通知，区民政局印发《城乡社区居家养老服务照料中心星级评定管理办法（试行）》。

这年，区老龄办获2015年度全省先进县（市、区）老龄办、全省老龄信息工作先进单位、全市老龄工作目标考核优秀单位、全市老龄信息先进集体。

**【5个养老服务项目落地建设】** 2015年，柯桥区推进5个养老项目建设：启动区社会福利中心二期工程，总投资1.15亿元，设计床位900张，预计2017年4月竣工。启动区社会福利中心一期改造工程，投资1300万元，预计2016年4月份可竣工投运，新增床位300张。民办湖塘街道圣爱养老院项目开工建设，预计2016年年底可完成主体建设。民办会稽山养老院项目完成供地手续，预计2016年底可完成主体结顶。民办竹香村金色休养院处于前期工作。

**【探索“公建民营”运营模式】** 2015年1月，柯桥区华舍街道社会福利中心投入使用，中心总投资3400万元，有床位162张，公建民营，完成与意向单位浙江金色年华养老服务管理有限公司前期洽谈，预计2016年正式营业。湖塘街道社会福利中心总投资3000万元，设计床位144张，计划公建民营转型，与多家有意向管理服务机构联系沟通。柯桥区有条件的公办养老机构都将尝试“公建民营”运营模式。

**【建成205家城乡社区居家养老服务照料中心】** 2015年，柯桥区推进城乡社区居家养老服务照料中心建设，组织实施“三年行动计划”，全区新建城乡社区居家养老照料服务中心75家，累计建成205家，基本实现全覆盖。对新建的社区居家养老服务照料中心，按政策规定将给予一次性开办经费补助和日常运行经费补助。柯桥街道建成街道层面的居家养老服务综合体——颐养园，总投资500万元，面积1500平方米，于2015年10月建成并投入使用。

**【发放养老护理员特殊岗位津贴7.2万元】** 2015年，柯桥区对符合要求的养老护理员发放特殊岗位津贴，全区有11家养老机构的30名养老护理员享受此项津贴，共发放特殊岗位津贴7.2万元。按初级、中级、高级，分别给予每人每月200元、350元和500元的特殊岗位津贴。

**【5个活动助推“敬老月”】** 2015年10月，柯桥区老龄委开展以“培育敬老家风，建设和睦家庭”为主题的“敬老月”活动，开展孝亲敬老家庭建设活动、走访慰问送温暖活动。老年维权优待活动、为老志愿服务活动和老年文化体育活动。

**【组建为老服务志愿队伍】** 2015年，柯桥区组织开展“助老爱心人”和“寻找身边的助老故事”助老团队优秀事迹征集活动，评选出“十佳最美助老爱心人”和16名“优秀助老爱心人”，征集到8支“优秀助老团队”和9支“爱心助老团队”。（劳钢梁）

## 红十字会工作

**【概况】** 2015年，柯桥区红十字会重点开展基层组织建设，进行红十字现场救护培训和造血干细胞宣传动员。募集社会爱心捐赠，共筹集爱心款物82.53万元。支出救助款物133.5万元，惠及贫病群众9855人次。开展救护员取证培训2353人，普及红十字救护知识23500余人次；完成造血干细胞采样登记140人。实现器官捐献1例，遗体和人体器官捐献登记志愿者8人。区红十字会连续第二年荣获浙江省造血干细胞和人体器官捐献工作先进集体和绍兴市红十字重点工作达标单位。

**【继续实施“博爱送万家”活动】** 2015年春节前夕，柯桥区红十字会继续实施“红十字博爱送万家”的慰问活动，主要对象为城乡易受损贫困家庭、贫困学生、麻风病患者、白血病患儿贫困家庭和柯桥区“三献”家庭等，紧密联系区教育系统，多方筹资，共筹措慰问金260500元，救助困难群众200人次。

**【首次出台发展红十字事业的意见】** 2015年，柯桥区按照省委、省政府《关于加快发展红十字事业的意见》要求，区委、区政府正式出台《关于进一步加快发展红十字事业的意见》（区委〔2015〕49号）

文件，这是柯桥区首次以区委区政府名义出台的关于促进红十字事业发展的纲领性文件。

**【开展"红十字博爱周"系列活动】** 2015年，在"5·8"红十字博爱周期间，区红十字会通过大型主题图片展、医疗义诊、现场急救演示、宣传资料发放、志愿者服务等形式，宣传红十字精神、展示红十字事业、介绍红十字工作，分别举办"携手人道·'救'在身边"大型街头公益活动和"走进红会·携手人道"主题开放日活动，累计发放宣传资料5000余份，红十字急救包1000余个，帮助困难群众200余人次。

**【基层红十字会全面成立】** 2015年6月，柯桥区红十字会以齐贤镇为试点，探索基层红十字会建设工作。经过3个月的组织实施，到10月底，全区16个镇（街道）均建立起红十字会，并分别设立"红十字博爱救助金"，部分建有文化礼堂的村也逐步成立村级红十字会或红十字会员小组。

**【开展特种行业救护员培训】** 6月起，区红十字会分别联合区交投集团、区旅游局、水务集团，在全区范围内对公交系统、旅游系统和水务系统开展专业的红十字救护员取证培训，针对这三大特种行业的不同特点和性质，开设相应的培训课程，切实提高特种行业人员的安全意识和现场救护技能，三大特种行业共培训人员1523人。

**【实施第三例人体器官捐献】** 2015年9月2日，河南的25岁青年马猛恩因车祸重伤，救治无望，其家人决定捐出小马的肝、肾、眼角膜，用于拯救更多需要帮助的病人，马猛恩成为柯桥区第3例人体器官捐献者。截至2015年年底，区红十字会共协助实施人体器官捐献3例，遗体捐献1例。

**【2项爱心基金运作正常】** 2015年，柯桥区有2项爱心基金运作：由市中心医院实施的"华康爱心基金"，主要用于救助罹患先天性心脏病、风湿性心脏病和需要长期血透等经济困难病人，全年共救助病人9819人次，基金支出174130元；由区中医院实施的骨科大手术专项救助，主要定向用于因股骨头坏死、人工关节置换、脊柱重建等重大手术而家庭经济困难病人，全年共救助病人36人次，基金支出307556.15元。

**【开展"走村入户心连心文化礼堂博爱行"活动】** 2015年，柯桥区红十字会以齐贤镇下方桥社区文

2015年5月8日，柯桥区"携手人道·'救'在身边"大型公益活动在笛扬路步行街举行（丁璐 摄）

2015年6月，柯桥区红十字会对公交系统人员集中开展救护员取证培训（丁璐 摄）

化礼堂为项目点，在全区有文化礼堂的农村开展“走村入户心连心、文化礼堂博爱行”活动，通过便民利民服务、困难群众慰问、现场应急救护知识普及等志愿服务，力所能及地帮助困难群体，为43个已建文化礼堂共配备急救箱43个、急救包900余个、救护知识手册3500余册、宣传资料2580余份。

**【红十字青少年工作进校园】** 2015年，柯桥区推动救护培训进校园活动，在“5·8”世界红十字日期间，组织全区20000余名中小学生参加红十字知识竞赛，在青少年间深入传播国际人道法和红十字现场救护知识。区红十字会获2015年全国红十字青少年自救互救知识竞赛活动最佳组织一等奖。6月，联合区教体局、卫计局和团区委出台《关于全面提升学校红十字会工作水平的意见》，对红十字青少年工作提出具体指导意见。 （丁　璐）

2015年12月，柯桥区“走村入户心连心、文化礼堂博爱行”活动在齐贤镇举行 （陈　明　摄）

## 关心下一代工作

**【概况】** 2015年，柯桥区关心下一代工作委员会继续发挥“五老”（老干部、老战士、老专家、老教师、老模范）优势，以纪念抗战胜利70周年为契机，提升全区关心下一代工作。“结对关爱孤儿”被推荐为省级品牌工程；区关工委被评为“全国宣传工作标兵单位”、省“最美老干部工作室”；区关工委主任李会鹏被评为全国关工委工作先进个人，受到国家文明委、中国关工委的表彰。

**【举行祭扫抗战英烈墓活动】** 2015年清明节前夕，柯桥区关工委联合柯岩街道，组织120多名学生，举行祭扫抗战英烈墓活动，学习抗战英烈的爱国精神。

**【开展纪念抗战胜利70周年征文活动】** 2015年，柯桥区关工委与教体局、退教协会联合在全区中小学生、教师和“五老"中开展纪念抗日战争胜利70周年征文活动。并将优秀稿件汇编成30万字的《铭记历史开创未来》，在暑假前及时送到各镇、街道、学校、企业关工委，作为广大青少年假期学习、教育的辅导材料。

2015年4月17日，柯桥区纪念抗战胜利70周年系列活动启动仪式在秋瑾中学举行 （石国良　摄）

**【编印《柯桥区少年英才集锦》】** 2015年，柯桥区关工委组织老同志对前七届少年英才的成长情况进行追踪调研，收集、编印《柯桥区少年英才集锦》一书，及时送到各镇、街道、学校、企业关工委，为广大青少年树立学习榜样。

**【资助10名双特生上大学】** 2015年，柯桥区关工委帮助10名双特生（高考成绩特别优秀均在一本线以上、家庭遇到突发困难的学生）解决上大学难的问题。区关工委累计资助235人上大学（其中有176人已走上工作岗位，59人在校就读）。柯岩街道2012届受助大学生小茅，在上海华东师范大学攻读应用心理学专业，由于她德才兼备非常优秀，获得保送北京大学研究生资格。

**【继续对孤儿大学生实施“双结对”】** 2015年，柯桥区参加高考的5名孤儿高中、职高毕业生，全部考入高一级学校深造。区关工委继续对他们实施“双结对”，在政府每年资助5000元的基础上再资助2000元，费用由香港同胞周水祥捐助。至今全区共有118名孤儿考进大学（专），其中福全镇的孤儿大学生小劳，考取上海华东理工大学硕博连读，是我区孤儿中第一个博士生。

**【开办假日爱心学校145所】** 2015年暑假期间，柯桥区关工委联合有关部门，利用现有设施，创办假日爱心学校。各村、企业关工委因地制宜，利用积累的经验和优势创办假日爱心学校。全区共有假日爱心学校145所，每天参加学习、活动的孩子达6000多人次。

**【接受爱心人士捐款23万元】** 2015年1月21日，95岁高龄的抗战老兵、柯桥区老领导王佃阁向关工委捐赠爱心款2万元，用于资助困难学生上学。6月20日，绍兴中国轻纺城时代房地产有限公司董事长王铼根将20万元的资助金汇入区关工委的助学专项账户。9月9日，抗战老兵陈宝礼在纪念抗战胜利70周年之际向关工委捐赠爱心款1万元。

（戴青青）

2015年8月18日，柯桥区召开受助大学生欢送会　（石国良　摄）

2015年9月9日，抗战老兵、离休干部陈宝礼向柯桥区关工委捐赠1万元爱心款　（石国良　摄）

**责任编辑　徐建良**

# 科学技术

## 综　述

2015年，柯桥区围绕国家创新型试点城市创建，实施创新驱动发展战略，提高自主创新能力和区域整体创新水平。实现规模以上新产品产值1139.35亿元，比上年增长19.9%；高新技术产业产值277.76亿元，比上年增长0.66%；发明专利授权139件，比上年增长30%；科技市场交易额4262.63万元。新认定国家需要重点扶持的高新技术企业27家，累计74家；新认定省级科技型中小企业81家，累计341家。研究与试验发展经费36.21亿元，研发人员数8989人。（王小东）

## 科技计划

**【概况】** 2015年，柯桥区实施各级科技计划项目118项，其中国家火炬计划6项，省级新产品试制计划91项，省重点企业研究院项目3项，区级科技攻关18项（区级企业研究院项目3项、重点课题项目1项、一般性竞争项目14项）。其中15个区级科技攻关项目完成立项，包括自动化、智能化“机器换人”重点项目1项，装备制造类项目5项，新材料类、节能环保与新能源类、电子信息类各3项。柯桥区包括“力博电气”的高精度无氧铜带的产业化等6个项目被列入国家火炬计划产业化示范项目。

**【91个新产品通过省级验收】** 2015年，柯桥区有100个新产品被列入省级新产品试制计划，其中91个省级新产品试制计划产品试制研发成功，并通过专家验收。部分新产品处于国内领先水平，填补国内空白。

**【推进6个重点企业研究院科技专项】** 2015年，柯桥区推进省级、区级重点企业研究院科技攻关专项，“精功科技”的JGT1200S锦纶双锭组假捻变形机等3个区级企业研究院项目基本完成，并申请验收。另有3家省级重点企业研究院项目在联系协调中。

**【继续推进12项区级科技攻关项目】** 2015年，柯桥区继续推进2014年度12项区级科技攻关项目，2项科技招投项目中，“稽山印染”的印染智能测配色、自动调浆配液系统应用关键技术基本完成；“精功机电”的印染废水深度处理关键技术研发与集成示范实施中。10项竞争性科技攻关项目中，“墙煌建材”的水性氟硅仿石纹喷涂铝单板等7项完成并通过验收，1项中止实施，2项未通过验收。

（杨　钢　林志根）

## 科技创新

**【概况】** 2015年，柯桥区新增国家重点扶持的高新技术企业27家，累计74家；新增省科技型中小企业81家，累计341家；省级专利示范企业4家，市级专利示范企业7家。浙江昌祥茶叶有限公司、浙江万佳器械有限公司被认定为省农业科技企业。另有8家国家需要重点扶持的高新技术企业通过复审。

2015年，柯桥区实施科技型成长型企业培育三年计划（2015—2017年），确定112家企业为培育对象，整合各类资源，推动企业创新升级。全年培育企业入库总税费比上年增长30%，新创建国家高新技术企业、省科技型企业、省专利示范企业分别为15家、9家、3家。

**【柯桥区首次发放“科技创新券”】** 2015年，柯桥区实施科技创新券制度，首次推出180万元创新券，直接发放给中小微企业，用于科技创新，其中每家企业单次申请最高2万元，年度最高10万元。科技创新券是政府科技部门向中小微企业或创业者发放的，用于购买新产品、新技术研发过程中产品设计、检验检测、技术创新服务的抵用凭证。柯桥区企业和创业者可依托浙江省科技创新云服务平台“创新券服务系统”（www.zjsti.gov.cn），在省内500家以上开放共享的省级创新平台和载体上，凭“科技创新券”就可使用科研基础设施、仪器设备和购买技术服务等。

**表28　2015年柯桥区新增国家重点扶持高新技术企业名单**

| 序号 | 企业名称 | 序号 | 企业名称 |
|---|---|---|---|
| 1 | 浙江融汇通信设备有限公司 | 15 | 浙江中国轻纺城网络有限公司 |
| 2 | 浙江宁远塔桅制造有限公司 | 16 | 浙江恒申紧固件制造有限公司 |
| 3 | 浙江普天集成房屋有限公司 | 17 | 浙江长泰机械有限公司 |
| 4 | 浙江万丰化工有限公司 | 18 | 绍兴四环怡东仪表有限公司 |
| 5 | 绍兴县亿都信息技术有限公司 | 19 | 绍兴县永利新能源研究院有限公司 |
| 6 | 绍兴县富通软件有限公司 | 20 | 绍兴精功机电有限公司 |
| 7 | 浙江梅轮电梯股份有限公司 | 21 | 绍兴迅实电子科技有限公司 |
| 8 | 浙江光炎节能环保科技股份有限公司 | 22 | 浙江华清新材料有限公司 |
| 9 | 绍兴环思信息技术有限公司 | 23 | 绍兴县剑彪机械制造有限公司 |
| 10 | 浙江越剑机械制造有限公司 | 24 | 绍兴康尔达器械有限公司 |
| 11 | 浙江津膜环境科技有限公司 | 25 | 绍兴万佳器械有限公司 |
| 12 | 绍兴前进齿轮箱有限公司 | 26 | 绍兴徐业模具有限公司 |
| 13 | 浙江亚太药业股份有限公司 | 27 | 绍兴县明煌建材科技有限公司 |
| 14 | 浙江凯利新材料股份有限公司 | | |

**表29　2015年柯桥区新增省科技型中小企业名单**

| 序号 | 名称 | 序号 | 名称 |
|---|---|---|---|
| 1 | 绍兴柯桥滨海供水有限公司 | 42 | 绍兴县中国轻纺城纺织创意产业服务有限公司 |
| 2 | 绍兴县金井贴膜科技有限公司 | 43 | 绍兴柯桥冬之兰服装设计有限公司 |
| 3 | 浙江海大饲料有限公司 | 44 | 绍兴县唐宋酒业有限公司 |
| 4 | 绍兴县震东化工有限公司 | 45 | 绍兴华兴汽车零部件有限公司 |
| 5 | 浙江大湖环境科技有限公司 | 46 | 绍兴县河塔仪表配件厂 |
| 6 | 浙江津膜环境科技有限公司 | 47 | 绍兴县浩燕家居用品有限公司 |
| 7 | 绍兴泰富装饰品有限公司 | 48 | 绍兴县万年红纱业有限公司 |
| 8 | 绍兴县格洛博机械制造有限公司 | 49 | 绍兴县永利新能源研究院有限公司 |
| 9 | 浙江永杰汽车电子有限公司 | 50 | 绍兴韦德汽配有限公司 |
| 10 | 绍兴东红机械有限公司 | 51 | 绍兴县大和红旗纺织厂 |
| 11 | 绍兴县华通纺织有限公司 | 52 | 绍兴市舒康太阳能器材有限公司 |
| 12 | 绍兴润聪纺织科技有限公司 | 53 | 绍兴县边氏米业有限公司 |

续表29

| 序号 | 名称 | 序号 | 名称 |
|---|---|---|---|
| 13 | 绍兴县柯利华汽车配件有限公司 | 54 | 绍兴县举轩针纺有限公司 |
| 14 | 宝业集团浙江建设产业研究院有限公司 | 55 | 绍兴栋才汽车用品有限公司 |
| 15 | 绍兴四环怡东仪表有限公司 | 56 | 绍兴县双兔化纤有限公司 |
| 16 | 绍兴柯桥排水有限公司 | 57 | 浙江瓦克科技有限公司 |
| 17 | 绍兴县恒力微电机有限公司 | 58 | 绍兴柯桥曼科纺织科技有限公司 |
| 18 | 绍兴县水乡纺织品有限公司 | 59 | 绍兴县花坞茶叶专业合作社 |
| 19 | 浙江欣君成服饰有限公司 | 60 | 绍兴耐柯尔汽车配件有限公司 |
| 20 | 绍兴焕鑫管业有限公司 | 61 | 绍兴县雄华化纤有限公司 |
| 21 | 绍兴光辉制版有限公司 | 62 | 绍兴柯桥供水有限公司 |
| 22 | 绍兴励达无纺布有限公司 | 63 | 绍兴艾富尔绣品有限公司 |
| 23 | 绍兴县精致机械制造有限公司 | 64 | 绍兴百丰纺织有限公司 |
| 24 | 绍兴康尔达器械有限公司 | 65 | 绍兴市力博电气有限公司 |
| 25 | 绍兴县迎丰纺织有限公司 | 66 | 绍兴县消防水带有限公司 |
| 26 | 绍兴友润机电有限公司 | 67 | 绍兴县金帝乐门业有限公司 |
| 27 | 浙江正统钢业有限公司 | 68 | 绍兴县庆丰机械厂 |
| 28 | 绍兴极限子软件有限公司 | 69 | 绍兴富强染化有限公司 |
| 29 | 绍兴越艺坊扇业有限公司 | 70 | 浙江绍兴花为媒家私有限公司 |
| 30 | 绍兴县秘成机电有限公司 | 71 | 绍兴远鼎实业投资有限公司 |
| 31 | 绍兴县宝贝和我服饰有限公司 | 72 | 绍兴县沪越联合包装机械厂 |
| 32 | 绍兴县润研家纺有限公司 | 73 | 绍兴市西大门纺织装饰品有限公司 |
| 33 | 浙江红山芋家纺有限公司 | 74 | 绍兴金瑞康精密机械有限公司 |
| 34 | 绍兴县金阳纺织有限公司 | 75 | 绍兴县游龙窗饰有限公司 |
| 35 | 绍兴县极泽力冷暖设备有限公司 | 76 | 绍兴县精良机械有限公司 |
| 36 | 绍兴康音视听设备有限公司 | 77 | 绍兴精工绿筑集成建筑系统工业有限公司 |
| 37 | 绍兴市高盛农业开发有限公司 | 78 | 绍兴宝业西伟德混凝土预制件有限公司 |
| 38 | 绍兴神牛电缆有限公司 | 79 | 宝业大和工业化住宅制造有限公司 |
| 39 | 绍兴迅实电子科技有限公司 | 80 | 浙江宝业住宅产业化有限公司 |
| 40 | 绍兴市柯桥区左拉时装设计有限公司 | 81 | 绍兴县华舍压铸厂 |
| 41 | 绍兴县德美化工有限公司 | | |

**【新增区级及以上企业研发中心225家】** 2015年，柯桥区新增区级及以上企业研发中心225家。浙江省梅轮电梯技术研究院和浙江省亚太药业药物研究院被认定为省级企业研究院，浙江省住宅产业化与建设工程技术研究中心被认定为省级工程技术中心，恒道科技热流道系统省级高新技术企业研发中心等6家企业研发中心被认定为省级高新技术企业研发中心，江华化工染料中间体市

级企业研发中心等25家企业研发中心被认定为市级企业研发中心。唐宋酒业科技研发中心等2家农业科技企业研发中心被认定为省级农业科技企业研发中心。

表30　2015年柯桥区新增省级高新技术企业研究开发中心名单

| 序号 | 研究开发中心名称 | 依托单位 |
| --- | --- | --- |
| 1 | 恒道科技热流道系统省级高新技术企业研究开发中心 | 浙江恒道科技有限公司 |
| 2 | 江滨水处理技术省级高新技术企业研究开发中心 | 绍兴柯桥江滨水处理有限公司 |
| 3 | 元曜阀业省级高新技术企业研究开发中心 | 浙江元曜阀业有限公司 |
| 4 | 晶茂科技光伏背板省级高新技术企业研究开发中心 | 浙江晶茂科技有限公司 |
| 5 | 瑞群印染技术与装备省级高新技术企业研究开发中心 | 绍兴瑞群纺织机械科技有限公司 |
| 6 | 闻翔远丰纬编针织机省级高新技术企业研究开发中心 | 绍兴闻翔远丰机械制造有限公司 |

**【与11家企业签订政策扶持协议】** 2015年，由企业自主作三年目标承诺，政企协商定扶持政策，柯桥区政府与11家企业签订政策扶持协议，预计三年最多兑现奖励资金2680万元。

**【设立5亿元科技人才基金】** 2015年，柯桥区成立总规模5亿元的科技人才创业创新投资基金，以股权投资方式，重点投向处于天使期、种子期、初创期、成长期的科技型人才型创业创新中小项目，包括互联网、生物医药、先进制造、新能源、新材料等符合柯桥区转型升级产业领域的企业。

（单炳全　杨钢　崔敏）

## 信息化工作

**【概况】** 2015年，柯桥区推进两化深度融合示范区建设，培育信息经济产业，加强网络基础建设，把发展信息经济列入镇（街道）、平台年度岗位目标责任制考核。加强对两化融合示范区项目管理，在全省2014年度示范区绩效评估中排名前列，19个两化深度融合示范区项目计划总投资17827.9万元，完成投资5380.3万元，占计划总投资的30.2%。精功集团两化融合管理体系贯标通过工信部贯标认证，成为绍兴市首家两化融合管理体系贯标企业。

2015年，柯桥区深入实施国家宽带普及与提速工程，推进光纤入户，建成覆盖全区、先进高速的公用信息宽带网络体系。开展无线局域网（Wi-Fi）建设和免费开放工作。开展网络与信息安全应急演练，召开2015网络与信息安全演练观摩会议。

**【重点电子信息制造业创造产值24.45亿元】** 2015年，柯桥区重点电子信息制造企业创造工业产值24.45亿元，利润6559万元，从业2800多人。软件和信息服务产业实现营业收入6.48亿元，其中软件业务收入1.33亿元，利润1.26亿元，从业人员700多人。

（杨君）

## 科技合作

**【概况】** 2015年，柯桥区组织科技交流活动15场次，邀请专家150人次，发布技术成果信息270余条，参与企业950余家。组织实施产学研合作与成果转化工程，实施产学研合作与成果转化项目52项。推进科技大市场建设，全年注册会员1026个，促成技术交易4970.49万元。参与科技成果拍卖活动，拍得科技成果4项，成交金额500万元。

**【新建12个校企创新载体】** 2015年，柯桥区支持企业与高校开展科技合作、产学研合作和科技成果转化、产业化项目，加强与中科院、香港理工大学合作交流。全年新建校企创新载体12个，实施产学研合作与成果转化项目52项，带动科技投入1.8亿元。

**【打造柯桥区科技大市场】** 2015年，柯桥区推进科技大市场试点建设，构建"三网一园一移动平台"网上技术市场交易平台（指浙江省网上技术市场柯桥区分市场网站、网上轻纺城、全球纺织网和柯桥区科技大市场综合服务园“三网一园”),新设科技资讯、科技交易、科技文献、科技组织、专家库、人才服务、纺织学堂等栏目和花样花稿版权交易特色版块,促进技术产权化、成果资本化、转让市场化、交易网商化,集聚“需求牵引”与“供给推动”市场资源。线下科技大市场综合服务园建成,8家大院名校技术转移中心、8家科技中介进驻。全年注册会员1026个,发布科技资讯1190条,促成技术交易4970.49万元,收录高校21家、专家138人,发布花样花稿3397个。（祁万荣）

## 科技成果

【概况】 2015年,柯桥区有1个项目获国家科技进步奖,4个项目获省级科技奖,13个项目获市级科技奖,25个项目获区级科学技术奖。

表31　2015年柯桥区获国家科技进步奖名单

| 序号 | 项目名称 | 完成单位 | 奖励等级 |
| --- | --- | --- | --- |
| 1 | 预应力整体张拉结构关键技术创新与应用 | 浙江精工钢结构有限公司 | 二等奖 |

表32　2015年柯桥区获省级科学技术奖名单

| 序号 | 项目名称 | 完成单位 | 奖励等级 |
| --- | --- | --- | --- |
| 1 | 无氧铜带连续挤压制造新技术及其产业化 | 绍兴市力博电气有限公司 | 发明二等奖 |
| 2 | 拉唑系列质子泵抑制剂研究及产业化应用 | 浙江亚太药业股份有限公司 | 三等奖 |
| 3 | 功能性、高超真超纤革及面料关键技术的研发 | 浙江梅盛实业股份有限公司 | 三等奖 |
| 4 | 负载运营的大跨度桁架扩建新技术研究与应用 | 浙江精工钢结构集团有限公司 | 三等奖 |

表33　2015年柯桥区获市级科学技术奖名单

| 序号 | 项目名称 | 完成单位 | 奖励等级 |
| --- | --- | --- | --- |
| 1 | 高精度无氧铜带的开发及其产业化 | 绍兴市力博电气有限公司 | 一等奖 |
| 2 | 拉唑系列质子泵抑制剂研究及产业化应用 | 浙江亚太药业股份有限公司 | 二等奖 |
| 3 | 冠心病患者CKD—EPI公式估算的肾小球滤过率与冠状动脉狭窄相关性分析 | 绍兴第二医院 | 二等奖 |
| 4 | 双心室同步起搏(CRT)治疗顽固性心衰伴心房颤动临床研究 | 绍兴第二医院 | 二等奖 |
| 5 | 智能应急广播系统及关键设备研发 | 中广有线信息网络有限公司柯桥分公司<br>浙江科通信息技术有限公司<br>中广有线信息网络有限公司 | 三等奖 |
| 6 | 功能性、高超真超纤革及面料关键技术的研发 | 浙江梅盛实业股份有限公司 | 三等奖 |
| 7 | 传统推流式(印染废水)好氧工艺氨氮去除技术研究 | 绍兴水处理发展有限公司 | 三等奖 |
| 8 | 波纹腹板H型梁自动焊接生产线 | 浙江精功科技股份有限公司 | 三等奖 |
| 9 | 绍兴“三六九”伤科学术经验相关性研究 | 绍兴市柯桥区中医医院 | 三等奖 |
| 10 | 肛周脓肿切排术后切口感染原因分析及预防对策的研究 | 绍兴第二医院 | 三等奖 |

续表33

| | | | |
|---|---|---|---|
| 11 | 亚甲基四氢叶酸还原酶基因多态性与冠状动脉慢血流现象的相关性 | 绍兴第二医院 | 三等奖 |
| 12 | 胃肠道间质瘤临床影像表现与免疫组化特点对照研究 | 绍兴第二医院 | 三等奖 |
| 13 | AnnexinA3在诱导乳腺癌血管生成及转移机制的研究 | 绍兴市中心医院<br>绍兴市妇女儿童医院<br>绍兴第二医院 | 三等奖 |

（祁万荣）

## 知识产权

**【概况】** 2015年，柯桥区出台《柯桥区发明专利产业化奖励资金申报办法》，重奖发明专利产业化。全年新增省级专利示范企业4、市级专利示范企业7家。新增4家企业开展知识产权贯标工作。全区完成专利申请量5202件，其中发明专利申请量317件，实用新型专利申请量1225件。完成专利授权量5833件，其中发明专利授权量139件，实用新型专利授权量924件。专利授权量比上年增长33%。

表34　2015年柯桥区新增省级专利示范企业名单

| 序号 | 企业名称 | 序号 | 企业名称 |
|---|---|---|---|
| 1 | 浙江宇光照明科技有限公司 | 3 | 浙江优创材料科技股份有限公司 |
| 2 | 浙江普天集成房屋有限公司 | 4 | 浙江建业幕墙装饰有限公司 |

表35　2015年柯桥区新增市级专利示范企业名单

| 序号 | 企业名称 | 序号 | 企业名称 |
|---|---|---|---|
| 1 | 绍兴闻翔远丰机械制造有限公司 | 5 | 绍兴水处理发展有限公司 |
| 2 | 绍兴县仕马特机械制造有限公司 | 6 | 绍兴精功机电有限公司 |
| 3 | 华绣科技有限公司 | 7 | 浙江海虹印染有限公司 |
| 4 | 浙江远景铝业有限公司 | | |

（林志根　单炳全　崔　敏）

## 时尚创意产业

**【概况】** 2015年，柯桥区F5创意园、科技园、中国轻纺城创意园“三大园区”入驻企业388家，纺织创意设计产业相关从业人员2812人，累计集聚创意设计、时尚发布人才4950人次。与深圳市服装行业协会、中国流行色协会等创意机构开展对接，引进3名全国“十佳”设计师。设立4个知识产权保护工作室，全年完成基地版权登记4135个。培育瓦栏、优图、中国花样设计网等知识产权类设计成果交易平台，集聚设计工作室2600余家，设计师3425人，花型超256000幅，专业用户超5万人。中国轻纺城创意园被共青团中央认定为“全国青年创业示范园区”。

2015年，柯桥区开展各类时尚活动34场。举办科技时尚创意节（春、夏季场）、“红绿蓝杯”第七届中国高校纺织品设计大赛等活动，打响“时尚柯桥”品牌。

**【园区企业营业收入8.52亿元】** 2015年，“三大园区”企业实现营业收入8.52亿元，比上年增长11.8%。其中设计研发、技术服务等营业收入1.51亿元，服务面涵盖区内三分之二企业，带动行业企业实现销售收入135.03亿元。园区年均设计花型4万多幅，注册花型版权等外观专利3000多件，设计服装家纺2000多款，服务工业商贸企业9000批次。

**【科技园二期建成】** 2015年，占地55亩的柯桥区科技园二期整体建成。二期包括办公研发及配套用房8.1万平方米，其中研发大楼1幢约2.4万平方米、孵化楼5幢约3.3万平方米、人才公寓2幢1.2万平方米、配套服务楼1幢0.7万平方米。科技园以高端纺织产业、涉水环保产业、智慧信息产业等为主导和特色，建设成为国际性治水产业园、现代纺织技术创新园和高科技企业孵化园。（徐　舒）

**执行编辑　许可可**

# 教育·体育

## 综 述

2015年，柯桥区有各类学校222所，正式在编教师8311人。全年教育总投入19.97亿元，标准化学校100%。财政性教育经费拨款13.95亿元，财政性体育经费拨款2420万元。这年，柯桥区出台《柯桥区加快学前教育优质发展行动计划》，推进国家学前教育改革实验区建设；出台《关于深化义务教育课程改革的实施意见》，在初中区域性推进分层走班教学；出台《柯桥区进一步促进普高教育优质发展的若干意见》，推进创新实验室、重点学科实验室建设，走班选课；出台《关于加快现代职业教育的实施意见》，推进中职学校课改。

这年，柯桥区成为全国农村职业教育和成人教育示范区、全国社区教育实验区、省运动休闲基地，获省教育事业科学和谐考核一等奖、南京军区空军招飞先进单位、省职教发展挂钩考核一等奖等。兰亭、王坛成为市教育优质均衡示范镇，创建率87.5%，居全市首位。原鲁迅中学分设为绍兴鲁迅中学和绍兴鲁迅高级中学，越崎中学和鉴湖中学成为省二级普通高中特色示范学校。

这年，柯桥区创建省级运动休闲基地，通过省体育强区复评；平水镇、王坛镇通过省体育强镇复评，15个行政村被命名为浙江省新农村小康体育村，新增省级老年人体育活动中心1个，省级幼儿体育示范幼儿园1个，创建省级中心村体育休闲公园1个，省级村级体育健身俱乐部4个。体育彩票业比上年增长29.58%，销售额突破1.2亿元。

这年，柯桥区承办第八届市运会、国际泳联花样游泳大奖赛、浙江省桥牌邀请赛、全国国际象棋甲级联赛、浙江省美丽乡村杯篮球总决赛、第四届“布码头杯”冬泳邀请赛、“平王杯”乡村马拉松比赛等重大赛事。足球甲A俱乐部——浙江毅腾落户柯桥，申办浙江省第五届运动休闲旅游节及2016年全国田经大奖赛。

**【学校标准化建设100%】** 2015年，柯桥区新扩建学校竣工并投用5所，新建学校4所，塑胶跑道全覆盖，标准化学校100%。完成26所学校的“十室”［音美室、劳技室、舞蹈室、心理辅导与卫生室、计算机房、图书室、阅览室（电子）、录播教室、科学实验室、多功能厅］功能室改造，创建省第二批教育技术装备示范区。新华社新华网刊发《绍兴柯桥区8000万元建信息化现代校园》一文，专题介绍柯桥区“现代学校”建设。

**【评定名师星级教师337人】** 2015年，柯桥区出台《柯桥区名师工作室、青年教师成长工作室考核办法（试行）》，评出2014学年名师工作室一等奖40个、青年教师成长工作室一等奖67个。出台《柯桥区特级教师、名师、青年教师成长工作室评选办法（试行）》，评比出柯桥区特级教师工作室3个、名师工作室10个、青年教师成长工作室12个。评出三星级教师35人，二星级教师79人，一星级教师223人。表彰第三届区名校长5人、区名教师10人、区青年名师10人、区美丽教师10人。

**【柯桥区成为第二批国家级农村职业教育与成人教育示范县】** 2015年，柯桥区职业教育与成人教育成功经验和典型做法，以全省第一的成绩送教育部复评。柯桥区入围第二批国家级农村职业教育与成人教育示范县创建名单。

**【7个项目获中职教育现代化建设工程省级加分】** 2015年12月28日，浙江省教育厅公布2015年中职教育现代化建设工程省级加分项目评审结果，柯桥区申报的7个项目全部入选，其中职教系列3个，

区职教中心被评为省级德育基地；区职教中心楼宇智能化设备安装与运行被评为省级特色新兴专业；区财经学校被评为省级创业基地。成教系列4个，柯桥区社区学院被评为省社区教育示范学校；钱清成教中心被评为省社区教育示范学校；滨海成教中心被评为省企业职工培训示范基地；柯岩成校被评为省新型农民培训基地。（钟建宇）

## 学前教育

**【概况】** 2015年，柯桥区有幼儿园105所，其中公办幼儿园80所、民办幼儿园25所。在园幼儿24379人，学前三年入园率99.8%。幼儿园专任教师1603人，其中公办幼儿教师294人，教师学历合格率100%，教师资格证持有率98%，大专以上学历93.5%。省一级、二级幼儿园47所，省等级幼儿园覆盖率97%。承办绍兴市学前教育宣传月专题研讨暨幼儿园半日活动观摩。出台加快学前教育优质发展行动计划，到2016年实现中心幼儿园新建率、学前三年入园率、教师学历合格率、教师资格证持有率、等级幼儿园覆盖率五个均100%。全区浙江省一级幼儿园8所，柯岩独山幼儿园、安昌涂山幼儿园创建为浙江省二级幼儿园，绍兴市标准化幼儿园2所，区特色幼儿园3所、区农村新社区示范幼儿园8所、区装备标准化幼儿园34所。

**【公办和普惠性民办幼儿园占87.6%】** 2015年，柯桥区出台《绍兴市柯桥区普惠性民办幼儿园认定和扶持实施办法》，对规范办园、保教费收费标准与同等级公办幼儿园相同的省等级民办幼儿园，给予公办幼儿园相同的专任教师补助和生均公用经费补助，即专任教师每人每年2万元、生均公用经费每生每年750元。对规范办园、保教费收费标准在同等级公办幼儿园1.2倍以内（含）的省等级民办幼儿园，分别给予公办幼儿园70%的专任教师补助和生均公用经费补助。全区公办和普惠性民办幼儿园占87.6%。（马慧黎）

## 义务教育

**【概况】** 2015年，柯桥区有初中19所，其中区属3所，镇（街道）初中15所，民族中学1所，在校班级598个，在校学生23000人；小学65所，在校班级1384个，在校小学生50361人。全区有全国绿色学校2所；省级示范初中17所、小学16所，省文明学校7所，省绿色学校17所，省体艺特色学校28所；市级示范初中4所、小学30所，市文明学校40所、绿色学校31所、特色学校19所。绍兴西藏民族中学有初一、初二、初三3个年级15个班级，600名学生。义务教育普及程度保持100%，6周岁至15周岁少年入学率、巩固率、完成率均达100%；初中升高中段达99.8%。推进教育集团化办学，建立完善10个教育集团和30个区级、镇（街道）级教育联盟，义务教育段实现教育联盟、教育集团全覆盖。

**【启动“五位一体”校园文化建设】** 2015年1月，柯桥区出台《关于全面加强中小学校园文化建设的实施意见》，以校长为主导，以师生为主体，构建精神文化、制度文化、环境文化、网络文化、课程文化等“五位一体”校园文化体系。5月21日，全区小学校园文化建设推进活动在中国轻纺城小学举行，各校长专赴杭州拱墅区卖鱼桥小学（文澜校区）和西湖区学军小学（紫金港校区），考察校园文化建设相关情况，参观区中心幼儿园和轻纺城小学，并听取轻纺城小学校长介绍学校文化建设情况。

**【规模学校走班选课全覆盖】** 2015年3月，柯桥区出台《关于深化义务教育课程改革的实施意见》，在全区推进课程改革。4月30日，在秋瑾中学召开初中走班选课观摩会，全体初中校长、业务校长听取学校走班选课具体做法介绍，观摩学校拓展性课程的走班活动。9月29日，初中校长在实验中学新校区开展初中拓展性课程走班选课实施方案集中交流会，印发《柯桥区初中走班选课实施方案资料汇编》，提出2015年全区初中学校走班选课近期目标。全区小学、初中教育工作会议上，鲁迅外国语学校、实验小学等19所学校介绍推进课程改革情况，杨汛桥镇中学、柯桥小学展示走班选课活动。12月10日《柯桥区区域性推进初中分层走班的实践与思考》在全省义务教育课程改革推进会上作经验介绍。

**【7个节目获省中小学生艺术节一等奖】** 2015年10月16日，浙江省中小学生艺术节在温州举行，柯桥区12个节目送省参加比赛，柯桥中学、实验中学、轻纺城小学、柯桥小学、鉴湖小学、西藏民族

中学、湖塘街道中心小学选送的7个节目获省一等奖。柯桥中学、实验中学、鲁迅外国语学校、齐贤镇中学、西藏民族中学、轻纺城小学受邀参加现场展演。西藏民族中学获省中小学生艺术节一等奖，齐贤镇中学获二等奖，轻纺城小学获优秀组织奖。

**【举办第七届“鉴湖之春”初中课堂教学多样化观摩活动】** 2015年4月17日，第七届“鉴湖之春”初中课堂教学多样化观摩研讨会在区实验中学、柯桥中学报告厅举行。来自北京、上海、江苏、浙江、安徽等近千名教育界专家学者、名师校长参加观摩研讨活动。这次观摩研讨活动为期两天，主题为“基于课堂多样化的教学改革”，分初中语文、初中数学两个学科，通过名师风采展示、专家现场指导、合作研究探讨等环节，展示柯桥区以实验中学为代表的“轻负高质”课堂教学模式。

**【游泳进入体育中考测试项目】** 2015年，柯桥区把游泳列入初中毕业测试必选项目，考生可在中长跑和游泳两个项目中任选一项参加测试。5月14日，柯桥区初中毕业生体育中考游泳项目在中国轻纺城体育中心游泳馆举行。全区132名学生参加测试，120名学生获20分满分。

**【马雨扬赴京参加少代会】** 2015年6月1日，柯桥区齐贤镇中学优秀少先队员马雨扬代表绍兴市参加中国少年先锋队第七次全国代表大会。马雨扬作为浙江省代表坐在人民大会堂第一排正中，接受国家领导人接见，并与习近平总书记握手、留影。

**【开展“红色网上游”活动】** 2015年6月25日，中国轻纺城小学开展“上红网，学红史，做红色接班人”大队活动。共青团浙江省委副书记、省少工委主任朱斌宣读国务院副总理刘延东给学校的回信，刘延东在信中为轻纺城小学十年来开展“红色网上游”活动点赞。“红色网上游”活动受到习近平、刘延东、夏宝龙等各级领导肯定。此活动信息在新浪浙江、《浙江日报》上相继报道。10月，中国轻纺城小学少先队大队部获得由团中央、教育部、全国少工委共同表彰的全国优秀少先队大队称号。

**【19人入选“兰亭雅集42人展”】** 2015年，柯桥区在“传承兰亭——绍兴市区中小学生‘兰亭雅集42人展’征稿活动”中，柯桥中学、鲁迅高级中学、齐贤镇中学等学校的19名学生的作品入选，入选作品在兰亭佑军祠展出，入选作者参加“第五届中国书法兰亭奖”颁奖活动，与“兰亭奖”获奖书家一对一交流。此次活动为第三十一届中国兰亭书法节系列活动之一，432件作品中择选42幅。

2015年6月1日，柯桥区齐贤镇中学马雨扬代表绍兴市参加中国少年先锋队第七次全国代表大会

（区教体局 供稿）

**【钱清镇小获浙江省少先队说课比赛一等奖】** 2015年12月30日，由浙江省少工委、浙江省少先队工作学会主办的少先队活动说课比赛在金华举行，柯桥区钱清镇中心小学大队辅导员黄益铮和七彩中队队员们组成的说课团队，代表绍兴市参加比赛，获浙江省少先队说课比赛一等奖，并代表浙江省参加全国比赛。（盛建免 钱纪江）

## 普通高中教育

**【概况】** 2015年，柯桥区高中普及率99.2%，全县有普通高中8所，其中省一级特色示范高中1所，省二级特色示范高中4所；省一级民办高中1所；省级文明单位2个，省文明学校1所；全国绿色学校1所，省绿色学校2所。全县普通高中毕业学生5774人，招收新生5261人，378个教学班，在校学生16260人，在编专任教师1427人。二所普通高中通

过省特色示范校评估验收，5所普通高中创建为省特色示范高中。6人被录取为空军飞行学员。学科竞赛15人获全国一等奖，2名学生跻身省队，其中地理奥赛一名学生代表国家队参加国际地理奥赛，省学科奥赛一等奖4人。获国家一级或二级运动员称号19人。柯桥中学两个艺术节目分获省中小学生艺术节一、二等奖。钱清中学4名学生4项发明成果获国家发明专利。

**【鲁迅中学两校区实现独立办学】** 2015年6月，柯桥区鲁迅中学分设为绍兴鲁迅中学（原柯桥校区）、绍兴鲁迅高级中学（原城南校区），均为全额拨款公益二类事业单位。至此，鲁迅中学结束“一所学校，两个校区”的办学格局。

**【两项创新实验室项目获省教育厅资助】** 2015年5月，柯桥区发布《关于进一步促进普高教育优质发展的若干意见》，提出加快学科基地建设，建设创新型实验室，并设立2000万元专项经费，以政府投入为主，校企共建为辅，分3年推进生物栽培、机器人、工程实验、电子创新、汽车能源等5类科技创新实验室和人文社科书院建设。12月，浙江省教育技术中心公布资助柯桥中学的“物联网综合实验室”和钱清中学的“电子创新实验室”40万元和30万元。

**【新增省级特色示范学校两所】** 2015年9月，浙江省教育厅公布柯桥区越崎中学、鉴湖中学为省二级特色示范学校。至此，柯桥区有省特色示范学校5所，其中柯桥中学为省一级特色示范学校，鲁迅中学、鲁迅高级中学为省二级特色示范学校。

**【两门学科成为省级学科基地】** 2015年5月，浙江省课改办公布鲁迅中学的“化学”和柯桥中学的“信息学”被评为浙江省首批普通高中化学学科基地。

**·小资料·基地情况**

柯桥区设立2000万元专项经费，建设创新实验室，每年设立400万元专项经费，做精做优省级重点学科基地建设。同时每年设立300万元专项经费，用于实验班教师教学与管理津贴、教师高端培训、学生夏令营活动、五大学科竞赛与自主招生、承办国家和省级大型学术交流活动等。

**【3位学生分别获得国家级创作大奖】** 2015年2月，第十七届新概念作文大赛现场决赛在上海进行。此届大赛参赛人数达到7万人次，柯桥区柯桥中学高二学生徐敏作文《换季》获一等奖。8月，第十届全国中小学生创新作文大赛在北京大学举行，经过初赛、复赛、区域决赛，1500名选手复赛，绍兴鲁迅中学马诣培在高中组“我们应如何抉择”的命题作文中获第十届全国中小学生创新作文大赛特等奖。9月，由中国出版集团、中央电视台、中华书局等单位共同主办的第二届“诗词中国”传统诗词创作大赛在京举行颁奖典礼，柯桥中学魏珞宁同学以《西江月龙腾梦圆》获全国一等奖，另一首获全国三等奖。

**【陈芳婷代表中国参加国际地理奥赛】** 2015年8月，鲁迅中学学生陈芳婷经层层筛选，以总分全国第一名的成绩入选中国中学生地理奥林匹克竞赛国家队，并与其他4名来自全国知名中学的学生一起参加在俄罗斯举办的第十二届国际中学生地理奥林匹克竞赛。中学生地理奥林匹克竞赛由中国地理学会举办，每年举办一次。该竞赛也是国际中学生地理奥林匹克竞赛中国大陆赛区选拔赛，竞赛优胜者组成中国大陆代表队参加国际中学生地理奥林匹克竞赛。

（李国权）

## 职业教育

**【概况】** 2015年，柯桥区有职业学校4所，其中国家级重点职业学校2所（区职业教育中心、区财经学校）、省二级重点职校两所，在校学生11227人，专任教师594人，其中专业教师342人，“双师型”教师293人，占专业教师的85.67%。全区职校校园占地387863平方米，建筑面积233876平方米，设轻纺食品类、土木水利类、加工制造类等九大门类36个专业，有省级基地8个（含综合性实训基地1个），有服装、染整、电子等省级示范专业9个，省级产学研联合体两个（纺织业、园林业），市级职教集团3个，另有18个市级示范专业和11个市高标准示范专业。出台《关于加快发展现代职业教育的实施意见》，明确完善职业教育网点布局。12月31日，省财政厅、省教育厅网站公布2015年度职业教育发展优秀单位名单，柯桥区获发达地区挂钩考核一等奖，并获职业教育发展奖补资金750万元。

**【高职高考上本科线52人】** 2015年，柯桥区高职高考大专以上上线715人，上线率为89.26%，本科上线52人，超上年79%，31位专业考生进入全省100名，其中有两人排名全省前10位，职教中心孙彩芳获艺术类（音乐）专业全省第一名，财经学校吴伟丽获旅游类专业全省第五名。全区职高学生升入高等院校1118人，包括“3+2”、五年一贯制（大专）、技能尖子保送等升学人数。

**【绍兴市财贸职教集团成立】** 2015年1月6日，绍兴市财贸职业教育集团正式成立。选举并审议通过柯桥区财经学校为理事长单位，绍兴市中等专业学校、上虞区职业教育中心、诸暨市实验职校·技师学院、嵊州市中等职业技术学校、新昌职业技术学校和绍兴东方税务师事务所为副理事长单位，另有24家理事单位。

**【职高师生开展社会服务周活动】** 2015年3月26日，柯桥区职教中心、财经学校、园艺学校和浙江电子工程学校的300余名师生在柯桥鉴湖路（老区府旁）开展“展技能树新风提素养促服务”为主题的为民服务活动。四所职高学校开设血压血糖检测、汽车空调清洗、面点制作等41个免费服务项目，服务市民近2000人，赠送培训资料、花卉面点等800余份。

**【1500名职校毕业生在就业推介会上与企业达成意向】** 2015年4月10日，柯桥区第十届职业学校毕业生就业推介会暨校外教学工厂签约仪式在区职教中心举行。柯桥区职教中心与宝业集团股份有限公司、浙江梅轮电梯股份有限公司、索密克汽车配件有限公司等9家企业签订校外教学工厂合作协议。区职教中心、财经学校、园艺学校和浙江电子工程学校的1960名毕业生及310家企事业单位通过交流、对接，双向选择，1500余名毕业生与企业达成就业、实习或见习意向。

**【丁彬彬获全国职业院校技能大赛金牌】** 2015年6月29日，柯桥区职校农经专业学生丁彬彬代表浙江省参赛全国职业院校技能大赛，获手工制茶项目卷曲形绿茶赛项金牌（第一名）。

**【财经学校在全国健身操总决赛中获团体一等奖】** 2015年9月22日，国家体育总局在山东青岛主办全国全民健身操舞总决赛，柯桥区财经学校获得健身操团体一等奖，啦啦操和街舞各获得团体二等奖。此次比赛有全国中小学330支队伍参加，分设大学组、高中组、初中组和小学组决赛。（杜国平）

## 高等教育

**【概况】** 2015年，柯桥区有高等院校3所。浙江工业大学之江学院成为浙江省应用型建设试点示范学校。树人大学杨汛桥校区完成投资7.06亿元，完成计划投资的100.9%，形象进度62%，完成主体结构工程。该项目列入浙江省政府2015年加快有效投入“411”重点项目和重点工程。区电大教材管理“十步法”操作流程受到省电大领导肯定。区电大教师鲁亚华获全省电大系统网上教学比赛一等奖，王芳获全省电大系统教学方案设计比赛二等奖。之江学院参加教育行政管理部门举办的学科竞赛（一类赛事）20项，获得国家一等奖2项、二等奖3项、三等奖4项，省一等奖11项、二等奖36项、三等奖67项，合计60.4分，获奖总分比上年增加19.9分。（钟建宇　陶佳苹　娄华军）

**【电大教育形成“2246”模式】** 2015年，柯桥区电大教育初步形成“两主、两服、四导、六结合”教学模式（简称“2246”模式），以及与之相适应的人性化、技术化、制度化教学管理模式和运行机制。全年招生591人，其中春季招生308人、秋季招生283人，位列全市第一，柯桥区电大被评为全省电大系统招生先进集体。为社会输送毕业生686人。

**·小资料·“两主、两服、四导、六结合”教学模式**

两主是指学生以个性化自主学习为主，教师以多样化导学为主。两服是指多媒体教学资源服务，学习技术和环境服务。四导是指入学引导、学法指导、学中辅导、学程复导。六结合是指个性化自主学习和多样化的导学辅导面授相结合；阅读消化教材与应用网络等媒体资源相结合；实时和非实时与集中和非集中的双向交互式学习相结合；独立学习与小组协作式学习相结合；传授专业知识与强化专业实践教学环节相结合；诚信学习教育与过程监控督查相结合。（钟建宇）

**【杭州旅游标准化技术委员会落户之江学院】** 2015年6月17日，杭州市旅游标准化工作会议决定将杭州市旅游标准化技术委员会落户之江学院，由中旅（旅游）学院院长梁雪松任副主任委员兼秘书长，教师王伟负责秘书处秘书工作。

**【花儿行动助力残障儿童圆梦项目获银奖】** 2015

年12月，之江学院花儿行动助力残障儿童圆梦项目获第二届中国青年志愿服务项目大赛银奖。该项目还获得2015年浙江省首届志愿服务项目大赛金奖。“花儿行动”助力残障儿童圆梦项目通过之江学院大学生志愿者接力的方式，继续帮助山西省原平市楼板寨乡西庄村陈天文夫妇及其收养的残障儿童，并与浙江省阳光教育基金会对接，解决近40名残障儿童的医疗、教育问题。

**【之江学院4项基金项目获资助】** 2015年，之江学院获两项国家社会科学基金项目、两项国家自然科学基金项目资助。青年教师刘斯敖的项目《新常态下长三角城市群中新型小城镇创新发展研究》、陈国营的项目《网络反腐与制度反腐无缝对接的对策研究》获立2015年度国家社科基金项目，赵正平的项目《原位聚合法制备多形纳米聚膦腈/水性聚氨酯复合材料及其性能研究》、郑德均的项目《基于多光源图像融合的织物纱线分割研究》获立2015年度国家自然基金项目。

**【树人大学杨汛桥校区建设工程开工】** 2015年1月9日，树人大学杨汛桥校区一期工程可研报告获省发改委批复。2月17日，一期工程初步设计获省发改委批复。3月12日，完成监理招标。4月8日完成工程招标。4月27日，浙江树人大学杨汛桥校区一期工程正式开工。

**【树人大学召开七届六次暨八届一次董事会】** 2015年5月8日，浙江树人大学七届六次暨八届一次董事会在树人大学召开。省政协副主席、党组副书记陈加元，省政协副秘书长、办公厅主任、机关党组副书记王喜法，省委教育工委书记、省教育厅厅长刘希平，学校董事会成员单位领导及校党政班子成员30余人出席会议。会议审议通过学校第八届董事会董事名单。根据董事会提议，并经省政协党组同意，推举陈加元为学校第八届董事会董事长，王喜法、刘喜平为副董事长，王军为秘书长，阮建尧等22人为学校第八届董事会董事，聘任徐绪卿为校长，童国尧、陈新民、叶时平为副校长。

**【乔传秀视察树人大学杨汛桥校区建设】** 2015年6月3日，浙江省政协主席乔传秀一行，专程到浙江树人大学杨汛桥校区建设工地视察项目建设进展情况。

**【树人大学与白俄罗斯国立大学合作交流】** 2015

2015年4月27日，浙江树人大学杨汛桥校区一期工程开工 （娄华军 摄）

年10月26日，白俄罗斯国立大学校长、国家科学院院士谢尔盖·阿布拉梅科，副校长、院士亚利·伊瓦什科维奇，白俄罗斯国家科学院化学材料研究院院长弗拉基米尔·阿加别科夫等一行到浙江树人大学杨汛桥校区建设工地参观，双方就两所学校合作模式、师生交流、教师培训、科研项目合作研究和成果推广等方面进行交流。 （娄华军）

## 特殊教育

**【概况】** 2015年，柯桥区有特殊教育学校1所，在校学生84人，专任教师18人，教育辅助人员8人。实施特殊教育提升计划，办学向两端延伸，开设学前班1个、义务教育段班级5个，小学留学班1个，职教班1个，实行随班就读。新开设资源教室3个，至此一半以上镇（街道）设置资源教室，成立融合教育中心，51名普校教师培训上岗，兼职资源教师。全面实施送教上门服务，对未能入学的三残适龄少儿全部根据家长意愿，由特教指导中心、育才学校和施教区学校教师联合每周送教1次。实现特殊学生入学全覆盖。

2015年12月29—30日，浙江省特殊教育提升计划实施情况现场会在柯桥区召开 （区教体局　供稿）

2015年，柯桥区育才学校学生表演的节目《水乡酒歌》获综合类一等奖（启智奖） （区教体局　供稿）

2015年9月9日，柯桥区育才学校校长唐茂盛被中国残联、教育部、交通银行授予交通银行特教园丁奖 （区教体局　供稿）

**【省特殊教育提升计划实施现场会在柯桥区举行】** 2015年12月29—30日，浙江省特殊教育提升计划实施情况现场会在柯桥区举行，全省各市教育局基教处、特殊教育“卫星班”建设项目学校、特殊教育指导中心的负责人近百人参加活动。参会人员先后来到秋瑾小学、区育才学校，对柯桥区残障学生“送教服务”“随班就读”等工作进行现场观摩，观看《守望——走进柯桥区特殊教育》专题片，柯桥区副局长李建忠作《普惠、优惠、特惠，让每一个残障少儿享有平等的教育权利》经验介绍。

**【《水乡酒歌》获全国一等奖】** 2015年，由柯桥区育才学校学生表演的节目《水乡酒歌》经浙江省残联推荐入选第七届全国特教学校学生艺术汇演，并获由教育部、中国残联等部门共同举办的全国特教学校学生艺术汇演智残人综合类一等奖（启智奖）。

**【唐茂盛被授予交通银行特教园丁奖】**

2015年9月9日，柯桥区育才学校校长唐茂盛被中国残联、教育部、交通银行授予交通银行特教园丁奖。其先进事迹《以专业的力量做有品质特殊教育》近8000字在中国残联官网发布。 （唐茂盛）

## 成人教育

**【概况】** 2015年，柯桥区有区级成教中心1个，区域性成教中心7个，镇街道成校11所，区级社区教育学院1个，社区教育分院8个，其中省级社区教育示范学校3所，省级标准化成校16所。全年开展一系列农民和企业职工培训，包括农特专业户培训、印染工培训、特种工培训等，培训114693人次，其中家政培训3820人次、新型农民培训20112人次，企业职工培训36882人次，其他培训53879人次；职业技能培训67335人次、社区培训45027人次、预备劳动力培训546人，脱盲972人，813名农村成人获高中学历、技能双证。全年通过成校培训取得职业资格9877人，其中初级证书5869

人、中级证书2175人、高级证书1833人。16所成教中心、成校全年培训创收954.7万元。

**【举办全民终身学习活动周开幕式】** 2015年10月19日，柯桥区全民终身学习活动周开幕式在实验中学举行，开幕式表彰柯桥区第二届“学习之星”和“书香家庭”。这次全民终身学习活动周以“发展全民终身学习，推进法治社会建设”为主题，活动为期1周，各镇（街道）以成教中心、成校为主，结合各自实际，面向不同群体，开展学习、培训、文体等活动300场。

**【举办成教服务社会活动周】** 2015年5月26日，柯桥区成教服务社会活动周开幕式在柯桥开发委（齐贤镇）光明村文化礼堂举行。此次活动周的主题是“服务新农村、建设新柯桥”。活动周期间，全区16所成教中心、成校安排家政服务、扫盲、中式面点制作、拼布制作等教育培训400余期。

**【文化养老进社区经验在全省交流】** 2015年10月31日，柯桥区以“文化养老进社区，夕阳增彩别样红”为主题在省职成教协会社区教育与农村成人教育分会年会上作典型交流，介绍柯桥区文化养老进社区的实践和研究，开展老年教育“三单制”培训模式（社区下订单、学校配菜单、政府来买单）和创造性推进“四进”社区活动（“志愿者讲师团”进社区、“文化活动”进社区、“系列教材”进社区、“亲情服务”进社区）。

**【813名农村成人获“双证”】** 2015年，柯桥区举办农村成人“双证制”、预备劳动力免费培训，1037人参加，813名学员获得高中学历、技能双证，546名学员参加预备劳动力培训。（高　巍）

## 招生考试

**【概况】** 2015年，柯桥区14729名学生进入高一级学校，其中被高中段学校录取8707人，被普通高校录取5362人，被高职单考单招录取660人。全区普通高校报名5905人，按纯文纯理算，上一类分数线1074人、上二类分数3402人、上三类分数线5588人，普通高校上线率94.63%。单招单考849人报考，录取660人，录取率77.7%。成人高考报名215人，报考人数比上年减少249人，上线174人，上线率80.9%，录取163人，录取率75.8%。参加中考报名5244人，录取高中段新生8707人，其中普通高中录取5261人、职校录取3446人。自考学历考试报考人数223人，毕业11人。参加全国计算机等级考试1035人、全国英语等级考试1394人，27人获得心理健康教育证书。

**【5362人被普通高校录取】** 2015年，柯桥区有5905名考生报考普通高校，其中文史类1299人、艺兼文471人、体兼文37人、理工类3736人、艺兼理286人、体兼理76人。普通高校招生三项考试，3月份考试报考10781人次，其中高考英语听力报考5600人、高考信息技术报考2052人、高考通用技术报考3129人；9月份考试报考17280人次，其中英语听力报考6126人、通用技术报考5652人，信息技术报考5502人。参加高中学业水平考试，1月份高一学业水平考试共报考13913人次，7月份学业水平考试报29857人次。10月份首次学考选考11060人次。普通高校录取柯桥区新生5362人，占全区报考考生的90.8%，按纯文理计算，一类录取862人、二类录取2136人、三类录取1703人，体艺类录取661人。18名学生被北京大学、清华大学（北大9人，清华9人）录取，52人被浙江大学录取。6位考生被录取为空军飞行学员，两名位考生被录取为民航飞行员。（任新江）

## 师资管理

**【概况】** 2015年，柯桥区教育体育系统有教职员工9656人，其中专任教师8311人。专任教师中任教于普通高中1427人、职业学校594人、初级中学1953人、小学2817人、幼儿园1502人、特殊教育18人。按学历分，普通高中专任教师中研究生144人，占10.09%；本科1277人，占89.49%。职业学校专任教师中研究生25人，占4.2%；本科553人，占93.31%。初级中学专任教师中研究生25人，占1.28%；本科1869人，占95.70%；专科59人，占3.02%。小学专任教师中研究生10人，占0.35%；本科2080人，占73.84%；专科689人，占24.46%；高中38人，占1.35%。幼儿园专任教师（含园长）中研究生3人，占0.20%；本科832人，占55.39%；专科663人，占44.14%，高中109人，占7.26%。全区普通高中、职业学校（含成人学校）、初级中学、小学、幼儿园专任教师的学历合格率均近100%。至年底，全区有高级职称教师1173人、中级职称教师3440人、初级职称教师2422人。

这年，全区有4名教师获浙江省教坛新秀称号，14名教师获绍兴市教坛新秀称号，两名教师被评为绍兴市最美教师，18名教师被评为绍兴市中小学名师，两名教师被评为绍兴市十佳青年教师标兵，1名教师被评为绍兴市十佳师德标兵，两名教师被评为绍兴市十佳模范班主任，1名教师被评为绍兴市优秀青年教师，两名教师被评为绍兴市师德优秀教师，1名教师被评为绍兴市优秀班主任。

**【交流校长及教师326人】** 2015年，柯桥区交流校长24位；交流骨干教师74位（初中37人，小学37人），占符合交流条件的骨干教师总数的26.52%；交流普通教师228人，其中，本校连续任教年限9年以上的普通教师交流数111人，占符合交流条件的普通教师总数的11.75%。出台《关于进一步优化柯桥城区教育集团工作的若干意见》和《关于进一步完善城区学校新教师支教工作的意见》，鼓励优质师资在教育集团（联盟、共同体）内有序流动。

**【实施农村特岗津贴政策】** 2015年，柯桥区出台《关于建立柯桥区农村特岗教师津贴的意见》，自2015年1月1日起实施，实施对象为农村中小学校和幼儿园在编在岗专任教师。其中，在特别偏远的稽东镇楼坞小学、王坛镇两溪小学（含幼儿园）任教的教师，农村特岗教师津贴500元/月·人；"偏远学校"（含幼儿园，不含前述第1条对象）教师，农村特岗教师津贴400元/月·人；其他中小学教师（含高中、幼儿园）农村特岗教师津贴标准为300元/月·人。

**【开展师德师风建设活动】** 2015年，柯桥区出台《关于建立健全中小学教师师德建设长效机制的实施意见》和《关于禁止中小学教师有偿家教的管理意见》，下发《柯桥区教体局2015年学校师德师风专项教育月活动方案》，组织学校在3—4月期间开展以"立德树人铸师魂，汇聚教育正能量"为主题的师德师风专项教育月活动。（操美霞）

## 教育研究

**【概况】** 2015年，柯桥区初步构建师训新机制，形成师德自律、课程开发、课堂教学、班队领导、教育评价5个模块；按新上岗教师、3~5年内"关键期"教师、骨干"重点群"教师及名优教师等4类对象，进行统筹尝试。推进电子白板、智慧教室、创新学习实验室和录播教室项目建设，合计建成电子白板1127块、智慧教室36个、创新学习实验室7个、固定录播教室29个、移动录播9套，组建信息技术应用研究者联盟，按"互联网+"的思维，推进教育技术支撑条件下的学科教学范式研究。"一师一优课"评比中，柯桥区获得部级一等奖9节、省级一等奖15节、市级一等奖38节。

这年，立项省教科规划课题4项、省教研课题5项、省师干训课题10项、市级规划课题30项、区级规划课题241项、市级"教改项目"57项、区级"学科教改项目"305项。在2014学年绍兴市规划课题评比中，柯桥区获一等奖3项、二等奖5项、三等奖3项；在2014学年绍兴市"教改项目"评比中，柯桥区获一等奖7项、二等奖19项、三等奖23项。在2015年"黄浦杯"长三角征文评选活动中，柯桥区获二等奖2篇、三等奖4篇。柯桥区教体局被评为浙江省重视教科研先进单位。

这年，柯桥区教师在省级以上教育教学报刊上公开发表论文1754篇，其中高中教师发表475篇，初中教师发表422篇，小学教师发表485篇，幼儿园教师发表372篇。公开出版46部教育教学书籍，省级以上公开发表、获奖、展出音乐、美术、文学作品1313件，其中音乐舞蹈作品20件，书画、摄影作品405件，文学作品708件。全区学生在省级以上公开发表、获奖、展出音乐、美术、文学作品4842件，其中音乐舞蹈作品4件，书画、摄影作品2382件，文学作品2456件。3月21日，2014浙江教育年度新闻人物终评会在杭州举行，柯桥区周学东老师入选浙江教育十大年度新闻人物。

表36　2015年柯桥区学生在省级以上学科竞赛中获奖情况

| 竞赛名称 | 获奖情况 |
| --- | --- |
| 全国高中数学联赛 | 全国一等奖2人、二等奖20人，省一等奖21人 |

续表36

| 竞赛名称 | 获奖情况 |
| --- | --- |
| 全国高中物理竞赛 | 全国决赛一等奖2人，全国复赛一等奖2人、二等奖29人、三等奖7人，省一等奖10人、二等奖11人、三等奖30人 |
| 全国高中化学竞赛（省级赛区） | 省二等奖2人、三等奖2人 |
| 全国中学生生物学联赛 | 全国一等奖1人、二等奖4人 |
| 全国青少年信息学奥林匹克竞赛（浙江省赛区） | 省一等奖2人、二等奖12人、三等奖17人 |
| 全国中职技能竞赛 | 全国一等奖5人、二等奖2人、三等奖3人，浙江省一等奖8人、二等奖11人、三等奖14人 |
| 全国地理科技大赛 | 全国一等奖42人、二等奖54人 |
| 全国地理奥林匹克竞赛 | 全国一等奖2人、二等奖3人，鲁迅中学获第六届全国地理奥林匹克竞赛团体一等奖 |
| 浙江省高中数学竞赛 | 省一等奖17人、二等奖37人、三等奖14人 |
| 浙江省高中化学竞赛A组 | 省一等奖6人、二等奖15人、三等奖8人 |
| 浙江省高中化学竞赛B组 | 省一等奖2人、二等奖7人、三等奖4人 |
| 浙江省高中生物竞赛A组 | 省二等奖7人、三等奖15人 |
| 浙江省高中生物竞赛B组 | 省一等奖4人、二等奖26人、三等奖41人 |
| 浙江省中小学艺术节 | 省一等奖11人、二等奖7人、三等奖10人，优秀指导奖22人，中国轻纺城小学获优秀组织奖 |

**【初中分层走班经验在全省会上介绍】** 2015年，浙江省区域推进“轻负担、高质量”联系县第十二次现场会暨深化义务教育课程改革推进会在杭州市余杭区召开，会上，柯桥区作《柯桥区区域性推进初中分层走班的实践与思考》经验介绍。柯桥区教体局副局长李建忠从有利于加强初高中教学的衔接、有利于实施因材施教、有利于提高学生的综合素养阐述为什么要在初中开展分层走班教学，并结合柯桥区初中分层走班工作中的十件大事介绍推进过程，还介绍柯桥区如何开展基础性课程的分层走班和拓展性课程的选课走班，以及分层走班带来的困惑与对策、成效与反思等方面情况，受到与会人员高度关注。（吴 鸿）

## 竞技体育

**【概况】** 2015年，柯桥区竞技体育在全国、省级各类比赛中获金牌44枚，其中获亚洲比赛金牌1枚、全国比赛金牌18枚、省比赛金牌25枚。鲁迅高级中学运动代表队参加浙江省青少年学生阳光体育运动会获金牌5枚、银牌2枚、铜牌3枚，获高中组团体总分第二名，在浙江省青少年田径锦标赛中摘得金牌11枚、银牌1枚、铜牌2枚。

表37 柯桥区籍运动员获各级各类竞赛金牌情况

| 姓名 | 时间 | 地点 | 比赛名称 | 成绩 |
| --- | --- | --- | --- | --- |
| 许诗蓓 | 9月27日 | 北京顺义 | 亚洲赛艇锦标赛 | 女子轻量级2000米四人双桨冠军 |
| 许诗蓓 | 9月15日 | 北京顺义 | 全国赛艇锦标赛 | 女子轻量级2000米四人双桨冠军 |
| 徐娅妮 | 6月6日 | 辽宁瓦房店 | 全国帆船帆板冠军赛 | 女子帆船470级冠军 |

续表37

| 姓名 | 时间 | 地点 | 比赛名称 | 成绩 |
|---|---|---|---|---|
| 徐娅妮 | 11月20日 | 广东汕尾 | 全国帆船锦标赛 | 女子帆船470级冠军 |
| 王思睿 | 8月10日 | 贵州贵阳 | “速德尔杯”全国U17中学生射击锦标赛 | 初中组男子10米气步枪60发个人冠军 |
| 陈依枚 | 8月10日 | 贵州贵阳 | “速德尔杯”全国U17中学生射击锦标赛 | 初中组女子10米气步枪40发个人冠军 |
| 傅罡峰 | 8月10日 | 贵州贵阳 | “速德尔杯”全国U17中学生射击锦标赛 | 初中组男子10米气步枪60发团体冠军 |
| 王思睿 | 8月10日 | 贵州贵阳 | “速德尔杯”全国U17中学生射击锦标赛 | 初中组男子10米气步枪60发团体冠军 |
| 章家瑜 | 8月10日 | 贵州贵阳 | “速德尔杯”全国U17中学生射击锦标赛 | 初中组女子10米气步枪40发团体冠军 |
| 周思雨 | 8月10日 | 贵州贵阳 | “速德尔杯”全国U17中学生射击锦标赛 | 初中组女子10米气步枪40发团体冠军 |
| 谢天峰 | 6月25—28日 | 陕西西安 | 全国青年U18赛艇锦标赛 | 男子4人双桨2000米冠军 |
| 陈　雨 | 9月7—27日 | 浙江湖州 | 全国青年帆船锦标赛 | 420级帆船冠军 |
| 孙新昌 | 9月11日 | 广东广州 | 全国皮划艇(静水)锦标赛 | 500米男子单人皮艇冠军<br>1000米男子双人皮艇冠军<br>200米男子双人皮艇冠军<br>500米男子双人皮艇冠军 |
| 王岳丰 | 4月22日 | 山东济宁 | “速德尔杯”全国射击冠军赛 | 男子10米气步枪冠军 |
| 王岳丰 | 6月17日 | 福建莆田 | 全国青少年射击锦标赛暨第一届全国青年运动会射击预赛 | 男子10米气步枪冠军<br>男子10米气步枪团体赛冠军 |
| 王岳丰 | 10月21日 | 福建莆田 | 第一届全国青年运动会 | 男子10米气步枪团体赛冠军 |
| 周思雨 | 8月25日 | 浙江 | 浙江省青少年射击锦标赛 | 小口径运动步枪3×20的金牌 |
| 陈依枚<br>章家瑜<br>宋诗怡 | 7月10日 | 浙江 | 浙江省第三届青少年学生阳光体育运动会 | 中学女子气步枪20发团体金牌 |
| 胡光辉 | 8月11日 | 浙江 | 浙江省青少年武术套路锦标赛 | 第一套规定棍术冠军 |
| 胡光辉 | 8月11日 | 浙江 | 浙江省青少年武术套路冠军赛 | 男子乙组第一套规定刀术冠军<br>男子乙组第一套规定棍术冠军 |
| 朱文莉 | 8月11日 | 浙江 | 浙江省青少年武术套路冠军赛 | 女子丙组初级枪术冠军<br>女子丙组少年规定拳冠军 |
| 马元康 | 7月 | 浙江 | 浙江省第三届青少年阳光体育运动会 | 铁饼冠军 |
| 俞泽栋 | 7月 | 浙江 | 浙江省第三届青少年阳光体育运动会 | 400米栏冠军 |
| 厉燕楠 | 7月 | 浙江 | 浙江省第三届青少年阳光体育运动会 | 女子铁饼冠军 |
| 谭卓越 | 7月 | 浙江 | 浙江省第三届青少年阳光体育运动会 | 100米冠军、200米冠军 |
| 马奕敏 | 7月 | 浙江 | 浙江省青少年田径锦标赛 | 跳高冠军 |
| 马元康 | 7月 | 浙江 | 浙江省青少年田径锦标赛 | 铁饼冠军 |
| 王丽铭 | 7月 | 浙江 | 浙江省青少年田径锦标赛 | 女子1500米冠军、女子800米冠军 |
| 俞卓成 | 7月 | 浙江 | 浙江省青少年田径锦标赛 | 男子1500米冠军、男子800米冠军 |
| 凌佳瑜 | 7月 | 浙江 | 浙江省青少年田径锦标赛 | 100米栏冠军、400米栏冠军 |
| 俞泽栋 | 7月 | 浙江 | 浙江省青少年田径锦标赛 | 400米栏冠军 |
| 谭卓越 | 7月 | 浙江 | 浙江省青少年田径锦标赛 | 100米冠军、200米冠军 |

【承办各级各类比赛3场】 2015年12月12—13日，柯桥区承办中国轻纺城（柯桥）杯2015第十届国际泳联花样游泳大奖赛，13个国家参加比赛；12月18—22日，承办浙江省首届“美丽乡村”杯篮球总决赛；5月14日—9月22日，参与承办绍兴市第八届运动会，这届市运会设置青少年部和大众部两个，其中青少年部设22个大项、630个小项、774枚金牌；大众部设18个大项，78个小项、113枚金牌，全市6个县（市、区）、40个行业系统和规模民营企业组团参加，有5050名领队、教练员、运动员，比赛场地分别安排在柯桥区的中国轻纺城体育中心和绍兴市奥体中心、市体校、市水上运动管理中心4处场馆。柯桥区以总分5823.5分获第一，金牌293.5枚。

【举办学校体育竞赛8场】 2015年，3月4—5日，柯桥区举行小学生“三棋”比赛决赛，17所学校125名运动员参加，柯岩小学获中国象棋团体冠军，柯桥小学获团体围棋冠军，鉴湖小学获国际象棋团体冠军。4月28—30日，柯桥区中小学田径运动会在柯桥中学举行，鲁迅高级中学、马鞍镇中、柯岩小学分获高中组、初中组、小学组团体冠军，柯桥中学、鲁迅中学、杨汛桥镇中、王坛镇中、实验小学、稽东镇小获体育道德风尚奖。5月28—30日，柯桥小学生篮球邀请赛在鉴湖中学举行，城区组轻纺城小学和鉴湖小学获一等奖，乡镇组钱清镇小和东昌小学获一等奖。3月25—27日，柯桥区第四届中小学生校园足球联赛小学组比赛在柯桥小学举行，柯桥小学获小学男子甲组和小学男子乙组两个第一名，钱清镇小和轻纺城小学分别获小学女子甲组和小学女子乙组第一名。9月28—30日，柯桥区中学生阳光体育运动会校园足球比赛初中组比赛在钱清镇中学举行，实验中学和西藏民族中学获男子组第一名，华甫中学和钱清镇中获女子组第一名。10月21—24日，柯桥区初中生男子、女子篮球比赛决赛在鉴湖中学举行。11月5—7日高中组男子篮球决赛。11月12—14日高中女子组篮球决赛在鉴湖中学举行，西藏民族中学和柯岩中学获初中组男子团体一等奖，兰亭镇中和安昌镇中获初中组女子团体第一名；鲁迅高级中学和鉴湖中学获男子高中组一等奖，越崎中学和职教中心获女子高中组一等奖。11月18—21日，绍兴市柯桥区中小学生乒乓球比赛在华舍中学举行，实验中学、钱清镇中、秋瑾中学获初中男子团体前三名，实验中学、安昌镇中、秋瑾中学获得初中女子团体前三名；柯岩小学、柯桥小学、鉴湖小学获小学男子组前三名，秋瑾小学、柯岩小学、轻纺城小学获得小学女子组团体前三名。

## 群众体育

【概况】 2015年，柯桥区创建省级运动休闲基地，并通过省体育强区复评。平水镇、王坛镇通过省体育强镇复评，15个行政村被命名为浙江省新农村小康体育村。至年底，有省级老年人体育活动中心1个，省级幼儿体育示范幼儿园1个，省级中心村体育休闲公园1个，省级村级体育健身俱乐部4个。开展国民体质监测1584人，举办门球裁判员培训、32式太极拳培训、健身球操培训等97次，参加人数2000余人，培训三级社会体育指导员515人。举办区直机关第五届运动会、登山比赛、第九套成人广播体操等。组织论文撰写，全国级登载报道1篇，省级7篇，市、区级45篇，《参加美国乒乓球公开赛》一文在上海老年文艺杂志刊登。12月22日，柯桥区老年人体育协会举行第五次代表大会，选举产生新一届理事会班子。柯桥区被绍兴市体育局授予2010~2014年度全市群众体育先进单位

【举办省桥牌赛两场】 2015年10月16—18日，浙江省第十三届“柯桥杯”桥牌赛在柯桥新世界大酒店举行，来自杭州、嘉兴、舟山、温州、台州、绍兴等16支代表队近百名运动员参加比赛，宁波的宁大绿色建筑队获得团体赛冠军。10月7日，第十届“中厦杯”名人桥牌邀请赛在平水维多利亚庄园举行，来自上海、杭州、湖州、绍兴市和柯桥区的选手参加比赛，比赛以双人赛的形式，分两轮进行，采用第一轮积分和第二轮积分相加产生优胜，分别录取南北组、东西组前8名。

【参加各级各类竞赛8次】 2015年，柯桥区参加全国历史文化名城乒乓球比赛获团体冠军；参加浙江老年乒乓球比赛，获团体冠军；参加浙江省国际传统武术比赛，获42式花样太极拳第一名；参加浙江省第九届“大成杯”门球比赛，获第五名，参加绍兴市门球冠军赛，获第二名；参加绍兴市老年男子气

排球比赛，男队获第二名；参加绍兴市老年气排球锦标赛获女子第一名、男子第二名。蒋兆兆、徐金富参加在拉斯维加斯举行的美国乒乓球公开赛，获得70岁以上组男子双打冠军，蒋兆兆获65岁组、70岁组男子单打两项冠军。

**【创建省小康体育村15个】** 2015年，柯桥区有15个行政村被命名为浙江省小康体育村，分别是华舍街道兴越村、湖塘街道湖中村和夏泽村、柯开委（齐贤镇）齐贤村、安昌镇国际村、福全镇兴联村、漓渚镇朱家坞村、兰亭镇栅溪村和花街村、平水镇红墙下村和娄家村、王坛镇银沙村和腾豪村、稽东镇大桥村和新上王村。有4个村被命名为浙江省村级体育俱乐部，分别是湖塘街道夏泽村、福全镇赵建村、平水镇会稽村、王坛镇张蒋村。钱清镇创建为省级老年体育活动中心俱乐部。（黄赛波）

## 体育产业

**【概况】** 2015年，柯桥区中国轻纺城体育中心创建省级运动休闲基地，柯岩街道“酷玩小镇”入围省级第二批特色小镇，飞峰羽毛球10000米生产线成为省体育产业发展引导资金补助项目。柯岩磐石足球俱乐部及其他两家游泳池获得经营高危险性体育项目许可证。中国体育彩票销售1.29亿元，比上年增长30.41%。（黄赛波）

执行编辑　朱菊根

# 文化·传媒

## 专业文化

**【概况】** 2015年，绍兴"小百花"越剧艺术传习中心，作为柯桥区专业表演团体有演出剧场1个，从业人员67人，其中正高职称12人，副高职称17人，中级职称25人，全年演出100多场，观众人数30多万人。越剧电影《狸猫换太子》获浙江省电影凤凰奖"优秀戏曲片"奖，越剧《屈原》获国家艺术基金舞台创作资助项目。绍兴小百花演员部获全国五一巾帼奖状，全国工人先锋号称号。吴凤花获全国先进工作者称号、第四届全国青年德艺双馨文艺工作者称号。陈飞享受政府特殊津贴，获第二十五届上海白玉兰戏剧表演艺术奖主角提名奖。

**【国遗·绍兴小百花实验曲艺团成立】** 2015年11月30日，国遗·绍兴小百花实验曲艺团（筹）成立仪式暨汇报演出在柯桥区文化馆莲花书场举行。国遗·绍兴地方曲艺传承班自2011年9月开班来，20名学员师承倪齐全、汪嘉宝、郑关富、王玉英等绍兴曲艺名家，学习绍兴莲花落、绍兴宣卷、绍兴滩簧、绍兴平湖调、绍兴词调等五大曲种，并在全国曲艺大赛中屡或奖项。经考核招录15名毕业生为编制外合同工。

**【巡演《乡村好书记》18场】** 2015年7月9日，新编越剧《乡村好书记》在绍兴大剧院首场演出，市、区领导及1000余人观看演出。该剧由包朝赞编

2015年11月30日，柯桥区副区长祝静芝为国遗·绍兴小百花实验曲艺团（筹）授牌 （陈锦高 摄）

2015年7月9日，越剧《乡村好书记》在绍兴大剧院演出 （陈锦高 摄）

剧，韩剑英导演，吴素英、姚百青、吴凤花等主演，讲述绍兴市上虞区祝温村党总支书记、浙江省十二届人大代表——杭兰英先进事迹。《乡村好书记》在全市各县（市、区）巡演18场，历时1个月。

【**绍兴小百花第11次赴港演出**】 2015年9月11—15日，绍兴小百花越剧团受香港康乐及文化事务署、香港上海戏曲艺术协会邀请，赴香港文化中心大剧院演出。演出剧目有《孔雀东南飞》《三看御妹》等，受到香港观众欢迎。此次演出是绍兴小百花越剧团自1990年起，第11次赴香港演出。

（祝妍春）

2015年9月11—15日，绍兴小百花越剧团赴港演出　（陈锦高　摄）

## 社会文化

【**概况**】 2015年，柯桥区继续开展“乐在柯桥”文艺贺新春活动,承办第十一届“鉴湖之春”广场文化月活动,每周开展广场文化角活动,举办柯桥区幸福水乡才艺秀，组织文化走亲活动。组织“文艺五进”演出22场，好人一台戏主题活动10场，美丽乡村行主题活动巡演4场，莲花落周末剧场演出50余场，承办地方曲艺进校园活动、“幸福水乡、美丽柯桥”油画作品展以及轮椅画家宋仁元个人油画展。吴光明、陈海森、成志勇作品参展绍兴市首届美术家协会会员作品展。首届浙江曲艺奖评选中，潘家富获表演奖，施金裕获新人奖。在浙江省文化礼堂文化员才艺大赛中，金美丽获戏剧曲艺类优秀辅导奖，徐志海、陈鹏波获声乐类优秀辅导奖，王恒获戏剧曲艺类优秀辅导奖。

2015年，柯桥区图书馆馆舍建筑面积10000平方米，阅览座席1102个，从业人员43人，全部达到大专及以上学历，其中高级职称4人，中级职称9人，初级职称13人。现有藏书33万余册（件），2015年订购报刊1449种，新购图书39303册，新增借阅卡4896张，持卡读者总量达到56936人；全年流通516524人次，年外借385670册次；图书流动车全年出车53车次，外借图书1264册次。新编入库纸质文献39303册，预订报刊1449种，征集越地文献513册（件），纺织专题文献321册，合订纺织期刊400余册，编辑《纺织信息导刊》6期。参与绍兴市联合采购，购置博看期刊、国研网、少儿绘本、少儿连环画等商业数据库，资源量突破50T,完成共享工程数据资源《世界经典电影》、《惠农资源》数字加工及资源入库，实现数字资源免费共享。“明珠讲坛”开展现场公益讲座11场，周末视频讲座70场，播放共享工程优秀影视35场，“明珠展廊”举办公益展览15期，开展公益培训18场，读者活动36场。2015年，柯桥区图书馆获浙江省第十一届未成年人读书节组织奖，承担文化部科技创新项目课题结题，12月18日顺利通过国家文化部文化科技司验收。

（陈关根　马黎明）

【**4只绍兴莲花落作品获金银奖**】 2015年，在第十届河南宝丰马街书会曲艺邀请赛中，绍兴莲花落《借大衫》获一等奖。在首届“泉城书会”全国优秀曲艺传人学术交流展演中，绍兴莲花落《借大衫》获金奖，平湖调《西溪桃源》获银奖。在第三届“岳池杯”中国曲艺之乡曲艺大赛中，绍兴莲花落《一念之差》获金奖。在浙江省第五届曲艺杂技魔术节中，绍兴莲花落《一甏水》获优秀作品奖、创作单项奖（音乐设计）、表演金奖。在“非遗薪传”浙江曲艺展演展评活动中，《一甏水》获金奖。

【7只故事获创作表演奖】 2015年，浙江省第四届故事会中，潘海良《一只信封》获金奖，故事创作一等奖；施金裕《请你帮帮忙》获银奖；陈巍良等《到底谁怕谁》获铜奖；沈建萍《代理孝子》获故事创作二等奖；杨佳佳《会替》获故事创作三等奖。在浙江省曲艺家协会主办的浙江省曲艺新作会演中，《一念之差》获创作、表演双金奖，《美丽的谎言》获创作、表演双银奖。

【5篇论文2幅作品省级获奖】 2015年，年会征文活动中，论文《农民参与文化活动积极性与乡镇公共文化服务管理机制完善的关系研究》获二等奖，在第四届中国曲艺高峰（柯桥）论坛中，《"微时代"下绍兴莲花落的"微"创新》获优秀曲艺理论（评论）文章。在浙江省群众音乐论坛征文中，《群众性声乐辅导的探索》获兰花奖。在浙江省第十七届公共文化论坛征文中，《农民文化活动参与积极性与乡镇公共文化服务管理机制完善的关系研究》获一等奖。在第四届浙江曲艺发展论坛上，《简单、通俗是绍兴莲花落的生命》《绍兴宣卷的艺术特色》均获三等奖。在浙江省农村文化礼堂视觉艺术创作群体优秀作品征集出版活动，美术作品《荷香飘千里》获银奖；在浙江省文化馆主办的"南孔圣地，休闲衢州"摄影抓拍赛，《守护》获得铜奖。

（余其斌　沈建萍）

【承办"幸福水乡才艺秀"赛事122场】 2015年，柯桥区委宣传部、区文广局主办，区文化发展中心承办"幸福水乡才艺秀"，比赛项目新设故事会少儿组、成人组比赛环节，参赛对象增加机关党工委、之江学院两个海选赛区，赛制采用"3+1"比赛形式，设音乐、戏曲综合、舞蹈团队三类单项比赛和一场总决赛。该活动历时近半年，赛事122场，才艺达人1万多人，参与群众19.2万人。（沈建萍）

【"鉴湖之春"成为文化惠民服务品牌】 2015年4月至5月初，柯桥区委宣传部、区文广局主办，区文化发展中心承办第十一届"鉴湖之春"广场文化月活动，轮番上演莲花落专场、电影专场、越剧折子戏专场、音乐专场，参与观众2万多人次，成为文化惠民服务品牌。

【开展"群众文化带头人"系列培训10期】 2015年5—9月，柯桥区文化发展中心开展"群众文化带头人"系列培训10期，培训内容为舞蹈、声乐、戏曲、化妆及文化管理员、文化站长等。培训对象覆盖全区16个镇（街道）共1000余名基层文艺骨干。

【"好人一台戏"巡演10场】 2015年，柯桥区委宣传部、文明办主办，文化发展中心、民盟柯桥区基层委员会承办的"好人一台戏"——柯桥区道德模范和身边好人事迹专场巡演活动，在社区、高校、中小学巡演10场。节目包括绍兴莲花落、方言小品、歌曲、诗朗诵等，题材源于身边好人好事及道德传统。

（沈建萍）

【开展"文化走亲"活动】 自2015年5月始，柯桥区文广局主办，区文化发展中心承办"文化走亲"活动。择优绍兴莲花落作品及基层才艺达人节目，赴湖州南浔区、嘉兴桐乡市、衢州江山市等省内及绍兴市越城区等周边地区进行走亲互动。（沈建萍）

【《县域公共图书馆服务体系的创新模式研究》通过文化部验收】 2015年12月18日，文化部文化科技司向柯桥区文化发展中心颁发科技创新项目——"县域公共图书馆服务体系的创新模式研究"验收合格证书。该项目借鉴国内外优秀公共图书

2015年5月，柯桥区举办"群众文化带头人"舞蹈培训班　（祝　铭　摄）

服务体系，剖析县域公共图书馆服务体系建设缺失原因，构建新型创新实践模式。该课题是全市第一个文化部图情类科技创新项目。（吴庆珍）

**【网上图书馆成新亮点】** 2015年，柯桥区中心图书馆利用“互联网+”提升网络图书馆服务和电子资源共享，与市、省、国家中心网络互联，全省馆际互借，数据互通。图书续借和商用数据库资源免费下载成为热点，全年外借电子图书23086册次，网站访问量达到53125人次。开通手机图书馆和微信公众账号，拓展与读者沟通渠道。省级课题《绍兴民俗》通过结题验收并实现数据免费共享。（丁 骏）

**【开辟图书馆第三“知识空间”】**

2015年，柯桥区推出“明珠讲坛”现场讲座11场，其中送学校、社区、农村文化礼堂各1场；周末国学视频讲堂70场；“星期天影厅”播放优秀影视35场。举办“明珠展廊”各类图片展、公益展15场。开设“成人书法培训”“爱上烘焙”等读者活动36场。为各年龄段读者开辟图书馆第三“知识空间”。

（李金莲）

2015年，“文化走亲”绍兴·柯桥专场在桐乡市演出 （祝 铭 摄）

2015年，“明珠讲坛·国学讲堂”推出“听畅畅妈妈讲历史”少儿活动 （王 萍 摄）

## 文物保护

**【概况】** 2015年，柯桥区文物局根据省文物局“平安工程”指导意见，保护修缮大运河遗产点古纤道，实施印山越国王陵安防，开展“越峰行动”文物安全大检查。编制省级文保单位“四有档案”资料，并启动数字化。梳理“第三次全国文物普查不可移动文物名录”文物遗迹。柯桥区博物馆（越国文化博物馆）免费对外开放，接待参观者68000余人，先后推出11期临时展览及11期赴镇（街道）社区、企业和学校巡回图片展览，面向学校举办“文化有约——零距离赏宝”活动，培养学生文物鉴赏能力和书画艺术兴趣，完成第一次全国可移动文物普查第二阶段工作，新修复青铜类文物105件，编纂《浙江通志·文物卷》《中国出土青铜器全集·浙江卷》等。

（周燕儿）

**【抢险加固柯岩造像及摩崖题刻】** 2015年，柯桥区投资2080万元，抢险加固国保单位柯岩造像及摩崖题刻。至年底，完成云骨、文昌阁遗址摩崖题刻工程夹手架搭设、云骨岩体表面清洗等。

**【完成大运河（柯桥区段）养护】** 2015年，柯桥区

2015年，柯桥区开展柯岩造像及摩崖题刻抢险加固　（刘迎兵　摄）

文保部门完成古纤道稽山桥段（330米）护岸（即大运河河坎）修复、沿途卫生保洁及双面临水段绿化带补种养护，开展运河沿线遗产区、缓冲区建设项目调查，编制“玉带桥、宝带桥段”古纤道日常性养护整修方案。

**【实施文物“平安工程”】** 2015年，柯桥区文保部门投入资金，对国保单位舜王庙、印山越国王陵、徐渭墓监控联网，对柯桥区各级文保单位（文保点）文物安全大检查，对部分国保单位实施白蚁防治、电线穿管等。

**【“越锋行动”文物安全大检查】** 2015年，柯桥区文广局出台《关于组织开展2015年度“越锋行动”全区文物安全大检查的通知》。4月13日—6月3日，柯桥区文保所联合区文化市场行政执法大队115人，开展“越锋行动”——全区文物安全大检查，检查全国重点文物保护单位9处（21家）、省级文物保护单位6处、县级文物保护单位59处，文保点78处，发现安全隐患74处，发检查反馈函16份，函告存在问题79项，通报给文保所85项，发送宣传资料60余份。　（朱佩雯）

**【举办11期文化科普等展览】** 2015年，柯桥区博物馆利用资源举办各类特色临时展览，充实基本陈列内容。全年举办“刀笔生辉——国际刻字艺术精品展”“吉祥止止——2015朱勇方、茅斌辉书画迎新展”“於越慧金·拾遗西施山——越中艺术博物馆藏东周时期铁器展”等11期临时展览。展览内容涵盖历史、文化、艺术等多个方面，为市民提供科普知识。　（高幸江）

**【完成可移动文物普查阶段性工作】** 2015年，柯桥区博物馆清洗、整理各类货币5000多枚（张），整理发掘品600余件，向国家可移动文物普查登录平台报送文物数据5245件（套），通过省普查办审核与质量验收文物4817件（套），根据反馈意见在线修改数据并提交至绍兴市普查办，完成第一次全国可移动文物普查第二阶段工作。　（王　策）

**【绍兴铜镜青瓷在兰溪开展】** 2015年3月和11月，柯桥区博物馆与兰溪市博物馆在兰溪市博物馆临时展厅联合举办“古镜今鉴——绍兴出土铜镜展”及“千峰翠色——绍兴出土越窑青瓷展”，展出绍兴

2015年，柯桥区第一次全国可移动文物普查工作现场　（过伟明　摄）

出土西汉至明代铜镜60件及东汉至宋代青瓷67件（套）。（张 慧）

## 非物质文化遗产保护

**【概况】** 2015年，柯桥区开展第十个文化遗产日系列活动，推进非物质文化遗产保护与旅游产业融合。6月底，完成浙江省非遗保护主要数据年度报表，申报第六批市级非遗项目，绍兴清音班、绍兴扇艺、扯白糖等6个项目列入其中。

**【开展国遗项目调查】** 2015年，柯桥区开展国遗项目绍兴宣卷二次调查，完成《绍兴宣卷传承发展现状探究》一文，被《上海浦东·全国宣卷传承论坛文集》收录，并拍摄三集总长90分钟《宣卷人生》纪录片。11月，江苏靖江电视台也专程来柯桥区采访拍摄《寻访活宝卷》和平水珠茶制作技艺专题片《珠茶纪事》。

**【出版《绍兴师爷故事集成》】** 2015年5月，柯桥区启动非遗丛书编撰，第一册《绍兴师爷故事集成》在11月底完成编写。该书25万字，收集故事189则，由西泠印社出版发行。

**【莲花书场建成投用】** 2015年7月，柯桥区专业的曲艺演出场所莲花书场建成投用。该书场投资120万元，位于区文化馆内，面积250平方米，设置座位100个。

**【开展第十个文化遗产日系列活动】** 2015年6月13日是中国第十个文化遗产日，柯桥区非物质文化遗产中心先后开展“记住乡愁”非遗主题征文、“非遗进礼堂”曲艺传承展演、“非遗进学校”传统技艺展示、“越地风情”非遗图片巡展等宣传展示活动。其中“记住乡愁”非遗主题征文活动，收到稿件206篇。获奖作品在6月13日的《柯桥日报》整版刊登。组织绍兴铜雕、越窑青瓷等16个项目参加绍兴市“非遗集市”活动。在绍兴市“师爷讲故事”比赛中，安昌中心小学、柯桥实验小学选送的“小师爷”分别获得一等奖。

**【活态传承非遗】** 2015年，柯桥区非物质文化遗产中心举办“美丽柯桥”绍兴剪纸新春展、“品味端午”乡村行、中元节目连戏传承演出、七夕节“甜蜜蜜的小镇”非遗展示、“月满鉴湖”汉服祭月仪式、舜王庙会传统技艺及曲艺展演等以传统节目民俗活动为主的传承活动，丰富保护工作内容。5月上旬至7月中旬，举办绍兴摊簧公益传习班，20名曲艺爱好者每周一次学习绍兴摊簧的表演。7月27日，柯桥区文化广电新闻出版局主办，柯桥区非物质文化遗产保护中心承办曲苑芬芳——浙江曲艺优秀传统曲目传承展演在柯桥区莲花书场举行，来自全省12项国家级非遗曲种汇聚柯桥竞演。绍兴小百花选送的折子戏《死谏》在2015年江浙沪国家级非物质文化遗产传统戏剧类展演获银奖，绍兴王星记扇、绍兴圆木制作技艺在第七届中国（浙江）非遗博览会上分获金奖、银奖。在“非遗薪传”浙江曲艺展演展评中，绍兴莲花落《一髭水》获金奖，绍兴宣卷《花名宝卷》获铜奖。绍兴宣卷《卖花龙图》在上海浦东举办的全国宣卷学术邀请赛获银奖。绍兴王星记扇赴开普敦，参加“天工遗风——浙江省非物质文化遗产精品展”。绍兴莲花落《绍兴名士绍兴酒》、绍兴黄酒酿制技艺和绍兴花雕入选2016年浙江省非遗春晚。

2015年7月，三集纪录片《宣卷人生》开拍（沈 莹 摄）

**【各镇设立非遗文化礼堂】** 2015年，杨汛桥镇仁里王村为王羲之后裔聚集村，建成200平方米书法艺术馆，齐贤镇兴浦村扇文化馆于端

2015年8月，绍兴摊簧公益传习班学员在演出 （沈 莹 摄）

午节前举办开馆仪式。11月，浙江省召开美丽乡村暨农村精神文明建设现场会，湖塘街道香林村“香林人家”非遗馆被列为考察点。柯桥区非物质文化遗产中心参加区委宣传部组织的“五进礼堂”活动，开展非遗展示展演活动20场次。

【非遗文化融入地方旅游】 2015年，柯桥区开展第三批非遗产旅游景区申报工作，挖掘安昌镇师爷文化、传统商贸文化、百年酱文化和古桥碧水文化。安昌镇成为绍兴市首个省非遗主题小镇。安昌腊月风情节中，越剧、绍兴莲花落、绍兴摊簧、绍兴宣卷等地方特色曲艺表演让游客领略越地之美。2015柯桥金秋旅游节“越之南”乡村旅游品牌推介仪式上，绍兴扯白糖、绍兴王星记扇制作技艺等一批传统技艺项目参加表演，为柯桥旅游增添地方文化情愫。

【拓展非遗普及渠道】 2015年，柯桥区在省非遗网、区非遗网、柯桥非遗微信公众号、腾讯微博、新浪微博发布非遗活动信息200余条。柯桥区非遗馆接待参观者1.5万人，连续两年被绍兴市社科联评为市级社科普及示范基地。区非遗网暨非遗网上展馆自2014年3月后，累计访问量突破30万人次，成为宣传、展示保护成果的重要平台。（祝妍春）

## 文化产业

【概况】 2015年，柯桥区有各类文化经营单位794家，其中网吧113家、歌舞娱乐场所（电子游戏）68家、营业性演出场所2家、营业性演出团体39家、出版物（书刊、电子出版物、音像制品）271家、包装装潢印刷101家、其他印刷品印刷47家、打字复印139家、广播电视节目制作经营单位8家、电影放映6家。柯桥区6家文化企业组团参展第10届中国（义乌）文交会，14个展位、展览面积136平方米。蓝天、万达、厚品3家数字影院放映5万余场，观影人数180余万人，票房收入60000万元。

2015年，柯桥区文化市场行政执法大队出动执法人员1223人次，执法检查399次，检查经营单位1938家，查处无证KTV娱乐场所7家、无证音像（出版物）摊店8家、非法广播发射台3家、未经许可擅自接收卫星电视节目的宾馆1家、非法演出大蓬2家，收缴非法音像制品2040张（盒）、非法（盗版）书刊162本，办理行政处罚案件27件，维护文化市场稳定。

【柯桥区被评为省文化产业“十强”区】 2015年，柯桥区拓宽文化产业融资渠道，构建“互联网+文化+金融”模式，建设省市级文化骨干企业，至年底，有上市文化企业1家，省文化产业发展（122）工程重点企业1家，市级重点文化企业14家，省级广告产业园区1家，省第七届“文化企业30强”1家。支持文化企业通过“新三板”上市融资，建立兰亭北航文化艺术品交易中心。建立柯桥区普华天勤文化产业投资基金，总规模10亿元、首支规模2亿元，政府出资20%。限额以上文化产业增加值增长21.7%，柯桥区被评为浙江省文化产业“十强”区。

【完成5部新兴影视作品制作】 2015年6月27日，环泰文化制作的动漫电影《小猪班纳之梦想大“帽”险》在全国上线公映，电视系列剧《小猪班纳之星幻骑士》、动漫电影《犹太女孩·翡翠项链》完成制作。由贺盈时代投拍的电影《巴黎假期》在全国公映，都市轻喜剧《奶爸当家》完成拍摄。

【放映农村电影3700余场】 2015年，柯桥区强化农村电影菜单式服务，开展标准化放映。通过资金

2015年6月10—9月20日，柯桥区开展文化市场安全检查
（朱梅屏　摄）

奖补、票房补助等方式，培育镇级多厅影视发展。区内首家镇级多厅影院——钱清大钱门国际影城投用，并获得省级影院建设奖补资金60万元，成为绍兴市首家获得省级奖补资金的镇级多厅影院。建设固定放映点，完成农村固定放映点建设10家，实现农村电影放映从室内到室外、流动向固定转变。全年全区农村电影放映3728场。

**【筹建新型网吧11家】** 2015年，柯桥区规范行政审批，推动互联网上网服务行业转型升级，新增网吧由上网服务营业转型为信息服务平台和多功能文化休闲场所，全年受理并筹建网吧11家，投资规模1300余万元。

**【放开文化企业政策】** 2015年，柯桥区做好简政放权，对全区KTV娱乐企业取消点歌系统的安装资质等相关证明，对影视企业设立广播电视节目取消300万元注册资金的前置条件。

**【开展文化市场百日安全大整治】** 2015年6月10日~9月20日，柯桥区文化市场行政执法大队开展夏季文化市场百日安全大整治专项行动，重点检查场所规范制度、生产经营、消防安全等执行情况，对发现的安全隐患，建立清单，逐一告知，分类拟定整改措施，并进行二次上门督查。检查文化市场经营单位681家次，整改隐患139处，立案查处9起，停业整顿3家。

（祝妍春）

## 档案事业

**【概况】** 2015年，柯桥区档案局完成2000平方米的基本陈列厅展厅建设布展，馆藏档案数字化率80%以上，建立电子档案大数据安全系统，通过省级规范化档案登记备份中心验收，启用库房档案RFID智能管理系统。该展厅成为国家综合档案馆爱国主义教育示范基地和省中小学档案教育社会实践基地。孙越崎纪念馆被列为民革中央指定的追寻历史足迹的定点单位，接待全国各地民革人士11次400余人。开展“柯桥治水历史图片展”“柯桥新城建设成果巡回展”“纪念抗战胜利70周年图片展”等档案文化展览，稽山之光国学讲座。同时，与浙江大学历史系协作完成1400万字的《民国绍兴商会档案汇编》编纂，编印《记忆柯桥·2014》一书。

**【通过省级档案规范化登记备份中心创建验收】** 2015年，柯桥区档案局完成馆藏档案数字化扫描1230余万页，数字化80%以上；140个全宗单位192447卷件（62644卷、129803件）的原文数字化系统挂接，挂接率67.21%。婚姻档案、二轻职工档案、山林权证档案、招工档案等四大类涉民档案原文数据在全市共享平台上共享。通过省档案局对柯桥区档案局省级规范化登记备份中心创建验收，启用库房档案RFID智能管理系统。

**【拓展档案资源建设】** 2015年，柯桥区档案局将区市场管理局工商企业注册登记档案、区国土局业务档案、区人民法院诉讼档案、组织部人事档案等机关部门档案纳入库房保存范围。完成“十二五”期间镇（街道）、机关部门文书档案接收进馆，人社局知青档案和招工档案电子数据入档案查阅共享平台，供全市查阅利用。向绍兴籍摄影师王养吾征集到2万余张绍兴老照片。还征集到一批老家谱、解放初期照片、书籍、资料等历史档案资料，丰富馆藏珍贵档案。

**【完成档案调阅26000卷次】** 2015年，柯桥区档

孙越崎纪念馆　　（钟燕萍　摄）

案局将档案文化向全区中小学生、社区、企事业单位、浙江工业大学之江学院延伸，加强馆校合作、馆企合作、馆院合作等文化交流。馆内文化设施场所全年接待参观群众2万余人，档案查阅窗口接待各类档案查阅利用人员29308人次，来电、来函及网上留言查阅851人次，调阅档案26112卷次。设立电子查阅区域，配备自助查阅一体机终端，帮助有关部门、个人查考。（钟燕萍）

## 地方志

**【概况】** 2015年，柯桥区地方志工作以“借智借力为新亮点、创新创业成新常态”的思路，坚持“编修志书出精品、资政育人重服务、自身建设练内功”工作准则，完善库、网、刊建设，打造“越地春秋”（“越地春秋丛书”、越地春秋网、《越地春秋》刊物、“越地春秋”讲堂）品牌。基本建成区、镇、村三级志书网络，出版志鉴4部。区史志办被人社部、中指组评为全国地方志系统先进集体。

**【区史志办被评为全国地方志系统先进集体】** 2015年12月29日，柯桥区史志办公室，被人力资源社会保障部、中国地方志指导小组评为全国地方志系统先进集体。该评选活动五年举行一次，柯桥区史志办为浙江省唯一获此荣誉的单位。

**【形成县志续志初稿】** 2015年，柯桥区以“三勤”为举措，加快推进《绍兴县志（1990—2013）》续修。勤走访对接，主动走访104家承纂单位，重点走访初稿上交不及时、稿件质量不高的单位，促动承纂单位保质保量进行编修。勤分类指导，根据不同修志进度，制订专项方案，提供一对一辅导，统筹协调，抓先进、推中间、带全面，推动县志续修整体进度。勤审阅反馈。对上交初稿限期反馈，分别从纲目、语体、事例等方面予以要求。至年底，104家单位全部上交一轮初稿，其中90%的单位完成二轮修改。

**【以“三专”创新年鉴编纂】** 2015年，柯桥区以“三专”为举措，创新《柯桥区年鉴（2014）》编纂。建立专门机制，探索编纂机构更专一、编纂人员更

2015年12月29日，柯桥区史志办公室被评为全国地方志系统先进集体（区史志办　供稿）

专职、编纂措施更专业的运行机制。开展专题研究，紧贴经济社会发展新动态，新设农村基层党组织建设、“五水共治”纪事、“三改一拆”纪事、城市轨道建设纪事，突出2014年柯桥区重点工作。组织专业编纂，探索综合年鉴与专业年鉴相结合的专业化路子，提高年鉴编纂质量。

2015年5月8日，浙江省各地市方志办主任工作会议在柯桥区举行
（区史志办　供稿）

**【承办全省地方志工作会议】** 2015年5月8日，浙江省各地市方志办主任工作会议在柯桥区举行，全省各地市的方志办主任及有关人员30余人与会。中国地方志指导小组副秘书长、办公室副主任冀祥德，浙江省方志办主任潘捷军，柯桥区委副书记马芳妹等出席会议。会上，冀祥德作重要讲话。潘捷军传达全国地方志机构主任年度工作会议精神，部署下阶段工作。区史志办作为全国地方志系统先进集体浙江省唯一候选单位，介绍先进工作经验，各地市方志办代表作交流发言。会后，与会代表实地走访柯桥方志馆，考察柯桥区地方志发展成果。

**【“志说柯桥”主题征文刊出19期】** 2015年8月1日起，柯桥区史志办公室联合柯桥日报社，开辟《志说柯桥》栏目，面向社会各界征集优秀文稿。征文侧重反映1978年至2013年间，柯桥区在经济发展、城乡建设、“三农”变迁、文教繁荣等方面的变化，展现柯桥改革开放发展历程。至年底，专栏收到社会各界来稿上百份，刊出征文19期，为《绍兴县志（1990–2013）》编纂提供翔实史料。

**【成立地情文献收藏中心】** 2015年，柯桥区成立地情文献收藏中心，广泛征集、整理、保存涉及越地的各类史志地情资料。至年底，收藏地情书籍5000余册、柯桥老照片上万张，涵盖柯桥区政治、经济、历史、文化、社会等各个方面。全年累计接待社会各界查询史料信息100余人次。

**【成立地情宣传教育中心】** 2015年，柯桥区成立地情宣传教育中心。中心通过县志续修、年鉴编纂等重点工作，加强对基层地方志的指导和管理；参与中心工作，指派专人参与重点帮扶村整转、农村文化礼堂建设、全省“美丽乡村”现场会、“千村故事”编撰等活动，发挥史志资政服务优势。

**【成立地域发展研究中心】** 2015年，柯桥区成立地域发展研究中心。中心深入研究区域地情，参与策划中央电视台专题纪录片《大禹家园》；组织编辑“绍兴历史名人志丛书”；与区政协文史委合作编纂《王阳明在绍兴史料》；开展《以“三立”标准培养年轻干部》《绍兴水利纪事》等课题研究，为领导决策提供参考。

**【“越地春秋”纳入政府网】** 2015年，柯桥区建立新版越地春秋网站，纳入政府门户网站。网站新增《柯桥概览》板块，重点介绍柯桥的自然人文环境和经济社会建设情况。同时将《柯桥区年鉴》等史志书籍数字化处理后上传至网站，使之成为可供群众了解信息、查阅资料、讨论交流的窗口和平台。

（史　志）

## 报　纸

**【概况】** 2015年，柯桥日报社按照“贴近决定影响力”办报理念，围绕区委、区政府重点工作和中心工作，围绕全区群众关注的民生工程和实事工程，做好宣传报道工作。同时利用自身优势和综合实力，探索全媒体融合发展新路子。采编工作、经营工作和全媒体融合发展工作都取得新成绩。办好“让高标准成为新常态”栏目，刊出报道数十篇，内容涉及轻纺城三次创业、电商换市、文化产业发展等。做好“互联网+”系列述评报道，反映“互联网+”模式下柯桥区经济社会正在发生的新变化，梳理并思考相关领域成绩。办好“行进柯桥·精彩故事”栏目，展现全区不同领域、不同层面精神风貌。经济报道栏目如“喜迎纺博会”“上市公司老总访谈”“你创业我创新”“抓信息经济机遇、促工业转型升级”等，都产生良好宣传效果。2015年，《柯桥日报》巩固报纸发行量、完善新媒体架构和开展多种营销策划等手段，报纸发行量达到6万多份，注册会员超过52万名。

**【推出环境整治系列专栏】** 2015年，柯桥日报社采访“五水共治”环境整治，曝光存在问题，宣传工作亮点，促进工作推进。在重要新闻版面开展联动，推出“今日关注”栏目，关注“五水共治”“三改一拆”“四边三化”等重点工作推进中碰到难点问题，全年在该栏目中发表报道近50篇。推出“环境整治进行时”“大力开展城乡环境整治提升专项行动”等栏目，报道环境整治开展情况，营造良好舆论氛围。

**【推出提升城乡整体文明素质系列专栏】** 2015年，《柯桥日报》推出“当好东道主、办好市运会”专栏，助推市运会圆满完成。推出交通治堵专栏，关注群众文明出行。推出“创建全国文明城市、国家卫生城市、做幸福柯桥文明人”“家事家风”和“柯桥好人365”等栏目，提升城乡整体文明素质。

**【开通浙江新闻·柯桥频道】** 2015年9月7日，柯桥日报社开通浙江新闻·柯桥频道，每天更新、及时发布以柯桥区为主的相关信息。注重与百姓生活密切相关的资讯服务，在报纸上设专版报道，利用柯桥网、同城网同步推送，扩大资讯服务受众面和影响力。 （张明龙）

## 广播·电视

**【概况】** 2015年，柯桥区广播电视总台在《柯桥区新闻》中开设《打好治水攻坚战全力争夺“大禹鼎”》《创全国文明城市国家卫生城市做幸福文明柯桥人》《环境整治进行时》等近20个栏目，播发报道1200多篇。发挥总台广播、电视、网站、杂志、公众微信号等传播平台优势，与中央台、省台和其他兄弟城市台建立沟通渠道，组织外宣活动10余次，在中央人民广播电台《浙江之声》新闻播出量居全省县级台第九位。全年广播、电视、网络各类获奖项目省级奖4件，市级奖20余件。举办“2015中国轻纺城杯新丝路模特大赛浙江赛区总决赛”“市八运会开闭幕式”现场直播、“FM106城市车展”等大型活动，依托FM106广播频率、《快乐吧》等栏目，开展“粽叶香、端午浓”“经典汽车六周年庆”“开考啦”进校园系列等近20场活动。对新闻移动客户端、微信平台等新媒体业务进行探索，实现电视节目移动在线收看、收听，同时通过微信公众平台举办活动推广与互动。

2015年，中广有线柯桥分公司牵头整治广电、电信、移动、联通等运营商农村弱电线路，先后对湖塘、漓渚、福全、柯岩四地7个试点村进行治理，建地埋管道7.7千米，改造用户分配网络1600余户，新建漓福公路旁杆路5.6千米。这年，中广有线柯桥分公司在原有农村广播基础上，新建区应急广播中心平台1个，区级应急广播室2个，镇级应急广播室15个，村级应急广播室249个，智能型应用终端764个。建成后，农村室外应急广播终端5356个，其中室外音柱4856个，室外高音喇叭500个。与省、市、区三级应急信息发布部门预警信息接入，应急预警信息发布全天候响应和1分钟内送达到目标地区，在9月份预防登革热病传播中，发挥积极作用。成立一支农村应急广播管理员队伍，培训管理员289人。

**【承办18场《沟通面对面》】** 2015年，柯桥区广播电视总台承办电视问政节目《沟通面对面》，节目以电视媒体为平台，干部、群众面对面联动互动。从2015年11月起柯桥区16个镇（街道）的领导干部及2700余名普通百姓参与录制。广电总台集合全台资源，配合组织部门及参与单位，完成18场《沟通面对面》的采、编、录、播工作。4月23日，柯桥区委副书记、区长阮建尧和公安、交通、住建等相关职能部门主要领导直面80余名来自社会各界的代表人士，录制一场《沟通面对面》——问政交通治堵专场特别节目，引起较好社会反响。

**【民生栏目保持100%的反馈率】** 2015年，柯桥区广播电视总台广播栏目《亚红热线》接听热线电话3000余个，配合区纪委举办广播行风对话39期。电视栏目《民生360°》接听群众来电1000余个，

2015年4月23日，柯桥区广电总台承办《沟通面对面》——问政交通治堵专场
（区广电总台　供稿）

**【中国轻纺城频道改版】** 2015年10月1日起，柯桥区广播电视总台对中国轻纺城频道全新改版，推出轻纺城·时尚频道和《轻纺时尚汇》等主打栏目，集中采编、播音、制作等骨干力量和优质资源，与大台时尚节目接轨。

**【完成智慧天网二期工程】** 2015年4月28日～8月20日，中广有线柯桥分公司完成天网工程二期建设项目并投入运行。全区安装监控点1370个、交接箱213只、监控杆939套、监控设备箱体965只，敷设电源线326公里、光缆10351芯公里，改造派出所机房10个。10月9日，中广有线柯桥分公司中标绍兴市柯桥区动态治安监控系统（设备、线路）租赁项目三期项目，拿下1270个监控点位的大单。

两档栏目保持100%的投诉反馈率。

**【拍摄"三个柯桥"形象宣传片】** 2015年，柯桥区广播电视总台拍摄《时尚柯桥·印象柯桥·幸福柯桥》电视形象艺术宣传片，历时近4个月，踩点拍摄80余处，集聚柯桥区经济、文化、人文、旅游、生活等方面画面。此片为高清拍摄，大量采用无人机航拍，以4k画质呈现，风格上追求现代感和艺术感。

**【科技创新呈新亮点】** 2015年4月13日，柯桥区科协与中广有线柯桥分公司合作，成功上线柯桥科普电视栏目，副区长周树森参加启动仪式。10月份，该公司技术人员合著的论文《探索共享型监控服务云平台》被中国广播电视协会技术工作委员会评为

2015年，柯桥区广播电视总台拍摄《时尚柯桥·印象柯桥·幸福柯桥》电视形象艺术宣传片
（区广电总台　供稿）

2015年8月20日，中广有线柯桥分公司完成天网工程二期建设项目并投入运行　　　　　　　　（区广电总台　供稿）

2015媒体融合技术研讨会优秀论文二等奖；马汉良广电网络工作室，被中国广播电视协会技术工作委员会认定为第三批绍兴市技能大师工作室，工作室自2008年成立以来，已培养出广播电视机务员技师100余名，多项成果应用于实践。　（傅国英）

## 网络媒体

**【概况】** 2015年，柯桥区网络媒体达数千家，各类门户网站较为齐全，包括政府性网站柯桥区政务公众信息网，新闻综合门户网站中国柯桥网，商务网站全球纺织网、网上轻纺城、绍兴同城网，专题类网站落伍者站长论坛、绍兴莲花落网等。众多机关事业单位、社会团体及学校建立起非营利性网站。许多企业网站提供产业信息、行业动态、产品展示平台，兼具网上交易功能，为企业产品拓展销售渠道。以柯桥发布、柯桥警方、享游柯桥等为代表的新媒体公众号影响力持续增长，网民关注度持续提升。

**【中国柯桥网】** 2015年，中国柯桥网转发正面宣传信息万余条，开展“全面深化改革在浙江”“五水共治”“三改一拆”等重大主题网络宣传，结合本地实际开展《建设实力柯桥、美丽柯桥、幸福柯桥，打赢柯桥区‘五水共治’攻坚战》等网络宣传。4月，中国柯桥网实施鉴湖论坛会员手机注册制，保障网络“清洁”。鉴湖论坛会员超50万人，每天发布各类信息约2000帖，日点击量约10万次。9月，编发浙江新闻手机客户端柯桥频道，每天编发新闻6条。《柯桥手机报》用户1000人，年发送新闻250余期。柯桥网络民生直通车发帖约3000条，畅通网民诉求。

**【网上轻纺城】** 2015年，网上轻纺城总交易额174.73亿元，日访问量230万次，网站注册会员205万人，企业62万家，商铺80178家。全年举办纺织电商培训65场，培训纺织从业者2802人次；上线“广州产业带”“现货市场”“科技大市场·花样花稿市场”，完善平台专业市场布局，加快现货展厅O2O合作，推动网上轻纺城线上线下联动。

**【绍兴同城网】** 2015年，绍兴同城网在柯桥日报社举办汽车博览会期间，请汽车4S店老总进网站与网友交流，即时上传汽车博览会信息与图片。网站与柯桥日报社社团部合作举办相亲活动4场，在网上公布相亲对象的相片、基本资料，即时上传相亲活动现场图片，并开设评论模式。推出“绍兴同城网”公众微信号，举办“宝贝车模”比赛，“我爱我的家乡——柯桥”绘画比赛等活动，微信粉丝增加95000多个，每天发布微信7条，头条微信阅读量平均10000次以上。开设“同城女郎”栏目，增加年轻男女关注度。每周原创微信，转发量均超6万次。（吴海明）

执行编辑　朱菊根

# 卫 生

## 综 述

2015年，柯桥区有医疗机构408家，其中三级乙等综合医院2家，二级甲等中医医院1家，二级乙等综合医院1家，公立综合医院分院1家（康复医院），皮肤病专科医院1家，皮肤病防治所1家，民营综合医院1家，民营口腔医院1家，妇幼保健计划生育服务中心1家，社区卫生服务中心4家，卫生院11家，社区卫生服务站128家，村卫生室206家，门诊部6个，企事业单位、社团医务室30个，诊所13家。有疾病预防控制机构1个，卫生监督机构1个，卫生进修学校1所，流动人口计划生育管理服务中心1个，卫生信息中心1个。实有床位3758张，其中医院、卫生院（社区卫生服务中心）床位3728张；卫生技术人员4988人，其中医生1987人。

这年，柯桥区继续推进医药卫生体制改革，推进国家基层卫生综合改革重点联系点、浙江省县乡村卫生一体化综合管理试点区、绍兴市分级诊疗试点工作，完善基层首诊、分级诊疗和双向转诊机制，建设村卫生服务站40家。创建首批国家级群众满意的乡镇卫生院4家（安昌镇卫生院、钱清镇卫生院、马鞍镇卫生院和杨汛桥镇卫生院），创建公共卫生服务精品社区21家。基本公共卫生服务项目达标率继续保持90%以上。甲乙类传染病报告发病率227.81/10万，甲乙丙类报告发病率492.13/10万。全年处置疫情29起，其中突发公共卫生事件1起。顺利通过国家卫生城市复查。创建省级卫生镇1个，省健康促进医院1家，健康促进金牌学校1家。全区居民平均期望寿命81.96岁。取缔无证行医64家。整合妇幼保健与计划生育资源。开展基层医疗卫生机构服务质量管理年活动。镇级以上医疗服务机构实现自助结算服务全覆盖。绍兴市中心医院在国务院医改调研座谈会上交流发言。引进高层次医学专业人才3人，招录研究生以上学历26人，柔性引进人才1046人次。加强学科建设，16个项目获省医药卫生科技奖、省中医药科学技术奖和市科技进步奖，33个项目通过课题评审，5篇医学论文被SCI收录。1个科研项目获国家自然科学基金立项资助。柯桥区中医医院选送的绍派伤寒疗法（傅氏伤寒）入选绍兴市第六批非物质文化遗产名录。2015年11月5—6日，基层卫生综合改革重点联系点研讨班在柯桥区召开。

2015年，柯桥区评选柯桥区名医、医坛新秀、护理标兵、最美乡村医生35名。柯桥区被国家中医药管理局命名为全国基层中医药工作先进单位，创建为浙江省卫生应急工作示范区和浙江省慢性非传染性疾病综合防控示范区。柯桥区疾病预防控制中心被授予全国疾病预防控制工作先进集体称号。第二医院获评全国综合医院中医药工作示范单位和国家级节约型公共机构示范单位。绍兴第二医院孙建平被授予“绍兴最美医生”称号，绍兴市中心医院陶国凤被授予“绍兴最美护士”称号，柯桥区稽东镇卫生院胡乃祥、柯桥区中医医院周萍萍分获“绍兴美丽医生、绍兴美丽护士”称号。

**【两家医院与杭州树兰医院管理有限公司签订合作协议】** 2015年6月23日，柯桥区中医医院、柯桥区妇幼保健院分别与杭州树兰医院管理有限公司签订合作协议，开始为期5年的医疗合作。合作以机构性质和职能不变、独立法人不变、资产权属不变、财政拨款渠道不变、职工编制性质身份不变等“五不变”为原则。杭州树兰医院管理有限公司对柯桥区中医医院、柯桥区妇幼保健院分别采取“管办分离”和技术合作的模式进行委托管理。这年，

2015年9月15日，国家传染病重点学科带头人、中国工程院院士李兰娟（左三）接受聘请，就任绍兴市柯桥区妇女儿童医院名誉院长　（朱敏芝　摄）

国家传染病重点学科带头人、中国工程院院士李兰娟就任绍兴市柯桥区妇女儿童医院名誉院长，柯桥区中医医院挂牌浙江大学国际医院中医分院，柯桥区妇幼保健院与香港妇产科学院、香港仁安医院开展国际合作。

**【国家卫计委调研柯桥区国家重大专项卫生工作】** 2015年3月19日，国家卫生计生委科教司司长秦怀金、处长陈昕煜等调研人员在院士李兰娟、省卫计委副主任马伟杭、处长沈堂彪等陪同下调研柯桥区国家重大专项传染病防治示范区项目和全科医生培养工作。调研组分别听取浙医一院和柯桥区卫计局就省、区国家重大专项传染病防治示范区项目等相关情况的汇报，李兰娟对国家重大专项传染病防治项目的重要性和长期性的优点作说明。随后，调研组一行实地走访夏履镇卫生院，听取卫生院基本情况、重大专项传染病防治和全科医生培训情况介绍，察看该院网络远程门诊室与浙医一院专家远程门诊实时连接情况，详细解卫生院体检中心的无纸化体检流程、电子健康档案中的传染病专项。

2015年3月19日，国家卫生计生委科教司司长秦怀金（前右二）调研柯桥区国家重大专项传染病防治示范区项目和全科医生培养工作　（吴建成　摄）

**【在省内率先开展药品两次议价试点】** 2015年，柯桥区在省内率先开展药品两次议价试点。4家公立医院由各单位在省中标价格内会同药品供应商自主谈判定价采购，16家镇（街道）级医疗单位由柯桥街道社区卫生服务中心牵头组成药品定价机制试点工作联合体，对原使用量大、需求面广的药品以及30%限额药品，在省中标价格基础上会同药品，供应商谈判定价。对1070个品规的药品进行两次议价，降幅最高31.21%，议价差额约1600万。

**【完成“两院建设”工程】** 至2015年年底，妇幼保健院新建工程和区中医院扩建（老年康复医院建设）按照预定进度推进。第三医院新院和口腔医院改建工程投入使用。第二医院南大楼装修工程完工投入使用，第二医院肿瘤诊疗中心大楼新建工程和华舍街道社区卫生服务中心扩建改造工程开展前期准备。　（朱敏芝）

2015年12月27日，市委书记彭佳学（中）调研区中医医院（老年康复医院）扩建工程　（区卫计局　供稿）

## 基层卫生

【**概况**】 2015年，柯桥区继续开展国家基层卫生综合改革重点联系点、浙江省县乡村卫生一体化综合管理试点区、绍兴市分级诊疗试点工作，完善基层首诊、分级诊疗和双向转诊机制，建设村卫生服务站40家，兰亭、福全等2家镇卫生院创建为浙江省甲等卫生院。创建首批国家级群众满意的乡镇卫生院4家。创建公共卫生服务精品社区21家。基本公共卫生服务项目达标率继续保持90%以上。完成以重点人群为主的参保城乡居民健康体检252373人，体检率62.72%，其中60岁以上老年人体检102391人，体检率85.88%。

2015年，柯桥区定向培养本科层次农村社区医生18人，并首次定向培养大专层次临床医学专业村级卫生服务站从业人员60人。

【**基层卫生综合改革重点联系点研讨班在柯桥区举行**】 2015年11月5—6日，国家基层卫生综合改革重点联系点研讨班在柯桥区举行，全国17个基层卫生综合改革联系点卫生计生部门负责人约90人参加。国家卫计委基层司副司长诸宏明、浙江省卫计委副主任王国敬等领导出席会议。研讨班上，国家卫生计生委基层卫生司副司长诸宏明介绍基层卫生发展与改革情况，国家卫生计生委医政管局医疗资源处处长焦雅辉做分级诊疗指导意见解读的报告。省卫计委基层处处长胡玲做基层卫生综合改革存在问题与政策调整报告，绍兴市卫计委、柯桥区卫计局、柯桥区钱清镇卫生院分别交流汇报各自在基层卫生综合改革的中的经验做法。与会人员还到柯岩、杨汛桥、安昌、钱清等基层医疗单位进行实地考察。

【**下派医务人员开展区镇医疗合作**】 2015年，绍兴第二医院、绍兴市中心医院和柯桥区中医医院分别与福全镇卫生院、柯桥街道社区卫生服务中心、湖塘街道社区卫生服务中心等单位组建医疗集团，3家基层单位门急诊人次比上年分别增加7%、

2015年11月5—6日，国家基层卫生综合改革重点联系点研讨班在柯桥区召开　（单明铭　摄）

10.29%和12.5%。全区共下派医务人员2974人次开展坐诊、教学查房、手术示教、会诊、学术讲座和病例讨论等，其中全区小病进社区比例达62.37%。全区由16家基层医院上转到区级医院的病例数达11809例，区级医院向基层医院下转患者2199例。

**【基层医疗机构用药品种增加至1000余种】** 2015年，柯桥区允许基层医疗机构增加区级医院目录内的非基本药物，使用金额不超过基层医疗机构药品使用总金额的30%。基层医疗机构的用药品种增加至1000种以上，实施基本药物制度的村级医疗机构用药同步增加，并对村级医疗机构使用非基本药物在总药品费用30%以内部分也给予财政补助，基本满足基层群众的常见病、多发病的用药需求。

**【创建公共卫生服务精品社区21个】** 2015年，柯桥区共创建公共卫生服务精品社区21个，分别位于齐贤镇齐贤村卫生服务站、齐贤镇朝阳卫生服务站、滨海医院、市中心医院钱清分院、钱清镇九岩村卫生服务站、绍兴第二医院平水分院、平水镇王化社区卫生服务站、柯桥街道管墅卫生服务站、柯岩街道社区卫生服务中心、华舍街道社区卫生服务中心、华舍街道金地卫生服务站、湖塘街道古城社区卫生服务站、杨汛桥镇芝塘湖社区卫生服务站、安昌镇卫生院、安昌镇九鼎社区卫生服务站、福全镇劳家畈社区卫生服务站、夏履镇卫生院、兰亭镇兰渚山社区卫生服务站、漓渚镇卫生院、王坛镇孙岙社区卫生服务站、稽东镇卫生院。　（朱敏芝）

2015年6月30日，柯桥街道社区卫生服务中心挂牌绍兴市中心医院柯桥分院　（区卫计局　供稿）

## 疾病预防控制

**【概况】** 2015年，绍兴市柯桥区甲乙类传染病报告发病率为227.81/10万，甲乙丙类报告发病率为492.13/10万。共处置疫情29起，其中突发公共卫生事件1起。柯桥区创建为浙江省卫生应急工作示范区和浙江省慢性非传染性疾病综合防控示范区。全区居民平均期望寿命为81.96岁，其中男性为80.37岁，女性为83.68岁。疾病预防控制经计量认证检测能力达409项，其中2015年新扩64项。柯桥区疾病预防控制中心被国家卫计委授予全国疾病预防控制工作先进集体称号。

**【处置传染病疫情29起】** 2015年，柯桥区处置传染病疫情29起，其中突发公共卫生事件1起（登革热本地暴发疫情），另外28起分别为人感染H7N9禽流感疫情1起、输入性登革热疫情3起、水痘聚集性疫情2起、手足口病聚集性疫情15起、输入性间日疟1起、输入性恶性疟2起、学校结核病疫情4起。在登革热疫情处置中，共报告病例9例，开展入户病例搜索7053人，病毒检测810例，开展布雷图指数监测800余次，发放宣传资料26万份，疫情得到有效控制。12月，柯桥区被命名为浙江省卫生应急工作示范区。

**【甲乙丙类报告发病率比上年下降34%】** 2015年，柯桥区报告甲乙类传染病2209例（甲类0例），甲乙类传染病报告发病率227.81/10万，比上年下降2.6%。报告甲乙丙类传染病4772例，甲乙丙类报告发病率492.13/10万，较上年下降33.99%。开展人感染H7N9禽流感、中东呼吸综合征、艾滋病、结核病等新发和重点传染病防制，共确诊艾滋病病毒感染者和艾滋病病人84例，发现学校结核病患者23例和流动人口活动性肺结核患者290例。

**【一类疫苗接种率均达95%以上】** 2015年，柯桥区免疫规划0~6岁管理儿童数74614人，其中新建卡儿童15849人。共为流动及本地儿童接种一类疫苗27.56万剂次，二类疫苗15.19万剂次，一类疫苗接种率均95%以上。柯桥区有8家星级预防接种门诊实现数字化管理，疫苗冷链监测平台覆盖全区所有预防接种门诊，并进行实时监控。出台《柯桥区预防接种人员管理办法》。

**【创建为浙江省慢性病综合防控示范区】** 2015年，柯桥区前五位死因依次为恶性肿瘤、脑血管病、呼吸系统疾病、心脏病、损伤和中毒外部原因。全区累计登记管理高血压患者78715人，规范管理率66.38%，血压控制率65.85%；累计登记管理糖尿病患者21493人，规范管理率66.85%，血糖控制率60.44%。新开展基本公共卫生能力评价项目、中国成人慢性病与营养状况调查项目、农村肺癌早诊早治项目。创建为浙江省慢性病综合防控示范区。

**【精神病人救治救助政策保障力度居全省第一】** 2015年，柯桥区完善严重精神障碍患者救治救助保障政策，优化精神病社区免费施药的药物品种，新增门诊救助、由政府埋单起付线和特殊门诊自负部分的政策，加大住院救助力度，并实行精神病人监护“以奖代补”办法。为社区重性精神病患者提供免费药品34种共156万元，提供住院救助142人次近100万元，重性精神病检出率4.59‰，精神病人的救治救助政策保障力度居全省第一，全年未发生精神病肇事肇祸事件。

**【对49个村实施地方病和寄生虫病防治】** 2015年，柯桥区在兰亭等10个镇（街道）的49个村开展血吸虫病查螺工作，未发现新的螺点；完成流动人口血吸虫病监测和晚期血吸虫病病人救助；开展浙江省血吸虫病监测项目和浙江省土源性线虫病调查项目，共发现寄生虫病患者3例，总体感染率3.4%。

**【食品样品采样检测521份】** 2015年，柯桥区完成食品样品采样检测521份（其中40份为任务外自加的本地特色食品），开展食品安全风险评估和特定病原体的食源性疾病病例监测，共报告1起食物中毒事件，无异常食源性疾病病例报告。

（朱敏芝）

## 爱国卫生

**【概况】** 2015年，柯桥区重点围绕国家卫生城市复查工作，开展环境整治、卫生创建、病媒生物防制、健康教育等工作，通过国家卫生城市复查。创建省级卫生镇1个、省级卫生单位2个、省级卫生村6个、市级卫生村2个、区级卫生单位3个，省级卫生镇、村均通过复查。创建成省健康促进医院1家、健康促进金牌学校1家、银牌学校4所、铜牌学校10所。创建全民健康生活方式行动示范点22个。

**【27个村创建为省级卫生村】** 2015年，柯桥区柯岩街道通过省级卫生街道复查，王坛镇创建为省级卫生镇。王坛镇沙地村、上王村、孙岙村、舜皇村、新联村、湖塘街道湖塘村等6个村创建为省级卫生村，华舍街道东周社区居委会、人利社区居委会创建成省级卫生先进单位。柯岩街道信心村，湖塘街道永联村、香林村，王坛镇喻宅村、张蒋村、南岸村、坎上村、新华村，福全镇龙尾山村、信诚村，华舍街道大西庄村、湖门村，柯岩街道埠头村、秋湖村、永进村、州山村，漓渚镇红星村，齐贤镇兴浦村，夏履镇莲东村、夏履桥村，安昌镇盛陵村等21个村重新确认为省级卫生村。兰亭镇任家畈村、兰渚山村创建为市级卫生村。

**【投入1000余万元开展病媒生物防制】** 2015年，柯桥区按照“政府统一领导，部门分工协作，各方联合行动”的要求，成立灭蚊灭蝇灭鼠灭蟑工作领导小组及除“四害”工作领导小组，制订工作方案和技术方案，实行“条包块管，条块结合，以块为主”的工作责任制。根据城区除四害技术方案，对城区范围内的各社区（居、村）、机关、企事业单位进行全方位、立体饱和投药。全年投入1000余万元开展除四害活动。

**【健康成为卫计工作新主题】** 2015年，柯桥区新建健康主题公园1所、健康步道2条、健康社区5个、健康单位5家、健康食堂5家、健康餐厅5家。安昌镇中创建为省健康促进金牌学校。全区创建成银牌学校4所、铜牌学校9所。中心医院创建为省健康促进医院。全年举办大型卫生防病宣传18场，开展健康教育知识讲座816场，发放宣传资料近50万份；共开展7个健康教育效果评估、预防接种健

康教育家长课堂项目、备孕人群烟草流行病学评估和戒烟干预项目。（朱敏芝）

## 卫生监督

**【概况】** 2015年，柯桥区加大对医疗卫生、公共场所、生活饮用水、学校卫生等综合监督执法力度，推广卫生监督协管系统，规范医疗机构执业行为，取缔无证行医64家。开展社区生活饮用水卫生检测示范项目，推广学校直饮水工程，公共场所卫生监督量化分级全覆盖。受理并作出行政处罚决定案件111件，查获“两非”案件6件。办理各类卫生计生行政许可3161件，其中医师执业注册320件、公共场所卫生许可541件、护士执业注册320件、放射诊疗卫生许可6件、母婴保健技术服务许可（机构）9件，母婴保健技术服务许可（人员）12件、再生育审批1953件。

这年，柯桥区重点检查医疗机构依法执业、医疗废物、传染病防治、消毒隔离、口腔诊疗行业、放射卫生、《中华人民共和国献血法》等法律法规落实情况。19家传染病防治分类监督综合评价试点单位全部合格。未发现有非法组织卖血或非法采供血的违法行为。

**【实现卫生监督协管信息化管理全覆盖】** 2015年，柯桥区作为浙江省卫生监督所选择推广的8个试点单位之一和全市唯一一家试点单位，甄选软件公司专门开发柯桥区卫生监督协管信息平台，并于8月起推广试用，经多轮调试辅导，全区16个镇（街道）全部开展监督协管信息化管理工作。

**【查处非法行医窝点230户次】** 2015年，柯桥区查处非法行医窝点230户次，累计取缔非法行医窝点64家，作出行政处罚52家，共处罚没款28.01万元，移送公安机关7起。非法药品3.1吨，价值8万余元。

**【柯岩街道高尔夫社区生活饮用水卫生监测合格率为100%】** 2015年，柯桥区确立柯岩街道高尔夫社区为社区生活饮用水卫生监测社区，并在社区内设立5个监测点和社区生活饮用水质检测公示牌，7月～10月每月检测一次，合计采集社区生活饮用水水样20份，合格率为100%，未发现水质存在异常情况。

**【在学校安装加热保温直饮开水机】** 2015年，柯桥区在学校安装加热保温直饮开水机，学校在每次开学前请第三方对安装的直饮开水机进行清洗、消毒、保洁，采水样送检，并在直饮开水机上方公示水质检验合格报告、维保责任人和维保记录，同时对安全饮水和健康饮水知识进行宣传。

**【公共场所卫生监督量化分级实现全覆盖】** 2015年，柯桥区共有公共场所1133家，应量化分级公共场所1117家，全部完成卫生监督量化分级评定，实现量化分级全覆盖。其中住宿场所A级1家、B级38家、C级272家；游泳场所B级13家、C级2家；沐浴场所B级11家、C级127家；美容美发场所B级21家、C级534家；其他场所B级17家、C级81家。

（朱敏芝）

2015年3月13日，柯桥区集中销毁非法药品　（何勤娟　摄）

## 妇幼保健

**【概况】** 2015年，柯桥区产妇总数5486人，活产数5537人，建卡5479人，建卡率99.87%；早孕建卡5342人，早孕建卡率96.48%；产后访视5458人，产后访视率98.57%；孕产妇系统管理5323人，孕产妇系统管理率96.14%；住院分娩活产数5537人，住院分娩率100.00%；围产儿死亡23人，围产儿死亡率4.14‰；孕产妇死亡率为0。7岁以下儿童29391人，保健管理人数28327人，保健覆盖率96.38%。3岁以下儿童14466人，系统管理人数13819人，系统管理率95.53%。5岁以下儿童死亡率3.79‰，婴儿死亡率2.89‰，新生儿死亡率1.63‰，新生儿访视率98.52%，新生儿疾病筛查率99.91%；母乳喂养率91.09%，纯母乳喂养率73.42%。突出重点抓好高危儿及营养性疾病儿童的管理。全区高危儿筛查出408人，管理率100%；营养性疾病2410人，管理率100%。

**【整合妇幼保健计划生育服务中心】** 2015年4月，以妇幼保健所和计划生育指导站为基础整合的柯桥区妇幼保健计划生育服务中心合并运行，中心设办公室、人事财务科、业务管理科、妇幼保健科、儿童保健科、宣教信息科、技术服务科、特检科、婚育服务中心等9个科室。机构整合后，对国家免费孕前优生检查项目和免费婚前医学检查项目也进行优化整合。

**【保持孕产妇零死亡率】** 2015年，柯桥区筛选出高危孕产妇2010人，高危管理率和住院分娩率均100%，对265例重度高危实行严密的随访追踪。畅通重危孕产妇抢救绿色通道，中心医院成功抢救1例产后大出血疑似HLLP综合征和1例羊水栓塞的产妇。全年剖宫产3984例，剖宫产率40.67%。继续保持孕产妇零死亡率。

**【落实妇幼重大公共卫生服务项目】** 2015年，柯桥区为1891名农村孕产妇提供住院分娩专项补助，全区农村孕产妇住院分娩率100%。协助开展免费增补叶酸预防神经管缺陷项目，累计发放叶酸4251人份。完成宫颈癌筛查7045人、乳腺癌筛查418人。孕产妇艾滋病、梅毒、乙肝检测率100%，筛查出艾滋病感染孕产妇2例，梅毒感染孕产妇43例，乙肝表面抗原阳性孕产妇549例。对其中两例艾滋病、43例梅毒、544例乙肝表面抗原阳性的孕产妇及其所生儿童进行母婴阻断，总阻断率98.99%。

**【对托幼机构保育员和保健员实施持证上岗】** 2015年，柯桥区对2万多名儿童进行入园入托前检查和一年一次的健康检查，完成2340名托幼机构工作人员的健康检查和健康证的换发任务。并分别举办全区托幼机构保育员培训班和保健人员培训班，共对294名保育员、181名保健人员进行儿童营养与管理、儿童常见病预防与护理、消毒与隔离、意外事故的预防和处理、小儿体格锻炼等方面知识的培训和考核，对考核合格人员分发上岗证。

**【出生医学证明废证率0.23%】** 2015年起，柯桥区对出生医学证明统一实行统一计算机管理，设专人负责管理、发放，出生医学证明当年签发率96.48%，废证率0.23%。补办出生医学证明290人，对101份有疑义的出生医学证明进行鉴定或信息核实并出具证明书,同时做好柯桥区机构外生育儿童的发证工作。启动出生医学证明信息电子化管理项目，对1996年以来的“出生医学证明”档案材料进行重新整理和数字化。

**【依法规范母婴保健行业管理】** 2015年，柯桥区严格执行母婴保健服务行业准入制度。对18名新上岗人员进行培训，并颁发母婴保健考核合格证书，依法对1家单位颁发母婴保健执业许可证，对13家单位的母婴保健执业许可证依法进行变更。

（朱敏芝）

## 医政管理

**【概况】** 2015年，柯桥区卫计局开展基层医疗卫生机构服务质量管理年活动，推进信息化建设，不断提升医疗服务水平。委托第三方调解医疗纠纷23起，调解成功率100%。完成献血7740人次，献血量259万毫升，分别比上年同期增长6.29%和6.73%。无偿献血率100%，自体输血率15%。2015年医疗机构总诊疗8420321人次，其中门急诊8228176人次；出院126179人次。

**【中心医院在国务院医改调研座谈会上作交流发言】** 2015年11月5日，国务院医改调研座谈会在杭州召开，中共中央政治局委员、国务院副总理刘延东主持座谈会，国务院副秘书长江小涓，省委副书记、省长李强，杭州市长张鸿铭以及国务院政研室、医改办、财政部、人社部、国家卫计委，省发改、人社、卫计等部门领导参加座谈。绍兴市中心医院作为县级公立医院代表与省内其他4家医院4位代表作医改工作汇报。作为国内首批实施县级公立医院改革的单位之一，绍兴市中心医院通过4年的积极探索和扎实有效的工作，成为改革的样板。

**【镇级以上医疗服务机构实现自助结算服务全覆盖】** 2015年，柯桥区镇级以上医疗服务机构实现自助结算服务全覆盖。推进全科签约和分级诊疗信息化试点。开展省卫生监督协管信息化管理试点，全面推广卫生监督协管信息系统。区级医院均建立微信公众号，提供门诊预约挂号、报告和叫号查询等自助服务。绍兴第二医院建设智能化医患护呼叫和输液监护系统，与浙医一院建立双向转诊医疗平台，并接入其数字病理中心，实现疑难病理的远程会诊。（朱敏芝）

## 医教科研

**【概况】** 2015年，柯桥区引进高层次医学专业人才3人，招录卫技人员318人，其中研究生以上学历26人，柔性引进人才1046人次。临床医生晋职前下派服务78人，进修97人。举办国家级继续医学教育项目6项、省级继续医学教育项目5项、市级继续医学教育项目107项。16个项目获省医药卫生科技奖、省中医药科学技术奖和市科技进步奖，33个项目通过课题评审，5篇医学论文被SCI收录。1个科研项目获国家自然科学基金立项资助。在中华级杂志发表论文36篇。承办省中医骨伤年会、省病理学术年会、市男科学术年会等。

**【16个项目获市级以上科技奖】** 2015年，柯桥区卫生系统有33个项目通过课题评审。绍兴第二医院《亚甲基四氢叶酸还原酶基因多态性与冠状动脉慢血流现象的相关性研究》《双心室同步起搏（CRT）治疗顽固性心衰伴心房颤动临床研究》《动态监测NPM1和FLT3-ITD突变对急性髓细胞白血病预后判断的临床研究》《胃癌中CD151的表达及临床病理意义的研究》《绍兴市百岁老人听功能分析》《公立医院药品供应链管理模式研究》《腹部脾组织植入的影像学研究》获省医药卫生科技奖三等奖，第二医院《运动平板试验评价丹红注射液治疗稳定性心绞痛的安全性及有效性临床研究》和柯桥区中医医院《绍兴"三六九"伤科学术经验相关性研究》获省中医药科学技术三等奖，第二医院《冠心病患者CKD-EPI公式估算的肾小球滤过率与冠状动脉狭窄相关性分析》《双心室同步起搏（CRT）治疗顽固性心衰伴心房颤动临床研究》获市科学技术二等奖，第二医院《肛周脓肿切排术后切口感染原因分析及预防对策的研究》《亚甲基四氢叶酸还原酶基因多态性与冠状动脉慢血流现象的相关性》《胃肠道间质瘤临床影像表现与免疫组化特点对照研究》和绍兴市中心医院《AnnexinA3在诱导乳腺癌血管生成及转移机制的研究》、柯桥区中医医院《绍兴"三六九"伤科学术经验相关性研究》获市科技奖三等奖。

**【5篇医学论文被SCI收录】** 2015年，绍兴第二医院有两篇医学论文被美国SCI《科学引文索引》收录，分别为熊中奎撰写的《Excessive levels of nitric oxide in rat model of Parkinson's disease subacutely induced by rotenone》（《鱼藤酮诱导帕金森病大鼠模型的过量一氧化氮水平》），毛中萍撰写的《Expression and significance of glucose transporter-1,P-glycoprotein,multidrug resistance-associated protein and glutathione S-transferase-π in laryngeal carcinoma》（《RNA干扰沉默喉癌Hep-2细胞Glut-1基因表达及化疗增敏性研究》）。绍兴市中心医院有3篇医学论文被美国《科学引文索引》收录，分别为吴志明撰写的《MiR-449c inhibits gastric carcinoma growth》（《MiR-449c对胃癌生长的抑制》），樊彩斌撰写的《Alloantigen-specific T-cell hyporesponsiveness induced by dnIKK2 gene-transfected recipient immature dendritic cells》（《基因转染受体未成熟树突状细胞诱导抗原特异性T细胞免疫耐受》）和黄洪军撰写的《laparoscopic common bile duct explpration:choledochotomy versus transcystic approach》（《腹腔镜下胆总管探查术：经胆总管或经胆囊两种途径比较研究》）。

**【第二医院一科研项目获国家自然科学基金立项】** 2015年，绍兴第二医院徐建国、郑国平、葛孟华、裘关关等申报的《间充质干细胞驯化的巨噬细胞通过IL-10减轻肺损伤的机制研究》项目获国家自然科学基金立项资助，资助经费60万元。课题主要围绕"MSC驯化的巨噬细胞是否通过IL-10抑制中性粒细胞募集进而防治急性肺损伤"和"MSC驯化的巨噬细胞是否通过IL-10/STAT3通路发挥抗

炎效应”两个科学问题进行研究。（朱敏芝）

## 中医中药

【概况】 2015年，柯桥区加强中医专科医院、综合性医院以及基层医疗机构中医科建设。柯桥区被国家中医药管理局命名为全国基层中医药工作先进单位。绍兴第二医院获评全国综合医院中医药工作示范单位。柯桥区中医医院选送的绍派伤寒疗法（傅氏伤寒）入选绍兴市第六批非物质文化遗产名录。中医药门诊428414人次，其中老年人、孕产妇等重点人员的中医药健康服务覆盖率30%以上。

（朱敏芝）

执行编辑　徐建良

# 天南地北柯桥人

**【钱志刚环保公司上市】** 2015年10月，深圳市超纯环保科技有限公司在新三板挂牌。深圳市超纯环保科技有限公司董事长钱志刚，男，1963年出生，浙江省绍兴市柯桥区钱清人，深圳天南地北绍兴人联谊会会长，2006年荣获中国水工业十大风云人物荣誉称号，多年来一直从事环保水处理事业，致力于水处理工艺，特别是膜法水处理的研究和开发。

超纯环保是一家专业从事环保水处理的国家级高新技术企业，公司业务覆盖电子电力、石油化工、钢铁冶金、纺织印染等多个领域，累计为国内外近百个项目提供系统设备和技术服务，包括中国石化、中国石油、广东大亚湾核电站等国内外大型企业。在高端水的纯水、超纯水技术领域，公司一直处于全国领先地位，是国内唯一一家拥有8英寸以上半导体晶圆线高端水处理业绩和技术的本土公司。公司始终坚持实施创新驱动发展战略，长期与天津大学、香港理工大学、中科院等各大院校、科研院所合作，开展长期的全方位、多层次产学研合作，加快提升企业自主创新能力和竞争力。2015年，公司在柯桥区投资设立全资子公司绍兴超纯环保科技有限公司。至2015年年底获得知识产权15项，其中发明专利6项、实用新型专利5项、软件著作权4项，实现成果转化产品15个并先后获得中国水工业颁发的十大影响力企业称号，深圳市成长型中小工业企业500强，石油和化学工业水处理优秀项目，中国科学院高能物理研究院颁发的重大贡献奖等称号。

（张　燕）

**执行编辑　宋如玲**

# 新柯桥人

【阿木拉寒夜救落水女】 2015年1月6日凌晨4：30左右，在柯桥笛扬路与裕民路交叉口一家新疆烤肉铺，31岁的新疆小伙阿木拉·买买提和同伴忙完生意准备收摊，一位年轻女子从裕民路跑来，经过烤肉铺，直奔马路对面，纵身跳进笛扬路旁的一条小河。阿木拉和同伴顾不得收摊，急忙向河边跑去。同伴跑得快，先跳下河，想将女子救起。可是他水性不好，还没拉住女子自己也体力不支。阿木拉赶紧也跃进河里，他奋力向两人游去，一手托住女子，一手托住同伴，将两人成功拉上岸。

同伴没事，这名女子也只呛了几口水。该女子情绪仍比较激动，又要往河里跳。阿木拉一把把她拉住并及时报警，终于挽回女子的生命。在阿木拉心里，认为自己只是做了一件力所能及的事情，并不是什么英雄。

【印度商人献血捐款为中国女孩治病】 2015年1月16日，印度驻上海总领事馆总领事史耐恩与柯桥印度商会的负责人尼杰拉一起，将爱心款交到小韦的父亲韦宝时手中。

2014年12月，在柯桥上学的女孩小韦身患白血病急需用血治疗，在柯桥的印度人自发组织献血献爱心。2015年1月3日，100多名印度人到柯桥献血屋献血。得知女孩的治疗费用需要60万元左右，小韦的家庭条件比较困难，尼杰拉与其他印度朋友想再帮她。他们准备20只爱心捐款箱从1月8日起陆续分发，其中7只分别放到一些印度人在柯桥开的饭店与小超市等地方，作为固定捐款点，另外13只作为流动捐款箱，分给在柯桥经商的印度朋友。至15日，20只捐款箱里，爱心款约160600元。尼杰拉还购买一百张发光的爱心卡，送给到捐款仪式现场每一位为小韦祈福的朋友。尼杰拉发起这些献血捐款活动的初衷，是2013年5月9日，在柯桥的一名印度籍商人身患重病需要输血，76位柯桥人走上献血车，用自己的热血挽救这名印度籍商人。

【崔小兵把飞轮储能技术做成一项产业】 2015年3月，崔小兵到柯桥作为绍兴亚冠机电科技有限公司主任工程师参与研发飞轮储能器。崔小兵是陕西渭南人，20世纪90年代初开始，在国内两所高校的结构工程专业获得学士学位和硕士学位后，到美国路易维尔大学结构与材料工程专业攻读博士学位。2007年，他在美国开始对飞轮储能进行相关基础性研究工作，2012年与绍兴亚冠机电科技有限公司合作。飞轮储能器是一种新型电能存储设备。充电时，电机带动飞轮高速旋转，电能转化为飞轮的动能。放电时，高速旋转的飞轮带动电机发电，飞轮的动能又转化为电能。它的最大运用就是取代蓄电池。飞轮储能器与蓄电池相比，绿色环保，可靠性更强，在占地面积和温度上的要求更简单。目前的飞轮储能器主要用于银行、信息中心等场所的不间断电源，电网的调峰调频和电动车辆的能量回馈等。飞轮储能器的高可靠性能让它成为有很大发展前景的储能技术，有关飞轮储能中的各个单项技术国内基本都有，难点就在于根据不同的用途开发不同功能的新产品。至2015年6月国内有三四家企业对他们的产品表现出兴趣，这是实现产品产业化的开始。

【四川人寻找结对贫困生】 2015年4月，两位在滨海做小生意的四川人结伴到滨海工业区管委会，拿出省吃俭用下来的1万元钱，要求工作人员帮其寻找结对的贫困学子。这两位爱心人士是在滨海工业区镜海社区农贸市场门口摆水果摊的张刚和摆小吃摊的练小英。张刚来自四川，8年前与妻子一起到滨海镜海社区，并在这里摆了一个小水果摊。

此后一对子女也到他们身边，就近上学。张刚水果摊对面的练小英，也是四川人，凭借自己吃苦耐劳，诚信经营，他的小吃摊赢得当地居民的喜爱。2015年春节后，张刚一家人从老家过完节回到滨海，开店那天，有老客户等着买水果，让张刚感到很温暖。张刚的一对子女，学习成绩并不理想，但学校的老师总是不厌其烦地教育，现在孩子们学习成绩也有所好转。张刚、练小英觉得能在这里安心开店赚钱生活，滨海百姓给他们很多支持，他们也要帮助这里的人。

**【韩旭用技术织出神奇的布】** 2015年4月，夏履镇的浙江和中非织造股份有限公司，在建设新厂房，用作安装年产2.4万吨的产业用特种水刺非织造布生产线。特种水刺非织造布是一种可冲散生物降解水刺新材料，对环境没有污染，可广泛应用于婴幼儿及老年人护理。在全球只有4条生产线，夏履“新中天”的这条生产线，是国内的第1条、全球的第5条。用到的是公司自主研发的新技术，韩旭是这一项新技术的牵头人。

来自安徽阜阳的韩旭毕业于安徽职业技术学院，平时喜欢钻研新技术，先后两次赴东华大学进修，师从非织造布行业专家靳向煜教授。2003年韩旭到“新中天”后，所学的技术很快有用武之地。十余年中，作为公司技术创新的领头羊，韩旭凭借优秀的业务技能和工作实践经验，身体力行，奋力攻关，主持开发10多种新产品，还指导培养50多名技术研发人员。韩旭曾获浙江省科技进步奖、省优秀工业新产品新技术奖、省优秀职工、绍兴市十大杰出职工、柯桥区十佳新柯桥人荣誉。2015年获柯桥区劳动模范称号。

**【拍卖自闭症患儿作品献爱心】** 2015年4月，自闭症小画家毕昌煜的作品《世外桃源》，在第八届世界自闭症日北京慈善晚宴上拍出5万元。这年夏天，他的作品被印制成丝巾，入展意大利米兰世博会中国馆，成为外国人争相购买的精美的中国礼物；国际上一些知名品牌看中他的作品后，把它印制成服装，亮相纽约时装周。澳大利亚墨尔本一家知名展馆，邀请他举办个展，所有费用全免。

毕昌煜出生于绍兴，父母是在轻纺城经商的温州人，产业涉及纺织、服装及房地产，在行业内享有一定知名度。比起很多同类孩子，毕昌煜是幸福的，家里不但给毕昌煜请专业的陪护老师，一有空，还常常带他去北京等地专业机构进行康复训练。他不但能开口说话，还能用语言表达自己的思想和需求。但即便这样，还是会有一些异于常人的表现，有时烦躁，有时则整夜失眠。毕昌煜9岁的时候，家里人发现，只要他拿起画笔，就能安静地坐几个小时，父母开始有意识地引导他学画。2012年，毕昌煜的5幅画被送到省里参加书画比赛，评委们认为每幅画都可以评一等奖。这之后，毕昌煜成了小明星，成为全家的骄傲。为让更多的人看到这么美的画，让更多的自闭症孩子的家庭看到希望，父母把他的作品拍卖款捐赠给希望小学、爱心慈善教育基金。

**【陶华无偿献血6年】** 2015年7月2日，陶华到柯桥街道办事处，再一次献血400毫升后，主动报名成为造血干细胞捐献志愿者。陶华，安徽人，42岁。2001年，陶华带着家人到柯桥。他做过装修工、建筑工，遭遇承包人卷钱逃跑后，做收购废旧物品生意。2009年，他在柯桥街头看到流动献血车后，就主动上去献血。此后又多次无偿献血。刚开始他还瞒着家人，后来，看到他的身体没事，他们也都同意了。他老婆还跟着他献过血。时间一长，他成为血站固定血源的志愿者。他认为没钱捐款，没有时间做义工，但自己的血可以帮助别人，希望用自己微薄的力量为柯桥做点贡献。

**【崔柳乐做年轻妈妈教育导师】** 至2015年7月，崔柳先后为绍兴地区的家长开办家长成长公益课30期。她为小区的年轻家长分析0~12岁小孩的心理、生理特点，以及一些行为特点背后的心理原因，还向小区的年轻妈妈们介绍亲子关系的重要性。

崔柳是北方人，是中国教育学会家庭教育专业委员会“十二五”规划重点课题研究员，2005年到柯桥工作生活，并建立家庭。她在幼儿教育方面有所专长，还有在发达国家的游学经历，其教学理念在实践中取得一定的成功。她不吝啬把自己的经验分享给小区里的年轻妈妈。还联系小区内其他一些在教育方面有特长的妈妈们，共同成立聚贤社区家教协会。协会旨在帮助小区内的年轻妈妈们解决教育难题。

**【百名外来娃免费学游泳】** 2015年7月，在鲁迅中学游泳池内，来自重庆的孙小龙、何刘洋、余思齐

3位外来务工人员子女，在游泳公益培训班上免费学习心肺复苏防溺水急救技能。这是鲁迅中学开办的免费学游泳公益班。游泳公益培训班分两期举行，共推出100个名额，免费培训对象是年龄在8周岁以上在柯桥务工的外来务工人员子女。培训班旨在教会他们游泳和一些防溺水的急救本领，提高他们的自防自救能力。

**【徐奔免费为社区老人理发】** 2015年，安徽人徐奔因每周四上午在柯桥柯福社区免费为老人们理发被评为柯桥区十佳最美助老爱心人。徐奔，26岁，在柯桥柯笛花园附近的一家美发店上班。2014年4月，徐奔听说柯福社区老年人很多，希望有人能在社区为老人提供理发服务。徐奔告诉社区干部，他愿意为老人免费理发。为了让大家知道他能为老年人免费理发，第一个月，徐奔坚持每天上午去社区守着。开始几天，没有人去理发，以为要付费。后来听说是免费理发，每天有一两位老人去理发。不多久，徐奔的“客源”固定下来。他和老人们商量，把免费理发的时间明确定为每周四。此后每个周四，都会有10多位老人排队等徐奔理发。

（摘选自《柯桥日报》）

**执行编辑　宋如玲**

# 外地媒体话柯桥

## 篇目辑要

表38　2015年省级以上媒体报道柯桥区“三个柯桥”情况

| 媒体 | 标题 | 日期 |
|---|---|---|
| | **时尚柯桥** | |
| 《人民日报》 | 绍兴柯桥：打通审批“高速路” | 1月23日 |
| 《人民日报》海外版 | 现代服务业异军突起焕发柯桥“时尚魅力” | 8月7日 |
| 《人民日报》海外版 | 柯桥纺博会：拥抱纺织强国梦，助推行业时尚转型 | 10月23日 |
| 《人民日报》海外版 | 浙江柯桥兜率天景区全面落成开放 | 12月30日 |
| 《浙江日报》 | 旅游整体营销　柯桥融合创新 | 1月7日 |
| 《浙江日报》 | 柯桥行政审批改革驶入深水区 | 2月2日 |
| 《浙江日报》 | 行政审批制度改革的柯桥样本 | 2月2日 |
| 《浙江日报》 | 浙派黄酒酿出新滋味 | 3月23日 |
| 《浙江日报》 | 轻纺城萌动时尚转型 | 3月30日 |
| 《浙江日报》 | 绍兴“汉麻”博鳌亮相记 | 4月10日 |
| 《浙江日报》 | 柯桥纺博会集聚中外客 | 5月7日 |
| 《浙江日报》 | 柯桥成立政府产业基金 | 6月3日 |
| 《浙江日报》 | 绍兴柯桥中国轻纺城——技术创新，推动产业升级 | 6月8日 |
| 《浙江日报》 | 柯桥重大项目集中开工 | 6月9日 |
| 《浙江日报》 | 多彩的变奏——新常态下的柯桥经济观察 | 6月14日 |
| 《浙江日报》 | 柯桥成立产业发展基金30亿撬动300亿 | 6月19日 |
| 《浙江日报》 | 柯桥打造现代服务业高地 | 8月19日 |
| 《浙江日报》 | 柯桥区牵手香港理工大学擦出创新“火花” | 8月21日 |
| 《浙江日报》 | 柯桥区签约培育首批11家科技型成长型幸福企业 | 8月21日 |
| 《浙江日报》 | 杨汛桥产业转型加快步伐 | 9月10日 |
| 《浙江日报》 | 浙江宝业要做“绿色鲁班”住宅产业化越做越欢 | 9月18日 |
| 《浙江日报》 | 柯桥推行“项目警官制” | 9月29日 |

续表38

| 媒体 | 标题 | 日期 |
|---|---|---|
| 《浙江日报》 | “深圳时装周”首次走进中国轻纺城 柯桥与深圳共筑时尚联盟 | 10月19日 |
| 《浙江日报》 | “吉麻良丝”出资300万全球“悬赏”超越者 | 10月19日 |
| 《浙江日报》 | 数万客商柯桥纺博会赶大集 | 10月20日 |
| 《浙江日报》 | “传化”牵手设计交易网站“瓦栏文化” | 11月2日 |
| 《浙江日报》 | “东方山水欢乐岛”浮出水面 柯桥旅游将再添“巨无霸” | 11月18日 |
| 《浙江日报》 | 国际泳联花样游泳大奖赛在浙江柯桥开幕 | 12月12日 |
| 《每日经济新闻》 | 中信系300亿战略合作着力打造“柯桥模式” | 11月24日 |
| 《浙江法制报》 | 项目警官制助推绍兴柯桥“双百亿”重大产业项目 | 9月21日 |
| 新华社 | 柯桥“吉麻良丝”巨额悬赏寻找“天然抑菌纤维安全王者” | 10月14日 |
| 新华社 | 国际泳联花样游泳大奖赛在浙江柯桥开幕 | 12月12日 |
| 新华社《浙江领导参考》 | 绍兴柯桥纺织业“去低端化”路径调研 | 8月31日 |
| 新华社《内参选编》 | 绍兴柯桥纺织业“去低端化”打造时尚之都 | 9月2日 |
| 《纺织服装周刊》 | 柯桥，丝绸之路的新起点 | 10月15日 |
| 《今日浙江》 | “时尚柯桥”风劲吹 | 10月10日 |
| 中央电视台5套 | 2015年国际泳联花样游泳大奖赛在柯桥举行 | 12月13日 |
| 浙江卫视 | 首届柯桥时尚周开幕 | 10月17日 |
| 浙江卫视 | 柯桥纺织业：踩着时尚节拍涅槃重生 | 11月28日 |
| 中央人民广播电台 | 2015中国柯桥金秋纺博会开幕 新疆团签约近130亿 | 10月18日 |
| 浙江人民广播电台 | 宝业成为参与中美建筑节能基金的唯一民营建筑企业 | 10月19日 |
| 人民网 | 中国轻纺城：面料王国迈出“革新”大步伐 | 4月2日 |
| 人民网 | 台湾同行相聚柯桥 共话纺织服装时尚创意 | 4月20日 |
| 人民网 | “布满全球”助力纺城“三次创业” | 6月25日 |
| 新华网 | 柯桥成立政府产业基金助推产业转型升级 | 6月3日 |
| 新华网 | 会稽山兜率天宫历时八年正式与世人见面 | 12月26日 |
| 中国网 | 会稽山兜率天宫历时八年正式与世人见面 | 12月26日 |
| 凤凰网 | 首届柯桥时尚周华丽启幕 深圳时尚惊艳江南 | 10月16日 |
| 凤凰网 | 19位独立设计师大秀柯桥时尚周 | 10月21日 |
| 浙江在线 | 完成服务业增加值245亿元 柯桥现代服务业交出傲人成绩单 | 7月23日 |
| 浙江在线 | 柯桥电子商务产业初潮涌动 信息经济渐结硕果 | 12月31日 |
| | 印象柯桥 | |
| 《人民日报》 | 把治水作为“一号工程” 绍兴：一湾清流润水乡 | 12月6日 |
| 《人民日报》海外版 | 浙江柯桥以五大发展理念引领美丽乡村建设 | 12月4日 |
| 《中国日报》 | 柯桥：鉴湖两岸景象新 | 10月19日 |

续表38

| 媒体 | 标题 | 日期 |
| --- | --- | --- |
| 《农民日报》 | “绿富美”中幸福来——绍兴市柯桥区农村人居环境改善纪实 | 12月7日 |
| 《解放日报》 | 绍兴柯桥“三缸”转型记 | 5月17日 |
| 《文汇报》 | 从“恨布不成衣”到走进博鳌 ——绍兴印染产业转型升级走出“新蓝图” | 4月1日 |
| 《浙江日报》 | 柯桥瞄准治水新目标再出发 | 6月19日 |
| 《浙江日报》 | 柯桥企业主轮值河长 | 8月3日 |
| 《浙江日报》 | 柯桥区打响拆违攻坚战 | 8月21日 |
| 《浙江日报》 | 让家乡的河道重现孩提时代的风景——柯桥干部回乡“找河护河” | 9月7日 |
| 《浙江日报》 | 柯桥助企服务员帮企业爬坡越坎 | 9月29日 |
| 《浙江日报》 | 柯桥全面开展九大专项行动 村庄绿富美、农家风尚新 | 11月9日 |
| 《浙江日报》 | 棠棣之花，开在满山遍野处 | 11月10日 |
| 《浙江日报》 | 柯桥平水以绿色和创意筑城 | 11月16日 |
| 《浙江日报》 | 柯桥整治“小微”排污 | 11月24日 |
| 《浙江日报》 | 柯桥香林村整治“四边三化”遍植银杏树 | 12月3日 |
| 《每日经济新闻》 | 绍兴打响印染环保攻坚战 产业集聚助企业减排转型 | 4月7日 |
| 新华社《浙江领导参考》 | “金山银山”与“绿水青山”如何兼得——绍兴柯桥绿富美基层建设路径调研 | 11月9日 |
| 中央人民广播电台 | 村美民富新风尚——在绍兴柯桥看浙江美丽乡村生动实践 | 11月18日 |
| 浙江人民广播电台 | 柯桥棠棣打造美丽乡村升级版 | 11月18日 |
| 浙江人民广播电台 | 杨汛桥蝶变(上)、(下) | 8月23日 |
| 人民网 | 绍兴市柯桥区严把农村生活污水治理质量关 | 12月1日 |
| 新华网 | 绍兴市柯桥区严把农村生活污水治理质量关 | 12月1日 |
| 光明网 | 柯桥区31家印染企业领“罚单” | 9月21日 |
| 浙江在线 | 违法停车零容忍 发现一辆拖一辆 柯桥严治城市交通拥堵 | 6月23日 |
| 浙江在线 | 绍兴柯桥400家企业小锅炉月底完成改造 | 6月21日 |
| 浙江在线 | 再绘稽山鉴水新画卷——柯桥区美丽乡村建设综述 | 9月14日 |
| 浙江在线 | 柯桥区出台政策鼓励印染企业老厂区开发利用 | 10月9日 |
| 浙江新闻客户端 | 以乡贤河长参与治水 柯桥干部找回“孩提时代的河道” | 9月6日 |
| | **幸福柯桥** | |
| 《人民日报》 | 绍兴市柯桥区开列禁忌清单管住村官言行 | 4月15日 |
| 新华每日电讯 | 柯桥百名印度商人为中国少女献血 | 8月12日 |
| 《文汇报》 | “纺织重镇”刮起“文化旋风” | 10月9日 |
| 《文汇报》 | “文化点餐”让村民爱进文化礼堂 | 12月6日 |
| 《浙江日报》 | 绍兴柯桥老外为女孩献血 | 1月3日 |

续表38

| 媒体 | 标题 | 日期 |
|---|---|---|
| 《浙江日报》 | 驻村干部进村交朋友 | 1月3日 |
| 《浙江日报》 | 城中田再闻稻花香——绍兴柯桥路南村600亩良田的命运轮回 | 1月27日 |
| 《浙江日报》 | 柯桥评选"党务工作师" | 3月7日 |
| 《浙江日报》 | 柯桥治堵多措并举 | 3月23日 |
| 《浙江日报》 | 柯桥笋农抱团拓销路 | 4月15日 |
| 《浙江日报》 | 柯桥列出村干部言行禁忌清单 | 4月21日 |
| 《浙江日报》 | 柯桥推行企业党员日记 | 4月23日 |
| 《浙江日报》 | 柯桥80后民警一句承诺三年坚守 | 5月6日 |
| 《浙江日报》 | 绍兴柯桥：八旬老汉拍微电影 | 5月11日 |
| 《浙江日报》 | 柯桥出台保障机制困境儿童将享受生活补贴 | 5月13日 |
| 《浙江日报》 | 一名电工的"光明事业" | 5月23日 |
| 《浙江日报》 | 柯桥逾九成村完成股改 | 6月5日 |
| 《浙江日报》 | 柯桥构筑权力运行智能监察平台 | 6月18日 |
| 《浙江日报》 | 绍兴杨汛桥镇规范党员网上网下言行 | 7月2日 |
| 《浙江日报》 | 柯桥区请"娘家人"管"婆家事" | 11月18日 |
| 《浙江日报》 | 柯桥区科技强警保平安 | 11月18日 |
| 《浙江日报》 | 金书记，村民盼你醒过来 | 11月27日 |
| 《浙江日报》 | 全省首届"美丽乡村"杯篮球赛在美丽乡村示范区柯桥举行 | 12月23日 |
| 中央电视台2套 | 我们的年货——安昌腊肠 | 2月4日 |
| 中央电视台12套 | 最美民警倪崇晖用善举挽救毒犯家庭 | 1月28日 |
| 中央电视台新闻频道 | 百名印度商人献血救助中国白血病女孩 | 2月7日 |
| 浙江卫视 | 在柯桥印度人献血 | 8月9日 |
| 浙江卫视 | 柯桥区有效打击逃废债行为 | 10月19日 |
| 中央人民广播电台 | 印度商人"家"在柯桥 | 12月30日 |
| 浙江人民广播电台 | 柯桥为环卫工人腾出办公用房作休息室 | 8月4日 |
| 新华网 | "滴血之恩"诠释"爱无国界" | 1月6日 |
| 新华网 | 绍兴柯桥区将投8000万建设信息化现代校园 | 6月30日 |
| 浙江在线 | 绍兴市柯桥区：村民家里多了门"党员亲" | 1月13日 |
| 浙江在线 | 绍兴柯桥区全面开展"村规民约"制订修订活动 | 6月28日 |
| 浙江在线 | 柯桥推动干部能上能下：靠作风吃饭 凭实绩说话 | 11月23日 |

（张兴刚）

**执行编辑　宋如玲**

# 区人著述

## 综　述

2015年,《区人著述》收录对象为柯桥区籍人士和在柯桥区工作、离休、退休的外籍人士所编著、创作、表演的作品。篇目选辑限收在省级以上报刊发表和在省以上展览中展出的作品,仅收录政治经济、文学艺术两类,教育、卫生等系统的大量业务性学术论文,在有关编目汇总提及,不予一一收录。书目提要收录经正式出版社公开发行的书籍8部。获奖作品限收在省级以上获奖的作品,仅收录文学艺术类作品(含新闻、广电作品),收录47件。

(史　志)

## 篇目选辑

**【省以上报刊发表专文、论文、文学、艺术作品13篇(件)】** 见表39。

表39　2015年柯桥区在省以上报刊发表作品情况

| 作品 | 类别 | 作者 | 发表情况 |
|---|---|---|---|
| 一号监舍 | 小说 | 朱建平 | 《延河》2015年7期 |
| 天亮了 | 小说 | 朱建平 | 《东方剑》2015年10期 |
| 痴人街 | 小说 | 陈文超 | 《中国作家》2015年7期 |
| 你病得不轻 | 小说 | 陈文超 | 《满族文学》2015年9期 |
| 问墙壁 | 小说 | 谢方儿 | 《山东文学》2015年1期 |
| 倒走 | 小说 | 谢方儿 | 《星火中短篇小说》2015年3期 |
| 满江红 | 小说 | 谢方儿 | 《上海文学》2015年5期 |
| 说出来的秘密 | 小说 | 邵江红 | 《山花》2015年1月 |
| 解开的门搭链 | 小说 | 邵江红 | 《东方剑》2015年8月 |
| 美丽的谎言 | 绍兴莲花落 | 倪晓红　沈建萍 | 《曲艺》2015年10期 |
| 东山再起 | 歌曲 | 罗小令 | 《歌曲》2015年4月 |
| 镜湖春晓 | 歌曲 | 罗小令 | 《歌曲》2015年4月 |
| 我的江南 | 歌曲 | 罗小令 | 《歌曲》2015年5月 |

**【省以上展出艺术作品46件】** 见表40。

表40　2015年柯桥区在省以上展出艺术作品情况

| 作品 | 类别 | 作者 | 发表情况 |
|---|---|---|---|
| 书法作品 | 魏碑 | 肖　慧 | 2015年5月,入展中国书法家协会主办的第五届中国书法兰亭奖佳作展 |

续表40

| 作品 | 类别 | 作者 | 发表情况 |
|---|---|---|---|
| 篆刻作品 | 篆刻 | 陈　巍 | 2015年7月，入展中国书法家协会主办的全国第十一届书法展 |
| 书法作品 | 书法 | 洪朝阳 | 2015年6月，入展浙江省书法家协会主办的浙江省第七届“陆维钊奖”中青年书法篆刻 |
| 书法作品 | 书法 | 贺飞跃 | 2015年6月，入展浙江省书法家协会主办的浙江省第七届“陆维钊奖”中青年书法篆刻展 |
| 书法作品 | 篆刻 | 金东海 | 2015年6月，入展浙江省书法家协会主办的浙江省第七届“陆维钊奖”中青年书法篆刻展 |
| 书法作品 | 篆刻 | 陈　巍 | 2015年6月，入展浙江省书法家协会主办的浙江省第七届“陆维钊奖”中青年书法篆刻展 |
| 书法作品 | 书法 | 钱志海 | 2015年6月，入展浙江省书法家协会主办的浙江省第七届“陆维钊奖”中青年书法篆刻展 |
| 书法作品 | 书法 | 赵忆怀 | 2015年6月，入展浙江省书法家协会主办的浙江省第七届“陆维钊奖”中青年书法篆刻展 |
| 书法作品 | 书法 | 唐君龙 | 2015年6月，入展浙江省第七届“陆维钊奖”中青年书法篆刻展 |
| 书法作品 | 书法 | 章生建 | 2015年7月，入展浙江省中国书法之乡首届作品巡联展（绍兴站） |
| 书法作品 | 书法 | 黄锡云 | 2015年7月，入展浙江省中国书法之乡首届作品巡联展（绍兴站） |
| 书法作品 | 书法 | 祝人良 | 2015年7月，入展浙江省中国书法之乡首届作品巡联展（绍兴站） |
| 书法作品 | 书法 | 王　珏 | 2015年7月，入展浙江省中国书法之乡首届作品巡联展（绍兴站） |
| 书法作品 | 书法 | 汪灿根 | 2015年7月，入展浙江省中国书法之乡首届作品巡联展（绍兴站） |
| 书法作品 | 书法 | 周俊友 | 2015年7月，入展浙江省中国书法之乡首届作品巡联展（绍兴站） |
| 书法作品 | 书法 | 周关洪 | 2015年7月，入展浙江省中国书法之乡首届作品巡联展（绍兴站） |
| 书法作品 | 书法 | 朱勇方 | 2015年7月，入展浙江省中国书法之乡首届作品巡联展（绍兴站） |
| 书法作品 | 书法 | 梁皓毓 | 2015年7月，入展浙江省中国书法之乡首届作品巡联展（绍兴站） |
| 书法作品 | 书法 | 周英杰 | 2015年7月，入展浙江省中国书法之乡首届作品巡联展（绍兴站） |
| 书法作品 | 书法 | 宋国梁 | 2015年7月，入展浙江省中国书法之乡首届作品巡联展（绍兴站） |
| 书法作品 | 书法 | 肖　慧 | 2015年7月，入展浙江省中国书法之乡首届作品巡联展（绍兴站） |
| 书法作品 | 书法 | 冯大良 | 2015年7月，入展浙江省中国书法之乡首届作品巡联展（绍兴站） |
| 书法作品 | 书法 | 洪朝阳 | 2015年7月，入展浙江省中国书法之乡首届作品巡联展（绍兴站） |
| 书法作品 | 书法 | 陈　巍 | 2015年7月，入展浙江省中国书法之乡首届作品巡联展（绍兴站） |
| 书法作品 | 书法 | 陶荣生 | 2015年7月，入展浙江省中国书法之乡首届作品巡联展（绍兴站） |
| 书法作品 | 书法 | 王华君 | 2015年7月，入展浙江省中国书法之乡首届作品巡联展（绍兴站） |
| 书法作品 | 书法 | 叶绍洪 | 2015年7月，入展浙江省中国书法之乡首届作品巡联展（绍兴站） |
| 书法作品 | 书法 | 魏国平 | 2015年7月，入展浙江省中国书法之乡首届作品巡联展（绍兴站） |
| 书法作品 | 书法 | 周鹏程 | 2015年7月，入展浙江省中国书法之乡首届作品巡联展（绍兴站） |
| 土地 | 国画 | 蒋雪平 | 2015年1月，入展中国国家画院主办的全国高校青年教师中国画作品展 |
| 一江清水<br>三桐清风 | 国画 | 茅斌辉 | 2015年6月，入展中国美协主办的写意彭城全国写意画大展 |

续表40

| 作品 | 类别 | 作者 | 发表情况 |
|---|---|---|---|
| 山色暮色 | 国画 | 张坚秋 | 2015年3月，入展中国美协主办的“万年浦江”全国山水画作品展 |
| 塬上早春 | 国画 | 张志梁 | 2015年1月，入选中国美协主办的丹青扬州全国中国画展 |
| 三月 | 国画 | 张志梁 | 2015年3月，入选中国美协主办的悲鸿精神全国中国画展 |
| 净土 | 国画 | 张志梁 | 2015年4月，入选中国美协主办的泰山之尊全国中国画·油画作品展 |
| 净土2 | 国画 | 张志梁 | 2015年8月，入展中国美协主办的陆俨少全国中国画展 |
| 晚风 | 国画 | 张志梁 | 2015年8月，入展中国美协主办的全国中国画展 |
| 竹林细雨 | 国画 | 张志梁 | 2015年9月，入展中国美协主办的南田风韵第二届恽南田全国花鸟画作品展 |
| 兰园寄语 | 国画 | 张志梁 | 2015年9月，入展中国美协主办南田风韵第二届恽南田全国花鸟画作品展 |
| 湖塘寻幽 | 国画 | 张志梁 | 2015年1月，入展中国美术家协会主办的“高洁品性，惠兰人生”全国中国画展 |
| 宁静致远 | 国画 | 王荼英 | 2015年7月，入展浙江省治水办、浙江省委宣传部、浙江省文联、浙江日报报业集团联合主办的浙江省“五水共治”主题美术作品展 |
| 秋果图 | 国画 | 王荼英 | 2015年3月，入展浙江省美术家协会与中国美术学院共同主办的“圆您中国梦”——浙江省女花鸟画家协会第14届展览 |
| 太行晴胜 | 国画 | 陶荣生 | 2015年月9，入展中国国画院主办的首届凯歌杯全国书国画法美术家作品展 |
| 死谏 | 越剧 | 陈雯婷 | 2015年6月，入展获江苏省、浙江省、上海市非物质文化遗产保护中心、盐城市文化广电新闻出版局主办的江浙沪国家级非物质文化遗产传统戏剧类项目展演 |
| 花名宝卷 | 绍兴宣卷 | 陈　丹<br>包敏丽<br>张　杰<br>章林威 | 2015年10月，入展浙江省文化厅主办的“非遗薪传”浙江曲艺展演展 |
| 农家乐 | 词 | 余其斌 | 2015年1月，入展中国文联、四川省政府主办的第五届全国新农村文化艺术展演 |

## 书目提要

**【《中国共产党绍兴县历史》第二卷（1949—1978）】** 地方党史。柯桥区史志办公室著，何鸣雷主编。中共党史出版社出版，2015年11月第1版第1次印刷。全书以中国共产党领导绍兴县人民进行社会主义革命和建设为主线，分编、章、节、目展开记述。记载的上限为1949年5月绍兴县解放，下限为1978年12月中共十一届三中全会召开。记载的地域范围以绍兴县建制沿革为基准。书中的组织、人物和数据源自历史文献、档案资料与采访，先进、模范党组织、人物仅录部、省级以上，并标注出处。大32开本，444页，35万字，印数2500册，定价68元。

**【《柯桥区年鉴（2014）》】** 地方综合年鉴。中共绍兴市柯桥区委、柯桥区人民政府主办，柯桥区地方志编纂委员会编，主编何鸣雷。浙江人民出版社出版，2015年12月第1版第1次印刷。这册年鉴为柯桥区第15部年鉴，被列为中国年鉴资源全文数据库核心年鉴。按事物属性和主次，分总情、经济、政治、文卫、建制镇（街道）、国民经济统计资料选刊和索引7块，分类目、分目、条目3个层次编辑。设47个类目，有301个分目、1491个条目、206幅彩色图照、81张表。比较客观地记录2014年柯桥区（绍兴县）政治、经济、文化诸方面的大事、要事和新事。全彩印，大16开本，390页，67万字，定价180元。

**【《稽东镇志》】** 镇志。属“绍兴县志丛书”镇村志序列。柯桥区稽东镇编纂委员会编，张韩松、俞林萍、胡倡华、胡伟炎、方卫利主编。中华书局出版，2015年1月第1版第1次印刷。全志由概述、大事记和36章正文组成，上限为先秦时期，下限2005年。全志记述稽东镇的历史沿革、社会变化、人文风情、自然景观、经济发展等内容，详细记录山区人民自强不息的创业历程。16开本，429页，57万字，印数1500册，定价200元。

**【《兰亭镇志》】** 镇志。属“绍兴县志丛书”镇村志序列。柯桥区兰亭镇编纂委员会编，王宜男主编。中华书局出版，2015月2月第1版第1次印刷。全书由概述、大事记和32章正文组成。上限夏商周，下限2004年，大事记及个别章节适当延伸。全志系统记述兰亭上下几千年的社会状况、风土人情和人民生活的变迁，真正记录境内各行各业的历史和现状，对文物古迹、景区名胜、名产名物进行详实记叙。16开本，684页，86万字，印数2000册，定价280元。

**【《王化村志》】** 村志。属“柯桥区村志丛书”。柯桥区平水镇王化村民委员会编，宋兴隆主编。浙江人民出版社出版，2015年1月第1版第1次印刷。全志由概述、大事年表、附录和11章正文组成，上限唐代，下限2013年。全志图文并茂，以王化的人文脉络为主线，真实全面介绍王化村历史沿革、村庄风貌、建筑艺术、名人典故和传统文化，记述当地自然、社会、人文、经济的历史与现状。小16开本，171页，38万字，印数1000册，定价58元。

（史　志）

**【《无处告别》】** 散文集。张青峰著。中国文联出版社出版，2015年8月第1版第1次印刷。该书按内容分人物小传、清浅时光、高村逸事、闲言杂语等4辑，是作者30岁时出版的第一本对自己青春梳理与总结的书。32开本，183页，14.2万字，定价25元。

（孙雪芳）

**【《绍兴师爷故事集成》】** 民间故事集。浙江省非物质文化遗产。绍兴市柯桥区文化广电新闻出版局编，马元泉、王雷主编。西泠印社出版社出版，2015年12月第1版第1次印刷。该故事集由一系列以“绍兴师爷”为主要人物的轶事趣闻组成的民间故事，及后人据此加工创作的机智故事组成，按内容分惩恶助良、智破疑难、惜墨如金、百态千状等4辑。全书收录绍兴师爷故事189则，其中包括著名绍兴师爷徐文长故事36则。小16开本，447页，印数1000册，定价80元。

（祝妍春）

**【《数码印花工艺教程》】** 教材。张为海主编。中国纺织出版社出版，2015年9月第1版第1次印刷。该书从数码印花技术的起源与发展、设备配备、图案设计制作、工艺流程、产品应用等方面，全面、系统地介绍数码印花的发展历程及操作方法。16开本，124页，定价198元。

（史　志）

## 获奖作品

**【《花名宝卷》（绍兴宣卷）】** 表演者陈丹、包敏丽、张杰、章林威，2015年10月获浙江省文化厅主办的“非遗薪传”浙江曲艺展演展评铜奖。

**【《西溪桃源》（绍兴平湖调）】** 表演者施金裕，创作汪嘉宝，伴奏罗小令、倪晓红，2015年9月获浙江省文化厅主办的浙江省第五届曲艺杂技魔术节表演银奖、作品奖。11月获中国说唱文艺学会、中国艺术研究院曲艺研究所举办的首届“泉城书会”暨“明湖论坛”和“全国优秀曲艺传人学术交流展演”活动银奖。

**【《狸猫换太子》（越剧电影）】** 表演者陈丹、包敏丽、张杰、章林威，2015年获第七届浙江省电影凤凰奖“优秀戏曲片”奖。

**【《晚宴》（微电影）】** 表演者韩会稽，创作者杨佳佳，2015年1月获浙江省文化厅主办的浙江省首届微电影展演入围奖、优秀男演员奖。

**【《借大衫》（绍兴莲花落）】** 表演者潘家富，伴奏倪晓红，2015年3月获中国曲艺家协会、河南省文学艺术界联合会主办的第十届河南宝丰马街书会曲艺邀请赛中获一等奖。11月获中国说唱文艺学会、中国艺术研究院曲艺研究所举办的首届“泉城书会”暨“明湖论坛”和“全国优秀曲艺传人学术交流展演活动金奖。

**【《美丽的谎言》（绍兴莲花落）】** 作者沈建萍、倪晓红，表演者章利萍、金美丽，2015年6月获浙江省曲艺家协会主办的第五届浙江省曲艺新作会演创作银奖；表演银奖。

**【《一念之差》（绍兴莲花落）】** 作者潘海良、金美丽，演唱者潘海良，伴奏林立、倪晓红、俞国卫，2015年月6获浙江省曲艺家协会主办的第五届浙江省曲艺新作会演创作金奖；表演金奖。9月获中国曲艺家协会主办的第三届“岳池杯”中国曲艺之乡曲艺大赛金奖。

**【《一甏水》（绍兴莲花落）】** 表演者潘海良，伴奏倪晓红，创作马志友、杨佳佳、金美丽，作曲罗小令，2015年9月获浙江省文化厅主办的浙江省第五届曲艺杂技魔术节表演金奖、优秀作品奖、音乐设计奖。9月获浙江省文化厅主办的“非遗薪传”浙江曲艺展演展评活动金奖。

**【《到底谁怕谁》（故事）】** 表演者章利萍、陈巍良，2015年月4获浙江省曲艺家协会、浙江省民间文艺家协会主办的浙江省第四届故事会表演铜奖。

**【《代理孝子》（故事）】** 作者沈建萍，表演者韩会稽，2015年4月获浙江省曲艺家协会、浙江省民间文艺家协会主办的第四届故事会表演金奖。6月获浙江省曲艺家协会浙江省民间文艺家协会主办的故事征文二等奖。

**【《请你帮帮忙》（故事）】** 表演者施金裕，2015年4月获浙江省曲艺家协会、浙江省民间文艺家协会主办的2015年浙江省第四届故事会表演银奖。

**【《一只信封》（故事）】** 作者潘海良，表演者潘海良，2015年4月获浙江省曲艺家协会、浙江省民间文艺家协会主办的浙江省第四届故事会征文活动一等奖；表演金奖。

**【《会替》（故事）】** 作者杨佳佳，表演者孙昌隆，2015年4月获浙江省曲艺家协会、浙江省民间文艺家协会主办的故事征文活动三等奖。5月获浙江省曲艺家协会、浙江省民间文艺家协会主办的第四届故事会表演铜奖。

**【《搬过来，搬过去》（朗读作品）】** 朗读者陈银倩，2015年12月获全国青年朗读大赛三等奖。

**【《“微时代”下绍兴莲花落的“微”创新》（论文）】** 作者杨佳佳，2015年月1获中国曲艺家协会主办的第四届中国曲艺高峰（柯桥）论坛优秀曲艺理论（评论）文章。

**【《简单、通俗是绍兴莲花落的生命》（论文）】** 作者沈建萍，2015年6月获浙江省曲艺家协会主办的第四届浙江曲艺发展论坛三等奖。

**【《绍兴宣卷的艺术特色》（论文）】** 作者施金裕，2015年6月获浙江省曲艺家协会主办的第四届浙江曲艺发展论坛三等奖。

**【《群众性声乐辅导的探索》（论文）】** 作者余其斌，2015年9月获浙江省群众文化学会、浙江省文化馆主办的2015年浙江省群众音乐论坛征文兰花奖。

**【《农民文化活动参与积极性与乡镇公共文化服务管理机制完善的关系研究》（征文）】** 作者汪灿根，2015年10月获浙江省群众文化学会、浙江省文化馆主办的浙江省第十七届公共文化论坛征文活动一等奖；中国文化馆协会主办的年会征文二等奖。

**【《摇一只乌篷走江南》（歌曲）】** 演唱者余其斌，2015年7月获浙江省文化厅主办的浙江省第十四届音乐新作演唱、演奏大赛表演银奖。

**【《悲怆》（歌曲）】** 改编并指导者赵月萍，2015年指导合唱获省中小学生艺术节金奖

**【《农家乐》(作词)】** 作者余其斌，2015年1月获中国文联、四川省政府主办的第五届全国新农村文化艺术展演；7月获浙江省文化厅主办的浙江省第十四届音乐新作演唱、演奏大赛创作银奖。

**【《老师，阿爸》（舞蹈）】** 辅导者王莉，2015年10月获省教育厅主办的2015年全省中小学生艺术节比赛一等奖。

**【《逐梦》（舞蹈）】** 辅导者王莉，2015年10月获省教育厅主办的2015年全省中小学生艺术节比赛二等奖。

**【《兰亭序》（铜雕）】** 作者赵秀林，2015年10月获中国民间文艺家协会主办的第二届中国·徐州民间工艺博览会金奖。

**【《越地美船娘》（铜雕）】** 作者赵刚，2015年10月获中国民间文艺家协会主办的第二届中国·徐州民间工艺博览会银奖。

**【《莲花瓶》（越窑青瓷）】** 作者陈国荣，2015年10月获中国民间文艺家协会主办的第二届中国·徐州民间工艺博览会金奖。

**【《印象T台》（陶塑）】** 作者占少峰，2015年10月获中国民间文艺家协会主办的第二届中国·徐州民间工艺博览会金奖。

**【书法作品】** 作者魏国浩，2015年6月，获浙江省第七届“陆维钊奖”中青年书法篆刻展铜奖。

**【书法作品（扇面微书）】** 作者徐彩娣，2015年10

月获中国民间文艺家协会主办的第二届中国·徐州民间工艺博览会银奖。

**【《五十六个民族》(扇面画)】** 作者李德顺，2015年10月获中国民间文艺家协会主办的第二届中国·徐州民间工艺博览会金奖。

**【《荷香飘千里》(油画)】** 作者陈海森，2015年9月，获浙江省文化厅主办的浙江省农村文化礼堂视觉艺术创作群体优秀作品征集出版银奖。

**【《宁静致远》(国画)】** 作者王茶英，2015年7月，获浙江省治水办、浙江省委宣传部、浙江省文联、浙江日报报业集团联合主办的2015浙江省"五水共治"主题美术作品展优秀奖。

**【《诗经》(真金微书)】** 作者蒋炳贤，2015年4月获由中国轻工业联合会、工业和信息化部、工业文化发展中心主办的第五届中国(浙江)工艺美术精品博览会金奖。

**【《守护》(摄影)】** 摄影者祝铭，2015年获浙江省走进"南孔圣地，休闲衢州"摄影抓拍赛铜奖。

(孙雪芳)

**执行编辑　朱菊根**

# 鉴湖新风

## 鉴湖英才

**【郑德均致力数码纺织创意设计】** 至2015年，郑德均研究的计算机自动配色和测色，使一周到三周的确认打样色彩环节减少到三到五天。1981年出生的郑德均是浙江工业大学之江学院的教师，一直从事纺织服装数字化技术研究，创立一种基于计算机图像处理技术的织物纹理和色彩设计方法，将纺织品设计与计算机信息技术结合，降低打样成本，增加纺织品的附加值。并与柯桥不少纺织企业合作将研究成果产业化。

**【屠传建用妙手创造生命奇迹】** 至2015年，屠传建完成20余项的科研成果，获得省市级各级奖项若干项，在省级以上医学杂志发表专业论文20余篇，带出10多位神经外科专科医生，其中不乏柯桥区名医和医坛新秀。1992年毕业于浙江医科大学的屠传建，进入当时柯桥的第四医院。1995年，赴上海第二军医大学进修学习神经外科。1996年，成为柯桥首位神经外科专科医生，第四医院神经外科也开始初具雏形。此后他与同事们一起攻克多项医疗难题，创新手术技术，把神经外科打造成柯桥医疗机构中一块“金字招牌”，成为浙江省县（区）级医学龙头学科。屠传建通过显微技术和内窥镜技术，致力于脑肿瘤治疗领域研究，首先在绍兴地区开展单鼻孔经蝶垂体瘤切除术、脑内窥镜等手术。2014年，屠传建主持成立课题组，对柯桥本地325例高血压脑出血患者进行跟踪调查，揭开高血压脑出血患者发病及死残等预后不良的高危因素谜底，结合乡村医疗站所，从饮食结构调整等多方面入手，向本地老年人普及防范高血压脑出血知识。屠传建用自己的一双“妙手”，让很多因神经外科疾病与死神亲密接触的病人，苏醒过来，创造一个又一个生命奇迹。

**【孙润文用“微投影”让汽车导航“抬起头”】** 2015年，由孙润文创办的浙江宏视电子技术有限公司与国内排名前三位的汽车电子公司达成战略合作意向。浙江宏视电子技术有限公司总经理孙润文1995年毕业于大连理工大学，曾在新加坡工作过。2003年回国后，他开始接触显示行业。2007年他与两位海归博士合作，“革新”投影技术，发展“微投影”。2014年，“宏视电子”借助公司的LED微矩阵显示技术，成功研发出车载HUD显示芯片。该芯片能把导航信息、水温、油耗、定速巡航等多项信息“记录”在芯片上，并利用LED微矩阵显示技术，投放到车子前挡风玻璃上，即便是白天，依然亮度较高，显示清晰，再结合红外成像技术，能提高雨雾天行车的安全性。国外，同类型的车载HUD每套要数万元人民币，该产品不但技术更胜一筹，而且价格仅需1000元左右。2014年，“宏视电子”落户柯桥。孙润文认为，柯桥及江浙沪地区汽车市场的发展潜力巨大，必将推动公司进一步发展壮大。

**【张伶俐打造国际性服饰品牌】** 2015年，美国IMTA国际模特大赛中国大会，将张伶俐最新打造的诠释东方美学的服饰品牌——“江南贡院”定为大会指定服装品牌，并担当大赛的评委。作为时装圈的活跃人物，纽妃诗服装服饰创意机构总经理张伶俐自2011年入驻轻纺城后，就一直备受业界关注。她从事服装设计20年，大学尚未毕业就在全国大赛获奖。工作初期她曾遭遇坎坷，经过不懈努力，2000年她获评中国“十佳”设计师。两年后又代表中国去韩国为“世界杯”做秀，这在中国的设计师中从未有过。从普通设计师到首席设计师，再从设计师到企业高层，成为企业股东，最后开办自己的设计工作室，专注于服装品牌运作，并使自己所经营的品牌跻身商场销售前列。张伶俐凭借自己出众的才能和独特的经商方式，成功超越自己设定的一个个目标。在柯桥创业之初，她并不适应当地的状况，尤其是头半年的发展并不如人意。她从不制定过高的目标，心态好，又善于总结，很快就找到有自己特色的公司营销模式，公司业绩以每年翻一番的速度迅速递增。张伶俐出众的设计才能和独特的企业经营理念，让“纽妃诗”成为纺城服装界的一个时尚标尺。

**【张晓明运用大数据排片】** 2015年6月，“排片宝”大数据应用软件上线，此后在全国500多家电影院被广泛运用。通过软件合理排片后，影院总体上座率比上年增长15%以上。这款软件的研发者是之江学院大数据研究中心主任张晓明。张晓明毕业于麻省理工学院，2014年5月受聘到浙江工业大学之江学院，从事大数据应用的研究。张晓明和他的团队对多个行业进行数据分析，以电影行业作为研究的突破口。经过近一年的数据搜集分析和研究，研发出“排片宝”。该软件依托影院的上座历史数据、网络数据、调研数据等，能自动计算出每部电影在本影院的受欢迎程度、观众的观影偏好和行为规律，并自动、快速、精准、合理地完成排片。运用“排片宝”，原先需要两个小时左右的排片工作，1分钟就能完成，有效避免冷场和爆满，实现影院效益的最大化。

（摘选自《柯桥日报》）

## 百姓故事

**【徐荣标向村民发放200个“戒烟红包”】** 2015年正月初六，稽东镇顺利村馒头石自然村80岁村民徐荣标为自然村的村民们送去200个“戒烟红包”。“戒烟红包”上写着“戒烟”两字，每个红包包着20元钱，送给每位自然村村民。这200个红包内的4000元钱，是他平时省下来的。他想为村民做点有意义的事，希望大家能养成良好的生活习惯，和他一样健康长寿。

**【“故事妈妈义工团”福利院讲故事】** 至2015年，柯桥区“故事妈妈义工团”为绍兴市福利院孩子们讲故事100多个。2013年初，“故事妈妈义工团”由柯桥笛扬社区许文辉和陆唯茵组建，坚持每周六下午到绍兴市福利院，为那里的孩子们讲绘本故事。许文辉每次去福利院，都会给孩子们带去10多本绘本，孩子们可以一起翻看。到2015年，绍兴市福利院里，有上千册绘本。陆唯茵是许文辉的邻居，在他们的努力下，“故事妈妈义工团”人数发展到十多人。故事妈妈们提前备好功课，轮流带着绘本去福利院讲故事。轮到某个妈妈讲故事时间刚好没空，其他故事妈妈顶上。福利院里的孩子，有的不会说话，有的听力有问题，有的肢体残疾，但是只要故事开讲，所有的孩子都会融化在故事妈妈的绘本故事里，笑声不断。

**【大学生李迪斐成为创业“明星”】** 2015年，大学生李迪斐建起床帘加工厂。早在大学读书时，李迪斐认为学生寝室床帘产品有市场潜力，和人合伙做生意。2014年毕业后，李迪凑了7万元开了一家专做学生床帘的网店。他设计20多个系列的花色品种，开发出带有遮光、环保的新型床帘。还采取批发、零售组合的营销策略，让他的产品增加点击率。为克服寒暑假学生床帘市场销售淡季的经营困难，李迪斐通过开辟新产品市场，利用线上线下，做母婴产品外贸。开业一年，李迪斐销售额内贸300万元、外贸50万元。

**【李胜平全家3代6人均是环保达人】** 2015年，家住柯桥街道梅川小区的李胜平72岁，和妻子、儿子、儿媳及两个孙子住在一起。这个3代同堂的3口之家，半年水电费只有287元。李胜平家客厅放着一排整齐的垃圾桶，分别写着“可回收垃圾”“不可回收垃圾”“有害垃圾”等字样。从2010年起，李胜平在家里实行垃圾分类处理，4岁的小孙子也被要求参与。家里的电器不用时拔出插头，衣物尽量手洗，雨水、淘米水用来拖地……李胜平家其实并不缺钱，他和老伴都有退休工资，儿子、儿媳工作稳定，家里还有几处房产出租。他认为，世界上还有很多人喝不上干净的水，节约水电就是节约资源。李胜平和王婉珍家务之余定期帮助社区普及节能灯知识、发放节能灯，上门介绍节能、垃圾分类等环保知识。他儿媳教邻居用一些生活垃圾做清洁剂。两个孙子在学校里也保持随手关灯、不浪费水等好习惯，经常受到老师表扬。

**【丁义铨拍摄故事视频10多期】** 2015年5月3日，漓渚集镇老街上的老人们午觉醒后去丁义铨家里看他拍摄的节目。丁义铨71岁，已拍摄10多期由他自导自编自主持的“老丁说故事”视频。丁义铨退休前是名车床工，会二胡、喇叭、笛子等乐器，年轻时就是镇里有名的文娱活跃分子。4年前，女儿给他买具有摄像功能照相机。他拍下和老朋友们去旅游、老伴唱越剧的视频。拍下的“节目”在7.8英寸屏幕的看戏机里播放。后来，丁义铨的拍摄对象，玩的、闹的减少，讲事讲人物的增多。2014年春节，丁义铨发现自家附近的环卫工人换人，一位叫张林海的20多岁小伙子天天清运垃圾。原来张林海是为自己母亲能春节休息，接替下环卫工的活。丁义铨很感动，第一次拿起照相机，拍起陌生人视频。为真实记录张林海一言一行，丁义铨跟踪拍摄3天。其间，他还以一问一答的方式，“采访”张林海，讲述这个年轻人的想法和梦想。这段“记录视频”，上传到网络后，得到众多网友的“点赞”。

此后，丁义铨为自己的视频节目取名“老丁说故事”。在自家的老房子里，丁义铨搭建“演播间”，自己充当主持人，配上点评言论，使视频看起来像一个电视访谈节目。节目讲述老年人的业余生活、身边的好人好事、村里的乡土文化，吸引很多邻里竞相观看。

**【高兴忠义务指挥居民停车两年】** 柯岩梅泽嘉园小区大门附近有一个小广场，曾是居民停车的“必争之地”。2015年5月7日傍晚5点多，梅泽嘉园小区退休工人高兴忠指挥21幢的李女士停车。李女士回家早、出门晚，高兴忠就建议她把车停得靠里面一些。高兴忠64岁，两年前，看到小区里每天上演“车位争夺战”，他义务当上小区“停车引导员”。他记得邻居出门回家的时间，按照各家出门的时间给他们安排车位，第二天早上先走的停外侧，晚走的停里边。每天晚饭时分，是高师傅最忙的时候，临时“调度”的情况常常发生，有时吃一顿饭，放两次碗筷。这年春节高师傅出去旅游，一回来，邻居们就来找老高抱怨，说乱停车没人管，闹矛盾没人调解。老伴李阿姨很支持丈夫“管闲事”。有居民好奇高师傅这样做图什么？高师傅认为原先小区停车乱，相互之间有矛盾，邻里关系也紧张，刚好他退休，有时间做点小事情，让住在这里的人感到幸福。

**【陈凤美手绘《楼道报》传递正能量】** 2015年，58岁的陈凤美家住柯桥兴越南区，年轻时是一名文艺青年，喜欢写写画画。退休后，她手绘《楼道报》送给邻居，传递正能量。2013年，刚搬到兴越南区，陈凤美注意到，居民家里都装修得漂亮，却忽视楼道公共环境：楼梯口随便停放自行车、电瓶车，楼道里堆放着杂物，楼梯的扶手上积了厚灰尘。她拿出纸笔，以“共同维护楼道环境”为主题，绘制《楼道报》，还复印许多份分发给邻居。彩色的插图，手写的“温馨提示”，这张“润物细无声”的小报，引起邻居们的注意，几天之后，楼道环境改善不少。因为人热情肯帮忙，邻居们碰到什么事情都爱找她拿主意，陈凤美成小区里的“小灵通”。《楼道报》也成报料台，一些家长里短的小事都成《楼道报》的新闻来源。曾经有段时间物业整治小区地下车库，由于沟通不畅，有好几位业主不肯接受整治，物业不肯让步，双方僵持不下。陈凤美了解后，主动给双方做调解，既劝业主配合整治又建议物业改进工作方式。最后，地下车库整治工作顺利完工。陈凤美认为只要《楼道报》有人要看，她会继续坚持编下去，还想把曾经编在《楼道报》里的街坊故事整理出来，做个小册子与大家分享。

**【李华重展汉服风采】** 2015年，李华的汉服网店和工作室有不少熟客，微博粉丝超过万人，很多人对她的手艺赞不绝口。李华22岁，原在一家时装设计公司从事设计工作。2008年，她在广州参展时偶然接触到汉服，飘逸而不失大气的中国传统服饰，给她留下深刻的印象。通过自学，加上自身的设计功底，李华自己设计并制作汉服。2013年6月，李华的网上汉服馆“踏云馆”开张，主要销售定制汉服。几乎每件汉服从设计到选料到缝制，她都事必躬亲。每个月都会上四五款新品，有时候样衣还没做出来，衣服就订出好几件。网店和工作室的生意都不错，李华对未来充满信心，希望能多开几家实体店，让更多的人感受汉服，爱上汉服，认识传统文化礼仪。

（摘选自《柯桥日报》）

## 城乡新篇

**【柯桥一餐馆开业请环卫工吃“年夜饭”】** 2015年1月22日中午，柯桥湖东路上的徐生记外婆菜餐馆里，50多名环卫工吃“年夜饭”。这些环卫工都是餐馆老板徐德云请来的客人，加上21日的晚餐，先后有110名柯桥城区的环卫工到该餐馆吃免费“年夜饭”。餐馆是徐德云刚开的，本想搞一个开业庆典，后来朋友建议，搞庆典的钱还不如做善事，于是就想到环卫工，他们工作辛苦，但很少能吃顿像样的饭。徐德云把自己的想法告诉朋友许先生，他也非常赞同，就帮忙联系区城管办环卫处。徐德云为每桌准备20多道菜，考虑到环卫工们来自全国各地，还安排不同口味的菜肴。

**【钱清村连续12年组织老人外出春游】** 2015年4月，钱清镇钱清村组织全村老人赴奉化旅游，这是钱清村第12年组织老年人春游。从2004年起，为丰富老年人精神生活，钱清村开始组织老年人外出春游。12年中，村里在老年人春游上共支出上百万元。旅游费由村里支出外，村里还每人补助300元零花钱，对于没时间或精力参与的老年人，则每人补助400元。每到春暖花开的时候，老人们都盼着村里早日安排春游活动。村里的老年人游过天台、苏州、宁波、杭州等地方。每年一次的春游，对于老年人来说不仅是旅游，更是交流情感，锻炼身体。

**【高尔夫社区居家养老服务中心人气旺】** 2015年4月28日上午，柯岩街道高尔夫社区居家养老服务中心热闹非凡，20多位老人在练习上星期刚学的交谊舞动作。这里天天都有兴趣课，老人们积极性很高，每天距离上课还有半个多小时，人员就差不多到齐。服务中心建成之初，去的人很少。2014年10月24日，社区在服务中心推出“星期五课堂”。课程内容贴近老人生活，一到星期五，服务中心就很热闹。2015年4月3日第二学期开课时，不少人拉着老伴一起报名，考虑到报名人数太多，社区除周末外每天都开设兴趣班，主要有书法、舞蹈、丝网花和养生等课程。

社区志愿者同步推进的志愿活动也吸引不少老年人前去服务中心。周一免费理发、周二卫生院免费量血压、周三周四中医义务问诊……志愿者的队伍也从原先的5人增加到10余人，除在职党员和居民代表，不少兴趣班学员也加入志愿者队伍。通过开设兴趣班，开展志愿者活动，服务中心的人气更旺，学员们之间的联系紧密，不少人还说社区有大家庭的感觉。

**【技术培训成最受欢迎的“福利”】** 2015年4月，迎丰纺织印染有限公司的李加梅拿到纺织针织染色工高级技能证书。能拿到这本技能证书，全靠企业为她创造条件。位于滨海工业区的迎丰印染公司是一家成立才两年的企业，职工规模超千人，但职工队伍稳定，其中六成以上职工均为“老员工”。公司经营者认为，作为一家上规模企业，优秀职工是企业的宝贵财富。在迎丰印染公司，一线职工可享受各类培训“福利”：纺织染色技能培训，色染学等专业技能知识培训，医疗救护、消防技能等安全知识培训。这年，公司还请专业老师进厂区，对200多名一线职工的染色技能进行系统培训，均获得技能证。

**【新未庄社区倡导家家有“家训”】** 2015年11月22日，柯岩街道新未庄社区不少居民家门口挂着家训牌。“做人要诚实，办事要认真”“做事要勤、做人要忠”“宁让人，勿使人让我；宁吃亏，勿使人吃亏”，这些朴实而真挚的家训，以漂亮的行书印在接近A 4纸大小的木质牌子上。这些家训牌和新未庄白墙黑瓦的仿古建筑相得益彰，显得十分协调，成为一道美丽的风景。这年初，社区干部提出各家庭继承或提炼各家家风家训，由社区统一制作“家训牌”，帮助居民免费上墙，此举得到众多居民响应。新未庄由周边4个村合并而成，曾经历过“并村不并心、合住不合群”的阵痛。古时中国人聚族而居，人口众多，重视家风世泽。新未庄社区倡导家家有“家训”，希望新未庄不但景美，还能人和。

（摘选自《柯桥日报》）

**执行编辑　宋如玲**

# 人　物

## 全国劳动模范

【洪桂焕】 男，1962年出生，柯桥区人，中共党员，浙江新中天控股集团有限公司副总经理、总工程师、技术中心主任。

洪桂焕工作30年来，在纺织技术研发岗位上不倦求索，共参与技改项目200多个，其中独立完成137个，解决重大技术难题32个，并发表具有较高学术价值的科研论文10多篇，获得省、市、县科学技术进步奖10多次。公司技术中心先后获绍兴县十佳产学研基地、绍兴市优秀技术开发中心、浙江省高新技术研究开发中心等称号。新中天集团在以洪桂焕为核心的技术研发团队努力下，获纺织行业技术领域许多成果，先后承担国家和省、市、县重大科技攻关项目8项，成功开发各种面料新产品上千个，有发明专利4项、实用新型专利16项、外观设计专利几百项，其中30余个获部、省新（优）产品称号。

洪桂焕曾先后获浙江省“151”第二层次人才、全国专利运用和产业化优秀工作者和省劳动模范等荣誉称号。2015年4月，被中共中央、国务院授予全国劳动模范称号。 （单小燕）

## 全国先进工作者

【吴凤花】 女，1970年7月出生，绍兴市越城区东浦镇人，中共党员，国家一级演员，中共柯桥区小百花越剧艺术传习中心支部书记兼副主任。

吴凤花工小生，师承范瑞娟。从艺近30年来，先后主演20余出大戏，英俊潇洒的舞台人物形象，受到广大观众和专家的一致好评，受到中央领导江泽民、李鹏、刘华清、尉健行、李岚清、李长春等的亲切接见。在20多年的探索与实践中，吴凤花塑造众多性格迥异的舞台形象，逐渐形成自己独特的表演艺术风格。在越剧舞台上开创的文戏武演、武戏文演的特有风格，得到观众和行家的认可，被誉为越剧界难得的文武女小生，被誉为“德艺双馨”的模范，得到社会的承认。

吴凤花曾获第十三届中国戏剧梅花奖，第二十五届中国戏剧梅花奖“二度梅”，全国文化系统先进工作者，全国三八红旗手，获国务院津贴。2015年4月，被中共中央、国务院授予全国先进工作者称号。 （祝研春）

## 逝世人物

【崔文轩】 男，1922年9月出生，山东商河人，柯桥区供销系统（原绍兴县土产公司）离休干部。2015年6月12日在绍兴逝世，享年94岁。

崔文轩，1945年9月参加革命，1949年2月加入中国共产党。参加革命后，先后在商河县人民政府财政科、商河县长庄区公所、商河县第三粮店、商河县城关区公所工作。主要从事征收公粮、地方后勤和支前工作。1949年，随部队南下，分配到绍兴军管会征粮队任队长，后任会稽县粮食局粮征股副股长、绍兴县粮政科股长、绍兴县财粮科副科长。1953年，被派送到上海华东财政学校预算系（大专）学习。期满后，调任绍兴县财委秘书、绍兴县计委副主任。1958年，市、县体制变动后，调任绍兴县土产公司经理（后改为绍兴县土特产公司）。于1984年4月离休，享受县（处）级政治、生活待遇。

【黄金泉】 男，1923年11月出生，浙江上虞人，原绍兴县齐贤卫生所所长，卫生系统离休干部。2015

年3月2日在绍兴逝世，享年93岁。

黄金泉，1945年7月参加革命，1946年12月加入中国共产党。参加革命后，在新四军浙东游击纵队特务团任战士。1945年，随部队北撤。1947年3月，至华东野战医院学习，后任中国人民解放军20军炮兵团卫生员、卫生所助理军医。历经抗日游击战、鲁西南战役、孟良崮战役、淮海战役、渡江战役和解放南京、解放上海、抗美援朝等重大战斗。立三等功1次、四等功两次。1954年2月转业，历任齐贤卫生所所长、东浦保健所所长、鉴湖卫生院院长，平水区卫生院院长、支部书记。于1983年3月离休，享受县（处）级政治、生活待遇。

**【王书祥】** 男，1921年2月出生，河南扶沟县人。2015年1月5日在绍兴逝世，享年95岁。

王书祥，1948年11月入伍，1950年8月加入中国共产党。参加革命后，至山东胶东8纵100师300团任警卫排副排长、排长。历经淮海战役、渡江战役、解放南京、解放上海等重大战斗。1952年9月，参加抗美援朝。立三等功3次、四等功4次。1955年5月转业，至转业干部学校学习。翌年9月，分配至浙江新安江电站工作，历任机械厂综合车间主任、书记，总厂办公室副主任，浙西供电局行政科长。1964年5月，参加赴绍“社教”工作队，后留任绍兴县平水江公社副主任，绍兴县平水江水库书记、主任。其间，领导平水江电站建设。于1980年12月退休，1982年10月改办离休，享受县（处）级政治、生活待遇。

**【章榴先】** 男，1940年5月出生，浙江上虞人，原绍兴县政协副主席、党组副书记。2015年11月15日在绍兴逝世，享年76岁。

章榴先，1963年8月参加工作，1985年11月加入中国共产党。1963年8月任职浙江省社教工作团萧山分团。1964年10月，在象山县石浦中学任教。1976年10月，调绍兴先后在绍兴市东湖公社初中、东湖区中学和树人中学任教。1983年11月，任越城区人民政府副区长。1987年4月，调任绍兴县人民政府副县长，其间兼任县教委主任、体委主任。1993年4月，任政协绍兴县委员会副主席。1998年3月，任副县级调研员。2000年7月退休。历任越城区第一届人民代表大会代表、绍兴县第八届、九届人民代表大会代表、政协绍兴县第七届、八届委员。

（董国华）

## 省部级先进个人

**【省部级以上先进个人名录】**

洪桂焕2015年4月，被中共中央、国务院授予全国劳动模范称号。

吴凤花2015年4月，被中共中央、国务院授予全国先进工作者称号；9月，被中宣部、人力资源社会保障部、中国文联授予全国中青年德艺双馨文艺工作者称号。

倪崇晖　2015年4月，被中央文明办授予中国好人榜好人称号。

唐茂盛　2015年9月，被中国残联、教育部、交通银行授予交通银行特教园丁奖。

王国红　2015年12月，被司法部授予全国模范司法所长称号。

（史　志）

**执行编辑　朱菊根**

# 经济开发区

## 柯桥经济技术开发区

**【概况】** 2015年，柯桥经济技术开发区完成公共财政预算收入8.17亿元，比上年增长3.2%；国税收入8.01亿元，比上年增长5.8%；完成规模以上工业总产值506.9亿元、规模以上工业增加值69.9亿元，分别比上年增长5.2%、8.8%；工业投资50.1亿元、服务业投资14.3亿元，分别比上年增长21%和17%；自营出口9.4亿美元，实到外资5105万美元，省外到位资金7.1亿元。实现限额以上批发及零售业商品销售额145.8亿元、限额以上服务业增加值10.95亿元、战略性新兴产业增加值20.5亿元，分别比上年增长30%、20%和7%；完成“小升规”15家、“个转企”13家；盘活低效闲置用地127亩；完成股改2家，其中“环思科技”成为全区首家完成股改的软件企业。推进国家级开发区平台提升，实施科技园、创意园“两园”工程，创意园获得“全国青年创业示范园区”称号，以创意园为核心的金柯桥基金小镇被列入市级特色小镇培育计划，引进股权类投资公司和资金管理公司10家。开发区获得“2015浙江省智慧园区”称号。继续推进企业投资项目不再审批和高效审批改革，完成不再审批、高效审批项目6个、4个，完成工业企业“零土地”技术改造项目审批方式试点。

这年，开发区鼓励企业加大投入，全年实施工业项目139个，亿元以上项目占8个，完成工业投资50.1亿元，比上年增长21%，其中技改项目121个，新兴产业项目21个。长江精工绿色集成建筑产业园、富士力电梯两大“双百亿”项目进展顺利，高强度紧固件、好德建材等5个项目列入省重大产业项目。

这年，开发区加大科技企业培育力度，新增国家重点扶持高新技术企业6家、省科技型企业13家，申报区级以上研发中心33家。入选省“千人计划”1人、市“330海外英才”4人。“梅轮电扶梯”成功创建省级企业研究院，“延锋伟世通”获福特汽车集团Q1授旗认证，“华绣科技”成立全区首家国际院士工作站。引导品牌化发展道路，新增中国驰名商标1只、省级著名商标2只，新授权专利930余只，新增省级名牌产品2只。

2015年6月8日，柯桥区“双百亿”重点项目之柯桥经济开发区（齐贤镇）精工绿筑产业项目、富士力电梯制造项目开工　　（柯桥经济技术开发区　供稿）

**【引进5亿元以上项目4个】** 2015年，柯桥经济技术开发区实施招商引资“一号工程”，瞄准500强、知名上市和行业龙头企业，通过精准招商、以商引商等方式，寻求高端制造业、现代服务业项目新突破。全年开展外出招商40余次，接待国内外考察团35批230人次，引进新能源汽车、大宗商品交易平台等总投资5亿元以上项目4个，其中总投资50亿元项目1个。

**【助推电商产业发展】** 2015年，柯桥经济技术开发区新增电商企业54家、跨境电商14家、电商产业园区1个、电商服务平台2个，柯北贸易中心与浙江工业大学之江学院合作成立电子商务服务中心，布码头O2O展贸服务平台投入运营。

**【完成政府性投入4.9亿元】** 2015年，柯桥经济技术开发区实施政府性投资项目12个，完成投资4.9亿元。其中科技园二期建成交付使用，汽车检测中心基本完工，安昌路、安华北路改造、柯北大道拓宽改造基本完工，集贤路、钱滨线工程进场，新壶瓶山路、新步锦路、朝阳河桥动工建设。

**【统筹“五水共治”“三改一拆”和“五气合治”】** 2015年，柯桥经济技术开发区深化“五水共治”，投入资金2600余万元，制订落实70条河道“一河一策”方案，完成环塘河、羊山新开河、山西直江等重点河道整治。推进“三改一拆”工作，累计拆除违章面积46.9万平方米。做好“五气合治”工作，全面实施环保网格化管理机制，完成燃煤锅炉整治任务，整改“低小散”企业256家、关停21家，完成工业小区整治38个、企业569家，关停72家。

**【“创立方”服务中心运营】** 2015年，全市首个集党建、人才、科技服务为一体的“创立方”服务中心正式运营。服务中心集合柯桥区高层次人才服务中心、柯桥区科技创新服务中心和开发区（齐贤镇）党群服务中心“三大中心”，包括一站式服务台、立咖啡、浙江图书馆电子阅览基站、柯桥区图书馆创立方分馆、党建展厅、远程教育中心、科技大市场等十大功能。 （李国臣）

## 滨海工业区

**【概况】** 2015年，滨海工业区完成生产总值142亿元，比上年增长6.8%；实现公共财政收入11.3亿元，比上年增长25.6%；国税收入14.7亿元，比上年增长20.5%；推进国家级循环化改造试点，共实施工业项目312个，其中亿元以上项目27个，完成工业投入135.7亿元，占全区工业总投资的40%，比上年增长21.2%；工业销售收入820亿元，比上年增长3.5%；引进落户亿元以上项目4个，“浙商回归”10亿元，实到外资1亿美元，自营出口8.5亿美元。投资2亿元的“浙江正统钢业”年产3万吨汽车传动轴用钢管项目动工建设；总投资45亿元（一期总投资15亿元）的“300万吨/年油菜籽低温催化制油气”新能源项目签订意向引进框架合作协议。

2015年，滨海工业区扶持培育上市潜力企业和高新技术企业。其中3家企业实施股改，“优创新材料”通过证监会审核等待IPO；新增国家高新技术企业4家，区级以上研发中心15家，申报各项专利900余件，新增电商企业20家。

**【新增投产印染集聚项目24个】** 2015年，滨海工业区投产印染集聚二期项目24个，累计投产达37个，完成投资约64亿元。印染集聚三期36个项目完成前期“虚拟供地”和规划选址准备，配套建设同步跟进。农贸市场、职工公寓、幼儿园等交付使用，“蓝印时尚特色小镇”创建有序推进。

**【完成低效土地二次开发1120亩】** 2015年，滨海工业区实施低效土地再开发，全年完成低效土地二次开发1120亩，新增投资15亿元。其中，总投资4亿元，占地78.6亩的“兴日铁金属钢板”项目通过联审。

**【帮助11家企业走出困境】** 2015年，滨海工业区实施“一企一策”分类帮扶措施，运用镇级转贷资金，为18家企业累计转贷41亿元，帮助11家企业走出困境。开展“远东石化”“赐富集团”“海富化纤”等企业对接。加速“僵死”企业破产清算和司法处置，盘活资产。

**【拆除房屋面积14万立方米】** 2015年，滨海工业区拆除房屋面积14万立方米，涉及30个单位2164亩征地；推进“两路两侧”“四化三边”整治，清理区域内各类广告牌，拆除各类违章23.9万立方米，完成拆违任务130.5%；完成排涝河拆迁评估丈量；完成兴海嘉苑、滨河嘉苑等安置房共1175套的交付。

**【成功创建省级“清三河”达标镇】** 2015年，滨海工业区完成14条“三河”整治，开展清河面、理岸边、拆违章、改立面综合整治，完成河道清淤27万立方米。会同水政、渔政、城管等部门，对整治过程中碰到的沿河违章、非法渔具、违法筑坝进行整治，拆除渔箔95道。投资5000万元，实施南片农村生活污水治理工程。实施小微排污企业和工业小区整治，全面关停畜禽养殖，加大环保巡查管控，全面实施雨污分流达标排放，区域河道断面水质、水域环境全面提升。

**【推进“五气合治”】** 2015年，滨海工业区全部完成629台印染企业定型机“煤改气”和废气二级静电吸附、热电企业13台机组脱硫脱硝以及60台10蒸吨及以下燃煤锅炉淘汰改造；共淘汰316辆“黄标车”。

（傅国灿）

**执行编辑　许可可**

# 建制镇与街道

## 柯桥街道

**【概况】** 柯桥街道因桥得名，素有金柯桥之称。处于柯桥城区核心，东临越城区东浦镇，南及西南接柯岩街道，西北及北与钱清镇、华舍街道和柯桥开发区（齐贤镇）相邻。距绍兴市区10千米、杭州50千米，杭甬铁路、104国道横贯东西，面积15.95平方千米，为典型的江南平原水乡，瓜渚湖居于境东，中国轻纺城坐落其中。辖29个社区（居委会），户籍人口56547人，流动人口近10万人。

2015年，柯桥街道城镇居民人均可支配收入达到53370元，同比增长8.5%。全年引进招商项目10个，涉及资金近58亿元，其中10亿元项目“家装e站”签订框架协议，6亿元项目“上海蜜瓜科技”实现出口9000万美元，另有“香港九隆仓”等25个项目进行对接洽谈。2015年新落户各类股权投资类企业13家，引进基金规模40亿元的“时代伯乐”。“亚太药业”收购“上海新高峰”，正式涉足CRO新兴行业。这年，着力规范整治工业小区，腾空清理272家，整治规范142家，关停小微排污企业75家。街道全年亩均税收超过37.69万元，居全区第一，财富大厦、钻石大厦等5幢楼宇全年单体税收超1000万元，新增阿里巴巴产业带B2B企业200余家。

表41 2015年柯桥街道主要经济指标完成情况

| 指标 | 单位 | 2015年 | 比2014年增长(%) |
|---|---|---|---|
| 生产总值 | 亿元 | 73.54 | 9.9 |
| 公共财政预算收入 | 亿元 | 20.57 | -4.09 |
| 工业投资 | 亿元 | 1.39 | 9 |
| 规模以上工业增加值 | 亿元 | 5.72 | 3.75 |
| 限额以上三产增加值 | 亿元 | 20.16 | 24.03 |
| 限额以上批发零售业商品销售额 | 亿元 | 117.56 | 20.24 |
| 服务业投资 | 亿元 | 2.72 | 30.83 |
| 自营出口 | 亿美元 | 27.64 | 0.17 |
| 实到外资 | 万美元 | 690 | 96.58 |

这年，完成主要道路“四边三化”的40项问题整改，拆除203处计15.1万平方米的违章建筑。启动城区生活垃圾分类工作，在完成首批11个小区试点基础上，向42个小区扩面推进。淘汰575辆黄标车，对半地下车库进行整治维修，对13个老小区的生活污水管网进行改造。顺利通过各级“清三河”达标创建复评考核，2—12月Ⅴ类、劣Ⅴ类水平均占比35%，比1月份下降56%，“河长制”工作在省、市会议上作典型介绍，并被评为市“五水共治、重构重建”工作先进集体，浙东古运河柯桥段被评为市级最美河道，潘国泉等3人被评为市级最美护河人。2015年，柯桥街道率先启动“城管进社区”模式，着力开展环境整治提升“十大专项行动”，年改立面10638平方米，封后门162个，理管线16942米，区对镇街10次环境卫生考核中，街道6次跻身前三，全年综合排位居全区首位。

2015年，浙东古运河柯桥段获“绍兴市最美河道”称号　（朱素梅　摄）

基层特色进行推介；开展“幸福水乡才艺秀”“文化走亲”等各类文化活动120余场；进一步壮大“微动力”组织，新增服务团队92支，新注册志愿者12000余人，累计发起公益活动1483个，服务时间已超3万小时，“微动力”志愿服务中心获“绍兴名牌产品（服务类）”称号。

这年，纵深推进平安创建，搜集“平安通”信息519条，有效处置516条，办结率达99.4%；创建国家级“无邪教街道”，顺利通过省级暗访考核。摸排登记出租房3万余间，查处整改安全隐患130余处。中心平台共受理事项60415件，办结率99%，调解职工维权案件86起；完成“两网融合”试点工作，建成街道社会治理综合信息指挥中心，收集民情民意近千条，解决率达95%以上。2015年累计化解信访积案4例，调处各类矛盾纠纷876起，调解率达100%。

这年，实施“党员干部进万家、服务居民如一家”民情大走访活动，联系服务居民率100%，成功创建笛扬、瓜渚湖、福东三个精品党建示范点，推进两新党组织品牌建设和评星晋级工作。加强党风

这年，29个社区（居）继续开展“幸福社区”创建，着力打造笛扬、大渡两个“升级版”样板社区，累计开展各类创建活动400余场，优化社区结构，新建玉兰社区，撤并成立新双梅社区，社区总体覆盖率达到80%。培育发展社会组织，新增90个，累计达到162个。建立柯桥区首个街道级居家养老服务综合体“颐养园”，新建中泽、上谢桥等5个居家养老服务照料中心，基本实现居家养老城市社区全覆盖；新增福东、大渡等3个慈善救助站，发放各类补助、救助款近600万元。

启动实施柯桥历史文化街区改造（一期）项目房屋征收工作。全面完成104国道高架、百舸路拓宽工程、万商路延伸段等拆迁项目，拆除面积达4万平方米。破解有12年历史的金昌F1号楼遗留项目，拆除房屋建筑面积2000平方米。西市场改造项目周边12户全部拆除，总面积达7.2万平方米。完成中泽二期700余户、1300余套安置房的交付工作。

这年，创建“我们的宣传日”特色品牌，全年开展宣传活动100余场，并被省文明办作为

2015年10月，柯桥街道“微动力”志愿者活动现场　（朱素梅　摄）

廉政建设，出台曝光“亮丑”、警告“亮牌”、责任“亮剑”为核心的“三亮”制度。

**【启动柯桥历史文化街区一期改造项目】** 2015年4月，柯桥街道启动实施柯桥历史文化街区改造（一期）项目房屋征收工作，依法有序推进意见征询、丈量评估、确权、签约、腾空等工作，至12月31日止，1512户被征收户完成签约1306户，签约率86.38%，区委书记、区长先后四次批示肯定。

**【新建玉兰社区和新双梅社区】** 根据城市社区建设规划，2015年12月29日，柯桥街道建立新双梅社区居民委员会和玉兰社区居民委员会，至此，全街道社区覆盖率达80%。新双梅社区居民委员会由原双梅居委会和双川居委会撤并建立，新双梅社区有居民2811户，在册居民4948人。玉兰社区居民委员会辖区以玉兰花园等住宅小区为主，有居民1935户，在册居民496人。

**【“颐养园”开园】** 2015年重阳节，柯桥区首个街道级居家养老服务中心“颐养园”开园，至年底，累计接待8200余人次的考察学习。

**【承办绍兴市住宅小区管理工作现场会】** 2015年7月1日，绍兴市住宅小区管理工作现场会在柯桥区柯桥街道举行，与会人员参观柯桥街道碧水苑西区、金昌·香湖郡等小区，柯桥街道和上谢桥社区作典型发言。

**【启动“城管进社区”模式】** 2015年，柯桥街道成立城管执法中队，因地制宜完善城市管理网格化机制，依托“城管进社区”模式，下移城市管理重心，落实“区—街道—社区”三级网格，发挥基层城管队员在城市管理的信息宣传、服务管理、监督跟进等方面的作用。

（许燕燕）

2015年，柯桥历史文化街区一期改造项目工作人员在居民家中宣讲房屋征收政策 （柯桥街道 供稿）

2015年12月29日，柯桥街道举行新双梅社区和玉兰社区成立仪式 （朱素梅 摄）

## 柯岩街道

**【概况】** 柯岩街道因石得名，地处柯南新区，东接越城区东浦镇，南连福全镇，西邻湖塘街道，北界柯桥街道和钱清镇，杭甬高架铁路、104国道依境而过。境内以平原水乡为主，北部系古鉴湖流域，南部为山地，有柯岩风景区等多处旅游景区。街道成立于2001年8月，面积46.48平方千米。2015年撤金星、东担山、余家弄3个行政村，成立竹林社区，现辖20个行政村、15个居委会，户籍人口58231人，外来人口99432人。

2015年，柯岩街道强化粮食安全体系建设，落实重农惠农和规模种粮及农业支持保护补贴政策，开展农业政策性保险，强化土地承包管理，减少“非粮化”现象，粮食播种面积24084亩、粮食总产12814吨。以“兴林富民”为抓手，大力推进平原绿化建设，完成15亩平原绿化及150亩的苗圃绿化任务。

索密克汽配、三力士橡胶、金昊机械、金隆机械等为代表的行业龙头企业领先优势明显。绍兴安途汽车转向悬架有限公司5亿元项目主体工程全部完成。开展二次开发项目5个，共计4.3万平方米，其中“金舟”“炎中”2个基本完成建设。科技支出占财政总支出的4.5%，规上工业R&D经费支出7343万元，R&D活动人员数685人。8个项目列入省新产品试制计划，新评省名牌产品1个，复评市名牌产品1个，新评区名牌产品2个。创建省级科技型中小企业8家，区级科技型中小企业11家，申请专利85件，完成专利授权321件，规上企业专利申请全覆盖，“唐宋酒业”成功创建省级农业科技企业。完成“新风热电”的关停并顺利实施热用户的用能转换，淘汰23个10蒸吨以下煤锅炉，辖区内5家印染企业4家集聚滨海，1家实施关停，淘汰黄标汽车551辆，完成420家小微排污企业集中整治和后续巩固工作。

**表42　2015年柯岩街道主要经济指标完成情况**

| 指标 | 单位 | 2015年 | 比2014年增长(%) |
|---|---|---|---|
| 生产总值 | 亿元 | 50.17 | 8.9 |
| 人均生产总值 | 万元 | 8.62 | 5.92 |
| 固定资产投资 | 亿元 | 24.02 | 21.6 |
| 工业主营业务收入 | 亿元 | 119.06 | 4.6 |
| 自营出口 | 亿美元 | 5.81 | -21.8 |
| 实到外资 | 万美元 | 500.5 | -1.9 |
| 公共财政预算收入 | 亿元 | 13.30 | 6.0 |

这年，酷玩小镇成功列入第二批省级特色小镇培育规划。街道城市化“四个统一”（统一规划、统一管理、统一建设、统一开发）全面实践，4月份开始，区城监大队入驻柯岩，负责集镇和商品房小区管理，通过“夜市整治”等行动，提升柯岩集镇形象。“城中村”拆迁得到推进，104国道高架拆迁任

2015年5月6日，柯岩街道“索密克”自动生产线　　（何明　摄）

务全部完成，杭绍台高速拆迁项目开展丈量评估。完成柯南公交站、区福利中心的交地任务，完成区轻纺城职校征地的前期准备，年底启动永进村和红旗村的拆迁项目，全年拆迁20万平方米，全年拆违271164.68平方米，通过市级“无违建”镇街的验收。完成农村实际住房困难户三年解困安置工作。

街道深入开展“深化三河整治、提升河道水质”百日攻坚行动，4月至6月，投入100余万元，清理水面垃圾1500余吨，打捞沉船3500余吨，清理河障200余处，清理菱角塘面300余亩。关停南复线以北全部肉猪、麻鸭清养工作。街道投入2000余万元，在9个村开展生活污水治理，受益农户4000余户，海山、蓬山、三佳、叶家堰、埠头、蔡堰、秋湖等7个村已完成。68条河道115个监测点中，V类水质断面消灭率为75%，劣V类水质断面数消灭率为78%，通过区、市、省级“清三河”镇街验收。

这年，街道节日慰问困难户1796户3919人次，发放慰问金350万元。成立路南“爱心互助会”，充实社会救助体系。为93名困难群众申请临时救济金43.6万元；为353名群众提供医疗救助，发放救济金114.1万元；为39名大一新生和20名残疾人家庭子女提供慈善助学。在纪念抗战胜利70周年活动中，慰问重点优抚对象131名、现役军人102人，发放慰问金60余万元。2015年应征入伍30人。新建海山、新未庄、澄湾、梅墅等4个村、社区文化礼堂，举办幸福水乡才艺秀12场，文化走亲10场。

深入开展两网融合，流动人口登记率在95%以上，办理流动人口积分制42人，增长282%。发现处置邪教人员4人，抓获非法入境1人、网上逃犯11人，处理房东案件54件，列管重点人口499人。

**【接待全国基层党建座谈会与会人员】** 2015年6月5日，柯岩街道新未庄和新风村作为基层党建示范点，接待参加全国基层党建座谈会的与会代表一行。与会人员肯定柯岩街道各村（居）开展的先锋党员摸排和先进事迹上榜活动，赞扬利用微信平台建立“指尖上的堡垒”流动党建阵地的做法，表示要学习

2015年10月19日，柯岩街道新未庄文化礼堂建成启用　（何　明　摄）

2015年11月17日，浙江省美丽乡村暨精神文明建设现场会与会代表踏看柯岩街道新未庄　（何　明　摄）

借鉴在职党员“双岗服务”认领微心愿的创新活动。

**【接待全省美丽乡村暨精神文明建设现场会与会代表】** 2015年11月17日，柯岩街道接待参加全省美丽乡村暨精神文明现场会的450多名代表。街道从年初开始，重点围绕新未庄、海山、澄湾等村居及沿线道路，开展一系列建设筹备工作。澄湾村完成立面改造1.4万平方米，完成停车场地块的拆迁交地；海山大桥南面沿路进行了立面改造，完成马臻纪念馆地块交地，新建文化礼堂、道德讲堂；新未庄建成文化礼堂和新农贸市场，完成综合整治，沿线增设文化小品，和池完成活水工程等，并开展垃圾分类试点工作。

**【全区工业小区规范整治在柯岩街道试点】** 2015年，柯岩街道被确定为柯桥区工业小区规范整治试点地，街道确定驰达、炎中为整治试点工业小区，采用“试点走一步，面上跟一步”的工作措施，1个月时间完成试点整治规范工作。在柯岩街道关停安全生产、环保污染隐患企业164家，处罚41家，拆除广告牌、彩钢板4.72万平方米，拆除违章3.74万平方米。对辖区内1068家企业开展省消防安全综合防控体系建设，消除安全隐患1821处，通过省级消防安全体系验收。

**【两大现代化农业园区出成绩】** 2015年，路南粮食功能园投入60.28万元，完成机耕路铺设3977米，修建2个固定泵房，200亩鱼塘实现退渔还田，单季稻亩产650千克，收获粮食33万千克。宇成精品果蔬园区10亩农家乐采摘游一体化设施建筑基础钢架架设完毕，年销售超过400万元，比上年增长约30%。

（郦　东　周国尧）

## 湖塘街道

**【概况】** 湖塘原名吴塘，相传句践使吴人筑塘而得名，后马臻筑鉴湖塘堤十里而改名为湖塘。湖塘位于柯桥区西南部，东接柯岩街道，南连福全镇、漓渚镇和诸暨市店口镇，西邻夏履镇，北临钱清镇。距柯桥中国轻纺城4千米、越城区15千米、杭州40千米、萧山国际机场15千米。104国道南复线、鉴湖水道、柯湖公路、杭甬铁路、104国道、萧绍运河六大水陆交通线东西向纵贯境内。境域面积66.28平方千米，南部低山丘陵，北部水网平原。辖15个行政村、2个居委会，户籍人口34899人。

表43　2015年湖塘街道主要经济指标完成情况

| 指标 | 单位 | 2015年 | 2014年 | 比2014年增长(%) |
|---|---|---|---|---|
| 生产总值 | 万元 | 248015 | 247760 | 0.10 |
| 人均生产总值 | 元 | 71067 | 70928 | 0.20 |
| 固定资产投资 | 万元 | 57030 | 77250 | -26.17 |
| 工业主营业务收入 | 万元 | 822567 | 951153 | -13.51 |
| 自营出口 | 万美元 | 57271 | 62795 | -8.80 |
| 实到外资 | 万美元 | - | - | - |
| 公共财政预算收入 | 万元 | 1600 | - | - |

2015年，湖塘街道强势推进36个工业小区整治，累计关停低小散企业15家，整治提升215家，全面完成44台燃煤锅炉淘汰整治任务，两家印染企业顺利集聚滨海。总投资近8亿元的13个“二次开发”项目按期推进。这年，湖塘街道完善47条河道“河长制”，“清三河”工作通过省、市、区三级验收，完成鉴湖江综合整治各项任务，域内水环境得到明显改善。2015年，着力推进“三改一拆”“四边三化”“两路两侧”整治，拆违18万平方米，成功创建“无违建”街道。

2015年，湖塘街道投资1500万元的湖塘中心幼儿园改造工程完工，投资3400万元的湖塘敬老院工程完工，投资3200万元的7个村农村生活污水改造工程基本完工。全街道有1.1万人次参加五大保险，2.28万人参加城乡居民基本医疗保险。全年共发放各类救补资金362余万元，完成残疾人车辆置换工作。

这年，湖塘街道创建四星级以上农村党组织11个，三星级以上“两新”党组织6个，成立村级乡贤参事会7个，完成街道商会换届，完成4处宗教场所整改，开展各类联络联谊和少数民族扶贫帮困活动4次。

2015年，湖塘街道建立“山水湖塘”微信公众平台，全年在区级以上媒体累计发稿100余篇。开展志愿活动30余次，创建村级文化礼堂2个，组织“幸福水乡才艺秀”、文化走亲等文化活动15场。

**【接待全省美丽乡村暨精神文明建设现场会与会代表】** 2015年11月17日，湖塘街道接待全省美丽乡村和农村精神文明建设现场会的与会代表的实地考察，美丽乡村香林村还入选农业部组织的“中国100个美丽乡村”，这为全市唯一。

**【黄酒特色小镇列入省级特色小镇创建名录】** 2015年，湖塘黄酒特色小镇建设成功列入省级特色小镇建设第一批名录，完成黄酒小镇概念性规划，与精工集团、前海融泰中和投资签订“绍兴黄酒产业基地及文化旅游”项目，总投资18亿元。塔牌手工酒文化体验中心建成运行；会稽山绍兴酒一期年产4万吨黄酒项目投产，年产10万吨黄酒包装物流自动化项目动工，厂区办公楼、博物馆、研究院完成主体建设。

**【完成6个项目征地】** 2015年，湖塘街道镜湖山庄二期征地扫尾工作基本完成，历时7年的遗留问题得到解决；区中心粮库和型塘小学、幼儿园迁建工程等土

2015年，湖塘街道香林村建成美丽乡村升级版示范区 （湖塘街道 供稿）

2015年11月16日，浙江省委副书记、政法委书记王辉忠（前左二）考察香林村 （湖塘街道 供稿）

2015年7月22日，湖塘街道跨湖苑安置小区建成交房 （湖塘街道 供稿）

地征用基本完成；东方山水配套项目、九埠停车场项目顺利交地。

**【第一个安置小区跨湖苑小区交房】** 2015年，湖塘街道坚持一户一宅、建新拆旧的原则，通过“8+X”解困方式，全力帮助住房困难户解决住房难题，湖塘历史上第一个安置小区顺利交房，解决了697户的住房困难。安置小区位于湖塘村，有建筑面积99228平方米，890套。

（傅　正）

## 华舍街道

**【概况】** 华舍街道地处柯桥区北部，东依柯开委（齐贤镇），南靠柯桥街道，西连钱清镇，北接安昌镇。境内有东小江、蛇渡江、大小坂湖等江河，329国道、杭甬运河、柯袍快速干线、杭金衢连接线、杭甬高速铁路客运专线穿境而过，距杭州市区45千米、萧山国际机场15千米。区域面积23.05平方千米。辖8个行政村、6个居委会、7个社区，户籍人口41127人。

2015年，引进现代服务业重大投资项目2个，总投资20亿元的迪卡侬休闲广场项目已完成地块拆迁、土地评估，进入土地招拍挂审批程序；总投资8亿元的轻纺城跨境电商产业园项目开工建设，签约引进17家电商企业。纺都大厦“众创小镇”项目、昌隆大厦电商楼宇创建工作进展顺利。积极培育建材机械、新能源、汽配等新兴（优势）产业，不断优化经济发展结构。英吉利印染、宇华印染、洁彩坊印染集聚滨海，总投资13亿元的润昇新能源项目已正式开工建设，瑞群纺织装备研究院建成投运。精功集团列入省级第一批“三名”培育试点企业，新获批国家高新技术企业3家，复评1家，专利授权407件，其中发明专利22项。完成低小散燃煤锅炉整改，列入区级整治对象的36个工业小区456家企业，已完成整治23个工业小区336家企业，关停企业25家。

表44　2015年华舍街道主要经济指标完成情况

| 指标 | 单位 | 2015年 | 比2014年增长(%) |
|---|---|---|---|
| 生产总值 | 亿元 | 83.33 | 4.0 |
| 规模以上工业增加值 | 亿元 | 43.59 | 12.6 |
| 工业投资 | 亿元 | 9.51 | 17.1 |
| 服务业投资 | 亿元 | 2.9 | 16 |
| 自营出口 | 亿美元 | 17.66 | 2.3 |
| 实到外资 | 万美元 | 500 | −24.4 |
| 财政收入 | 亿元 | 11.73 | 4.2 |

2015年，启动解放居城中村改造，拆迁37万平方米，拆除违章建筑40.77万平方米。拆除广告牌3115处，面积5.1万平方米，拆后土地利用率达到98.56%。

柯西公共服务中心开工建设；华舍派出所业务用房工程完成环评和可行性研究报告编制；社区卫生服务中心扩建工程完成土地预审相关手续办理。新建张溇村文化礼堂，新设立两个文化礼堂公益基金，东周舞蹈队获浙江省第九届排舞大赛兰花银奖，华舍中学射击队被评为“浙江省阳光体育后备人才基地”。成功举办街道第四届老年人运动会。成立街道红十字会，村级社保平台开通，全年投入社会救助资金269万元，5个村（社区）创建居家养老服务照料中心。

这年，建立“河长制”工作督查行动队，聘请义务监督员，“全民治水”做法被浙江卫视和浙江日报报道。投入5000余万元，对小赭村、蜀阜村、华舍村、兴华社区、解放居西片4700余户家庭实施生活污水截污纳管。投入700余万元，对99个沿河公厕进行三格无害化改造。投入1140余万元，对涉河违章、入河垃圾、沉船船屋、渔箔渔桩和畜禽清养关停后的附属设施进行集中清理。投入120余万元，对亭东、沙地王2个村居的河道实施村级活水工程。

【率先完成水面养殖清养清迁关停】 2015年1月，华舍街道完成辖区1688亩水面养殖专项整治，并通过区级有关部门验收，成为柯桥区首个完成水面养殖专项整治的工作街道。该区河道水面养殖专项整治工作自2014年9月启动，投入327万元，对辖区内5个水产养殖承包经营户进行一对一上门解释政策，对水产养殖承包经营户经营资产通过第三方评估机构进行评估。

【成立区域化青年工作共建委员会】 2015年1月3日，华舍街道、绍兴柯桥水务集团有限公司、精工钢构集团、浙江工业大学之江学院等12家成员单位共同组建区域化青年工作共建委员会（又名华舍青春联盟）。委员会以现有的“青春华舍”微信公众平台、微信群为依托，打破行业、层级、所有制界限，通过凝聚辖区内各青年组织、整合区域资源、搭建工作平台，加强青年社会组织内部、组织与组织之间、组织与青年之间的互动交流，实现区域内团组织和青年的资源共建共享、阵地共用、工作联动，合力打造服务型团组织的工作品牌。

【华舍街道团委获浙江省五四红旗团委称号】 2015年，华舍街道团委以“双网互动”为抓手，扎实推进区域化团建，搭建“青春华舍”微信公众平台，共发布信息315次860余条，参与阅读、转发的网友超过48万人次。开设五水共治“你拍我治”专栏，共处理网友反映问题98个，群众满意率为86.8%。2015年4月，华舍街道团委获浙江省五四红旗团委称号。

【华舍福利院投用】 2015年1月20日，华舍街道福利院投入使用。福利院位于华舍街道蜀阜村，占地13487平方米，按照国家老年建筑规范标准设计建造，配置双人房81间，设床位162个，房内配有独立卫浴、电视电话、空调、智能呼叫等设施；公共区域配有工作人员办公室、消防监控中心、休息室、公共卫生间、公共浴室等；同时，院内还设有餐厅、医务室、观察理疗室、康复保健室、阅览室、娱乐室、视听室、健身室等，并配备相应的棋牌桌、乒乓球桌、室内健身器等娱乐健身设施。福利院在确保街道“五保”及“三无”人员集中供养的前提下，面向社会开放。

2015年1月3日，华舍青春联盟成立预备会召开　（邱红珍　摄）

2015年1月20日，华舍福利院投用　（胡松祥　摄）

【1234个地下车库得以整治】 2015年，华舍街道对兴越、温渎、绸缎、聚贤等4个小区1234个地下车库进行全面整治。建立健全社区物业管理考核机制和车库管理使用巡查机制，全面开展车库住人开店再清理工作。（严 慎）

## 钱清镇

【概况】 钱清，名自东汉，镇起北宋，水乡泽国，越地要津。钱清，古因盐而兴，今因织而盛，商贾云集，物阜民勤。钱清镇区位优越，处于长三角的黄金地带，位于宁绍平原西部，东接柯桥中国轻纺城，西邻杭州市萧山区。杭甬铁路、104国道、329国道和杭甬运河横贯其中，杭甬、杭衢高速公路近在咫尺，距萧山国际机场10千米。镇域面积53.6平方千米，下辖21个行政村和5个居委会，户籍人口62147人，外来人口77344人，系全国文明镇，中国轻纺原料市场名镇，浙江省首批27个小城市培育试点镇之一。

2015年，钱清镇有企业2662家，其中规模企业163家，已经形成从化纤、织造、染整到家纺、服装完整的纺织产业链，形成纺织、五金、电力、包装等四大支柱产业，三次产业比重为1:61:38，人均生产总值超3万美元。常住居民人均可支配收入2.7万元，增长9.1%。产业结构日趋优化。鹏越纺织多品种新型混纺纱生产线项目全面投产，华清、华茂新型化纤迁建项目均启动建设，电力设备特高压电缆生产线项目全面投产，华通医药景岳堂药业现代中药配方颗粒制剂生产线项目主体结顶，焕鑫管业铝管生产线已完成建设规划，泓能光电液晶增量膜项目完成土地摘牌。

轻纺原料市场实现成交额516亿元，获得“全国网上网下融合市场二十强”“中国商品市场百强”称号。

加大技改投入力度，累计完成技改项目65个。东鑫工贸等5处计123.11亩低效土地实施“二次开发”。新授权专利499项，新增国家发明专利8项，

表45 2015年钱清镇主要经济指标完成情况

| 指标 | 单位 | 2015年 | 比2014年增长(%) |
|---|---|---|---|
| 生产总值 | 万元 | 1300453 | 7.0 |
| 人均生产总值 | 万元/人 | 21 | 6.1 |
| 固定资产投资 | 万元 | 352645 | 23.8 |
| 工业主营业务收入 | 万元 | 5390140 | 4.3 |
| 自营出口 | 万美元 | 89828 | 2.4 |
| 实到外资 | 万美元 | 1101 | -48.8 |
| 财政收入 | 万元 | 125455 | 2.7 |

2015年10月，钱清俯瞰图 （钱清镇 供稿）

新增国家高新技术企业1家、省级科技创新型企业2家。1名海外人才成功入选市“330海外英才计划”。扎实推进“个转企、下升上”，全年完成“个转企”企业51家，申报“下升上”企业16家。

这年，对全镇145条河道全面落实“河长制”，建立“一河一策”和每周巡河制度，并在全区率先建立统一的河长微信平台，累计完成涉河问题整改2810处。启动49处工业小区整治规范提升工作，摸排“低小散”企业1766家，完成整治提升503家、关停283家。围绕污水管网改造工程，江南等6个村的农村生活污水治理工程基本完工，方家桥等6个村的集镇生活污水治理收集工程有序推进，受益农户达8500余户。

全面落实“五气合治”工作，完成定型机“煤改气”工作，完成10蒸吨以上燃煤锅炉整治42台，完成5组机组、8台锅炉的热电机组脱硫脱硝装置，淘汰黄标车589辆。淘汰落后印染产能21000万米、化纤产能7.5万吨、织造产能3620万米、轧钢产能1万吨，消减用煤总量1万吨，实现万元工业增加值能耗下降5.2%。

开展城乡环境九大专项行动，种植树木1170棵、改造立面8万平方米、砌围墙13500平方米、整理管线6900米、清理垃圾6400吨、清理堆积物350处。组织开展定期明查和不定期暗访46次，累计完成环境卫生问题整改1280个。全年环境卫生月度考核中，累计3次进入全区前三名，总体考核得分名列前五名。

这年用于民生经费累计支出达3.7亿元，有12.3万人次参加五大保险，4万人参加城乡居民基本医疗保险，1031名失地农民办理养老保险参保。成立镇红十字会，发放各类救补资金300余万元，救助困难群众354户。新建居家养老照料服务中心5个。组织打击“非法行医”行动12次，查处黑诊所18家。组织各类文艺演出38场次。

柯桥区行政服务中心钱清分中心全年累计受理各类审批服务事项47239件，办结47239件，办结率100%。房产证、土地证、契税证的三证办理由住建窗口统一受理，缩短三分之二以上办理时间。公司注册实行“五证合一、一照一码”。

深入推进“枫桥式”乡镇建设，实施社会视频网延伸工程，完善村级治安监控系统。全年破获刑事案件169起，打击处理违法犯罪嫌疑犯294人；调处矛盾纠纷113起，接待群众信访68批次。

**【华通医药成功上市】** 华通医药于5月27日在深交所中小板成功上市，募集资金2.21亿元。古纤道化纤新三板已经发审会通过。程盛纺织、焕鑫管业、泓能光电等7家企业在积极推进股改等相关前期准备工作。

**【投资1100多万元建设4个健身休闲项目】** 2015年，钱清镇西小江清水园二期景观工程竣工开放，工程由步道、绿化、廊架、河塍、路灯、景桥及休闲广场、亲水平台等组成。三期工程正在施工中，届时西小江景观延长1.17千米。其他有西天竺游步道、上坡道路维修以及镇前广场等旅游休闲工程，计划总投资1100多万元。

2015年9月，钱清镇农村新景　　（余春燕　摄）

**【钱清中学科技实验班获四项国家发明专利】** 2015年3月11日，钱清中学科技实验班的4名学生取得由国家知识产权局颁发的实用新型专利证书。该四项专利是张波的“智能拖地车”、徐涛的“茶杯固定器”、陈航宇的“旋转式晾衣架”、朱利剑的“滑落式车辆逃生窗”。

**【完成钱滨线征地332亩】** 2015年5月，钱清镇完成钱滨线征地332亩。钱滨线是连接钱清与滨海的一条快速干线，途经钱清新甸、白马山、蜀风和遗风村4个村，工程征（租）用332亩土地，其中征用土地228亩，绿化带租用104亩。

【完成九项民生实事工程】 2015年，钱清镇完成镇九项民生实事工程。该九项民生实事工程为：投资320万元、全长4.2千米森林游步道；投资650万元的西天竺狮林山道路排险及修复；投资1.1亿元的全长7.5千米的南复线钱清段改造提升；投资3000万元的东小江综合治理及全国中小河流治理；江南等6个村的农村生活污水治理和方家桥等6个村的集镇生活污水收集治理；投资1000万元，购置CT机、床边B超仪、C臂机等仪器设备，建造医疗工作用房及废水处理收集系统；投入80万元，新增16个村级400余只治安监控探头，村级治安监控网络覆盖扩大至18个村（居）；投入70万元购置消防车、消防服等消防设施，组建镇级专职消防队，投入60万元改善消防办公用房，新增消防队员10人；铺设7300米天然气管网，浙江梅盛实业股份有限公司的煤改气工程，接通水岸名府、钱门学府、前梅商厦、清华名家、月亮园等小区的天然气。

（裘孝坤　陈荣根）

## 杨汛桥镇

【概况】 杨汛桥镇因内有杨汛桥而得名，位于绍兴市柯桥区西部，东与钱清镇相连，南靠夏履镇，西北以西小江为界与萧山区所前、衙前等镇毗邻，距杭州中心城区25千米，距绍兴市中心城区26千米，距杭州国际机场13千米，杭金衢高速公路、104国道南复线穿境而过，是绍兴接轨杭州的“桥头堡”。区域面积37.85平方千米，处于丘陵向平原过渡区。辖12个村、10个居委会（社区），户籍人口3.5万人，外来人口5.5万人。杨汛桥镇是全国小城镇综合改革试点镇、全国发展改革试点小城镇、国家可持续发展实验区、中国窗帘窗纱名镇、全省首批省级中心镇、绍兴市小城市培育试点镇。

2015年，杨汛桥成功举办第六届中国·柯桥窗帘窗纱展，被中国针织工业行业协会授予“2005—2015中国经编行业优秀产业集群”和“2010—2015年中国针织行业可持续发展推动奖”；宝业集团参与设立中美建筑节能基金，获第十六樽“鲁班奖”；浙江树人大学杨汛桥校区主体结顶；世纪联华物流配送中心项目一期完成主体基础建设；学府新城项目开始打试桩；永利集团金融类投融资综合服务平台项目摘牌；华贾贸易双能效环境控制器项目和闻翔远丰机械大圆机、经编机项目已部分投产；绿色大数据产业园、百年低碳住宅产业化美丽乡村、新能源综合补给中心等三个5亿元以上项目签订意向协议；注册成立窗帘窗纱电商城，新增电商企业15家；全面清理河岸违章，拆违22830平方米，清理沉船7艘，废弃箔桩300余根；整治“低小散”企业611家，淘汰黄标车182辆，淘汰提升燃煤锅炉35台，定型机改造7台；完成9家印染企业集聚滨海任务。

表46　2015年杨汛桥镇主要经济指标完成情况

| 指标 | 单位 | 2015年 | 比2014年增长(%) |
|---|---|---|---|
| 生产总值 | 亿元 | 70.41 | 4.73 |
| 人均生产总值 | 元 | 200500 | 4.53 |
| 工业主营业务收入 | 亿元 | 261.78 | 5.33 |
| 固定资产投资 | 亿元 | 15.45 | 124.89 |
| 财政收入 | 亿元 | 6.93 | 5.32 |
| 自营出口 | 亿美元 | 2.37 | -16.25 |
| 农民人均收入 | 元 | 21078 | 9.57 |

2015年，政府性基础建设投入2429万元，

2015年6月2日，杨汛桥镇与上海普天能源科技有限公司签署"智慧小镇"建设合作协议 （叶赛斌 摄）

配合完成杭金衢高速拓宽、杭金衢连接线两侧立面改造工程及杨绍线（杨汛段）和杨渔线（集镇段）拓宽工程；完成虹桥路、恭贺路、东升河桥、光明桥、建吴桥等改造、新建、修复工程；完成13个村（居）农村生活污水纳管工程，受益农户数4945户，铺设管线77367米，建立终端10个，生活污水日处理量达到158.8吨/天。是年，共拆除违章建筑299944.42平方米，其中拆除广告牌422块2.1万平方米，"两路两侧"整治2.2万平方米；全镇20个村（居）通过市级"无违建村（居）"的创建验收；完成住房解困329户，众安公寓顺利交房，全镇建成及在建10楼以上住商项目达46幢。

2015年，成立镇文联，下设7个分会；开展"幸福水乡才艺秀"暨"文化走亲"活动22场次，"农村电影下村（居）"234场次，文化礼堂活动102场次。新增高家、仁里王两个文化礼堂，仁里王村创建区最美文化礼堂，创立绍兴市首个农民"文创楼"；开通"小镇杨汛桥"微信公众号，发布信息98条，关注用户1493人；积极开展失土农民养老保险工作，全年共计参保675人；成立镇级红十字会，大力推进社会救助、优抚、慈善、优待、助学、残疾人共享小康等工作，全年发放各类救助467.1万元，受惠2156人。

2015年，受理各类矛盾纠纷112件，调处争议金额达621万元，办理群众来信、来电319件，接待群众来访77批309人次，社会基本保持和谐稳定；开展出租房屋安全隐患突出问题专项整治，整改重大消防安全隐患41处；22个村（居）全部制订修订村规民约，成立乡贤参事会2个；全国多种形式消防队伍建设管理培训班学员参观镇专职消防队。

**【杨汛桥镇"两会"召开】** 2015年1月13日，杨汛桥镇第十三届党代会第五次会议召开。会议听取、审议并通过《坚持、传承、发扬、开启"杨汛桥镇第三次创业"新局面》的工作报告，审议并通过镇纪委工作报告。1月14日，镇第十六届人民代表大会第五次会议召开，会议审议并通过《政府工作报告》《财政预决算报告》和《人大主席团工作报告》。

**【举办第六届中国·柯桥窗帘窗纱及布艺展】** 2015年5月6日~8日，杨汛桥镇人民政府主办，柯桥区经编行业协会承办，中国针织工业协会窗帘窗纱分会协办的第六届中国·柯桥窗帘窗纱及布艺展在中国轻纺城国际会展中心举办。第六届中国·柯桥窗帘窗纱展共设"简+特"展位41个（合国际标准展位164个），展馆面积2880平方米。采购商来自俄罗斯、意大利、印度等国家和地区。

**【9家印染企业集体关停】** 2015年12月30日，柯桥区政府对镇内绍兴县展望绣花布业有限公司、浙江绍兴永利印染有限公司、绍兴县和兴印染有限公司、绍兴县孙家桥印染有限公司、绍兴县兴腾染整有限公司、绍兴县佳宇印染纺织有限公司、绍兴县兴隆染织有限公司、绍兴县兴隆染织有限公司振兴分公司、绍兴县新安染整有限公司等9家印染企业开展零点行动，实行统一关停，统一集聚滨海。

（陈立兴）

## 马鞍镇

**【概况】** 马鞍镇境内有山，形似马鞍而得名。与滨海工业区合署办公后，镇域面积从45平方千米扩

表47　　2015年马鞍镇主要经济指标完成情况

| 指标 | 单位 | 2015年 | 比2014年增长(%) |
|---|---|---|---|
| 生产总值 | 亿元 | 142 | 6.8 |
| 人均生产总值 | 元 | 359380 | 6.8 |
| 工业销售 | 亿元 | 782.3 | 4.8 |
| 固定资产投资 | 亿元 | 152.57 | 23.1 |
| 公共财政预算收入 | 亿元 | 11.5 | 16.7 |
| 自营出口 | 亿美元 | 8.5 | -12 |
| 农民人均收入 | 元 | 24261 | 10.0 |

展到100平方千米。全镇辖12个行政村，7个居委会，1个老居民区，2个农村社区。户籍人口3.9万多人，外来人口近10万人。马鞍镇2015年综合实力列中国百强镇第81位。

2015年，马鞍镇积极实施“藏粮于田”工程，完成山外村、寺桥村省级粮食生产功能区建设1008亩，区级粮食生产功能区建设3105亩，完成土地流转1000多亩，完成平原绿化面积450亩，成功创建省级森林城镇。

这年，镇政府着力推进国庆、山外等村农民公寓建设，提前完成144户住房困难户解困工作。完善卫生院、社区卫生服务站和村卫生室建设。新型农村合作医疗参保率保持96%以上，实施被征地农民养老保险“即征即保”；启动镇级养老机构改造提升，改善集中供养居住环境。

这年，实施重大疑难信访“一把手”牵头会商机制，2件区级信访积案已化解1件，同时12件镇级积案有7件基本化解。合力调解各类矛盾纠纷201件，涉及赔补金额1638万元；快速调处3起安全事故赔付纠纷；妥善处置“远东石化”“欧亚薄膜”“海富化纤”3家1158名职工的遣散和分流工作，确保企业平稳关停。

配合市、区农业局抽检南美白对虾苗种3个批次，南美白对虾商品虾50批次，商品鳖3批次，合格率100%。实施生猪产地检疫40603头，合格率100%，无害化处理病死猪11299头，从养殖源头上保障农产品质量安全。

完成39家取水企业的取水许可证年检。收缴水利规费382万元；完成12家取水企业的35套取水计量信息化装置改造，保障了各用水企业的正常用水需求。

**【开展农村环境提升九大行动】** 2015年，马鞍镇开展农村环境提升九大行动。推进拆违后续土地利用，种植树木2.6万棵，改造立面20平方米，安装路灯879盏，修建围墙3万平方米，构筑村级小品3个，有效提升居住环境。

**【惠农服务有序开展】** 2015年，马鞍镇共组织种植大户参加政策性农业保险12593亩，组织南美白对虾养殖大户参加省渔业互助保险面积2000余亩；公示上报规模户粮食补贴面积10202亩；开展各类涉农培训901人次，粮食功能区内农业种粮大户和科技示范户培训覆盖率100%；抓好农作物病虫害的预测预报，全年共发布病虫情报9期、资料1370份；全年办理新购置农机申请登记18台，复查处理已报废运输拖拉机13台、收割机5台。

**【创建省级森林城镇】** 2015年，马鞍镇编制《绍兴市柯桥区马鞍镇森林城镇建设方案》，以创建省级森林城镇为契机开展绿化建设，完成生态廊道建设、森林村庄建设、厂区绿化提升、花卉苗木基地建设等重点绿化工程，扫尾完成防洪排涝河（姚家埠闸至长虹闸）两侧绿化127亩，参与完成马鞍山违建坟墓整治区域复绿工程，组织完成乌猪山边坡生态环境治理工程，成功创建省级森林城镇。

（傅国灿）

## 福全镇

**【概况】** 福全镇因境内有“福全山”而得名，位于柯

表48　2015年福全镇主要经济指标完成情况

| 指标 | 单位 | 2015年 | 比2014年增长(%) |
|---|---|---|---|
| 生产总值 | 万元 | 720033 | -7.2 |
| 人均生产总值 | 元 | 172902 | -7.22 |
| 财政收入 | 万元 | 66746 | -25.77 |
| 地方财政收入 | 万元 | 32546 | -17.04 |
| 工业销售收入 | 万元 | 3093397 | -12.36 |
| 固定资产投资 | 万元 | 195662 | 8.86 |
| 自营出口 | 万美元 | 23275 | -4.6 |
| 实到外资 | 万美元 | 1587 | 10.13 |

桥区西南部，东与越城区鉴湖镇相邻，南接兰亭镇、漓渚镇，西、北分别与柯岩街道、柯桥街道相连。距绍兴市区4千米，距柯桥城区11千米，104国道南复线穿境而过，地理位置和自然条件十分优越，素有“金三角”之美称。区域面积39.83平方千米，以平原水乡为主。辖22个行政村和2个居委会，户籍人口41644人，登记流动人口43318人。是鉴湖女侠秋瑾、著名教育家许寿裳的故乡。

2015年，福全镇投入资金近400万元，建成区级粮食生产功能区13722亩，其中新增718亩，且全部达到一等田水平，良种良法覆盖率100%，规模经营率50%以上，机械化水平80%以上。全镇新增绿化面积21万平方米，通过省级森林城镇的考核验收。依法强制免疫畜禽26.6万羽次，检疫生猪1.3万头、家禽6.1万羽，防治一枝黄花4000多平方米。全镇村级经常性收入6071.32万元，农村居民人均纯收入29177元。

2015年，镇引进各类服务型企业20家、电商园区1个，3个大型项目达成投资意向。全年完成工业技改投入17.7亿元，2家企业实现退二优二、退二进三，1家企业基本完成股份制改造。成功申报省科技型中小企业2家、发明专利1个；新增省级名牌产品1个、省级“三名”培育试点企业1家；牵头制定行业标准1个；市级研发中心1家。合作成立北京大学创新研究院绍兴分中心，推荐申报绍兴“330海外英才”计划专家4人，向镇域企业推介科技成果12项，已有1项达成合作意向。妥善处置关定企业昌峰印染2155人职工，解决拖欠职工工资1500多万元，没有发生一起越级上访事件；按市政府要求，完成雄峰集团7家关联企业破产清算方案。“五洋印染”破产清算，完成资产拍卖。“随园房产”完成破产清算方案，区法院已受理，112户刚性需求户得到妥善处理，接盘单位已落实，全面进场复工。

是年，镇政府关停反弹小微排污企业18家。围绕低小散企业专项整治，出台工业小区整治规范工作标准和实施方案，整治提升工业小区12个、企业539家。完成77台燃煤锅炉专项整治。5家印染企业集聚滨海，2家已投产，2家基本建成，1家开工建设。完成89台定型机“煤改气”工作，淘汰黄标车561辆。

是年，镇政府重新落实全镇102条河流镇、村两级河长，完善“一河一策”，完成23条Ⅴ类、劣Ⅴ类河道整治任务。健全长效管理机制，建立河长微信群，设立河长考核制度，及时协调解决发现问题。实施农村生活污水收集工程，基本完成全镇7个村、1个工业区及集镇部分单位的污水收集工程建设。全面开展松坞江清淤工程，清淤14万立方米。通过市级“清三河”达标镇创建验收。

是年，完成三年解困238户目标。以全省美丽乡村现场会为契机，通过“拆种改”结合，对尹大线、福漓线和104国道南复线“三线”进行全面改造，对尹大线、福漓线沿线违章进行拆除，投资1050万元对3条主要道路进行绿化，总绿化面积达85688平方米，投资600万元对3条道路两侧的房屋立面进行改造，总改造面积72970平方米。投资450万元启动占地面积9087平方米的秋瑾公园建设；投资205万元完成总长7000米的大雾尖森林健身游步道建设。投资400多万元改造秋瑾中学校舍；投资250万元，增加医疗设备，与绍兴二院结成医疗综合体，使老百姓可以在家门口享受城里人的医疗待遇。启动高速公路前期工作，完成杭绍台高速（镜水路延伸）工程征地和拆迁安置方案。改建一批老旧路桥，投资1286万元完成下埠桥、日月路、容山公路等老旧路桥的改建。推进农房发证，完成全镇23个村居13715户农户测绘工作，9月份通过市级验收。强化控违拆违和“两路两侧、四边三化”专项整治，全年累计查处违建341起，拆除299392平方米。

这年，组织各类大型文艺演出20余场次，峡山村舞蹈队在“舞动中国–舞动联赛”中获全国一等奖、浙江省一等奖，富强村舞蹈队在第六届排舞比赛中荣获全市三等奖。新建尹家坂村史馆1个、容山村文化礼堂1个，全面整修秋瑾祖居陈列馆。镇招投标中心共完成各类项目招标81个，总标的金额5937.6万元，成交金额4858.2万元，节约资金1079.4万元。全年开展食药品安全协管员、农村土厨师培训6次，大生、龙尾山完成A级标准家宴服务中心创建，建立农村土厨师档案及农村集体聚餐备案指导档案。完成1个村的居家养老服务中心提升工程，4个村的创建工作和7个村的评星晋级工作。2015年发放低保金158.5万元，发放临时救助金、医疗救助金445人次192.88万元。完成全镇1022名残疾人专项调查和信息录入，完成残疾车集中置换，置换率100%。共协调处理企业劳资纠纷、工伤赔偿等56起，涉及金额530余万元。化解信访积案6件。全年接待群众来访82批302人次，办理回复群众来信29件，受理调处市长热线电话376件。受理调解各类纠纷69件，涉及金额862.5万元。

2015年获得的荣誉有：“浙江省重点文化企业”、全市“五水共治 重构重建”工作先进集体和“绍兴市平安乡镇”“绍兴市综治工作先进单位”“市级五四红旗团委”“全国民族团结进步模范个人”“浙江省劳动模范”“区级食品安全工作先进单位”等。

**【完成下溇村整体拆迁】** 2015年5月，福全镇利用“空心村”改造和重点工程拆迁相结合的拆迁安置新模式，用20天的时间，签约腾空164户拆迁户。拆除5万平方米建筑，完成历时8年的下溇拆迁工程。

**【“电商产业园”开园】** 2015年7月16日，由福全镇人民政府筹建，无名集团和杭州聚势企业管理有限公司联合打造的绍兴聚势电子商务产业园在福全镇正式开园。首期电商产业园经营面积1.2万平方米，合力打造成集网商办公、电商服务、人才培训、金融服务、企业孵化于一体的综合性产业园区，成为全区第一个跨境电商产业园，入驻企业12家。

**【福全镇红十字会成立】** 2015年6月16日，福全镇红十字会成立，上通过《关于设立福全镇红十字“博爱救助金”的决议》。红十字会旨在做好群众性卫生救护知识的普及工作，通过应急救护培训，提高群众自救和互救等基本知识，减少发生意外事故的伤亡率，做好生命关爱和公益捐献的宣传动员和劝募工作。依法开展无偿献血、造血干细胞捐献志愿者登记入库的动员劝募工作，加大宣传，推动人体器官捐献知识普及率和知晓率。裘红萍任会长，章卫东、张寅为任副会长，胡国军任秘书长。

**【福全镇文联成立】** 2015年7月8日，福全镇文学艺术界联合会成立。镇文联下设书画、摄影、文学、戏迷、剪纸、音乐舞蹈、雕刻7个爱好者联谊会，拥

2015年7月8日，福全镇文学艺术界联合会成立　　（徐 斌 摄）

2015年7月，绍兴聚势电子商务产业园在福全镇开园　（徐　斌　摄）

2015年7月20日，绍兴第二医院福全分院成立仪式举行　（徐　斌　摄）

有会员70名。2015年组织开展各类培训7次。

**【绍兴第二医院福全分院成立】** 2015年7月20日，绍兴第二医院和福全镇卫生院组建医疗集团签约揭牌仪式举行，绍兴第二医院福全分院成立。绍兴第二医院派出诊疗及管理团队帮扶福全分院学科发展及管理提升，派出中医内科、中医骨伤科、西医内科、外科、口腔科、护理学等专家。　（王晓云）

## 齐贤镇

**【概况】** 相传继东晋王羲之兰亭盛会之遗风，名贤结社会友，齐集羊山，“齐贤”由此而名。齐贤镇地处绍兴市西北郊，紧邻柯桥城区，东临马鞍镇、越城区斗门镇，南接柯桥街道，西连安昌镇、华舍街道，北与萧山区党山镇为界，杭甬高速、杭甬客运专线、钱江三通道、杭甬运河穿境而过，绍兴北站、柯桥客运中心依镇而建。镇内隋唐羊山石佛、陶渊明故里等古迹众多，文化底蕴深厚。现辖20个村（居、社区），户籍人口5.4万人，常住人口11.7万人，为中国旅游名镇。

2015年，齐贤镇实施工业项目139个，完成工业投资50.1亿元。精工、富士力电梯、青旅等重点项目有序推进。高强度紧固件、好德建材等5个项目列入省重大产业项目。完成股改2家。引进总投资5亿元以上项目4个，其中总投资50亿元项目1个。完成“小升规”15家、“个转企”13家，规上工业企业219家，数量居全区第一。全年盘活低效闲置用地127亩。整改“低小散”企业256家、关停21家。整治完成工业小区38个、企业569家。新增中国驰名商标1个、省级著名商标2个，新授权专利930余个。入选省“千人计划”1人、市“330海外英才”4人。全年粮食种植面积32162亩、总产量14623吨。

这年，齐贤镇实施政府性投资项目12个，累计完成投资4.9亿元。汽车检测中心、官湖沿安置小区、安昌路—安华北路改造、柯北大道拓宽改造基本完工。杭甬高速柯桥入口改造完成。八字桥村生活污水治理项目基本完工。创建“无违建村”创建16个。2015年，全镇累计拆迁面积16.7万平方米。创建美丽乡村示范村4个，整治黄标车537辆。

这年，齐贤镇实施医疗救助411人次129.17万元、临时救济及慈善临时救助120户85.06万元。新建兴浦村等3家居家养老照料中心。实施

表49　2015年齐贤镇主要经济指标完成情况

| 指标 | 单位 | 2015年 | 比2014年增长(%) |
|---|---|---|---|
| 生产总值 | 万元 | 104.6 | 7.7% |
| 工业产品销售收入 | 亿元 | 500.79 | 6.07% |
| 固定资产投资 | 万元 | 643964 | 20.21% |
| 财政收入 | 万元 | 146770 | 2.84% |
| 自营出口 | 万美元 | 101333 | -7.09% |
| 实到外资 | 万美元 | 5105 | -2.37% |
| 农民人均纯收入 | 元 | 22255 | 3% |

金帛山公墓扩建工程。官湖沿安置小区基本完工。投资1亿元的镇中心小学迁建工程主体结顶。投入500多万元改善齐贤医院等级水平，新增村级卫生服务网点3个，新建公共卫生精品社区2家。镇村两级红十字会试点成立。积极做好登革热、禽流感等疫情防控。全年组织"文艺下乡""文化走亲"等文体活动70余场次。获评市"道德模范"1人、入围"浙江好人"候选名单4人。全区首个以平安建设为主题的宣传广场在齐贤建立。"智慧天网"工程全面实施，主要公共区域实现视频监控全覆盖。

**【齐贤司法所获"全国先进司法所"称号】** 2015年12月，齐贤司法所被司法部授予"全国先进司法所"荣誉称号。近三年，齐贤司法所受理调处矛盾纠纷909件，涉案金额3617.49万元，调解成功903件，调解成功率99.3%。2015年底，在管社区服刑人员45个，无脱漏管现象；在册刑释人员97个，帮教率达100%、安置率97%以上、重新犯罪率一直为零。

2015年12月18日，长江精工绿色集成建筑产业园现场　（徐祥虎　摄）

2015年6月19日，齐贤镇兴浦村扇文化馆建成开放　（齐贤镇　供稿）

【“金柯桥基金小镇”成功落户】 2015年9月17日，“金柯桥基金小镇”项目被列入市级特色小镇培育单位。2015年“金柯桥基金小镇”已拟定概念性规划，引进私募股权投资及资产管理类公司40余家，开工基建项目8个，完成投资10.8亿元。

【兴浦村扇文化馆建成开放】 2015年6月19日，齐贤镇兴浦村扇文化馆建成开放。该馆面积200平方米，分“兴浦扇说”“兴浦扇工”“兴浦扇趣”“兴浦扇品”“兴浦扇艺”等5个专题的内容进行布置，通过图文、实物、影音展陈兴浦制扇的历史沿革、制扇技艺、扇俗民风、纸扇精品及制扇艺人。

（谢琦鑫）

## 安昌镇

【概况】 安昌镇位于绍兴市柯桥区北部，与杭州市萧山区瓜沥新城毗邻，距萧山国际机场约10千米，紧邻环杭州湾高速南线，是杭甬高速柯桥出口所在地，交通区位优势十分显著。全镇面积18平方千米，辖12个行政村（居）、1个集镇社区，常住人口3.7万人，外来人口3.52万人，是中国历史文化名镇、CCTV中国魅力名镇、中国师爷文化之乡、浙江省首批非遗主题小镇、浙东著名的水乡古镇。

表50　2015年安昌镇主要经济指标完成情况

| 指标 | 单位 | 2015年 | 比2014年增长(%) |
| --- | --- | --- | --- |
| 生产总值 | 万元 | 502121 | 7.8 |
| 人均生产总值 | 元 | 77249 | 4.6 |
| 工业产品销售收入 | 亿元 | 295.34 | -0.9 |
| 固定资产投资 | 万元 | 176536 | 16.9 |
| 财政收入 | 万元 | 61216 | 15.1 |
| 出口 | 万美元 | 61919 | -10.3 |
| 实到外资 | 万美元 | 305 | 305 |
| 农民人均纯收入 | 元 | 21967 | 8.8 |

2015年，安昌镇对全镇865家“低小散”企业开展整治提升；突出培育发展新兴产业；强化风险动态监管机制，重点对中小企业担保链风险、企业间三角债等方面加大关注力度。

这年，安昌镇强势推进“五水共治”，开展“清河道拦河坝”等专项行动，清理垃圾3000余吨，全面销毁沉船、船屋262艘；清淤13万立方米，实施九鼎、国际等6个村生活污水收集工程，河道水质明显改善，全镇断面水质综合污染指数下降36%。

这年，推进“无违建镇”创建，拆除各类违法建筑22.75万平方米，拆除各类户外广告252处，总面积7200平

2015年，安昌镇大山西村一角　（杨桦　摄）

方米，通过市、区两级“无违建镇”创建验收；完成大山西、盛陵精品村创建和前畈、西岽示范村创建，实施白洋等5个村的景观提升工程。

这年，安昌镇投入350万元，对曙光路等4条镇内主干道路进行升级改造，对兴安路及大和东横路进行沥青修复；对全镇846盏路灯进行EMC能源管理改造，新装、改造路灯270余盏；投资4000万元的白洋小学迁建工程完成工程量的50%；完成242户住房困难户的解困，审核通过56户村民的翻扩建申请。

**【村村成立乡贤参事会】** 2015年12月5日，安昌镇乡贤联谊会正式成立，该镇12个村级乡贤参事会全部成立，吸收乡贤会员757名。乡贤参事会牵头设立美丽乡村建设基金、慈善助学基金等项目，组建决策咨询、矛盾化解、乡风督导、志愿服务等服务团队，服务村级经济和村庄建设，造福桑梓乡里。

**【古镇“夜游”工程建成】** 2015年下半年，安昌古镇投入专项资金220余万元，完成古镇景区东街亮化工程，呈现“霓虹贯街”景色，开启“夜游安昌”新模式。

**【安昌入选省级非遗小镇】** 2015年10月，省文化厅、省旅游局公布第三批非物质文化遗产旅游景区（非遗主题实验小镇）名单，安昌镇榜上有名，成为全市首个省非遗主题小镇。

**【建成全市首个镇级污水处理中心】** 2015年8月18日，安昌镇投资50万元的全市首个镇级生活污水处理中心竣工验收。该中心具备日处理1500吨农村生活污水的能力，满足全镇13个村（居、社区）各类污水处理。

**【全镇断面水质综合污染指数下降36%】** 2015年，安昌镇围绕断面水质治理目标，重点改善河道断面水质。对全镇94条河道制定“一河一策”、1000多家企业制定“一企一策”；完成23条河道清淤，共计约13万立方米；完善“河长”考核和工作机制，设立“河长日”，建立线上沟通、线下处理的督查机制，通过省、市“清三河”达标创建，全镇断面水质综合污染指数下降36%。 （边军樑）

2015年11月30日，安昌国际村乡贤参事会为该村12名品学兼优和1名困难家庭学生发放奖学金、助学金 （高小军 摄）

2015年，安昌镇完成古镇景区东街亮化工程，开启“夜游安昌”新模式 （安昌镇 供稿）

## 夏履镇

【概况】 夏履镇古曰“芦头滩”，因夏禹治水“冠挂不顾，履遗不蹑”发生在此而得名。位于柯桥区西北部，距杭州市中心35千米，绍兴市区32千米，紧靠杭金衢高速公路杨汛桥出入口。南毗诸暨市店口镇，西邻萧山区进化镇与所前镇，东连柯桥区钱清镇和湖塘街道，北接杨汛桥镇。镇域面积51.03平方千米，有“九山一田”之称。全镇5635户，户籍人口18758人，外来人口6793人，辖11个行政村、1个居民委员会。为生态环境“全球500佳”“全国环境优美镇”“全国文明镇”“中国非织造布名镇”。

表51 2015年夏履镇主要经济指标完成情况

| 指标 | 单位 | 2015年 | 比2014年增长(%) |
|---|---|---|---|
| 生产总值 | 万元 | 246954 | 1.0 |
| 人均生产总值 | 元 | 131650 | 2.6 |
| 工业主营业务收入 | 万元 | 1085365 | 5.3 |
| 固定资产投资 | 万元 | 68665 | 18.8 |
| 自营出口 | 万美元 | 15611 | -14.5 |
| 实到外资 | 万美元 | 300 | — |
| 财政收入 | 亿元 | 1.87 | -20.7 |

2015年，实现财政总收入1.87亿元，其中公共财政预算收入1.15亿元、国税收入0.91亿元；农村居民人均纯收入16412元，比上年同期增长5.2%。

2015年，夏履镇新中天集团被列入省重点产业项目的高档非织造布生产线建设顺利；“无纺布生产线机联网系统”等2个“省两化深度融合国家综合性示范试点企业实施项目”进展顺利；“建业幕墙”等2家企业被列入区科技型成长型企业培育对象。2015年关停问题企业63家，改造完成企业燃煤锅炉36台。完成村级土地开发面积近100亩；“绿科铁皮枫斗”申报省级现代农业生产发展资金项目和绿色精品基地。投资200万元的越王峥游步道工程完工；编制完成《健康养生休闲旅游发展愿景规划》，引进发展养生项目，与“树兰医疗”达成框架协议。这年，全镇实现服务业销售额14.9亿元，服务业增加值2.18亿元。

这年，夏履镇投入1000多万元，进行15项美丽乡村项目的建设和夏履桥村市级精品村、联华村区级示范村的创建；完成双叶村通村公路一期、集镇至莲中村路灯安装和西山公墓扩建等3项民生工

2015年12月，夏履镇美丽乡村一角 （吴燕铭 摄）

2015年12月25日，夏履镇文学艺术界联合会成立 (吴燕铭 摄)

程。全镇178户住房困难户全部解困。成功创建成“省四星级规范司法所”。

2015年，夏履镇对全镇35条河溪实施“一河一策”方案，强化“三长制”管理，责任到人。投资2000余万元，实施以东江为主，全长33.8千米的“全国中小河流治理夏履项目区建设”工程。投资580万元，完成莲增等3个村的生活污水治理、镇工业园区生活(工业)污水治理泵站建设和西溪江“垃圾河”整治提升工程。同时，关停500头以上养猪场2家，顺利通过市、区两级“清三河”工作验收。

2015年，新民村文化礼堂成功创建，成立莲西村文化礼堂基金，新民等3个村建立了家宴服务中心，夏东等3个村创建居家养老服务照料中心。

**【拆除违章建筑6.02万平方米】** 2015年，夏履镇组织拆违89处，计6.02万平方米；完成“四边两化”“两路两侧”整治40处；整治整改违建庙宇2处，“无违建镇”和“无违建村”创建分别通过市级验收。

**【完成5554户农房登记工作】** 2015年，夏履镇完成“农房登记发证”测绘、登记和网上录入5554户，初步确权率达100%。

**【夏履镇文学艺术界联合会成立】** 2015年12月25日，夏履镇成立“夏履镇文学艺术界联合会”。该联合会下辖音乐舞蹈、书法美术、民间文学文史、民间工艺美术、摄影、戏剧曲艺协会及晶蕾艺术团，共有会员163人。

（周生法）

## 漓渚镇

**【概况】** 漓渚镇位于鉴湖水系源头，为绍兴市西南部半山区镇。东临福全镇，南连兰亭镇，西接诸暨市店口镇，北与湖塘街道、福全镇仅一山之隔。距绍兴市区约12千米，是柯桥区古老而繁华的历史名镇。全镇镇域面积36.6平方千米，辖12个行政村、1个居

表52 2015年漓渚镇主要经济指标完成情况

| 指标 | 单位 | 2015年 | 比2014年增长(%) |
|---|---|---|---|
| 生产总值 | 万元 | 245566 | 8.0 |
| 人均生产总值 | 元 | 110875 | 6.1 |
| 固定资产投资 | 万元 | 61009 | 15.4 |
| 工业产品销售收入 | 亿元 | 113 | 5.7 |
| 财政收入 | 万元 | 22914 | -3.0 |
| 自营出口 | 万美元 | 19215 | -29.8 |
| 实到外资 | 万美元 | 316 | 105.3 |
| 农民人均纯收入 | 元 | 25226 | 7 |

委会，总人口39461人，其中户籍人口22148人。

2015年，漓渚镇两次组织“回头看”行动，坚决关停“三合一”“无证无照”企业以及未能通过综合验收的小微排污企业（作坊），淘汰10蒸吨/小时以下的燃煤锅炉18台，关停小微排污企业30家，全面完成辖区内336家“低小散”企业和个体户（作坊）整治任务。按要求实施印染定型机“煤改气”，改造102台，淘汰黄标车173辆。成功举办市第31届兰花展销会暨区第12届兰文化节。新增电商企业5家，建刚信息服务部被省花木协会授予“浙江省十佳花木电商企业”称号。这年，镇政府投资320万元，对金鼠山、小池头等5个山塘水库进行维修加固，投资1000多万元涉及6个村8条河的全国中小河流治理项目，完成总工程量的50%。

这年，漓渚镇狠抓“五水共治”，重新明确镇村二级河长，设立“河长”公示牌40余块，组建义务护河员队伍、巾帼护河队，多次组织党员干部义务劳动，参与人数1500余次，清理河道垃圾、漂浮水草350余吨。加大对黑臭河（小兴江）的治理力度。这年，完成生活污水治理2694户，其中农村2070户，集镇624户。重点治理12个劣V类、V类水质断面，且均达标。2015年，漓渚镇荣获市级“五水共治”先进单位称号。

这年，漓渚镇推进“三拆一改”，以“无违建镇”创建为抓手，以“两路两侧”拆违和“四边三化”专项整治为重点，狠抓历年违章建筑拆违整治工作，率先通过市级无违建镇验收，共拆迁15115平方米，拆违67272平方米。全年对6036户农户建立一户一档。镇政府通过集中居住区安置、农房审批、农民公寓建设、调剂安置等“8+X”渠道，率先完成231户的三年解困计划。全镇开展“洁净乡村”竞赛，投资200万元实施集镇农贸市场升级改造工程，集中力量多次清理集镇背街小弄及房前屋后乱堆乱放，依法取缔老街河边私设摊位摊点26户40余个、永安路上占道摊点30余户，在区对镇月度环境整治考核中2次进入前3位。

这年，漓渚镇对无固定工作残疾人生活补助26.5万元、重残居家安养20.7万元、重残低保补助4万元，置换残疾人车辆24辆。新建村级居家养老服务中心4个、标准化家宴中心2个。补助低保户109户82万元，临时救济6.4万元，被评为市级爱心乡镇。办理全民参保7616人次、养老保险5765人、医疗保险4560人、失业保险5583人、工伤保险8127人、生育保险5568人，办理外地民工子女上学资格认证111人次。

这年，漓渚镇注册成立民营越剧团、艺术团各1个，成功创建农村文化礼堂2个、省级小康体育村1个。开展“一月一唱、一月一赛、一村一戏”文化惠民活动36场次，获省文化礼堂杯才艺赛金兰花奖、兰花奖3个，获全区幸福水乡才艺秀二等奖4个。

这年，漓渚镇中心小学被评为全国青少年校园足球特色学校。开展花木信息员、花木中专班等各类培训20多期800余人次。镇卫生院创建为区公共卫生服务精品社区，新建村级卫生服务站3家，组织60周岁以上农民健康体检3187人次。全面完成宗教场所和民间信仰场所整治任务，应征入伍11人。镇社会服务管理中心受理各类案件335件，解决330件。11个村成立乡贤参事会，12个村制定完善村规民约。充分发挥“和老师”民间调解团作用，参与调解民间纠纷9起，成功6起。

**【举办柯桥区第十二届兰文化节】** 2015年3月7—9日，漓渚镇在漓渚花市广场，举办绍兴市第三十一

2015年3月7日，柯桥区第十二届兰文化节在漓渚镇开幕　（吕富君　摄）

届兰花展销会暨柯桥区第十二届兰文化节。参展兰商35家，展出精品兰花1500余盆。节会期间，参观人数近3万人次，兰花销售500余万元。

**【接待省美丽乡村暨精神文明建设现场会与会代表】** 自2015年初，镇政府集中人力、财力和精力，全力开展以棠棣村为中心，钱茅线、兰泽路、漓头公路、漓福公路等四线一村为重点的美丽乡村建设，完成55个新建工程及500多个点的整治，累计投资近6000万元。同时，深入推进"最美镇街"创建，因地制宜做好精品区3村的提档升级及2个示范村的扩面提升工作，完成新开河景观带、主要道路立面改造、绿化提档、分后线漓渚段升级改造等工程及全镇2个出入口节点景观改造。11月16日，接待了全省美丽乡村暨农村精神文明建设现场会的与会代表的实地考察，获得与会人员的认可和省市区领导的肯定。仅现场会后，来棠棣村参观美丽乡村建设的省内外客人就达60批3000多人次。

2015年11月16日，浙江省美丽乡村暨农村精神文明建设现场会与会代表考察漓渚镇棠棣村（吕富君 摄）

2015年5月28日，漓渚镇国兰家庭农场党支部成立（吕富君 摄）

**【建刚信息服务部被评为省十佳花木电商企业】** 2015年，建刚信息服务部被浙江省林业厅评为省十佳花木电商企业。建刚信息服务部以"两个绝不"（即绝不压价、绝不向花农提取一分中介费）为品牌，不断服务花农，提升自己。2015年底，服务部花木网发展花木企业会员160家，农户3000多户，免费为广大花农发布花木买卖信息1.6万多条，发送短信1.2万多条次，接受各类咨询8000多人次，帮助花农销售花木4200批次3500万元。

**【实现"两农"组织"两覆盖"】** 2015年，漓渚镇提出"村场共建、协会统建、外出搭建、拓展单建"的"四建"模式，并按照"四建"模式对有党员的"两农"组织做到应建必建，3个村党支部升格为党总支，1个家庭农场、2个农业专业合作社、2个新社会组织成立党支部，全部按照属地管理、双重管理和分块管理等方式运行。

**【漓渚镇被命名为省第三批体育特色乡镇】** 2015年，漓渚镇被命名为省第三批体育特色乡镇。该镇有乒乓球桌60多张，乒乓球队32支，乒乓球俱乐部1个。镇本级每年举办乒乓球赛事活动，每年乒乓球活动不少于15次，参与群众500余人次，乒乓球爱好者占全镇体育人口的一半以上。

（吕富君）

## 兰亭镇

【概况】 兰亭镇位于绍兴西南郊，因春秋越王句践植兰于此，汉代建有驿亭而得名。镇域面积83平方千米，辖20个行政村，1个社区居委会，户籍人口3.2万，流动人口1.1万人。31省道（绍大线）穿境而过，绍诸高速在兰亭设有出入口，即将开工建设的杭绍台高速横贯镇南，改道后的32省道和柯桥镜水路等也将南延至兰亭。兰亭生态资源优越，文化底蕴深厚，境内有“兰亭风景区”“兰亭国家森林公园”“印山越国王陵”“王阳明墓”“徐渭墓”等名胜古迹，是省级中心镇、省特色小镇培育对象和市级小城市培育试点镇，先后获得全国环境优美乡镇、中国针织名镇、中国竹笋之乡、全国千强镇、浙江省综合实力百强乡镇、浙江省文明镇、浙江省十大生态旅游名镇、浙江省森林城镇、浙江省体育强镇、浙江省文化强镇等称号。2015年度被列为省级特色小镇培育对象，被评为市级“五水共治”先进单位、市级优质均衡教育示范乡镇、市级计划生育示范镇街。

表53 2015年兰亭镇主要经济指标完成情况

| 指标 | 单位 | 2015年 | 比2014年增长（%） |
|---|---|---|---|
| 生产总值 | 亿元 | 33.31 | 5.5 |
| 人均生产总值 | 元 | 103135 | 5.4 |
| 工业投资 | 亿元 | 13.76 | 19.38 |
| 规上工业产值 | 亿元 | 131.3 | 5.43 |
| 财政总收入 | 亿元 | 3.66 | -6 |
| 公共财政预算收入 | 亿元 | 2.03 | -0.7 |
| 自营出口 | 万美元 | 20615 | -24.21 |
| 实到外资 | 万美元 | 1000 | 38.89 |
| 农民人均纯收入 | 元 | 27062 | 9.1 |

2015年，兰亭镇实施低效工业用地“二次开发”和低产企业重组提升，完成投资3亿元，“二次开发”土地19.57亩。华清新材料被认定为国家重点扶持高新技术企业。泰隆银行、平安财保在兰亭镇设立分支机构。开展书法特色小镇建设，阳明文化园项目完成征地拆迁，总投资10亿元的森林公园文化休闲综合体项目签约落户，建成总投资400余万元、总长13.5千米的兰亭、董妃、庆峒、谢家坞4段森林休闲游步道。新建省级粮食功能区1100亩。

这年，兰亭镇专项整治“低产出、小规模、散布状、乱排放”的企业（作坊），淘汰10蒸吨以下燃煤锅炉46台，整改“三合一”企业18家、小微排污

2015年10月，兰亭森林公园游步道 （周青松 摄）

企业8家，补办工商营业执照34家，整治流动人口出租房屋158间。出台工业小区整治规范标准，整治各村出租物业用房及17个工业小区中的107家“低小散”行业1500余处问题。

这年，兰亭镇完成绍大线立面改造二期、兰亭派出所建设，完成宁绍特高压输变电项目征租地，启动杭绍台高速及镜水路南延工程征迁前期工作。联合“空心村”改造项目完成交房，阮港“空心村”改造项目一期顺利推进，谢家桥农民公寓完成建设，张家葑农民公寓启动建设。推进农房确权发证工作，完成测绘9600余户，确权发证近2000户。完成桃源、谢家坞“美丽乡村”示范村、精品村建设，启动紫洪山历史文化村落保护。开展“三改一拆”“两路两侧”“四边三化”整治及非法“一户多宅”清理，全年拆除各类违法建筑24.4万平方米。

2015年10月，兰亭镇境内的绍大线南段　　（周青松　摄）

2015年12月16日，兰亭镇整治后的娄宫江联合段护岸　　（周青松　摄）

2015年，兰亭镇扎实推进“五水共治”，实施金庄、联合、娄宫、谢家坞、花街等10个村的城乡生活污水治理工程，新受益农户2500余户。实施娄宫江沿线企业、商户生活污水纳管或就地治理59户。完成保留的4家畜禽养殖场提升改造。实施里木栅、桃源、娄宫等村河道清淤3.5万立方米。完成兰渚山、里木栅、栅溪等5个村小舜江供水扩面工程，实现了全镇除石船坞自然村外小舜江供水全覆盖。出境（娄宫江花为媒桥断面）水质总体为Ⅲ类。

这年，兰亭镇成立镇红十字会、镇乡贤参事会，建成联合村“文化礼堂”，设立“文化礼堂”公益基金。镇卫生院升级为省级甲等医院。完成“一村一法律顾问”区级试点，20个行政村全部设立法律服务工作站。《兰亭镇志》编纂出版。

这年，兰亭镇开展“三严三实”专题教育，建立镇村两级党建责任清单，开展“三访三解”活动。建立兰亭镇农民专业合作社（家庭农场）联合支部、花街茶叶专业合作社党支部、大庆竹笋专业合作社党支部3个专业合作社党支部。加强村级治理，出台《村干部积分制管理办法》《兰亭镇村级治理相关文件规定汇编》，编制20个村《民情通管理手册》。

**【7家印染企业集聚搬迁滨海工业区】** 关停中漂、绿洲、育达等7家印染企业。至此，全镇11家印染企业已关停9家，集聚未搬迁的鹰翔、同祥2家印染企业按

要求实施环保提升改造。

【召开镇第三届镇全民运动会】 2015年5月16日，兰亭镇在镇体育馆举行第三届农民运动会。运动会设田径、羽毛球、乒乓球、三人制篮球、拔河、中国象棋等10个竞赛大项，镇机关、企事业单位、行政村的29支代表队550余名运动员参加。（周青松）

## 平 水 镇

【概况】 平水，因相传潮水至此而平以得名。镇域位于柯桥区南部，处会稽山南麓，东邻上虞市汤浦镇、越城区富盛镇，南毗王坛镇，西接诸暨市赵家镇，北连越城区鉴湖镇。离绍兴市区15千米，诸绍高速、绍甘线穿境而过。镇域面积173.23平方千米，境内有刻石山、秦望山、云门寺、平阳寺和越国贵族墓葬群，为若耶溪发源地。镇辖28个行政村、1个居委会，户籍人口53379人，外来人口10798人。2015年，先后获得“省基层征兵工作先进单位”“省商标品牌示范乡镇”“省专业商标品牌基地”等荣誉。

2015年11月7日，平水镇成立乡贤联谊会　（徐德芳　摄）

表54　2015年平水镇主要经济指标完成情况

| 指标 | 单位 | 2015年 | 比2014年增长(%) |
|---|---|---|---|
| 生产总值 | 万元 | 216687 | 3.82 |
| 人均生产总值 | 元 | 40594 | 4.13 |
| 工业产品销售收入 | 万元 | 1048947 | 4.95 |
| 固定资产投资 | 万元 | 302750 | 18.64 |
| 财政收入 | 万元 | 42347 | 5.62 |
| 自营出口 | 万美元 | 21598 | -4.33 |
| 实到外资 | 万美元 | 1000 | -9.91 |
| 农民人均纯收入 | 元 | 19857 | 12.84 |

2015年，中厦集团率先在全区实施建筑业现代企业制度改革试点，力博集团2亿元的高导无氧铜银合金项目投产，并获中国有色金属协会科技一等奖，“思源科技”竣工投产，“恒道科技”成功创建省级研发中心，新增博亚服饰、金阳纺织等9家省级科技型企业和“互联网+”示范企业，同正管业、凌丰机械加快实施“机器换人”，天天田园、宇光照明、凯尔海服饰、至味食品等7家企业成功创建省级知名商号、名牌产品、专业示范企业。关停存在“三合一”、无证无照、安全隐患等经营单位29家，规范补证38家，淘汰、改造燃煤锅炉55台。严厉打击5家违规复工的砂场，华威化工启动实质性搬迁，淘汰黄标车

228辆，牵头组建柯桥区家具行业协会。

2015年，平水镇投入600余万元开展城乡环境整治，建立健全环境卫生“全天候保洁、三长制监管”和“日巡查、旬检查、月考评”的管理机制。实施“绿满平水”专项行动，新增绿化3万余平方米。抓实“两路两侧”“四边三化”整治专项行动，拆除违章建筑近30万平方米、广告牌270余块，顺利通过“无违建”镇创建。及时出台《平水镇整体货币化拆迁安置补偿政策》，完成房屋拆迁20710平方米、征地550亩。对平阳等4个村生活污水和集镇生活污水进行截污纳管收集，完成13个海拔135米以下自然村饮用水扩面工程和5个海拔135米以上农村饮用水改造提升工程。总投资1993万元的若耶溪一期治理工程基本完成，总投资3080万元的全国中小河流综合整治全面启动。

2015年，平水镇推进会稽、王化、黄壤坞等5个村美丽乡村精品村、示范村创建，落实“鲜花进村”长效管理，做好农村股份制改革和农房确权登记发证工作。全镇新增区级粮食生产功能区土地3079亩，1866亩粮食生产示范方通过验收，申报省级林业精品园区建设项目1只。云门、后妃、同岬等3条游步道完成建设。“平水日铸茶”被评为浙江名牌产品，大道沿线油菜连片种植始出形象。

2015年，市民在平水日铸岭上休闲行

（平水镇　供稿）

2015年，平水镇投入3.8亿元资金完成50项重点工作和十大实事工程。西湖桥大型农民集中居住区一期工程建成交付，全力支持二院分院新增CT机、中医馆投运等项目，3600余名职工参加职工医疗互助保险，镇小教育楼、体育馆建成投运，连续3年向80周岁以上老年人发放福寿金，新增黄壤坞、小舜江2个村文化礼堂，西湖桥、小舜江等4个村农村家宴中心，平阳、岔路口等8个村居家养老中心。

**【全面启动杭绍台高速公路征迁工作】** 2015年，平水镇启动杭绍台高速公路征迁工作，涉及红墙下、新横溪、五联、同康、岔路口5个村，涉及农户55户，拆迁面积约10000平方米，征用土地450亩。完成区统征办与各村征地协议签订、征地边界线实地放样及拆迁农户调查摸底、房屋丈量评估、资料收集、安置地块选址上报工作。

**【通过“无违建镇”创建验收】** 2015年，平水镇拆除违章建筑面积281096.6平方米，其中“两路两侧”违建拆除98处115290.7平方米，“四边三化”拆除92处。拆除新增违法建筑35起，计3240多平方米，通过省、市、区“无违建镇”创建验收。

**【全区首推村级“清廉指数”考核制度】** 2015年，平水镇编制《村级治理规范性文件汇编》《关于村级非生产开支监督管理的规定》，推行村级“清廉指数”考核制度。考核基本分为100分，具体分廉洁班子、廉洁村务、廉洁工程、廉洁文化建设4个项目8个具体指标，明确村干部在民主决策、廉洁自律、三资管理、三务公开、村级便民服务、村务开放日、村级项目监管、廉政文化活动等方面工作业绩，每月5日定为村务开放日。“清廉指数”采取集中检查与平时检查相结合，实行一季一测评，一年一汇总，由财务、农村产权交易中心、工程管理等部门专门组成考核领导小组。其考核结果作为镇对村党风廉政建设责任制绩效考核内容，建立预警机制，分成A、B、C三个等级，A类村为90分以上；B类村是在80分~90分，进行预警谈话；C类村是在80分以下，实行黄牌警告。对四个季度综合考核C类或排名末位的，当年不能评为先进集体和先进个人。该项工作在柯桥区尚属首例。

**【实施党员亮身份行动】** 2015年，平水镇出台《关于进一步发挥党员先锋模范作用的实施意见》，细化党员参加“三会一课”组织生活、党员联系服务群众、民主评议党员等制度。全镇2082个农村党员进行亮身份，分别在29个村委会（居）90个自然村公示党员基本情况，1878户农村党员家庭门前挂上“党员家庭户”标牌。组织在全镇60多个基层党组织中开展了“一句承诺、一个榜样”创先争优活动，引导“无职党员”参与“三改一拆”“五水共治”、美丽乡村建设等工作认领义务岗，设立党员保洁区120多处，聘请党员义务监督员150多名，组织开展党员义务劳动136次。

2015年4月14日，浙江省委书记夏宝龙（左二）调研平水镇西湖桥村党建工作
（平水镇 供稿）

**【首届“道德模范”“和谐家庭”和“创业青年”评选出彩】** 2015年，平水镇开展首届“道德模范”“和谐家庭”和“创业青年”评选，经过群众推荐、村居上报、投票评比及部门把关、镇党委审议，确定杜娟等10名“道德模范”、李雅建等10名“创业青年”、张岳铨等30户“和谐家庭”。

2015年6月25日，平水镇召开中共成立94周年党员大会
（平水镇 供稿）

**【发放经济补助127.26万元】** 平水镇全镇共有1764位残疾人，其中对776人发放经济补助127.26万元；对142名重度残疾人单独施保，全额享受低保金或补助金；对重度残疾人托（安）养193人，发放托理费86.1万元；农村残疾人合作医疗覆盖率100%；对57名残疾学生和残疾人家庭子女助学，发放助学经费23万元。（徐德芳）

## 王坛镇

**【概况】** 王坛镇为柯桥区南部山区镇，因有硕大盈围的黄檀古树而得名。北溪春光、南溪夏荫、舜江秋色、香雪冬梅，坐落在会稽山腹地的王坛镇，地处小舜江源头保护区域，东临上虞汤浦镇，西接稽东镇，南毗嵊州谷来镇，北靠平水镇，汇入小舜江的南北二溪环绕集镇，有“清水摇篮，养生福地”之美誉。2015年，王坛镇致力于打造“醉梅王坛”特色小镇，推进经济高端化、镇域景观化、旅游品质化、社会和谐化建设。全镇地域面积137平方千米，下辖24个村和1个居委会，总计人口33200人，其中户籍人口32271人，外来人口929人。

2015年，王坛镇完成专利授权88只，专利申请80只，新增市级企业研发中心1家、省级科技型中小企业1家、国家重点扶持的高新技术企业2

| 表55 | 2015年王坛镇主要经济指标完成情况 | | |
|---|---|---|---|
| 指标 | 单位 | 2015年 | 比2014年增长(%) |
| 生产总值 | 万元 | 108742 | 7.0 |
| 人均生产总值 | 元 | 32754 | 6.8 |
| 固定资产投资 | 亿元 | 0.4462 | 28.3 |
| 工业销售收入 | 万元 | 174847 | -0.9 |
| 自营出口 | 万美元 | 8478 | 17.2 |
| 财政收入 | 亿元 | 1.4082 | 12.1 |
| 农民人均收入 | 元 | 20395 | 9.2 |

家。成功引进民宿旅游企业2家，签约民宿项目6个。绿萌科技、捷众科技、康瑞器械3家企业顺利完成股份制改造，且“绿萌科技”在新三板成功挂牌。王坛镇流转土地464亩，完成4个村土地承包经营权确权登记工作和粮食生产功能区规范建设。实施陶宴岭古道景观改造，完成镇游客服务中心、丹家、香雪梅海景区配套设施建设，修复龙池山、五百岗2条健身游步道。新华龙池山、丹家五百岗·雄鹅峰两景区成功创建2A级景区，新联、东村成功创建乡村旅游示范村。举办梅花旅游节和虞舜文化旅游节，举办“寻找五百岗”骑行赛、金秋定向赛和负氧离子浓度竞猜等特色活动，参与承办平王马拉松赛。

2015年，王坛镇完成集镇污水集污纳管和弱电管线入地工程，完成5个村生活污水治理工程。基本完成平王线、王崇线提升改造工程，完成绍甘线大王塘段和集镇园区道路提升改造工程。基本完成北溪梅园建设，推进绍甘线沿线立面改造和景观小品建设工程。基本完成新联、沙地美丽乡村示范村创建主要工程。“无违建镇”创建通过市级验收。

2015年，王坛镇完成新联、孙岙村文化礼堂建设。建立“醉梅王坛”微信公众号，开展首届“最美王坛人”评选活动，开展“向阳花开”助学圆梦活动和“你的微心愿，我们来实现”活动。成功创建市级教育优质均衡示范乡镇，实施镇中心幼儿园异地新建工程。成功创建省级卫生镇，新建3个村卫生室，创建1个公共卫生精品社区。成立镇级乡贤联谊会和上王、舒村等7个村级乡贤参事会。

**【建立“醉梅王坛”微信公众号】** 2015年5月18日，“醉梅王坛”微信公众号运营，其致力于发布王坛民俗文化、人文风情、旅游资源。至年底，“醉梅王坛”微信公众号已有粉丝10585名，发布图文消息132条，其中新媒体推送39条，部分热帖阅读量突破10000人次，宣传王坛镇乡村风貌、民俗民情。

**【开展首届“最美王坛人”评选表彰活动】** 2015年11月5日，王坛镇组织开展第一届“最美王坛人”评选活动，从“最美热心人”“最美义勇士”“最美诚信者”“最美实干家”“最美孝德星”五个类别评选出代表人物王济森、朱志军、孙国定、李爱民、张

2015年11月5日，王坛镇开展首届“最美王坛人”评选表彰活动

（房霏斐　摄）

爱云、张燕芳、陈秋虎、周文龙、蒋水峰、蒋巧琴10名“最美王坛人”，并在2015虞舜文化旅游节开幕式中进行表彰。

**【王坛镇负氧离子浓度均值为4165个/立方厘米】** 2015年12月4日，王坛镇开展“寻找洁净天空，探寻虞舜遗迹——王坛负氧离子测试之旅”，邀请30多位市民代表和青年志愿者，在专家的带领下，参与对舜王庙景区、舜皇村东风坪茶场、丹家村和陶宴岭古道4个点的空气负氧离子含量现场检测。本次活动测得王坛镇空气中负氧离子浓度平均值为4165个/立方厘米，最高数值在海拔578米的丹家村，为5940负氧离子含量。王坛山区空气的负氧离子数值超过世界卫生组织规定标准（不低于1000~1500个/立方厘米）。

2015年12月4日，王坛镇开展“寻找洁净天空，探寻虞舜遗迹——王坛负氧离子测试之旅”活动
（房霏斐　摄）

**【王坛镇乡贤联谊会正式成立】** 2015年11月8日，王坛镇举行乡贤联谊会成立大会，联谊会是以王坛籍各界人士自愿结成的非营利性社会团体组织，有会员138人。联谊会遵循“联络联谊，乡亲乡情，共谋家乡发展”的宗旨，旨在团结、凝聚王坛乡贤，增进交流、联谊与合作，积极关心家乡、反哺家乡。

（金　莹）

## 稽东镇

**【概况】** 稽东镇地处柯桥区南部，小舜江源头，南、西分别与嵊州、诸暨两市接壤，东、北毗邻王坛、平水两镇，距绍兴市区32千米，省道绍甘线穿境而过。全镇区域面积111.4平方千米，人口3.21万人，辖25个行政村，1个居委会。全镇有耕地1.55万亩，山林14万亩，水田8299亩，香榧2.76万亩，毛竹2.7万亩，茶园1.94万亩。

表56　2015年稽东镇主要经济指标完成情况

| 指标 | 单位 | 2015年 | 比2014年增长(%) |
|---|---|---|---|
| 财政收入 | 万元 | 9264.9 | 23.79 |
| 国税 | 万元 | 1492 | 6.59 |
| 地税 | 万元 | 7772.9 | 27.75 |
| 公共财政预算收入 | 万元 | 7287 | 38.9 |
| 规模以上工业销售收入 | 万元 | 86561.3 | 4.4 |
| 规模以上工业增加值 | 万元 | 14180.3 | 11 |
| 服务业投资 | 万元 | 420 | 82.61 |
| 限额以上批发及零售业销售 | 万元 | 9800.7 | 25.05 |
| 自营出口 | 万美元 | 6854 | -11.5 |
| 农民人均纯收入 | 元 | 16391 | 10.2 |

2015年，稽东镇引进绿色无污染项目13只，其中工业生产企业2家、建筑企业4家、贸易公司5家、农业企业（鲜果基地、中药材种植）2家。年末，全镇已有建筑、防腐、园林、劳务类公司45家，创造地税收入占全镇财政总收入的79%。汽配产业份额占规模以上工业产值比重提高3个百分点，双月汽配盘活闲置土地，投资3000万元建造1.1万平方米厂房。实现授权专利22项，“昌祥茶叶”开展“机器换人”，引进先进小包装机械流水线，山娃子农产品、华隆食品等企业积极开拓电子商务平台。农业“两区”建设不断加强，裕田红豆杉再流转林地2700亩，新增红豆杉300亩。“山娃子香榧”列入省级十大推荐品牌，裕田红豆杉有限公司被评为市级重点农业龙头企业。龙东、月华山民宿项目启动发展，木窝尖等5条30千米森林健身游步道建成开放。主办2015年稽东香榧旅游文化节暨“爬山吧！兄弟”主题活动，注册“爬山吧！兄弟”商标。启动“香榧源”商标注册，实施稽东香榧国家地理标志申报工作。

2015年，稽东镇集镇四路一桥修复基本完成，农贸市场改造升级，集镇老小区雨污水网全面改造，完成车头、集镇店面招牌安装，开展背街小巷私搭乱建、集镇区域占道经营等专项整治，集镇保洁开始市场化运作。完成4项面上山区饮用水工程和8项自来水供水扩面工程。实施第二批农村生活污水治理项目，完成金丰等3个村农村生活污水改造。除险加固面上山塘5座，修建田间渠道2处，完成18个村水毁工程修复工作，完成地质灾害工程治理项目和应急治理项目20只。全面完成3年261户住房困难户解困任务。小舜江北溪治理三期工程基本完工，被评为市级最美河道。完成“四边三化”整改任务86处，“两路两侧”专项整治任务超额完成，深入开展“三改一拆”，共拆除违章建筑145起，计约4万平方米，拆后利用率为95%，成功通过市、区“无违建镇”验收。

2015年，稽东镇城乡居民医保参保率达到96.06%，比上年提升3%，镇财政支出552万元，惠及全镇3万农民。全年为465户909人发放低保金263.22万元，临时救济142户，慈善救助59人，医疗救助194户，落实帮扶救助资金110万元。启动敬老院异地新建，新建农村文化礼堂2个、居家养老中心5个。举行乡风文明主题实践活动启动仪式，建立“和事佬”劝导队等6支志愿者队伍，广泛开展各项乡风文明志愿服务活动。组织开展“十佳最美稽东人”“庭院整洁户”等系列评选活动，开启“榧香稽东”微信平台、移动手机短信平台。投入220余万元完善教育硬件设施，投入90万元优化卫生医疗设备，完成5个农村家宴中心建设。成立集镇商会、镇文联、镇红十字会。镇村受理各类矛盾纠纷468件，处理成功率100%，信访总量下降8.14%。

**【首办稽东香榧旅游文化节暨“爬山吧！兄弟”主题活动】** 2015年9月29日，由稽东镇人民政府、柯桥区香榧产业协会主办的2015稽东香榧旅游文化节暨“爬山吧！兄弟”主题活动，在会稽山千年香榧林月华坪景区开幕。借助“互联网+”，利用微信平台，“电旅”融合香榧节文化。活动吸引了来自上海、杭州、绍兴等地上百名登山爱好者报名参赛。

**【投资500万元整治主要街道沿线】** 2015年，稽东镇按照环境整治“九大专项行动”要求，全力推进

2015年9月29日，稽东香榧旅游文化节暨“爬山吧！兄弟”主题活动开幕 （稽东镇 供稿）

2015年，稽东镇车头村立面改造重塑村庄风貌　（稽东镇　供稿）

街景小品建设，完成车竹线绿化提升工程、绍甘线沿线环境综合整治工程。投资500万元，积极开展车头等3村美丽乡村示范村创建，车头农民公园，稽江沿路节点、沿线立面改造，顺利村景观大道建设等全部完工。

**【万株果树点缀美丽乡村】** 2015年，稽东镇推出“万株果树点缀美丽乡村”行动，将房前屋后杂物、垃圾清理干净后，种植上果树，美化、绿化村庄环境，打造美丽乡村。通过彻底整治与长效管理并举，彻底改变村容村貌。镇政府特地邀请农林果树种植专家从土质条件、气候温度等因素进行论证指导，专门推出了红心柚、杨梅、香泡、梨等12种果树，要求每株果树直径在2厘米~3厘米，两到三年内就能结果。果树苗由政府送给村民，原则上每个行政村选1种果树，每户送1棵，村集体购置的果树可在村公共区域范围和村主要道路两侧进行种植。

**【组织开展“规范、规则、规矩”主题教育活动】** 2015年5月初，稽东镇召开“规范、规则、规矩”主题教育活动，办促使村干部办事讲规范、理事守规则、处事懂规矩。镇党委邀请区纪委、区农办、区公管办、区委党校专家，专题讲解纪检规定、三资管理、工程招投标、群众工作等相关知识，组织镇全体机关干部和村主职干部赴看守所接受警示教育，推进镇村干部队伍规范化建设，抓队伍、强廉政、转作风。将村级组织运行及村级治理规范性文件汇编成册，组织专项测试。11月结合《准则》《条例》施行，组织专题学习，新提任7名中层干部进行任前廉政知识测试和廉政谈话。（金　晶）

2015年8月28日，稽东镇组织全镇各村主职干部开展“规范、规则、规矩”教育专项测试　（稽东镇　供稿）

执行编辑　徐建良

# 2015年柯桥区国民经济统计资料选刊

## 2015年统计表

### 表57 2015年柯桥区概况

| 指标 | 计量单位 | 2015年 | 2014年 |
| --- | --- | --- | --- |
| 一、行政区划面积 | 平方千米 | 1066.02 | 1066.02 |
| 二、行政组织 | | | |
| 镇人民政府 | 个 | 12 | 12 |
| 街道办事处 | 个 | 4 | 4 |
| 居民委员会 | 个 | 104 | 105 |
| 其中:社区 | 个 | 41 | 38 |
| 村民委员会 | 个 | 250 | 251 |
| 三、人口 | | | |
| 1.年末总户数 | 户 | 221113 | 220210 |
| 2.年末总人口(户籍) | 人 | 653631 | 649784 |
| 男性 | 人 | 321759 | 320022 |
| 女性 | 人 | 331872 | 329762 |
| 农业人口 | 人 | 275149 | 309090 |
| 非农业人口 | 人 | 378432 | 340694 |
| 3.暂住人口 | 人 | 615803 | 625317 |
| 4.出生人口 | 人 | 4973 | 6655 |
| 出生率 | ‰ | 7.6 | 10.24 |
| 5.死亡人口 | 人 | 4310 | 4181 |
| 死亡率 | ‰ | 6.6 | 6.43 |
| 6.自然增长人口 | 人 | 663 | 2474 |
| 自然增长率 | ‰ | 1 | 3.81 |

表58　2015年柯桥区国民经济主要指标

| 指　标 | 计量单位 | 2015年 | 2014年 | 为2014年(%) |
|---|---|---|---|---|
| 生产总值(现价) | 万元 | 12008584 | 11380793 | 107.6 |
| 第一产业 | 万元 | 339097 | 329185 | 103.0 |
| 第二产业 | 万元 | 6446215 | 6306940 | 102.2 |
| 第三产业 | 万元 | 5223271 | 4744668 | 110.1 |
| 工业总产值 | 万元 | 39659817 | 41883456 | 94.7 |
| 规上工业主营业务收入 | 万元 | 33888537 | 34579342 | 98.0 |
| 规上工业应缴税金 | 万元 | 1001831 | 921737 | 108.7 |
| 规上工业利润总额 | 万元 | 1924110 | 1833311 | 105.0 |
| 农业总产值 | 万元 | 499227 | 484762 | 103.0 |
| 全社会劳动者人数 | 万人 | 67.12 | 66.13 | 101.5 |
| 农村实有劳动力 | 万人 | 46.03 | 48.09 | 95.7 |
| 城镇以上单位年末职工人数(不含私营) | 人 | 348383 | 344709 | 101.1 |
| 城镇以上单位年末工资总额(不含私营) | 万元 | 1848649 | 1709626 | 108.1 |
| 全年粮食总产量 | 吨 | 171092.6 | 172810.4 | 99.0 |
| 油菜籽产量 | 吨 | 4937.3 | 4895.1 | 100.9 |
| 生猪饲养量 | 万头 | 44.99 | 53.15 | 84.7 |
| 淡水产品产量 | 吨 | 19071 | 18363 | 103.9 |
| 全年货运量 | 万吨 | 3227 | 2998 | 107.6 |
| 全年客运量 | 万人 | 6771 | 6787 | 99.8 |
| 固定资产投资总额 | 万元 | 6631446 | 5769451 | 114.9 |
| 其中:工业投资 | 万元 | 3265396 | 2917745 | 111.9 |
| 社会消费品零售总额 | 万元 | 2333740 | 2102468.9 | 111.0 |
| 出口总额 | 万美元 | 1041621 | 1100837 | 94.6 |
| 实际利用外资 | 万美元 | 23133 | 21003 | 110.1 |
| 财政总收入 | 万元 | 1605437 | 1539049 | 104.3 |
| 其中:公共财政预算收入 | 万元 | 978488 | 908230 | 107.7 |
| 公共财政预算支出 | 万元 | 985258 | 794937 | 123.9 |
| 金融系统年末贷款余额(本外币) | 万元 | 12420552 | 12851907 | 96.6 |
| 金融系统年末存款余额(本外币) | 万元 | 16249404 | 14685160 | 110.7 |
| 其中:储蓄存款(本外币) | 万元 | 7645357 | 6208736 | 123.1 |
| 中学生在校学生数 | 人 | 39260 | 41873 | 93.8 |
| 小学生在校学生数 | 人 | 50361 | 54068 | 93.1 |
| 各类专业技术人员 | 人 | 116045 | 106170 | 109.3 |

## 表59　2015年柯桥区国民经济主要结构比例

| 指标 | 计量单位 | 2015年 | 2014年 |
| --- | --- | --- | --- |
| 一、生产总值中三次产业比例 | | | |
| 第一产业 | % | 2.82 | 2.89 |
| 第二产业 | % | 53.68 | 55.42 |
| 第三产业 | % | 43.50 | 41.69 |
| 二、城乡居民收入比例 | | | |
| 城乡居民收入比 | % | 1.739:1 | 1.750:1 |
| 三、工业总产值中纺织工业比例 | | | |
| 纺织工业(大) | % | 56.5 | 59.0 |
| 四、农业总产值中各业比例 | | | |
| 农业 | % | 64.0 | 63.4 |
| 林业 | % | 8.6 | 8.4 |
| 牧业 | % | 16.5 | 17.5 |
| 渔业 | % | 10.2 | 10.0 |
| 农林牧渔服务业 | % | 0.7 | 0.7 |
| 五、农作物播种面积比例 | | | |
| 粮食作物 | % | 47.5 | 46.7 |
| 经济作物 | % | 47.1 | 47.5 |
| 其他作物 | % | 5.4 | 5.8 |
| 六、农业结构调整情况 | | | |
| 粮经产值比 | % | 11.3:88.7 | 11.2:88.8 |
| 粮经面积比 | % | 50.2:49.8 | 49.6:50.4 |
| 种养产值比 | % | 70.6:29.4 | 69.8:30.2 |
| 七、固定资产投资中三次产业比例 | | | |
| 第一产业 | % | 0.09 | 0.18 |
| 第二产业 | % | 49.24 | 50.57 |
| 第三产业 | % | 50.67 | 49.25 |

## 表60　2015年柯桥区平均每天主要社会经济活动

| 指标 | 计量单位 | 2015年 | 2014年 | 为2014年(%) |
| --- | --- | --- | --- | --- |
| 一、全区每天创造的财富 | | | | |
| 生产总值(现价) | 万元 | 32900 | 31180 | 108.6 |
| 农业总产值 | 万元 | 1368 | 1305 | 104.8 |
| 工业总产值 | 万元 | 108657 | 112669 | 96.4 |

续表60

| 指标 | 计量单位 | 2015年 | 2014年 | 为2014年(%) |
| --- | --- | --- | --- | --- |
| 财政收入 | 万元 | 4398 | 3633 | 121.1 |
| 粮食 | 吨 | 469 | 458 | 102.3 |
| 肉类 | 吨 | 77.13 | 93.36 | 82.6 |
| 淡水产品 | 吨 | 50 | 49 | 102.9 |
| 布及丝织品 | 万米 | 1679 | 1719 | 97.7 |
| 二、全区每天投入和工业经济效益 | | | | |
| 完成固定资产投资 | 万元 | 18168 | 13469 | 134.9 |
| 新增固定资产 | 万元 | 10520 | 10464 | 100.5 |
| 工业主营业务收入 | 万元 | 92845 | 94738 | 98.0 |
| 工业应缴税金 | 万元 | 2745 | 2525 | 108.7 |
| 工业利润总额 | 万元 | 5272 | 5023 | 105.0 |
| 三、全区每天人口变动和婚姻 | | | | |
| 出生人数 | 人 | 14 | 18 | 74.7 |
| 死亡人数 | 人 | 12 | 11 | 103.1 |
| 结婚对数 | 对 | 15 | 12 | 121.2 |

表61 2015年柯桥区国民经济主要平均指标

| 指标 | 计量单位 | 2015年 | 2014年 | 为2014年(%) |
| --- | --- | --- | --- | --- |
| 每平方公里人口密度 | 人 | 613 | 610 | 100.6 |
| 人均生产总值 | 元 | 184263 | 176077 | |
| 人均粮食产量 | 千克 | 261.8 | 266.0 | 98.4 |
| 人均油菜籽产量 | 千克 | 7.6 | 7.5 | 100.3 |
| 人均社会消费品零售额 | 元 | 35704 | 32356 | 110.3 |
| 人均创财政收入 | 元 | 24562 | 22329 | 110.0 |
| 人均储蓄存款(本外币) | 元 | 116967 | 95551 | 122.4 |
| 农民人均居住面积 | 平方米 | 57.1 | 57.48 | 0.0 |
| 城镇在岗职工年平均工资(含私营) | 元 | 50727 | 48177 | 105.3 |
| 农民人均纯收入 | 元 | 29177 | 26590 | 109.7 |
| 城镇居民人均可支配收入 | 元 | 50741 | 48885 | 103.8 |
| 工业职工年均工资 | 元 | 60334 | 56706 | 106.4 |
| 工业人均创利税 | 元 | 119098 | 111811 | 106.5 |
| 工业人均净资产 | 元 | 427257 | 447069 | 95.6 |
| 每万人拥有中学在校学生数 | 人 | 601 | 644 | 93.2 |
| 每万人拥有小学在校学生数 | 人 | 770 | 832 | 92.6 |

续表61

| 指标 | 计量单位 | 2015年 | 2014年 | 为2014年(%) |
|---|---|---|---|---|
| 每万人拥有各类专业技术人员数 | 人 | 1775 | 1634 | 108.7 |
| 每万人拥有卫生技术人员数 | 人 | 78 | 82 | 95.7 |
| 每万人拥有实有床位数 | 张 | 57 | 54 | 106.5 |
| 每万人拥有影剧院座位数 | 座 | 38.2 | 40.0 | 95.6 |

表62　2015年柯桥区农林牧渔业总产值

| 指标 | 计量单位 | 2015年 | 2014年 | 为2014年(%) |
|---|---|---|---|---|
| 农林牧渔业总产值 | 万元 | 499227 | 484762 | 103.0 |
| 农业产值 | 万元 | 319402 | 307457 | 103.9 |
| 林业产值 | 万元 | 43175 | 40845 | 105.7 |
| 牧业产值 | 万元 | 82285 | 84867 | 97.0 |
| 渔业产值 | 万元 | 51006 | 48388 | 105.4 |
| 农林牧渔服务业产值 | 万元 | 3359 | 3205 | 104.8 |

表63　2015年柯桥区主要农产品产量

| 指标 | 计量单位 | 2015年 | 2014年 | 为2014年(%) |
|---|---|---|---|---|
| 粮食 | 吨 | 171092.6 | 172810.4 | 99.0 |
| 其中:早稻 | 吨 | 29671.7 | 32401.6 | 91.6 |
| 晚稻及单季稻 | 吨 | 106116.4 | 109192.1 | 97.2 |
| 油菜籽 | 吨 | 4937.3 | 4895.1 | 100.9 |
| 蔬菜 | 吨 | 376898.4 | 361067.1 | 104.4 |
| 茶叶 | 吨 | 7172 | 7399 | 96.9 |
| 水果 | 吨 | 52350 | 54703 | 95.7 |
| 肉类 | 吨 | 27742 | 28151 | 98.5 |
| 淡水产品 | 吨 | 19071 | 18363 | 103.9 |

表64　2015年柯桥区建筑业主要经济指标

| 指标 | 计量单位 | 2015年 | 2014年 | 为2014年(%) |
|---|---|---|---|---|
| 资质企业个数 | 个 | 134 | 129 | 103.9 |
| 其中:特级资质个数 | 个 | 4 | 4 | 100.0 |
| 一级资质个数 | 个 | 45 | 45 | 100.0 |
| 建筑业签订的合同额 | 亿元 | 2783.39 | 2604.00 | 106.9 |
| 其中:本年新签合同额 | 亿元 | 1976.77 | 1881.66 | 105.1 |

续表64

| 指标 | 计量单位 | 2015年 | 2014年 | 为2014年(%) |
| --- | --- | --- | --- | --- |
| 建筑业总产值 | 亿元 | 2034.41 | 1866.08 | 109.0 |
| 其中:在外省完成的产值 | 亿元 | 1417.30 | 1299.01 | 109.1 |
| 在外省完成产值比重 | % | 69.7 | 69.6 | — |
| 竣工产值 | 亿元 | 1601.10 | 1352.48 | 118.4 |
| 房屋建筑施工面积 | 万平方米 | 15530 | 15177 | 102.3 |
| 其中:房屋竣工面积 | 万平方米 | 7705 | 7311 | 105.4 |
| 自有机械设备年末净值 | 亿元 | 29.50 | 25.21 | 117.0 |
| 计算劳动生产率的平均人数 | 万人 | 56.88 | 53.60 | 106.1 |
| 全员劳动生产率 | 元/人 | 357644 | 348157 | 102.7 |
| 主营业务收入 | 万元 | 15453399 | 14608732 | 105.8 |
| 主营业务成本 | 万元 | 14290220 | 13483435 | 106.0 |
| 主营业务税金及附加 | 万元 | 556207 | 531359 | 104.7 |
| 营业利润 | 万元 | 345748 | 353348 | 97.8 |
| 营业利润占主营业务收入比重 | % | 2.24 | 2.42 | — |
| 利润总额 | 万元 | 353147 | 361191 | 97.8 |
| 年末固定资产原价 | 万元 | 806010 | 749240 | 107.6 |
| 流动资产小计 | 万元 | 4014105 | 3724217 | 107.8 |
| 资产合计 | 万元 | 4806310 | 4490481 | 107.0 |
| 负债合计 | 万元 | 2578104 | 2522015 | 102.2 |
| 所有者权益 | 万元 | 2228206 | 1968465 | 113.2 |
| 应付职工薪酬 | 万元 | 2773273 | 2559767 | 108.3 |
| 建筑企业增加值 | 万元 | 3735390 | 3496732 | 106.8 |

表65　2015年柯桥区固定资产投资完成情况

| 指标 | 计量单位 | 2015年 | 2014年 | 为2014年(%) |
| --- | --- | --- | --- | --- |
| 一、固定资产投资完成额 | 万元 | 6631446 | 5769451 | 114.9 |
| 其中:工业投资 | 万元 | 3265396 | 2917745 | 111.9 |
| 房地产开发投资 | 万元 | 1466524 | 1430438 | 102.5 |
| 二、按三次产业构成分 | 万元 | | | |
| 第一产业 | 万元 | 6200 | 10435 | 59.4 |
| 第二产业 | 万元 | 3265396 | 2917745 | 111.9 |
| 第三产业 | 万元 | 3359850 | 2841271 | 118.3 |
| 三、项目个数 | | | | |

续表65

| 指标 | 计量单位 | 2015年 | 2014年 | 为2014年(%) |
|---|---|---|---|---|
| 1.开工项目个数 | 个 | 1159 | 789 | 146.9 |
| 其中:本年新开工 | 个 | 1012 | 573 | 176.6 |
| 2.投产项目个数 | 个 | 1038 | 633 | 164.0 |
| 四、本年新增固定资产合计 | 万元 | 3313363 | 2782861 | 119.1 |
| 其中:工业 | 万元 | 2525909 | 2100912 | 120.2 |

表66　2015年柯桥区国内外贸易

| 指标 | 计量单位 | 2015年 | 2014年 | 为2014年(%) |
|---|---|---|---|---|
| 一、国内贸易 | | | | |
| 社会消费品零售总额 | 万元 | 2333740 | 2102469 | 111.0 |
| 其中:批发业 | 万元 | 257210 | 205577 | 125.1 |
| 零售业 | 万元 | 1880074 | 1730645 | 108.6 |
| 住宿餐饮业 | 万元 | 196456 | 166247 | 118.2 |
| 商品交易市场数量 | 个 | 90 | 88 | 102.3 |
| 商品交易市场成交总额 | 万元 | 13818529 | 12867278 | 107.4 |
| 其中:中国轻纺城市场成交额 | 万元 | 8658329 | 7421011 | 116.7 |
| 钱清轻纺原料市场成交额 | 万元 | 5160200 | 4960300 | 104.0 |
| 二、对外贸易 | | | | |
| 进出口总额 | 万美元 | 1123347 | 1260060 | 89.2 |
| 进口总额 | 万美元 | 81727 | 159223 | 51.3 |
| 出口总额 | 万美元 | 1041621 | 1100837 | 94.6 |
| 主要产品出口情况 | | | | |
| 纺织面料 | 万美元 | 913051 | 984205 | 92.8 |
| 服装 | 万美元 | 32134 | 34894 | 92.1 |
| 非纺产品 | 万美元 | 90497 | 75098 | 120.5 |

表67　2015年柯桥区利用外资情况

| 指标 | 计量单位 | 2015年 | 2014年 | 为2014年(%) |
|---|---|---|---|---|
| 新批准“三资”企业数 | 家 | 100 | 59 | 169.5 |
| 总投资 | 万美元 | 21172 | 33678.27 | 62.9 |
| 注册资本 | 万美元 | 17644 | 19148 | 92.1 |
| 合同利用外资 | 万美元 | 21579 | 17034 | 126.7 |
| 实际到位外资 | 万美元 | 23133 | 21003 | 110.1 |

## 表68　2015年柯桥区旅游人数和总收入

| 指标 | 计量单位 | 2015年 | 2014年 | 为2014年(%) |
|---|---|---|---|---|
| 国内外旅游人数 | 万人次 | 1511.19 | 1405.32 | 107.5 |
| 其中:入境旅游人数 | 万人次 | 21.53 | 20.51 | 105.0 |
| 其中:外国人 | 万人次 | 14.79 | 14.48 | 102.1 |
| 港澳同胞 | 万人次 | 4.45 | 3.88 | 114.7 |
| 台湾同胞 | 万人次 | 2.29 | 2.45 | 93.5 |
| 国内旅游人数 | 万人次 | 1489.66 | 1384.81 | 107.6 |
| 其中:过夜旅游者 | 万人次 | 622.83 | 616.44 | 101.0 |
| 旅游总收入 | 亿　元 | 153.15 | 141.50 | 108.2 |
| 其中:国际旅游收入 | 万美元 | 8514.5 | 7947.51 | 107.1 |
| 国内旅游收入 | 亿　元 | 147.89 | 136.61 | 108.3 |

## 表69　2015年柯桥区交通运输业

| 指标 | 计量单位 | 2015年 | 2014年 | 为2014年(%) |
|---|---|---|---|---|
| 公路通车里程 | 公里 | 1423.82 | 1416.64 | 100.5 |
| 内河航道净里程 | 公里 | 320.12 | 320.12 | 100.0 |
| 民用汽车拥有量 | 辆 | 203703 | 178385 | 114.2 |
| 其中:私人汽车拥有量 | 辆 | 168219 | 142722 | 117.9 |
| 运输汽车 | 辆 | 16403 | 17752 | 92.4 |
| 其中:载客汽车 | 辆 | 1223 | 1128 | 108.4 |
| 载货汽车 | 辆 | 15180 | 16624 | 91.3 |
| 客运量 | 万人 | 6771 | 6787 | 99.8 |
| 货运量 | 万吨 | 3362 | 3120 | 107.8 |

## 表70　2015年柯桥区财政收支

| 指标 | 计量单位 | 2015年 | 2014年 | 为2014年(%) |
|---|---|---|---|---|
| 一、财政总收入 | 万元 | 1605437 | 1539049 | 104.3 |
| 其中:公共财政预算收入 | 万元 | 978488 | 908230 | 107.7 |
| 其中:增值税 | 万元 | 133576 | 132338 | 100.9 |
| 营业税 | 万元 | 9701 | 7600 | 127.6 |
| 消费税 | 万元 | 193542 | 192318 | 100.6 |
| 企业所得税 | 万元 | 111699 | 121100 | 92.2 |
| 城建税 | 万元 | 39241 | 38255 | 102.6 |
| 个人所得税 | 万元 | 36313 | 31707 | 114.5 |

续表70

| 指标 | 计量单位 | 2015年 | 2014年 | 为2014年(%) |
|---|---|---|---|---|
| 其他税收 | 万元 | 245472 | 184063 | 133.4 |
| 耕占税、契税 | 万元 | 61485 | 82289 | 74.7 |
| 二、公共财政预算支出 | 万元 | 985258 | 794937 | 123.9 |
| 其中：一般公共服务 | 万元 | 81786 | 79782 | 102.5 |
| 教育 | 万元 | 184893 | 166941 | 110.8 |
| 科学技术 | 万元 | 52027 | 39645 | 131.2 |
| 文化体育与传媒 | 万元 | 22160 | 15047 | 147.3 |
| 社会保障和就业 | 万元 | 87962 | 72741 | 120.9 |
| 医疗卫生 | 万元 | 81381 | 67630 | 120.3 |
| 节能环保 | 万元 | 24500 | 15039 | 162.9 |
| 城乡社区事务 | 万元 | 107351 | 72595 | 147.9 |
| 交通运输 | 万元 | 41740 | 27807 | 150.1 |

表71　2015年柯桥区金融系统存贷款年末余额(本外币)

| 指标 | 计量单位 | 2015年 | 2014年 | 为2014年(%) |
|---|---|---|---|---|
| 一、各项存款余额(本外币) | 万元 | 16249404 | 14685200 | 110.7 |
| 1.单位存款 | 万元 | 4980316 | 7472600 | 66.6 |
| 2.储蓄存款 | 万元 | 7645357 | 6208700 | 123.1 |
| 3.其他存款 | 万元 | 3577186 | 262700 | 1361.7 |
| 4.境外存款 | 万元 | 46545 | | |
| 二、各项贷款余额(本外币) | 万元 | 12420552 | 12851900 | 96.6 |
| 1.短期贷款 | 万元 | 8761552 | 9718500 | 90.2 |
| 2.中长期贷款 | 万元 | 2951071 | 2707000 | 109.0 |
| 3.其他贷款 | 万元 | | | |
| 4.票据融资 | 万元 | 658433 | 374300 | 175.9 |
| 5.各项垫款 | 万元 | 49462 | 52100 | 94.9 |
| 6.境外贷款 | 万元 | 34 | | |

表72　2015年柯桥区全体居民人均收支情况及生活指标

| 指标 | 计量单位 | 2015年 | 2014年 | 为2014年(%) |
|---|---|---|---|---|
| 一、可支配收入 | 元 | 44358 | 40850 | 108.6 |
| 1.工资性收入 | 元 | 24481 | 22743 | 107.6 |

续表72

| 指标 | 计量单位 | 2015年 | 2014年 | 为2014年(%) |
|---|---|---|---|---|
| 2.经营净收入 | 元 | 13127 | 12221 | 107.4 |
| 3.财产净收入 | 元 | 3555 | 3151 | 112.8 |
| 4.转移净收入 | 元 | 3194 | 2735 | 116.8 |
| 二、生活消费支出 | 元 | 25144 | 23050 | 109.1 |
| 1.食品烟酒 | 元 | 7096 | 6517 | 108.9 |
| 2.衣着 | 元 | 1868 | 1760 | 106.1 |
| 3.居住 | 元 | 6084 | 5651 | 107.7 |
| 4.生活用品及服务 | 元 | 1175 | 1058 | 111.1 |
| 5.交通通信 | 元 | 3793 | 3381 | 112.2 |
| 6.教育文化娱乐 | 元 | 2627 | 2360 | 111.3 |
| 7.医疗保健 | 元 | 1637 | 1507 | 108.7 |
| 8.其他用品和服务 | 元 | 864 | 817 | 105.8 |
| 三、恩格尔系数 | % | 28.2 | 28.3 |  |

表73　2015年柯桥区城镇常住居民人均收支情况及生活指标

| 指标 | 计量单位 | 2015年 | 2014年 | 为2014年(%) |
|---|---|---|---|---|
| 一、可支配收入 | 元 | 50741 | 46809 | 108.4 |
| 1.工资性收入 | 元 | 27634 | 25743 | 107.3 |
| 2.经营净收入 | 元 | 14382 | 13431 | 107.1 |
| 3.财产净收入 | 元 | 4805 | 4271 | 112.5 |
| 4.转移净收入 | 元 | 3920 | 3364 | 116.5 |
| 二、生活消费支出 | 元 | 28188 | 25885 | 108.9 |
| 1.食品烟酒 | 元 | 7765 | 7144 | 108.7 |
| 2.衣着 | 元 | 2193 | 2069 | 106.0 |
| 3.居住 | 元 | 6950 | 6471 | 107.4 |
| 4.生活用品及服务 | 元 | 1264 | 1139 | 111.0 |
| 5.交通通信 | 元 | 4207 | 3753 | 112.1 |
| 6.教育文化娱乐 | 元 | 3020 | 2715 | 111.2 |
| 7.医疗保健 | 元 | 1719 | 1579 | 108.9 |
| 8.其他用品和服务 | 元 | 1070 | 1015 | 105.4 |
| 三、恩格尔系数(%) | % | 27.5 | 27.6 |  |

## 表74 2015年柯桥区农村常住居民人均收支情况及生活指标

| 指标 | 计量单位 | 2015年 | 2014年 | 为2014年(%) |
|---|---|---|---|---|
| 一、可支配收入 | 元 | 29177 | 26743 | 109.1 |
| 1.工资性收入 | 元 | 16983 | 15641 | 108.6 |
| 2.经营净收入 | 元 | 10143 | 9357 | 108.4 |
| 3.财产净收入 | 元 | 583 | 499 | 116.8 |
| 4.转移净收入 | 元 | 1468 | 1246 | 117.8 |
| 二、生活消费支出 | 元 | 17905 | 16340 | 109.6 |
| 1.食品烟酒 | 元 | 5504 | 5033 | 109.4 |
| 2.衣着 | 元 | 1095 | 1030 | 106.3 |
| 3.居住 | 元 | 4025 | 3710 | 108.5 |
| 4.生活用品及服务 | 元 | 962 | 865 | 111.2 |
| 5.交通通信 | 元 | 2810 | 2500 | 112.4 |
| 6.教育文化娱乐 | 元 | 1692 | 1520 | 111.3 |
| 7.医疗保健 | 元 | 1442 | 1335 | 108.0 |
| 8.其他用品和服务 | 元 | 375 | 347 | 108.1 |
| 三、恩格尔系数(%) | % | 30.7 | 30.8 | |

（刘　弘）

**执行编辑　宋如玲**

# 索 引

## 说 明

1.索引分正文索引、表索引和正文照片索引三部分。采用主题分析法，按标引词第一字汉语拼音（同音词按声调）顺序排列；同声同调按笔画顺序排列；第一字相同，按第二字音序排列。以下据此类推。

2.因类目、分目页码已在《目录》中标出，故正文索引仅限条目。标引词一般采用主题词、中心词或简称。单位和事件一般用简称，不冠以“绍兴”“绍兴县”“柯桥区”等字样。

3.标引字后的阿拉伯数字表示内容所在页码，页码后的拉丁字母（a、b）分别表示该页的左右栏。标引词后的多个页码，表示此内容在其他书页的位置。

4.《大事记》《天南地北柯桥人》《新柯桥人》《鉴湖新风》不作索引。

## 正文索引

### 0—9



### A



### B

## C



## D

E



F



G

## H

## I



## J

## K



## L

## M



## N

## P



## Q

## R



## S

## T

W



X

## Y

## 表索引

### A



### B



### C



### F



### G

## H



## J



## K



## L



## M



## N



## P



## Q

## S



## W



## X



## Y



## Z



# 正文照片索引

## 0—9



## A



## C



## D



## F

G



H



J



K



L

M



N



P



Q



R



S



T

W



X



Y



Z